문제 풀이 동영상 강의를 제공하고 출제경향 100% 반영한 CAT 공식 수험서

따라하면 합격이다!

합격률과 적중률이 높은 대표 공식 인증 수험서

CAT 2급
CAD실무능력평가

주형권, 김보영 공저

한국생산성본부 공식 인증 교재

3판 개정 증보판

CAT 2급 최신 기출문제 제공

적중률 높은 최신 출제유형 문제 제공

동영상 강의 무료 제공

한국생산성본부 공식 인증 교재

CAD실무능력평가 / CAD Ability Test / CAT

(주)엠듀 Autodesk Education Learning Distributor

합격률과 적중률이 높은 대표 공식 인증 수험서

CAT CAD실무능력평가

초판 1쇄 발행 • 2019년 06월 10일
2 판 1쇄 발행 • 2022년 05월 10일
3 판 2쇄 발행 • 2025년 11월 15일

지은이 • 주형권, 김보영 공저
펴낸이 • 채승범
펴낸곳 • (주)엠듀
출판등록 • 제25100-2015-000012호
편집 • 앤써북
제작 · 유통 • 앤써북
주소 • 경기도 과천시 뒷골로 22-12
전화 • 1588-0163
FAX • 02-554-5852
정가 • 24,000원
ISBN • 979-11-87640-10-3 13550

이 책의 일부 혹은 전체 내용을 무단 복사, 복제, 전재하는 것은 저작권법에 저촉됩니다. 본문 중에서 일부 인용한 모든 프로그램은 각 개발사(개발자)와 공급사에 의해 그 권리를 보호합니다.

도서 기술문의 • 한국ATC센터 http://www.eatc.co.kr
도서 구매문의 • 앤써북 070-8877-4177

(주)엠듀는 독자 여러분의 의견에 항상 귀기울이고 있습니다.

머리말 Preface

AutoCAD는 건축, 기계, 전기, 제품 설계 등 많은 분야에서 사용하고 있는 CAD(Computer Aided Design) 프로그램의 표준으로 자리매김 하고 있다. 특히 2차원 도면 작성에 있어서는 그 활용성과 영향력에 의해 시장 장악력이 절대적이라고 할 수 있을 정도로 대중화 되어있으며, 국내외 2,000여 곳이 넘는 사설 교육기관과 학교를 비롯한 많은 공교육기관에서 배출되는 인원이 연간 수만 여명에 달하고 있다. 특히 4차 산업혁명에 대한 관심이 높은 현 시대에는 CAD를 처음 접하게 되는 연령도 점차 낮아지고 있는 것이 사실이며, 그들에 대한 평가와 요구도 점차 높아지고 있는 상태이다.

이에, 한국ATC센터(주)와 한국생산성본부는 새로운 변화에 맞서 국가경제발전에 기여하며 한국의 노동생산성의 증가율을 향상시키고, 무엇보다 4차 산업혁명의 성공적 인적 자원을 확보한다는 공통의 가치 아래 CAD실무능력평가 시험을 공동개발, 시행하게 되었다.

이 도서는 교육시장에서 요구하는 AutoCAD의 실무활용능력을 향상시킬 수 있는 필수 명령어의 활용법. 도면 작성법 중 해독 능력과 투상 능력을 요구하는 '제3각법' 도면작성법에 대한 상세한 설명. 그리고 CAD실무능력평가 2급 시험에서 요구하는 도면 작성 및 배치, 출력 환경설정 등에 대해 상세히 설명하고 있기 때문에, AutoCAD를 처음 접하는 사용자도 독학으로 프로그램을 익히고 시험을 응시할 수 있는 가이드를 마련하고 있다.

이 책의 특징은 다음과 같다.
- 실무에서 필수로 사용되는 명령어의 활용법을 기초예제와 함께 수록하였다.
- 제3각법 투상에 대해 이해하기 쉽게 설명하고 있고, 또 이를 토대로 초보자도 쉽게 작도할 수 있도록 하였다.
- 책에서 배운 내용을 확실하게 습득할 수 있도록 다양한 예제와 응용문제를 수록하였다.
- CAD실무능력평가의 문제 출제 경향을 모두 반영하였으며, 상세한 따라하기 설명을 통해 습득할 수 있도록 하였다.
- 실기 시험 준비과정 및 시험 진행시에 발생할 수 있는 부분들을 꼼꼼히 정리하여, 오류사항에 대해 사전에 방지할 수 있도록 하였다.
- 보다 손쉽고 올바른 도면 작성 과정과 작성 순서를 영상으로 확인할 수 있도록 저자 직강 무료 동영상 강좌를 제공한다.
- 실기시험 채점 항목과 실격 항목에 대해 유형별로 자세히 설명하고 있다.
- CAD실무능력평가 시험의 기출문제와 연습문제를 수록하였기에, 시험 응시에 앞서 충분한 연습을 통해 합격률을 향상시킬 수 있다.

본 도서가 출간되기까지 애써주신 한국ATC센터와 한국생산성본부의 관계자분들과 출판사 관계자분들께 감사의 뜻을 전합니다.

CAD실무능력평가 2급 시험 안내

1. CAD실무능력평가(CAT) 2급 시험 소개

CAD 실무능력평가 2급 시험은 한국생산성본부가 주관하는 캐드 비공인 민간자격 시험이다. 2D CAD 응용프로그램의 기능적 측면과 기초 제도에 대한 전반적인 지식과 기술을 평가하는 실무 중심의 자격시험으로 시험은 매월 둘째 주 토요일에 실시한다.

- 시험 시간 : 1교시 09:00~10:30, 2교시 11:00~12:30
  90분간 시험 진행
- 합격 기준 : 100점 만점에 60점 이상 합격
- 응시료 : 55,000원
- 시험 내용 : 2차원 도면 작성 및 배치, 출력 설정
- 소프트웨어 : AutoCAD
  그 외, CADian, GstarCAD, Draftsight, ZWCAD 등은 수시시험으로 진행이 가능하다.
- 홈페이지 : https://license.kpc.or.kr

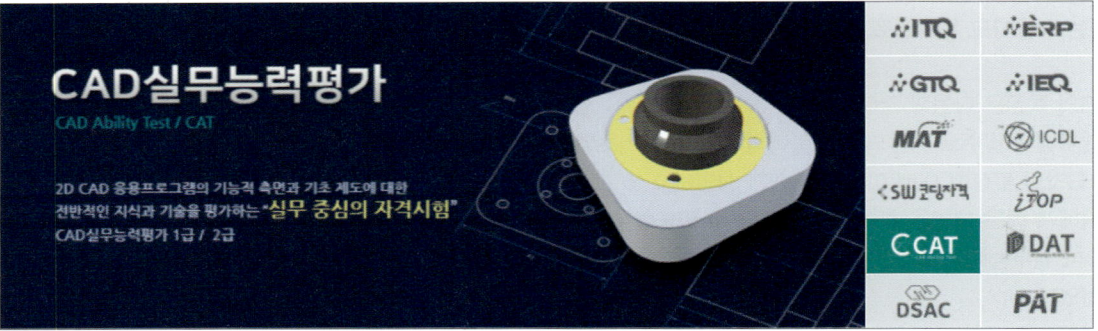

2. CAT 2급 출제 기준

구분	항목
모형공간 (객체 작성)	삼각 투상법을 이용한 도면의 이해
	시작하기 옵션 및 환경 설정
	도면층 설정
	객체 및 치수 작성
도면공간 (배치 작성)	도면 외곽선 및 표제란 작성
	뷰포트 생성 및 축척 설정
	뷰포트 동결과 정렬
	선종류 축척 설정
	블록을 이용한 뷰 제목 작성
출력	페이지 설정 관리자 출력 설정

3. CAT 2급 시험 절차

- 사이트 회원가입 시험 접수, 등록
- 시험 시작용 파일 다운로드(템플릿 파일)
- 모형공간 도면 작성
- 도면공간 도면 작성
- 출력 설정
- 최종 제출

CAT 2급 시험은 모형공간에서 삼각투상법을 이용해 도면을 작성한 후 도면공간에서 배치 및 표제란, 타이틀 등을 작성하고, 출력설정을 마친 후 저장된 최종 파일을 제출하는 방식이며, 문제 보기와 제출은 온라인 상태에서 진행된다.

❶ 사이트 등록

한국생산성본부 시험 사이트에 접수 후 시험용 웹 페이지에 접속한다. 이때 웹 페이지는 시험당일 감독관의 지시에 따라 진행된다.

❷ 시험 시작용 파일 다운로드(템플릿 파일)

시험에 사용될 내용을 담은 파일(템플릿 파일)을 클릭하여 수험번호.dwg 파일로 저장한다.
이 파일은 생산성본부 템플릿 파일이라는 안내 문구가 있으며, 시험 시작과 동시에 다운로드 받을 수 있다. 안내문구를 확인한 후 해당 블록을 삭제하고 시험을 시작한다.

❸ 모형공간 도면 작성

- 도면층 작성

아래와 같이 도면층을 한글로 작성한다.

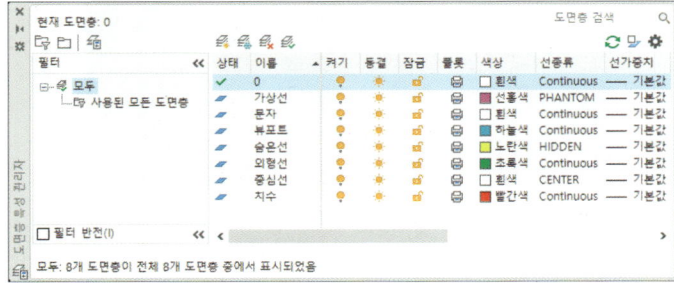

단, 가상선 도면층은 주어진 문제도면에 있는 경우에만 작성해도 된다.

• 문자 및 치수스타일 작성

작성된 문자나 치수 문자의 글꼴은 '굴림'으로 설정하고, 치수 스타일은 문제 도면을 참조하여 설정한다. 이때 문자 색상은 '노란색'으로 설정한다.

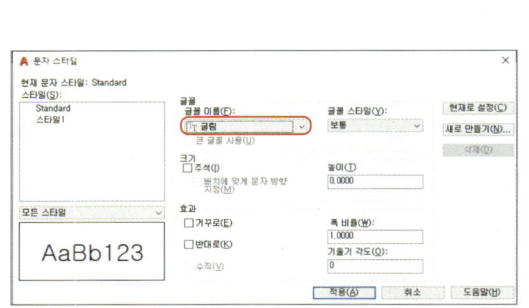
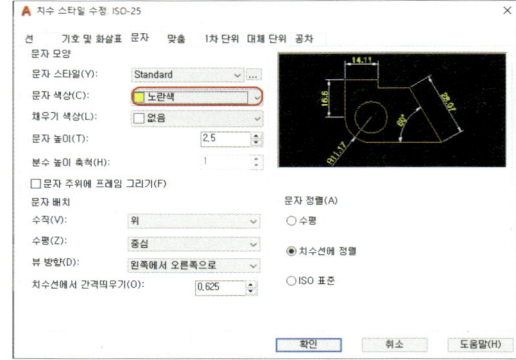

• 객체 작성 및 편집

CAT 2급 출제 문제를 확인하고 등각 투상도를 참조하여 삼각투상법에 따라 평면도, 정면도, 우측면도를 모형 공간에 작성한다.

[CAT 2급 출제 문제 예시]

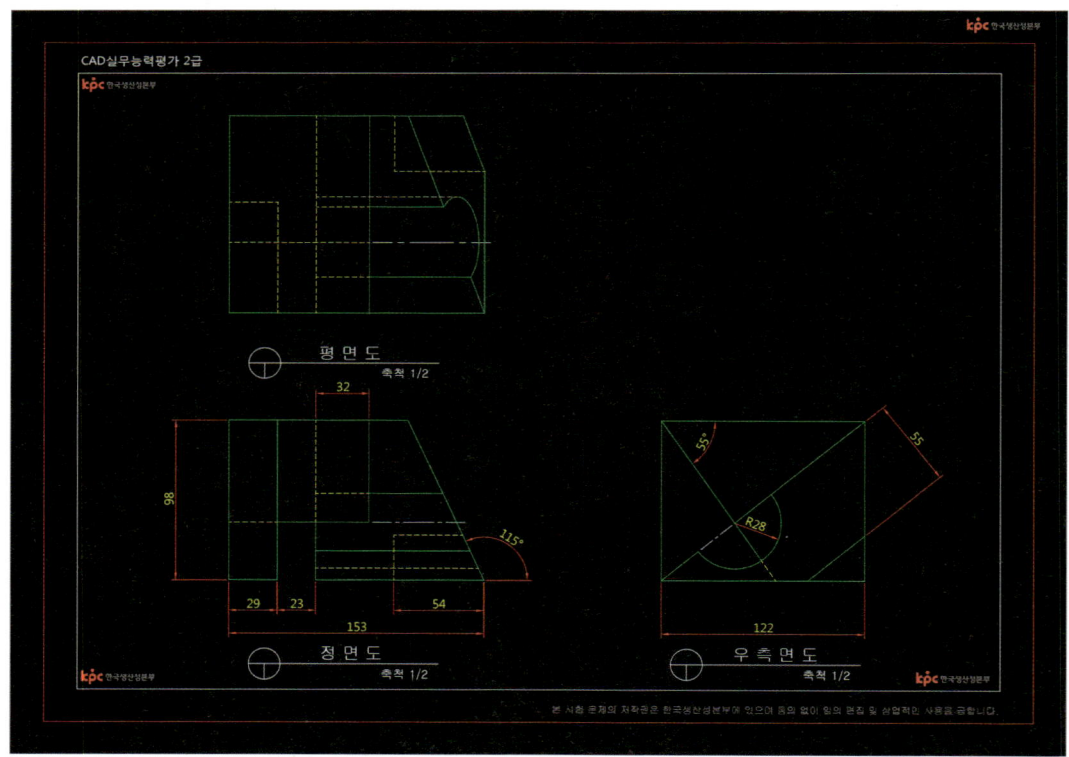

[CAT 2급 모형공간 작성 도면]

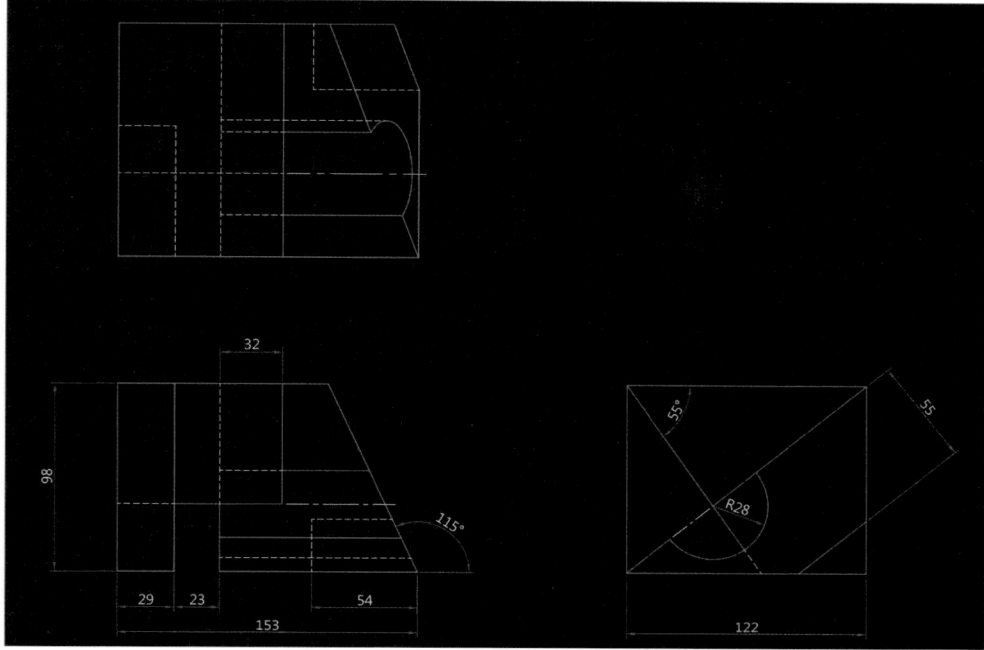

❹ 도면공간 도면 작성

- CAT 2급 배치 작성 도면을 보고 도면 외곽선, 표제란을 작성한다. 표제란에는 수험번호, 이름, 일자를 기입하며 이때 글꼴은 굴림, 문자 높이는 3, 도면층은 '문자' 도면층을 이용한다.

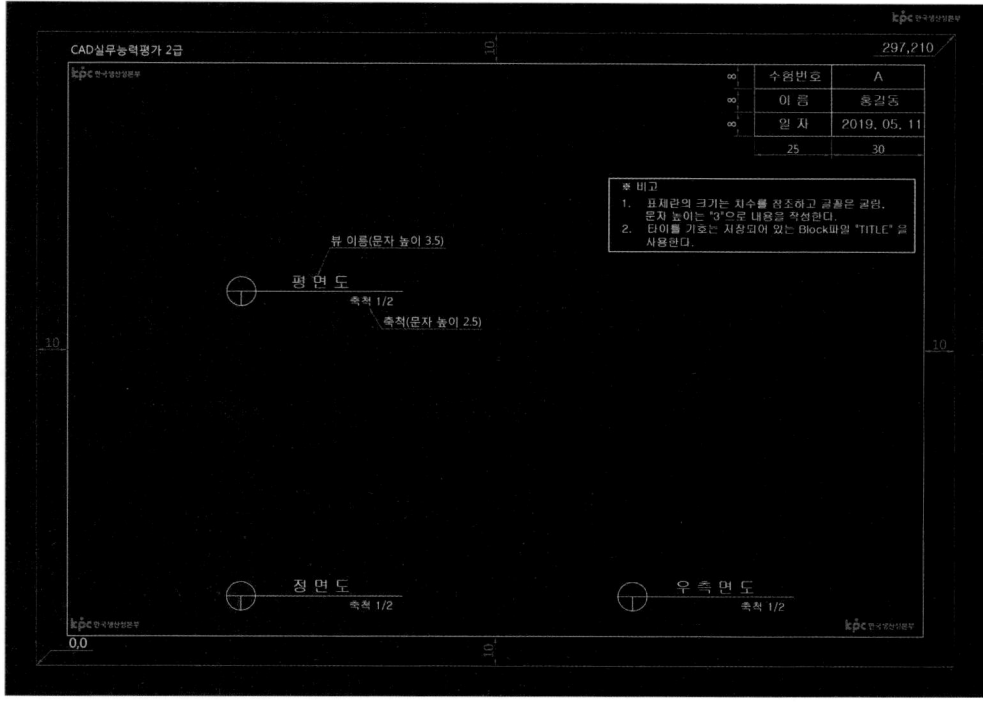

- 뷰포트를 생성하여 주어진 축척에 따라 평면도, 정면도, 우측면도를 정렬 배치한다.
- 템플릿 파일에서 제공된 'TITLE' 블록을 '도면' 영역에 삽입한 후 타이틀을 작성한다. 타이틀 기호는 '0'도면층, 뷰제목의 글꼴은 '굴림', 문자 높이는 3.5, '축척'의 문자 높이는 2.5이며, '문자' 도면층을 이용해 작성한다.

❺ 출력 설정

출력 준비단계로 '페이지 설정 관리자'를 아래와 같이 설정하고 최종 내용을 수험번호.dwg 파일로 저장한 후 제출한다.

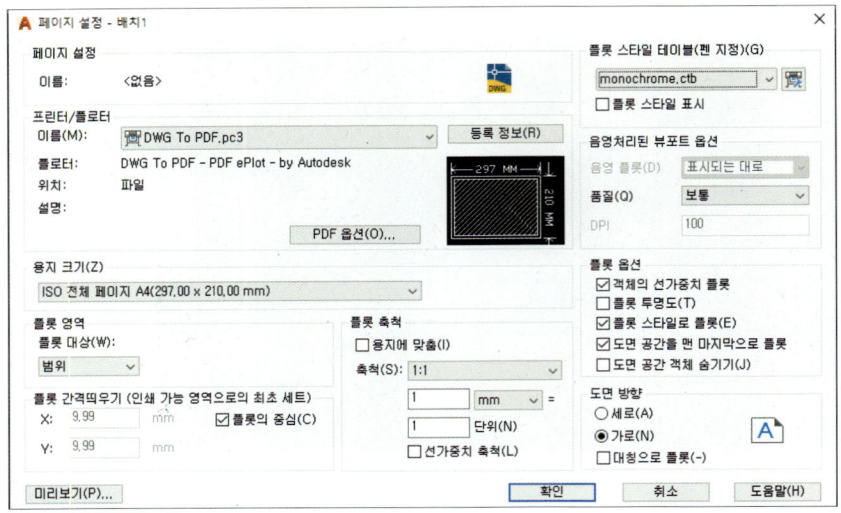

4. CAT 2급 시험 일정(매월 둘째 주 토요일)

자세한 사항은 홈페이지(https://license.kpc.or.kr)를 통해 확인하기 바란다.

5. CAT 2급 배점표

채점 분류	상세 내용
실격 사항	템플릿 파일로 도면을 작성하지 않은 경우
	모형공간 또는 배치(도면 공간) 작성을 하지 않은 경우
	제출된 파일이 내용이 없는 경우
	[배치] 탭에서 뷰포트를 사용하지 않은 경우
	전체 도형을 축척을 줄여서 작성한 경우
	위치틀림이 10개소 이상인 경우
	치수가 50%미만으로 작성된 경우

채점 분류		상세 내용
모형 공간	객체 작성	외형선, 숨은선이 누락된 경우
		가상선, 중심선이 누락된 경우
		위치틀림(연관점이 틀리고 잘못 그린 경우)이 있는 경우
		불필요한 객체가 남은 경우(잔여 객체, 45도 보조선 등)
		선 종류가 잘못 적용된 경우
		선 연결 상태가 불량(선 연장 및 모서리 정리 등)인 경우
		선이 중복된 경우(외형선, 숨은선, 중심선끼리 겹친 경우)
		중심선을 잘못 그리거나 그리지 않은 경우
	도면층	필요한 Layer 미작성, 필요없는 Layer를 만든 경우
		Layer 설정이 잘못된 경우(이름 및 선종류 등)
		객체가 다른 도면층에 작성된 경우
	치수	치수가 누락된 경우
		치수 유형이 틀린 경우
		[배치]탭에서 치수를 작성한 경우
		치수보조선이 작성된 객체의 선과 겹친 경우
		모든 치수가 치수 도면층이 아닌 경우
		치수선 분해
도면공간	도면양식 작성 및 배치	외곽선, 표제란, 타이틀 기호가 '0' Layer가 아닌 경우
		뷰제목(평면도, 정면도, 우측면도, 축척 등)이 문자 Layer가 아닌 경우
		외곽선, 표제란, 수험번호, 타이틀(타이틀기호,뷰제목)을 작성하지 않은 경우
		뷰포트에 도면이 잘리거나 다른 도면이 보이는 경우
		'TITLE' 블록을 사용하지 않은 경우
		타이틀(타이틀 기호, 뷰제목)이 모형공간에 작성된 경우
		타이틀(타이틀 기호, 뷰제목)이 외곽선을 벗어난 경우
		타이틀(타이틀 기호, 뷰제목)이 배치된 도면과 겹치거나 틀리게 입력된 경우
		표제란 크기가 틀린 경우, 내용이 누락되거나 틀린 경우
		[배치]탭 내에 불필요한 객체가 있는 경우
		뷰포트 축척이 틀린 경우
		객체의 수평과 수직 정렬이 맞지 않는 경우
		중심선과 숨은선의 유형이 표현되지 않은 경우
		뷰포트 도면층이 [동결]이나 [끄기]가 아닌 경우(동결과 끄기 중 선택하여 설정)
		뷰포트가 다른 도면층에 작성된 경우
		한 개의 뷰포트로 배치 작성 또는, 뷰포트가 3개가 아닌 경우
		Limits 설정 오류
		문자 스타일이 다른 경우
	출력	페이지 설정 관리자 설정이 틀린 경우(PAGESETUP 명령사용)
	기타	그 외 해당 사항 없는 경우

예제 파일 & 무료 동영상 강좌 다운로드

이 책에서 사용하는 예제 파일과 동영상 파일은 한국ATC센터 카페의 아래 게시판을 통해서 다운로드 받을 수 있다.

- 한국ATC센터 카페 : https://cafe.naver.com/atccenter

▲ 도서자료　　　　　　　　　　　　　　　　　　　　　　▲ CAT 2급 CAD실무능력평가 게시판

"CAT 2급 CAD실무능력평가" 도서의 예제 파일과 동영상 파일을 다운로드 받을 수 있다.

- [도서 Q&A] ➡ [CAT 2급 CAD실무능력평가] 게시판

"CAT 2급 CAD실무능력평가" 도서를 보시면서 궁금한 내용에 대한 질의응답을 받을 수 있다.

- [CAD 검토 요청]

CAT 2급 작성 도면에 대해 검토를 요청할 수 있으며, 전문 강사들에 의해 감점 및 합격 여부를 확인받을 수 있다.

목 차 Contents

Part 01 AutoCAD 시작하기

Chapter 01 AutoCAD 시작하기 • 18

1 _ AutoCAD 화면 구성 알아보기 • 19
   1-1. 사용자 인터페이스 • 19
2 _ 학습을 위한 환경설정 • 19
   2-1. 상태막대 기본설정 • 20
   2-2. Options 환경설정 • 20
      2-2-1. 저장 버전 설정 • 20
      2-2-2. 화면표시 설정 • 21
      2-2-3. 선택옵션 설정 • 22
3 _ 작업한 내용 저장하기(SAVE)와 내보내기(EXPORT) • 23
   3-1. 파일 저장하기(SAVE) • 23
   3-2. 파일 내보내기(EXPORT) • 25
4 _ 파일 열기(OPEN)와 가져오기(IMPORT) • 26
   4-1. 파일 열기(OPEN) • 26
   4-2. 파일 가져오기(IMPORT) • 27

Chapter 02 AutoCAD 기본 기능 익히기 • 28

1 _ 화면 제어하기 • 29
   1-1. Zoom 명령어를 이용한 화면 제어 • 29
   1-2. 마우스 휠을 이용한 화면 제어 • 29
2 _ 도면의 뼈대를 그리는 LINE(선 그리기) • 32
3 _ 좌표계 • 34
   3-1. 절대좌표 • 34
   3-2. 상대좌표 • 36
   3-3. 상대극좌표 • 38
   3-4. 직접 거리 입력 • 40
4 _ 객체 지우기(ERASE) • 41
5 _ 작업 단계 조정하기(UNDO, MREDO) • 43
   5-1. Undo • 43
   5-2. Mredo • 43
6 _ 특정 점의 위치 자동추적하기(OSNAP) • 43
   6-1. OSNAP의 종류와 활용법 • 43
   6-2. OSNAP 환경설정 • 46
   6-3. 극좌표 추적(Polar Tracking) 활용하기 • 47

Contents 목 차

7 _ 원(CIRCLE) 그리기 • 49
8 _ 사각형(RECTANG) 그리기 • 53
9 _ 객체 분해(EXPLODE) 하기 • 54
10 _ 구성선(XLINE) 그리기 • 55
11 _ 호(ARC) 그리기 • 61
12 _ 정다각형(POLYGON) 그리기 • 66

Chapter 03 편집의 핵심이 되는 명령어 • 70
1 _ 간격띄우기(OFFSET) • 71
2 _ 객체의 길이 변형하기 • 73
    2-1. 객체 자르기(TRIM) • 73
    2-2. 객체 연장하기(EXTEND) • 76
3 _ 객체의 이동 및 복사하기 • 78
    3-1. 객체 이동하기(MOVE) • 78
    3-2. 객체 복사하기(COPY) • 79
4 _ 객체 선택 방법의 종류와 효율적인 사용법 • 81
5 _ 모서리 편집하기 • 82
    5-1. 모깎기(FILLET) • 82
    5-2. 모따기(CHAMFER) • 85
6 _ 객체의 대칭복사(MIRROR) • 88
7 _ 객체 회전하기(ROTATE) • 90
8 _ 객체 크기 조절하기(SCALE) • 92
9 _ 객체 신축하기(STRETCH) • 96

Chapter 04 관리 명령어를 이용한 도면 정리 • 98
1 _ LAYER • 99
    1-1. 도면층(LAYER) 생성과 관리 • 99
    1-2. LINETYPE SCALE을 이용한 선 축척 제어 • 104
2 _ 특성 팔레트를 이용한 도면관리 • 104
3 _ 문자 쓰기 • 105
    3-1. 문자 스타일(STYLE) 설정 • 105
    3-2. 단일행 문자(DTEXT) 쓰기 • 118
    3-3. 여러줄 문자(MTEXT) 쓰기 • 112
4 _ 치수의 기입과 치수 환경설정 • 114
    4-1. 치수의 용어와 종류 • 114
    4-2. 치수 환경설정(DIMSTYLE) • 115
    4-3. 치수 기입하기 • 122
    4-4. 지시선(QLEADER) 작성하기 • 129

목 차 Contents

    4-5. 치수 수정하기(Dimedit) • 131
  5 _ 블록 • 134
    5-1. 블록 정의하기(BLOCK) • 134
    5-2. 블록 삽입하기(INSERT) • 136
  6 _ 출력 환경설정 • 139
    6-1. 페이지 설정(PAGESETUP) • 139
    6-2. 출력(PLOT) • 141

Chapter 05 알아두면 편리한 객체 편집 명령어 • 142
  1 _ 선의 길이를 조정하는 LENGTHEN • 143
  2 _ 명령어가 필요 없는 GRIP을 이용한 편집 • 145
  3 _ BREAK를 이용한 객체 편집 • 145
    3-1. 객체 끊기 • 146
    3-2. BREAK 명령을 활용하나 한점에서 객체 끊기 • 147
    3-2. 점에서 끊기 • 149
  4 _ MATCHPROP를 이용한 객체 특성 일치 • 151
  5 _ JOIN으로 객체 결합 • 154
  연습 도면 • 156

Part 02 삼각법과 CAD실무능력평가 2급

Chapter 06 삼각법을 이용하여 객체 작성하기 • 170
  1 _ 기초 제도 규격 • 170
    1-1. 도면 형식 • 171
    1-2. 치수 • 172
    1-3. 글자 • 172
    1-4. 척도 • 173
    1-5. 선 • 173
  2 _ 삼각법 • 174
    2-1. 삼각법의 정의 • 174
    2-2. 삼각법을 이용한 작도 • 175
  3 _ 기초 도면 작도하기 • 177
    3-1. 수직과 수평으로 구성된 사각형 • 177

Contents 목 차

- 3-2. 기울기가 있는 사각형 • 182
- 3-3. 모서리가 잘린 사각형 • 184
- 3-4. 기울기와 잘린 모서리 • 186
- 3-5. 타원의 생성 유형 • 188
  - 3-5-1. 기울기에 의한 타원 생성 • 189
  - 3-5-2. 기울기와 빗면에 의한 타원 생성 • 193
  - 3-5-3. 기울기와 수직 단면에 의한 타원 생성-1 • 196
  - 3-5-4. 기울기와 수직 단면에 의한 타원 생성-2 • 199
  - 3-5-5. 기울어진 원기둥 • 203
- 3-6. 차원 평면상의 점 및 선 • 209
  - 3-6-1. 잘린 마름모 피라미드(각뿔) • 209
  - 3-6-2. 마름모 피라미드(각뿔)에 뚫린 각형 구멍 • 213
- 3-7. 구 • 218
  - 3-7-1. 구 • 219
  - 3-7-2. 구의 중심점에서 잘린 면 • 220
  - 3-7-3. 구의 중심점에서 사선으로 잘린 면 • 222
  - 3-7-4. 구의 중심점과 떨어진 위치에서 잘린 면 • 224
  - 3-7-5. 구의 중심점과 떨어진 위치에서 사선으로 면 • 226
  - 3-7-6. 복합적으로 잘린 구의 면 • 230
- 3-8. 제도 기법 및 원리 • 235
  - 3-8-1. 3점원의 원리 • 235
  - 3-8-2. Fillet의 원리 • 240
  - 3-8-3. 원과 접하며 각도를 가진 선 • 242
  - 3-8-4. 컴퍼스 원리의 활용 • 245
  - 3-8-5. 치수가 가진 의미(이등변 삼각형의 원리) • 248
  - 3-8-6. 한 점을 지나고 선에 접하는 원-1(외접원) • 251
  - 3-8-7. 한 점을 지나고 선에 접하는 원-2(내접원) • 253

Chapter 07 CAD실무능력평가 2급 시작하기 • 256
- 1 _ 시험개요 • 257
  - 1-1. 시험 소개 • 257
  - 1-2. 시험 접수 • 257
  - 1-3. 출제 기준 • 257
  - 1-4. 시험 진행 • 257
    - 1-4-1. 한국생산성본부 사이트 회원가입하기 • 258
    - 1-4-2. 시험 보기 • 259

목 차 Contents

- **2 _ 시험에 사용되는 명령어 • 2642**
  - 2-1. LIMITS • 262
  - 2-2. MVIEW • 263
  - 2-3. MSPACE와 PSPACE • 266
  - 2-4. PSLTSCALE(시스템 변수) • 268
  - 2-5. REGENALL • 269
  - 2-6. MVSETUP • 261
- **3 _ 배치영역 작성하기 • 273**
- **4 _ 시험을 위한 환경 설정 • 280**
  - 4-1. 자동 저장 설정하기 • 280
  - 4-2. Windows 표준 동작 설정하기 • 282
  - 4-3. 선택모드 설정하기 • 282
  - 4-4. 도면층 설정 • 283
  - 4-5. 치수스타일 관리자 설정 • 284
  - 4-6. 치수선 생성 옵션 • 284
    - 4-6-1. 원의 중심 표시 제어 • 286
    - 4-6-2. 반지름, 지름 치수 유형별 작성 방법 • 258
  - 4-7. 정렬치수와 회전치수 • 291
    - 4-7-1. 정렬치수 • 291
    - 4-7-2. 회전치수 • 291
  - 4-8. 치수 보조선 억제하기 • 292
- **5 _ 문제 유형별 풀이하기 • 294**
  - 5-1. 원통형 모델링 – 기본 • 294
  - 5-2. 원통형 모델링 – 응용 • 307
  - 5-3. 다면체 모델링 – 기본 • 319
  - 5-4. 다면체 모델링 – 응용 • 333
  - 5-5. 타원 + 다면체 모델링 – 기본 • 348
  - 5-6. 타원 + 다면에 모델링 – 응용 • 364
- 예제 문제 – 한국생산성본부 배포자료 1 • 380
- 예제 문제 – 한국생산성본부 배포자료 2 • 387

PART 01

CAD 실무능력평가 2급

AutoCAD 시작하기

AutoCAD는 기계 및 제품 설계분야와 건축, 인테리어 분야 등 기업체에서 가장 많이 사용하고 있는 소프트웨어의 하나로써, 기본 생성명령어와 편집기능, 관리명령어의 활용법에 대해 쉽게 터득할 수 있도록 "따라하기" 방식으로 설명하고 있다.

Chapter 01 AutoCAD 시작하기
Chapter 02 AutoCAD 기본 기능 익히기
Chapter 03 편집의 핵심이 되는 명령어
Chapter 04 관리 명령어를 이용한 도면 정리
Chapter 05 알아두면 편리한 객체 편집 명령어

Chapter 01

AutoCAD 시작하기

AutoCAD의 화면 구성과 학습을 위한 작업환경을 설정하고, 파일을 관리하는 방법에 대해 알아본다. 사용자의 편의에 맞게 인터페이스와 환경을 설정하도록 한다.

1 _ AutoCAD 화면 구성 알아보기

AutoCAD를 쉽게 다루기 위해서는 화면 구성을 확실히 파악해야 한다. AutoCAD에는 리본패널, 도구 막대, 메뉴 막대 등 여러 인터페이스 요소가 있으며 작업의 효율성을 높이기 위해 동적 입력, 오른쪽 클릭 바로가기 메뉴 등 다양한 실행방법이 있다.

1-1. 사용자 인터페이스

프로그램을 실행했을 때 나타나는 AutoCAD의 화면 구성에 대해 살펴본다. 아래 화면은 AutoCAD 2022 버전의 화면 구성이다.

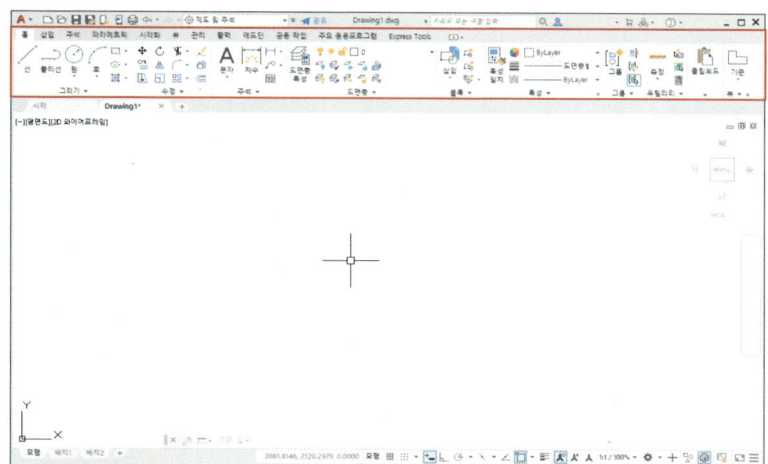

> 💬 AutoCAD는 2009 버전 이상에서는 리본 패널을 기본으로 사용하고 있으며 2014 버전 이후 부터는 [AutoCAD 클래식] 작업공간을 표시하지 않는다.

2 _ 학습을 위한 환경설정

프로그램의 초기 설정상태는 학습 및 CAD실무능력평가 2급 시험을 준비하기에 다소 불편한 점들이 있다. 환경설정을 통해 사용자에 맞는 최적의 환경을 구성하도록 하자.

2-1. 상태 막대 기본설정

AutoCAD 윈도우에서 가장 아래에 있는 것으로 도면 작성에 도움을 주는 기능 버튼들이 모여 있다. 회색으로 표시된 버튼은 현재 기능이 해제됨을 나타내고 파란색 버튼이 현재 사용중인 기능이다.

클릭을 통해 모든 기능들을 해제하도록 한다.

2-2. Options 환경설정

AutoCAD에서 저장 및 열기옵션, 파일, 화면표시, 시스템 등 많은 항목에 대하여 환경을 설정할 수 있으며, 사용자에 맞게 일부 항목을 재설정 하도록 한다.

2-2-1. 저장 버전 설정

AutoCAD에서는 높은 버전에서 작업한 내용을 하위 버전에서는 불러올 수가 없다. 반대로 하위 버전에서 작업한 내용은 상위버전에서 불러올 수 있다. 서로 다른 버전에서 작업을 공유 하거나 확인하기 위해서는 낮은 버전에 맞추어 저장을 해야만 한다. 하지만 일일이 저장 버전을 신경쓰는 것은 아주 번거로운 일이며, 실수가 발생될 수 도 있으니 미연에 방지코자 저장 버전을 하위에 맞추어 설정할 수 있도록 하자.

01 응용프로그램 메뉴를 누르고 오른쪽 하단에 있는 [옵션]을 클릭한다. 혹은 명령행에서 'OP'를 입력한 후 Space Bar 를 누른다.

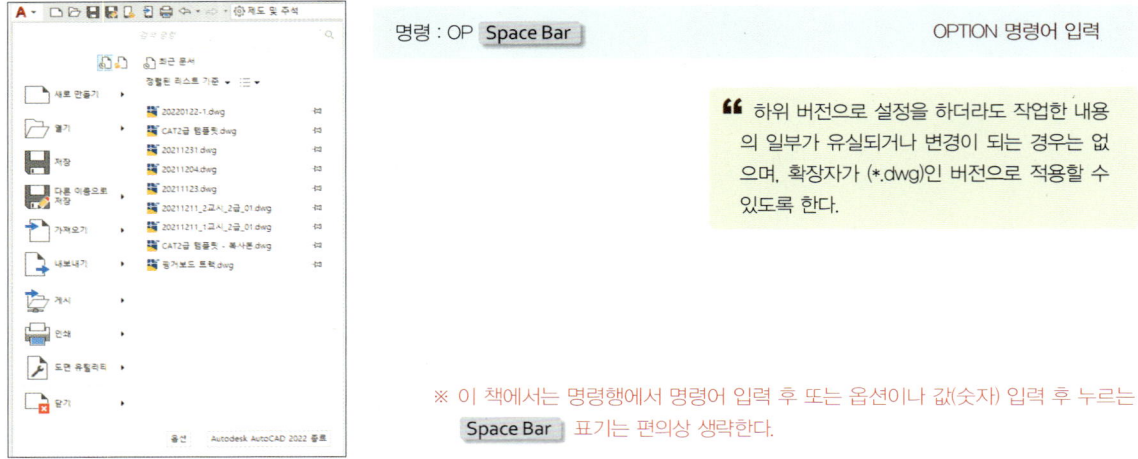

※ 이 책에서는 명령행에서 명령어 입력 후 또는 옵션이나 값(숫자) 입력 후 누르는 Space Bar 표기는 편의상 생략한다.

02 옵션 창에서 [열기 및 저장] 탭을 눌러준다.
03 [파일 저장] 항목에서 '다른 이름으로 저장(S):' 의 화살표를 눌러 하위 버전으로 변경한다.

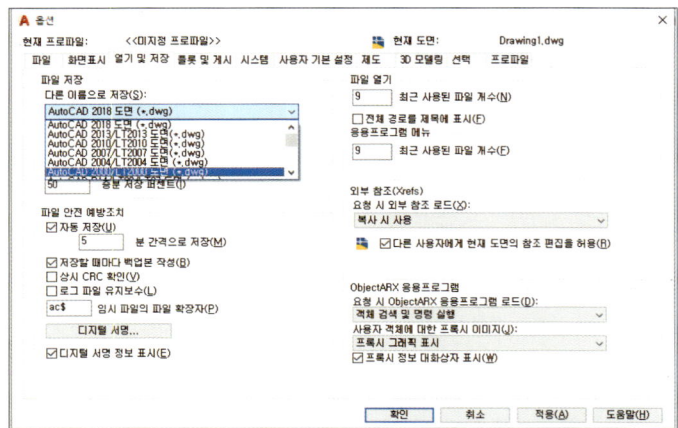

2-2-2. 화면표시 설정

화면을 구성하고 있는 요소들의 색상 및 크기 등을 제어할 수 있으며, CAD실무능력평가 시험에 맞도록 설정을 변경하도록 한다.

01 응용프로그램 메뉴를 누르고 오른쪽 하단에 있는 [옵션]을 클릭한다. 혹은 명령행에서 'OP'를 입력한 후 Space Bar 를 누른다.

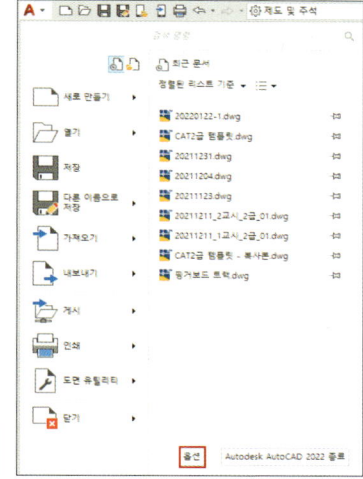

명령 : OP   OPTION 명령어 입력

02 옵션 창에서 [화면 표시] 탭을 눌러준다.

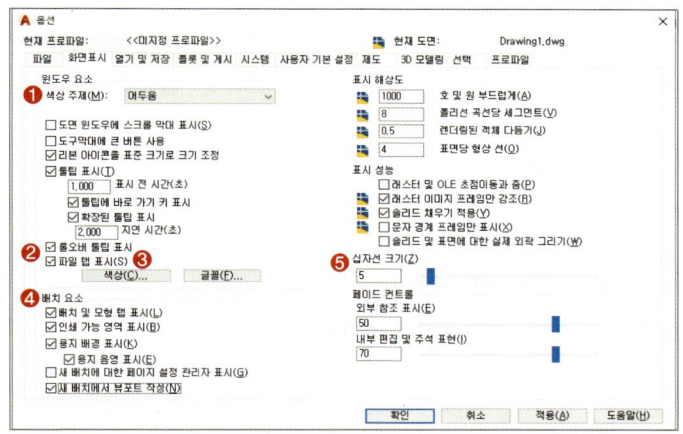

❶ 색상 구성표(M) : 화면 구성요소들의 전체적인 색상을 제어한다.

❷ 파일 탭 표시(S): 여러 개의 파일을 열었을 때 파일탭 생성 유무를 제어한다.

❸ 색상(C) : 화면을 구성하고 있는 요소들의 색상을 제어한다.

❹ 배치 요소 : 배치 요소에 대한 색상 및 효과를 제어한다.

❺ 십자선 크기(Z) : 십자선의 크기(길이)를 제어한다.

03 이 항목에 대하여 오른쪽 그림과 같이 설정을 변경하도록 한다.

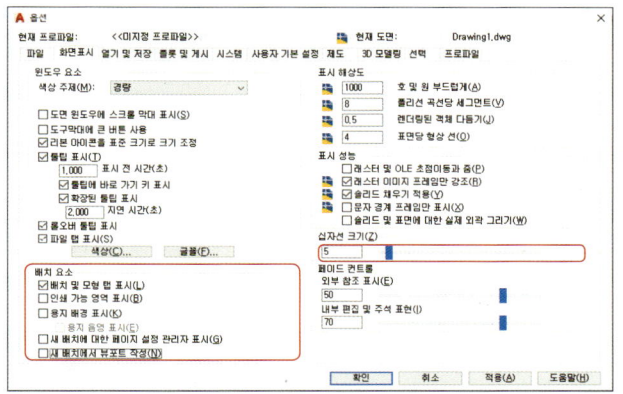

TIP

십자선 크기의 최대값은 1000이며, 십자선의 끝을 화면상으로 확인할 수 없다.

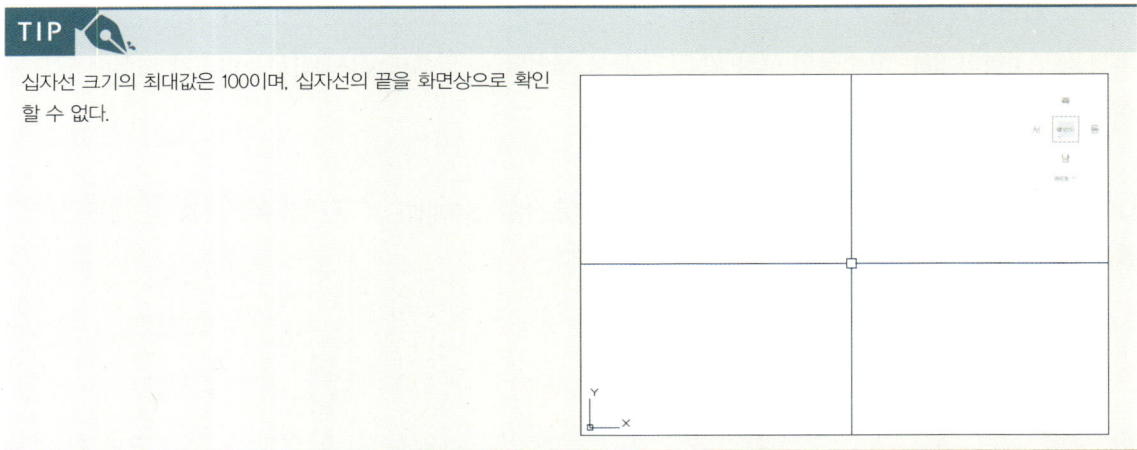

2-2-3. 선택옵션 설정

AutoCAD에서 생성한 객체에 대하여 편집하거나 정보 확인을 위해 선택하는 확인란 크기(Pickbox)를 제어한다.

01 응용프로그램 메뉴를 누르고 오른쪽 하단에 있는 [옵션]을 클릭한다. 혹은 명령행에서 'OP'를 입력한 후 Space Bar 를 누른다.

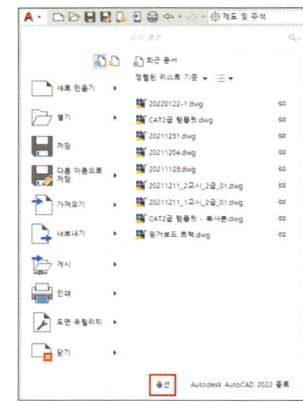

명령 : OP   OPTION 명령어 입력

02 옵션 창에서 [선택] 탭을 눌러준다.

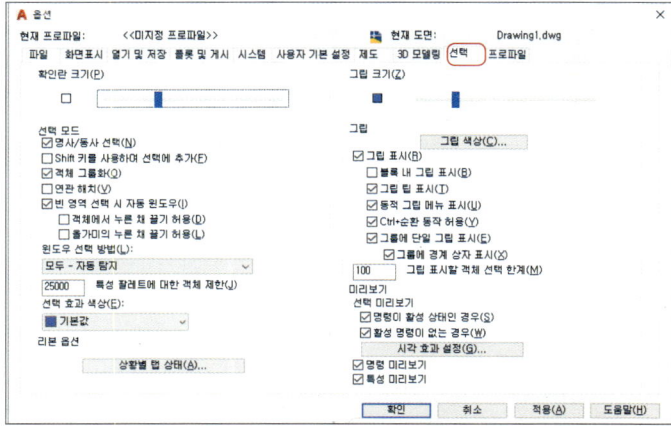

03 확인란 크기(P) 항목에서 객체를 선택할 때 사용되는 Pickbox의 크기를 적당히 키워준다.

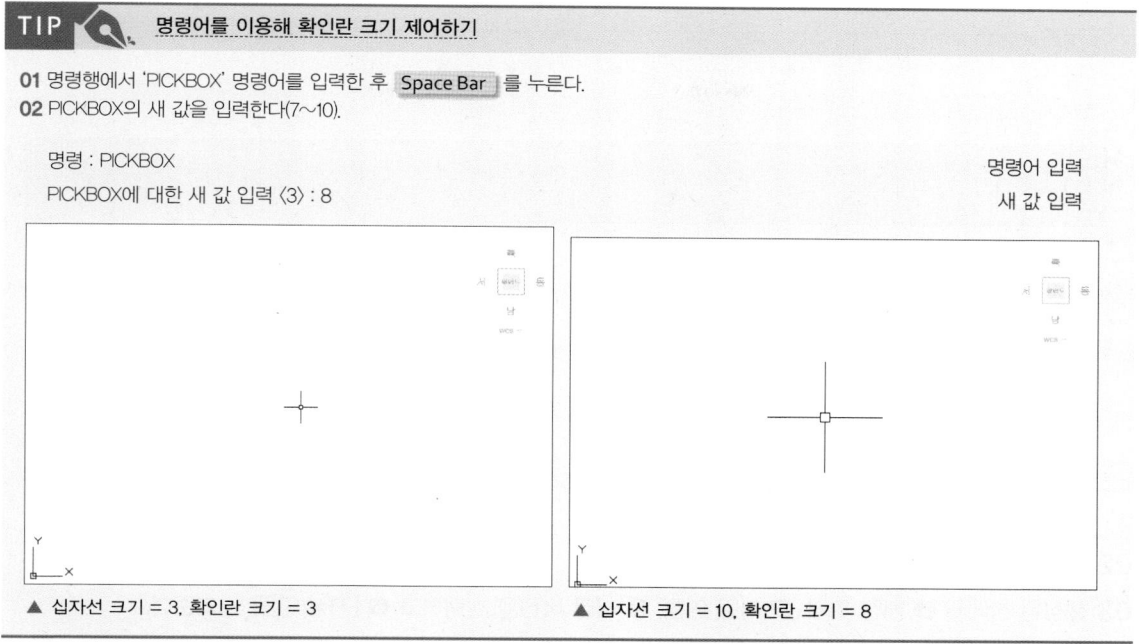

3 _ 작업한 내용 저장하기(SAVE)와 내보내기(EXPORT)

AutoCAD에서 작업한 내용을 저장하거나 다른 확장자로 파일을 내보내기 하는 기능으로 사용중인 프로그램의 버전에 따라 제한될 수 있다. [2-2-1. 저장 버전 설정]에서 언급한 바와 같이 하위 버전은 상위 버전의 파일을 열기 할 수 없으니 저장(SAVE)시 주의하도록 한다.

3-1. 파일 저장하기(SAVE)
저장하기 즉, SAVE는 AutoCAD의 전용 확장자인 ∗.dwg 형식으로 저장해 작업을 이어서 하거나 데이터를 보관하기 위한 기능이다.

❖ 실행 방법 ❖
- 리본 : [응용프로그램 메뉴] – [저장]
- 메뉴 : [신속접근 도구막대] – [저장 아이콘(🖫)]
- 명령 입력 : SAVE

▶ 응용프로그램 메뉴를 이용한 파일 저장(SAVE) 하기

01 화면 왼쪽 상단에서 Autodesk 로고(응용프로그램 메뉴)를 클릭한다.

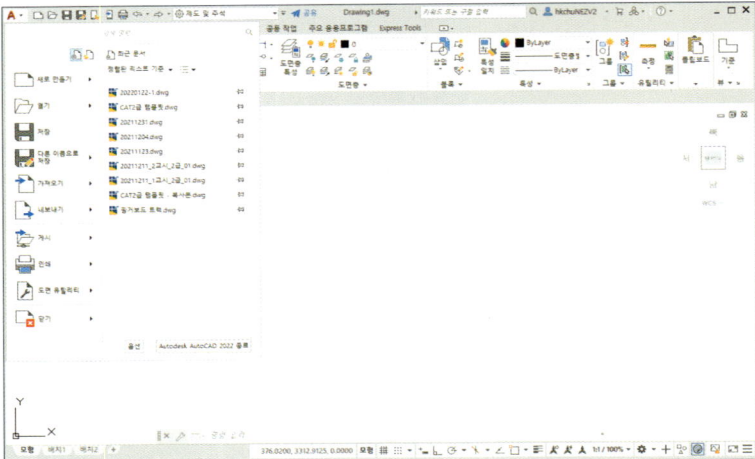

02 [저장] 항목을 눌러준다.

03 생성된 창에서 ❶ 저장 위치, ❷ 파일 이름, ❸ 저장 버전을 선택하고 ❹ [저장(S)]을 눌러준다.

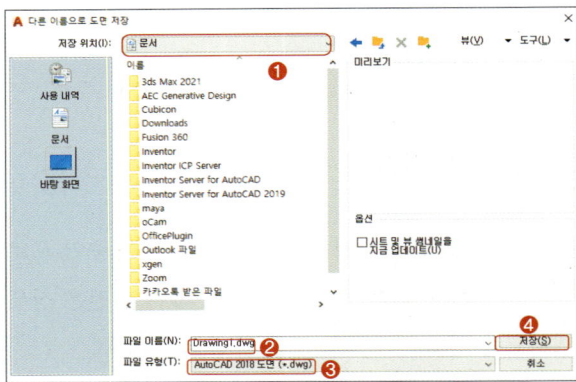

04 다른 형식으로 저장하기 위해선 ❶ 응용프로그램 메뉴에서 ❷ 내보내기 항목을 눌러준 후 ❸ 원하는 형식을 선택한다.

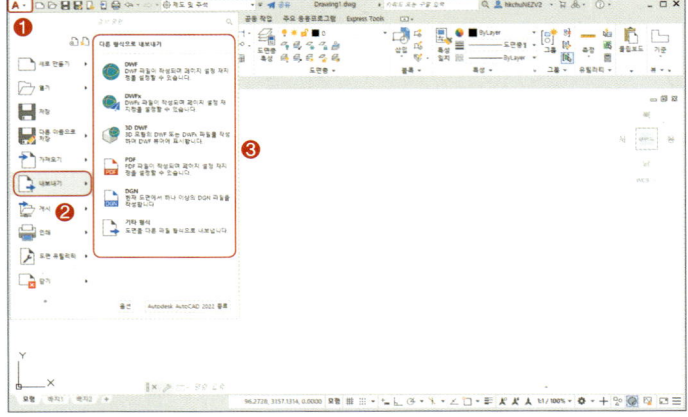

▶ 명령어를 이용한 저장(SAVE)하기

01 명령행에서 'SAVE' 명령어를 입력한 후 `Space Bar` 를 누른다.

명령 : SAVE　　　　　　　　　　　　　　　　　　　　　　　　　　　　　　　　　　　명령어 입력

02 생성된 창에서 ❶ 저장 위치, ❷ 파일 이름, ❸ 저장 버전을 선택하고 [저장(S)]을 눌러준다.

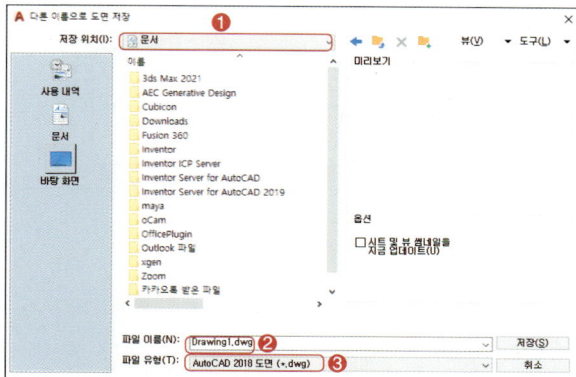

TIP
- 1회 이상 저장을 하고 추가적으로 저장(덮어쓰기)을 할 경우에는 `Ctrl` + `S` (QUICKSAVE)를 눌러준다. 창을 열지 않고 빠르고 손쉽게 저장할 수 있으므로, 습관화 할 수 있도록 한다.
- 저장을 2회 이상 같은 파일에 할 경우 백업파일(*.bak)이 자동으로 생성이 되며, 원본 파일이 손상을 입었을 경우 백업파일의 확장자명을 *.dwg로 변경하여 복구할 수 있다. 단, 마지막 이전에 저장한 단계까지만 복구가 된다는 점을 유의하기 바란다.

TIP　CAD실무능력평가 시험시 주의사항

CAD실무능력평가 2급 시험 진행시 저장을 하지 않은 상태에서 시스템 다운이 발생할 경우 저장을 하지 않은 응시생에 책임이 있기 때문에 저장을 수시로 할 수 있도록 한다.

3-2. 파일 내보내기(EXPORT)

내보내기(EXPORT)는 타 프로그램의 확장자로 변환, 저장하는 것을 말한다. AutoCAD의 장점 중 하나는 바로 내보내기(EXPORT) 할 수 있는 범위가 넓어 다양한 프로그램과의 호환이 가능하다는 점이다.

❖ 실행 방법 ❖
- 리본 : [응용프로그램 메뉴] – [내보내기]
- 명령 입력 : EXPORT
- 단축키 : EXP

▶ 응용프로그램 메뉴를 이용한 파일 보내기(EXPORT)

01 화면 왼쪽 상단에서 Autodesk 로고(응용프로그램 메뉴)를 클릭한다.

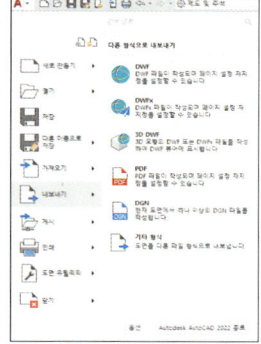

Chapter 01_AutoCAD 시작하기　25

02 [내보내기] 항목을 눌러준 후 원하는 형식을 선택해 준다.

03 생성된 창에서 ❶ 저장 위치, ❷파일 이름, ❸ 파일 유형을 선택하고 ❹ [저장(S)]을 눌러준다.

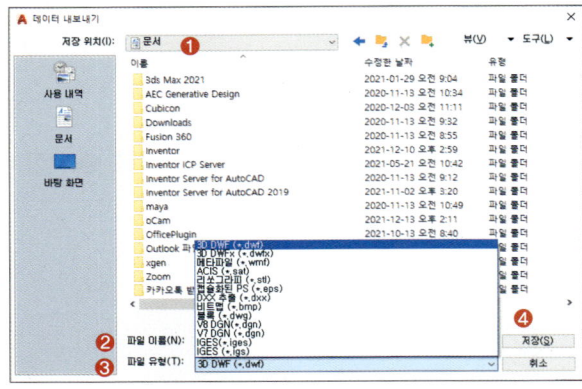

4 _ 파일 열기(OPEN)와 가져오기(IMPORT)

AutoCAD 도면을 불러오거나 다른 프로그램에서 저장한 파일을 가져오는 기능으로, 응용프로그램 메뉴를 이용하는 방법과 명령어를 이용하는 방법, 아이콘을 이용하는 방법, 파일을 더블클릭 하는 방법 등이 있다.

4-1. 파일 열기(OPEN)

AutoCAD를 이용해 작성 및 저장된 파일 즉, DWG 확장자로 저장된 파일을 불러오는 기능이다.

> ❖ 실행 방법 ❖
> • 리본 : [응용프로그램 메뉴] - [열기 아이콘(📂)]
> • 메뉴 : [신속접근 도구막대] - [열기] - [도면]
> • 명령 입력 : OPEN

▶ 응용프로그램 메뉴를 이용한 파일 불러오기(OPEN)

01 화면 왼쪽 상단에서 Autodesk 로고(응용프로그램 메뉴)를 클릭한다.

02 [열기] 항목에서 [도면]을 눌러준다.

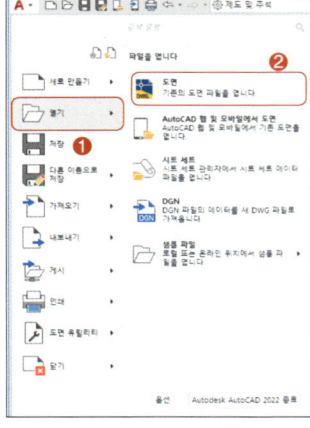

03 생성된 창에서 ❶ 찾을 위치(I) 오른편에 있는 삼각형을 눌러 불러올 도면의 경로를 선택해 준다.

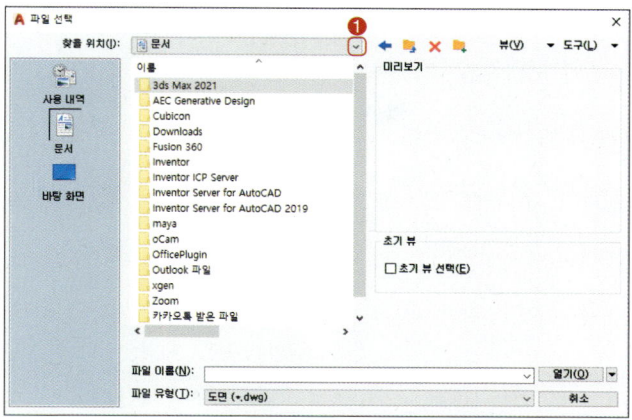

4-2. 파일 가져오기(IMPORT)

AutoCAD 외의 다른 CAD를 이용해 작성된 파일을 불러오는 기능이다.

❖ 실행 방법 ❖

- 리본 : [삽입] 탭 - [가져오기] 패널 - [가져오기 아이콘( )]
- 명령 입력 : IMPORT
- 단축키 : IMP

▶ 명령어를 이용해 파일 불러오기

01 명령행에서 'IMP'를 입력하고 Space Bar 를 누른다.

02 생성된 창에서 ❶ 찾을 위치, ❷ 파일 유형, ❸ 파일 이름을 선택하고 ❹ [열기(O)]를 눌러준다.

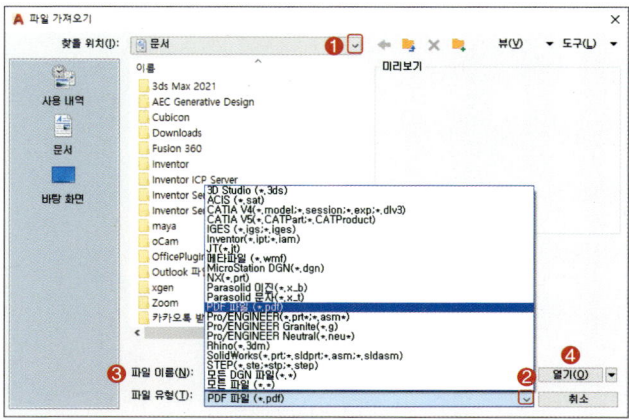

Chapter 02

AutoCAD 기본 기능 익히기

이번 Chapter에서는 AutoCAD의 기본 기능을 사용하여 간단한 도형을 작성해 보고, [예제 따라하기]를 통해 명령어 사용법을 익힌다. Drawing의 기본적인 프로세스를 이해하고, 사용자에 맞는 작업 환경을 설정할 수 있도록 한다.

1 _ 화면 제어하기

AutoCAD를 이용하여 도면을 작성할 경우 가장 중요한 것 중 하나가 작업 화면을 사용자 편의에 맞게 확대 하거나 축소, 이동하는 것이다.

1-1. ZOOM 명령어를 이용한 화면 제어

마우스 휠을 사용해 도면을 제어할 수 있지만, 명령어를 사용하면 영역 지정을 좀더 정확하게 제어할 수 있다

명령 : Z	ZOOM 명령어 입력
[전체(A)/중심(C)/동적(D)/범위(E)/이전(P)/축척(S)/윈도우(W)/객체(O)]<실시간> :	첫 번째 구석점 지정
반대 구석 지정 :	두 번째 구석점 지정

❝ Zoom(Z) 명령어 에서는 전체(A) 기능과 윈도우(W) 기능을 주로 이용하며 윈도우(W)의 경우 단축키 입력 없이 임의의 두 점을 지정하면 생성되는 사각형이 화면의 범위로 변경된다.

1-2. 마우스 휠을 이용한 화면 제어

마우스 휠은 크게 세 가지의 화면제어 기능을 가지고 있으며, 이 기능들을 통해 도면 작성 효율을 크게 향상시킬 수 있다.

화면 확대
화면 축소

❶ **도면 확대/축소(Zoom)** : 마우스 휠을 위, 아래로 돌려주면 그래픽커서의 위치를 기준으로 화면을 확대하거나 축소시킨다.

❷ **작업 영역의 이동(Pan)** : 마우스 휠을 누른 상태로(손 모양 아이콘으로 변환) 움직이면 도면의 위치를 이동시킬 수 있다.

❸ **도면 크기를 작업 화면에 맞추기(Zoom/범위(E))** : 마우스 휠을 더블클릭하여 화면 내에 모든 도면 요소를 표현한다.

❝ Zoomfactor 명령어를 이용하여 휠의 확대/축소의 속도를 설정할 수 있으며, 기본값 60을 기준으로 낮으면 느려지고 높으면 빨라진다.

▶ ZOOM 명령어를 이용한 화면 제어

01 예제 파일을 불러온다.
- 예제 파일 : Chapter02\Zoom.dwg

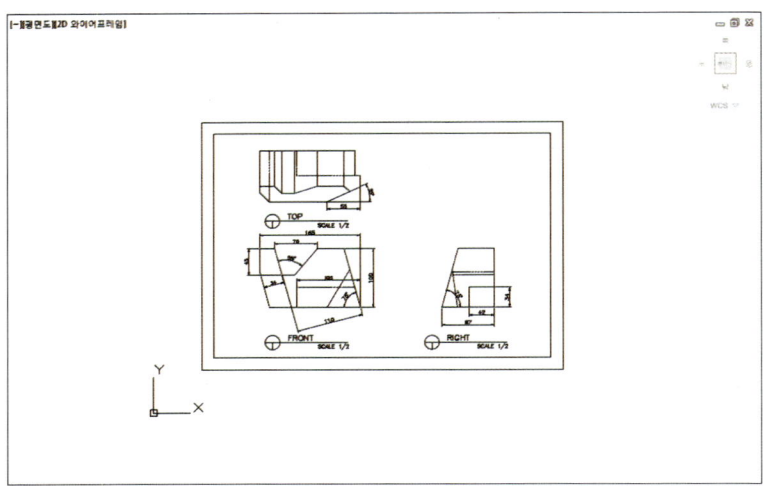

02 도면 전체가 보일 수 있도록 마우스 휠을 더블클릭한다.

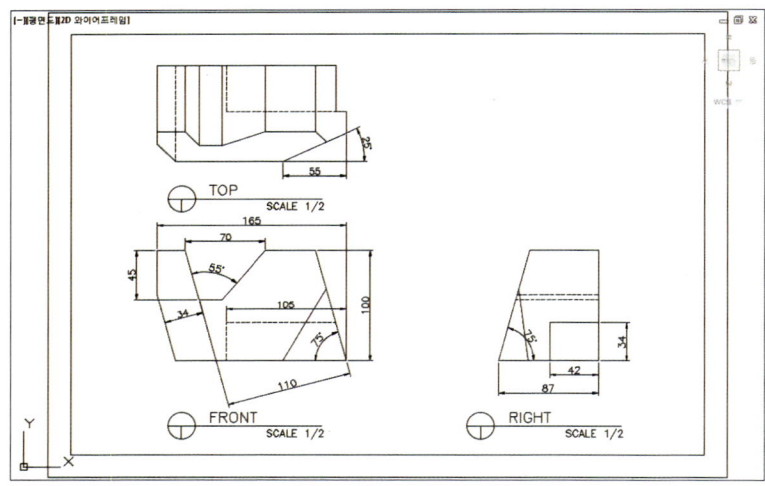

03 명령행에서 단축키 'Z'를 입력한 후 Space Bar 를 누른다.

명령 : Z　　　　　　　　　　　　　　　　　　　　　　　　　　　　　ZOOM 명령어 입력

04 FRONT 부분을 확대해 보도록 하자. P1과 P2를 클릭한다.

윈도우 구석 지정, 축척 비율(nX 또는 nXP) 입력 또는
[전체(A)/중심(C)/동적(D)/범위(E)/이전(P)/축척(S)/윈도우(W)/객체(O)]〈실시간〉: P1　　　코너 점 지정
반대 구석 지정 : P2　　　　　　　　　　　　　　　　　　　　　　　　코너 점 지정

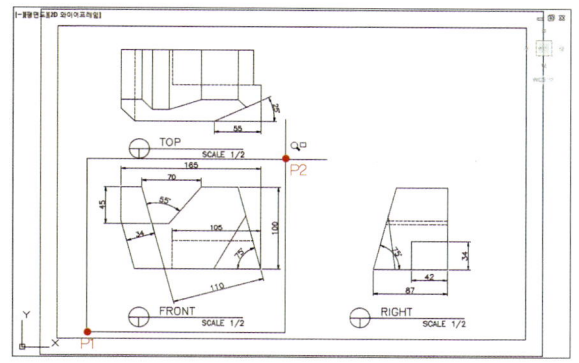 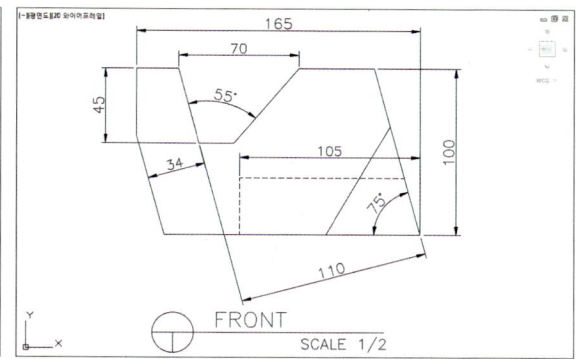

05 마우스 휠을 더블클릭하여 화면에 도면 전체를 확대한다.

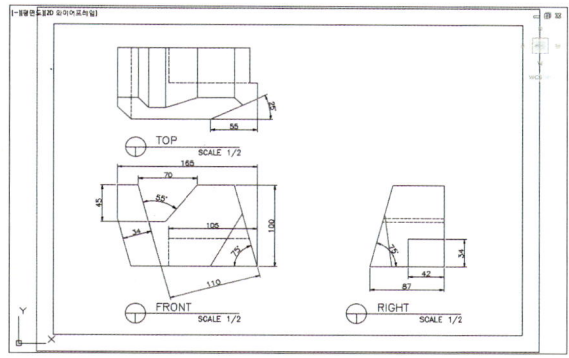

06 그래픽 커서를 RIGHT 영역 중심에 놓고 마우스 휠을 위, 혹은 아래로 돌려 확대/축소한다.

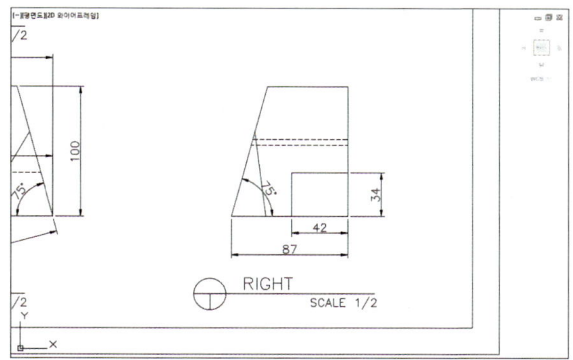

07 마우스 휠을 눌러 손모양 아이콘으로 변경된 것을 확인한 후 초점을 이동시킨다.

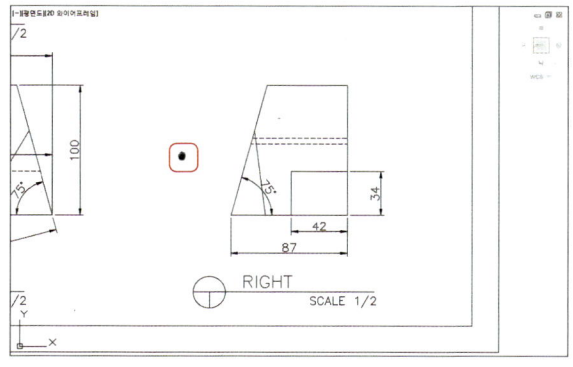

08 명령어 Z(Zoom)을 입력한 후 Space Bar 를 누른다. 옵션 중 옵션 중 A(전체)를 입력한 후 Space Bar 를 눌러 도면의 한계 영역을 모두 나타낸다.

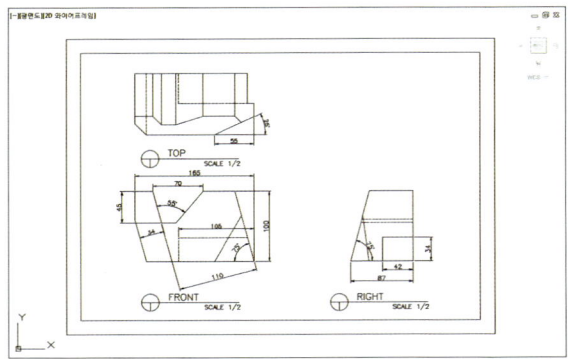

명령 : Z	ZOOM 명령어 입력
윈도우 구석 지정, 축척 비율(nX 또는 nXP) 입력 또는 [전체(A)/중심(C)/동적(D)/범위(E)/이전(P)/축척(S)/윈도우(W)/객체(O)] 〈실시간 〉: A	옵션입력

2 _ 도면의 뼈대를 그리는 LINE(선 그리기)

Line(선) 명령은 도면의 가장 기본이 되는 선을 그리는 명령어이다.

❖ 실행 방법 ❖
• 리본 : [홈] 탭 – [그리기] 패널 – 선 아이콘(╱)   • 명령 입력 : LINE   • 단축키 : L

선 그리기에 앞서 화면 하단의 도구막대에서 아이콘들의 활성화 상태를 확인한 후 아래와 같이 모두 비활성화 시킨다.

01 명령행에서 단축키 'L'을 입력하고 Space Bar 를 누른다.

명령 : L	LINE 명령어 입력

02 선의 시작점 P1을 클릭한다.

첫 번째 점 지정 : P1	시작점 지정

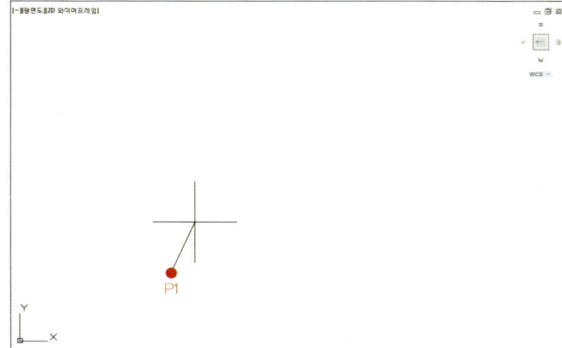

03 선의 다음점으로 P2, P3, P4, P5 부분을 클릭한다.

다음 점 지정 또는 [명령 취소(U)] : P2	다음점 지정
다음 점 지정 또는 [명령 취소(U)] : P3	다음점 지정
다음 점 지정 또는 [닫기(C)/명령 취소(U)] : P4	다음점 지정
다음 점 지정 또는 [닫기(C)/명령 취소(U)] : P5	다음점 지정
다음 점 지정 또는 [닫기(C)/명령 취소(U)] :	명령어 종료

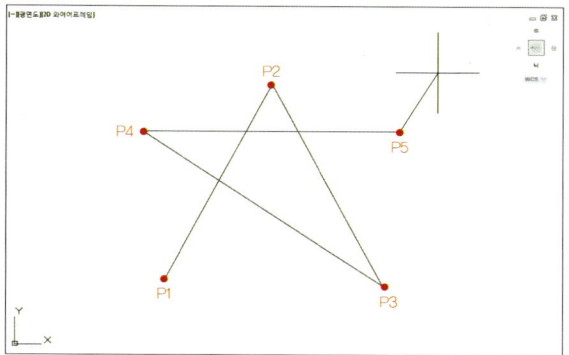

04 `Space Bar` 를 눌러 선 그리기를 마친다.

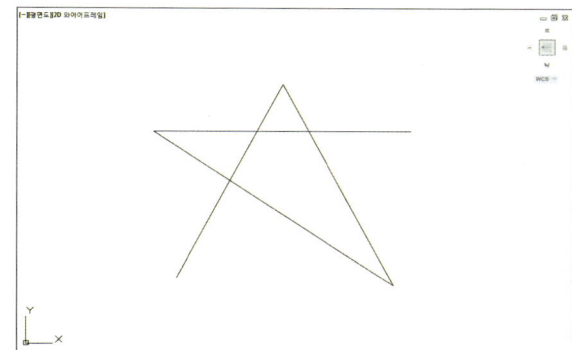

TIP

01 선을 그리는 도중 옵션을 통해 다음과 같은 작업을 수행할 수 있다.

❶ 닫기(C) : 선을 처음 시작한 지점으로 연결하며 명령어 빠져 나오기
❷ 명령 취소(U) : 선을 마지막으로 클릭한 시점부터 순차적으로 되돌리기

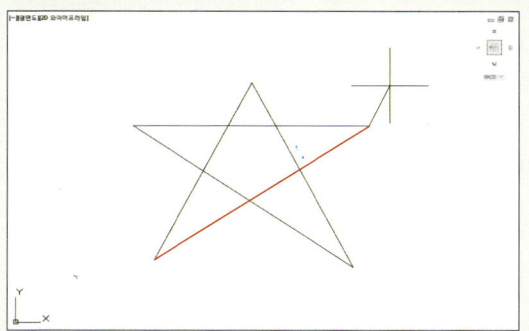
▲ 시작점으로 연결하며 명령어 종료

▲ 순차적으로 되돌아 가기

02 [직교 모드]를 사용하게 되면 선을 수직, 수평 방향으로 작성할 수 있다. [직교 모드]는 하단의 도구막대에서 마우스 클릭으로 활성화 하거나 `F8` 키를 눌러주면 된다.

03 명령 실행 중 작업의 종료 방법으로는 `ESC` , `Space Bar` , `Enter` 중 하나를 눌러준다.
04 명령어를 입력할 때 커서의 위치는 관계 없이 입력하며, 대/소문자 역시 구별하지 않는다.
05 명령어 없이 `Space Bar` , `Enter` 를 누르면 가장 최근에 사용한 명령어가 활성화 된다.
06 방향키 ↑ ↓ 를 이용하여 사용했던 명령어들을 순차적으로 확인할 수 있다.
07 옵션은 명령어 진행 중에 사용한다.

3 _ 좌표계

좌표는 작업 공간에서의 위치를 나타내는 값을 의미하며, 정확한 위치정보를 입력하는 방법을 통해 생성 및 편집 명령어를 효율적으로 사용할 수 있도록 한다.

3-1. 절대좌표

가장 기본이 되는 좌표로 위치를 표시하기 위한 기준을 원점으로 하며, 그 기준이 변하지 않기 때문에 절대좌표라고 한다.

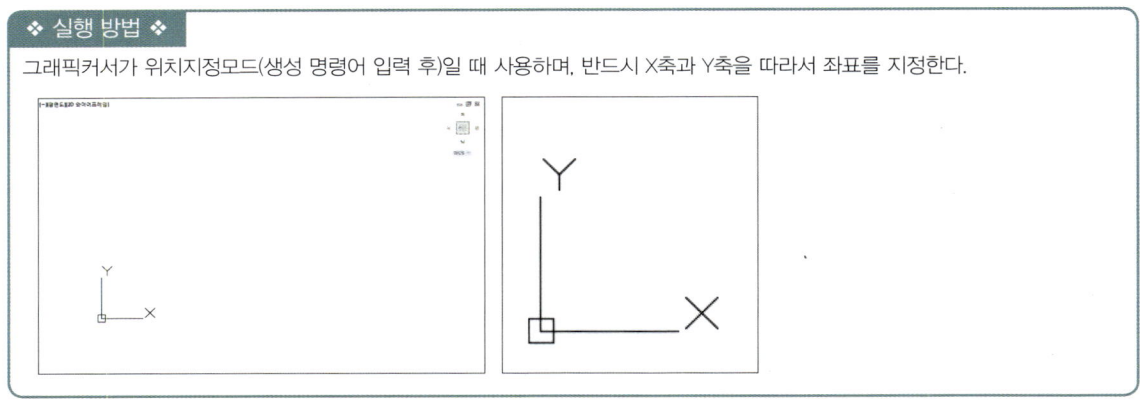

- 형식 : X, Y
- 예 10, 10
  15, 15

▶ 절대 좌표를 이용하여 이미지와 같이 직사각형 만들기

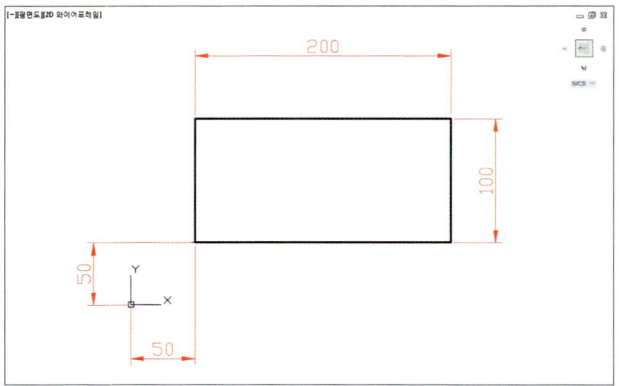

01 명령행에서 단축키 'L'을 입력하고 Space Bar 를 누른다.

| 명령 : L | LINE 명령어 입력 |

02 선의 시작점 P1에 대한 좌표값으로 50,50을 입력하고 Space Bar 를 누른다.

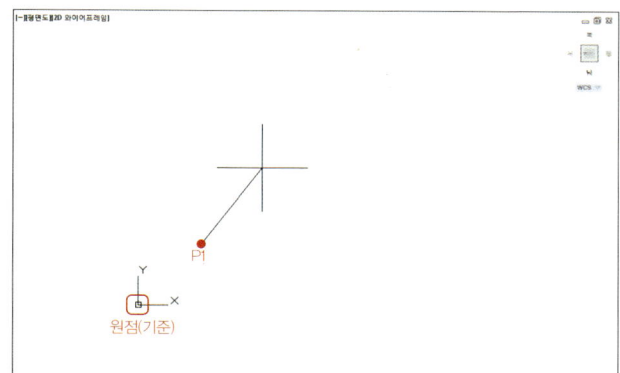

첫 번째 점 지정 : 50, 50   P1 지점

03 계속해서 P2 지점에 대한 좌표값 250,50을 입력하고 Space Bar 를 누른다.

❝ P2 좌표의 계산
기존 P1지점의 좌표값이 50,50이고 P2는 P1지점으로부터 X축의 오른쪽 방향으로 200만큼 이동 하였기 때문에 P1의 X축 좌표값 50에 200을 더하여 P2의 X축 좌표값은 250이 된다. P2의 Y축 좌표값은 P1으로 부터 변화가 없으므로 50이 유지된다. 따라서 P2의 좌표값은 250,50이 된다.

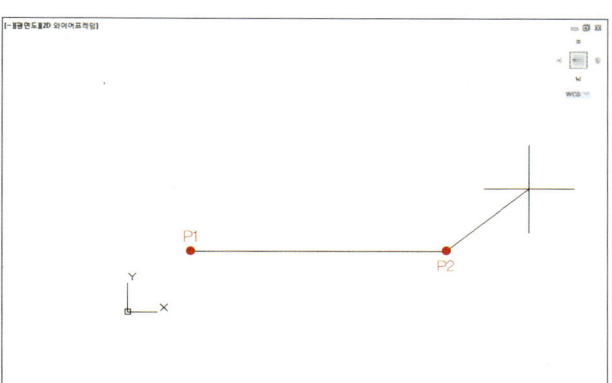

다음 점 지정 또는 [명령 취소(U)] : 250, 50   P2 지점

04 P3 지점에 대한 좌표값 250,150을 입력하고 Space Bar 를 누른다.

❝ P3 좌표의 계산
기존 P2지점의 좌표값이 250,50이고 P3는 P2지점으로부터 Y축의 윗쪽 방향으로 100만큼 이동 하였기 때문에 P2의 Y축 좌표값 50에 100을 더하여 P3의 Y축 좌표값은 150이 된다. P3의 X축 좌표값은 P2로 부터 변화가 없으므로 250이 유지된다. 따라서 P3의 좌표값은 250,150이 된다.

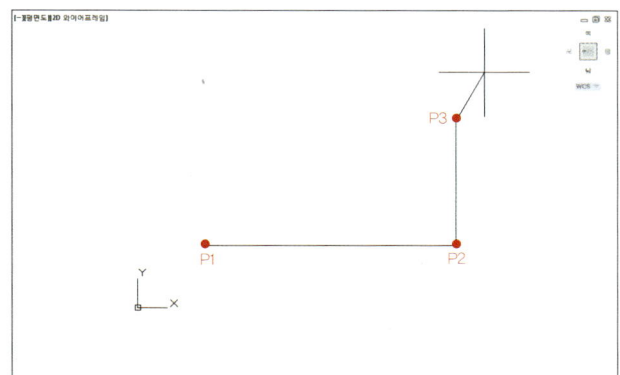

다음 점 지정 또는 [명령 취소(U)] : 250, 150   P3 지점

05 P4 지점에 대한 좌표값 50,150을 입력하고 Space Bar 를 누른다.

❝ P4 좌표의 계산
기존 P3지점의 좌표값이 250,150이고 P4는 P3지점으로부터 X축의 왼쪽 방향으로 200만큼 이동 하였기 때문에 P3의 X축 좌표값 250에 200을 빼서 P4의 X축 좌표값은 50이 된다. P4의 Y축 좌표값은 P3로 부터 변화가 없으므로 150이 유지된다. 따라서 P4의 좌표값은 50,150이 된다.

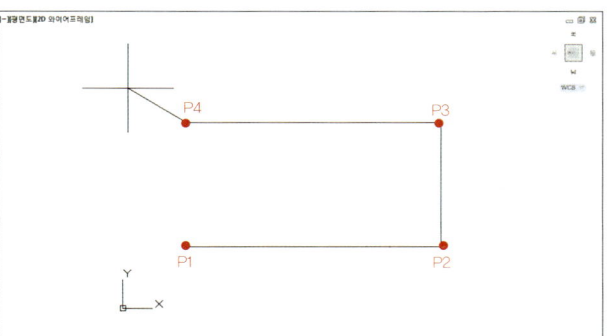

다음 점 지정 또는 [명령 취소(U)] : 50, 150   P4 지점

06 옵션 [닫기(C)]를 눌러 시작점으로 연결 후 종료한다.

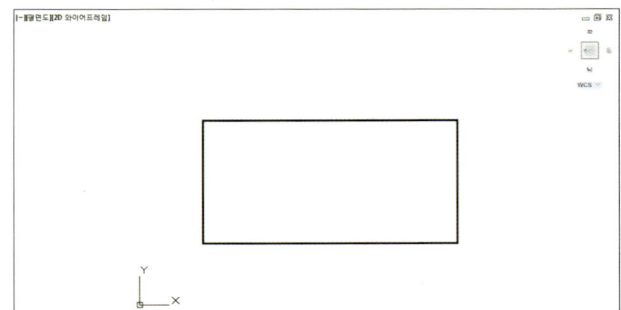

다음 점 지정 또는 [닫기(C) 명령 취소(U)] : C   옵션입력

3-2. 상대좌표

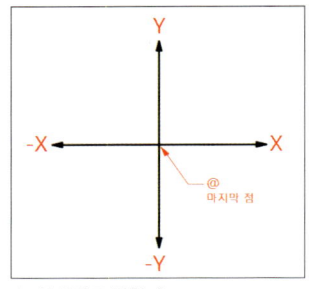

▲ 상대좌표 방향계

상대적인 좌표를 의미하며 @를 이용하여 적용한다. 이때 @는 마지막 점을 기준으로 한다는 의미이다. 즉 @1,2는 마지막으로 선택한 점을 0,0으로 지정한 상태에서 X축으로 1, Y축으로 2만큼 이동한 좌표를 뜻한다. 다만, 마지막 점을 기준으로 왼쪽으로 이동할 때는 −X값을, 아래 방향으로 이동할 때는 −Y 값을 입력해 준다.

▶ 상대좌표를 이용하여 이미지와 같이 직사각형 만들기

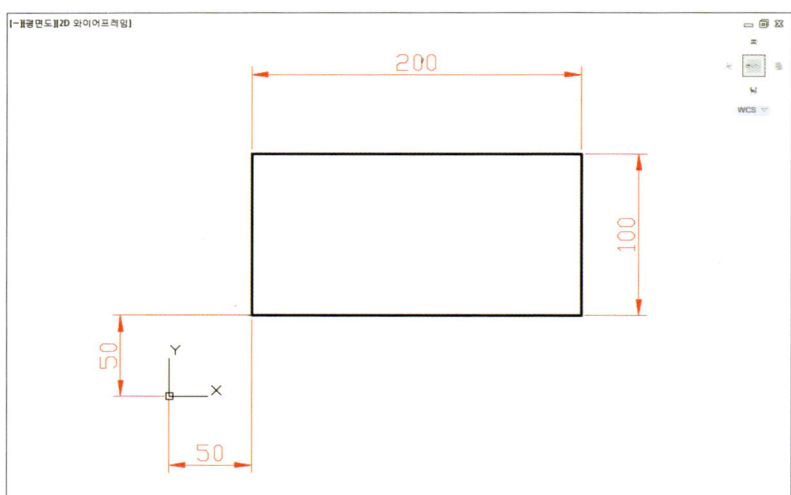

01 명령행에서 단축키 'L' 을 입력하고 Space Bar 를 누른다.

명령 : L   LINE 명령어 입력

02 화면에서 임의의 한 점 P1을 클릭한다.

첫 번째 점 지정 :　　　　　　　　　P1 지점

03 계속해서 P2 지점에 대한 좌표값 @200,0을 입력하고 Space Bar 를 누른다.

> **❝ P2 좌표의 계산**
> 상대좌표를 사용하게 되면 기존의 좌표값은 무조건 0,0으로 보게 된다. P2는 P1으로부터 X축의 오른쪽 방향으로 200만큼 이동하였기 때문에 P2의 X축 좌표값은 변위량인 200이 된다. P2의 Y축 좌표값은 변화가 없으므로 변위량이 0이 된다. 따라서 P2의 좌표값은 @200,0이 된다.

다음 점 지정 또는 [명령 취소(U)]: @200,0　　P2 지점

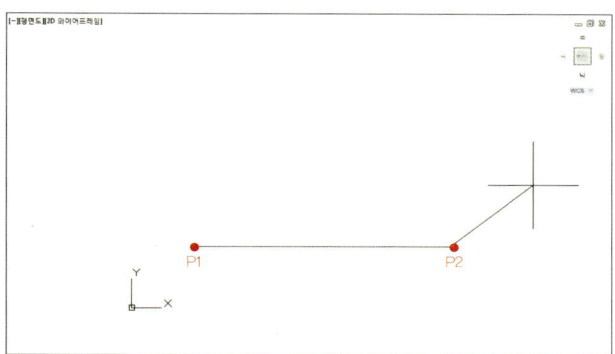

04 P3 지점에 대한 좌표값 @0,100을 입력하고 Space Bar 를 누른다.

> **❝ P3 좌표의 계산**
> 상대좌표를 사용하게 되면 기존의 좌표값은 무조건 0,0으로 보게 된다. P3는 P2로부터 Y축의 윗쪽 방향으로 100만큼 이동하였기 때문에 P3의 Y축 좌표값은 변위량인 100이 된다. P2의 X축 좌표값은 변화가 없으므로 변위량이 0이 된다. 따라서 P3의 좌표값은 @0,100이 된다.

다음 점 지정 또는 [명령 취소(U)] : @0, 100　　P3 지점

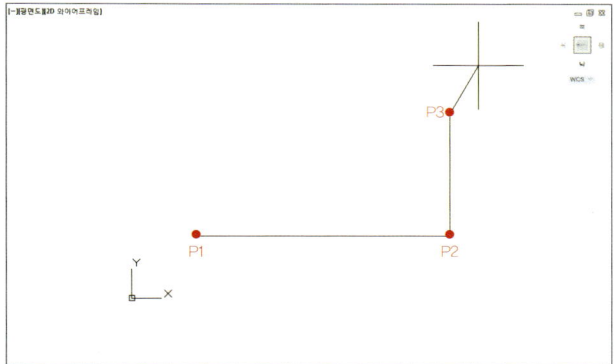

05 P4 지점에 대한 좌표값 @-200,0을 입력하고 Space Bar 를 누른다.

> **❝ P4 좌표의 계산**
> 상대좌표를 사용하게 되면 기존의 좌표값은 무조건 0,0으로 보게 된다. P4는 P3으로부터 X축의 왼쪽 방향으로 200만큼 이동하였기 때문에 P3의 X축 좌표값은 변위량인 -200이 된다. P2의 Y축 좌표값은 변화가 없으므로 변위량이 0이 된다. 따라서 P3의 좌표값은 @-200,0이 된다.

다음 점 지정 또는 [닫기(C) 명령취소(U)] : @-200,0　　P4 지점

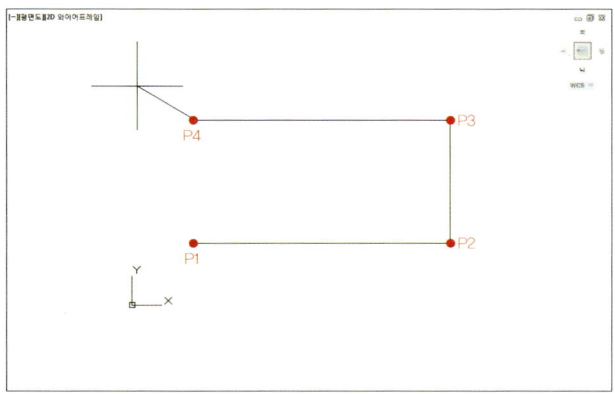

06 옵션 [닫기(C)]를 눌러 시작점으로 연결 후 종료한다.

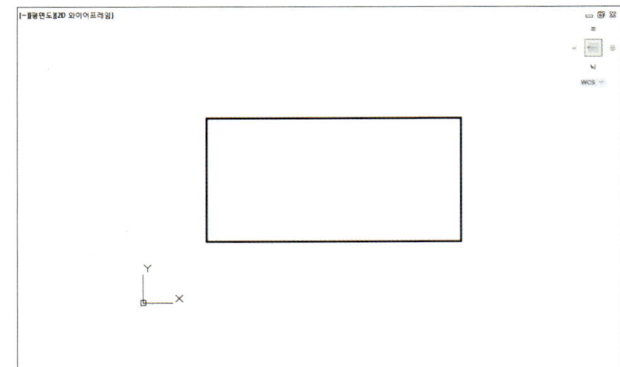

다음 점 지정 또는 [닫기(C) 명령 취소(U)] : C   옵션입력

3-3. 상대극좌표

거리와 각도를 이용하여 위치를 추적하는 방법으로, @와 〈 를 이용하는 형식이다. 이때 거리는 양수값을 입력하며 각도의 음수, 양수에 따라 방향이 달라진다.

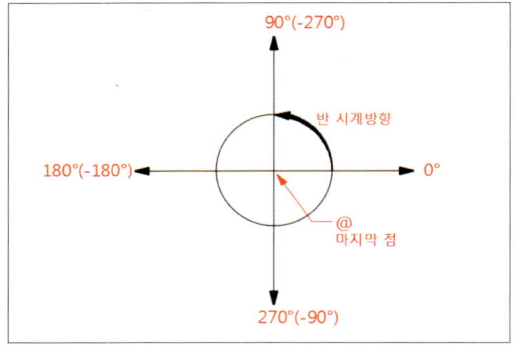

➡ 형식

@거리값〈각도

01 명령행에서 단축키 'L' 을 입력하고 Space Bar 를 누른다.

명령 : L   LINE 명령어 입력

02 화면에서 임의의 한 점 P1을 클릭한다.

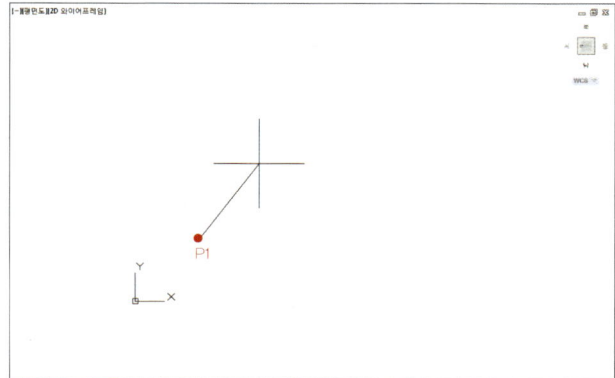

첫 번째 점 지정 :   P1 지점

03 계속해서 P2 지점에 대한 좌표값 @200<0 을 입력하고 Space Bar 를 누른다.

> **P2 좌표의 계산**
> P1에서 P2로 지행되는 선의 길이는 200mm이고 P1으로부터 오른쪽 수평방향으로 진행하였기 때문에 각도는 0°가 되므로 P2의 상대극좌표값은 @200<0이 된다.

다음 점 지정 또는 [명령 취소(U)] : @200<0   P2지점

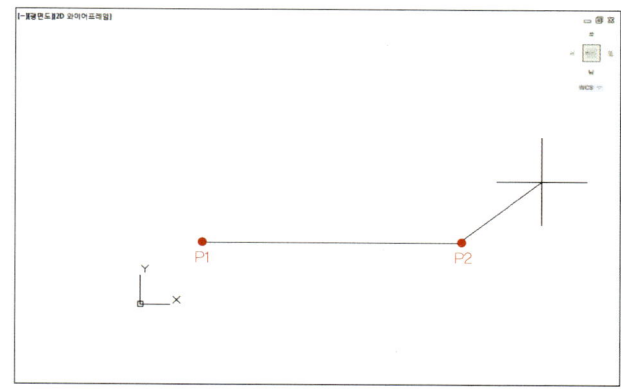

04 P3 지점에 대한 좌표값 @100<90을 입력하고 Space Bar 를 누른다.

> **P3 좌표의 계산**
> P2에서 P3로 지행되는 선의 길이는 100mm이고 P2로부터 윗쪽 수직방향으로 진행하였기 때문에 각도는 90°가 되므로 P2의 상대극좌표값은 @100<90이 된다.

다음 점 지정 또는 [명령 취소(U)] : @100<90   P3지점

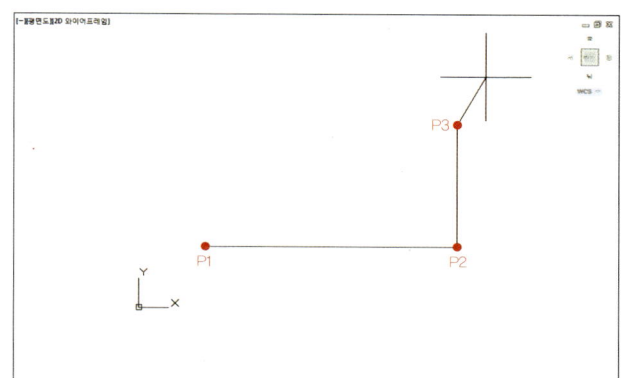

05 P4 지점에 대한 좌표값 @200<180을 입력하고 Space Bar 를 누른다.

> **P4 좌표의 계산**
> P3에서 P4로 지행되는 선의 길이는 200mm이고 P3으로부터 왼쪽 수평방향으로 진행하였기 때문에 각도는 180°가 되므로 P2의 상대극좌표값은 @200<180이 된다.

다음 점 지정 또는 [명령 취소(U)] : @100<180   P4지점

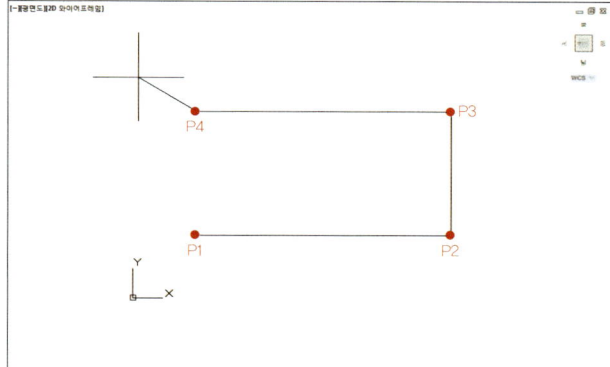

06 옵션 [닫기(C)]를 눌러 시작점으로 연결 후 종료한다.

다음 점 지정 또는 [닫기(C) 명령 취소(U)] : C   옵션입력

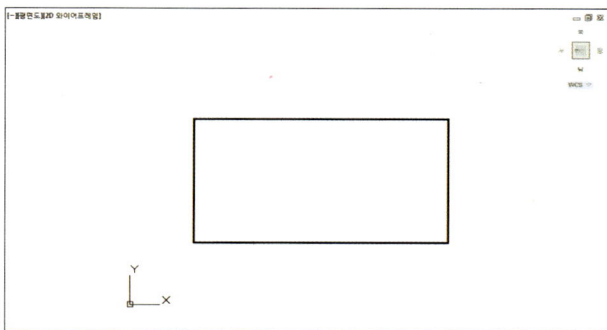

3-4. 직접 거리 입력

그래픽커서를 기준으로 입력한 값만큼 위치를 추적하는 방법으로, 수직/수평 방향으로 위치를 찾을 때 유용하다. 커서가 위치지정 모드일 때 거리값 입력후 Space Bar 혹은 Enter 를 누르면 커서를 향해 입력한 값만큼 위치를 찾아준다.

01 명령행에서 단축키 'L'을 입력하고 Space Bar 를 누른다.

명령 : L   LINE 명령어 입력

02 화면에서 임의의 한 점 P1을 클릭한다.

첫 번째 점 지정 :   P1 지점

03 [직교모드]를 활성화(F8) 한다.
04 P1 지점을 기준으로 마우스를 수평 오른쪽 방향으로 이동 후 '50'을 입력하고 Space Bar 를 누른다.

다음 점 지정 또는 [명령 취소(U)] : 50   거리값 입력

05 P1 지점을 기준으로 마우스를 수직 방향으로 이동 후 '30'을 입력하고 Space Bar 를 누른다.

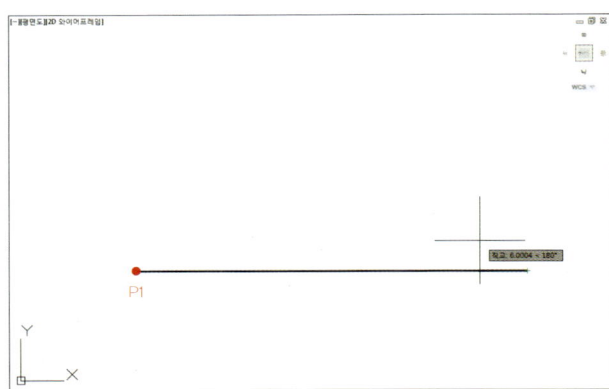

다음 점 지정 또는 [명령 취소(U)] : 30   거리값 입력

06 옵션에서 [닫기(C)]를 눌러준다.

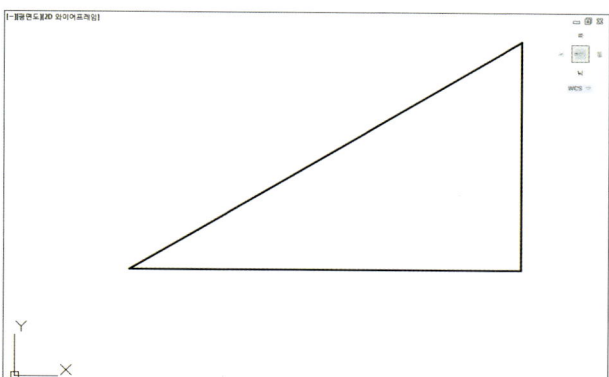

다음 점 지정 또는 [닫기(C)/명령 취소(U)] : C   옵션 입력

❝ 직접 거리 입력 방법을 사용할 경우 직교모드(F8) 활성화 후 사용할 수 있도록 한다.

4 _ 객체 지우기(ERASE)

불필요한 도면 요소를 삭제하는 기능이다.

◇ 실행 방법 ◇
- 리본 : [홈] 탭 – [수정] 패널 – 지우기 아이콘(✏)
- 명령 입력 : ERASE
- 단축키 : E

01 명령행에서 단축키 'E'를 입력하고 Space Bar 를 누른다.

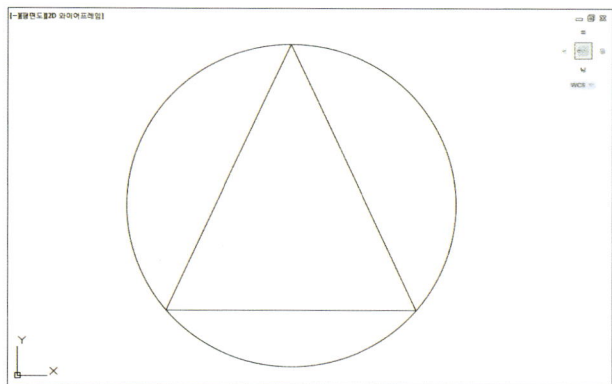

명령 : E   ERASE 명령어 입력

02 지우고자 하는 객체를 선택한다.

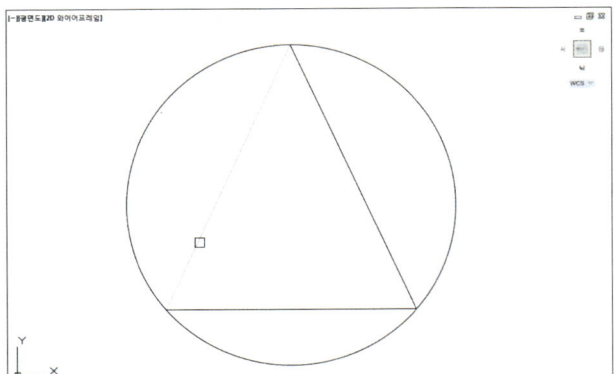

객체 선택 :　　　　　　　　　　객체 선택

03 Space Bar 를 눌러 명령어를 종료한다.

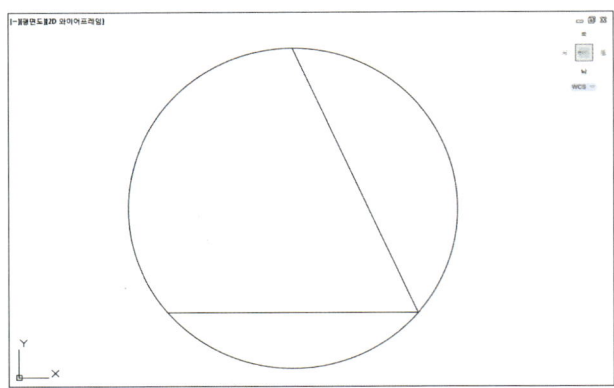

TIP

명령어 없이 객체를 선택한 후 Delete 키를 눌렀을 때 객체를 삭제할 수 있다.

01 지우고자 하는 객체를 선택한다.

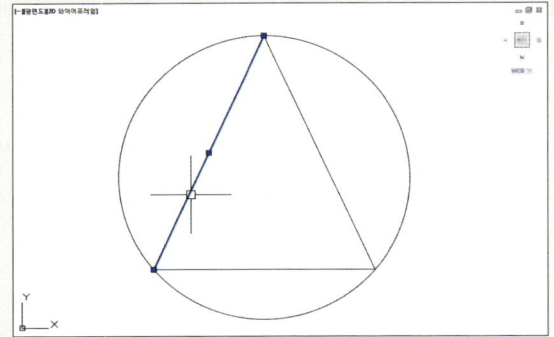

02 Delete 키를 눌러준다.

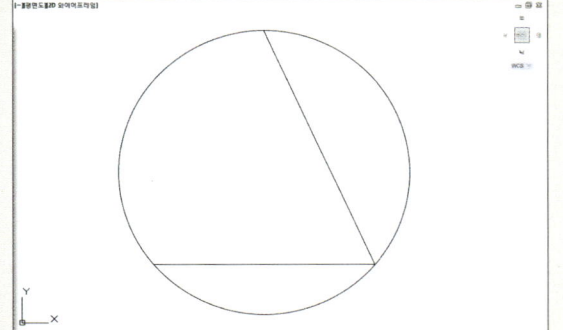

5 _ 작업 단계 조정하기(UNDO, MREDO)

Undo 명령어와 MRedo 명령어는 작업의 단계를 되돌리는 명령어로 도면 작성시 아주 유용하게 사용되는 명령어이고 사용 방법과 주의점에 대하여 정확이 파악하는 것이 중요하다.

5-1. Undo
마지막으로 사용한 명령어 작업을 취소하며, Ctrl + Z 를 눌러 취소하는 방법도 같은 기능이다.

◆ 실행 방법 ◆
- 리본 : 신속접근 도구막대-명령취소 아이콘(⤺)   • 명령 입력 : Undo   • 단축키 : U

5-2. Mredo
Undo를 이용하여 취소한 명령을 복구하며, Ctrl + Y 를 눌러 복구하는 방법도 같은 기능이다.

◆ 실행 방법 ◆
- 리본 : 신속접근 도구막대-명령복구 아이콘(⤻)   • 명령 입력 : Mredo   • 단축키 : MR

6 _ 특정 점의 위치 자동추적하기(OSNAP)

도면을 정확하고 정밀하게 작성하는데 있어 중요한 것 중 하나가 객체의 특정점을 추적하는 기능이다. 이 추적기능을 이용하는 방법에도 여러 가지가 있지만 먼저 특정점을 자동으로 추적해 주는 OSNAP의 종류와 사용 방법에 대한 중요도는 아무리 강조해도 부족하지 않을 정도이다.

6-1. OSNAP의 종류와 활용법
❶ Endpoint : 선이나 호, 모서리에 대한 끝점을 자동 추적

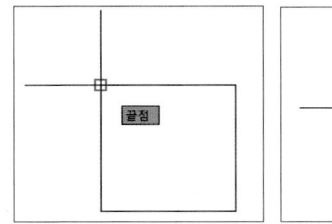 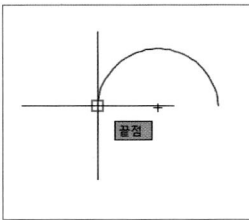

❷ Midpoint : 선이나 호 객체의 중간점을 자동 추적

❸ Center : 원이나 호, 타원의 중심점을 자동 추적

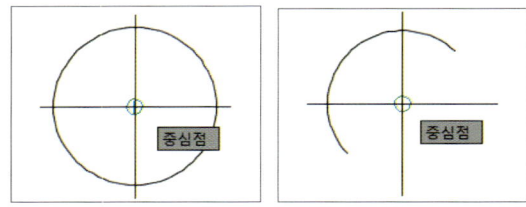

❹ Geometric Center : 닫힌 폴리선, 스플라인의 무게 중심을 자동 추적

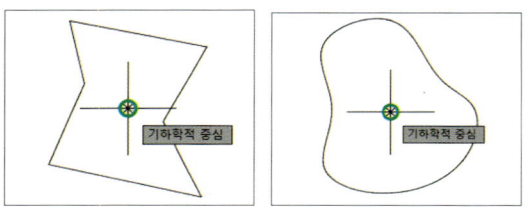

❺ Node : 선형, 정렬치수의 시작점이나 Point 명령으로 표시된 위치를 자동 추적

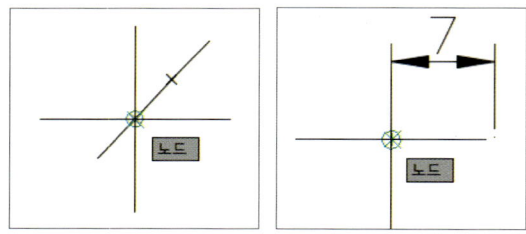

❻ Quadrant : 원이나 호, 타원의 사분점을 자동 추적

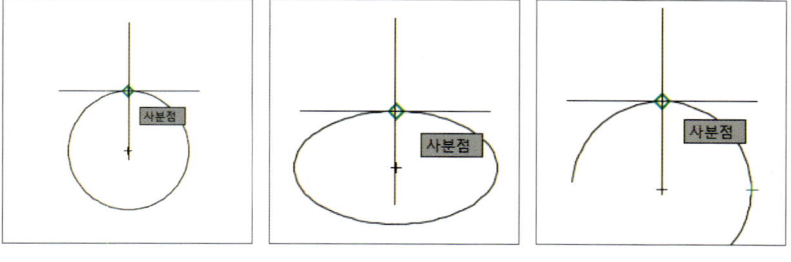

❼ Intersection : 객체의 교차점을 자동 추적

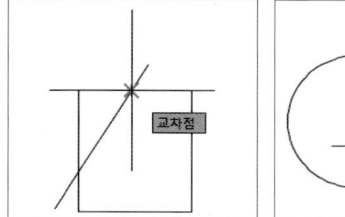 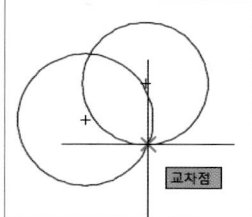

❽ Extension : 선택한 객체의 연장 지점을 표시

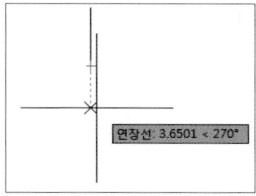

❾ Insertion : 문자나 블록의 삽입점을 자동 추적

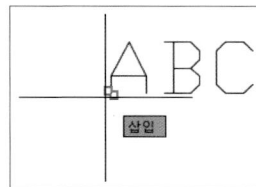 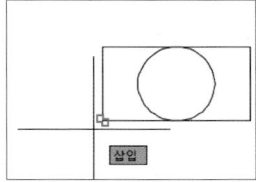

❿ Perpendicular : 수직으로 만나는 지점을 자동 추적

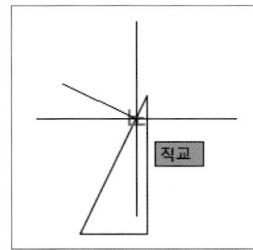 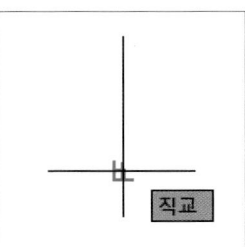

⓫ Tangent : 원이나 호의 곡선과 직선 또는 곡선의 접점(한점에서 만나는 점)을 자동 추적

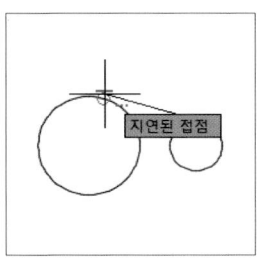

⓬ Nearest : 객체를 구성하고 있는 최소단위의 점을 자동 추적

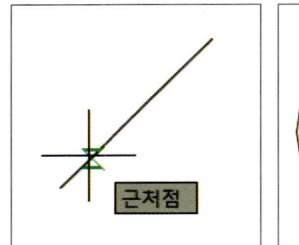 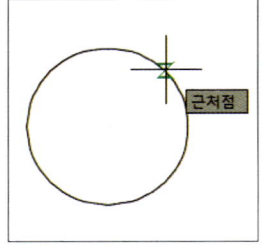

⓭ Apparent Intersection : 연장선의 교차점을 자동 추적

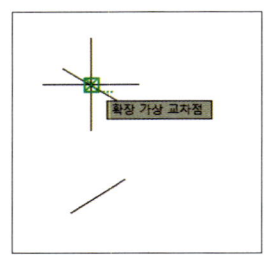 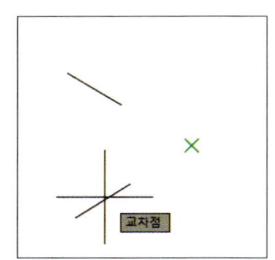

⓮ Parallel : 지정한 선과의 평행라인 경로를 지정

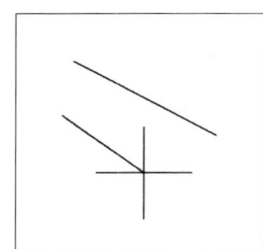 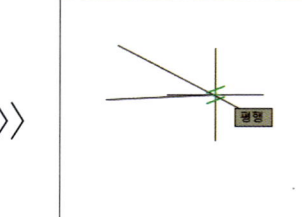 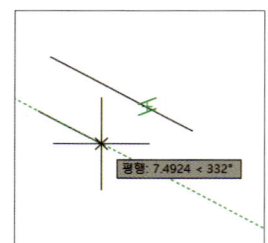

6-2. OSNAP 환경설정

사용빈도수가 높은 OSNAP의 경우 환경설정을 통해 등록을 하고 도면을 작성할 수 있도록 한다.

◇ 실행 방법 ◇
- 단축키 : DS/OS

01 명령행에서 단축키 'DS' 혹은 'OS'를 입력하고 Space Bar 를 눌러준다.

| 명령 : DS | DSETTINGS 명령어 입력 |

02 제도 설정 창에서 [객체 스냅] 탭을 눌러준다.

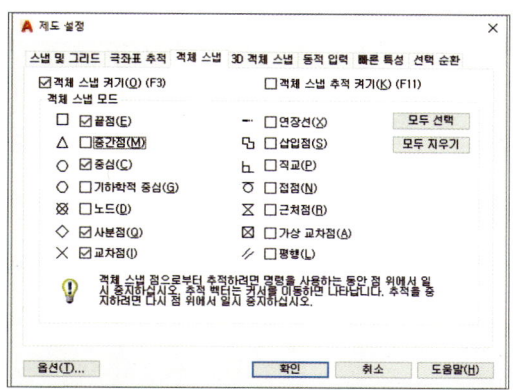

03 자주 사용하는 객체 스냅을 체크하고 확인을 눌러준다.

04 화면 하단의 도구막대에서 객체 스냅 아이콘을 클릭, 혹은 F3 키를 눌러 활성화 한다.

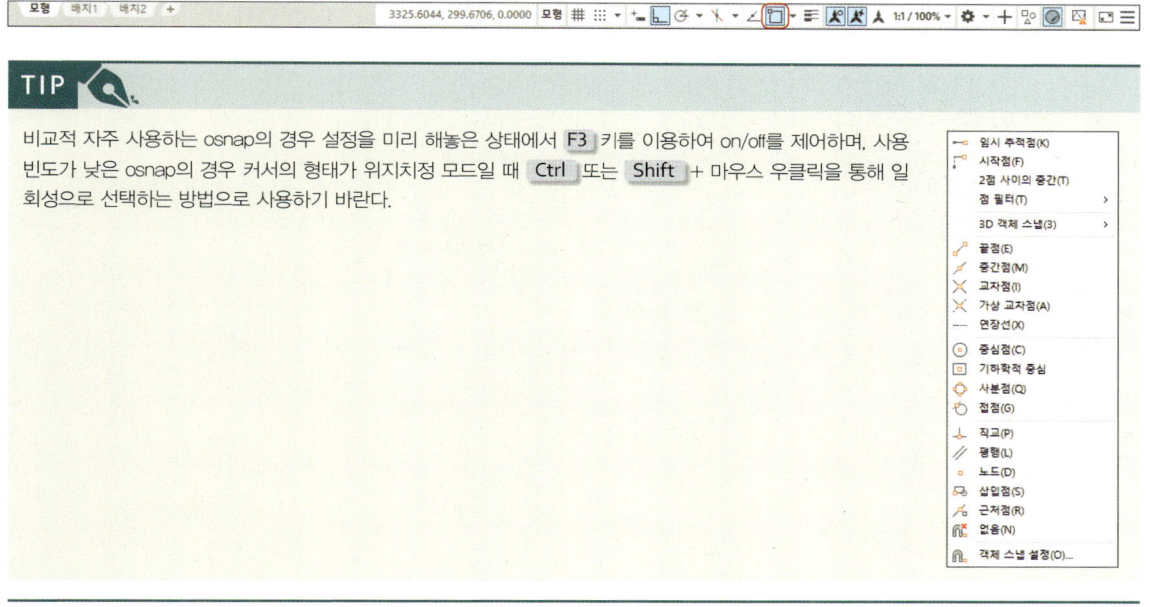

TIP

비교적 자주 사용하는 osnap의 경우 설정을 미리 해놓은 상태에서 F3 키를 이용하여 on/off를 제어하며, 사용 빈도가 낮은 osnap의 경우 커서의 형태가 위치지정 모드일 때 Ctrl 또는 Shift + 마우스 우클릭을 통해 일회성으로 선택하는 방법으로 사용하기 바란다.

6-3. 극좌표 추적(Polar Tracking) 활용하기

극좌표 추적이란, 방향(각도)을 가지고 있는 특정 위치를 자동으로 추적하는 기능으로 저장된 각도를 참조하여 커서 이동에 따라 가이드선을 생성해 주고 특정 각도로 위치를 제한할 수 있다.

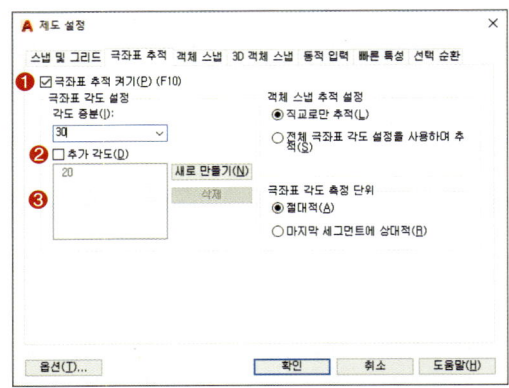

❶ 극좌표 추적 켜기(P) : 체크, 혹은 F10 을 눌러준다.

❷ 각도 증분(I) : 추적하고자 하는 각도를 입력, 혹은 선택한다.

❸ 추가 각도(D) : 0° 방향을 기준으로 1회에 한해 증분각도 외 추가로 각도를 추적해 준다.

▶ 증분각도 40°일때

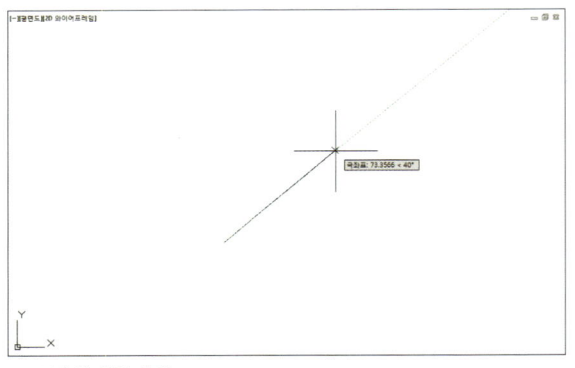

▲ 40°의 위치 추적   ▲ 80°의 위치 추적

▶ 1회에 한해 증분각도 외 추가로 각도를 추적해 준다.

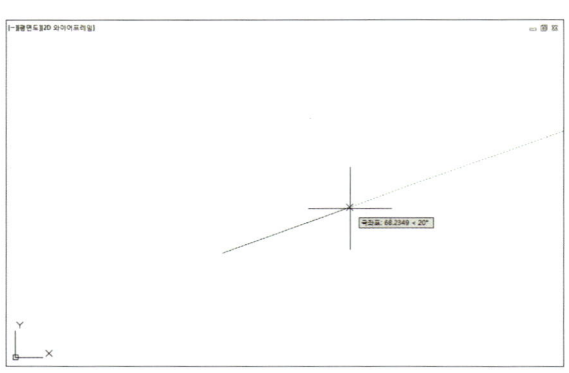

▲ 추가각도 20°의 위치 추적

TIP

극좌표 추적을 사용하면 극좌표 정렬 경로와 다른 객체가 교차하는 위치를 찾을 수 있다는 장점이 있다.

다만, 직교모드(F8)와 극좌표 추적 모드(F10)는 동시에 사용할 수 없다.

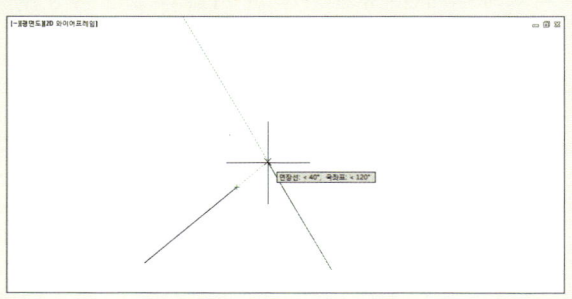

7 _ 원(CIRCLE) 그리기

원을 그리는 명령어로 옵션을 통해 다양한 방식으로 작성할 수 있으며, 원의 중심과 원의 크기(반지름/지름)를 이용하는 일반적인 방법을 많이 사용한다.

❖ 실행 방법 ❖
- 리본 : [홈] 탭-[그리기] 패널-원 아이콘(⊙) • 명령 입력 : CIRCLE • 단축키 : C

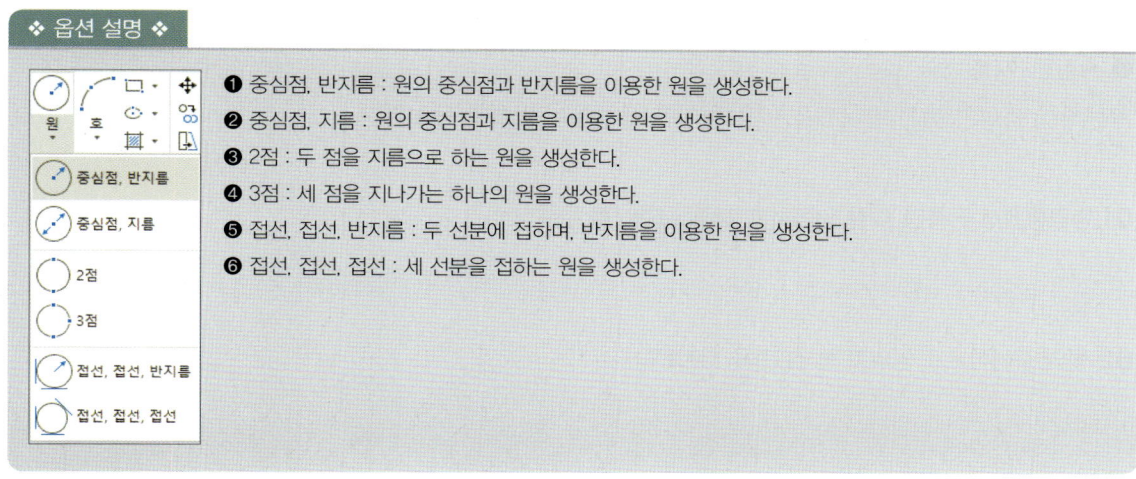

❖ 옵션 설명 ❖

❶ 중심점, 반지름 : 원의 중심점과 반지름을 이용한 원을 생성한다.
❷ 중심점, 지름 : 원의 중심점과 지름을 이용한 원을 생성한다.
❸ 2점 : 두 점을 지름으로 하는 원을 생성한다.
❹ 3점 : 세 점을 지나가는 하나의 원을 생성한다.
❺ 접선, 접선, 반지름 : 두 선분에 접하며, 반지름을 이용한 원을 생성한다.
❻ 접선, 접선, 접선 : 세 선분을 접하는 원을 생성한다.

명령행의 옵션을 이용한 원 생성 방법

❶ 중심점, 반지름

01 명령행에서 단축키 'C'를 입력하고 Space Bar 를 누른다.

| 명령 : C | CIRCLE 명령어 입력 |

02 원의 중심점으로 임의의 한 점 P1을 지정한다.

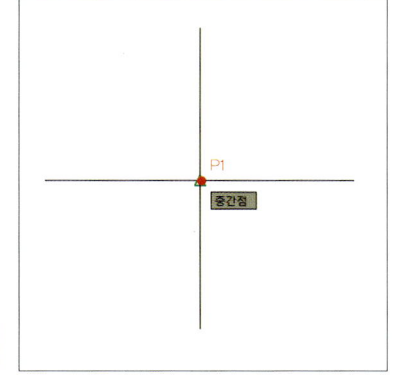

| 원에 대한 중심점 지정 또는 [3점(3P)/2점(2P)/Ttr - 접선 접선 반지름(T)] : P1 중심점 지정 |

03 원의 반지름을 입력하고 Space Bar 를 누른다.

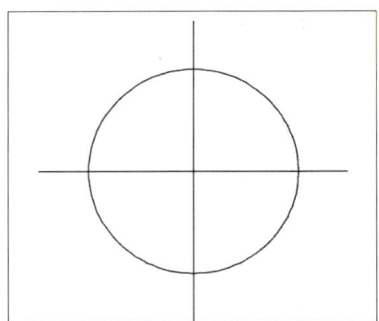

| 원의 반지름 지정 또는 [지름(D)] : 20 | 반지름 입력 |

❷ **중심점, 지름**

기본적인 생성 방법은 반지름을 이용해 원을 생성하는 방법과 동일하다.

01 명령행에서 단축키 'C'를 입력하고 Space Bar 를 누른다.

| 명령 : C | CIRCLE 명령어 입력 |

02 원의 중심점으로 임의의 한 점 P1을 지정한다.

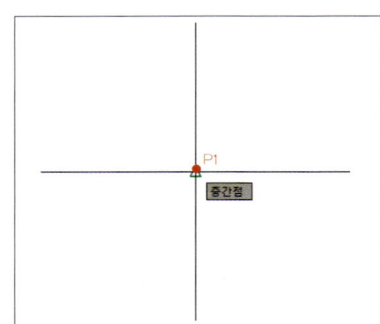

| 원에 대한 중심점 지정 또는 [3점(3P)/2점(2P)/Ttr – 접선 접선 반지름(T)] : P1 | 중심점 지정 |

03 옵션 [지름(D)]을 입력하고 Space Bar 를 누른다.

| 원의 반지름 지정 또는 [지름(D)] : D | 옵션 입력 |

04 원의 지름을 입력하고 Space Bar 를 누른다.

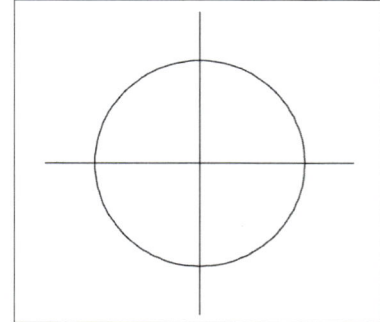

| 원의 지름을 지정함 〈72.0000〉 : 40 | 지름 입력 |

❸ 세 점

세 점을 지정하면, 지정한 점을 경유하는 원을 생성해 준다. 객체의 모서리 점을 이용해 외접하는 원을 생성하기에 효과적이다.

01 명령행에서 단축키 'C'를 입력하고 Space Bar 를 누른다.

| 명령 : C | CIRCLE 명령어 입력 |

02 옵션[3점(3P)]을 입력하고 Space Bar 를 누른다.

| 원에 대한 중심점 지정 또는 [3점(3P)/2점(2P)/Ttr – 접선 접선 반지름(T)] : 3P | 옵션 입력 |

03 세 점 P1, P2, P3의 [끝점]을 클릭한다.

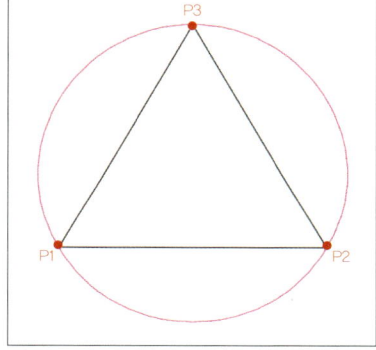

원 위의 첫 번째 점 지정 : P1	첫 번째 점 지점
원 위의 첫 번째 점 지정 : P2	두 번째 점 지점
원 위의 첫 번째 점 지정 : P3	세 번째 점 지점

❹ 2점

두 점 사이의 거리값을 지름으로 하는 원을 생성해 준다.

01 명령행에서 단축키 'C'를 입력하고 Space Bar 를 누른다.

| 명령 : C | CIRCLE 명령어 입력 |

02 옵션[2점(2P)]을 입력하고 Space Bar 를 누른다.

| 원에 대한 중심점 지정 또는 [3점(3P)/2점(2P)/Ttr – 접선 접선 반지름(T)] : 2P | 옵션 입력 |

03 두 점 P1, P2의 [끝점]과 [중간점]을 클릭한다.

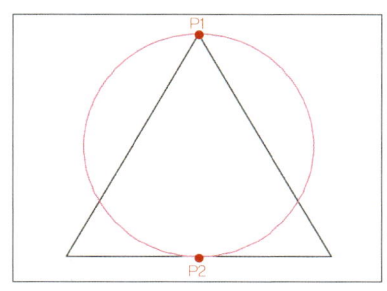

❺ 접선, 접선, 반지름

두 개의 선분에 접하면서 반지름을 이용한 원을 생성해 준다.

01 명령행에서 단축키 'C'를 입력하고 Space Bar 를 누른다.

| 명령 : C | CIRCLE 명령어 입력 |

02 옵션[접선 접선 반지름(T)]을 입력하고 Space Bar 를 누른다.

| 원에 대한 중심점 지정 또는 [3점(3P)/2점(2P)/Ttr – 접선 접선 반지름(T)] : T | 옵션 입력 |

03 접선 L1과 L2를 클릭한 후 반지름을 입력한다.

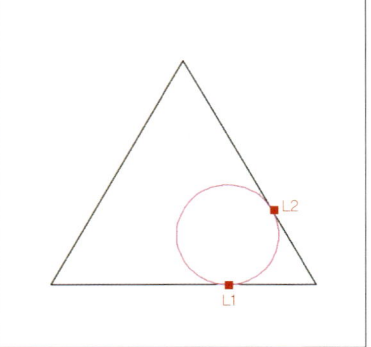

원의 첫 번째 접점에 대한 객체위의 점 지정 : L1	첫 번째 접선 지점
원의 두 번째 접점에 대한 객체위의 점 지정 : L2	두 번째 접선 지점
원의 반지름 지정 〈0〉 : 10	반지름 입력

❻ 접선, 접선, 접선

세 개의 선분에 접하는 원을 생성해 주며, 도형에 내접하는 원을 생성할 때 효과적이다.

01 리본 : [홈] 탭–[그리기] 패널–원–접선,접선,접선 아이콘( )을 클릭한다.

02 접선으로 L1, L2, L3를 선택한다.

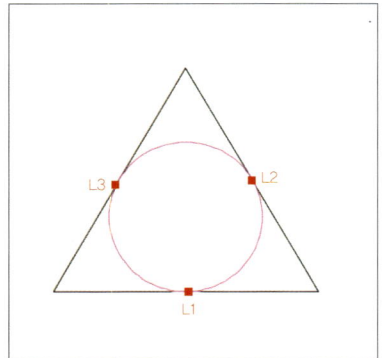

8 _ 사각형(RECTANG) 그리기

직사각형, 혹은 정사각형을 생성하는 명령어로 상대좌표의 이해와 폴리선의 개념에 대해 파악하면 손쉽게 사각형을 그릴 수 있다.

> ◆ 실행 방법 ◆
> • 리본 : [홈] 탭–[그리기] 패널–직사각형 아이콘(⬜)   • 명령 입력 : RECTANG   • 단축키 : REC

▶ 두 점을 클릭하여 생성하는 방법

01 명령행에서 단축키 'REC'를 입력하고 Space Bar 를 누른다.

명령 : REC   RECTANG 명령어 입력

02 작업화면에서 임의의 한 점을 클릭해 첫 번째 구석점을 지정한다.

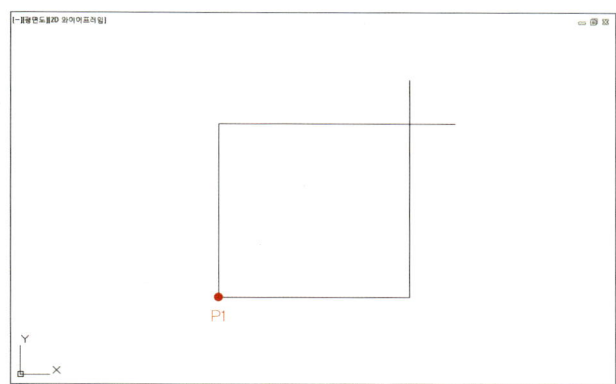

첫 번째 구석점 지정 또는 [모따기(C)/고도(E)/모깎기(F)/두께(T)/폭(W)] : P1   첫 번째 점 지정

03 같은 방법으로 두 번째 구석점을 지정한다.

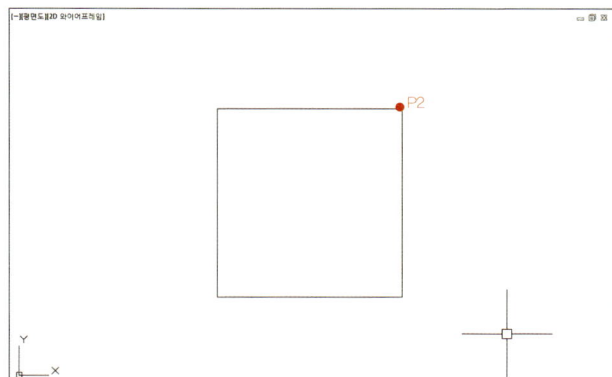

다른 구석점 지정 또는 [영역(A)/치수(D)/회전(R)] : P2
두 번째 점 지정

▶ 상대좌표를 이용하는 방법

가장 많이 사용하는 방법으로, 첫 번재 구석점을 지정하거나 좌표값을 입력한 후 두 번째 구석점은 상대좌표(@x,y)를 이용하는 방법이다. 이때, x값은 사각형의 가로, y 값은 사각형의 세로 길이가 된다.
위 방법으로 가로 200, 세로 150인 사각형을 작성해 보도록 하겠다.

01 명령행에서 단축키 'REC'를 입력하고 Space Bar 를 누른다.

명령 : REC   RECTANG 명령어 입력

02 작업화면에서 임의의 한 점을 클릭해 첫 번째 구석점을 지정한다.

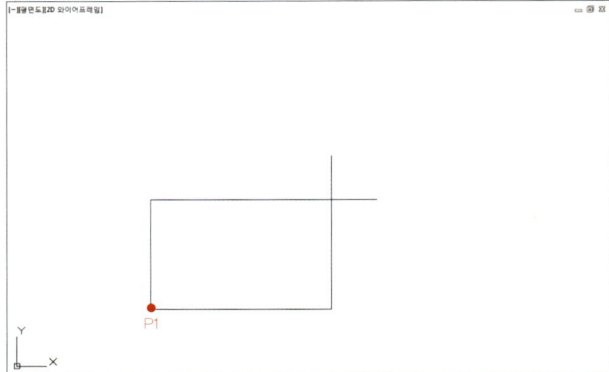

첫 번째 구석점 지정 또는 [모따기(C)/고도(E)/모깎기(F)/두께(T)/폭(W)] : P1   첫 번째 구석점 지정

03 명령행에서 상대좌표를 이용해 두 번째 구석점의 위치(@200,150)를 입력한다.

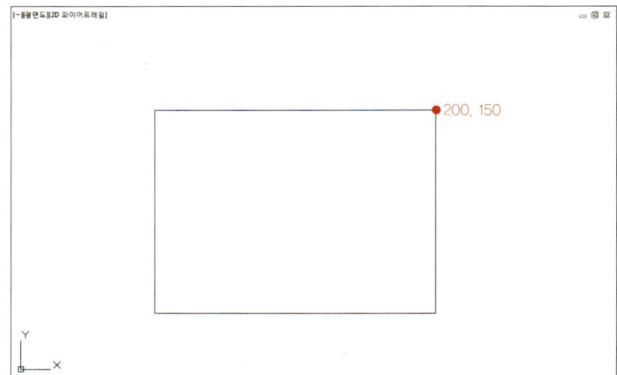

다른 구석점 지정 또는 [영역(A)/치수(D)/회전(R)] : @200,150   상대좌표 입력

> **TIP**
>
> ❶ 상대좌표의 @는 마지막 점을 기준으로 한다는 의미이다. 그렇기에 반드시 첫 번째 구석점을 지정한 후 상대좌표를 입력할 수 있도록 한다.
> ❷ RECTANG 기능은 사각형을 간편하게 만들어 주지만, 선의 유형이 묶음 형태인 폴리선이기 때문에 다음 과정에 나오는 객체 분해(EXPLODE) 기능과 병행하여 사용할 수 있도록 한다.

9 _ 객체 분해(EXPLODE)하기

객체를 구성하는 선분은 크게 일반 선 과 폴리선으로 구분지을 수 있다. Line(L) 명령어를 통해 사각형을 작성하였다면, 그 사각형은 4개의 선으로 구성되어 있지만, RECTANG(REC) 명령어로 사각형을 생성하였다면 그 사각형은 하나의 선으로 구성되게 된다. 즉, 선은 단일객체를, 폴리선은 결합객체를 의미 한다고 할 수 있다. 원활하게 편집을 하기 위해서는 객체 분해(EXPLODE)를 통해 선으로 변경할 수 있어야 한다.

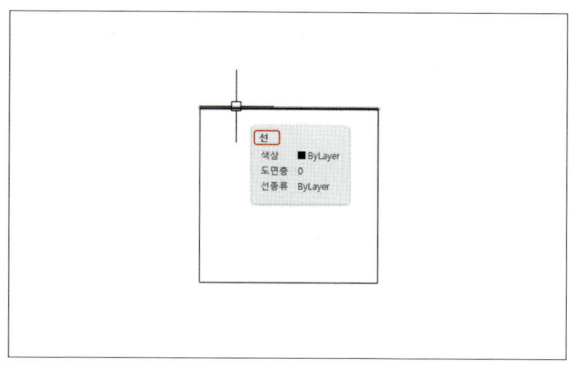
▲ 선으로 구성된 사각형

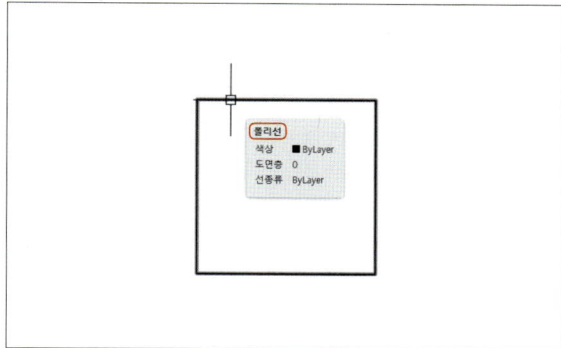
▲ 폴리선으로 구성된 사각형

❖ 실행 방법 ❖
- 리본 : [홈] 탭-[수정] 패널-분해 아이콘( )　• 명령 입력 : EXPLODE　• 단축키 : X

▶ 객체 분해하기(EXPLODE)

01 명령행에서 단축키 'X'를 입력하고 Space Bar 를 누른다.

| 명령 : X | EXPLODE 명령어 입력 |

02 분해하고자 하는 객체를 선택하고 Space Bar 를 누른다.

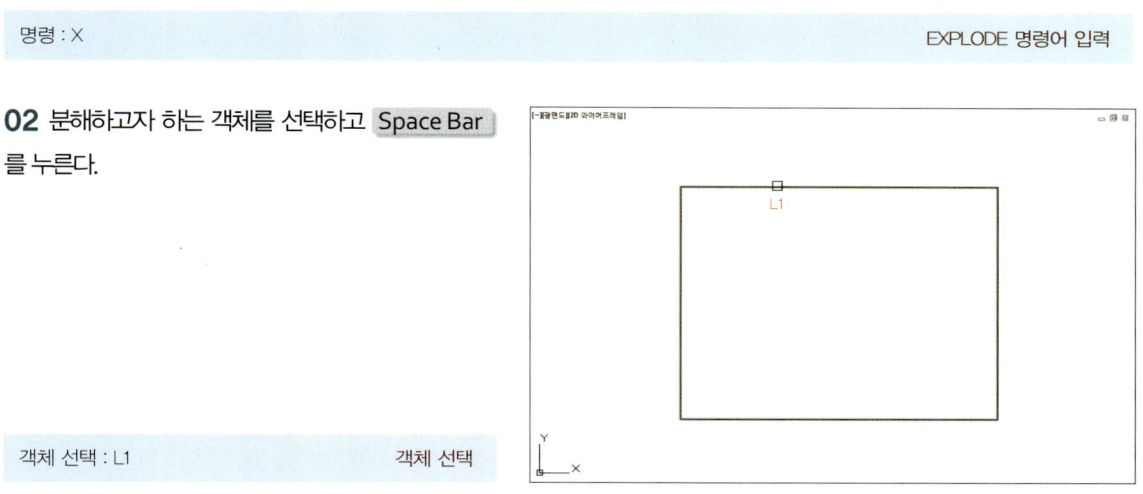

| 객체 선택 : L1 | 객체 선택 |

10 _ 구성선(XLINE) 그리기

선의 끝을 알 수 없는 직선을 생성하며, 도면에서의 구성선(보조선)을 작성하는데 효율적이다. 크게는 무한대의 수평, 수직선을 그리는 방법과 무한대의 각도선을 그리는 방법이 있다.

❖ 실행 방법 ❖
- 리본 : [홈] 탭-[그리기] 패널-구성선 아이콘( )　• 명령 입력 : XLINE　• 단축키 : XL

❖ 옵션 설명 ❖

```
명령: XLINE
XLINE 점 지정 또는 [수평(H) 수직(V) 각도(A) 이등분(B) 간격띄우기(O)]:
```

❶ 수평(H) : 길이가 무한대인 수평선을 생성한다.
❷ 수직(V) : 길이가 무한대인 수직선을 생성한다.
❸ 각도(A) : 길이가 무한대인 각도선을 생성한다.
❹ 이등분(A) : 각도를 이등분 하는 무한대 선을 생성한다.
❺ 간격띄우기(O) : 선택한 객체에 평행하면서 길이가 무한대인 선을 생성한다.

❶ 무한대의 수평/수직선 그리기

기본 원리는 두 점(2 Point)을 클릭, 혹은 입력하는 방법이며 이때 첫 번째 점(P1)은 무한대 선의 고정점을, 두 번째 점(P2)부터는 방향을 결정한다.

01 직교모드(F8)를 활성화 한다.
02 명령행에서 단축키 'XL'을 입력하고 Space Bar 를 눌러준다.

명령 : XL   XLINE 명령어 입력

03 작업평면에서 XLINE의 고정점 P1(임의의 한 점)을 클릭해 준다.

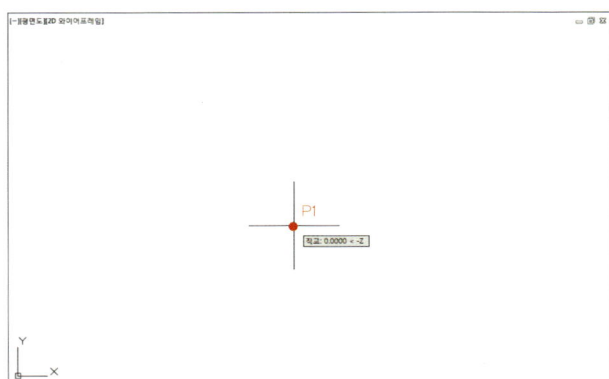

점 지정 또는 [수평(H)/수직(V)/각도(A)/이등분(B)/간격띄우기(O)] : P1   고정점 지정

04 고정점을 기준으로 마우스를 오른쪽, 혹은 왼쪽 방향으로 이동후 통과점 P2를 클릭해 준다.

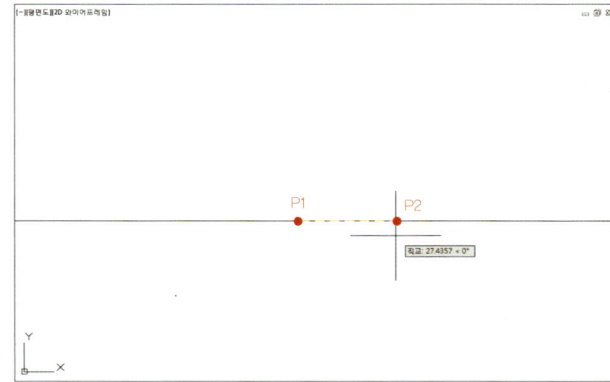

통과점을 지정 : P2   통과점 지정

05 계속해서 마우스를 P1 지점을 기준으로 위쪽, 혹은 아래쪽 방향으로 이동후 통과점 P3을 클릭해 준다.

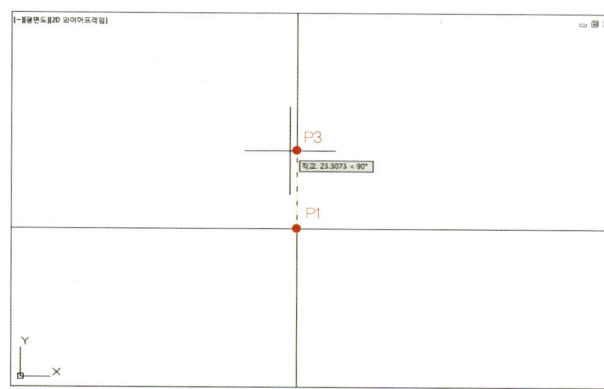

통과점을 지정 : P3   통과점 지정

06 명령어를 종료한다.

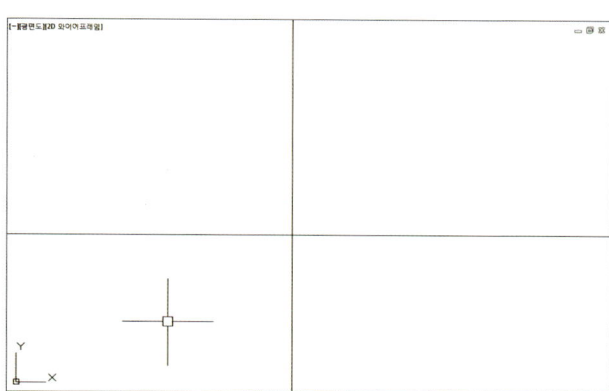

> 고정점 P1과 통과점 P2, P3를 통과하는 무한대선을 생성할 때 중요한 것은 방향이다. 고정점과 통과점의 거리는 신경 쓰지 않아도 된다.

❷ 무한대의 각도선 그리기

각도에는 크게 절대각도(Angle)와 참조(Reference)각도가 있으며, 특히 참조(Reference)각도 사용법에 대해 이해하여 계산이 복잡한 각도선을 간편하게 작성할 수 있도록 한다.

다음과 같이 가로와 세로 길이가 50인 사각형에 각도선을 작성해 보도록 한다.

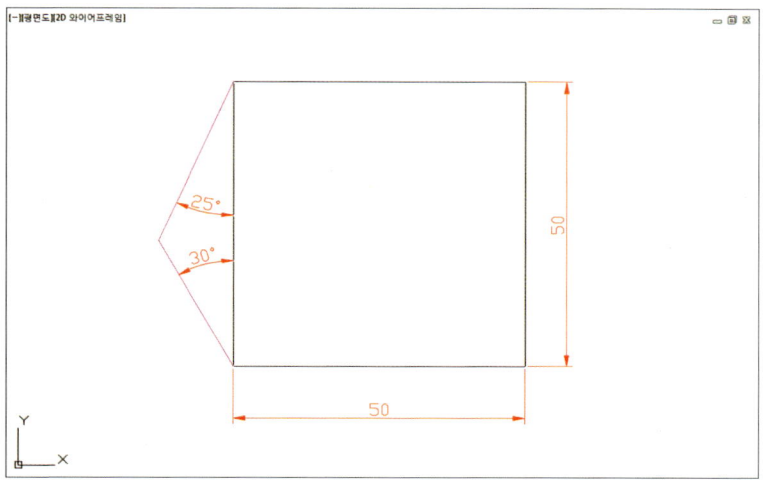

Chapter 02_AutoCAD 기본 기능 익히기 ■ 57

▶ [각도(A)] 옵션 이용하기

01 명령행에서 단축키 'XL'을 입력하고 Space Bar 를 누른다.

명령 : XL   XLINE 명령어 입력

02 옵션으로 [각도(A)]를 입력하고 Space Bar 를 누른다.

점 지정 또는 [수평(H)/수직(V)/각도(A)/이등분(B)/간격띄우기(O)] : A   옵션 입력

03 수평선을 기준으로 반 시계방향 30° 선분에 대한 각도 120°를 입력한다.

X선의 각도 입력 (0) 또는 [참조(R)] : 120   각도 입력

04 생성된 각도선의 통과점으로 P1 지점을 지정한 후 Space Bar 를 누른다.

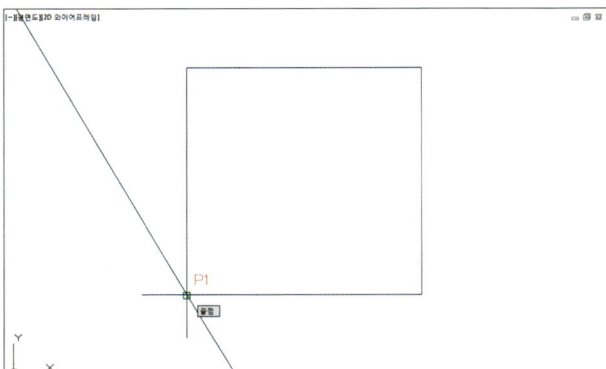

통과점을 지정 : P1   통과점 지정

05 명령행에서 단축키 'XL'을 입력하고 Space Bar 를 누른다.

명령 : XL   XLINE 명령어 입력

06 옵션으로 [각도(A)]를 입력하고 Space Bar 를 누른다.

점 지정 또는 [수평(H)/수직(V)/각도(A)/이등분(B)/간격띄우기(O)] : A   옵션 입력

07 수평선을 기준으로 시계방향 25° 선분에 대한 각도 −115°를 입력한다.

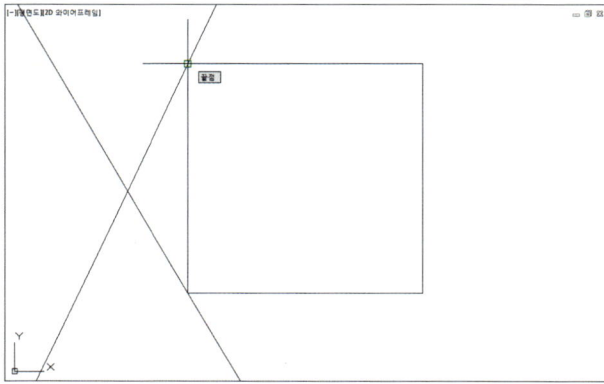

X선의 각도 입력 (0) 또는 [참조(R)] : −115   각도 지정

08 명령행에서 단축키 'TR'을 입력하고 불필요한 부분을 정리해 준다.

> 본 교재는 AutoCAD 2022버전을 기준으로 작성되었다. 2020 이전 버전을 사용할 경우 'TR'을 입력하고 명령 실행 후 Space Bar 를 한번 누르고 해야 위와 같이 작업이 가능하다.

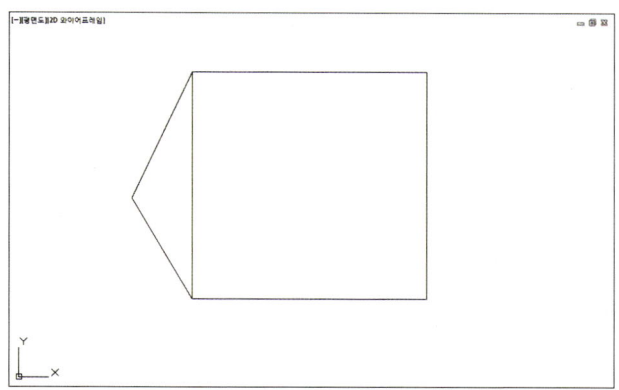

TIP

수평 오른쪽 방향을 0° 기준으로 반 시계방향일 때 양수, 시계방향일 때 음수 각도이다.

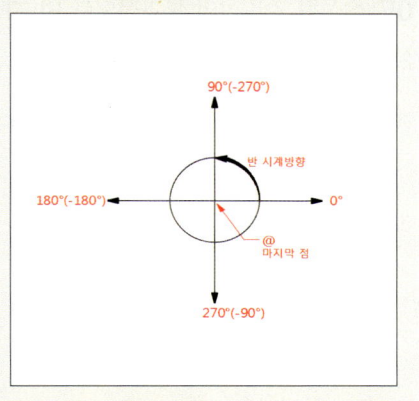

▶ [참조(R)] 옵션 이용하기

01 명령행에서 단축키 'XL'을 입력하고 Space Bar 를 누른다.

| 명령 : XL | XLINE 명령어 입력 |

02 옵션으로 [각도(A)]를 입력하고 Space Bar 를 누른다.

| 점 지정 또는 [수평(H)/수직(V)/각도(A)/이등분(B)/간격띄우기(O)] : A | 옵션 입력 |

03 세부옵션으로 [참조(R)]를 입력하고 Space Bar 를 누른다.

| X선의 각도 입력 (0) 또는 [참조(R)] : R | 세부옵션 입력 |

04 각도의 기준으로 사용할 L1을 선택해 준다.

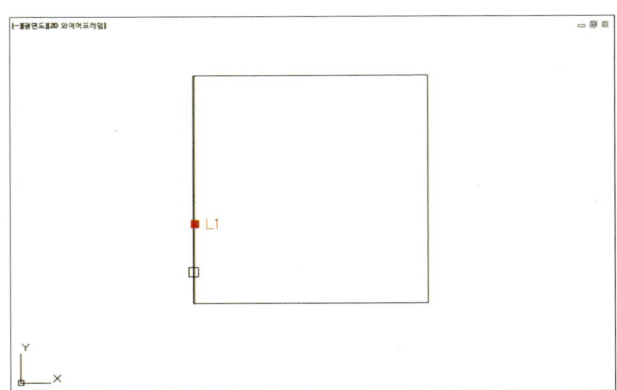

05 각도 30을 입력하고 Space Bar 를 누른다.

06 생성된 각도선의 통과점으로 P1 지점을 지정한 후 Space Bar 를 누른다.

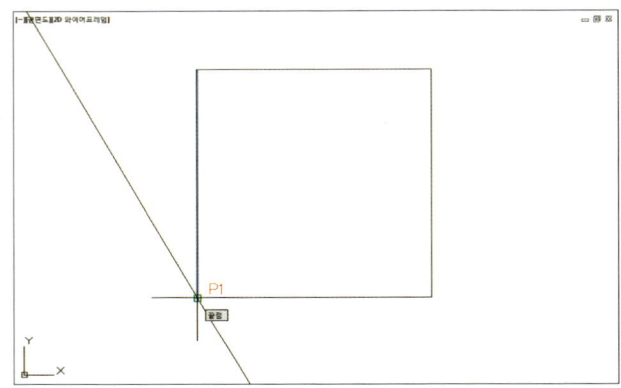

07 명령행에서 단축키 'XL'을 입력하고 Space Bar 를 누른다.

| 명령 : XL | XLINE 명령어 입력 |

08 옵션으로 [각도(A)]를 입력하고 Space Bar 를 누른다.

| 점 지정 또는 [수평(H)/수직(V)/각도(A)/이등분(B)/간격띄우기(O)] : A | 옵션 입력 |

09 세부옵션으로 [참조(R)]를 입력하고 Space Bar 를 누른다.

| X선의 각도 입력 (0) 또는 [참조(R)] : R | 세부옵션 입력 |

10 각도의 기준으로 사용할 L1을 선택해 준다.

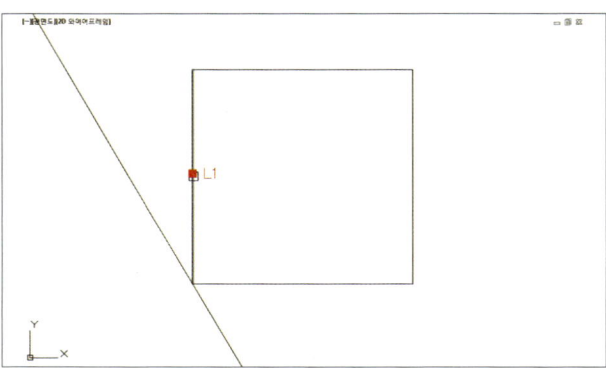

11 각도 -25를 입력하고 Space Bar 를 누른다. 생성된 각도선의 통과점으로 P2 지점을 지정한 후 Space Bar 를 누른다.

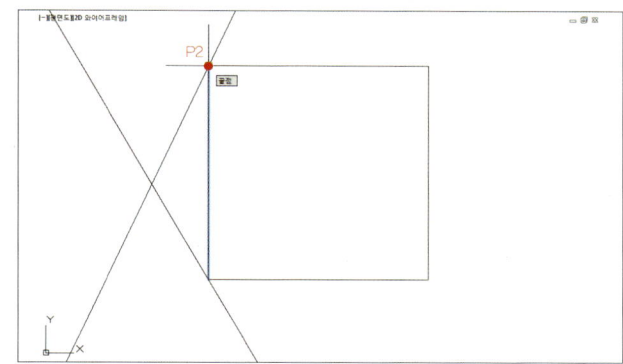

12 명령행에서 단축키 'TR'을 입력하고 불필요한 부분을 정리해 준다.

> 본 교재는 AutoCAD 2022버전을 기준으로 작성되었다. 2020 이전 버전을 사용할 경우 'TR'을 입력하고 명령 실행 후 Space Bar 를 한번 누르고 해야 위와 같이 작업이 가능하다.

> [참조(R)] 옵션의 경우 별도의 각도계산이 필요없이 기준으로 선택한 선분에서 표시된 각도를 그대로 입력하는 방법이다. 다만 기준 선분에서 각도선의 위치가 시계방향(-°)인지 반 시계방향(+°)인지 구분해서 사용할 수 있도록 한다.

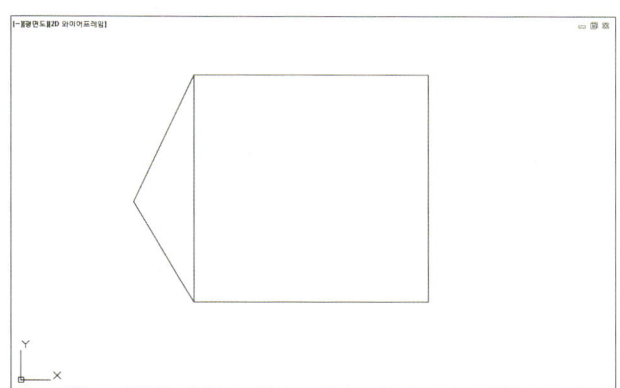

11 _ 호(ARC) 그리기

원의 일부인 호(ARC)는 기본적으로 세 가지의 정보를 조합하여 생성 하게 되는데, 분류로 보자면 위치점, 각도, 길이, 방향, 반지름 등이 있다. 이 정보를 조합 하는 방법에 따라 다양한 호 생성법이 있지만, 주로 3점(3-Point)호와 시작점(Start), 끝점(End), 반지름(Radius)을 이용한 호 생성을 주로 사용한다.

> ❖ 실행 방법 ❖
> - 리본 : [홈] 탭-[그리기] 패널 - 호 아이콘(⌒)
> - 명령 입력 : ARC
> - 단축키 : A

❖ 옵션 설명 ❖

❶ 시작점, 중심점, 끝점 : 세 점을 지정했을 때 시작점과 중심점의 길이값이 호의 반지름이 되며, 끝점은 호의 생성 범위가 된다.

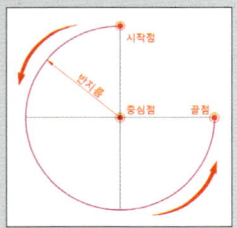

❷ 시작점, 중심점, 각도 : 호의 범위를 지정할 때 내부 각도를 입력하는 방법으로 생성한다.

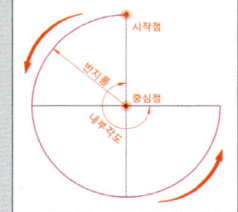

❸ 시작점, 중심점, 길이 : 호의 범위를 지정할 때 시작점과 끝점의 길이값을 입력하는 방법으로 생성한다.

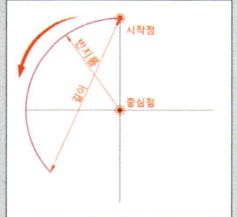

❹ 시작점, 끝점, 각도 : 호의 중심점을 지정할 때 내부 각도를 이용하여 지정한다.

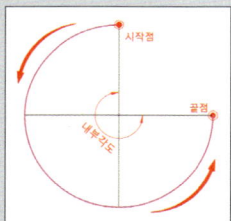

❺ 시작점, 끝점, 방향 : 시작점에서 시작하는 호의 방향을 지정하여 한점에서 만나는 접점(Tangent)으로 호를 생성한다

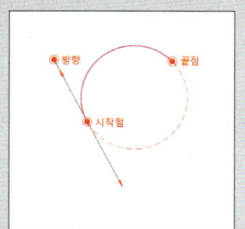

❻ 시작점, 끝점, 반지름 : 가장 많이 사용하는 방법중 하나로 시작점과 끝점, 반지름을 입력하는 방법이다.

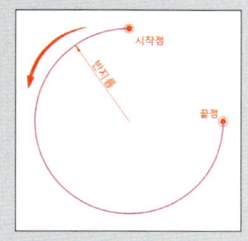

❼ 중심점, 시작점, 끝점 : ❶ 항목과 동일하며 순서만 변경되었다.
❽ 중심점, 시작점, 각도 : ❷ 항목과 동일하며 순서만 변경되었다.
❾ 중심점, 시작점, 길이 : ❸ 항목과 동일하며 순서만 변경되었다.

▶ 3점(3-point) 옵션을 이용한 호 작성하기

세 점을 통과하는 호를 작성하는 방법으로, 각 점의 위치가 명확할 때 사용할 수 있다.

01 다음과 같이 가로와 세로 길이가 100×100인 사각형을 그려준다.

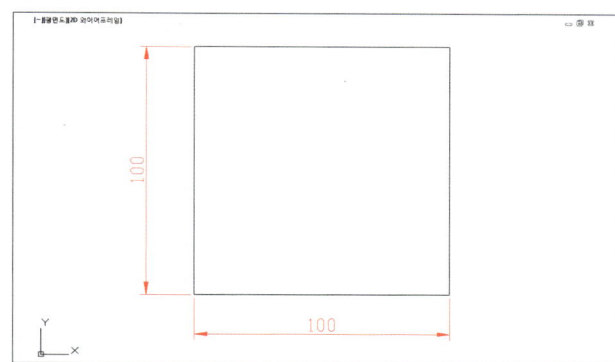

02 객체의 [중간점]을 잇는 선을 그려준다.

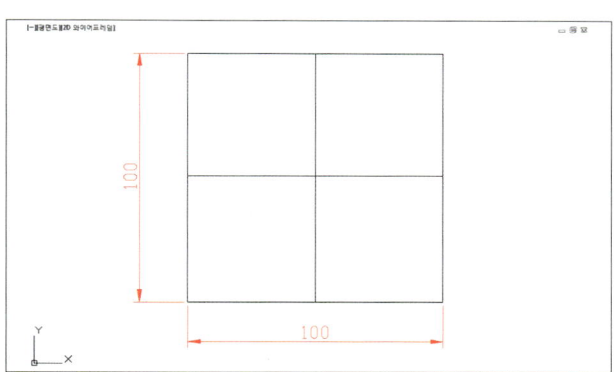

03 명령행에서 단축키 'A'를 입력한 후 Space Bar 를 누른다.

| 명령 : A | ARC 명령어 입력 |

04 호의 시작점 P1을 지정해 준다.

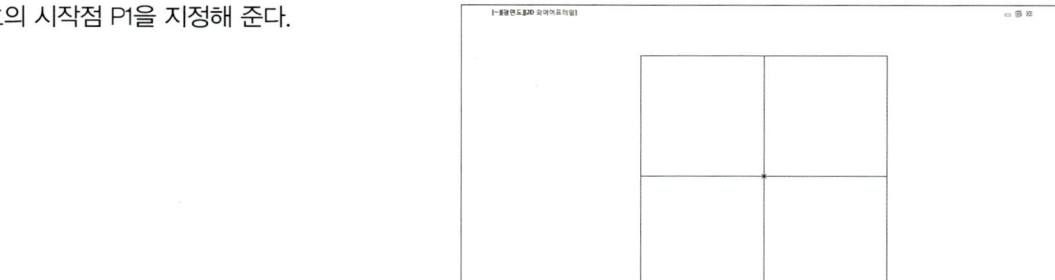

| 호의 시작점 지정 또는 [중심(C)] : P1 | 시작점 지정 |

05 호의 통과점 P2, P3를 지정해 준다.

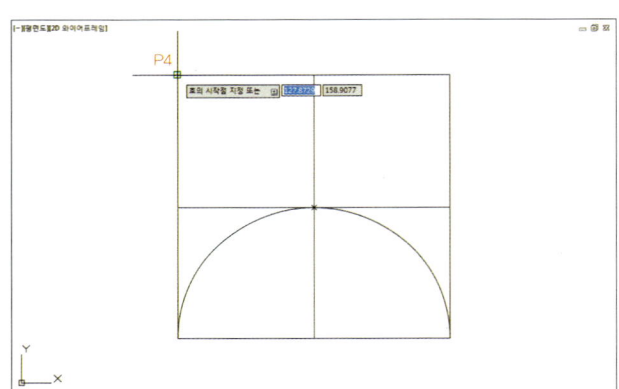

| 호의 두 번째 점 또는 [중심(C)/끝(E)] 지정 : P2 | 통과점 지정 |
| 호의 끝점 지정 P3 | 통과점 지정 |

06 명령행에서 단축키 'A'를 입력한 후 Space Bar 를 누른다

| 명령 : A | ARC 명령어 입력 |

07 호의 시작점 P4를 지정해 준다.

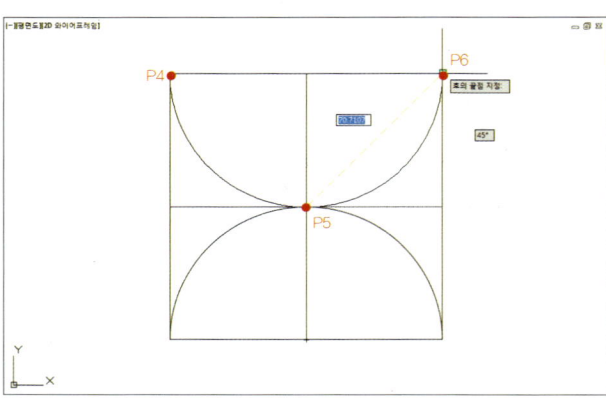

| 호의 시작점 지정 또는 [중심(C)] : P4 | 시작점 지정 |

08 호의 통과점 P5, P6를 지정해 준다.

| 호의 두 번째 점 또는 [중심(C)/끝(E)] 지정 : P5 | 통과점 지정 |
| 호의 끝점 지정 : P6 | 통과점 지정 |

▶ 시작점, 끝점, 반지름(Start, End, Radius) 옵션을 이용해 호 작성하기

01 다음과 같이 가로와 세로 길이가 100×100인 사각형을 그려준 다음 객체의 중간점을 잇는 선을 그려준다.

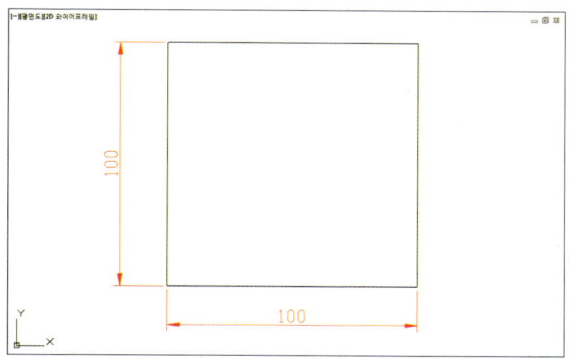 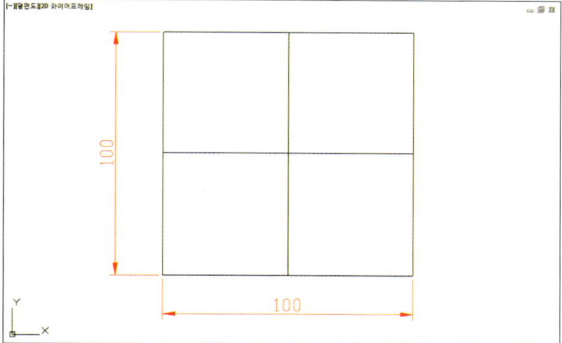

02 [홈] 탭-[그리기] 패널-호 아이콘( ) 클릭 후 (시작점, 끝점, 반지름) 옵션을 선택한다.

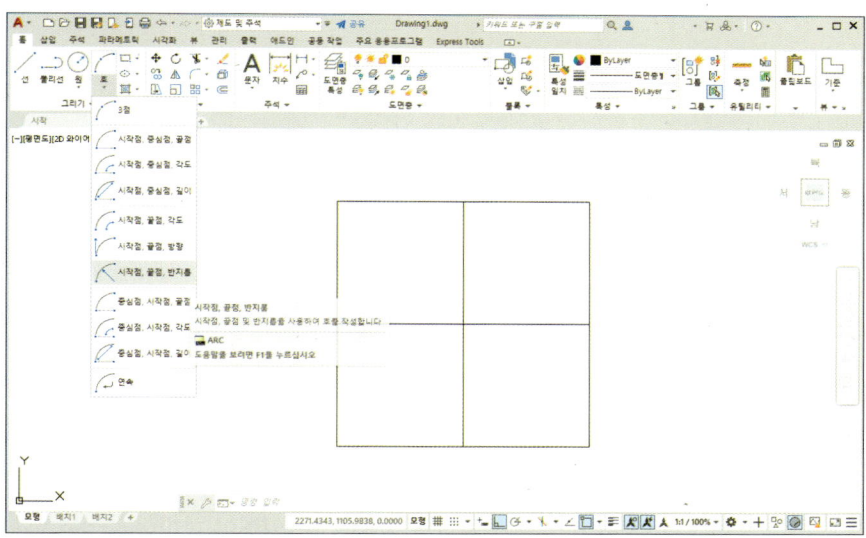

03 호의 시작점 P1을 지정해 준다.

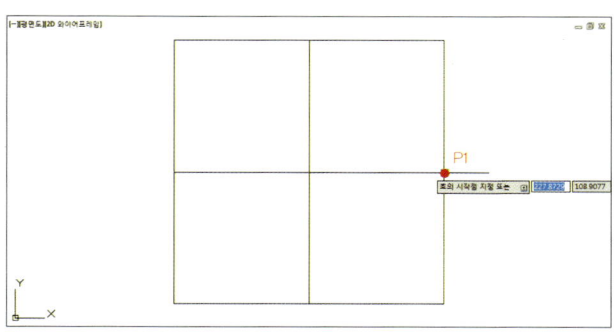

04 호의 끝점 P2를 지정해 준다

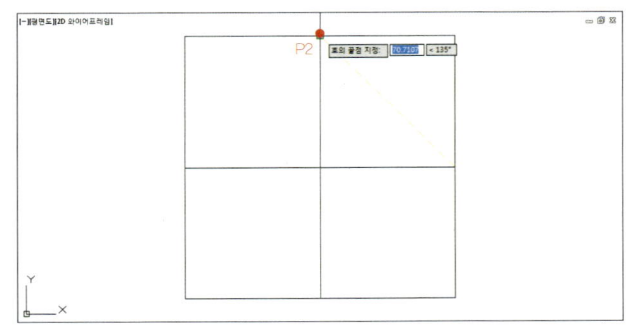

05 호의 반지름 50을 입력하고 명령어를 종료한다.

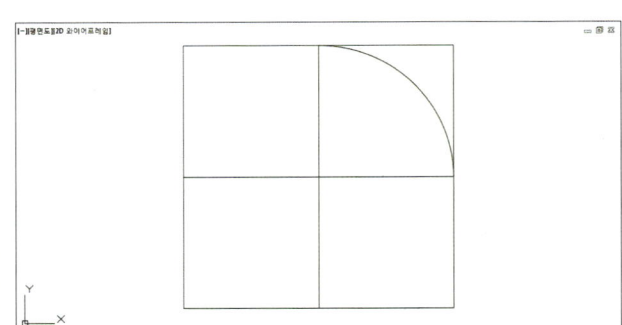

> AutoCAD는 반시계 방향을 양수(+)로 인식하기 때문에 호 역시 시작점을 기준으로 반시계 방향으로 객체가 만들어 진다.

12 _ 정다각형(POLYGON) 그리기

변의 길이가 동일한 정다각형을 생성한다. 삼각형에서부터 천이십사각형까지 생성할 수 있으며, 원에 내접하는 다각형과 원에 외접하는 다각형, 변의 길이를 이용한 다각형 생성방법이 있다. 생성된 객체는 폴리선으로 구성되어 있기 때문에 분해(Explode) 기능과 연계하여 사용할 수 있어야 한다.

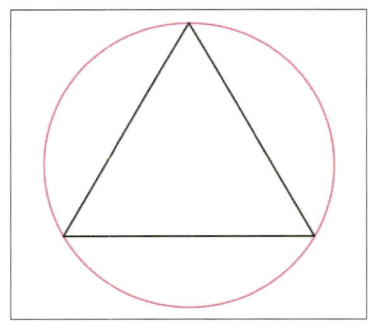

▲ 원에 내접하는 다각형

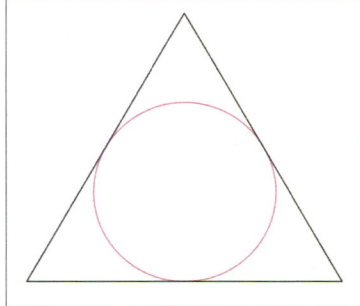

▲ 원에 외접하는 다각형

❖ 실행 방법 ❖
- 리본 : [홈] – [그리기] 패널 – 폴리곤 아이콘(⬠)
- 명령 입력 : POLYGON
- 단축키 : POL

❖ 옵션 설명 ❖
- 원에 내접(I) : 원에 내접하는 다각형
- 원에 외접(C) : 원에 외접하는 다각형
- 모서리(E) : 변의 길이값을 이용한 다각형

▶ 원에 내접하는 오각형 작성하기

01 명령행에서 단축키 'POL'을 입력하고 Space Bar 를 누른다.

명령 : POL   POLYGON 명령어 입력

02 면의 수 '5'를 입력한다.

POLYGON 면의 수 입력 〈3〉 : 5   면의 수 입력

03 다각형의 중심으로 임의의 한점 P1을 지정한다.

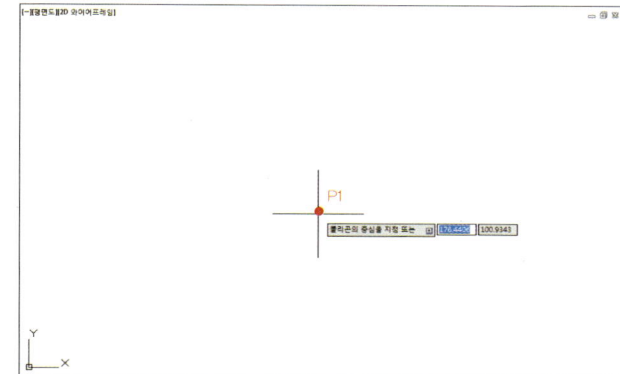

폴리곤의 중심을 지정 또는 [모서리(E)] : P1
다각형 중심 지정

04 옵션 [원에 내접(I)]을 입력하고 Space Bar 를 누른다.

옵션을 입력 [원에 내접(I)/원에 외접(C)] 〈I〉 : I   옵션 입력

05 원의 반지름 '50'을 입력한다.

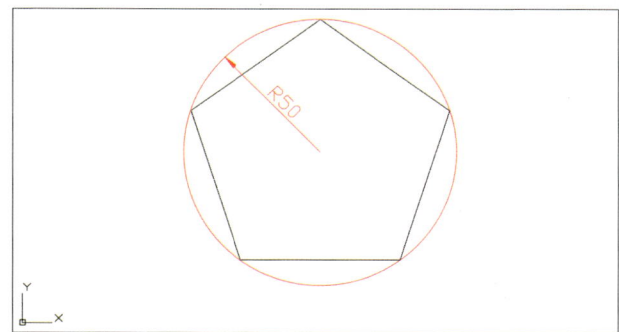

원의 반지름 지정 : 50   반지름 입력

▶ 원에 외접하는 오각형 작성하기

01 명령행에서 단축키 'POL'을 입력하고 Space Bar 를 누른다.

명령 : POL   POLYGON 명령어 입력

02 면의 수를 입력한다.

POLYGON 면의 수 입력 〈3〉 : 5   면의 수 입력

03 다각형의 중심으로 임의의 한점 P1을 지정한다.

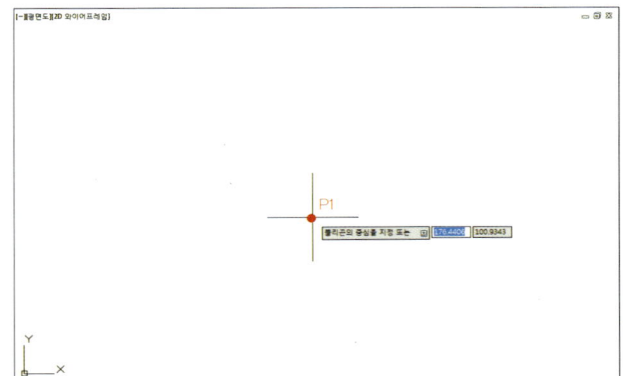

```
폴리곤의 중심을 지정 또는 [모서리(E)] : P1                    다각형 중심 지정
```

04 옵션 [원에 외접(C)]을 입력하고 Space Bar 를 누른다.

```
옵션을 입력 [원에 내접(I)/원에 외접(C)] <I> : C                    옵션 입력
```

05 원의 반지름 '50'을 입력한다.

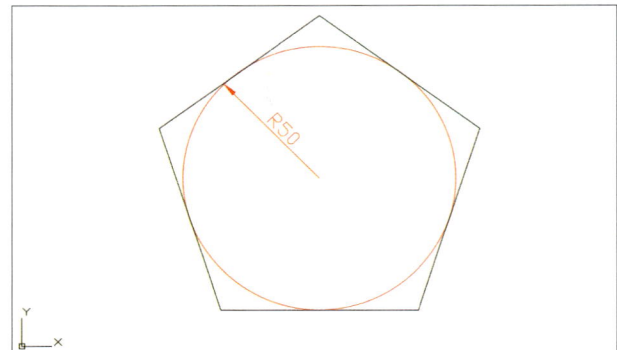

```
원의 반지름 지정 : 50                    반지름 입력
```

▶ 변의 길이를 이용한 오각형 작성하기

01 명령행에서 단축키 'POL'을 입력하고 Space Bar 를 누른다.

```
명령 : POL                    POLYGON 명령어 입력
```

02 면의 수를 입력한다.

```
POLYGON 면의 수 입력 <3> : 5                    면의 수 입력
```

03 옵션 [모서리(E)]를 입력한다.

```
폴리곤의 중심을 지정 또는 [모서리(E)] : E                    옵션 입력
```

04 폴리곤 모서리의 첫 번째 끝점을 지정한다.

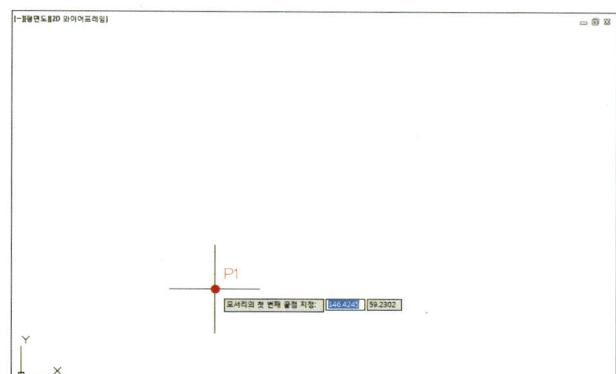

모서리의 첫 번째 끝점 지정 : P1   첫 번째 끝점 입력

05 모서리의 길이값으로 '50'을 입력한다.

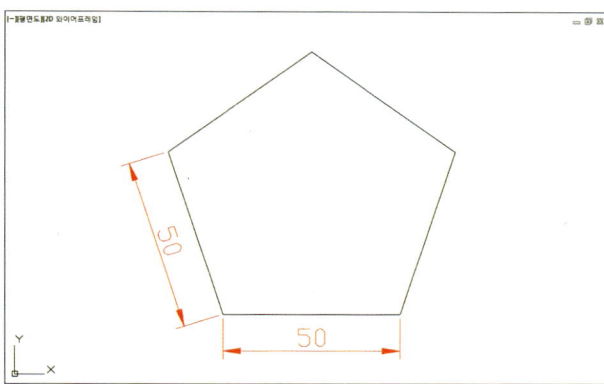

모서리의 두 번째 끝점 지정 : 50   모서리의 길이값 입력

Chapter 03

편집의 핵심이 되는 명령어

AutoCAD의 명령어는 대단히 많이 있지만, 편집 명령어 중 기본 명령어만 알아도 대부분의 도면을 작성할 수 있다는 것이 장점인 프로그램이다. 이번 Chapter에서 다루게 되는 편집 명령어는 그중에서도 핵심이 되는 부분들이니 빠짐없이 내용을 습득하여 설계 도면을 원활하게 작성할 수 있도록 해야 한다.

1 _ 간격띄우기(OFFSET)

간격띄우기(OFFSET)는 선이나 호, 원 등의 객체를 같은 간격으로 복사하는 기능으로, 편집 명령어의 핵심 중 하나이다.

❖ 실행 방법 ❖
- 리본 : [홈] – [수정] 패널 – 간격띄우기 아이콘(⊆)
- 명령 입력 : OFFSET
- 단축키 : O

01 크기와 상관없이 원과 다각형을 그림과 같이 생성한다.

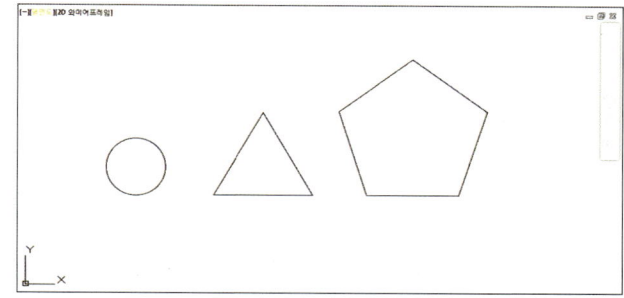

02 명령행에서 단축키 'O'를 입력하고 Space Bar 를 누른다.

| 명령 : O | OFFSET 명령어 입력 |

03 거리값 '10'을 입력하고 Space Bar 를 누른다.

| 간격띄우기 거리 지정 또는 [통과점(T)/지우기(E)/도면층(L)] <1.0000> : 10 | 거리값 입력 |

04 간격띄우기 할 원을 선택한 후 원 바깥쪽의 임의의 한 점을 클릭한다.

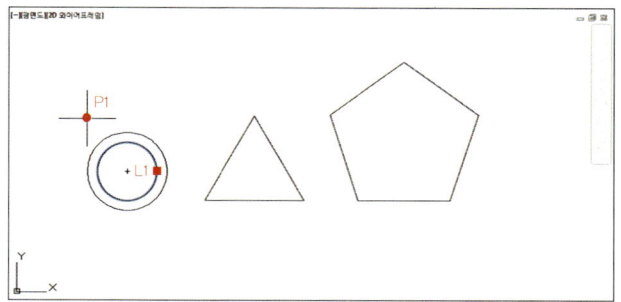

| 간격띄우기 할 객체 선택 또는 [종료(E)/명령 취소(U)] <종료> : L1 | 객체 선택 |
| 간격띄우기 할 면의 점 지정 또는 [종료(E)/다중(M)/명령 취소(U)] <종료> : P1 | 위치 지정 |

05 반복하여 작업할 수 있으며, 거리값을 변경하고자 할 경우 명령어를 종료하고 다시 진행한다.

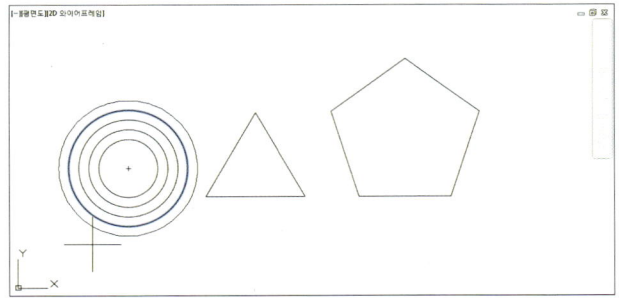

06 폴리선으로 구성된 나머지 도형도 거리값을 변경하며 'Offset'을 연습해 보자.

TIP

- 명령어를 입력하지 않은 상태에서 Space Bar 혹은 Enter 를 누르게 되면 가장 최근에 사용했던 명령어가 반복 실행된다.
- 거리값 입력 시 분수로 표기할 경우 AutoCAD에서는 자동으로 연산을 해준다.
  - 예) 27/2 = 13.5   38/2=19 단) 분모의 수가 반드시 정수여야 하며, 소수점일 경우에는 그 값만큼 분자의 수에 10을 곱해준다(결과값은 같다).
  - 예) 27.5/2 → 275/20, 32.5/2 → 325/20

❖ 옵션 설명 ❖

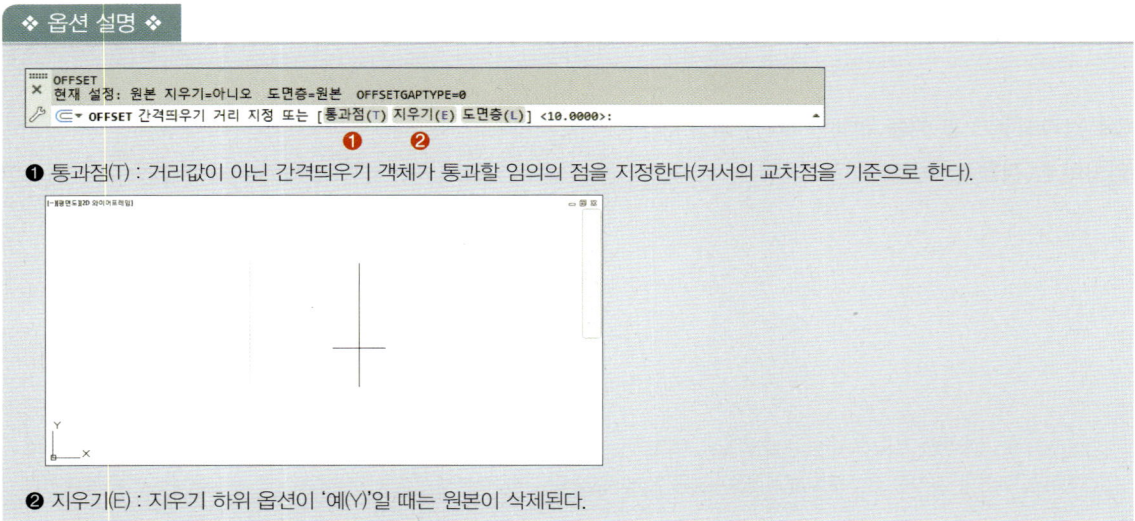

❶ 통과점(T) : 거리값이 아닌 간격띄우기 객체가 통과할 임의의 점을 지정한다(커서의 교차점을 기준으로 한다).

❷ 지우기(E) : 지우기 하위 옵션이 '예(Y)'일 때는 원본이 삭제된다.

2 _ 객체의 길이 변형하기

객체의 일부를 잘라 내거나 연장하는 명령어로 도면 작성 시 사용 빈도가 대단히 높다.
그렇기 때문에 올바른 사용법을 익히는 것이 중요하며, 잘못된 습관을 통해 도면 작성 시간과 완성도가 떨어지지 않도록 유의해야 되겠다. 두 명령어는 사용 방법과 옵션이 같고, 두 명령어를 병행해서 사용할 수 있다는 것이 특징이다.

2-1. 객체 자르기(TRIM)

선택한 기준선을 토대로 객체의 일부를 잘라내는 명령어이다.

> ❖ 실행 방법 ❖
> - 리본 : [홈] – [수정] 패널 – 자르기 아이콘(✂)
> - 명령 입력 : TRIM
> - 단축키 : TR

TIP 모드 변경 방법

TRIM 명령은 AutoCAD 2021버전부터 [모드(O)] 옵션이 추가되면서 [빠른 작업(Q)] 모드와 [표준(S)] 모드로 구분되었으며, 표준 모드가 기본 값이었던 이전 버전들과 달리 빠른 작업 모드가 기본값으로 설정되어 있다.

빠른 작업 모드란, TRIM 명령 실행 시 절단 경계 및 옵션이 없어도 작업 영역 내에 작성된 모든 객체를 절단 경계로 지정하여 객체를 자를 수 있는 신속 모드이다. 2020이하 버전에서 TRIM 명령 실행 후 `Space Bar` 를 한 번 더 눌러 〈모두 선택〉 옵션을 적용한 다음에 객체를 자르면 빠른 작업 모드와 유사하게 작업할 수 있다.

이처럼 빠른 작업 모드는 보다 빠르게 명령을 사용할 수 있다는 장점이 있지만, 절단 경계(기준)를 사용자가 직접 지정하는 표준 모드가 TRIM 작업을 더욱 효율적으로 할 수 있다. 또한 CAT 시험 고사장에 2021이상 버전이 없을 경우를 대비하여 본 교재에서는 모드를 [표준(S)]으로 변경하여 2020이하 버전과 같은 환경에서 학습할 수 있도록 한다.

01 단축키 'TR'을 입력하여 TRIM 명령을 실행한다.
02 옵션에서 [모드(O)]를 선택 또는 명령행에 'O'를 입력하고 `Space Bar` 를 누른다.

```
TRIM
현재 설정: 투영=UCS, 모서리=없음, 모드=빠른 작업
자를 객체를 선택하거나 Shift 키를 누른 채로 선택하여 확장 또는
TRIM  [절단 모서리(T) 걸치기(C) 모드(O) 프로젝트(P) 지우기(R)]:
```

03 옵션에서 [표준(S)]을 선택 또는 명령행에 'S'를 입력하고 `Space Bar` 를 누른다.

```
[절단 모서리(T)/걸치기(C)/모드(O)/프로젝트(P)/지우기(R)]: o
TRIM 자르기 모드 옵션 입력 [빠른 작업(Q) 표준(S)] <빠른 작업(Q)>:
```

04 `Esc` 를 눌러 명령을 종료하고 `Space Bar` 를 눌러 TRIM 명령을 재실행한다.

```
TRIM
현재 설정: 투영=UCS, 모서리=없음, 모드=표준
절단 모서리 선택...
TRIM 객체 선택 또는 [모드(O)] <모두 선택>:
```

05 위 그림처럼 처음 TRIM 명령을 실행했을 때와 다르게 표시되는 것을 확인 할 수 있다.

01 직교모드(F8)를 활성화하고, 구성선(Xline)을 이용해 그림과 같이 수평, 수직선을 그린다(P1, P2, P3를 순차적으로 클릭한다).

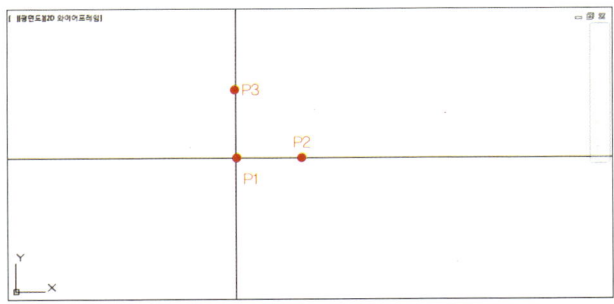

02 명령행에서 단축키 'O'를 입력하고 Space Bar 를 누른다.

| 명령 : O | OFFSET 명령어 입력 |

03 거리값 '20'을 입력한다.

| 간격띄우기 거리 지정 또는 [통과점(T)/지우기(E)/도면층(L)] <1.0000> : 20 | 거리값 입력 |

04 L1 객체를 수평 방향으로 연속해서 Offset 한다.

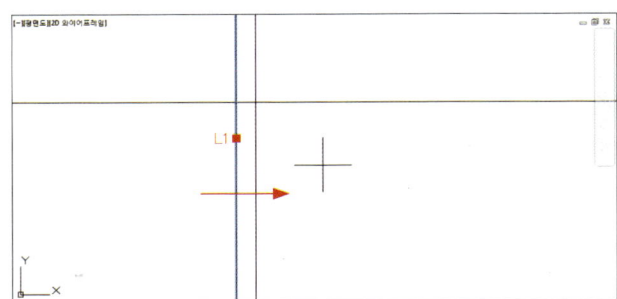

05 L2 객체를 수직 방향으로 연속해서 Offset 한다.

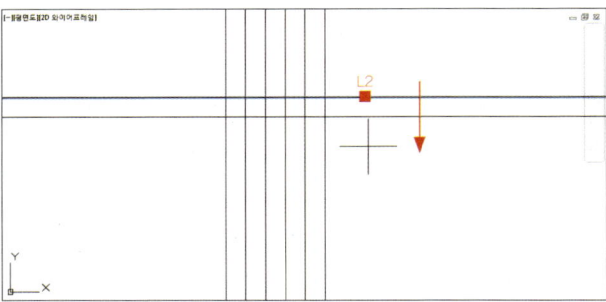

06 명령행에서 단축키 'TR'을 입력하고 L1을 기준선으로 클릭, Space Bar 를 누른다.

| 명령 : TR | TRIM 명령어 입력 |
| 객체 선택 또는 [모드(O)] <모두 선택> : L1 | 기준선 선택 |

07 L1을 기준으로 왼쪽으로 돌출된 선을 클릭해 잘라준다.

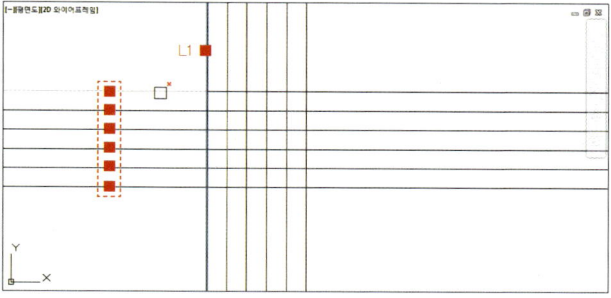

08 추가로 잘라낼 부분을 계속해서 클릭한다.

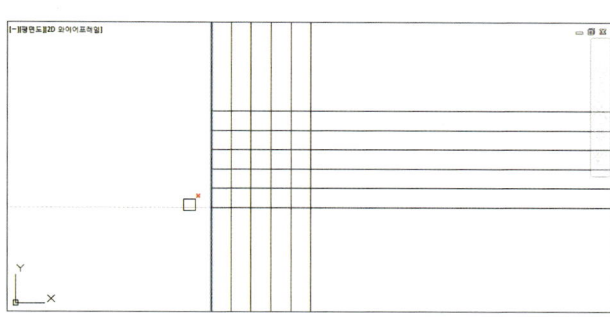

09 `Space Bar` 또는 `Enter` 를 눌러 자르기를 마친다.

TIP

기준선은 하나이상 반드시 선택하여야 하며, 기준선을 선택하지 않고 `Space Bar` 혹은 `Enter` 를 누를 경우 〈모두 선택〉이 적용되며, 이는 화면내 모든 객체가 기준이 된다.

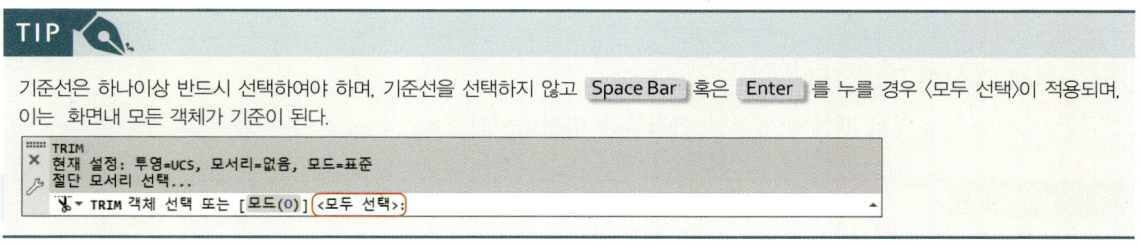

❖ 옵션 설명 ❖

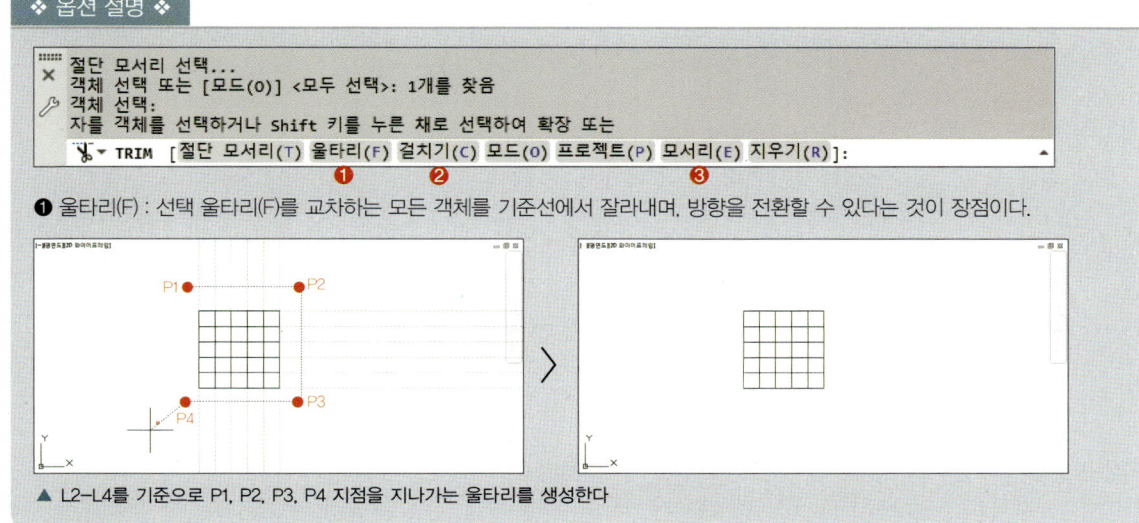

❶ 울타리(F) : 선택 울타리(F)를 교차하는 모든 객체를 기준선에서 잘라내며, 방향을 전환할 수 있다는 것이 장점이다.

▲ L2-L4를 기준으로 P1, P2, P3, P4 지점을 지나가는 울타리를 생성한다

❷ 걸치기(C) : 임의의 두 점을 이용해 만든 직사각형에 교차하는 객체를 기준선에서 잘라낸다.

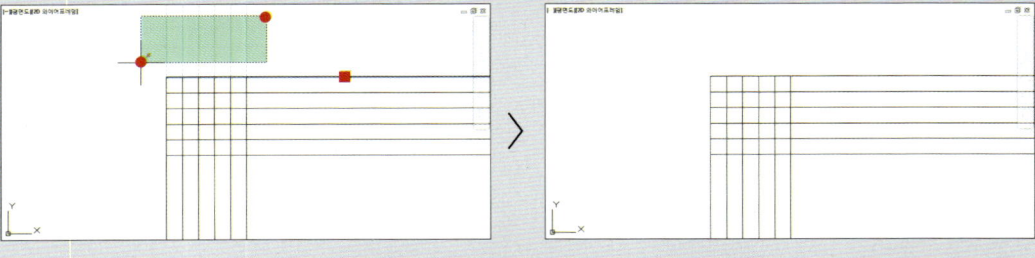

❸ 모서리(E) : 기준선에 대한 인식 범위의 연장 유, 무를 제어하며 모서리 옵션이 '연장(e)'일 경우 기준선에 교차하지 않은 객체도 기준선을 인식, 잘라내기 할 수 있다. AutoCAD 환경설정으로 저장 된다.

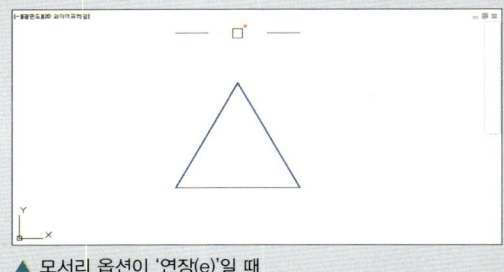 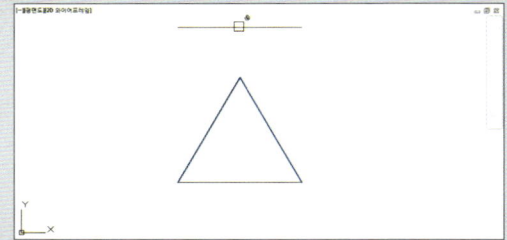

▲ 모서리 옵션이 '연장(e)'일 때   ▲ 모서리 옵션이 '연장 안함(n)'일때

2-2. 객체 연장하기(EXTEND)
선택한 기준선을 토대로 객체의 일부를 연장하는 명령어이다.

❖ 실행 방법 ❖
- 리본 : [홈] – [수정] 패널 – 연장 아이콘(→|)　• 명령 입력 : EXTEND　• 단축키 : EX

> EXTEND 명령도 AutoCAD 2021버전부터 옵션 [모드(O)]가 추가되었으며, EXTEND 또는 TRIM 명령은 설정을 공유하기 때문에 둘 중 하나라도 모드를 변경하였다면 다른 명령은 변경하지 않아도 동일한 모드로 적용된다. (=TRIMEXTENDMODE)

01 직교모드가(F8)켜져 있는 상태에서 아래 그림과 같이 수직선과 수평선을 작성한다.

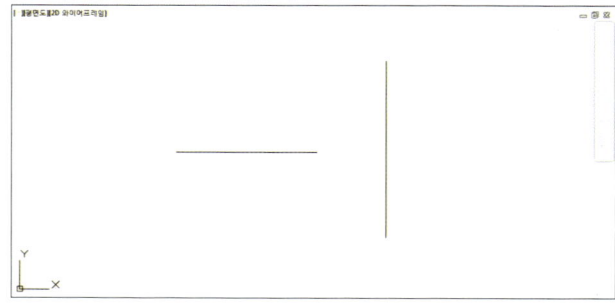

02 명령행에서 단축키 'O' 를 입력하고 Enter 를 누른다.

명령 : O   OFFSET 명령어 입력

03 거리값 '20'을 입력하고 L1을 수평방향으로 연속해서 간격띄우기를 한다.

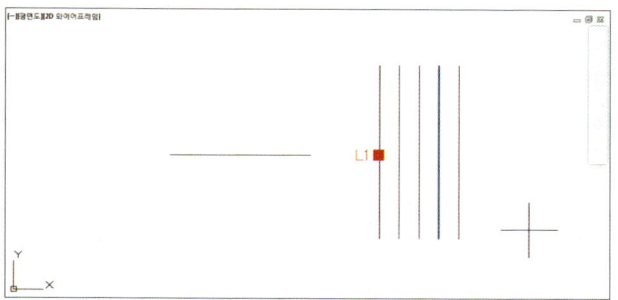

간격띄우기 거리 지정 또는 [통과점(T)/지우기(E)/도면층(L)] 〈1.0000〉 : 20	거리값 입력
간격띄우기할 객체 선택 또는 [종료(E)/명령 취소(U)] 〈종료〉 : L1	객체 선택
간격띄우기할 면의 점 지정 또는 [종료(E)/다중(M)/명령 취소(U)] 〈종료〉 :	위치 지정

04 명령행에서 단축키 'Ex'를 입력하고 Space Bar 를 누른다.

명령 : EX	EXTEND 명령어 입력

05 L1을 기준선으로 선택, L2를 연장할 객체로 선택한다.

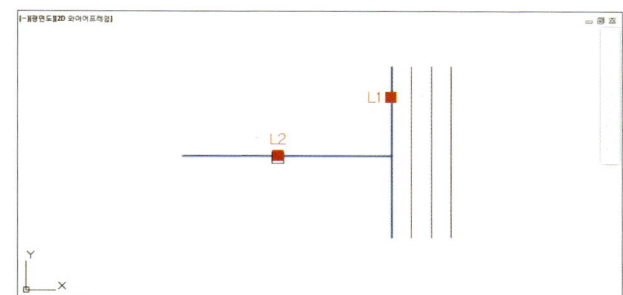

객체 선택 또는 [모드(O)] 〈모두 선택〉 : L1	기준선 선택
객체 선택 : L2	연장할 객체 선택

06 Space Bar 또는 Enter 를 눌러 연장하기를 마친다.

❖ 옵션 설명 ❖

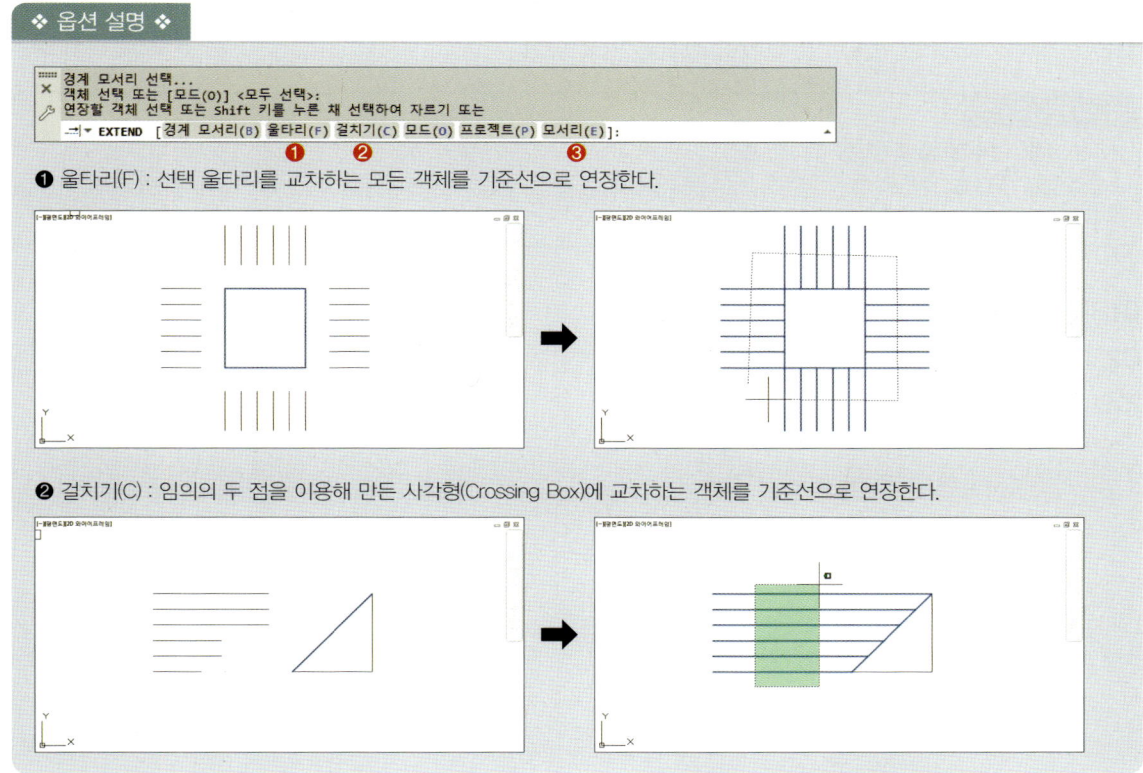

❶ 울타리(F) : 선택 울타리를 교차하는 모든 객체를 기준선으로 연장한다.

❷ 걸치기(C) : 임의의 두 점을 이용해 만든 사각형(Crossing Box)에 교차하는 객체를 기준선으로 연장한다.

❸ 모서리(E): 기준선에 대한 인식 범위의 연장 유.무를 제어하며 AutoCAD 환경설정으로 저장 된다.

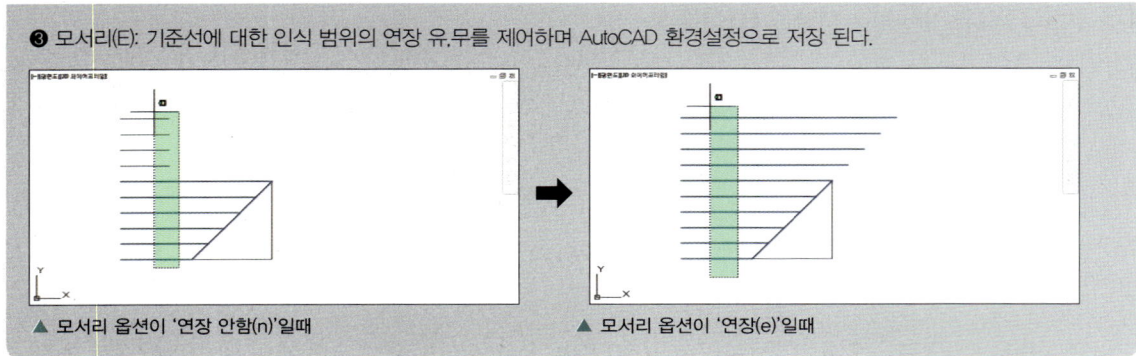

▲ 모서리 옵션이 '연장 안함(n)'일때　　　　　▲ 모서리 옵션이 '연장(e)'일때

" Shift 키를 누른 채 선택하면 Trim과 Extend 명령어는 서로 전환된다.

3 _ 객체의 이동 및 복사하기

객체를 이동하거나 복사하는 방법은 어렵지 않지만, 사용자가 원하는 위치에 정확히 안착시키는 것에 중점을 둬야 한다. 특히 기준점(Basepoint)의 선정 방법에 대한 개념을 확실히 이해할 수 있도록 한다.

3-1. 객체 이동하기(MOVE)

원본 객체를 기준점을 선정하여 원하는 위치로 이동 한다.

❖ 실행 방법 ❖
- 리본 : [홈] – [수정] 패널 – 이동 아이콘(✥)
- 명령 입력 : MOVE
- 단축키 : M

01 객체 스냅(F3)을 활성화 한다.

02 그림과 같이 100x100인 사각형과 반지름이 20인 원을 생성한다.

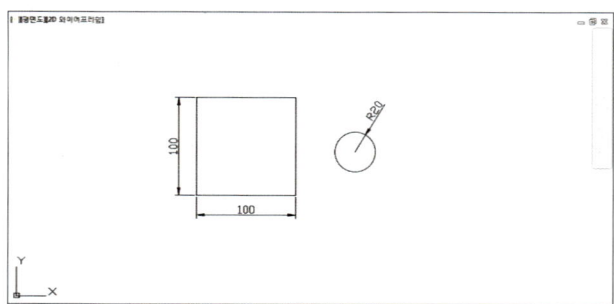

03 명령행에서 단축키 'M'을 입력하고 Space Bar 를 누른다.

| 명령 : M | MOVE 명령어 입력 |

04 화면에서 이동할 객체 원(Circle)을 선택한다.

05 Osnap을 이용하여 원의 [중심점]을 지정한다.

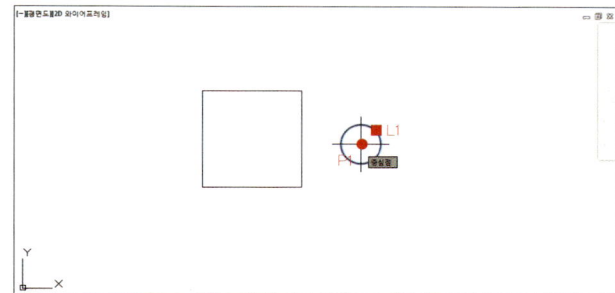

| 객체 선택 : L1(1개를 찾음 원을 선택) | 이동할 객체 선택 |

07 Osnap을 이용하여 P1을 [끝점]으로 지정한다.

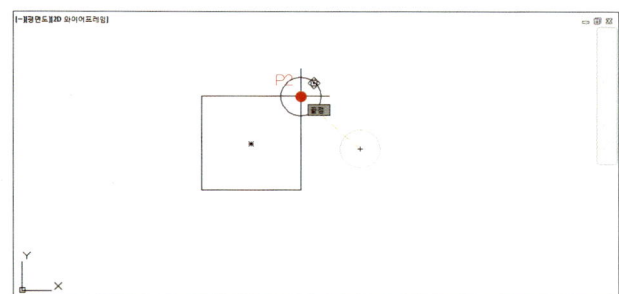

| 기준점 지정 또는 [변위(D)] 〈변위〉 : P1(기준점 지정) | 원의 중심점 지정 |
| 두 번째 점 지정 또는 〈첫 번째 점을 변위로 사용〉 : P2(목표점 지정) | 사각형의 끝점 지정 |

08 기준점과 목표점을 변경하며 원의 위치를 이동해 본다.

> 객체의 이동 위치를 좌표(상대좌표, 상대극좌표 등)로 설정할 경우 기준점의 위치는 어디라도 관계가 없다.

3-2. 객체 복사하기(COPY)

원본 객체의 위치를 유지한 채로 기준점을 지정, 복사하는 기능으로 원리는 이동(Move)과 동일하다.

❖ 실행 방법 ❖
- 리본 : [홈] – [수정] 패널 – 복사 아이콘( )
- 명령 입력 : COPY
- 단축키 : CO / CP

01 객체 스냅(F3)을 활성화 한다.

02 그림과 같이 100x100인 사각형과 반지름이 20인 원을 생성한다.

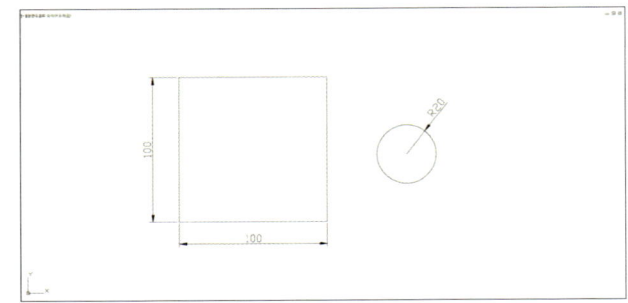

03 명령행에서 단축키 'CO'를 입력하고 Space Bar 를 누른다.

| 명령 : CO | COPY 명령어 입력 |

04 화면에서 복사할 객체 원(Circle)을 선택한다.

| 객체 선택: 1개를 찾음 원을 선택 | 복사할 객체 선택 |

05 Osnap을 이용하여 원의 [중심점]을 지정한다.

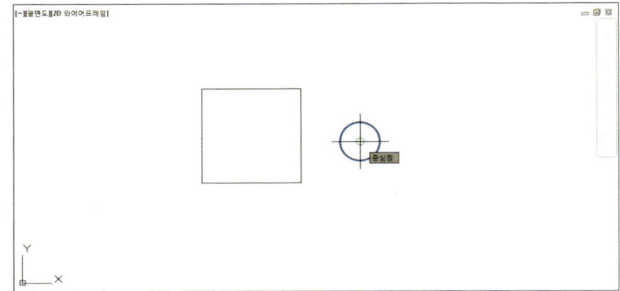

| 기준점 지정 또는 [변위(D)/모드(O)] 〈변위〉 : 기준점 지정 |
| 원의 중심점 지정 |

06 Osnap을 이용하여 P1을 [끝점]으로 지정한다.

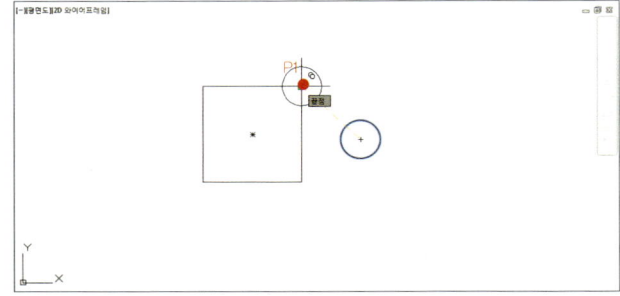

| 두 번째 점 지정 또는 〈첫 번째 점을 변위로 사용〉 : P1 |
| 끝점 지정 |

07 계속해서 P2, P3, P4를 [끝점]으로 지정한다.

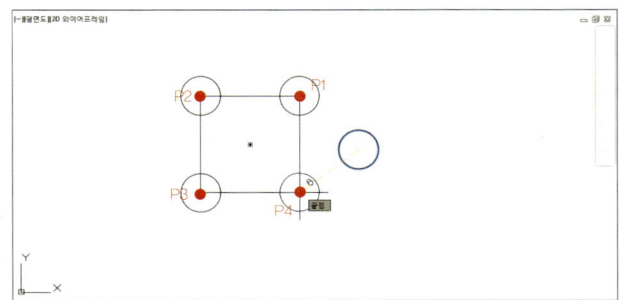

두 번째 점 지정 또는 [배열(A)/종료(E)/명령 취소(U)] 〈종료〉 : P2	끝점 지정
두 번째 점 지정 또는 [배열(A)/종료(E)/명령 취소(U)] 〈종료〉 : P3	끝점 지정
두 번째 점 지정 또는 [배열(A)/종료(E)/명령 취소(U)] 〈종료〉 : P4	끝점 지정

08 Space Bar 또는 Enter 를 눌러 종료한다.

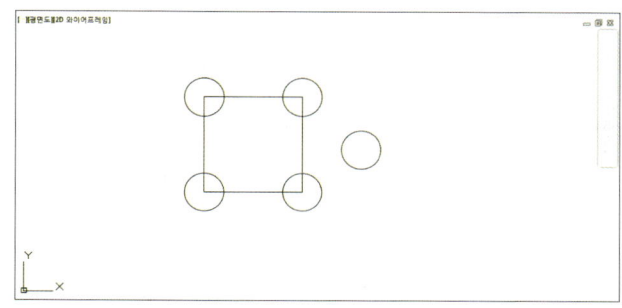

4 _ 객체 선택 방법의 종류와 효율적인 사용법

빠르고 정확한 편집을 위해서는 무엇보다 객체를 정확하고 효율적으로 선택하는 방법을 알아야 한다. 도면 안에 객체가 많아질수록 어떤 선택방법을 택하느냐에 따라 작업 시간이 크게 차이가 나기도 하고, 불필요한 작업 공정을 줄임으로써 실수로 인한 도면 완성도가 낮아지는 것을 미연에 방지할 수 있기 때문이다. 다음은 일반적인 객체선택 방법 중 반드시 알아야 하는 것들이다.

❶ Pointing : 편집명령어 입력후 Pickbox를 이용해 객체를 하나씩 개별적으로 선택하는 방법

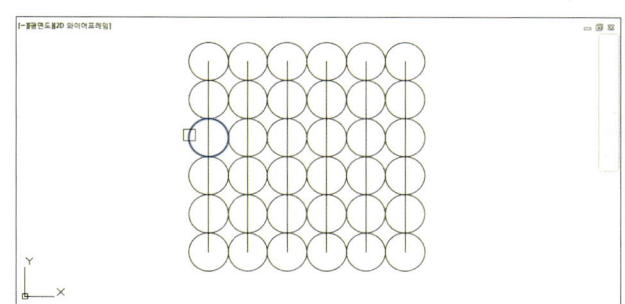

❷ 윈도우(W) : 화면상 임의의 두 점을 찍어 Window상자를 만들어, 상자 내부에 포함된 객체만 선택한다.
- ❖ 방법 : 편집명령어 입력 후 W를 입력하고 Space Bar 를 누른다. 혹은 화면 임의의 한 점을 찍은 후 커서를 우측방향으로 이동한다.

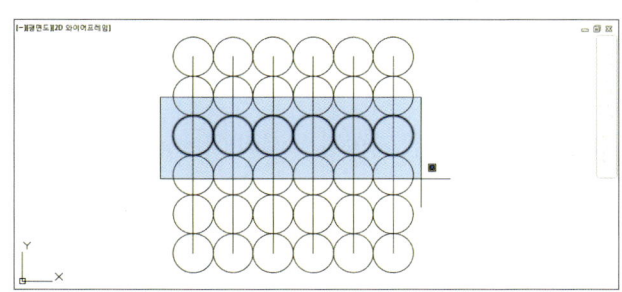

❸ 걸치기(C) : 화면상 임의의 두 점을 찍어 Crossing상자를 만들어, 상자 내부 뿐 아니라 걸치고 있는 객체를 모두 선택한다.
- ❖ 방법 : 편집명령어 입력 후 C를 입력하고 Space Bar 를 누른다. 혹은 화면 임의의 한점을 클릭한 후 커서를 좌측방향으로 이동한다.

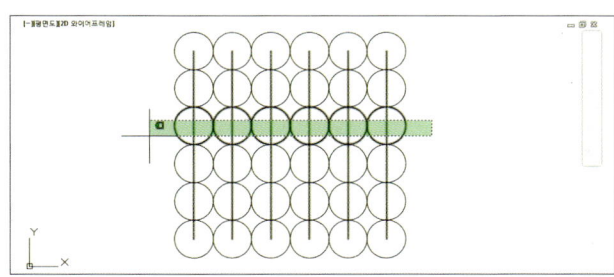

❹ 이전(P) : 가장 최근에 선택한 객체를 재선택해 준다.
 ❖ 방법 : 편집명령어 입력 후 P를 입력하고 `Space Bar` 를 누른다.

❺ 울타리(F) : 선택 울타리를 교차하는 모든 객체를 선택해 준다.
 ❖ 방법 : 편집명령어 입력 후 F를 입력하고 `Space Bar` 를 누른다.

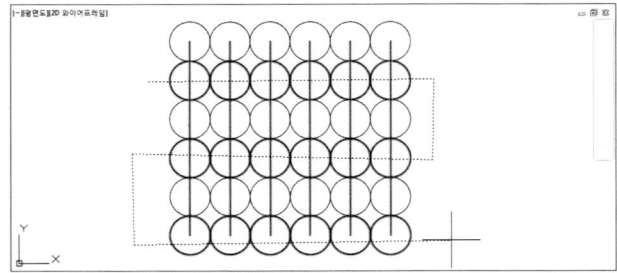

❻ 객체 제외(`Shift` +마우스 왼쪽버튼 클릭) : 선택 객체 제외
 ❖ 방법 : 객체선택 후 `Shift` 를 누른 채 제외시킬 객체를 마우스 왼쪽버튼으로 클릭한다.

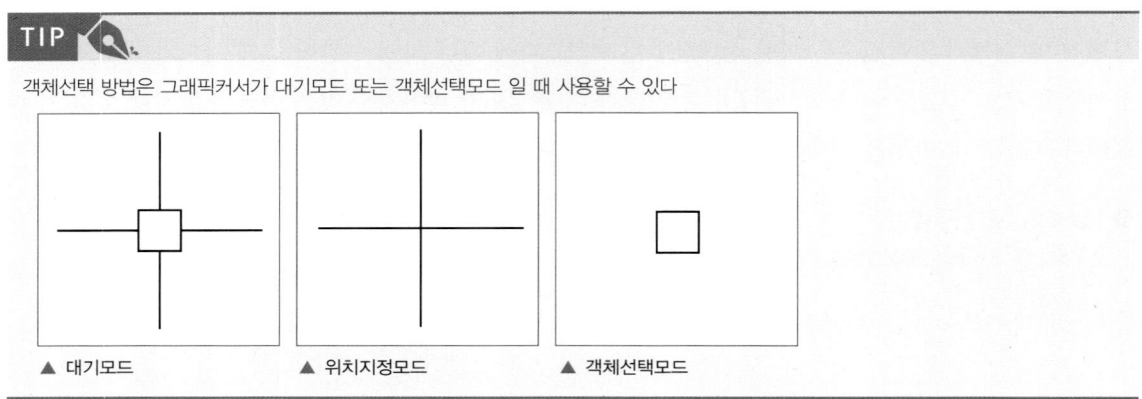

5 _ 모서리 편집하기

모서리 편집은 크게 각이진 모서리(Chamfer)와 라운딩 모서리(Fillet)가 있다. 대표적인 편집 기능이기 때문에 옵션은 물론 숙련도를 향상시켜 선 처리를 깔끔하게 정리할 수 있도록 한다.

5-1. 모깎기(FILLET)

모깎기는 인접면의 모서리에 대해 라운딩 처리를 할 때 주로 사용 되지만, 옵션에 따라 한점에서 만나는 모서리, 혹은 원과 원, 원과 선, 평행선에 대해 호 생성을 하기에도 적합한 명령어로 사용빈도수가 높은 명령어이니 옵션과 설정에 대해 모두 숙지할 수 있도록 한다.

❖ 실행 방법 ❖

- 리본 : [홈] – [수정] 패널 – 모깎기 아이콘( )
- 명령 입력 : FILLET
- 단축키 : F

▶ 반지름 옵션을 이용한 모깎기

01 예제 파일을 불러온다.

■ 예제 파일 : Chapter03\모깎기.dwg

02 명령행에서 단축키 'F'를 입력하고 Space Bar 를 누른다.

| 명령 : F | FILLET 명령어 입력 |

03 옵션 중 반지름(R)을 입력하고 Space Bar 를 누른다.

| 첫 번째 객체 선택 또는 [명령 취소(U)/폴리선(P)/반지름(R)/자르기(T)/다중(M)] : R | 옵션 입력 |

04 반지름값 20을 입력하고 Space Bar 를 누른다.

| 모깎기 반지름 지정 〈0.0000〉 : 20 | 반지름 입력 |

05 화면에서 객체 L1과 L2를 순차적으로 클릭한다.

| 첫 번째 객체 선택 또는 [명령 취소(U)/폴리선(P)/반지름(R)/자르기(T)/다중(M)] : L1 | L1 선택 |
| 두 번째 객체 선택 또는 Shift 키를 누른 채 선택하여 구석 적용 또는 [반지름(R)] : L2 | L2 선택 |

06 반지름이 20인 라운딩 모서리를 만들어 주고 명령어는 자동으로 종료된다.

❖ 옵션 설명 ❖

```
FILLET
현재 설정: 모드 = 자르기 않기, 반지름 = 0.0000 ❶
FILLET 첫 번째 객체 선택 또는 [명령 취소(U) 폴리선(P) 반지름(R) 자르기(T) 다중(M)]:
                              ❷         ❸        ❹         ❺       ❻
```

❶ 현재설정 : 현재 적용된 자르기 모드와 반지름 값을 표시해 준다.

❷ 명령 취소(U) : 작업을 전 단계로 되돌려 준다.

❸ 폴리선(P) : 폴리선 객체의 각 정점에 모깎기를 모두 적용한다.

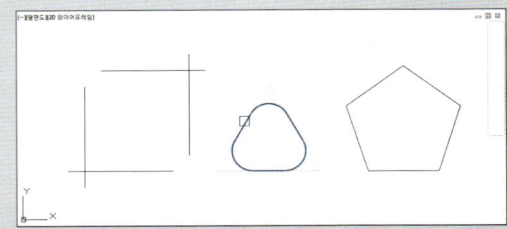

❹ 반지름(R) : 정점의 라운딩 크기를 설정하며, 반지름이 '0'인 경우 한점에서 만나는 모서리를 만들어 준다.
단, 자르기 옵션이 '자르기(T)'일 때 위 그림과 같은 결과를 얻을 수 있다.

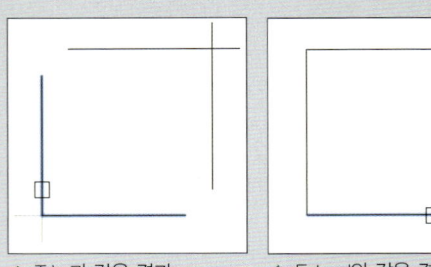

▲ Trim과 같은 결과   ▲ Extend와 같은 결과

❺ 자르기(T) : 모깎기 진행 후 원본객체의 편집 유.무를 제어한다.
즉, 원본을 편집하느냐 유지하느냐이며, 작업 편의상 '자르기(T)'옵션일 때 작업이 용의하다.

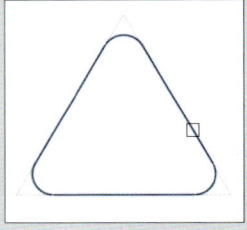 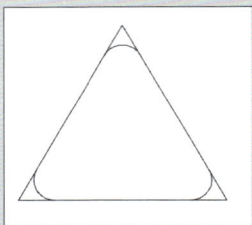

▲ 자르기(T)일 때   ▲ 자르지 않기(N)일 때

❻ 다중(M) : 연속적으로 모깎기를 적용한다.

명령 : F	FILLET 명령어 입력
현재 설정: 모드 = 자르기, 반지름 = 0.0000	
첫 번째 객체 선택 또는 [명령 취소(U)/폴리선(P)/반지름(R)/자르기(T)/다중(M)] : R	옵션 입력
모깎기 반지름 지정 〈0.0000〉 : 20	반지름 입력
첫 번째 객체 선택 또는 [명령 취소(U)/폴리선(P)/반지름(R)/자르기(T)/다중(M)] : M	옵션 입력
첫 번째 객체 선택 또는 [명령 취소(U)/폴리선(P)/반지름(R)/자르기(T)/다중(M)] :	순차적으로 선들을 선택한다

TIP 그 밖의 모깎기(Fillet) 활용법

❶ 수평선끼리 모깎기를 할 경우 두 선분의 거리값을 지름으로 하는 호를 생성하며, 반지름(R) 옵션과는 무관하다(단, 설정 모드가 '자르기' 옵션일때).

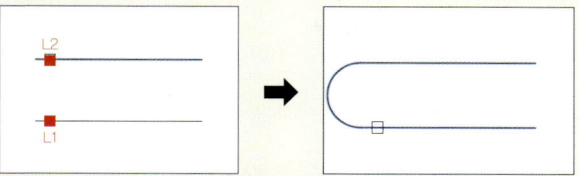

L1과 L2의 길이가 다른 경우 먼저 선택한 선분의 길이에 맞춰진다.

❷ 원과 원을 모깎기할 경우 반지름(R) 값의 호를 생성한다.

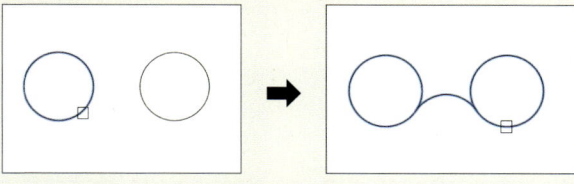

이때, 반지름 값이 두 원의 최단거리/2 보다 커야 한다.

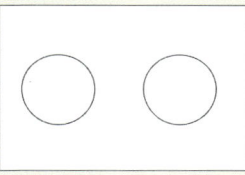

반지름 ≥ D1/2, D1이 20일 때 반지름은 10 이상이어야 한다.

5-2. 모따기(CHAMFER)

모따기는 모깎기와는 다르게 각이진 모서리로 편집을 해주는 명령어로서, 접점에서의 거리값을 이용하는 방법과 거리값 및 각도를 이용하는 방법으로 분류할 수 있다.

❖ 실행 방법 ❖

• 리본 : [홈] - [수정] 패널 - 모따기 아이콘( )   • 명령 입력 : CHAMFER   • 단축키 : CHA

▶ 거리(D) 옵션을 이용한 모따기

01 다음과 같이 가로와 세로 길이가 100×100인 사각형을 그려준다.

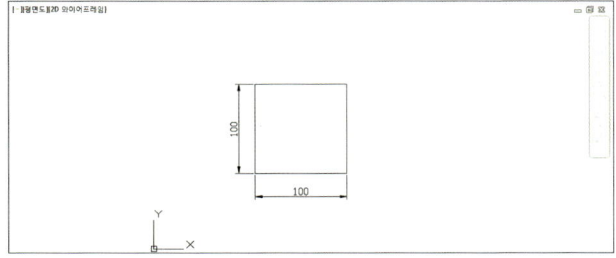

02 명령행에서 단축키 'CHA'를 입력하고 Space Bar 를 누른다.

| 명령 : CHA | CHAMFER 명령어 입력 |

03 옵션 중 거리(D)을 입력하고 Space Bar 를 누른다.

| 첫 번째 선 선택 또는 [명령 취소(U)/폴리선(P)/거리(D)/각도(A)/자르기(T)/메서드(E)/다중(M)]: D | 옵션 입력 |

04 첫 번째 거리값 30을 입력하고 Space Bar 를 누른다.

| 첫 번째 모따기 거리 지정 〈0.0000〉: 30 | 첫 번째 거리값 입력 |

05 두 번째 거리값 20을 입력하고 Space Bar 를 누른다.

| 두 번째 모따기 거리 지정 〈30.0000〉: 20 | 두 번째 거리값 입력 |

06 L1과 L2를 순차적으로 선택해 준다.

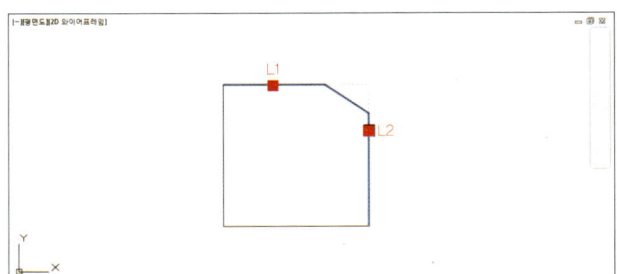

07 거리값에 의한 모따기를 만들어 주고 명령어는 자동으로 종료된다.

▶ 각도(A) 옵션을 이용한 모따기

01 명령행에서 단축키 'CHA' 를 입력하고 Space Bar 를 누른다.

| 명령 : CHA | CHAMFER 명령어 입력 |

02 옵션 중 [각도(A)]를 입력하고 Space Bar 를 누른다.

| 첫 번째 선 선택 또는 [명령 취소(U)/폴리선(P)/거리(D)/각도(A)/자르기(T)/메서드(E)/다중(M)]: A | 옵션 입력 |

03 첫 번째 거리값 '30'을 입력하고 Space Bar 를 누른다.

| 첫 번째 선의 모따기 길이 지정 〈0.0000〉: 30 | 거리값 입력 |

04 첫 번째 선으로부터 모따기 각도값 '20'을 입력하고 Space Bar 를 누른다.

첫 번째 선으로부터 모따기 각도 지정 ⟨0⟩ : 20　　　　　　　　　　　　　　　　　　　　　　　　　각도 입력

05 L1과 L2를 순차적으로 선택해 준다.

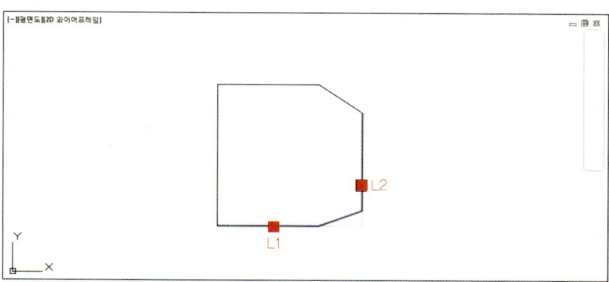

첫 번째 선 선택 또는 [명령 취소(U)/폴리선(P)/거리(D)/각도(A)/자르기(T)/메서드(E)/다중(M)]:　　　선 (L1, L2)을 순차적으로 클릭

06 거리값+각도에 의한 모따기를 만들어 주고 명령어는 자동으로 종료된다.

첫 번째 선 선택 또는 [명령 취소(U)/폴리선(P)/거리(D)/각도(A)/자르기(T)/메서드(E)/다중(M)]:　　　L1, L2 선택

TIP

'거리(D)'옵션을 이용하여 모따기를 할 때 두 거리값이 다른 경우에는 선택하는 순서대로 거리값이 적용되며, 각도(A) 옵션을 이용하여 모따기를 할 경우에는 먼저 선택한 선분에 거리값이 적용, 두 번째 선택한 선분으로 각도가 적용된다.

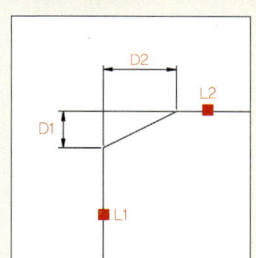

순차적으로 선택 시 L1에 D1값이, L2에 D2값이 적용된다.

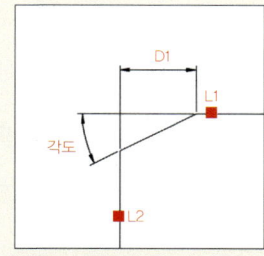

순차적으로 선택 시 L1에 D1거리값이, L2에 각도값이 적용된다.

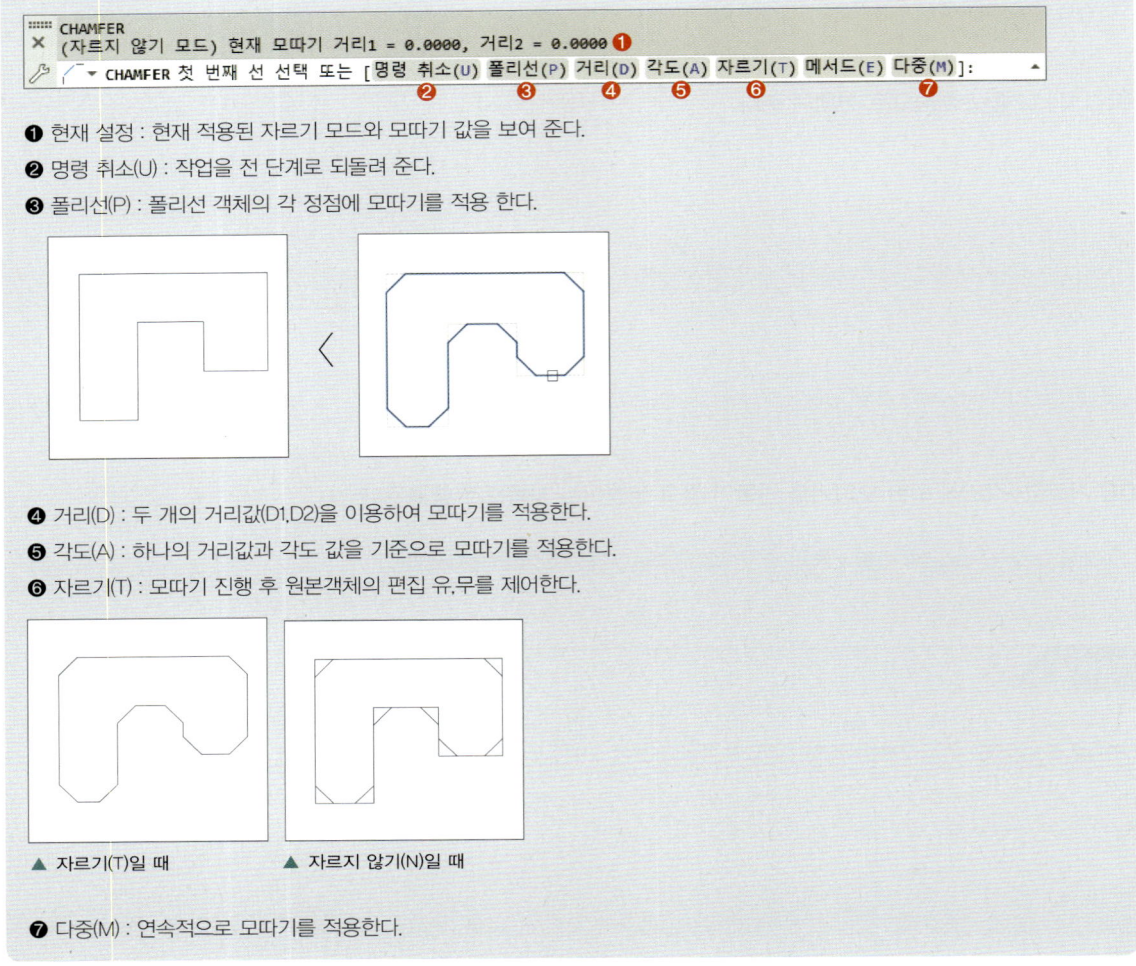

❶ 현재 설정 : 현재 적용된 자르기 모드와 모따기 값을 보여 준다.
❷ 명령 취소(U) : 작업을 전 단계로 되돌려 준다.
❸ 폴리선(P) : 폴리선 객체의 각 정점에 모따기를 적용 한다.

❹ 거리(D) : 두 개의 거리값(D1,D2)을 이용하여 모따기를 적용한다.
❺ 각도(A) : 하나의 거리값과 각도 값을 기준으로 모따기를 적용한다.
❻ 자르기(T) : 모따기 진행 후 원본객체의 편집 유,무를 제어한다.

▲ 자르기(T)일 때   ▲ 자르지 않기(N)일 때

❼ 다중(M) : 연속적으로 모따기를 적용한다.

6 _ 객체의 대칭복사(MIRROR)

선택한 객체에 대하여 대칭축을 기준으로 사본을 작성하거나 대칭 이동을 한다. 대칭 축을 만들때 중요한 것은 선택한 객체에서의 거리와 방향이 중요하며, 축의 길이는 신경쓰지 않아도 무관하다. 데칼코마니를 염두에 두고 대칭축에 대해 이해할 수 있도록 한다.

❖ 실행 방법 ❖
- 리본 : [홈] – [수정] 패널 – 대칭 아이콘(⚠)
- 명령 입력 : MIRROR
- 단축키 : MI

01 예제 파일을 불러온다

- 예제 파일 : Chapter03\대칭.dwg

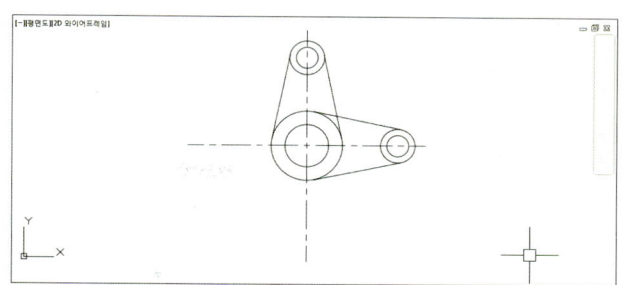

02 명령행에서 단축키 'MI'를 입력하고 Space Bar 를 누른다.

| 명령 : MI | MIRROR 명령어 입력 |

03 이미지를 참고하여 대칭할 객체를 선택한 후 Space Bar 를 누른다.

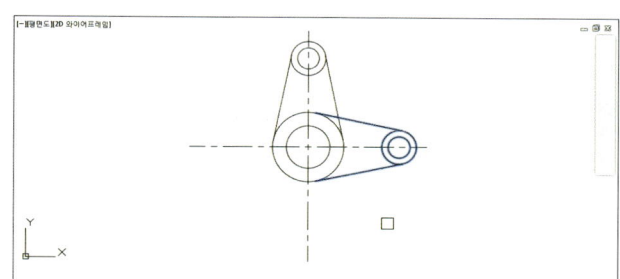

| 객체 선택 : 객체 지정 | 대칭할 객체 선택 |

04 대칭축의 첫 번째 점 P1과 두 번째 점 P2를 Osnap의 끝점(E)을 이용하여 클릭한다.

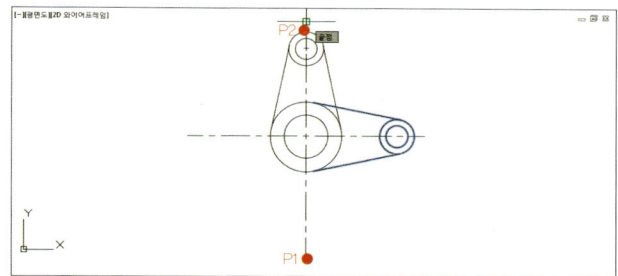

| 객체 선택 : 대칭선의 첫 번째 점 지정 : P1 | 대칭축의 첫 번째점 지정 |
| 대칭선의 두 번째 점 지정 : P2 | 두 번째점 지정 |

05 Space Bar 를 누르면 〈아니오〉 옵션이 적용되며 명령어는 종료된다.

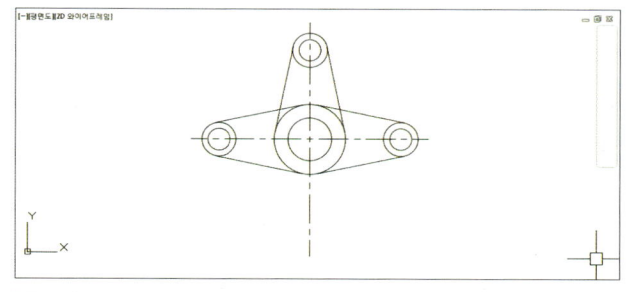

| 본 객체를 지우시겠습니까? [예(Y)/아니오(N)] 〈아니오〉: | 옵션 선택 |

TIP

```
대칭선의 두 번째 점 지정:
원본 객체를 지우시겠습니까? [예(Y)/아니오(N)] <아니오>: *취소*
명령 입력
```

대칭축을 지정한 후 나오는 Mirror 원본 객체를 지우시겠습니까?[예(Y)/아니오(N)] 항목에서 예(Y) 는 "대칭 이동"을, 아니오(N) 는 "대칭 복사"를 적용하며 기본 설정은 "아니오(N)"로 되어 있다.
대칭축 작성시 중요한 것은 두 점의 방향이며, 거리값은 신경 쓰지 않아도 무관하다.

7 _ 객체 회전하기(ROTATE)

객체를 회전하는 기능으로 기준점 선정과 회전 방향, 회전 각도에 유의하며 작업할 수 있도록 한다.

❖ 실행 방법 ❖
- 리본 : [홈] – [수정] 패널 – 회전 아이콘(↻)
- 명령 입력 : ROTATE
- 단축키 : RO

▶ 객체 회전하기(ROTATE)

01 예제 파일을 불러온다
- 예제 파일 : Chapter03\회전.dwg

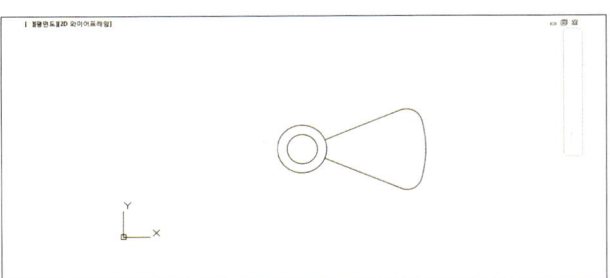

02 명령행에서 단축키 'RO' 를 입력하고 Space Bar 를 누른다.

| 명령 : RO | ROTATE 명령어 입력 |

03 이미지를 참고하여 회전할 객체를 선택 후 Space Bar 를 누른다.

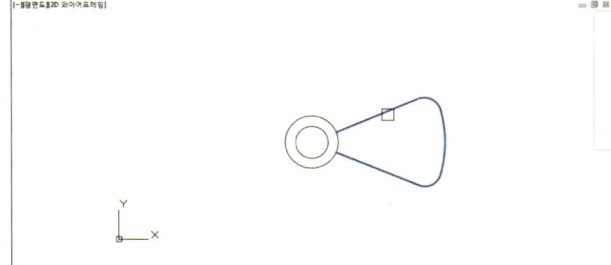

| 객체 선택: | 회전할 객체를 선택 |

04 기준점 P1을 Osnap[중심점]을 이용하여 클릭한다.

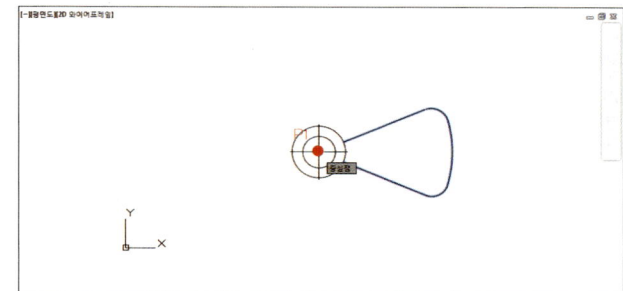

기준점 지정 : P1   기준점 지정

05 회전각도 90을 입력한다.

회전 각도 지정 또는 [복사(C)/참조(R)] <0> : 90   회전각도 입력

06 선택한 객체를 회전하고 명령어는 자동으로 종료된다.

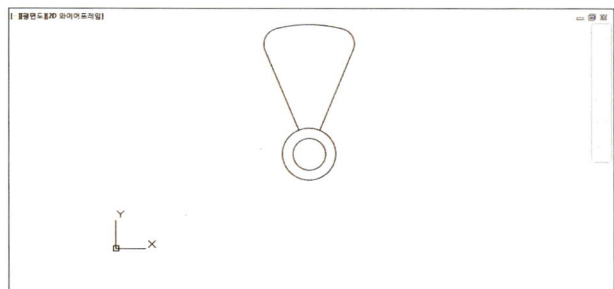

> 객체의 회전각도가 직각방향(90°, 180°, 270°)일 경우에는 각도를 입력하기 보다는 직교모드(F8)가 활성화되어 있는 상태에서 커서를 이동하며 원하는 회전각도에서 클릭하는 방법을 써보도록 한다.

❖ 옵션 설명 ❖

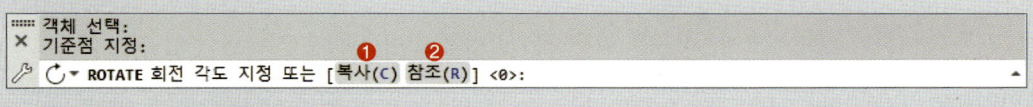

❶ 복사(C) : 원본 객체의 사본 회전체를 생성 한다.
❷ 참조(R) : 두 점을 지나는 참조각도를 절대 각도 혹은, 위치점을 이용하여 회전 한다.

01 명령행에서 'Rotate' 명령어를 입력하고 Space Bar 를 누른다.
02 화면의 모든 객체를 선택하고 Space Bar 를 누른다.
03 기준점 P1을 Osnap의 [중심점]을 이용하여 클릭한다.

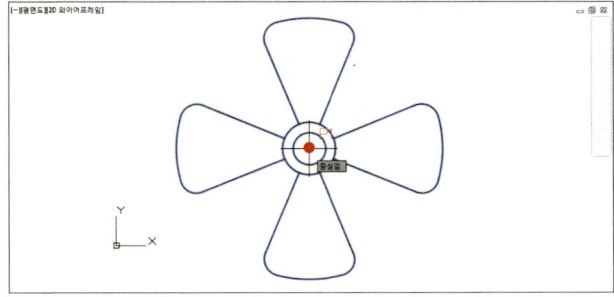

04 명령행에서 참조(R) 옵션을 입력하고 Space Bar 를 누른다.

05 참조각도 P2와 P3를 Osnap의 [중심점]과 [끝점]을 이용하여 클릭한다.

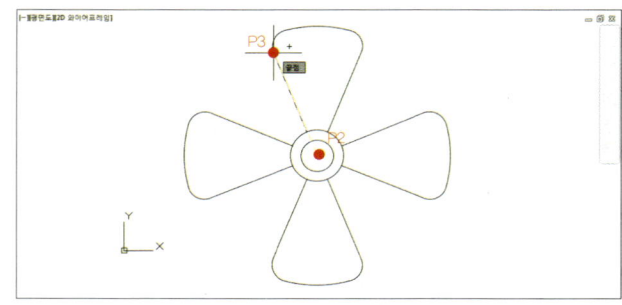

06 목표각도(절대각도) '90'을 입력하고 Space Bar 를 누른다.

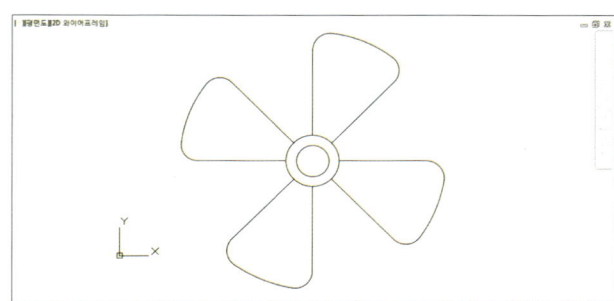

8 _ 객체 크기 조절하기(SCALE)

객체의 크기를 제어하는 명령어로서, 비율을 이용하는 방법과 길이를 이용한 방법이 있다.

> ❖ 실행 방법 ❖
> - 리본 : [홈] – [수정] 패널 – 축척 아이콘( )
> - 명령 입력 : SCALE
> - 단축키 : SC

▶ 비율을 이용한 객체 크기 조절하기(SCALE)

01 다음과 같이 가로와 세로 길이가 100×100 인 사각형을 그려준다.

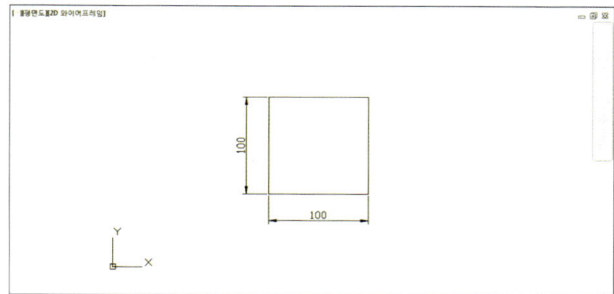

02 명령행에서 단축키 'SC'를 입력하고 Space Bar 를 누른다.

| 명령 : SC | SCALE 명령어 입력 |

03 사각형을 선택하고 Space Bar 를 누른다.

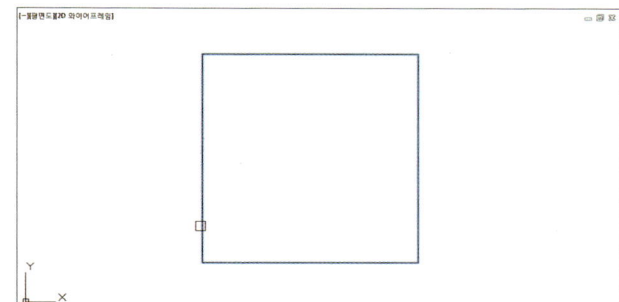

| 객체 선택 : 1개를 찾음 | 객체 선택 |

04 기준점 P1을 Osnap의 [끝점]을 이용하여 지정한다.

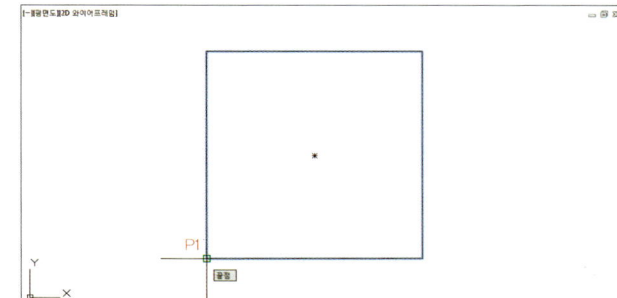

| 기준점 지정: P1 | 기준점 지정 |

05 축척 비율 '2'를 입력한다.

| 축척 비율 지정 또는 [복사(C)/참조(R)] : 2 | 축척 비율 입력 |

06 선택한 객체의 크기가 두 배로 확대되었다.

> 객체의 축척 비율은 1을 기준으로 높은 숫자일수록 확대, 낮은 숫자일수록 축소된다.
> 1=100%(원본크기)
> 2=200%확대(두배) 0.75= 25%축소
> 3=300%확대(세배) 0.5 = 50%축소

❖ 옵션 설명 ❖

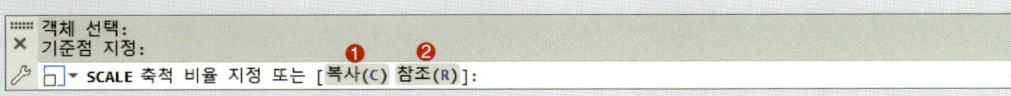

① 복사(C): 원본 객체의 사본으로 확대 및 축소 객체를 생성한다.
② 참조(R) : 첫 번째와 두 번째 참조점을 선택 혹은, 길이에 대한 값을 입력해 크기를 제어한다.

01 명령행에서 단축키 'SC'를 입력하고 Space Bar 를 누른다.

명령 : SC   SCALE 명령어 입력

02 사각형을 선택하고 Space Bar 를 누른다.

객체 선택 :   객체 선택

03 기준점 P1을 Osnap의 [끝점]을 이용하여 지정한다.

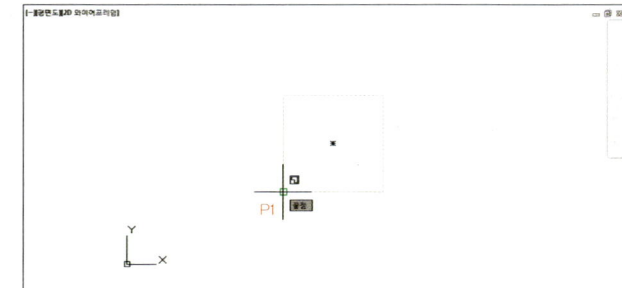

기준점 지정 : P1   기준점 지정

04 명령행에서 [복사(C)] 옵션을 입력하고 Space Bar 를 누른다.

축척 비율 지정 또는 [복사(C)/참조(R)] : C   옵션 입력

05 축척 비율 0.5를 입력한다.

축척 비율 지정 또는 [복사(C)/참조(R)] : 0.5   축척비율 입력

06 원본 객체는 유지하고 원본의 50%에 해당하는 사본 객체가 생성되었다.

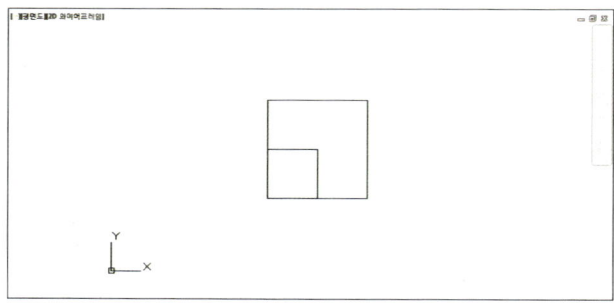

▶ 길이값을 이용한 객체 크기 조절하기(SCALE)

01 명령행에서 단축키 'SC'를 입력하고 Space Bar 를 누른다.

명령 : SC   SCALE 명령어 입력

02 작은 사각형을 선택하고 Space Bar 를 누른다.

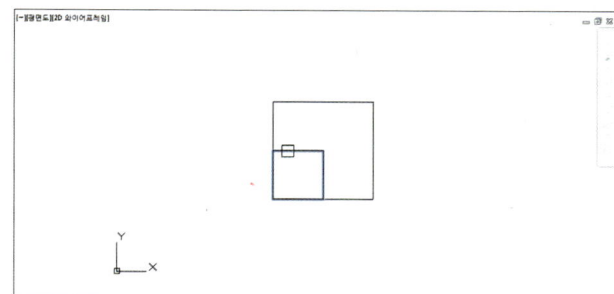

객체 선택 :   객체 선택

03 기준점 P1을 Osnap의 [끝점]을 이용하여 클릭한다.

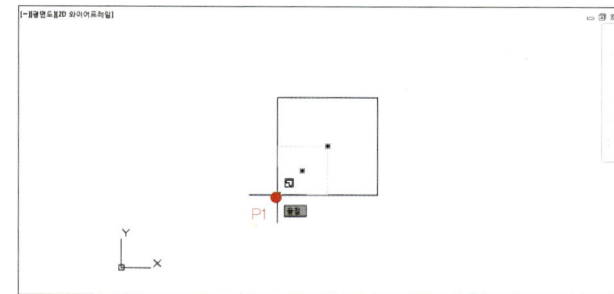

기준점 지정 : P1   기준점 지정

04 명령행에서 [참조(R)] 옵션을 입력하고 Space Bar 를 누른다.

축척 비율 지정 또는 [복사(C)/참조(R)] : R   옵션 입력

05 참조길이 P1과 P2를 Osnap의 [끝점]을 이용하여 지정한다.

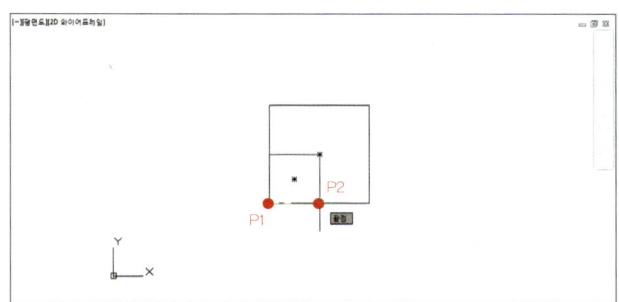

참조 길이 지정 〈1.0000〉 : P1   참조길이 시작점 지정
두 번째 점을 지정 : P2   참조길이 끝점 지정

06 길이값 '130'을 입력한다.

새 길이 지정 또는 [점(P)] 〈1.0000〉 : 130   새 길이 지정

07 P1과 P2의 길이값이 130이 되었다.

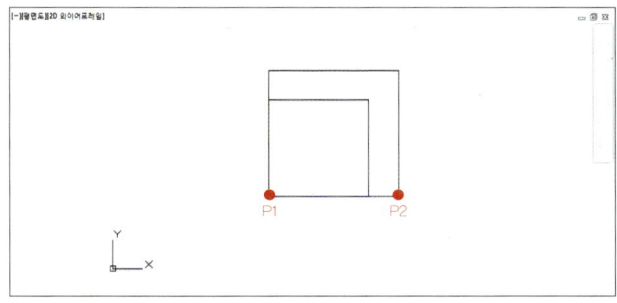

> **TIP**
> Dist(Di) 명령어를 이용하여 P1과 P2를 클릭하면 거리값과 각도를 명령행에서 확인할 수 있다

9 _ 객체 신축하기(STRETCH)

객체를 이동(Move)하거나 모서리, 혹은 정점을 변형(Trim/Extend)할 수 있는 명령어가 숙달되면 그 쓰임새는 아주 다양하다. 객체 선택 방법과 선택상자의 범위에 따른 결과 변화에 대해 이해하고 객체선택제외 기능과 병행하여 연습을 할 수 있도록 한다.

❖ 실행 방법 ❖
- 리본 : [홈] – [수정] 패널 – 신축 아이콘( )
- 명령 입력 : STRETCH
- 단축키 : S

01 다음과 같이 가로와 세로 길이가 100×100인 사각형을 그려준다.

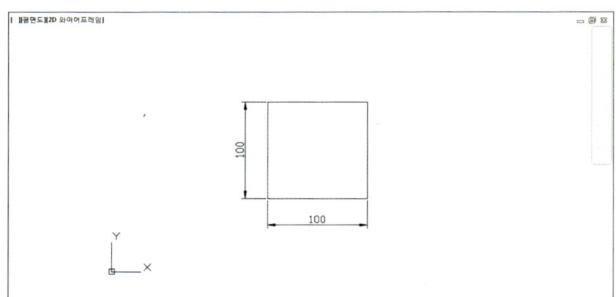

02 명령행에서 단축키 'S'를 입력하고 Space Bar 를 누른다.

명령 : S   STRETCH 명령어 입력

03 아래 그림과 같이 P1과 P2를 모서리 지점으로 하는 걸침선택(Crossing) 상자를 만든다.

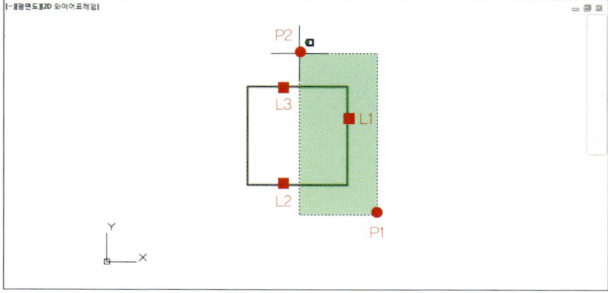

걸침 윈도우 또는 걸침 폴리곤만큼 신축할 객체 선택. : P1
　　　　　　　　　　　　　　　　　　　첫 번째 모서리 지정
객체 선택: 반대 구석 지정 : P2　　두 번째 모서리 지정

반드시 걸침선택을 해야 하며, P1과 P2 지점의 위치에 신경쓰도록 한다. 걸침선택을 이용하여 Crossing Box를 만들었을 때 완전히 포함된 객체 L1은 이동을 하고, Crossing Box에 걸쳐져 있는 객체 L2, L3 는 변형(신축)을 하게 된다.

04 Space Bar 를 누른다.

객체 선택 :   객체 선택 종료

05 화면에서 임의의 한 점을 기준점으로 지정한다.

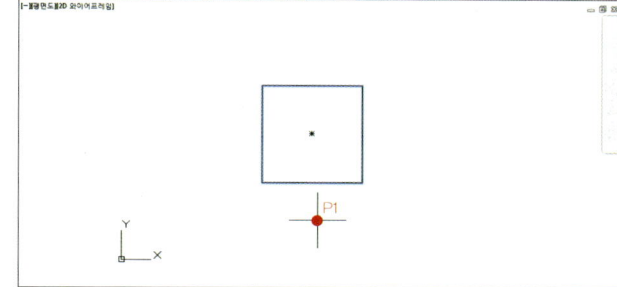

기준점 지정 또는 [변위(D)] 〈변위〉: P1   기준점 지정

06 상대좌표를 이용하여 위치값(@50,0)을 입력한다.

두 번째 점 지정 또는 〈첫 번째 점을 변위로 사용〉: @50,0   상대좌표 입력

07 객체가 수평방향으로 50만큼 신축된 것을 확인한다.

걸침선택만을 이용하기 때문에 객체들끼리 붙어있는 경우에는 정밀하게 선택하는것에 어려움이 있다. 이런 경우는 충분히 걸침선택을 한 후 객체 제외(Shift + 마우스 왼쪽버튼) 기능을 이용하도록 한다.

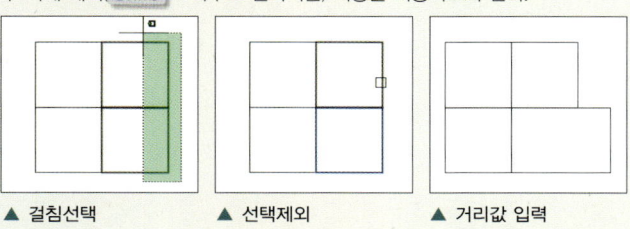

▲ 걸침선택   ▲ 선택제외   ▲ 거리값 입력

실무에서 특히나 많이 사용되는 명령어로 숙달되면 작업시간을 크게 줄일 수 있는 기능이므로 자유자재로 사용할 수 있도록 연습한다.

Chapter **04**

관리 명령어를 이용한 도면 정리

이번 Chapter에서는 도면을 작성하기에 앞서 도면 요소(선, 글씨, 치수 등)들의 환경을 설정하거나, 작성한 도면 요소들의 특성을 효율적으로 제어하는 방법에 대해 알아보도록 한다. 관리 명령어를 잘 다룰수록 반복적인 작업을 줄이고 편집을 용이하게 하며, 도면 시각화에도 많은 영향을 주기 때문에 이는 매우 중요한 과정이다.

1 _ LAYER

LAYER는 AutoCAD에서 생성하는 모든 객체(선, 문자, 치수 등)들의 특성(선의 색상, 두께, 선의 유형 등)을 관리하고 있기 때문에 LAYER의 생성 뿐만 아니라 구조와 특성에 대해 잘 이해하고 넘어갈 수 있도록 한다.

1-1. 도면층(LAYER) 생성과 관리

그 쓰임새에 맞게 선의 유형을 만들고 관리하도록 함으로써 도면 작성의 효율과 편집을 원활하게 할 수 있도록 한다. 도면 작성 시 필요에 따라 LAYER를 만들어 나가는 것도 관계는 없지만, 도면 작성하기 전 쓰임새에 맞게 설정한 후 작업하는 것이 작업 능률을 향상 시킨다.

❖ 실행 방법 ❖
- 리본 : [홈] – [도면층] 패널 – 도면층특성 아이콘( )
- 명령 입력 : LAYER
- 단축키 : LA

도면층 생성 및 관리 순서는 아래와 같이 진행할 수 있도록 한다.
❶ 도면층 생성 및 이름(Name) 지정
❷ 색상(Color) 지정
❸ 선 종류(Line Type) 지정

▶ 도면층 생성하기

01 명령행에서 단축키 'LA' 를 입력하고 Space Bar 를 누른다.

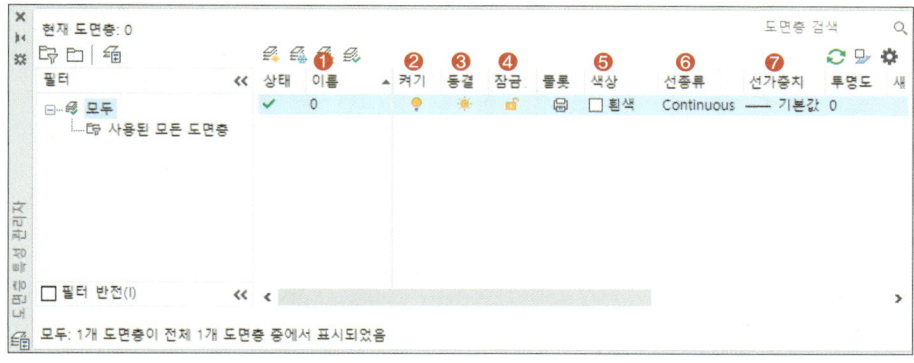

■ 도면층 특성 관리자 구성
❶ 도면층의 이름(Name) : 레이어의 이름을 표시하며, '0'번 도면층을 기본으로 하고 있다.(도면층을 생성하지 않았다면 생성되는 모든 객체는 '0' 도면층으로 작성된다).
❷ 켜기(On) : 도면층의 화면 출력을 on/off 할 수 있다.

❸ 동결(Freeze) : 도면층의 모든 기능을 동결한다(생성, 편집, 화면출력 등).
❹ 잠금(Lock) : 객체의 편집기능을 동결한다(Osnap 추적은 가능하다).
❺ 색상(Color) : 도면층에 색상을 지정한다.
❻ 선 종류(Line type) : 도면층에 선의 유형을 지정한다.
❼ 선가중치(Lineweight) : 도면층에 선의 두께를 지정한다.

02 ❶ 새 도면층(Alt + N)을 누르고 생성된 도면층 이름을 '외형선'이라고 입력한다.(도면층의 이름은 그 용도에 맞게 정하는 것이 작업 하는데 있어 효율적이다.)

03 위와 같은 방법으로 도면층을 생성하고 이름을 '중심선'이라고 입력한다.

04 위와 같은 방법으로 도면층을 생성하고 이름을 '숨은선'이라고 입력한다.

05 '숨은선' 도면층 에서 색상(Color box)을 클릭한다.

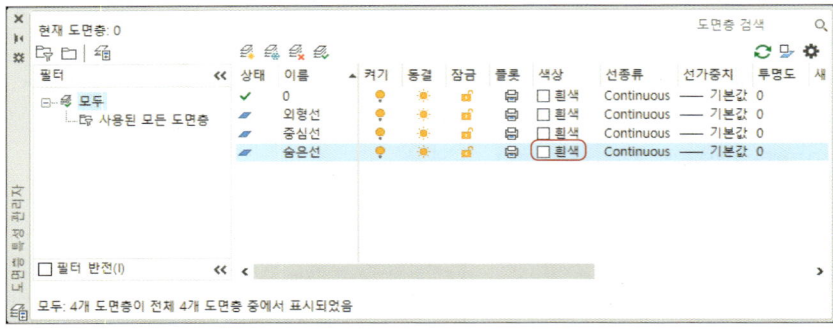

06 ❶ 색상 색인 탭에서 ❷ 노란색(2)을 클릭하고 확인을 누른다.

07 같은 방법으로 '외형선' 도면층의 색상을 '초록색(3)'으로 변경해 준다.

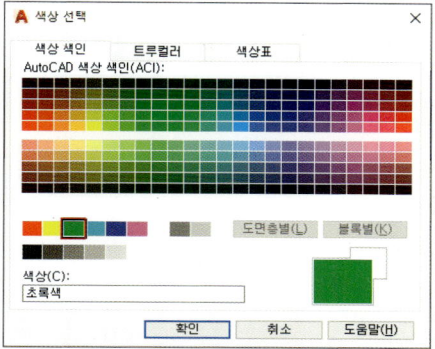

08 '숨은선' 도면층에서 선종류(Line type)를 클릭한다.

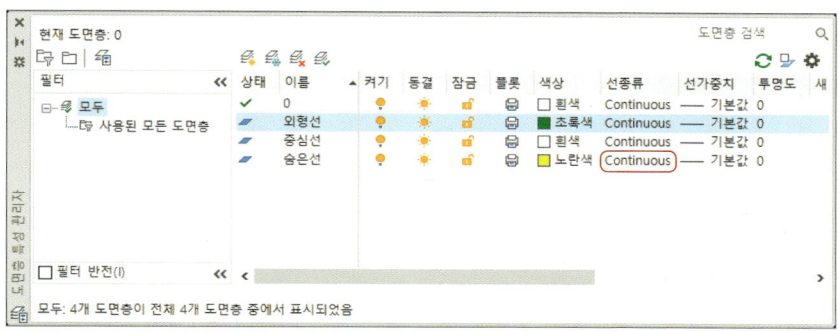

09 선종류 선택 창에서 로드(Load)를 클릭한다.

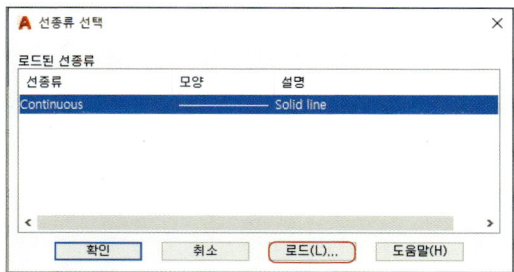

10 휠, 혹은 스크롤바를 움직여 선종류 중 HIDDEN을 클릭, 확인을 누른다.

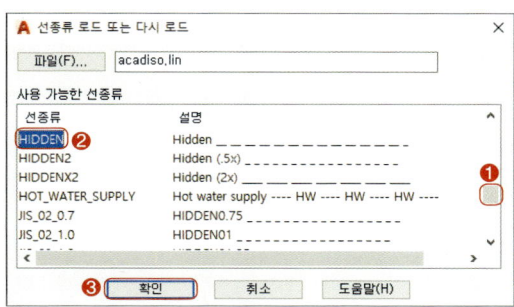

11 선종류 선택 창에 HIDDEN이 추가된 것을 확인할 수 있다.

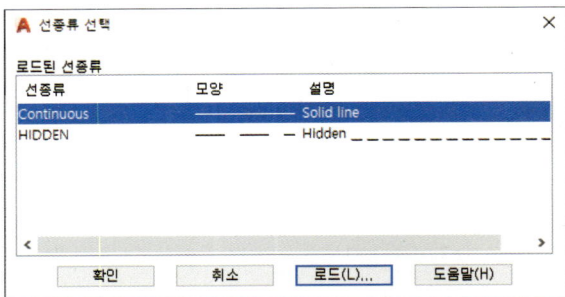

12 같은 방법으로 CENTER 선유형을 불러 온다.

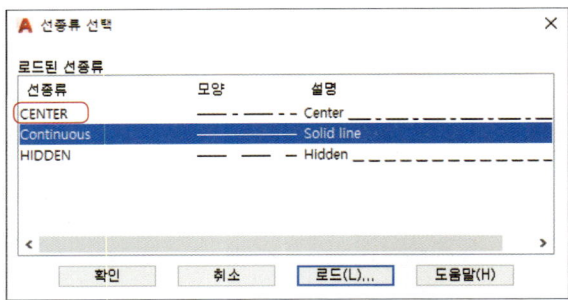

13 도면층 이름과 선유형이 같도록 적용해 준 후 기본사용 도면층을 '외형선'으로 변경한다. (도면층 더블 클릭, 혹은 도면층 클릭 후 ❶ 클릭)

TIP

로드를 누른 후 해당되는 Line Type을 빠르게 찾고자 할 때는 선종류 리스트에서 아무거나 하나만 원클릭으로 선택 후 찾고자 하는 선 유형의 앞 글자를 입력하면 빠르게 찾을 수 있다.

CENTER 선 유형 불러오기
01 로드(Load)를 클릭한다.

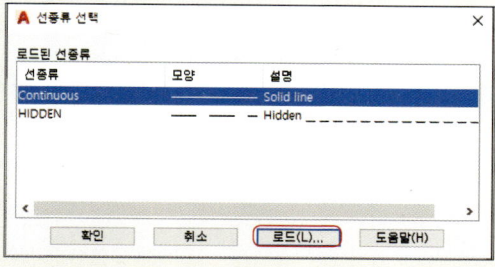

02 선종류 리스트에서 아무거나 클릭한다.

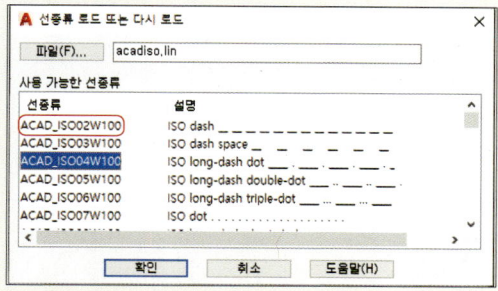

03 키보드에서 'C'를 입력한다.

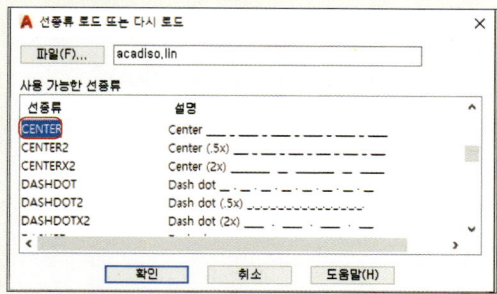

04 확인을 눌러주고 선종류 선택 창에서 'CENTER' 유형을 확인한다.

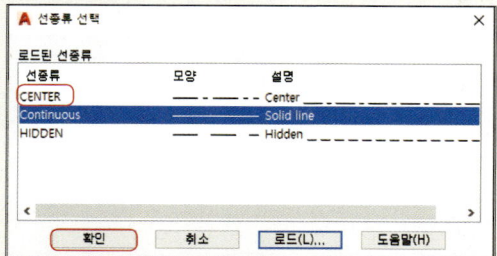

1-2. LINETYPE SCALE을 이용한 선 축척 제어

선의 유형에 대학 축척값을 조정하며, 도면 내의 모든 선에 대하여 일괄적으로 적용하게 된다. 선의 유형이 화면상에 제대로 표현되지 않을 경우 LTSCALE을 활용할 수 있도록 한다.

> ❖ 실행 방법 ❖
> - 리본 : [홈] – [특성] 패널 – 선종류 – 기타 – 자세히 – 전역 축척 비율(G)
> - 명령 입력 : LTSCALE
> - 단축키 : LTS

▶ 선 축척 변경하기(LINETYPE SCALE)

01 명령어를 입력한다.

명령 : LTS　　　　　　　　　　　　　　　　　　　　　　　　　　　　LTSCALE 명령어 입력

02 축척 비율을 입력한다.

LTSCALE 새 선종류 축척 비율 입력 〈1.0000〉 : 0. 5　　　　　　　　　　　　축척 비율 입력

아래 그림은 동일한 길이의 선에 대하여 LTSCALE 값의 변화에 따른 형태이다.

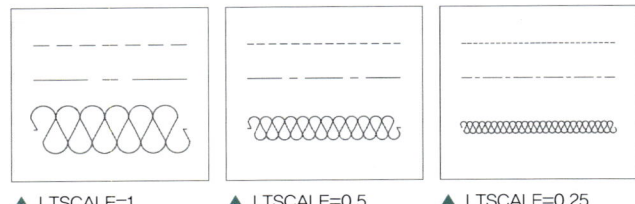

▲ LTSCALE=1　　　　▲ LTSCALE=0.5　　　　▲ LTSCALE=0.25

> 66 축척 비율은 〈1〉을 기준으로 하며, 1보다 높은 숫자일수록 선의 간격은 더욱 넓어지며, 1보다 낮은 숫자일수록 선의 간격은 좁아진다. Scale 명령어의 축척 비율과 동일한 개념으로 생각할 수 있다. 또한 축척 비율값을 입력하면 자동으로 전체 도면을 재생성(새로고침)을 한다.

2 _ 특성 팔레트를 이용한 도면관리

선택한 객체가 가지고 있는 정보를 확인하는 것은 물론 정보의 내용을 세부적으로 편집할 수 있는 기능으로 도면의 완성도를 올려줄 뿐만 아니라 작업 능률도 향상시켜 준다. AutoCAD 중급 사용자로 가기 위해서는 특성 팔레트를 잘 활용할 수 있도록 해야 한다.

> ❖ 실행 방법 ❖
> - 리본 : [뷰] 탭 – [팔레트] 패널 – 특성 아이콘(🗔)
> - 명령 입력 : PROPERTIES
> - 단축키 : CH, PR, Ctrl + 1

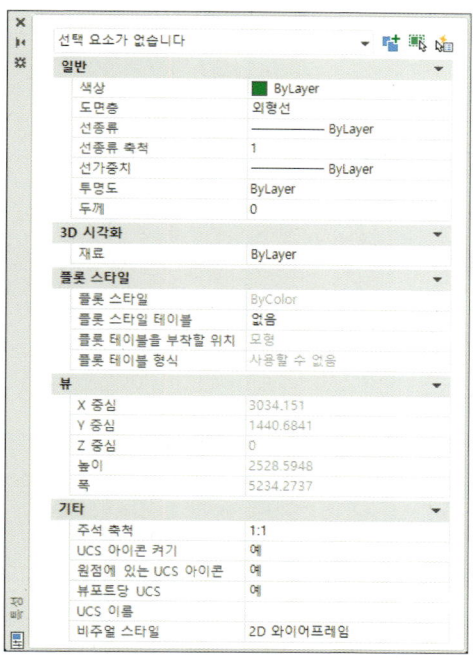

3 _ 문자 쓰기

문자는 도면을 구성하는 아주 중요한 요소로서 객체의 정보를 표기하는 방법뿐만 아니라 사용하는 문자의 설정 방법과 수정법까지 모두 익힐 수 있도록 한다.

3-1. 문자 스타일(STYLE) 설정

AutoCAD에서 사용하는 문자에 대하여 글꼴(Font), 문자의 크기 및 기울기, 특수효과 등의 스타일(Style)을 설정할 수 있다. 도면에서 사용하는 글꼴(Font)을 다양하게 사용할 예정이라면 사용 글꼴(Font)마다 스타일(Style)을 만들어야 한다.

❖ 실행 방법 ❖
- 리본 : [홈] – [주석] 패널 – 문자스타일( )
- 명령 입력 : STYLE
- 단축키 : ST

01 명령행에서 단축키 'ST'를 입력하고 Space Bar 를 누른다.

02 ❶ '새로 만들기'를 눌러 새로운 스타일을 생성한다.

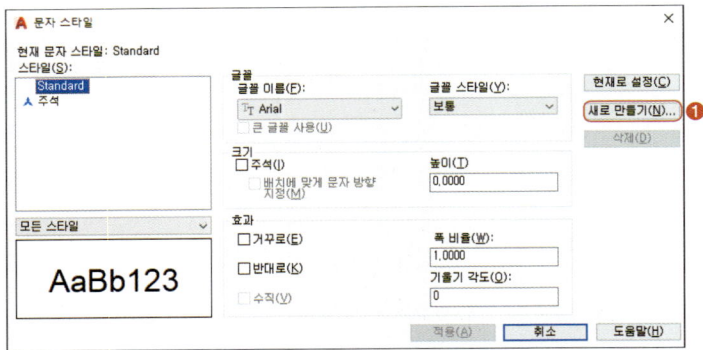

03 스타일 이름은 'Style A' 라고 입력한 후 확인을 누른다.

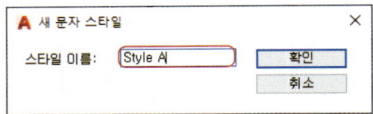

04 스타일이 생성된 것을 확인(❷)한 후 글꼴을 정하기 위해 글꼴 이름의 바(❸)을 눌러준다.

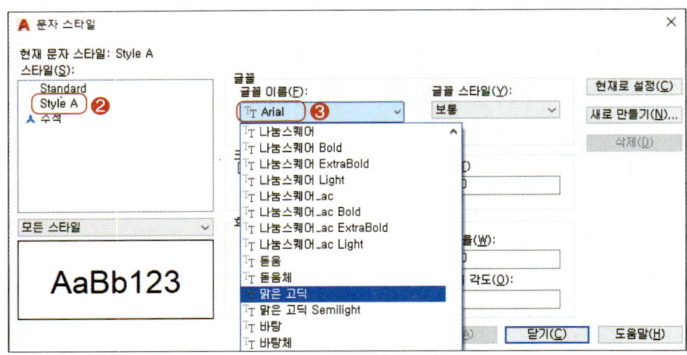

05 마우스 휠의 드래그를 이용해 '맑은 고딕'을 선택해 준다.

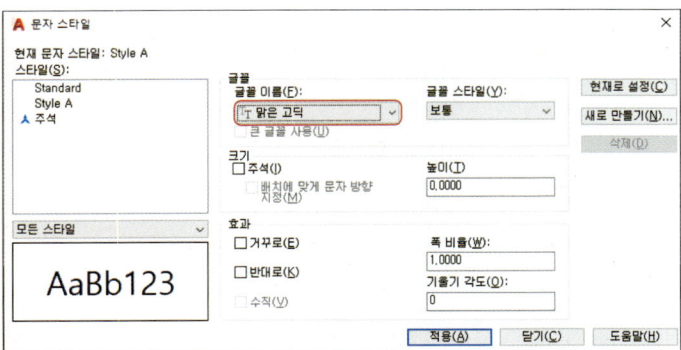

06 기본사용 문자 스타일을 'Style A'로 변경한다.

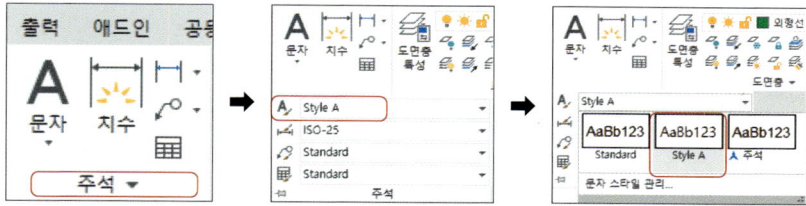

TIP

AutoCAD에서 사용되는 글꼴은 크게 쉐입타입(*.shx)과 트루타입(*.ttf)이 있다. 트루타입은 Windows 글꼴로, 문자의 두께가 지정되어 있어 중간글씨나 큰글씨(타이틀) 등을 사용할 때 적합하다.

쉐입타입(*.shx)글꼴은 선의 두께를 사용자가 지정할 수 있기 때문에 작은 글씨(재료명 등)에 사용하기에 적합하나, 별도의 설정을 하지 않은 상태에서는 한글을 물음표(?)로 표기하기 때문에 쉐입타입 문자 설정방법은 아주 중요하다고 할 수 있다.

▲ 쉐입타입(*.shx)글꼴 기호　　▲ 트루타입(*.ttf)글꼴 기호

쉐입타입(*.shx)글꼴로 한글 표기하기

01 명령행에서 'STYLE' 명령어를 입력하고 Space Bar 를 누른다.

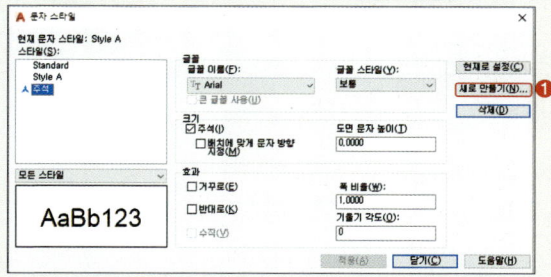

02 ❶ '새로 만들기'를 눌러 새로운 스타일을 생성한다.

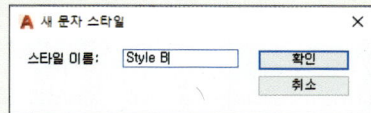

03 스타일 이름은 "Style B" 라고 입력한 후 확인을 누른다.

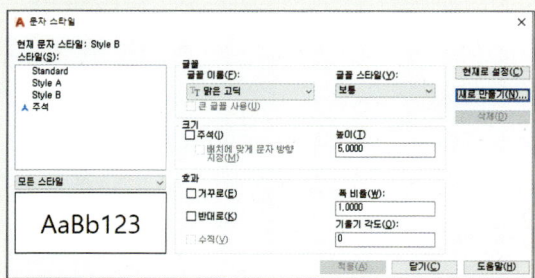

04 스타일이 생성된 것을 확인(❷)한 후 글꼴을 정하기 위해 글꼴 이름의 바(❸)을 눌러준다.

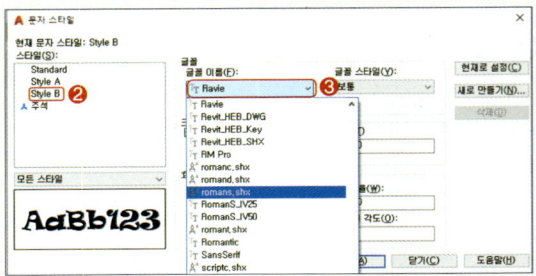

05 마우스 휠의 드래그를 이용해 쉐입타입(*.shx)글꼴인 'romans.shx'을 선택해 준다.
06 큰 글꼴 사용(❶)을 체크한 후 큰 글꼴(❷)에서 'whgtxt'를 선택해 준다.

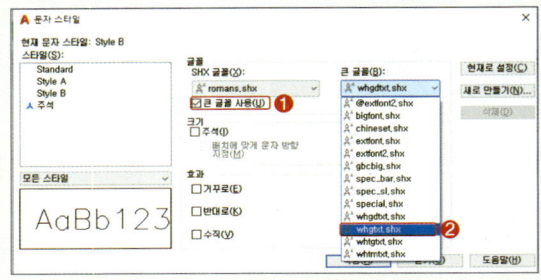

07 문자 스타일 'Style B'가 생성 되었는지 확인한다.

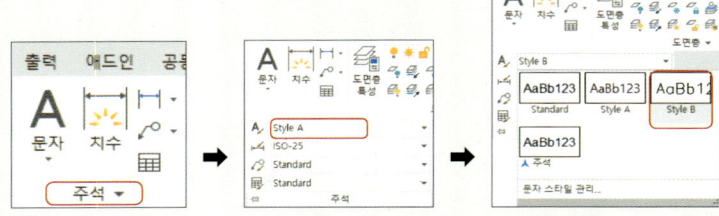

3-2. 단일행 문자(DTEXT) 쓰기

각 문자를 행 단위로 이동하거나 수정 가능한 독립 객체로 생성해 주며, 도면에서 임의의 한 점을 지정하여 문자를 작성하는 것이 특징이다.

> ❖ 실행 방법 ❖
> • 리본 : [홈] 탭 – [주석] 패널 – 문자 – 단일 행(A)   • 명령 입력 : DTEXT   • 단축키 : DT

01 명령행에서 단축키 'DT' 를 입력하고 Space Bar 를 누른다.

명령 : DT	TEXT 명령어 입력

02 문자의 시작점을 지정한다(화면 임의의 한 점을 클릭한다).

문자의 시작점 지정 또는 [자리맞추기(J)/스타일(S)] :　　　　　　　　　　　　　　　　　시작점 지정

03 문자 높이 '5'를 입력한다.

높이 지정 〈5.0000〉 : 5　　　　　　　　　　　　　　　　　　　　　　　　　　　　　　높이 지정

04 문자의 회전 각도 '0'을 입력한다.

문자의 회전 각도 지정 〈0〉 : 0　　　　　　　　　　　　　　　　　　　　　　　　　　회전각도 지정

05 문자 내용을 입력한다.

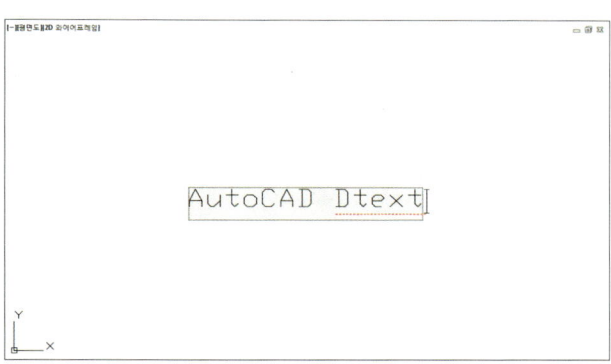

06 Enter 를 두 번 눌러 명령어를 종료한다.

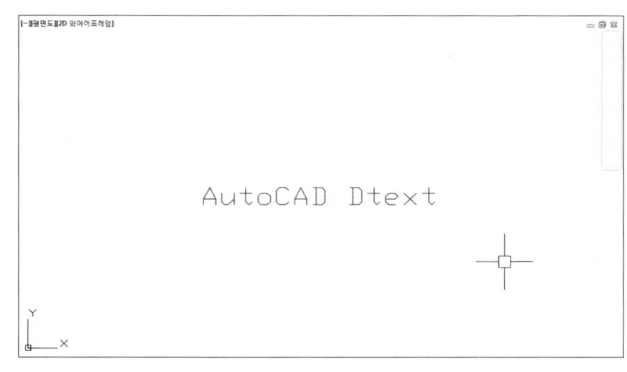

> 문자쓰기에서 Space Bar 는 워드프로그램처럼 사이띄기로 적용되며, Enter 를 한번만 눌렀을 때는 행을 변경, Enter 를 두 번 연속으로 눌렀을 때는 명령어를 종료하게 된다.

TIP

- 문자 스타일(Style)에서 높이값(❶)을 지정하였다면 문자를 작성할 때 높이값 지정항목은 건너띄게 된다.

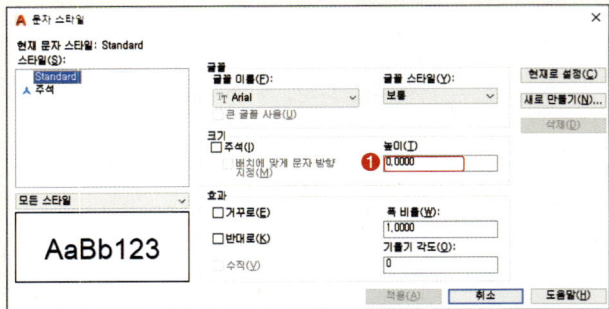

명령 : DT	TEXT 명령어 입력
현재 문자 스타일: "Standard" 문자 높이: 5.0000 주석: 아니오 자리맞추기:	
왼쪽 문자의 시작점 지정 또는 [자리맞추기(J)/스타일(S)] :	옵션 지정
문자의 회전 각도 지정 ⟨0⟩ :	회전각도 지정
	문자내용 입력

- 문자 스타일(Style)을 먼저 설정한 후 문자를 입력하는 것이 작업의 효율성이 좋다.
  예 문자 스타일 생성 ➡ 생성한 스타일로 기본값 변경 ➡ 문자 쓰기

TIP

- 단일행 문자를 이용하여 특수기호를 입력할 때는 아래와 같이 약속된 문자를 입력했을 때 자동으로 변환해 준다.
  %%D = ° (각도) 예 25%%D ➡ 25°
  %%C = ø (지름) 예 %%C25 ➡ ø25
  %%P = ± (허용오차)) 예 %%P25 ➡ ±25

- 작성한 문자의 내용 수정은 ED(Textedit)를 누르거나 문자를 더블클릭하여 수정하는 방법과 특성창(Properties-Ctrl+1)을 이용하는 방법이 있다.

❶ 문자 내용 수정
❷ 문자 스타일 수정
❸ 자리맞추기
❹ 문자 높이 수정
❺ 문자 회전 수정

❖ 옵션 설명 ❖

```
TEXT
현재 문자 스타일:  "Standard"  문자 높이: 2.5000  주석: 아니오  자리맞추기: 왼쪽 ❶
TEXT 문자의 시작점 지정 또는 [자리맞추기(J) 스타일(S)]:
                              ❷           ❸
```

❶ 현재설정 : 현재 문자 스타일과 문자 높이, 자리맞추기 정렬점 등을 표시해 준다.

❷ 자리맞추기(J) : 문자의 자리맞추기를 조정한다.

```
TEXT 옵션 입력 [왼쪽(L) 중심(C) 오른쪽(R) 정렬(A) 중간(M) 맞춤(F) 맨위왼쪽(TL) 맨위중심(TC)
맨위오른쪽(TR) 중간왼쪽(ML) 중간중심(MC) 중간오른쪽(MR) 맨아래왼쪽(BL) 맨아래중심(BC) 맨아래오른쪽(BR)]:
```

- 왼쪽(L) : 정렬점의 위치를 BASE의 좌측으로 이동한다.
- 중심(C) : 정렬점의 위치를 BASE의 중심으로 이동한다.
- 중간(M) : 정렬점의 위치를 MIDDLE 라인의 중심으로 이동한다.
- 오른쪽(R) : 정렬점의 위치를 BASE의 우측으로 이동한다.
- 맨위왼쪽(TL) : TOP 라인의 좌측에 정렬점을 추가한다.
- 맨위중심(TC) : TOP 라인의 중심에 정렬점을 추가한다.
- 맨위오른쪽(TR) : TOP 라인의 우측에 정렬점을 추가한다.
- 중간왼쪽(ML) : MIDDLE 라인의 좌측에 정렬점을 추가한다.
- 중간중심(MC) : MIDDLE 라인의 중심에 정렬점을 추가한다.
- 중간오른쪽(MR) : MIDDLE 라인의 우측에 정렬점을 추가한다.
- 맨아래왼쪽(BL) : BOTTOM 라인의 좌측에 정렬점을 추가한다.
- 맨아래중심(BC) : BOTTOM 라인의 중심에 정렬점을 추가한다.
- 맨아래오른쪽(BR) : BOTTOM 라인의 우측에 정렬점을 추가한다.
- 정렬(A) : 입력할 문자의 가로폭의 두 지점을 지정하여 문자내용이 범위를 벗어나지 않도록 정렬하며, 이때 문자의 높이는 비율에 맞게 자동 조정된다.

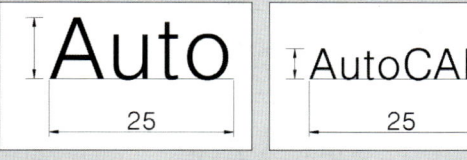

▲ 동일한 폭의 4개의 문자   ▲ 동일한 폭의 7개의 문자

- 맞춤(F) : 입력한 문자의 가로폭 뿐 아니라 높이까지 지정하며, 이때 문자의 수에 따라 자간이 자동으로 조정된다.

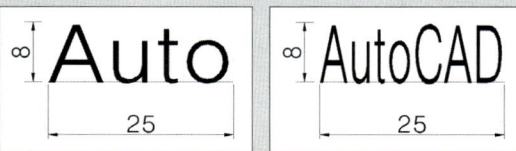

▲ 동일한 폭과 높이의 4개의 문자   ▲ 동일한 폭과 높이의 7개의 문자

❸ 스타일(S) : 문자의 스타일을 변경한다.

3-3. 여러줄 문자(MTEXT) 쓰기

여러줄의 문자 행을 하나의 객체로 인식하는 것이 특징이다. 한글을 별도의 설정없이 사용할 수 있으며, 문자행의 정렬과 자리맞추기, 특수기호 입력 등을 도구메뉴에서 손쉽게 적용할 수 있다.

> ❖ **실행 방법** ❖
> - 리본 : [홈] 탭 – [주석] 패널 – 문자 – 여러줄 문자(**A**)
> - 명령 입력 : MTEXT
> - 단축키 : T, MT

01 명령행에서 단축키 'T'를 입력하고 Space Bar 를 누른다.

| 명령 : T | MTEXT 명령어 입력 |

02 화면에서 첫 번째 구석점과 반대 구석점을 클릭한다.

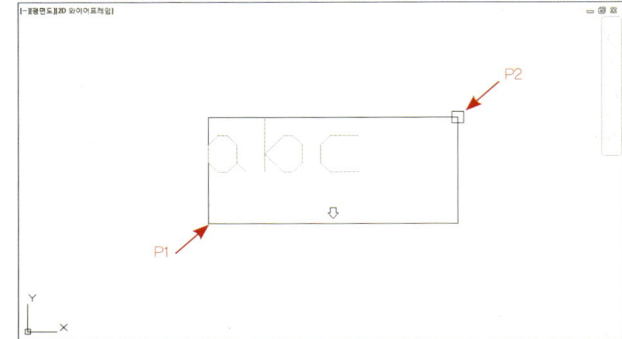

| 첫 번째 구석 지정 : P1 | 첫 번째 구석점 지정 |
| 반대 구석 지정 또는 [높이(H)/자리맞추기(J)/선 간격두기(L)/회전(R)/스타일(S)/폭(W)/열(C)] : P2 | 두 번째 구석점 지정 |

03 문자 내용을 입력한다.

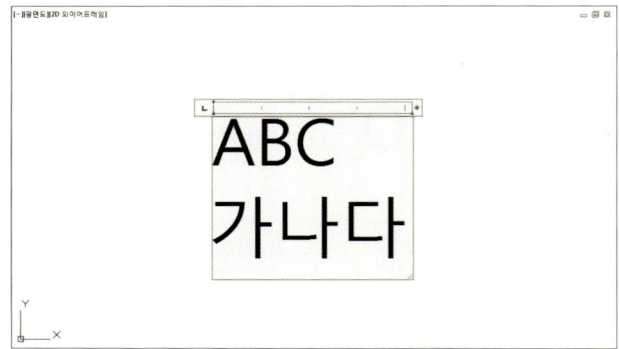

04 종료를 할 때는 문자편집기/닫기/종료를 클릭한다.
(Space Bar 는 간격띄우기, Enter 는 행을 변경할 수 있다.)

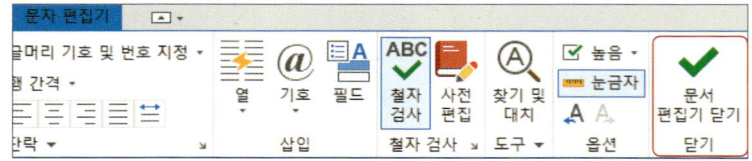

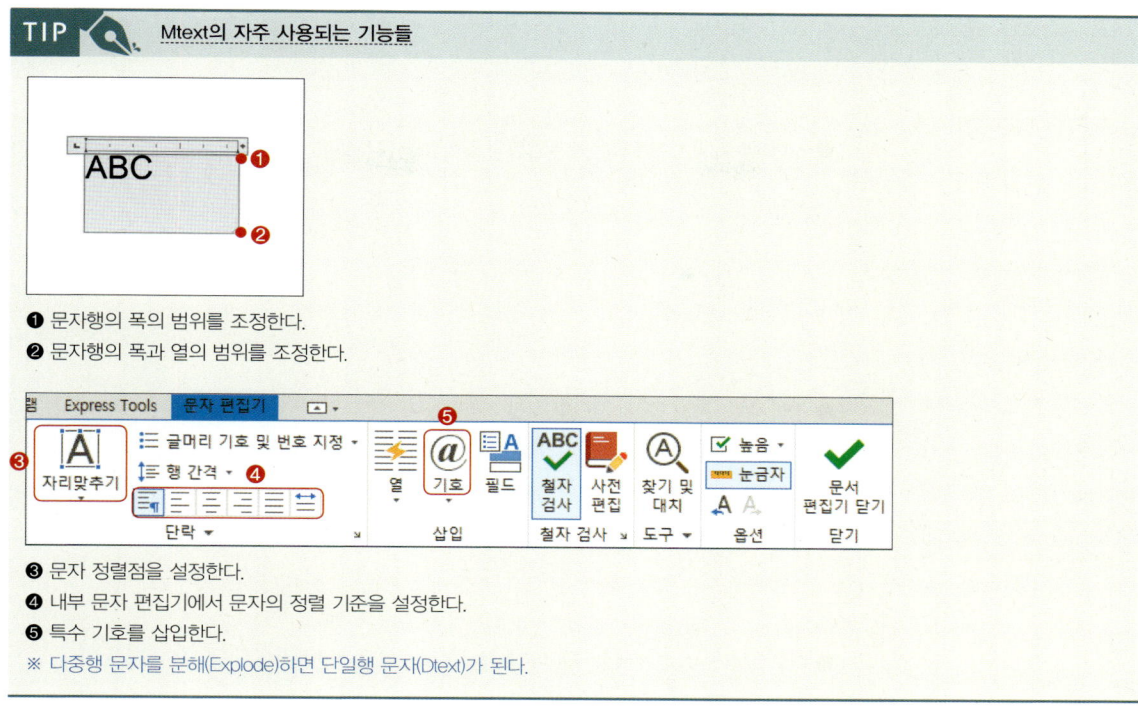

4 _ 치수의 기입과 치수 환경설정

도면에서 빠져서는 안될 중요한 요소 중 하나인 치수는 객체의 크기와 길이, 각도 등 실제 제작에 필요한 중요한 수치를 표기하는 것으로 치수의 생성 방법도 중요하지만 문자 쓰기와 같이 치수를 생성하기 전 치수 Style을 먼저 설정한 후 진행할 수 있도록 한다.

4-1. 치수의 용어와 종류

치수를 작성하기에 앞서 치수를 구성하고 있는 요소들의 명칭과 용어, 치수의 종류에 대해 이해할 수 있도록 한다.

[주요 치수 용어]

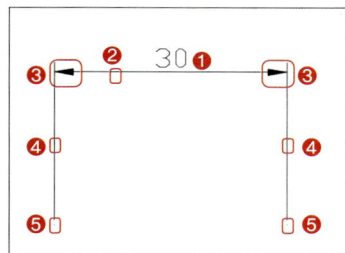 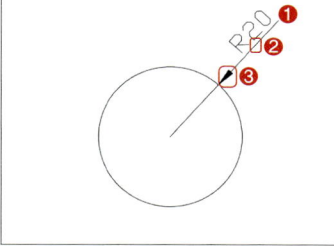

❶ 치수 문자(Text)
❷ 치수선(Dimensions Line)
❸ 화살표(Arrows)
❹ 치수보조선(Extension Line)
❺ 시작점(Origin)

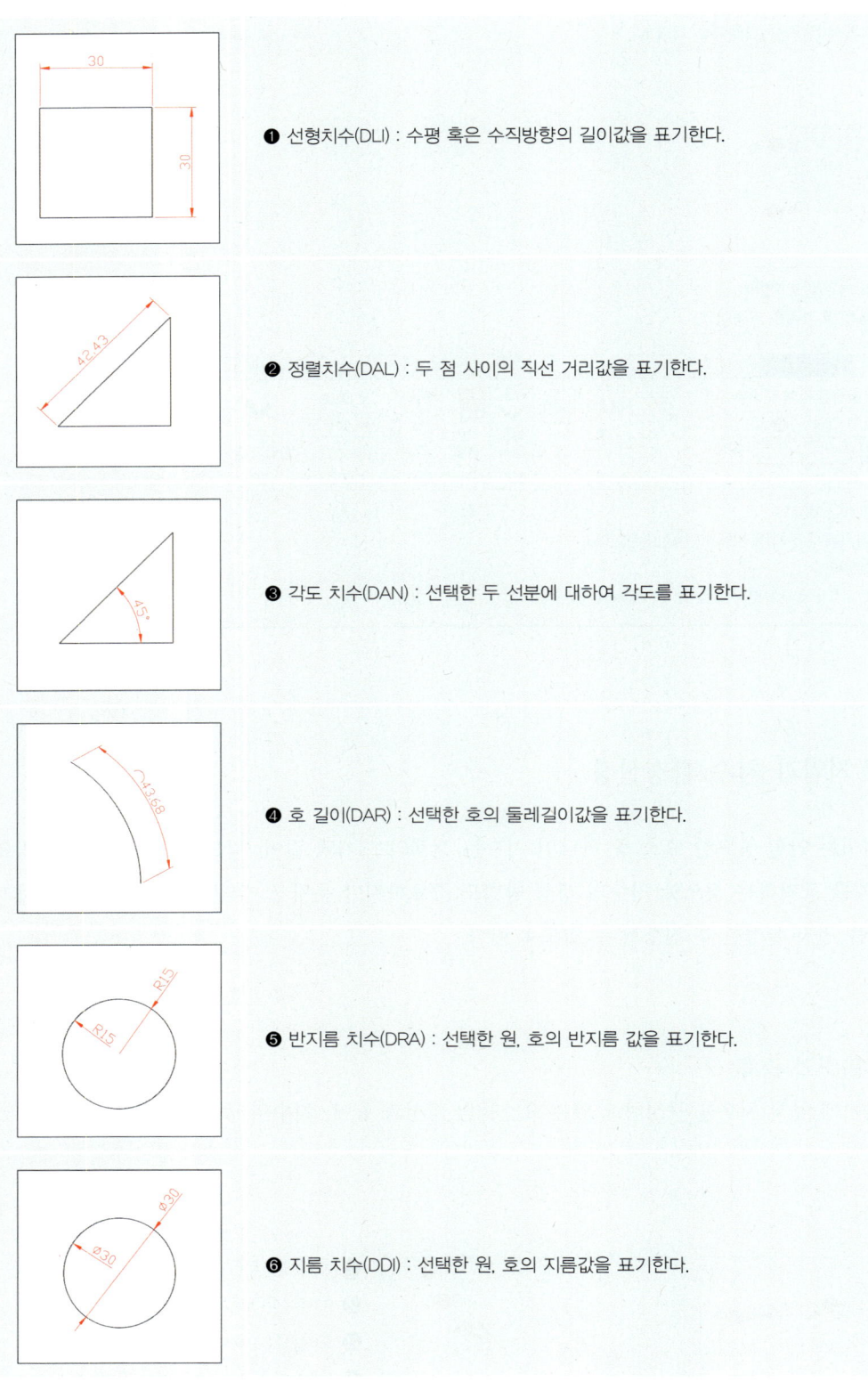

❶ 선형치수(DLI) : 수평 혹은 수직방향의 길이값을 표기한다.

❷ 정렬치수(DAL) : 두 점 사이의 직선 거리값을 표기한다.

❸ 각도 치수(DAN) : 선택한 두 선분에 대하여 각도를 표기한다.

❹ 호 길이(DAR) : 선택한 호의 둘레길이값을 표기한다.

❺ 반지름 치수(DRA) : 선택한 원, 호의 반지름 값을 표기한다.

❻ 지름 치수(DDI) : 선택한 원, 호의 지름값을 표기한다.

4-2. 치수 환경설정(DIMSTYLE)

치수를 구성하고 있는 문자와 선, 화살표의 형태 및 크기와 치수단위 및 효과 등의 환경을 설정한다. 치수를 기입하기 전 도면에 맞는 치수 스타일을 설정할 수 있도록 한다.

> ❖ 실행 방법 ❖
> • 리본 : [홈] 탭 – [주석] 패널 – 치수 스타일( )
> • 명령 입력 : DIMSTYLE
> • 단축키 : D

▶ 치수 스타일 관리자

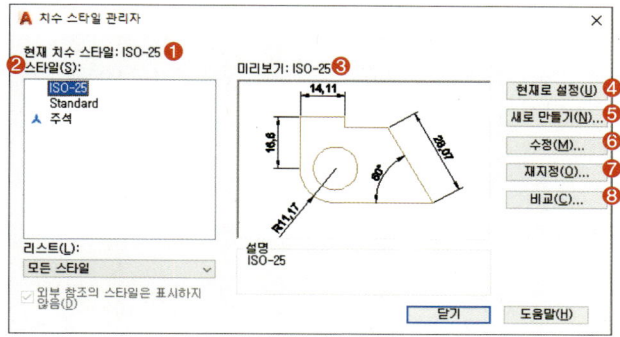

❶ 현재 사용중인 치수 스타일
❷ 치수 스타일 목록
❸ 선택한 치수 스타일 미리보기
❹ 선택한 치수 스타일 적용하기
❺ 새로운 치수 스타일 만들기
❻ 선택한 치수 스타일 수정하기
❼ 선택한 치수 스타일에 대해 일부 수정사항 적용하기(덮어쓰기)
❽ 두 개의 치수 스타일을 비교하기

▶ 대화상자를 통한 치수 스타일 이해하기

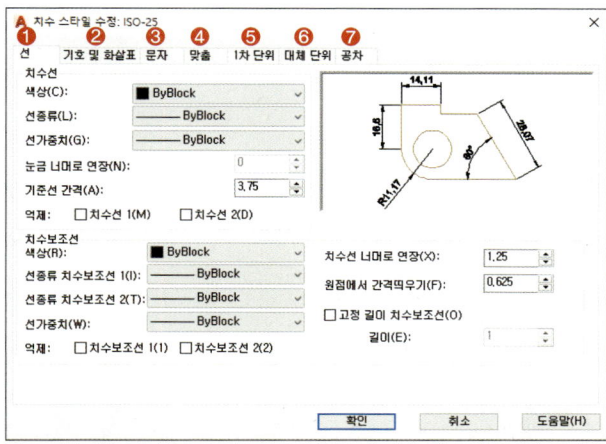

❶ 선(Line) : 치수를 구성하고 있는 선(치수선, 치수보조선)에 대하여 설정한다.
❷ 기호 및 화살표(Symbols and Arrows) : 화살표의 형태 및 크기와 기호의 표기 및 Center mark 등을 설정한다.
❸ 문자(Text) : 치수 문자의 유형 및 배치 등을 설정한다.
❹ 맞춤(Fit) : 치수와 문자의 배치 치수의 축척 등을 설정한다.
❺ 1차 단위(Primary Units) : 치수의 1차 단위와 정밀도, 소수점 형태 및 위치 등을 설정한다.
❻ 대체 단위(Alternate Units) : 대체단위의 형식 및 정밀도 등을 제어한다.
❼ 공차(Tolerances) : 공차의 형식과 정밀도, 위치 등을 제어한다.

▶ 치수 스타일 생성 및 설정하기(CAD실무능력평가 시험용 치수 설정하기)

01 명령행에서 'DIMSTYLE'를 입력하고 Space Bar 를 누른다.

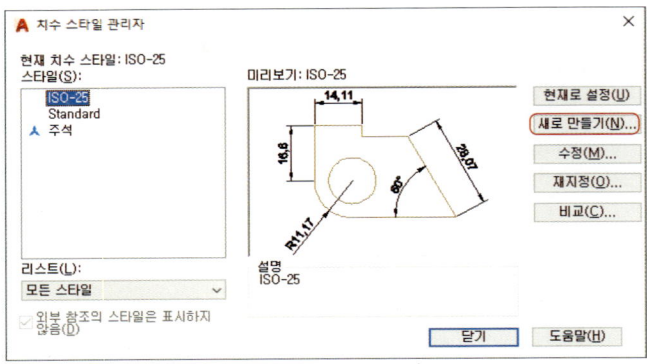

02 새로 만들기(New)를 누르고 새 스타일 이름(N) 항목에서 'Dim'을 입력하고 계속을 누른다.

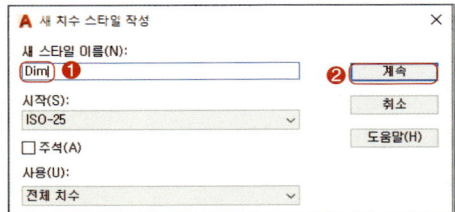

03 새 치수 스타일이 'Dim'인지 확인한 후 [기호 및 화살표] 탭에서 중심 표식 항목에 없음(N)을 체크한다.

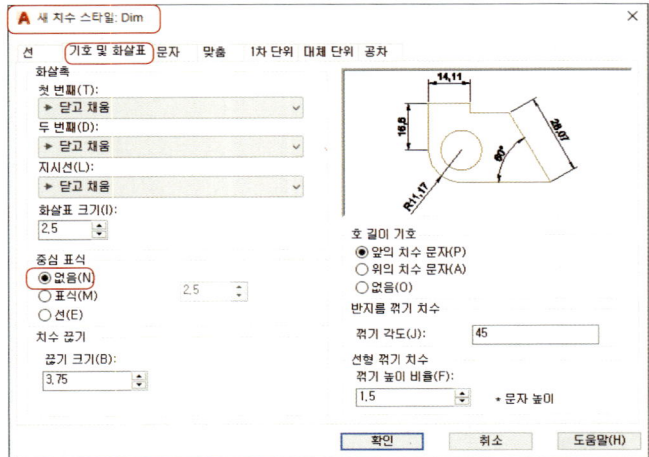

04 [문자]탭에서 문자 색상(C)은 '노란색'으로 변경하고 문자 정렬(A)은 기입하고자 하는 치수의 형태에 따라 '치수선에 정렬' 또는 'ISO 표준'을 체크한다.

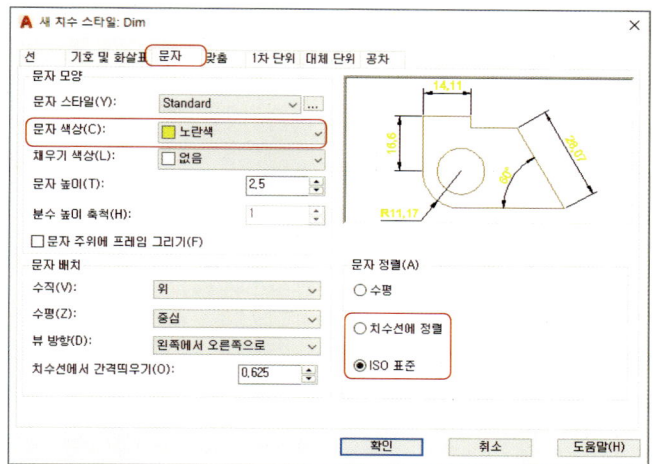

문자 정렬(A)의 '치수선에 정렬'과 'ISO 표준'의 차이는 치수 기입 명령에 의해 측정된 치수 값이 치수에 해당하는 공간 외부에 위치하였을 때 표현의 차이가 발생한다.

▶ 치수선에 정렬

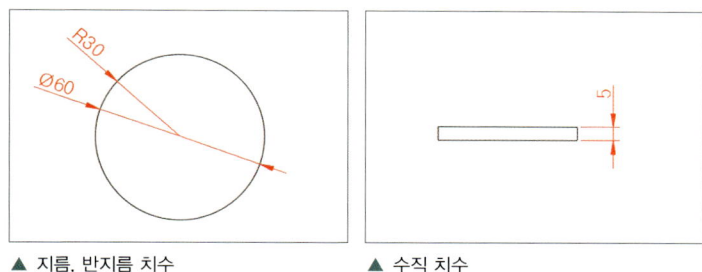

▲ 지름, 반지름 치수   ▲ 수직 치수

▶ ISO 표준

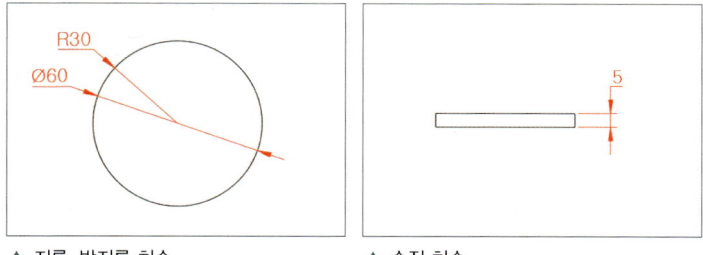

▲ 지름, 반지름 치수   ▲ 수직 치수

TIP   'ISO 표준' 수직치수

'ISO 표준' 설정 시 치수 공간 외부에 위치한 치수는 모두 수평하게 꺾이게 된다. 반지름이나 지름 치수의 경우 치수의 표시를 수평으로 표현하는 경우가 종종 있지만 수직 치수는 대부분 '치수선에 정렬'의 형태로 사용한다.

하지만 하나의 치수 스타일에서는 한 가지 옵션만 선택 가능하다. 두 가지 옵션을 동시에 사용해야 하는 경우에는 하나의 옵션을 기본 설정으로 결정하여 기입한 후 다음과 같이 특성을 수정한다.

'ISO 표준' 설정으로 기입한 수직 치수 중 공간이 부족하여 외부에 수평으로 꺾이는 치수의 경우, 해당 치수를 선택한 후 특성(Properties: Ctrl+1, CH)에서 [문자] 탭–[문자 외부에 정렬] 항목을 '켜기'로 변경한다.
이 방법으로 특성을 수정한 치수는 '치수선에 정렬' 형태로 기입할 수 있다.

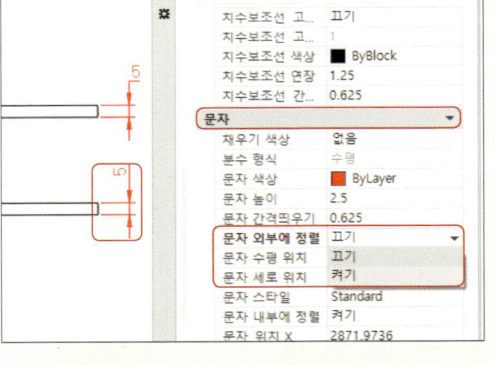

또 다른 방법으로는 치수 설정 시 개별 형태에 대한 추가 스타일을 만들어 주는 방법이다. 'ISO 표준'으로 설정한 스타일을 선택하고 [새로 만들기(N)]를 누른다.

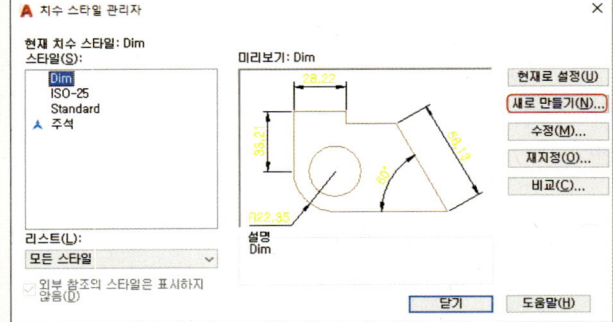

새 치수 스타일 작성 창에서 사용(U)을 '선형 치수'로 변경하고 [계속]을 클릭한다.

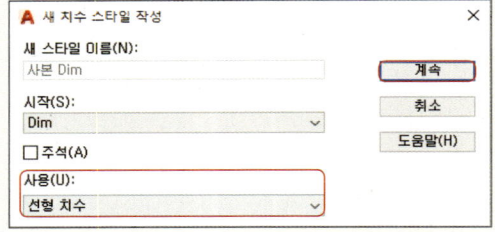

[문자] 탭에서 문자 정렬(A)을 '치수선에 정렬'로 변경한다.

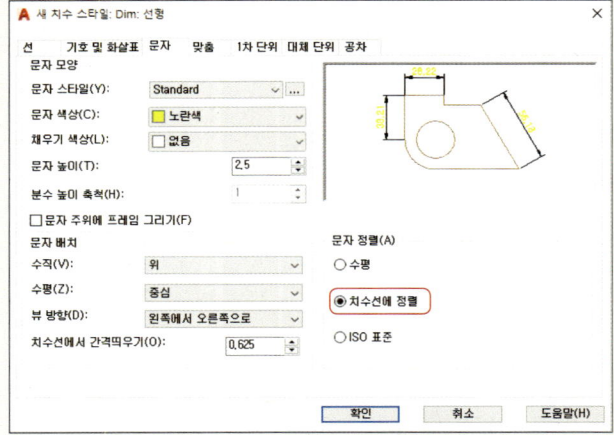

변경 후 [확인]을 클릭하면 기존 치수 스타일(Dim) 하위에 선형 치수에 대한 스타일(S)이 추가된 것을 확인 할 수 있다. 이후 치수 기입 시 선형 치수 요소들은 '치수선에 정렬' 형태로 기입된다.

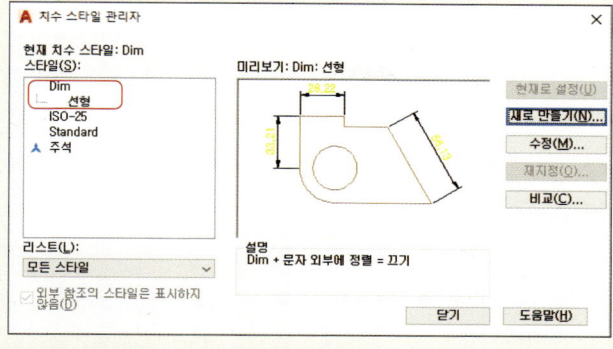

05 [맞춤] 탭에서 맞춤 옵션(F)은 기입하고자 하는 치수의 형태에 따라 '문자 또는 화살표(최대로 맞춤)' 또는 그 외의 다른 옵션으로 설정한다.

맞춤 옵션의 본래 기능은 치수 기입 시 공간이 치수보조선의 사이 거리가 좁거나 협소할 경우 치수의 배치 형태를 설정하는 항목이지만, 맞춤 옵션에 따라 치수 기입 형태에 다소 차이가 발생한다.

원, 호의 반지름 또는 지름 치수를 객체 내부에 기입하는 경우 '문자 또는 화살표(최대로 맞춤)' 옵션은 치수선이 치수 문자의 끝에서 끊어진 형태로 기입된다. 그 외 나머지 옵션은 치수선이 반드시 원, 호의 중심점까지 연결된 형태로 기입되고 치수 문자는 치수선 중앙에 위치한다.

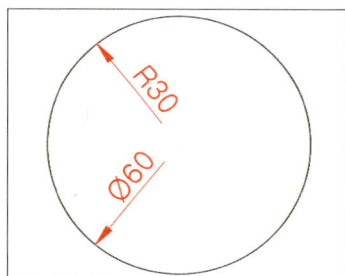

▲ 문자 또는 화살표(최대로 맞춤)   ▲ 그 외 나머지 설정

> **TIP** '문자 또는 화살표(최대로 맞춤)'이 아닌 경우 외부 치수
>
> '문자 또는 화살표(최대로 맞춤)' 옵션 설정 시 반지름, 지름 치수를 원, 호 내외부에 자유롭게 배치 가능하지만, 그 외의 나머지 옵션 설정 시 무조건 치수선 중앙에 배치된다.
>
> 외부 치수 기입이 어려운 경우에는 먼저 내부에 치수를 기입한 후 치수 객체를 선택하면 표시되는 그립(Grip) 중 치수 문자에 있는 그립을 마우스로 클릭한 후 객체 외부로 위치 이동 시키면 된다. 이때, 직교모드(F8)가 켜져 있다면 문자 위치 이동에 방해가 되니 꺼진 상태에서 위치를 옮겨준다.
>
>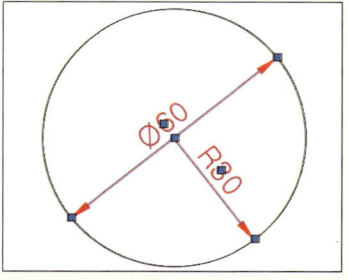

06 치수 피쳐 축척 항목에서 '전체 축척 사용(S)' 값을 변경한다. 축척 값은 문제에 제시된 축척을 보고 입력한다. '축척 1/2'은 도면을 비율로 축소하여 출력한다는 의미로써, 전체 축척 사용(S) 값은 축소된 비율의 반대인 비율로 적용해야 원본 도면의 비율을 유지할 수 있으므로 '2'를 입력한다. 만약 '축척 1/3'이라면 '3'을 입력한다.

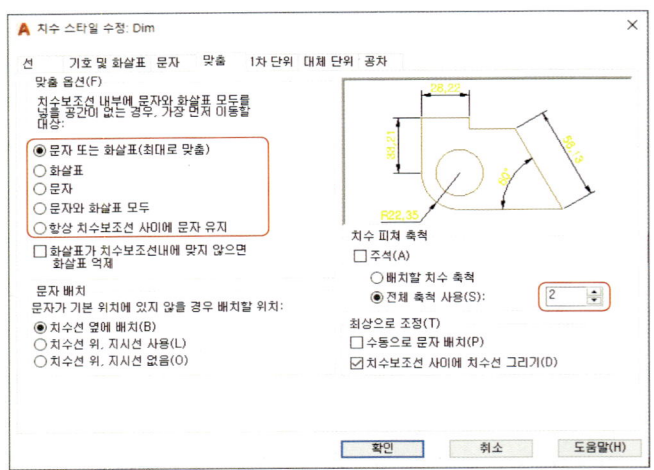

07 [1차 단위] 탭에서는 [선형 치수], [각도 치수]의 정밀도를 조정하고 0 억제 항목의 후행(T), 후행(N)에 체크하여 적용한다. 이 항목은 필수 사항은 아니기 때문에 변경하지 않아도 감점과는 상관없다. 소수점 자리 수가 높을수록 미세한 실수를 찾아내기 용이하기 때문에 가능한 정밀도는 소수점 8자리까지 설정하는 것을 권장한다.

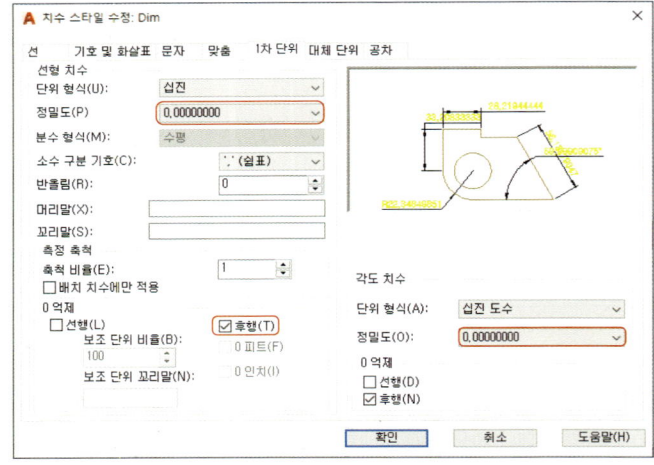

08 치수 스타일 관리자에서 현재 치수 스타일이 'Dim'으로 적용되어 있는지 확인한 후 닫기를 눌러 준다.

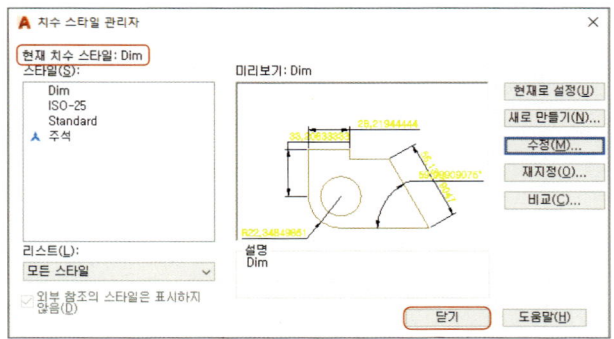

TIP 치수 스타일 관리자 설정 기능

[선(Line)] 탭 설정 기능

■ 치수선
- 색상 : 치수선의 색상을 지정한다.
- 선종류 : 치수선의 유형을 지정한다.
- 선가중치 : 치수선의 두께를 지정한다.
- 눈금 너머로 연장 : 치수 보조선을 기준으로 치수선의 연장 길이를 제어한다(화살표의 형태에 따라 활성/비활성화 되는 항목이다).
- 기준선 간격 : 층을 이루는 치수를 기입할 경우 두 치수선간의 거리값을 지정한다.
- 억제 : 치수선의 화면출력을 억제한다.

■ 치수보조선
- 색상 : 치수보조선의 색상을 지정한다.
- 선종류 : 치수보조선의 유형을 지정한다.
- 선가중치 : 치수보조선의 두께를 지정한다.
- 억제 : 치수 보조선의 화면출력을 억제한다.
- 치수선 너머로 연장 : 치수선을 기준으로 치수 보조선의 연장 길이를 지정한다.
- 원점에서 간격띄우기 : 치수의 시작점으로부터 치수 보조선이 생성되는 거리를 지정한다.
- 고정 길이 치수선 보조선 : 치수 보조선의 한계 길이값을 지정한다.

[기호 및 화살표] 탭 설정 기능

■ 화살촉
- 첫 번째/ 두 번째 : 화살표의 형태를 지정한다.
- 지시선 : 지시선의 형태를 지정한다.
- 화살표 크기 : 화살표의 크기를 지정한다.
- 중심 표식 : 중심 표식의 형태 및 크기를 지정한다.
- 호 길이 기호 : 호 길이 기호의 위치 및 생성 유무를 지정한다.

[문자] 탭 설정 기능

■ 문자 모양
- 문자 스타일 : 문자 스타일을 생성하거나 지정한다.
- 문자 색상 : 치수 문자의 색상을 지정한다.
- 채우기 색상 : 문자 영역의 배경에 색상을 채운다.
- 문자 높이 : 치수 문자의 높이를 지정한다.

■ 문자 배치
- 수직 : 수직 방향의 치수 문자 배치 위치를 지정한다.
- 수평 : 수평 방향의 치수 문자 배치 위치를 지정한다.
- 치수선에서 간격띄우기 : 치수선에서의 간격 띄우기 값을 지정한다.

■ 문자 정렬
- 수평 : 문자를 모두 수평으로만 표기한다.
- 치수선에 정렬 : 치수선의 기울기 및 방향과 나란하게 정렬 한다.
- ISO 표준 : 객체 내부의 문자는 치수선에 정렬, 외부의 문자는 수평으로 정렬한다.

[맞춤] 탭 설정 기능

■ 맞춤 옵션
- 치수 보조선 사이에 공간이 부족한 경우 문자와 화살표의 이동에 대하여 설정한다.
- 문자 또는 화살표 : 이동의 우선순위를 자동으로 설정한다.
- 화살표 : 공간이 부족한 경우 화살표를 내부에 배치한다.
- 문자 : 공간이 부족한 경우 문자를 내부에 배치한다.
- 문자와 화살표 모두 : 공간이 부족한 경우 문자와 화살표를 모두 외부에 배치한다.

- 항상 치수보조선 사이에 문자 유지 : 치수 문자를 항상 가운데 배치한다.
- 화살표가 치수보조선내에 맞지 않으면 화살표 억제 : 화살표를 내부에만 배치하며, 공간이 부족한 경우 표기하지 않는다.

■ 치수 피쳐 축척
- 전체 축척 사용 : 도면에 적용할 치수의 축척을 설정한다.

[1차 단위] 탭 설정 기능

■ 선형 치수
- 단위 형식 : 치수 단위를 지정한다.
- 정밀도 : 치수의 정밀도를 지정한다.
- 0억제 : 필요없는 0을 억제한다.
- 선행 : 소수점 앞의 0을 억제한다. 예 0.5 ➡ .5 로 표기
- 후행 : 소수점 뒤의 0을 억제한다. 예 2 0.500 ➡ 2 0.5 로 표기

■ 각도치수
- 단위 형식 : 각도 단위 형식을 지정한다.
- 정밀도 : 치수의 정밀도를 지정한다.
- 0억제 : 필요없는 0을 억제한다.
- 선행 : 소수점 앞의 0을 억제한다. 예 0.57° ➡ 57° 로 표기
- 후행 : 소수점 뒤의 0을 억제한다. 예 4 5.500° ➡ 4 5.5° 로 표기

4-3. 치수 기입하기

치수를 기입할 때는 도면을 보는 사람 입장에서 정확하게, 그리고 보기 편하도록 기입하는 것이 중요하다. Osnap을 이용하여 객체의 끝점을 정확히 지정할 수 있도록 하며, 제도 규칙과 부합되도록 생성한다.

선형치수

▶ 선형치수 기입하기

01 예제 파일을 불러 온다.

- 예제 파일 : Chapter04\치수기입하기.dwg

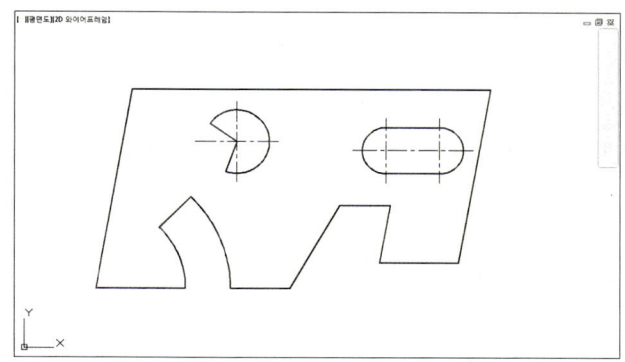

02 객체 스냅(F3)을 활성화 한다.

03 명령행에서 단축키 'DLI'를 입력하고 Space Bar 를 누른다.

| 명령 : DLI | DIMLINEAR 명령어 입력 |

04 첫 번째 치수 보조선의 원점 P1과 두 번째 치수 보조선의 원점 P2를 Osnap의 [끝점]을 이용하여 클릭한 후 화면 임의의 P3를 지정하여 치수를 생성한다.

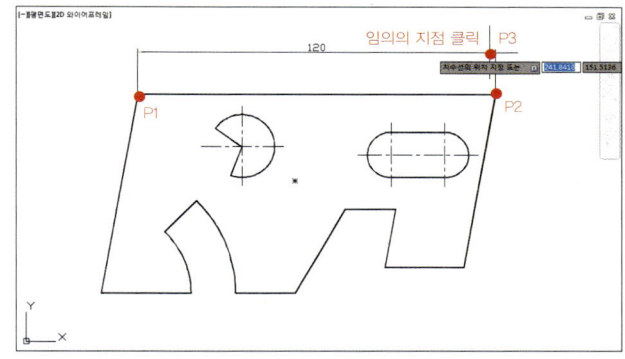

첫 번째 치수보조선 원점 지정 또는 <객체 선택>: P1	첫 번째 지점 지정
두 번째 치수보조선 원점 지정: P2	두 번째 지점 지정
[여러 줄 문자(M)/문자(T)/각도(A)/수평(H)/수직(V)/회전(R)]: P3	치수선 위치 지정

05 같은 방법으로 우측의 수직 치수를 작성해 본다.

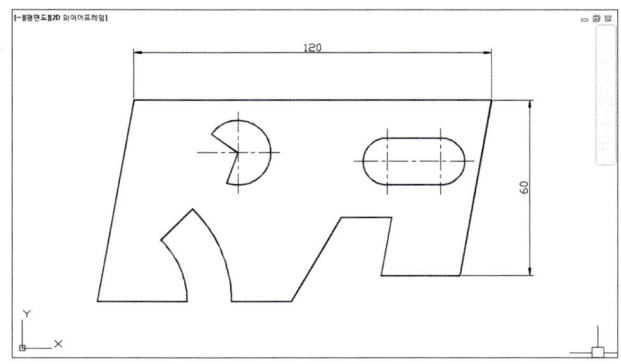

TIP

'DLI' 명령어를 입력하고 Space Bar 를 두 번 누르게 되면 객체를 선택하는 방식으로 치수를 생성할 수 있다.

객체 선택방법으로 선형치수 생성하기

01 명령행에서 'DLI' 명령어를 입력하고 Space Bar 를 두 번 누른다.

```
명령 : DLI                                              DIMLINEAR 명령어 입력
첫 번째 치수보조선 원점 지정 또는 〈객체 선택〉:              객체 선택모드로 전환
```

02 선형 치수를 생성할 객체를 클릭한다.

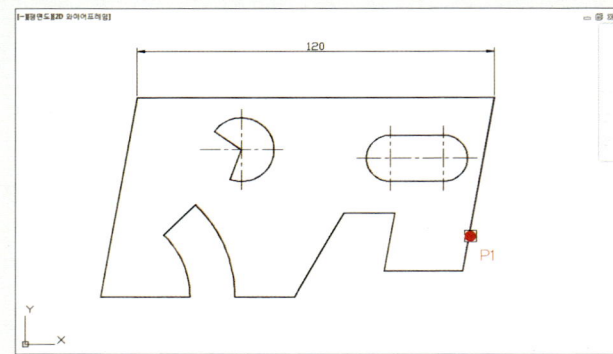

```
치수기입할 객체 선택 : P1           객체 선택
```

03 치수 보조선을 고정시킬 임의의 한 점을 클릭한다.

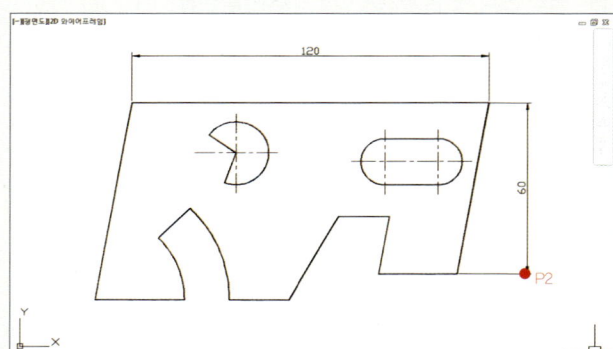

```
치수선의 위치 지정 또는 [여러 줄 문자(M)/문자(T)/각
도(A)/수평(H)/수직(V)/회전(R)] : P2      위치 지정
```

수평, 수직 치수를 기입하기 전 객체의 유, 무에 따라 선택적으로 사용할 수 있도록 한다.

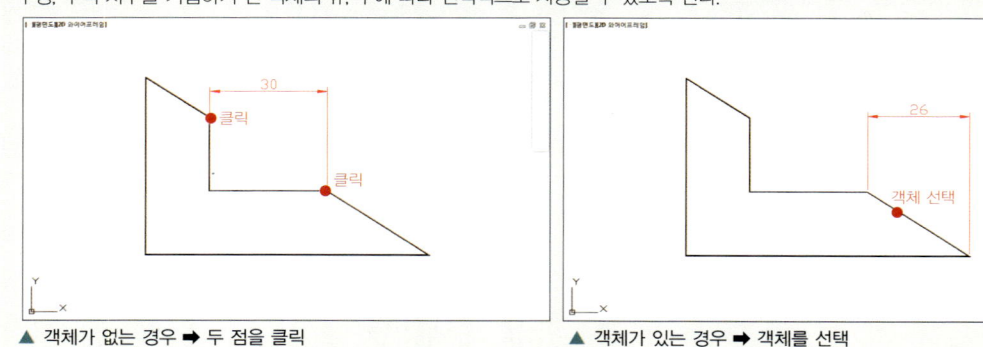

▲ 객체가 없는 경우 ➡ 두 점을 클릭   ▲ 객체가 있는 경우 ➡ 객체를 선택

정렬치수

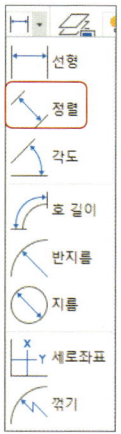

▶ 정렬치수 기입하기

01 명령행에서 단축키 'DAL'를 입력하고 Space Bar 를 누른다.

| 명령 : DAL | DIMALIGNED 명령어 입력 |

02 첫 번째 치수 보조선의 원점 P1과 두 번째 치수 보조선의 원점 P2를 OSNAP의 [끝점]을 이용하여 클릭한 후 화면 임의의 한점을 클릭하여 치수를 생성한다.

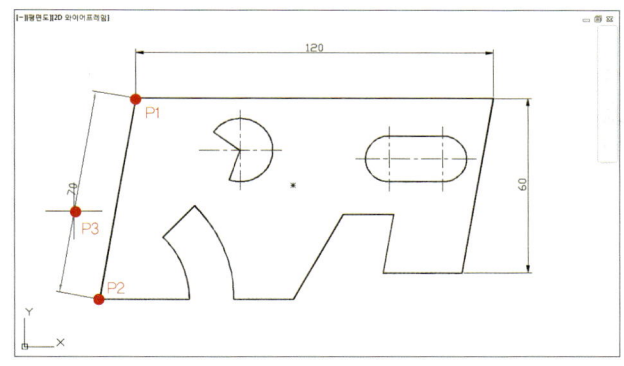

| 첫 번째 치수보조선 원점 지정 또는 〈객체 선택〉 : P1 | 원점 지정 |
| 두 번째 치수보조선 원점 지정 : P2 | 원점 지정 |

03 치수 보조선을 고정시킬 임의의 한 점을 클릭한다.

| 치수선의 위치 지정 또는[여러 줄 문자(M)/문자(T)/각도(A)] : P3 | 치수 고정위치 지정 |

> 선형 치수와 마찬가지로 명령어 입력 후 Space Bar 를 두 번 누르게 되면 객체 선택모드로 변환하여 사용할 수 있다.

각도 치수

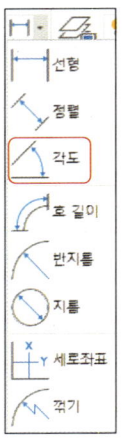

▶ 각도 치수 기입하기

01 명령행에서 단축키 'DAN'을 입력하고 Space Bar 를 누른다.

| 명령 : DAN | DIMANGULAR 명령어 입력 |

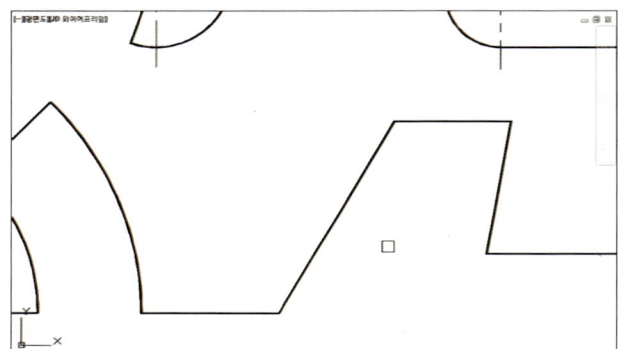

02 각도를 표기할 객체 L1과 L2를 순차적으로 클릭한다.

| 호, 원, 선을 선택하거나 〈정점 지정〉 : L1 | 객체 선택 |
| 두 번째 선 선택 : L2 | 객체 선택 |

03 각도 치수를 고정할 임의의 한 점을 클릭한다.

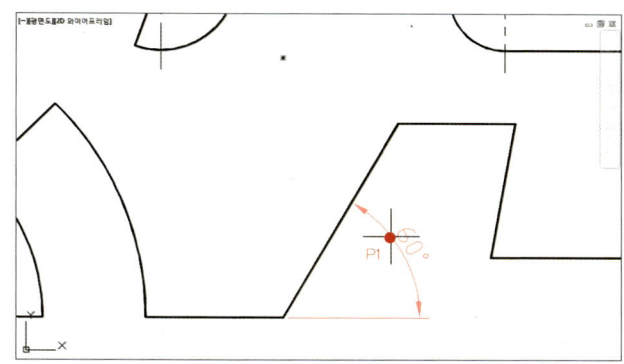

치수 호 선의 위치 지정 또는 [여러 줄 문자(M)/문자(T)/각도(A)/사분점(Q)] : P1　　　　　위치 지정

04 우측 이미지를 참조하여 나머지 각도 치수를 기입한다.

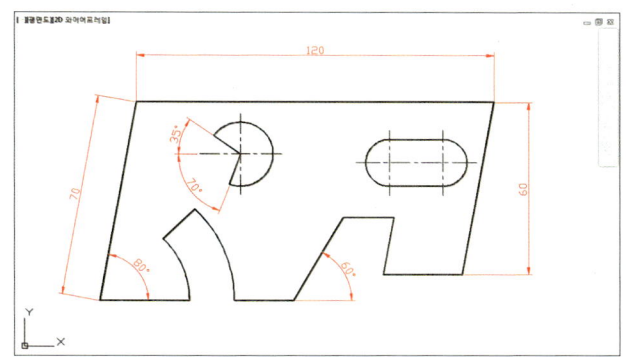

> **TIP**
>
> 각도 치수(DAN)를 호에 적용할 경우 호의 중심에서부터 끝점까지를 기준으로 각도 치수를 생성해 준다.
>
>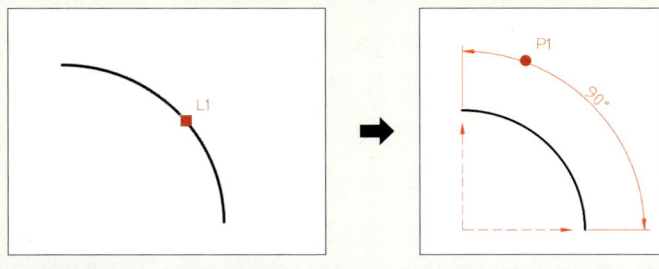
>
> | | |
> |---|---|
> | 명령 : DAN | DIMANGULAR 명령어 입력 |
> | 호, 원, 선을 선택하거나 〈정점 지정〉 : L1 | 객체선택 |
> | 치수 호 선의 위치 지정 또는 [여러 줄 문자(M)/문자(T)/각도(A)/사분점(Q)] : P1 | 치수 위치 지정 |

반지름 치수

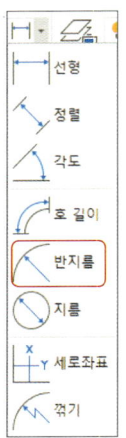

▶ 반지름 치수 기입하기

01 명령행에서 단축키 'DRA'를 입력하고 Space Bar 를 누른다.

명령 : DRA　　　　　　　　　　　　　　　　　　　　　　　DIMRADIUS 명령어 입력

02 호 또는 원을 선택한다.

호 또는 원 선택 : L1　　　　　　객체 선택

03 치수선의 위치를 지정한다.

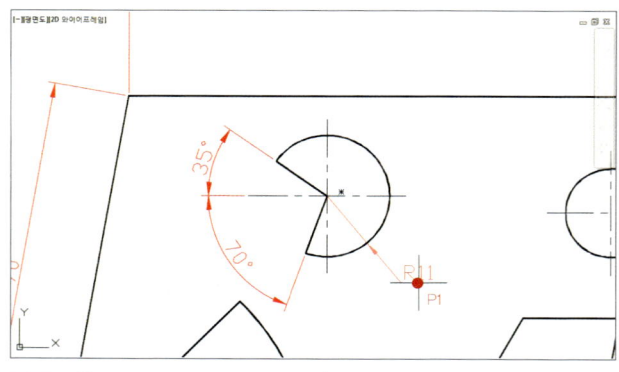

치수선의 위치 지정 또는 [여러 줄 문자(M)/문자(T)/각도(A)] : P1　　　　　　　　　　치수선의 위치 지정

04 같은 방법으로 이미지와 같이 치수를 작성해 본다.

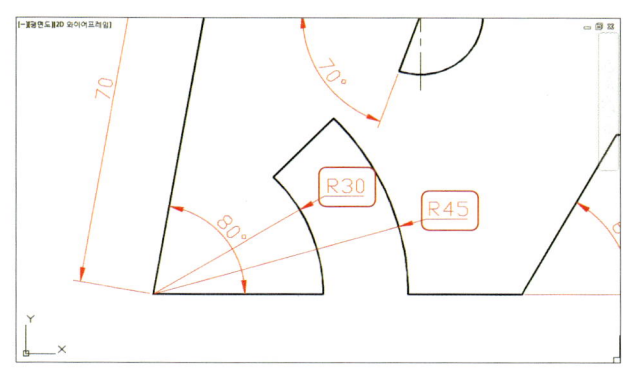

4-4. 지시선(QLEADER) 작성하기

설계 도면에 기호나 기술, 혹은 재료명 등을 기입하는 지시선은 치수와 마찬가지로 생성하기 전 지시선의 환경을 설정한 후 지시선을 생성할 수 있도록 한다.

❖ 실행 방법 ❖
- 명령 입력 : QLEADER
- 단축키 : LE

▶ 지시선 환경 설정하기

01 예제 파일을 불러 온다.
- 예제 파일 : Chapter04\지시선 기입하기.dwg

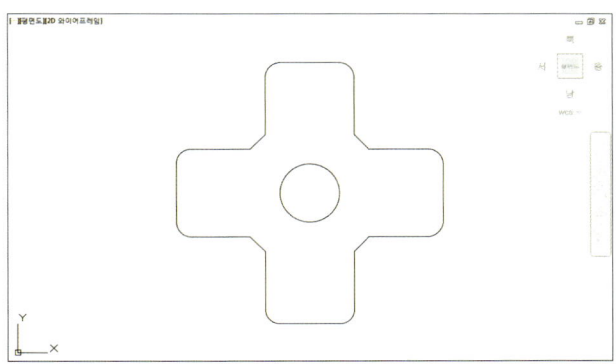

02 명령행에서 단축키 'LE'를 입력하고 Space Bar 를 누른다.

명령 : LE   QLEADER 명령어 입력

03 옵션을 설정하기 위해 'S'를 입력하거나 Space Bar 를 한 번 눌러 '지시선 설정' 창을 확인한다.

첫 번째 지시선 지정, 또는 [설정(S)]〈설정〉 : Space Bar 혹은 S
지시선 환경 설정

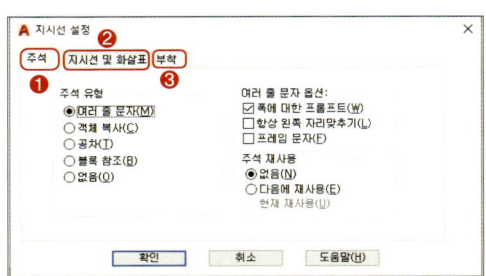

❶ 주석 : 주석의 유형을 지정한다
❷ 지시선 및 화살표 : 지시선의 유형 및 점의 수, 화살표의 형태 등을 지정한다.
❸ 부착 : 주석이 문자일 경우 문자의 배치 위치를 지정한다.

04 [부착] 탭에서 '맨 아래 행에 밑줄(U)' 항목에 체크한 후 확인을 누른다.

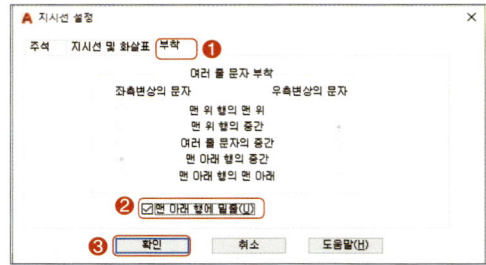

05 지시선의 시작점 P1과 꺾이는 지점 P2를 클릭한다. 이후 문자행이 수평으로 바로 전개 되면 Space Bar , 지시선의 방향을 한 번 더 꺾는다면 해당 지점(P3)을 클릭한다.

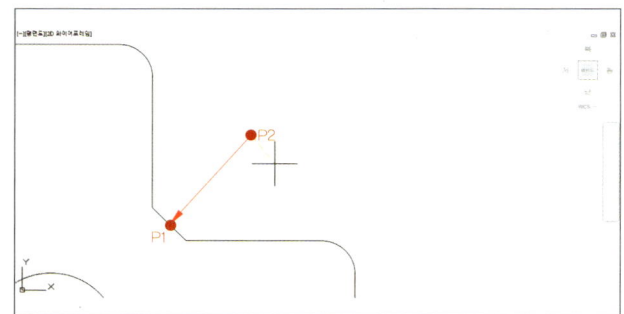

```
다음 점 지정 : P1           지시선 시작점 지정
다음 점 지정 : P2           지시선 꺾이는 지점 지정
다음 점 지정 :              Space Bar  또는 P3
```

06 문자 폭은 '0'을 입력하고 Space Bar , 문자 내용 'C5'를 입력 후 Enter 를 누른다. 마지막에 Space Bar 가 아닌 Enter 를 누르는 이유는 문자 작성 시 Space Bar 는 띄어쓰기로 인식되기 때문이다.

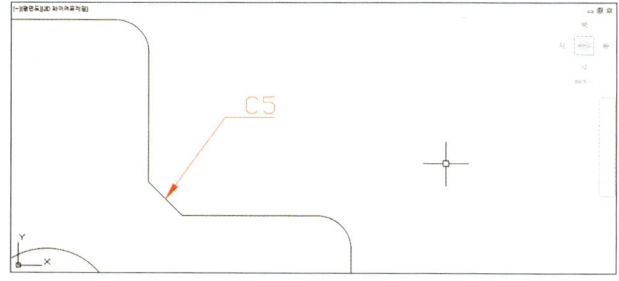

```
문자 폭 지정 〈0〉 : 작성되는 문자의 폭을 제한하지 않을 경우는 값의 입력 없이 Space Bar 를 누른다.        문자 폭 제한
주석 문자의 첫 번째 행 입력 또는 〈여러 줄 문자〉 : C5 입력 후 Enter                                기입 주석 입력
주석 문자의 다음 행을 입력 : 다음 내용이 있으면 입력 후 Enter  없으면 입력 없이 Enter              명령 종료
```

> 지시선과 같이 사선과 직선을 병행해서 사용할 경우 Shift 키를 누르고 있으면 일시적으로 직교 모드가 반전된다.
> 명령행에서 '주석 문자의 첫 번째 행 입력 또는 〈여러 줄 문자〉 : 항목에서 문자를 바로 입력할 수 있지만, Enter 를 한 번 더 누르면 화면상으로 문자 내용을 확인하며 생성할 수 있다.

4-5. 치수 수정하기(Dimedit)

작성한 치수의 문자 내용을 수정하거나 특수 기호를 삽입, 혹은 치수 보조선을 사선 형태로 표현해 도면 독해에 도움을 줄 수 있다.

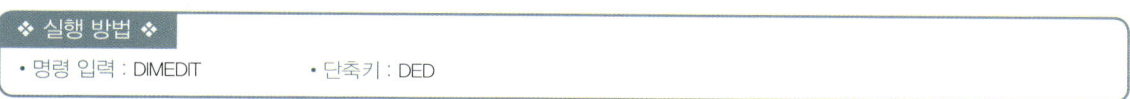

❖ 실행 방법 ❖
- 명령 입력 : DIMEDIT
- 단축키 : DED

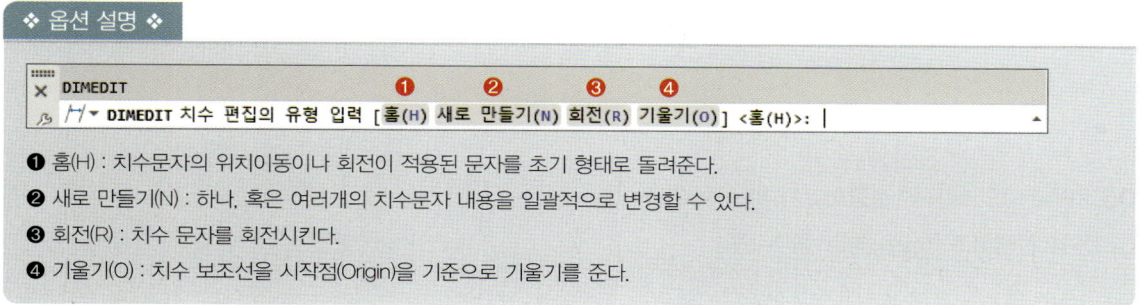

❖ 옵션 설명 ❖

DIMEDIT 치수 편집의 유형 입력 [홈(H) 새로 만들기(N) 회전(R) 기울기(O)] <홈(H)>:

❶ 홈(H) : 치수문자의 위치이동이나 회전이 적용된 문자를 초기 형태로 돌려준다.
❷ 새로 만들기(N) : 하나, 혹은 여러개의 치수문자 내용을 일괄적으로 변경할 수 있다.
❸ 회전(R) : 치수 문자를 회전시킨다.
❹ 기울기(O) : 치수 보조선을 시작점(Origin)을 기준으로 기울기를 준다.

▶ 새로 만들기(N)

01 명령행에서 단축키 'DED'를 입력하고 Space Bar 를 누른다.

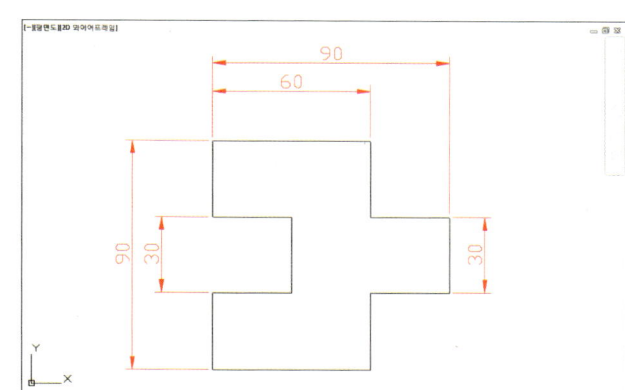

명령 : DED   DIMEDIT 명령어 입력

02 옵션 [새로만들기(N)]를 입력하고 Space Bar 를 누른다.

치수 편집의 유형 입력 [홈(H)/새로 만들기(N)/회전(R)/기울기(O)] <홈(H)>: N   옵션 입력

03 다중문자 쓰기와 같은 창이 생성되며, '0' 앞에 커서가 생긴다.

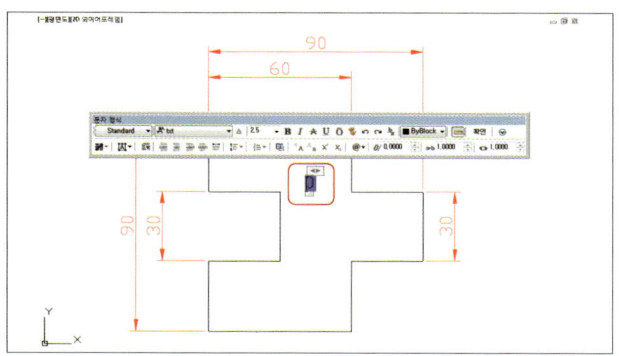

04 'A–'를 입력하고 [확인]을 클릭한다.

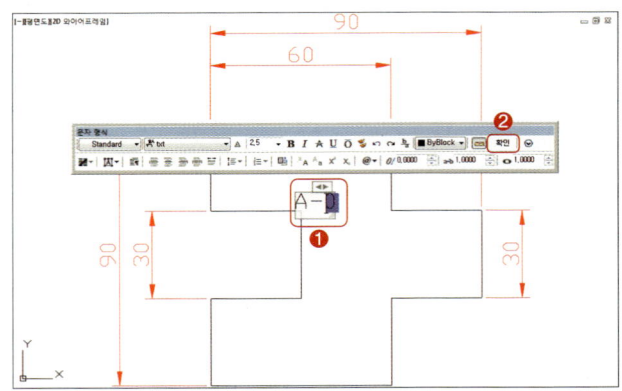

05 치수문자의 내용을 변경하고자 하는 치수 D1 D2 D3를 선택하고 Space Bar 를 누른다.

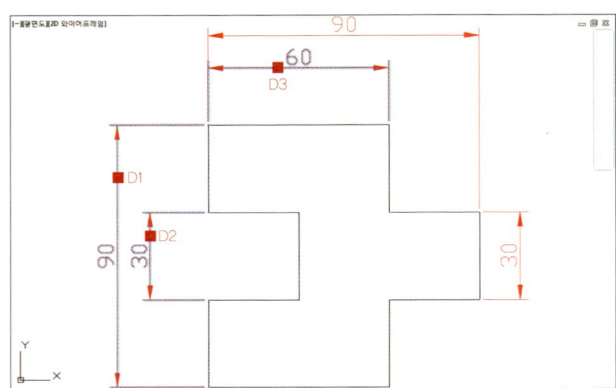

객체 선택 : D1	치수객체 선택
객체 선택 : D2	치수객체 선택
객체 선택 : D3	치수객체 선택
객체 선택 :	명령어 종료

06 선택한 치수의 문자 앞에 'A–'가 추가된다.

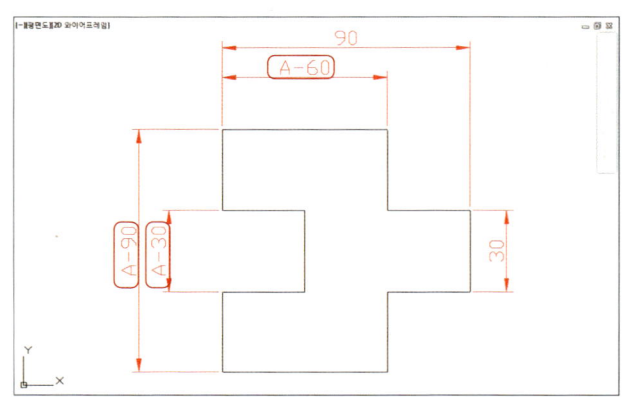

> 치수 수정에 나타나는 0은 원본 치수문자를 의미한다. 내용을 편집할 경우 0을 삭제하거나 0의 앞 혹은 뒤에 내용을 입력하는 방법을 통해 여러 형태로 편집할 수 있다.
> 예 0 앞에 ø를 입력할 경우(ø0) 선택한 치수문자 앞에 ø표시가 입력된다.

➡ 기울기(O)

01 명령행에서 단축키 'DED'를 입력하고 `Space Bar` 를 누른다.

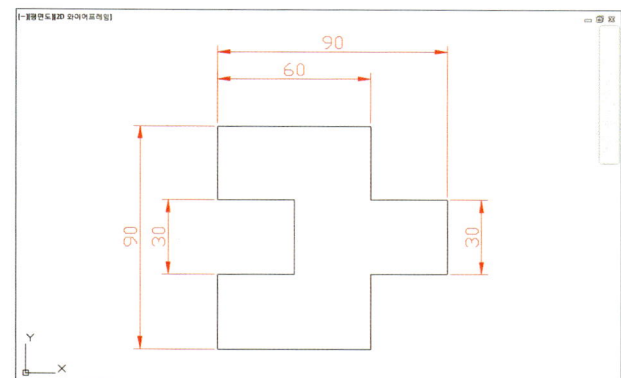

명령 : DED　　　　　　　DIMEDIT 명령어 입력

02 옵션 [기울기(O)]를 입력하고 `Space Bar` 를 누른다.

치수 편집의 유형 입력 [홈(H)/새로 만들기(N)/회전(R)/기울기(O)] <홈(H)> : O　　　　　　　옵션 입력

03 기울기를 적용할 치수 D1과 D2를 선택하고 `Space Bar` 를 누른다.

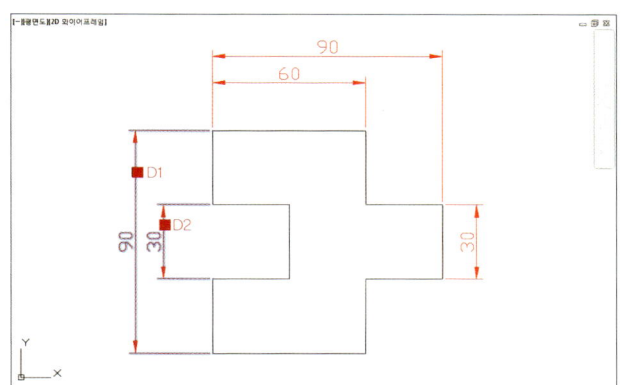

객체 선택 : D1　　　　　　　　　　　　　　　　치수객체 선택
객체 선택 : D2　　　　　　　　　　　　　　　　치수객체 선택
객체 선택 :　　　　　　　　　　　　　　　　　　명령어 종료

04 기울기값 15°를 입력하고 `Space Bar` 를 눌러준다.

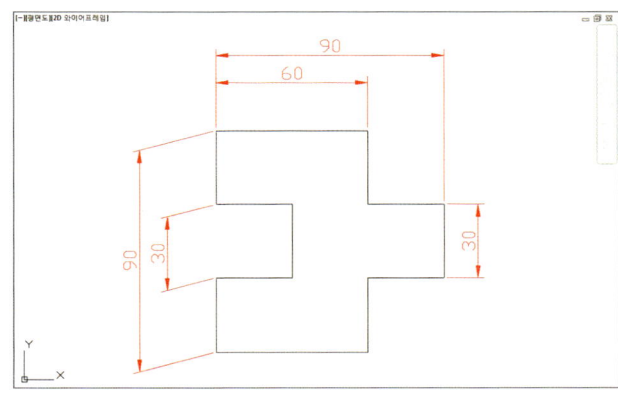

기울기 각도 입력 (없는 경우 ENTER 키) : 15　각도 입력

5 _ 블록

자주 사용되는 객체를 그룹화하여 편집을 일괄적으로 적용하거나 파일을 용이하게 관리하기 위해 블록을 설정한다. 블록 정의를 하기 위해서는 블록 이름과 삽입점, 객체 등을 지정하며, 이후 크기 및 회전값을 이용해 삽입할 수 있다.

5-1. 블록 정의하기(BLOCK)

블록을 정의하기 위해서 블록의 이름과 삽입점, 객체를 지정해야 하며, 기본적으로 블록화된 객체는 그룹화 된다.

❖ 실행 방법 ❖

- 리본 : [삽입] 탭 – [블록 정의] 패널 – 블록 작성( )
- 명령 입력 : BLOCK
- 단축키 : B

❖ 옵션 설명 ❖

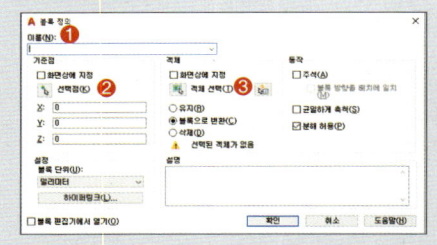

❶ 이름(N) : 블록의 이름을 지정한다.
❷ 기준점 : 블록의 삽입점 위치를 지정한다.
❸ 객체 선택(T) : 블록화 할 객체를 선택한다.

▶ 객체 블록 정의 하기

01 예제 파일을 불러 온다.
- 예제 파일 : Chapter04\블록 정의하기.dwg

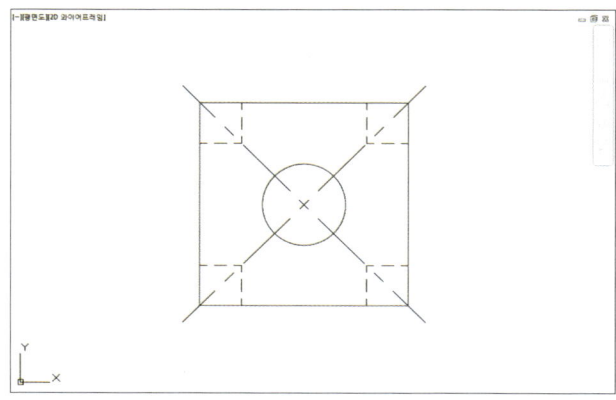

02 명령행에서 단축키 'B'를 입력하고 Space Bar 를 누른다.

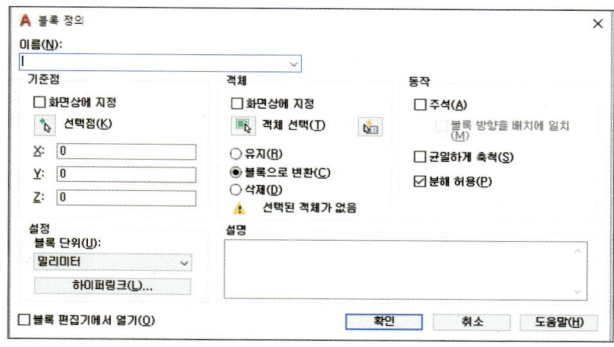

03 블록 이름으로 'Symbol-1'을 입력한 후 선택점(K) 아이콘을 클릭한다.

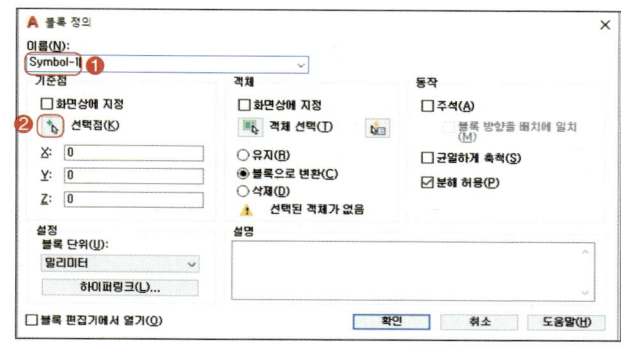

04 화면 내에서 객체의 중심점 혹은 중간점을 선택점으로 클릭한다.

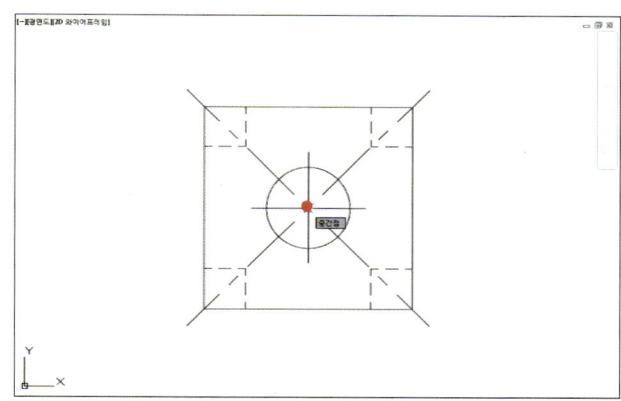

05 객체 선택 아이콘을 클릭한 후 블록화 할 객체를 화면상에서 모두 선택한다.

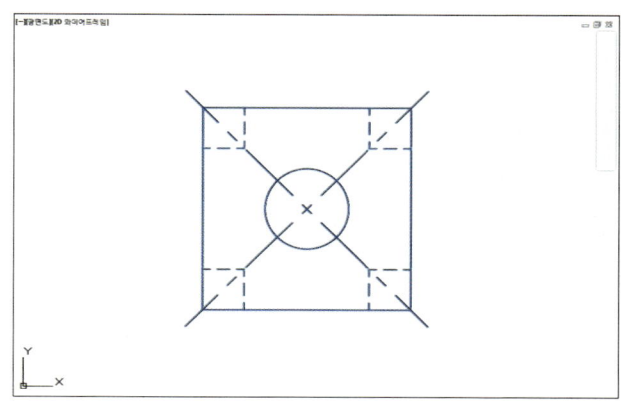

06 블록 정의 설정창 상단에서 블록화된 객체의 미리보기를 확인한 후 확인 버튼을 누른다.

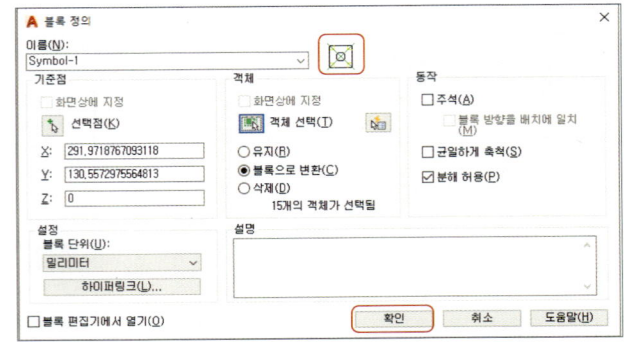

5-2. 블록 삽입하기(INSERT)

현재 도면에서 정의된 블록을 삽입한다. 삽입점, 축척, 회전 각도를 지정할 수 있으며, 분해 옵션을 이용해 블록 파일을 분해하여 삽입할 수 있다.

INSERT 명령은 2020버전부터 블록 팔레트로 인터페이스가 변경되었다. 2019이하 버전까지 사용하던 삽입 대화상자는 CLASSICINSERT 명령으로 실행 가능하며 단축키는 DDINSERT이다.

시험 고사장에 따라 버전이 다르므로 반드시 두 가지 방법 모두 익혀두어야 한다.

❖ **실행 방법(2020) 이후** ❖
- 리본 : [삽입] 탭 – [블록 정의] 패널 – 삽입( )
- 명령 입력 : INSERT
- 단축키 : I

블록 삽입하기(2020 이후)

01 예제 파일을 불러 온다.

- 예제 파일 : Chapter04\블록 삽입하기.dwg

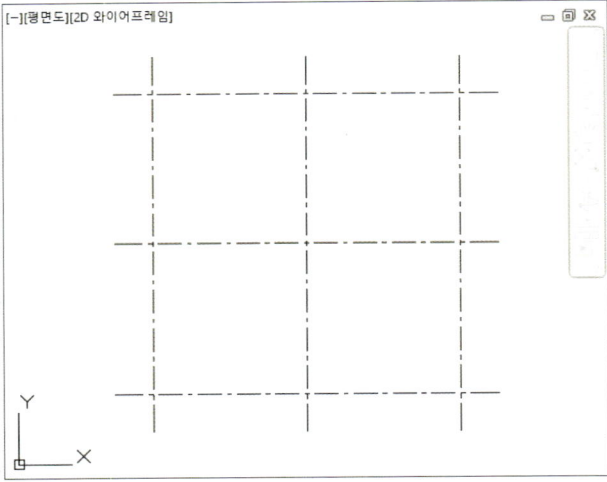

02 명령 행에서 단축키 'I'를 입력하고 Space Bar 를 누른다. [블록 팔레트]-[현재 도면] 탭에서 Symbol-1 블록을 클릭하고 마우스를 작업 화면으로 이동한다.

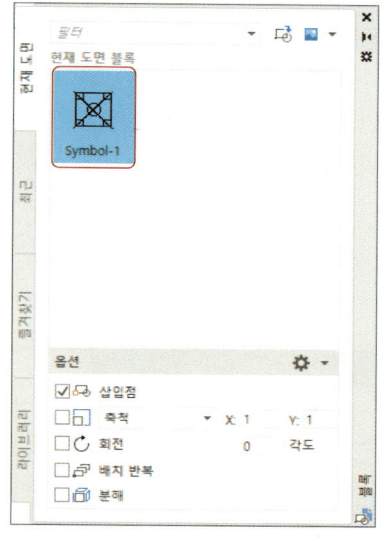

03 화면 내에서 중심선의 교차점을 클릭, 블록을 배치한다.

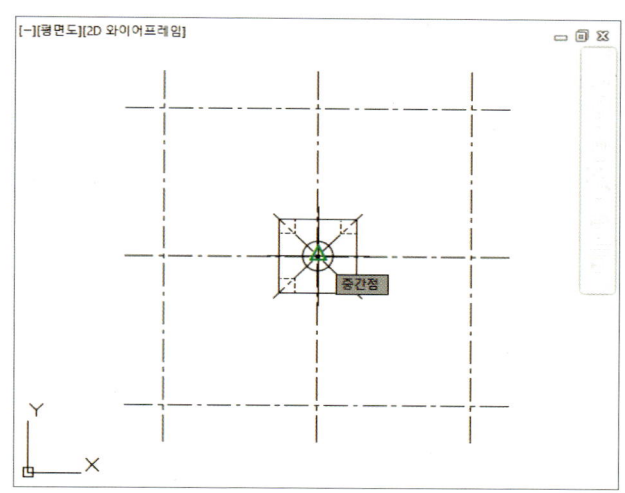

04 같은 방법으로 반복해서 블록 파일을 삽입하거나, 복사(Copy)를 이용해 객체를 배치한다.

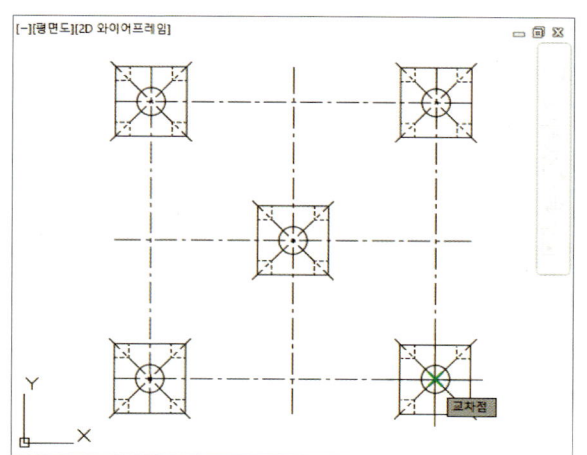
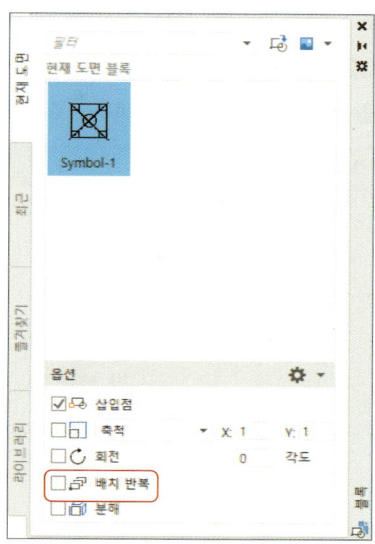

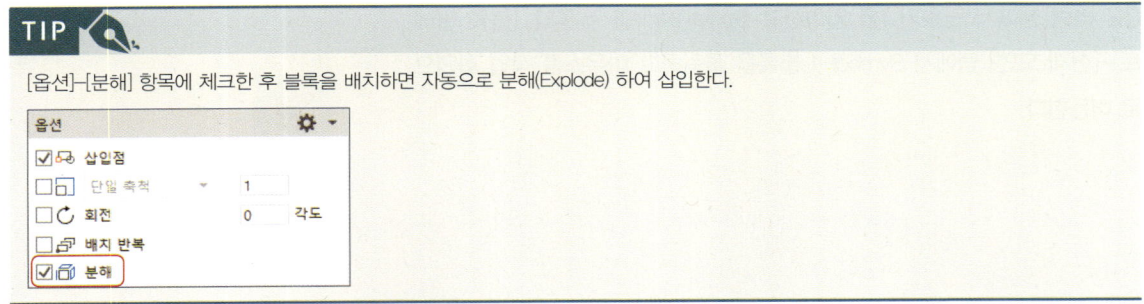

❖ 실행 방법(2019) 이전❖

• 명령 입력 : CLASSICINSERT(2019이전 버전의 INSERT)   • 단축키 : DDINSERT(2019이전 버전의 I)

블록 삽입하기(2019 이전)

01 예제 파일을 불러 온다.

■ 예제 파일 : Chapter04\블록 삽입하기.dwg

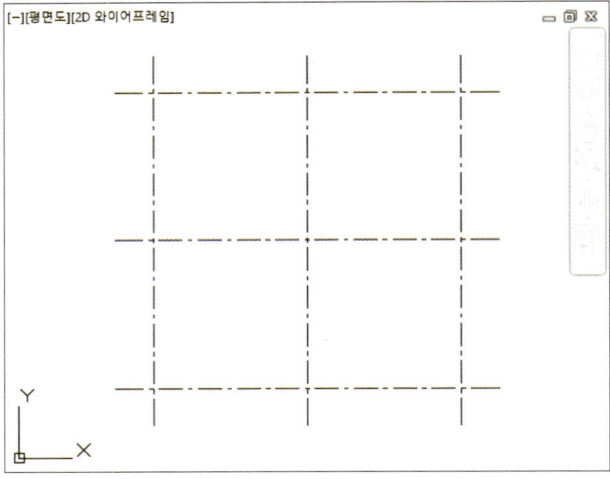

02 명령 행에서 단축키 'DDINSERT'를 입력하고 Space Bar 를 누른다. 이름(N) 항목의 드롭다운 목록에서 삽입할 블록 Symbol-1을 선택하고 확인을 클릭한다.

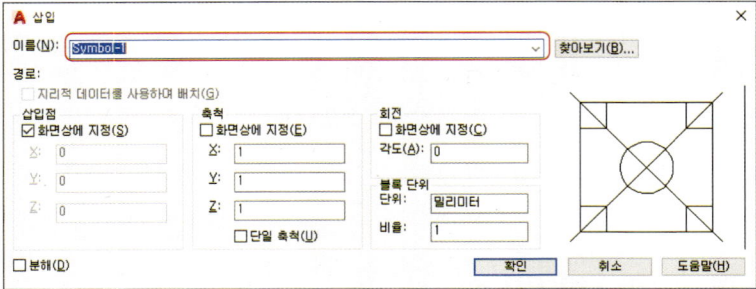

03 중앙의 중간점 또는 교차점을 클릭하여 블록을 배치한다.

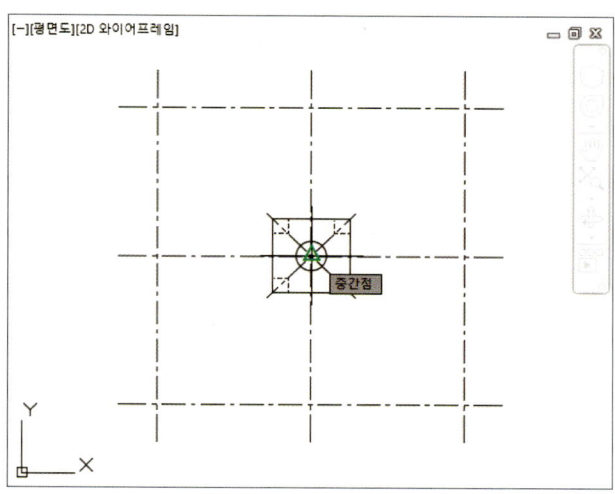

04 같은 방법으로 반복해서 블록 파일을 삽입하거나, 복사(Copy)를 이용해 객체를 배치한다.

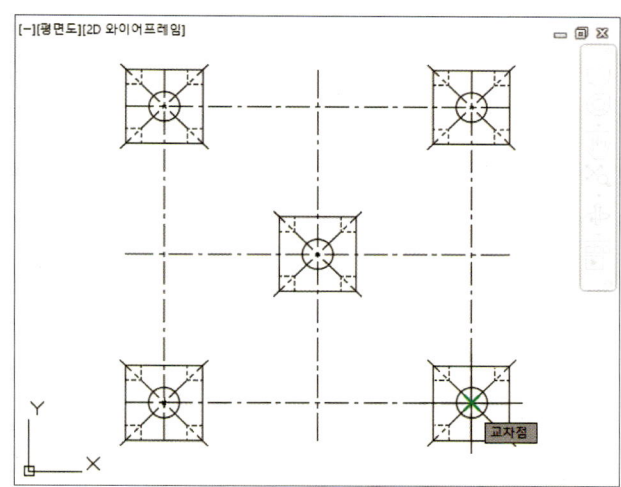

6 _ 출력 환경설정

작성된 도면을 그림파일이나 PDF, 용지 등으로 출력하기 위해서는 많은 옵션과 설정값을 조정해야 한다. 특히 축척과 플롯 스타일 설정 등 출력 결과물에 대해 대단히 중요한 요소들이 많은 만큼 중요 항목에 대해서 모두 숙지할 수 있도록 한다.

6-1. 페이지 설정 관리자(PAGESETUP)

출력을 하기에 앞서 기본 옵션 및 설정을 저장 할 수 있으며, 동일한 도면에 대해 여러개의 출력 설정을 저장할 수 있다.

❖ 실행 방법 ❖

- 리본 : [출력] 탭 – [플롯] 패널–페이지 설정 관리자( )
- 명령 입력 : PAGESETUP

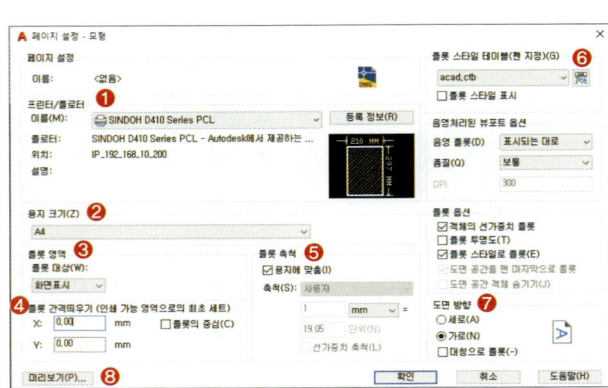

❶ 프린터/플롯 : 출력 프린트, 혹은 플롯 기기를 설정하며, PDF나 JPEG 등 파일로 출력 설정을 할 수 있다.

❷ 용지 크기(Z) : 출력 용지의 크기를 설정한다.

❸ 플롯 영역 : 플롯 대상(W)을 이용해 출력 범위를 설정한다.
- 윈도우 : 출력 범위를 윈도우를 이용해 사용자가 직접 설정하여 출력한다.
- 한계 : 도면의 한계 영역(Limits)으로 설정된 범위를 출력한다.
- 화면표시 : 모니터 화면을 출력 범위로 설정하여 출력한다.

❹ 플롯 간격띄우기 : 용지 내 출력 범위의 위치를 조정하며, 플롯의 중심(C) 항목을 체크하면 용지의 중심에 자동정렬 한다.

❺ 플롯 축척 : 도면의 축척을 설정하며, 용지에 맞춤(I) 항목을 체크하게 되면 축척 비율과 관계없이 용지의 크기에 맞게 비율이 조정된다.

❻ 플롯 스타일 테이블(펜 지정)(G) : Layer에 대한 두께를 지정할 수 있는 테이블을 생성하거나 흑백출력(monochrome.ctb)과 컬러 출력(acad.ctb)등을 설정한다.

❼ 도면 방향 : 도면의 출력 방향(가로방향, 세로방향)을 설정한다.

❽ 미리보기 : 출력하기에 앞서 미리보기 한다.

페이지 설정 관리자

01 명령행에서 'PAGESETUP'을 입력하고 Space Bar 를 누른다.

02 새로 만들기(N)를 클릭하고 새 플롯 설정 이름(N)으로 '설정1'을 입력한 후 확인을 누른다.

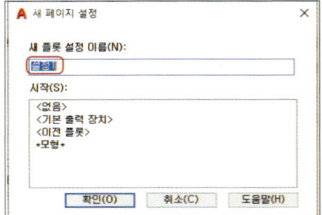

03 프린터 이름은 'DWG To PDF.pc3'로 변경하고, 용지 크기(Z)는 'ISO 전체 페이지 A4(297.00 x 210.00 mm)'으로 설정한 후 플롯 대상(W)은 '범위'로 설정한다.

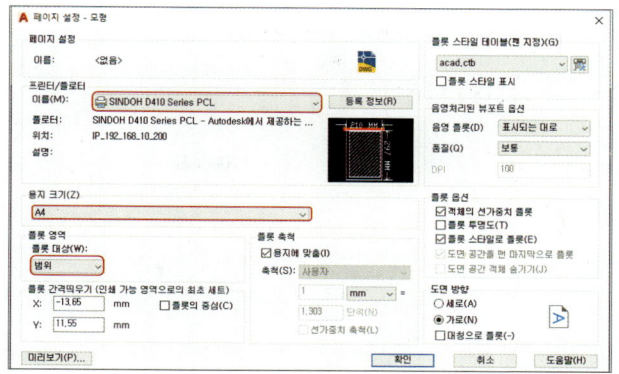

04 '플롯의 중심(C)' 항목을 체크하고 플롯 축척은 1mm당 1 단위(N)를 입력하고, 플롯 스타일 테이블은 'monochrome.ctb'로 변경한다.

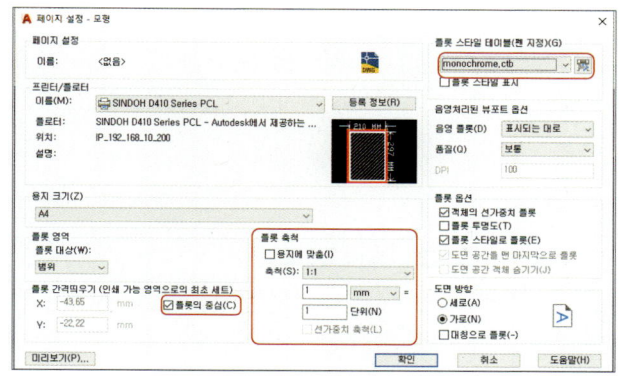

05 미리보기를 클릭해 출력 설정을 확인한 후 확인 버튼을 누른다.

6-2. 출력(PLOT)

PLOT 대화상자를 통해 도면을 플로터, 프린터 또는 파일로 출력한다. 기본 설정 항목은 페이지 설정 관리자(Pagesetup)와 동일하며, 복사 매수(B)를 통해 출력 도면의 수량을 설정할 수 있다.

❖ 실행 방법 ❖
- 리본 : [출력] 탭-[플롯] 패널-플롯(🖨)
- 명령 입력 : PLOT

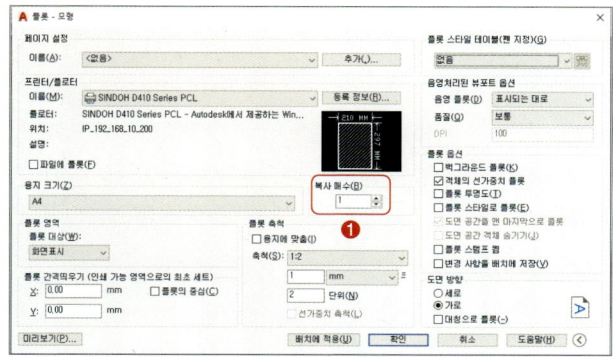

❶ 복사 매수(B) : 도면 출력의 매수(수량)를 설정한다.

Chapter 05

알아두면 편리한
객체 편집 명령어

이번 Chapter에서는 객체를 편집하거나, 객체의 특성을 변경하는 데 있어 좀 더 효율적이고 편집 절차를 줄일 수 있는 방법에 대해 알아보도록 하자. 특히 특성 변경 부분은 실무에서도 그 사용범위가 크기 때문에 확실하게 이해하고 사용할 수 있어야 한다.

1 _ 선의 길이를 조정하는 LENGTHEN

객체의 길이나 각도를 퍼센트나 증분, 혹은 미리 설정한 수치를 이용하여 조절하는 기능으로 선을 깔끔하게 정리할 때 주로 사용된다.

객체의 길이를 다양한 방식으로 편집하는 기능으로 도면의 선분들을 정리할 때 사용하면 효과적이다. 크게는 증분이나 퍼센트, 동적 옵션을 이용한 변형 방법과 호의 경우 각도를 이용하여 조절하는 방법이 있다.

❖ 실행 방법 ❖

- 리본 : [홈] 탭 – [수정] 패널 – 길이조정 아이콘(✏)
- 명령 입력 : LENGTHEN
- 단축키 : LEN

❖ 옵션 설명 ❖

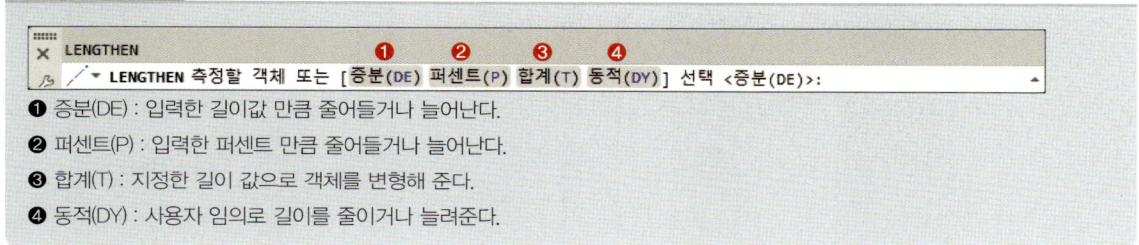

❶ 증분(DE) : 입력한 길이값 만큼 줄어들거나 늘어난다.
❷ 퍼센트(P) : 입력한 퍼센트 만큼 줄어들거나 늘어난다.
❸ 합계(T) : 지정한 길이 값으로 객체를 변형해 준다.
❹ 동적(DY) : 사용자 임의로 길이를 줄이거나 늘려준다.

▶ '증분(DE)'을 이용한 객체 길이 조절하기

01 명령행에서 'CIRCLE' 명령어를 이용하여 반지름이 15인 원을 작성한다.

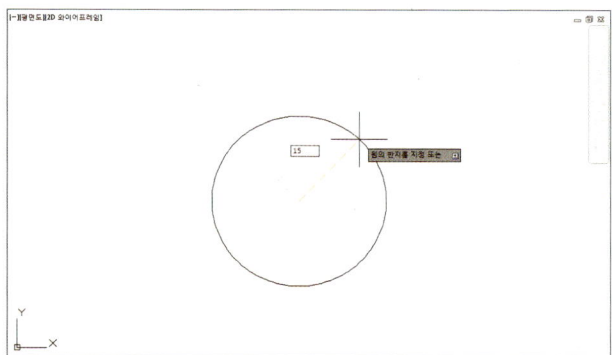

02 명령행에서 'LINE' 명령어를 이용하여 [사분점]을 선으로 이어준다.

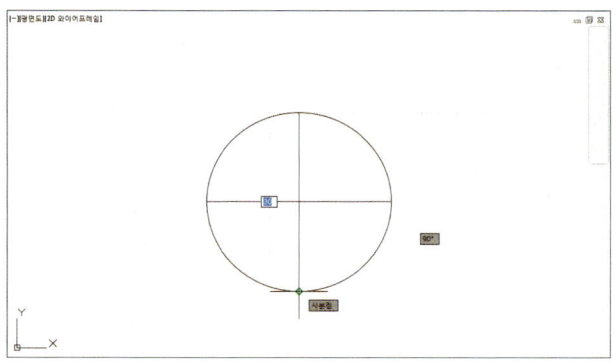

03 명령행에서 'LEN'을 입력하고 Space Bar 를 누른다.

명령 : LEN　　　　　　　　　　　　　　　　　　　　　　　　　　　　　　　　　LENGTHEN 명령어 입력

04 옵션 중 'DE(증분)'을 입력하고 Space Bar 를 누른다.

측정할 객체 또는 [증분(DE)/퍼센트(P)/합계(T)/동적(DY)] 선택 〈증분(DE)〉 : DE　　　　　　　　　　　옵션 입력

05 증분 길이값 '5'를 입력하고 Space Bar 를 누른다.

증분 길이 또는 [각도(A)] 입력 〈0〉 : 5　　　　　　　　　　　　　　　　　　　　　　　　증분 길이 입력

06 연장하고자 하는 선분을 클릭한다.

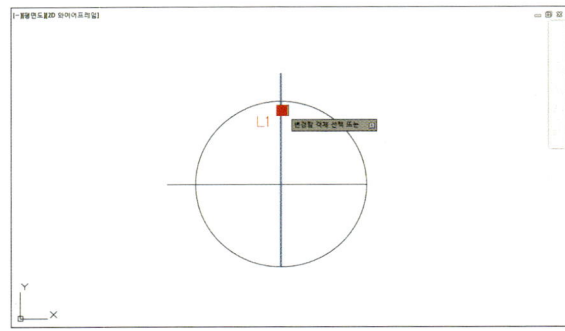 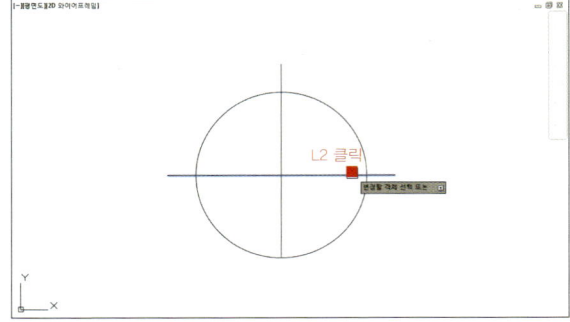

변경할 객체 선택 또는 [명령 취소(U)] : L1, L2　　　　　　　　　　　　　　　　　　　　증분할 객체선택

07 Space Bar 혹은 Esc 를 눌러 명령어를 종료한다.

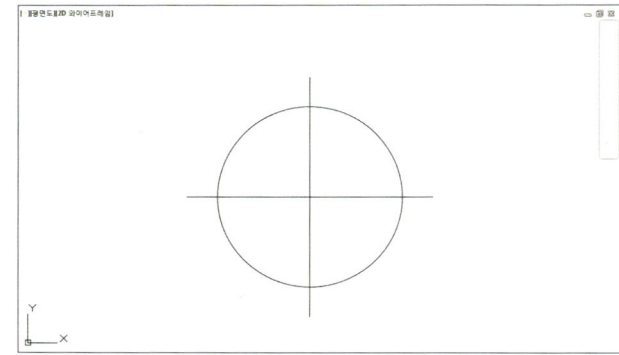

> • 증분(DE)값이 음수(-)일 경우에는 객체를 클릭할 때 마다 입력한 값만큼 길이가 줄어든다.
> • 퍼센트(P) 옵션의 경우 '100'을 기준으로 값이 '100' 이상일 때는 늘어나고 이하일 때는 줄어든다.

2 _ 명령어가 필요 없는 GRIP을 이용한 편집

GRIP이란 객체마다 가지고 있는 고유의 편집 POINT로 객체마다 GRIP의 수와 편집 유형이 다르다. 생성한 객체의 간단한 편집은 GRIP을 이용하여 **빠르고 효과적으로** 적용할 수 있도록 한다.

> ❖ 실행 방법 ❖
> 명령어 없이 편집 하고자 하는 객체를 클릭하며, 이때 나타나는 GRIP POINT를 클릭하여 편집한다.

▶ 객체별 GRIP의 종류

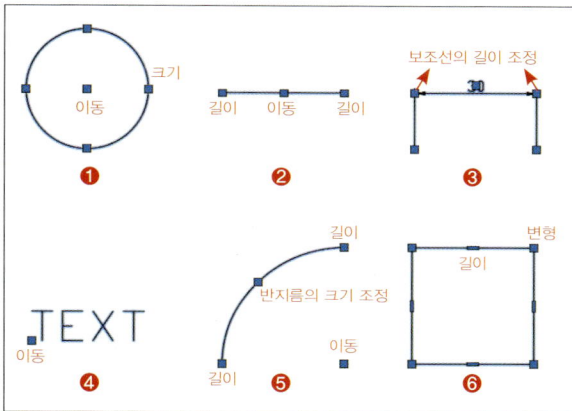

❶ 원(CIRCLE) : 이동 및 반지름을 수정할 수 있다.
❷ 선(LINE) : 이동과 길이를 수정할 수 있다.
❸ 치수(DIMENSION) : 치수선, 치수 보조선의 길이와 문자의 위치를 수정할 수 있다.
❹ 문자(TEXT) : 문자의 위치를 이동할 수 있다.
❺ 호(ARC) : 반지름 및 중심의 위치 등을 수정할 수 있다.
❻ 사각형(RECTANG) : 정점 추가 및 변형을 이용해 수정할 수 있다.

3 _ BREAK를 이용한 객체 편집

객체의 일부를 잘나내거나, 한 점을 기준으로 두 개의 객체로 분리하는 두 가지 기능을 가지고 있다. Trim과 달리 객체를 자르기 위한 기준선이 필요 없다는 것이 장점이기에 경우에 따라 좀 더 효율적인 객체 편집을 진행할 수 있다.

3-1. 객체 끊기

객체의 두 점 사이를 끊어내는 기능으로 명령어 입력 후 객체를 선택한 지점을 첫 번째 점으로 인식하며, 두 번째 점은 객체와 떨어져 있더라도 투영된 점을 인식하게 된다. OSNAP이 활성화되어 있을 경우에는 두 번째 지점을 지정하기 어려울 수 있다는 점을 유의해야 한다.

> ❖ 실행 방법 ❖
> - 리본 : [홈] 탭 – [수정] 패널 – 끊기 아이콘( )
> - 명령 입력 : BREAK
> - 단축키 : BR

▶ 선분 끊기

01 사각형(RECTANG) 명령어를 이용해 그림과 같이 사각형을 생성한다.

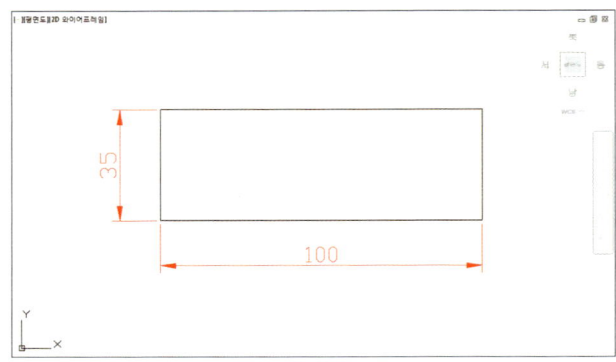

02 명령행에서 단축키 'BR'를 입력하고 Space Bar 를 누른다.

명령 : BR   BREAK 명령어 입력

03 끊고자 하는 객체를 선택한다(선택하는 지점을 첫 번째 끊기 지점으로 인식한다).

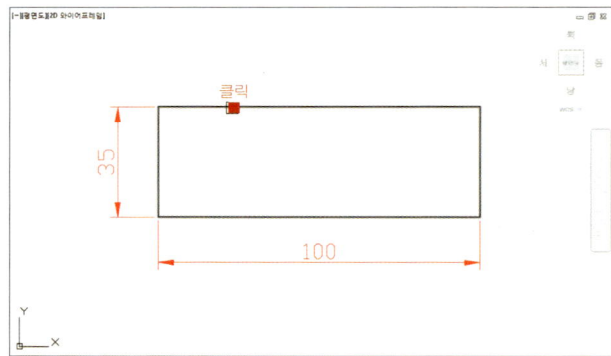

04 두 번째 지점을 클릭한다. 이때, OSNAP이 활성화(F3) 되어있고, 그래픽커서가 선분 위에 위치하게 되면 OSNAP의 특정점 자동추적 기능으로 인해 의도치 않은 곳을 두 번째 점으로 인식할 수 있으니 OSNAP이 잡히지 않도록 유의한다.

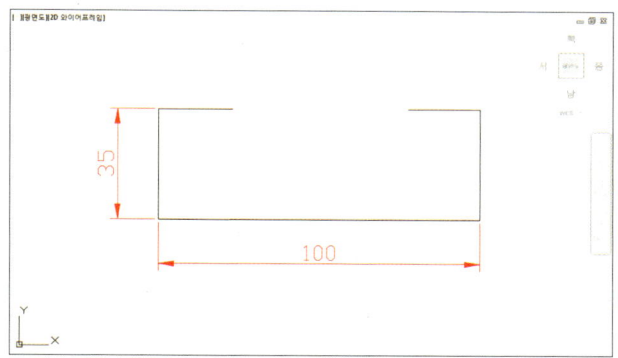

객체 선택 :	객체선택 (첫 번째 점 지정)

05 두 점 사이의 선분이 끊어지며 명령어는 자동으로 종료 된다.

두 번째 끊기점을 지정 또는 [첫 번째 점(F)] : P1	두 번째 점 지정

TIP

원의 경우 첫 번재 점과 두 번째 점을 선택하는 순서에 따라 다른 결과가 나오는데 첫 번째 점(객체 선택 지점)을 기준으로 반시계(CCW) 방향으로 끊기가 적용되기 때문이다.

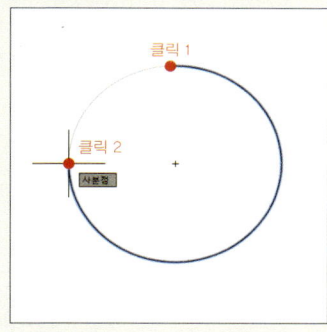
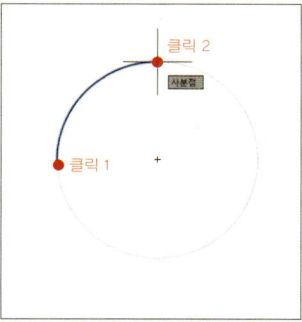

3-2. BREAK 명령을 활용한 한점에서 객체 끊기

객체를 한 점을 기준으로 분리하는 기능으로 BREAK의 [첫 번째 점(F)] 옵션을 이용하는 방법이 있다.

❯ 옵션을 이용한 점에서 끊기

01 사각형(RECTANG) 명령어를 이용해 그림과 같이 사각형을 생성한다.

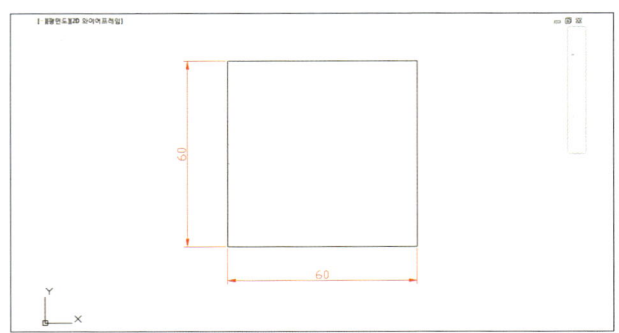

02 선(LINE) 명령어를 이용하여 [중간점]을 연결한다.

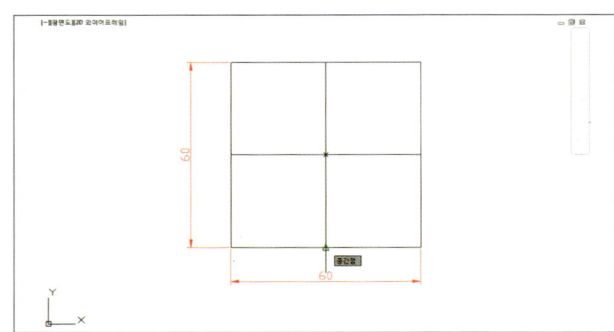

03 명령행에서 단축키 'BR'을 입력하고 Space Bar 를 누른다.

명령 : BR   BREAK 명령어 입력

04 수평선을 선택하고 [첫 번째 점(F)] 옵션을 입력한다.

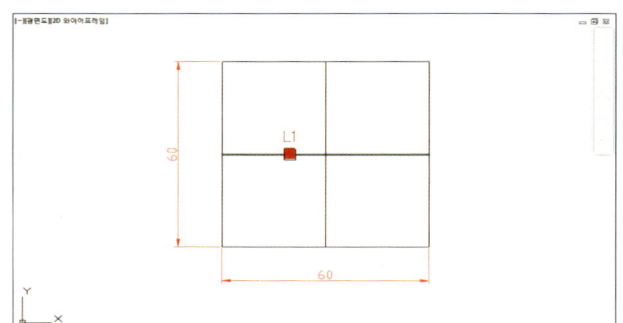

객체 선택 : L1   객체 선택
두 번째 끊기점을 지정 또는 [첫 번째 점(F)] : F   옵션 입력

05 첫 번재 끊기점으로 [중간점]을 Osnap으로 지정한다.

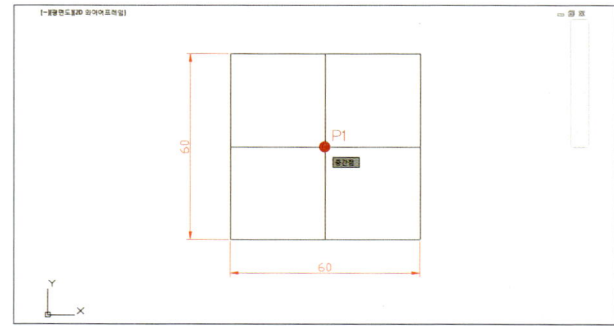

첫 번째 끊기점 지정 : P1   첫 번째 끊기점 지정

06 두 번째 끊기점도 동일한 위치인 [중간점]을 Osnap으로 지정한다. 중간점을 기준으로 선이 분리된 것을 확인할 수 있다.

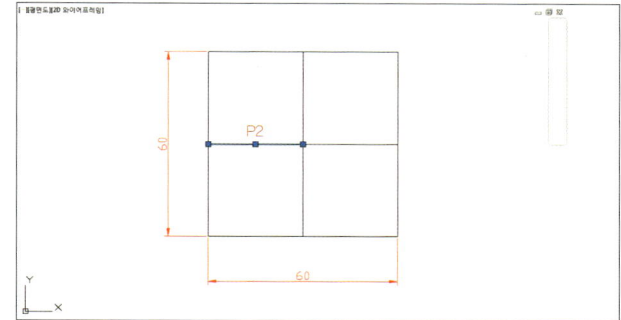

| 두 번째 끊기점을 지정 : P2 | 두 번째 끊기점 지정 |

07 간격띄우기(OFFSET) 명령어를 이용하여 그림과 같이 간격띄우기를 해보자. (간격띄우기 거리 = 10)

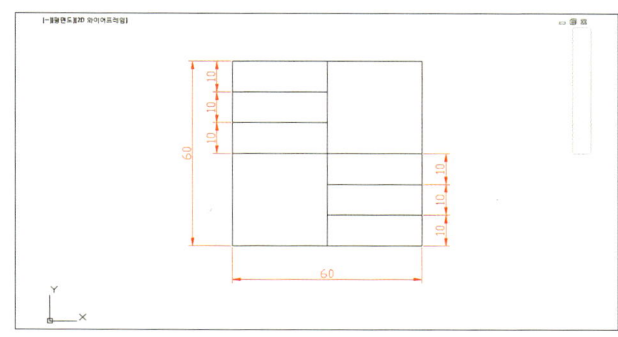

TIP

옵션 입력후 첫 번째 끊기점을 지정한 후 두 번째 점을 클릭하지 않고 @입력 후 Space Bar 를 누르면 두 번째 점은 첫 번째 점과 동일하게 인식한다.
@는 마지막으로 지정한 점을 기준으로 한다는 의미이다.

명령 : BR	BREAK 명령어 입력
객체 선택 :	객체 선택
두 번째 끊기점을 지정 또는 [첫 번째 점(F)] : F	옵션 입력
첫 번째 끊기점 지정 :	첫 번째 끊기점 지정
두 번째 끊기점을 지정 : @	명령어 종료

3-3. 점에서 끊기

객체를 한 점을 기준으로 분리하는 또 다른 방법으로 점에서 끊기 명령을 사용하는 방법이 있다.
2020이전 버전에서는 리본 메뉴에 있는 점에서 끊기(BREAK) 아이콘을 사용하여 명령을 실행하였으나, 2021 버전부터 BREAKATPOINT 명령어가 추가되었다. 하지만 단축키가 없으므로 명령어를 전부 입력하거나 사용자가 개별적으로 단축키를 지정하여 사용해야 한다. 또는 2020이전 버전과 동일하게 리본 메뉴의 아이콘으로 사용한다.

❖ 실행 방법 ❖
• 리본 : [홈] 탭 – [수정] 패널 – 점에서 끊기(ﾛ)   • 명령 입력 : BREAKATPOINT

▶ 리본메뉴를 이용한 점에서 끊기

리본메뉴를 이용하여 수직선을 점에서 끊어 보기로 한다.

01 리본 : [홈] 탭-[수정] 패널-점에서 끊기 아이콘(⃞)을 클릭한다.

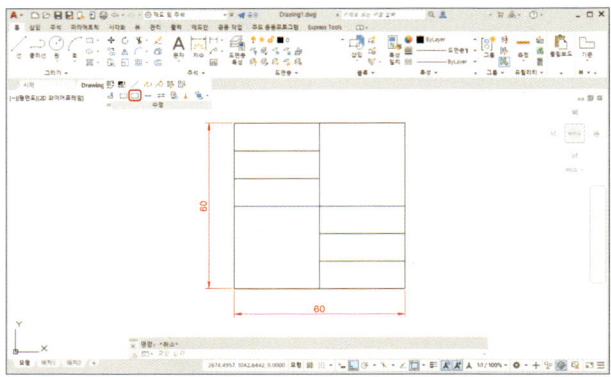

02 점에서 끊기 할 객체인 수직선 L1을 클릭한다.

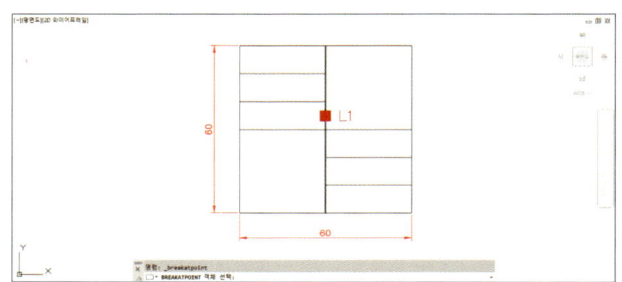

03 [첫 번째 끊기점]으로 중간점 P1을 지정한다.

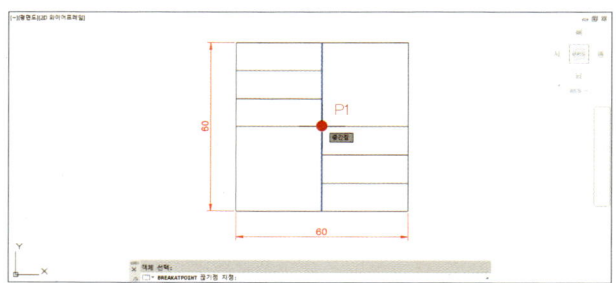

04 중간점을 기준으로 선이 분리된 것을 확인할 수 있다.

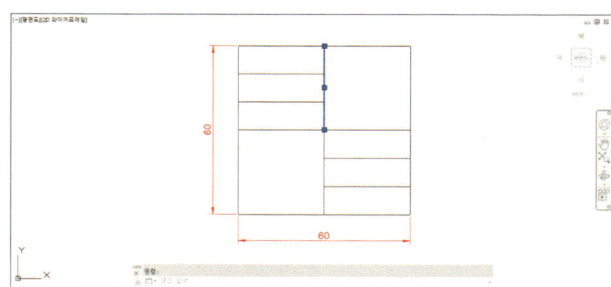

05 간격띄우기(OFFSET) 명령어를 이용하여 그림과 같이 간격띄우기를 해본다.
(간격띄우기 거리 = 10)

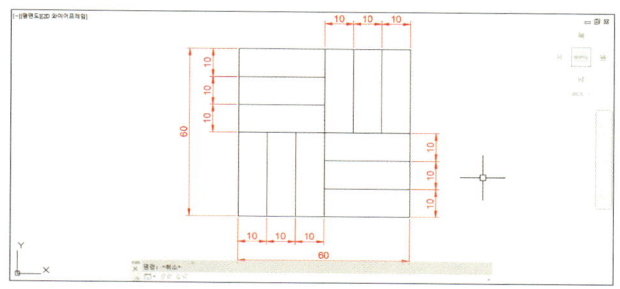

4 _ MATCHPROP를 이용한 객체 특성 일치

객체가 가지고 있는 다양한 특성을 쉽고 빠르게 복사함으로서 도면의 작성시간 및 정확도를 올려주는 기능으로 능숙하게 사용할 수 있도록 명령어 사용을 습관화 할 수 있도록 한다.

> ❖ 실행 방법 ❖
> • 리본 : [홈] 탭–[특성] 패널–특성일치 아이콘( )
> • 명령 입력 : MATCHPROP
> • 단축키 : MA

▶ 객체의 특성 복사하기(MATCHPROP)

01 예제 파일을 불러 온다
■ 예제 파일 : Chapter05₩특성복사.dwg

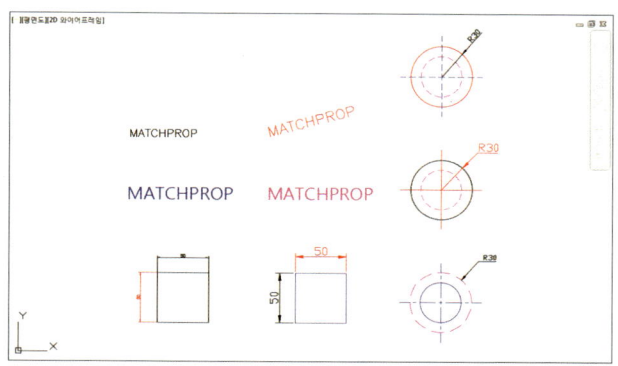

02 명령행에서 단축키 'MA'를 입력하고 Space Bar 를 누른다.

| 명령 : MA | MATCHPROP 명령어 입력 |

03 특성 복사의 기준이 되는 객체로 T1을 선택한다.

원본 객체를 선택하십시오: T1   특성의 기준이 되는 원본객체 선택

04 특성 복사의 대상으로 T2를 지정한다.

대상 객체를 선택 또는 [설정(S)]: T2   대상 객체 선택

05 명령어를 종료한다.
문자의 STYLE 및 높이, 기울기, 색상 등의 특성들을 일치시켜 준다.

06 같은 방법으로 예제 파일의 치수, LAYER, LTS 등을 일치시켜 본다.

▶ 특성 일치항목 설정하기

01 명령행에서 단축키 'MA' 를 입력하고 `Space Bar` 를 누른다.

명령 : MA   MATCHPROP 명령어 입력

02 반지름치수 객체 D1을 선택한다.

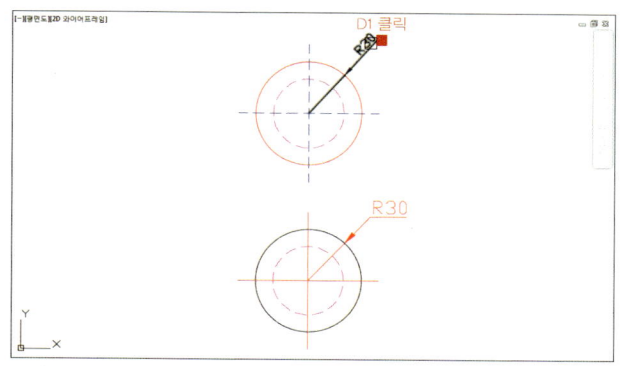

원본 객체를 선택하십시오: D1 　　　　　　　　　　　　　　　　특성의 기준이 되는 원본객체 선택

03 명령행에서 옵션 [설정(S)]을 입력한다.

대상 객체를 선택 또는 [설정(S)] : S 　　　　　　　　　　　　　　　　　　특성 환경설정

04 특성 복사할 항목중 '기본 특성'에서는 도면층을 체크하고, '특수 특성'에서는 치수 항목을 체크해제 하도록 한다.

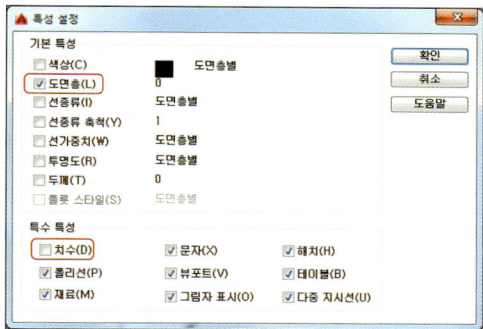

05 반지름치수 객체를 선택한다.

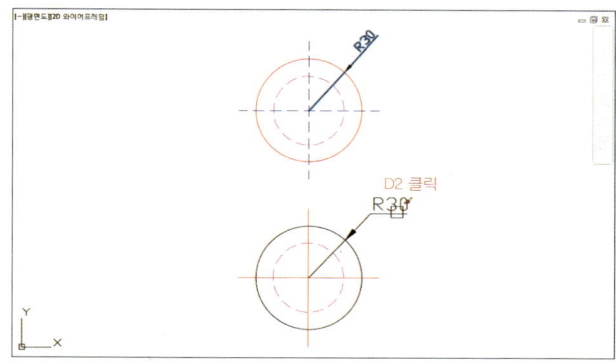

대상 객체를 선택 또는 [설정(S)] : D2 　　　　　　　　　　　　　　　　대상 객체 선택

06 치수가 가지고 있는 특성 중 '도면층' 특성만 일치 되는 것을 확인할 수 있다.

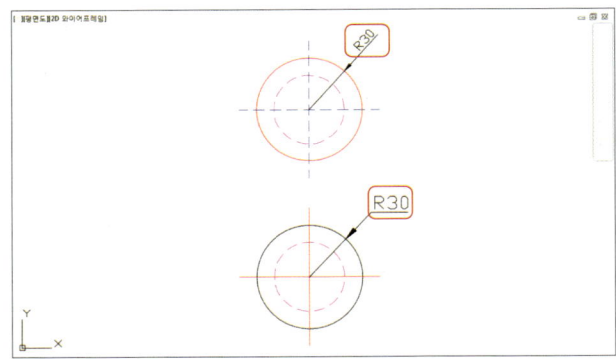

07 특성일치 설정에서 '특수 특성'이 체크되어 있으면 기준 객체가 가지고 있는 모든 치수 특성이 복사된다.
(치수문자 정렬 위치, 치수의 크기 등)

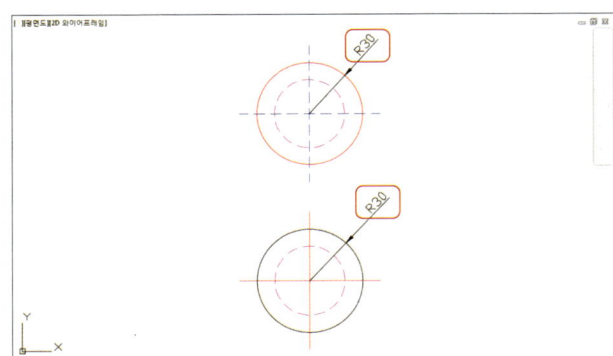

5 _ JOIN으로 객체 결합

같은 끝점을 가지고 있는 서로 다른 객체를 하나의 객체로 연결해 주며, 이때 우선적으로 선택한 객체의 유형을 기준으로 한다.

> ❖ 실행 방법 ❖
> • 리본 : [홈] 탭 – [수정] 패널 – 결합 아이콘(✦✦)
> • 명령 입력 : JOIN
> • 단축키 : J

01 명령행에서 단축키 'J'를 입력하고 Space Bar 를 누른다.

명령 : J	JOIN 명령어 입력

02 결합 하고자 하는 객체를 순차적으로 선택한다.

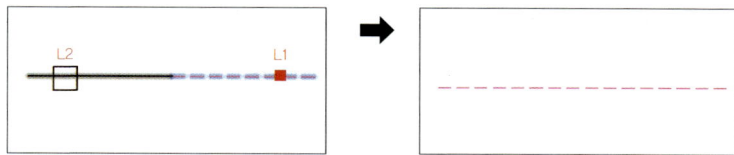

한 번에 결합할 원본 객체 또는 여러 객체 선택 : L1	객체1 선택
결합할 객체 선택 : L2	객체2 선택

03 `Space Bar` 를 눌러 명령어를 종료한다.

2개 선이 1개 선으로 결합되었습니다.	결합 종료

> **TIP**
>
> - 여러개의 객체를 동시에 결합할 수 있으나 끝점이 연결되어 있어야 하며, 구성선(XLINE)과 같이 무한대의 길이를 가지고 있는 객체와 닫힌 객체는 결합할 수 없다.
> - 중심이 같고 반지름이 같은 두 호를 결합(JOIN)하게 되면 원(CIRCLE)으로 변환 된다.
>
> ▶ 두 개의 호를 하나의 원으로 결합하기
>
> 01 명령행에서 'JOIN' 명령어를 입력하고 `Space Bar` 를 누른다.
> 02 결합 하고자 하는 객체를 순차적으로 선택한다.
>
>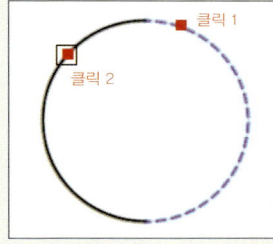
>
> 03 명령행에서 옵션 [예(Y)]를 입력한다.
>
>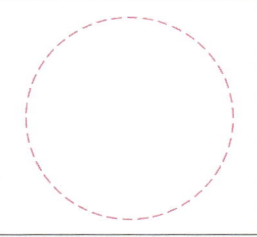
>
> | 명령 : J | JOIN 명령어 입력 |
> | --- | --- |
> | 한 번에 결합할 원본 객체 또는 여러 객체 선택: 1개를 찾음 | 객체 선택(결합객체 특성의 기준이 된다) |
> | 결합할 객체 선택: 1개를 찾음, 총 2개 | 객체 선택 |
> | 호 세그먼트가 결합되어 원을 형성합니다. | |
> | 원으로 변환하시겠습니까? [예(Y)/아니오(N)] 〈예〉: Y | 옵션 선택 |

연습 도면

01

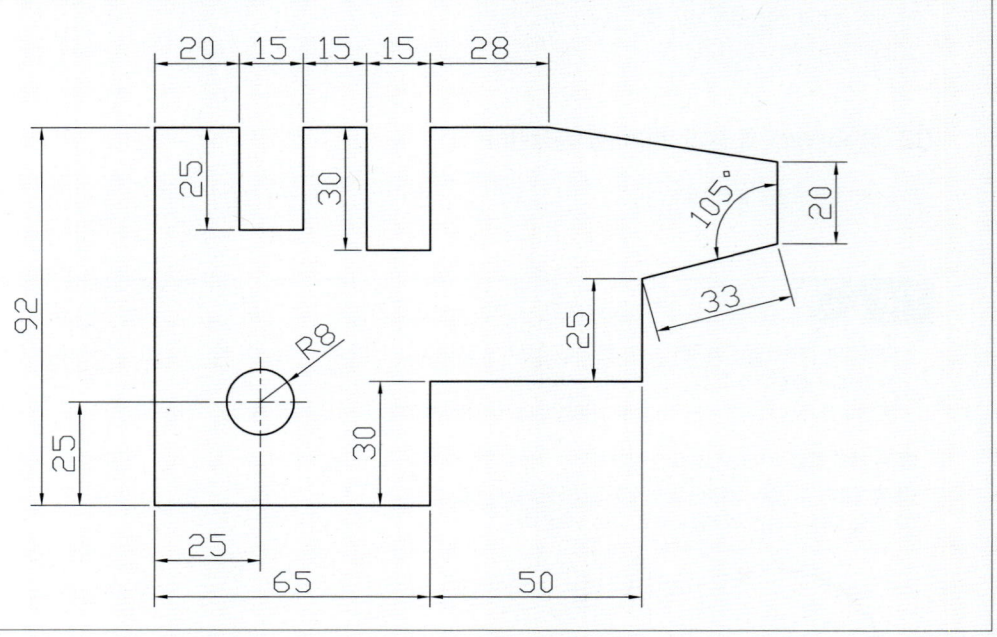

02

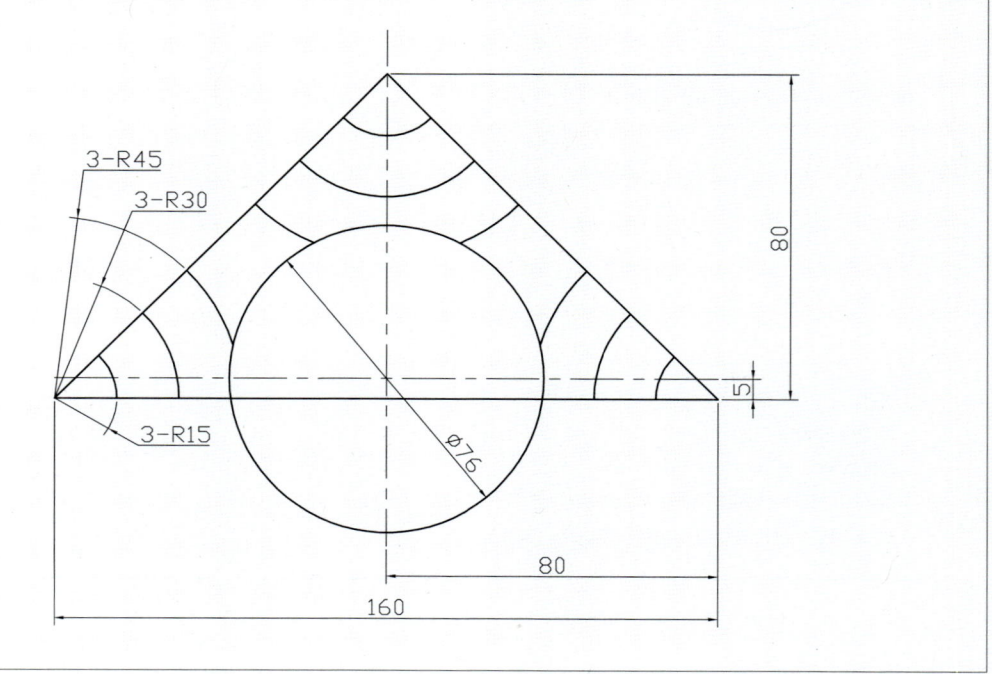

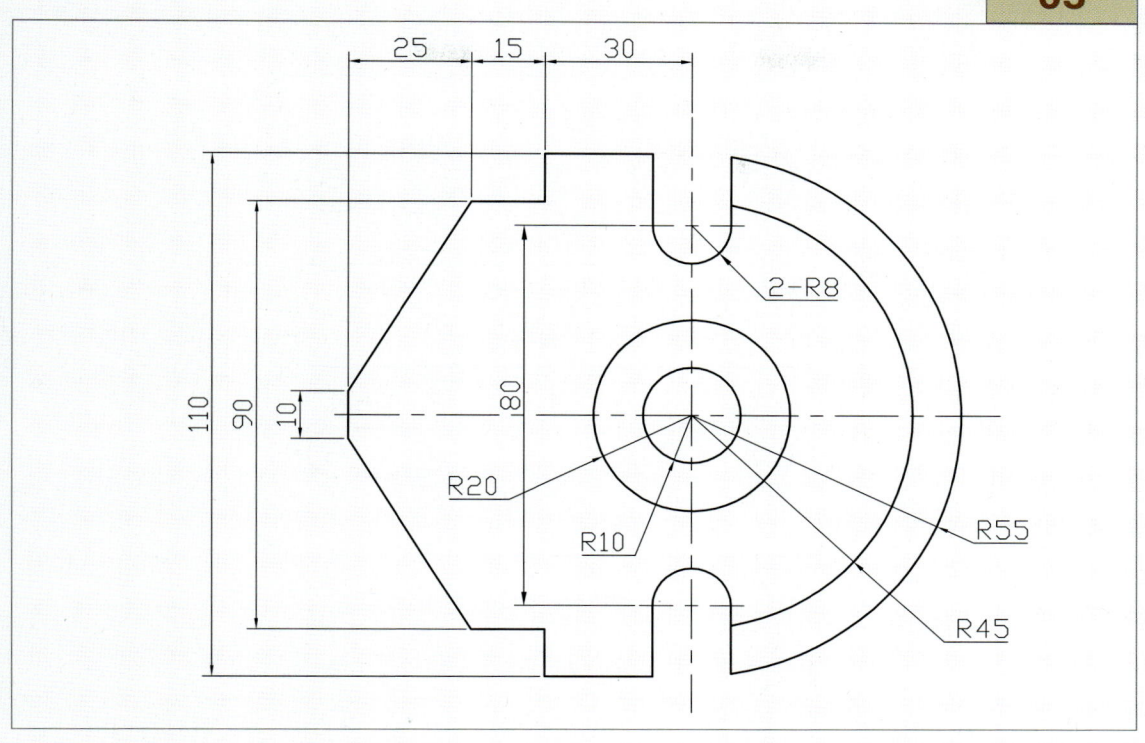

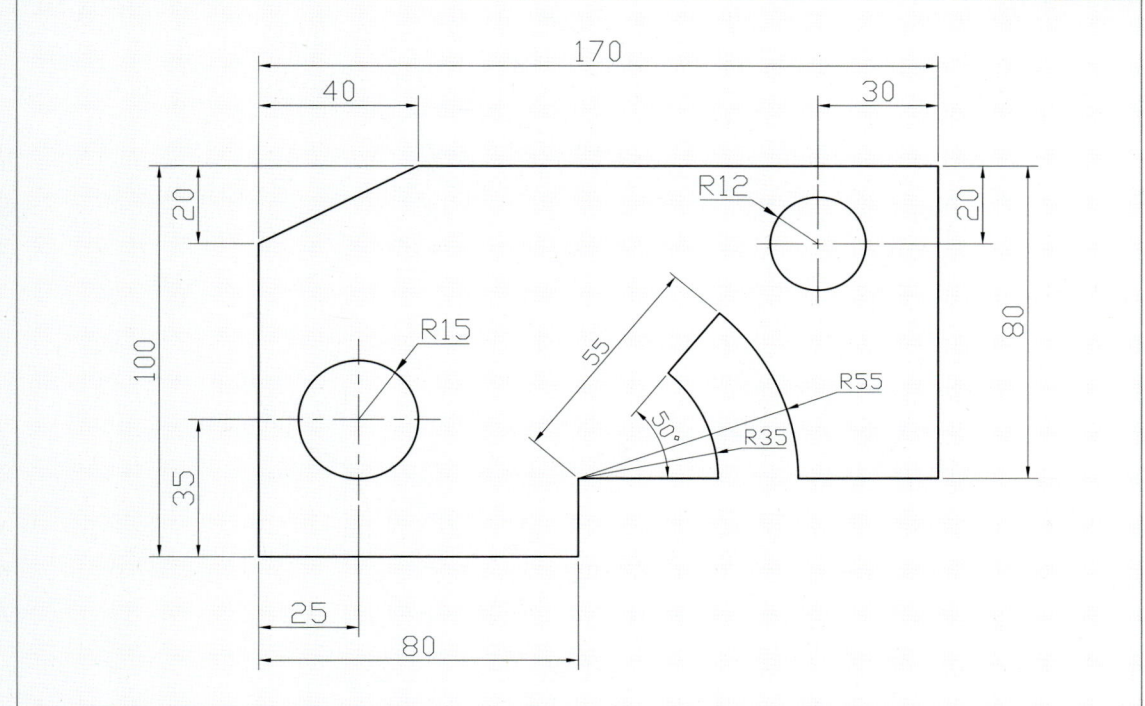

05

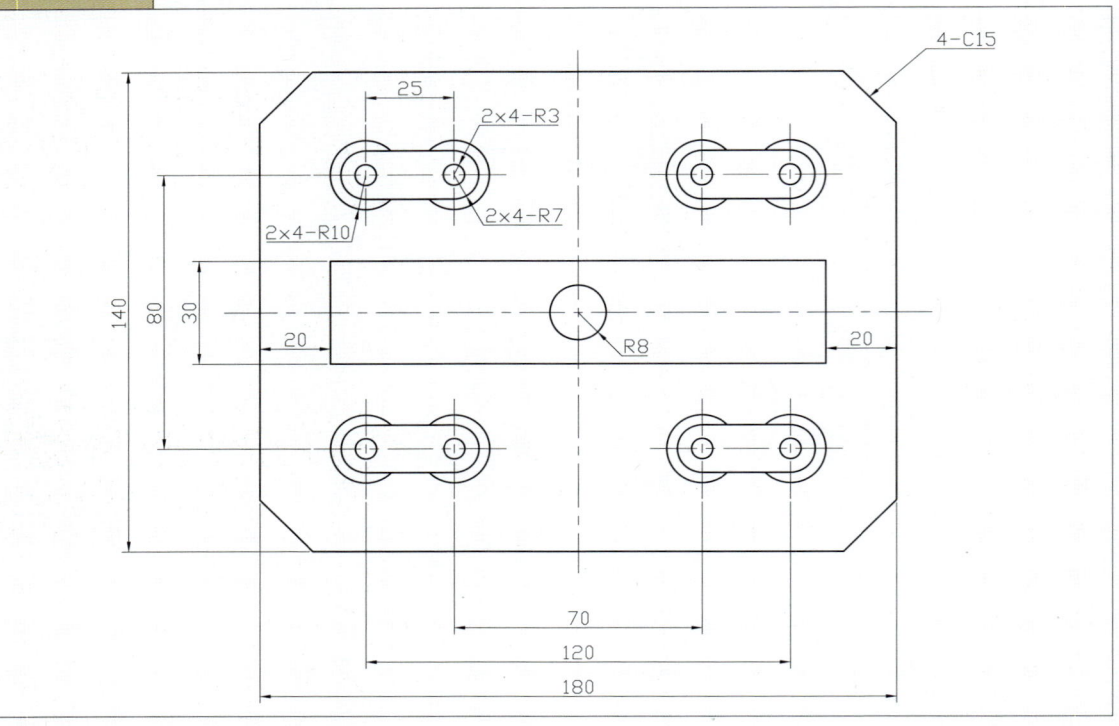

06

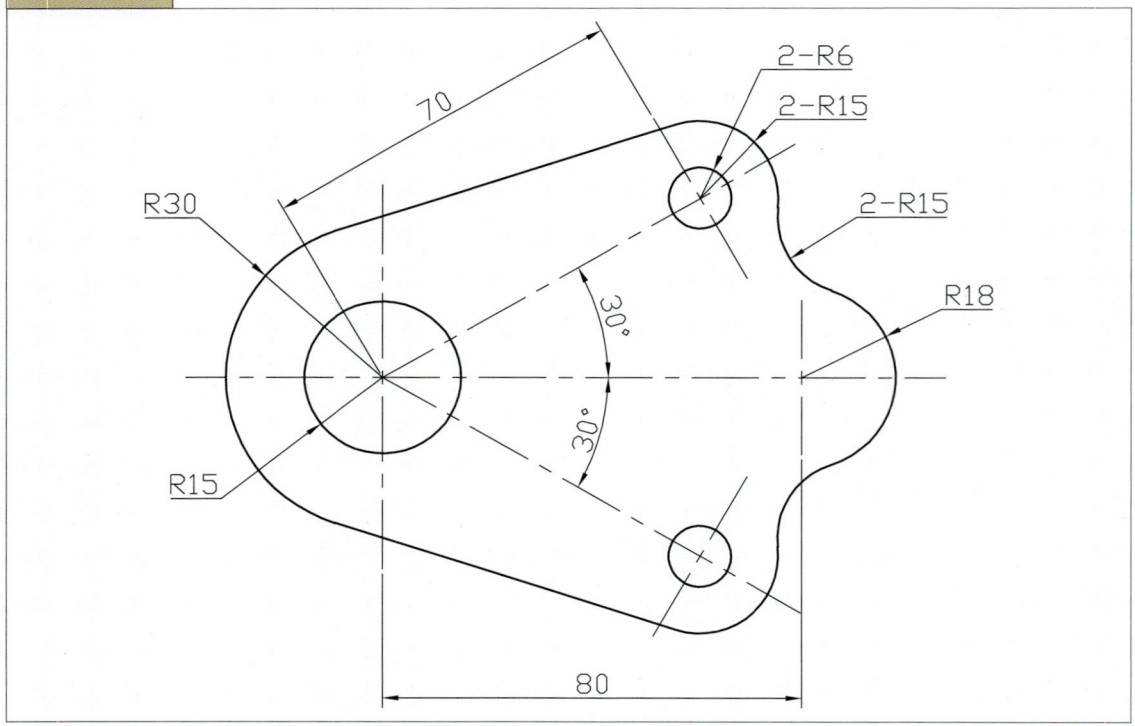

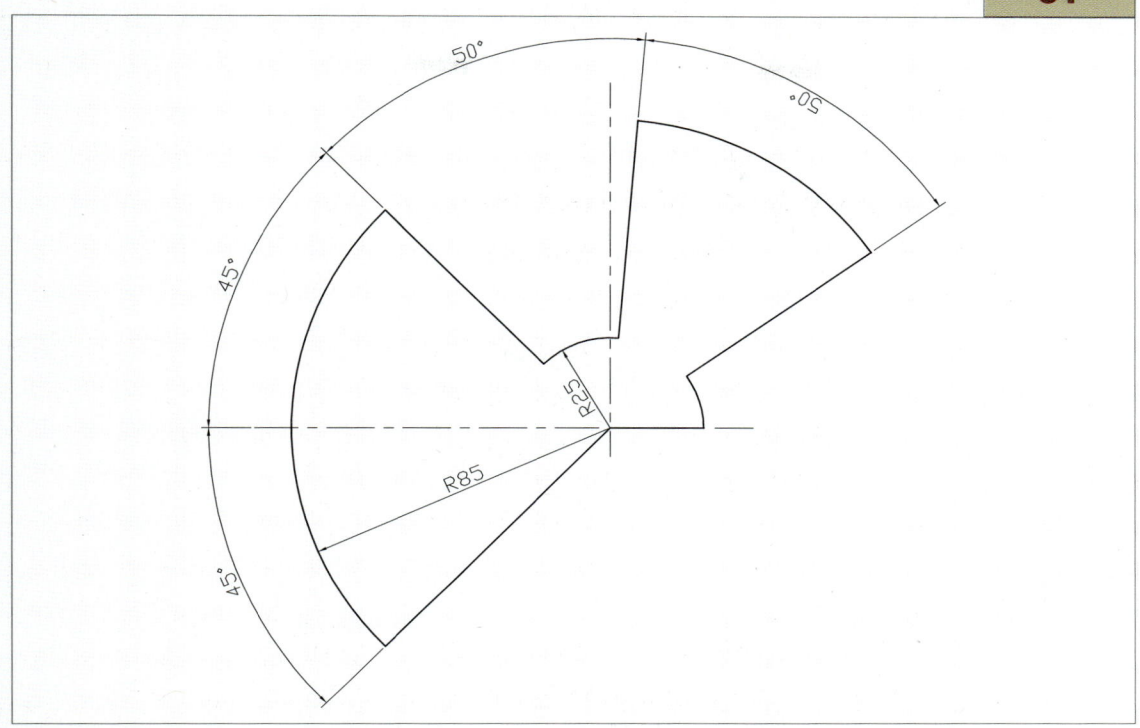

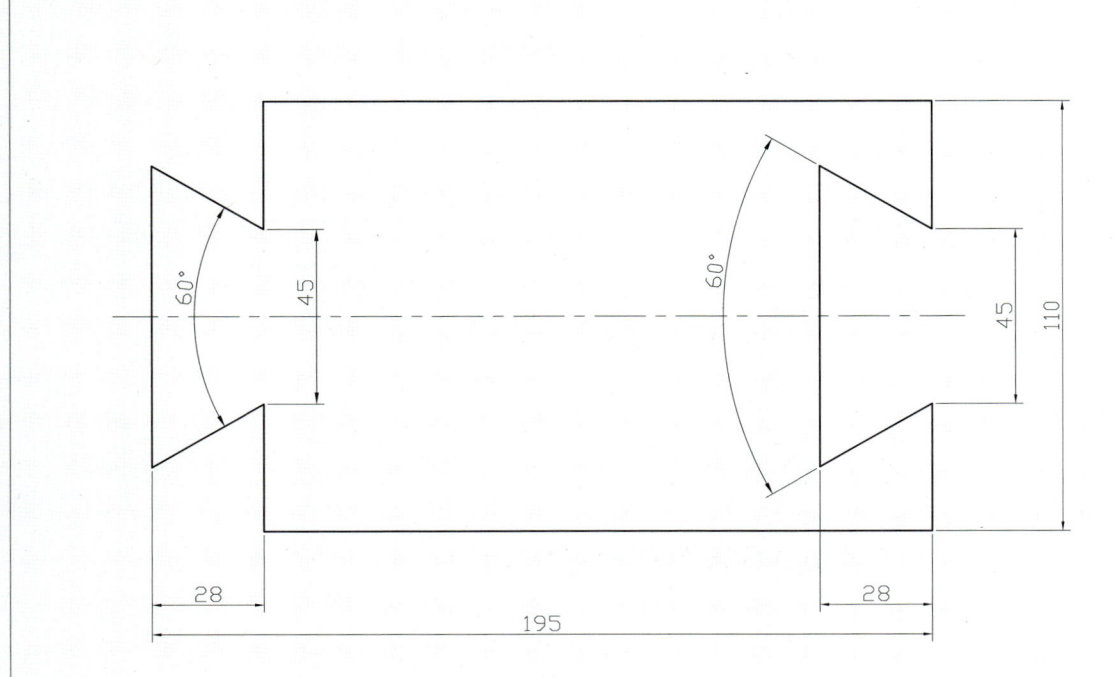

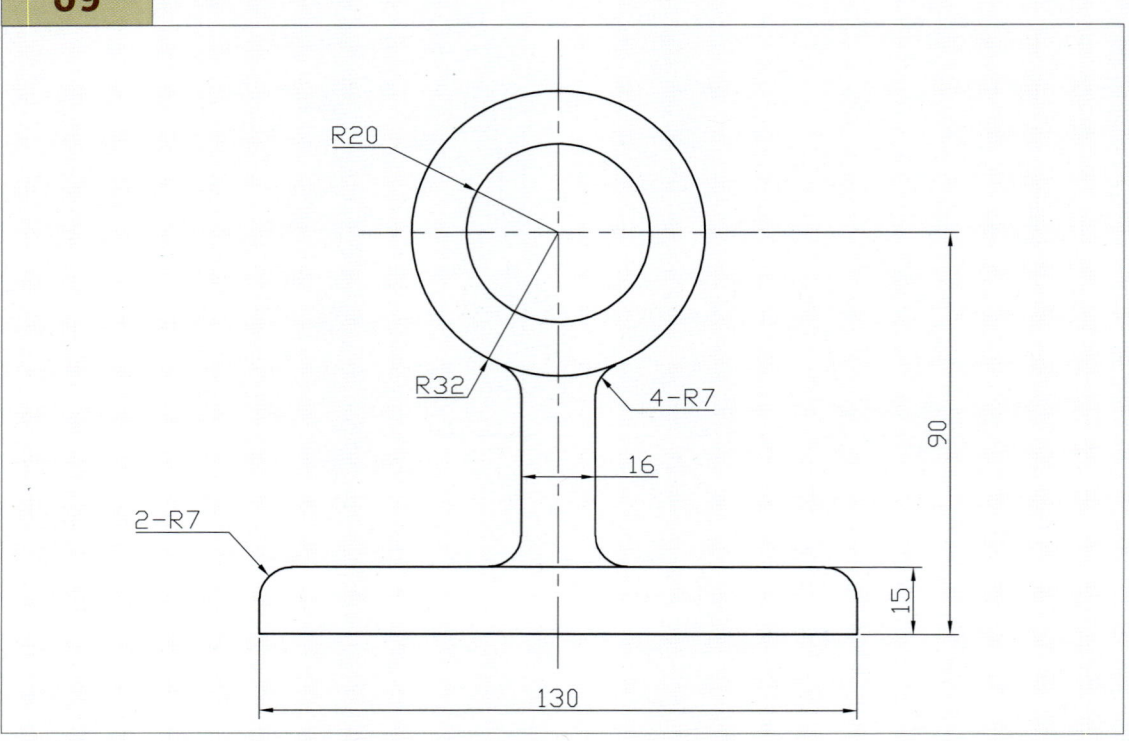

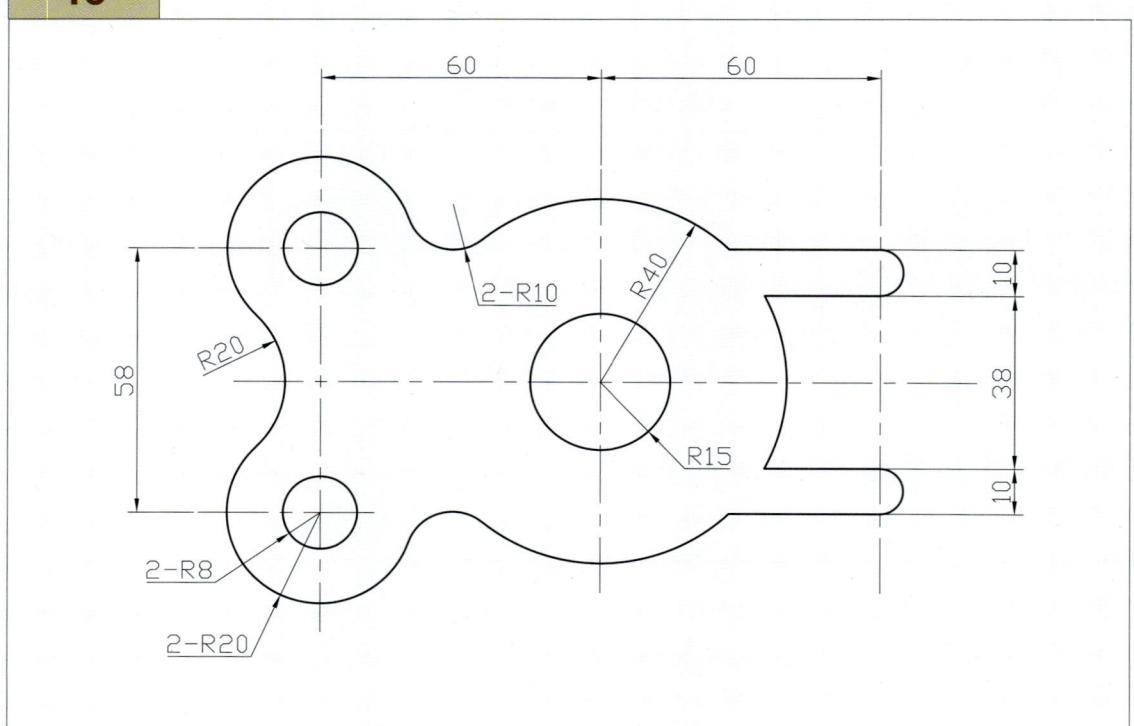

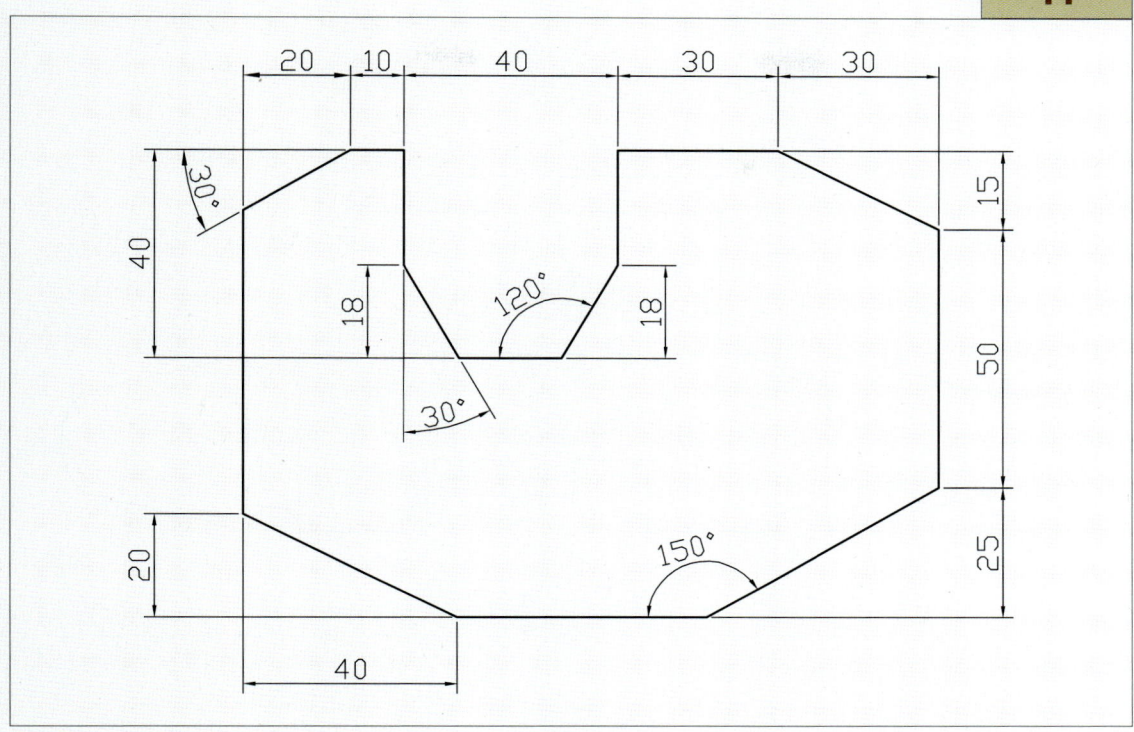

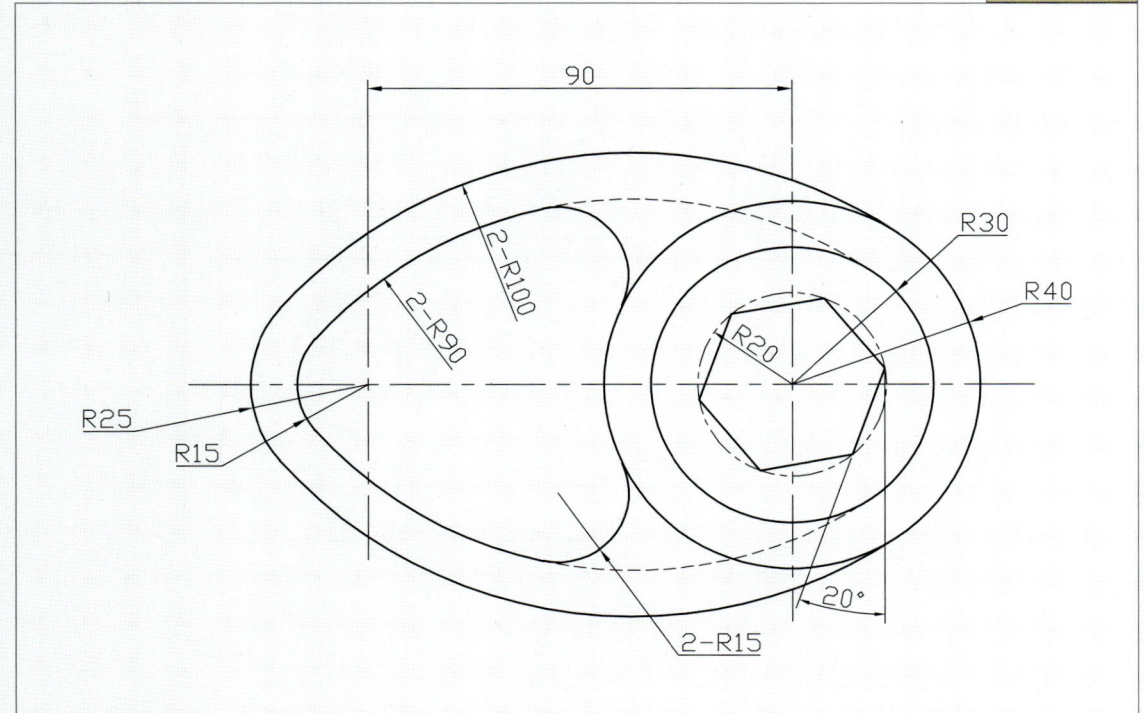

13

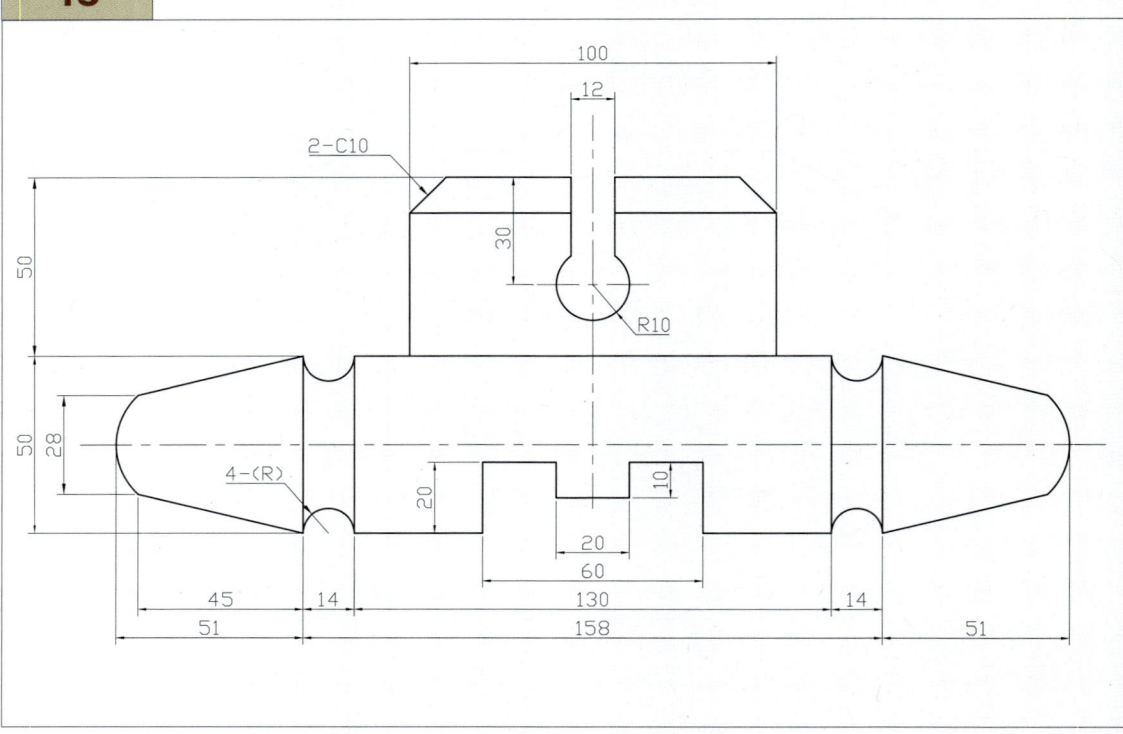

14

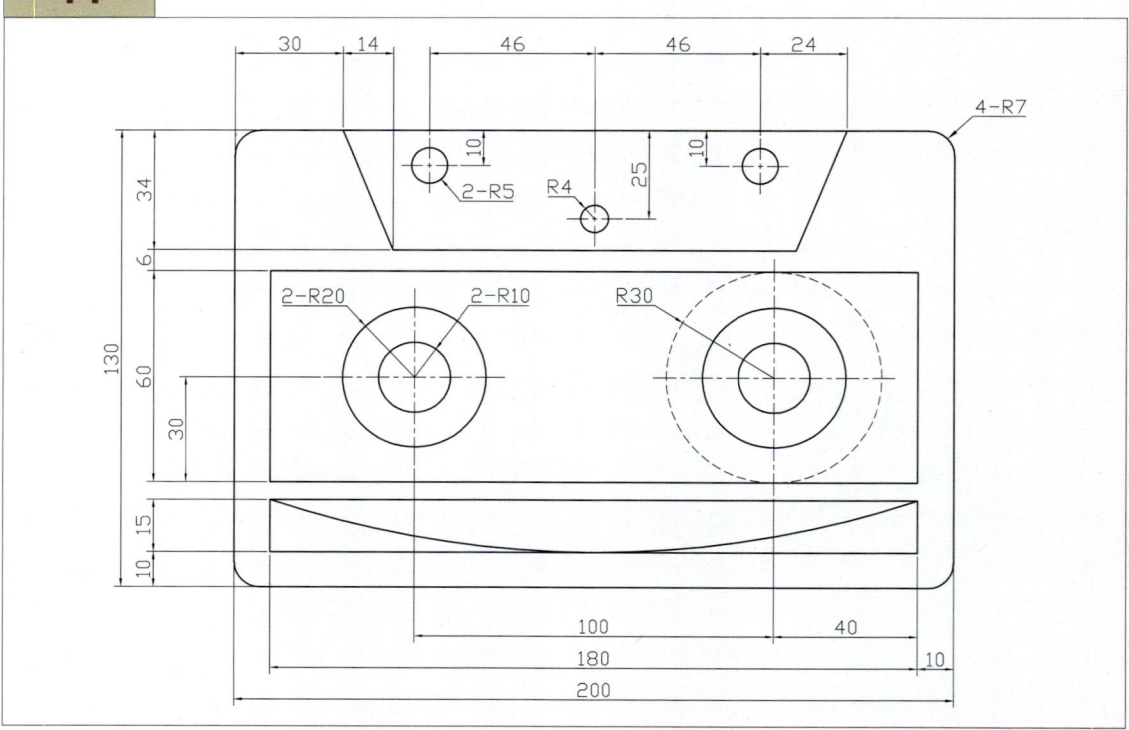

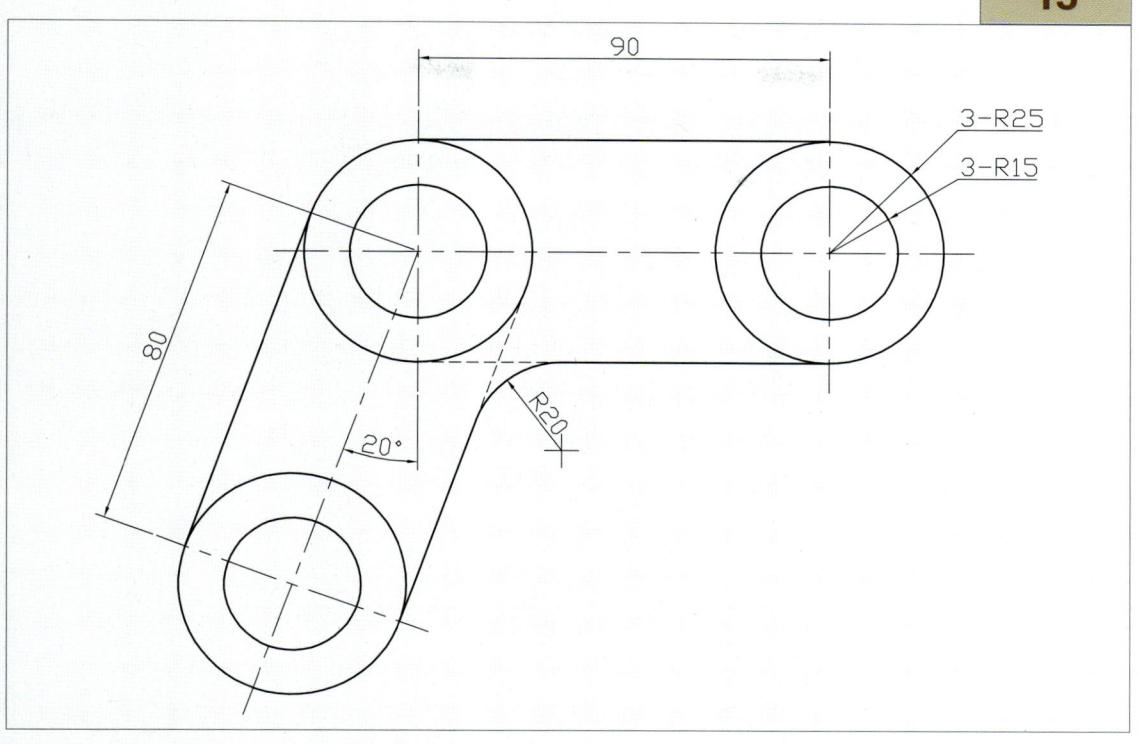

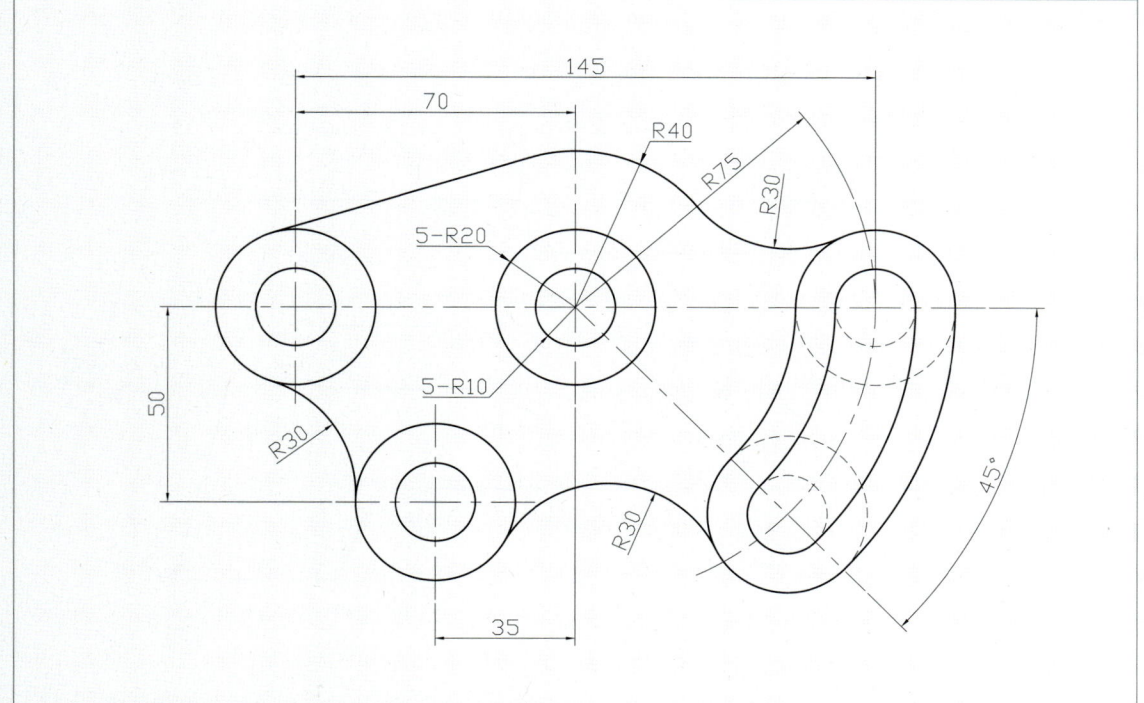

17

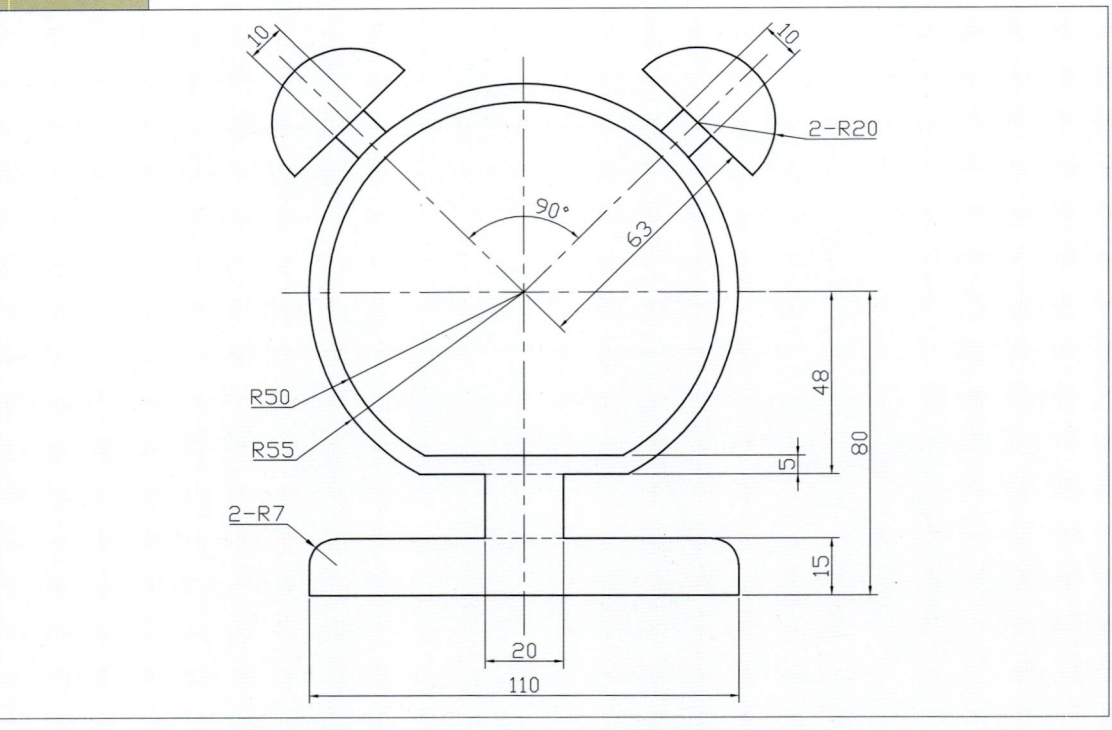

18

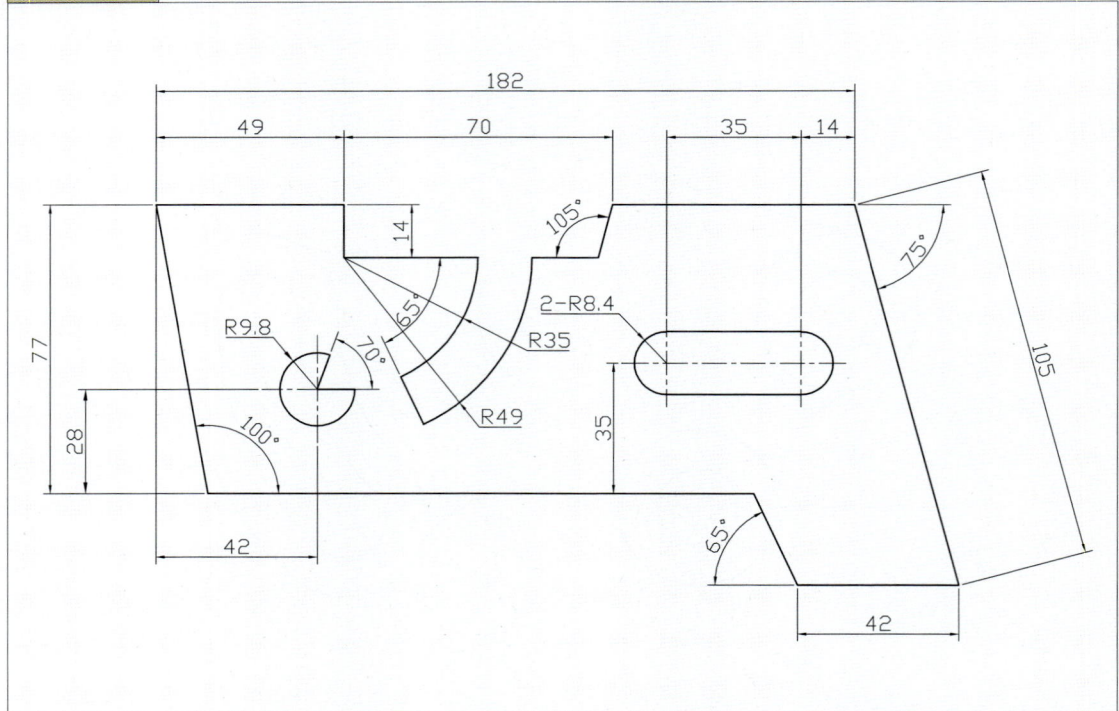

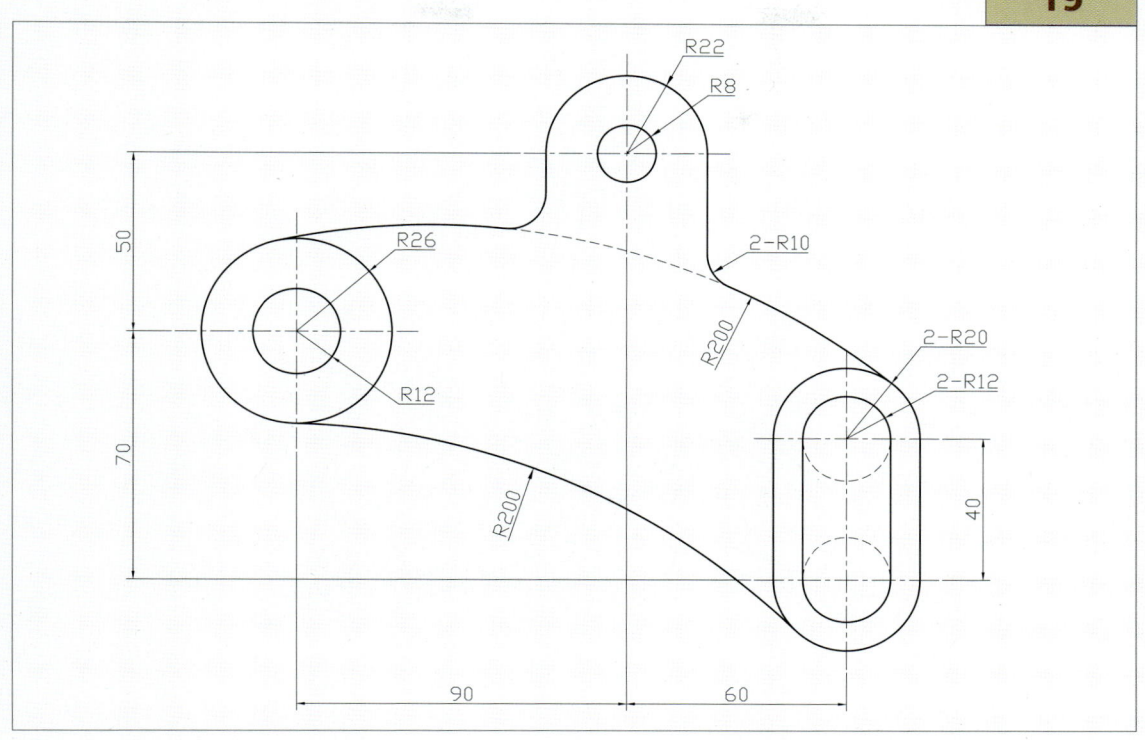

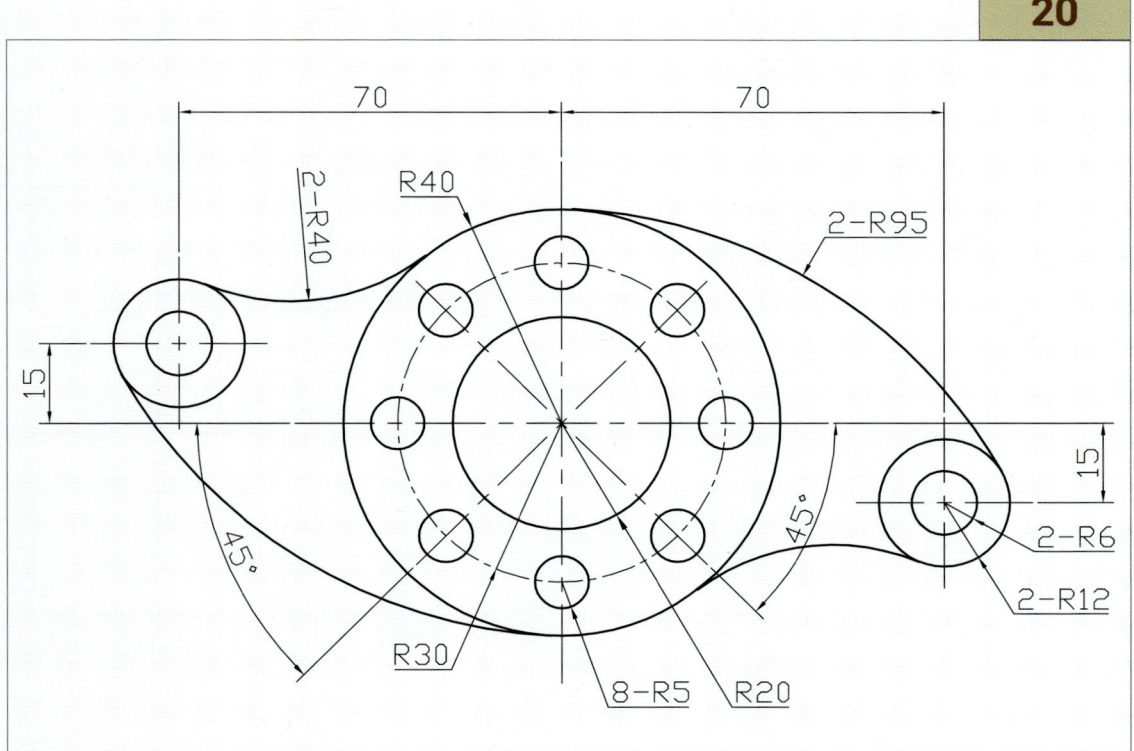

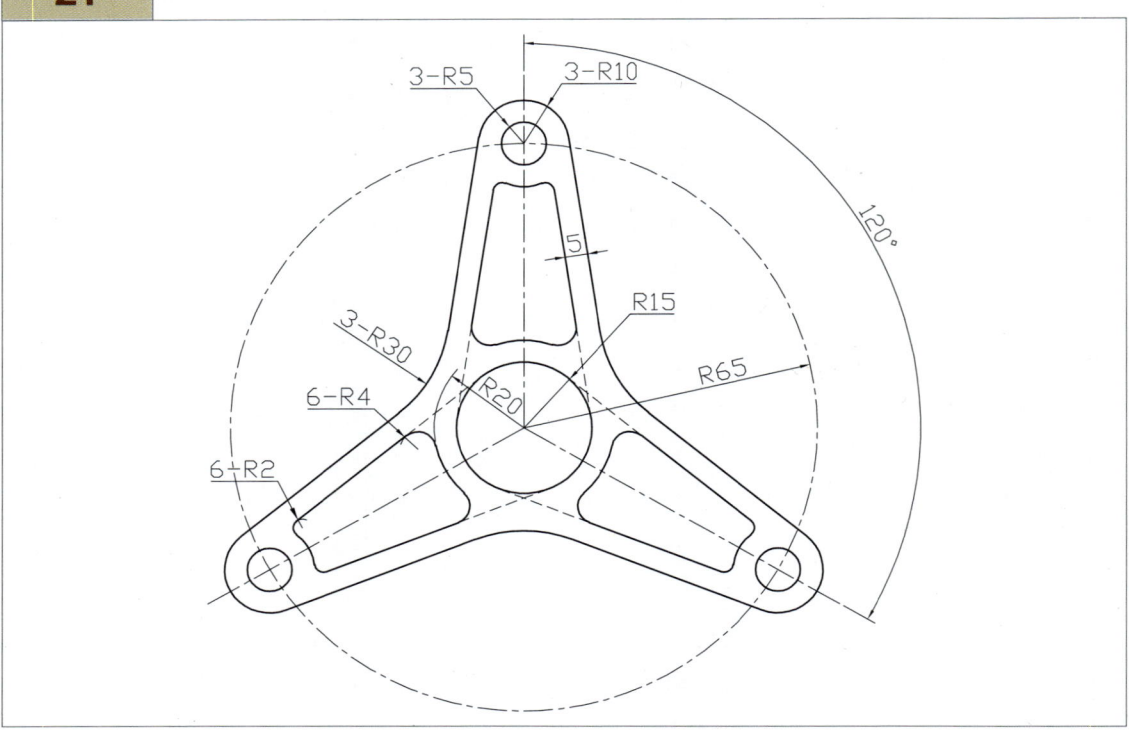

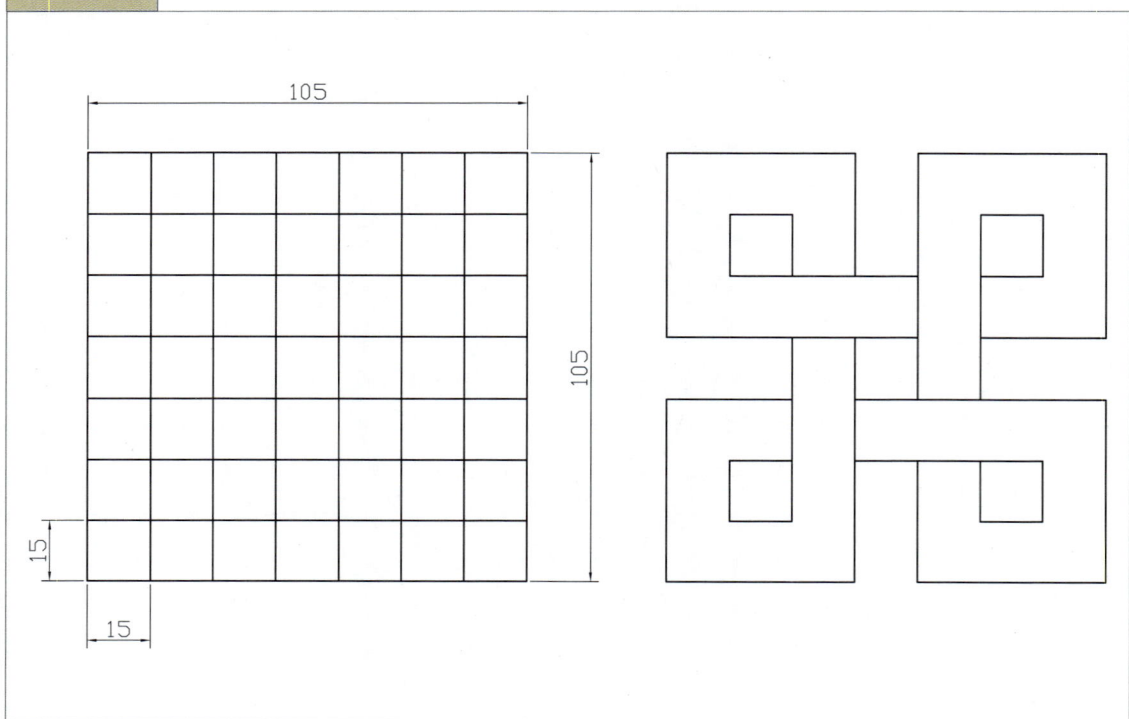

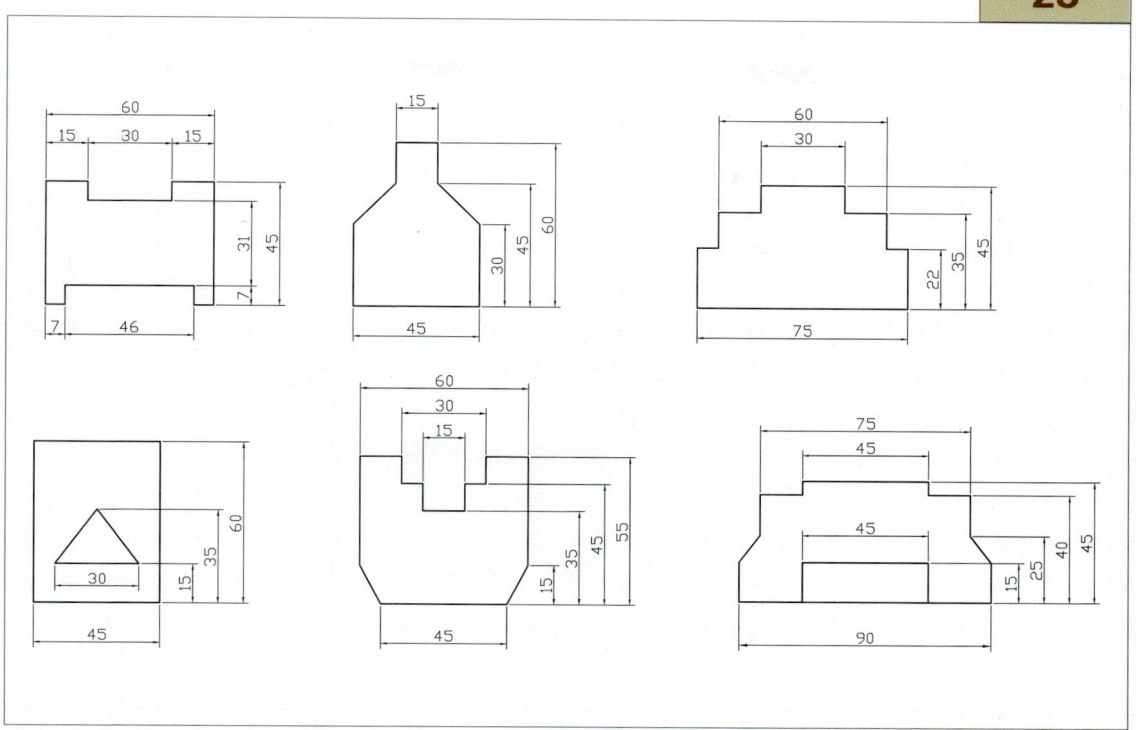

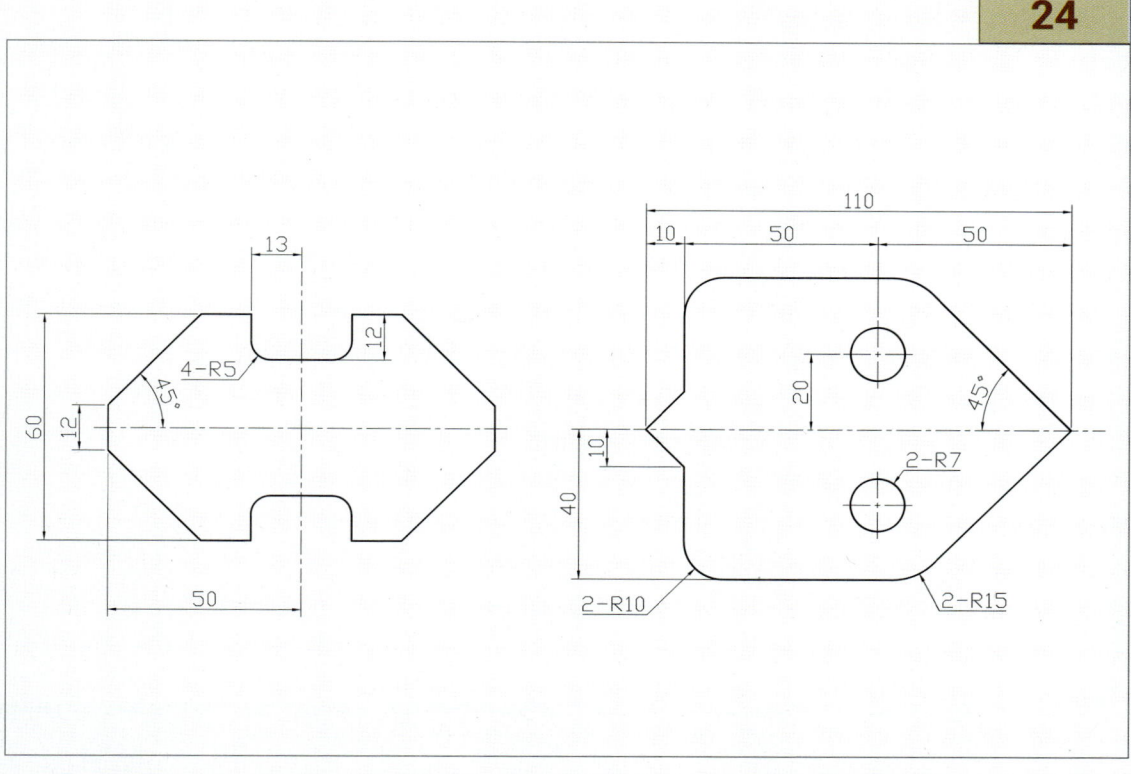

PART 02

CAD 실무능력평가 2급

삼각법과
CAD실무능력평가 2급

기초제도에 대한 일반사항과 삼각법을 이용한 물체 투상법에 대해 학습한다. 이를 바탕으로 CAD실무능력평가 2급 시험에 대비하여 문제 풀이법과 연습문제, 시험진행 방법 등에 대해 알아보도록 한다.

Chapter 06   삼각법을 이용하여 객체 작성하기
Chapter 07   CAD실무능력평가 2급 시작하기

Chapter 06

삼각법을 이용하여 객체 작성하기

기초제도와 삼각법에 대해 이해하고 기본형태의 솔리드 객체를 투상하는 방법에 대해 알아보도록 한다.

1 _ 기초 제도 규격

1-1. 도면 형식
도면은 관리하기 쉽도록 다음 사항을 규정하고 있다.

❶ 도면의 크기
도면의 크기는 제도가 완성된 치수로써 KS A 5201(종이의 재단 치수)의 A0-A4까지를 사용하고 특히 긴 도면을 필요로 할 때는 길이 방향으로 연장하여 사용한다. 실제로 많이 사용되는 크기는 A0-A4이고, 그 가운데서 A3가 가장 많이 사용되고 있다.

※ CAD실무능력평가 2급에서는 A4(210×297)를 사용하고 있다.

크기의 호칭			A0	A1	A2	A3	A4
a×b			841×1189	594×841	420×594	297×420	210×297
	C최소		20	20	10	10	10
도면의 테두리	d최소	철하지 않을때	20	20	10	10	10
		철할 때	25	25	25	25	25

▲ 도면의 크기(KS B 0001)

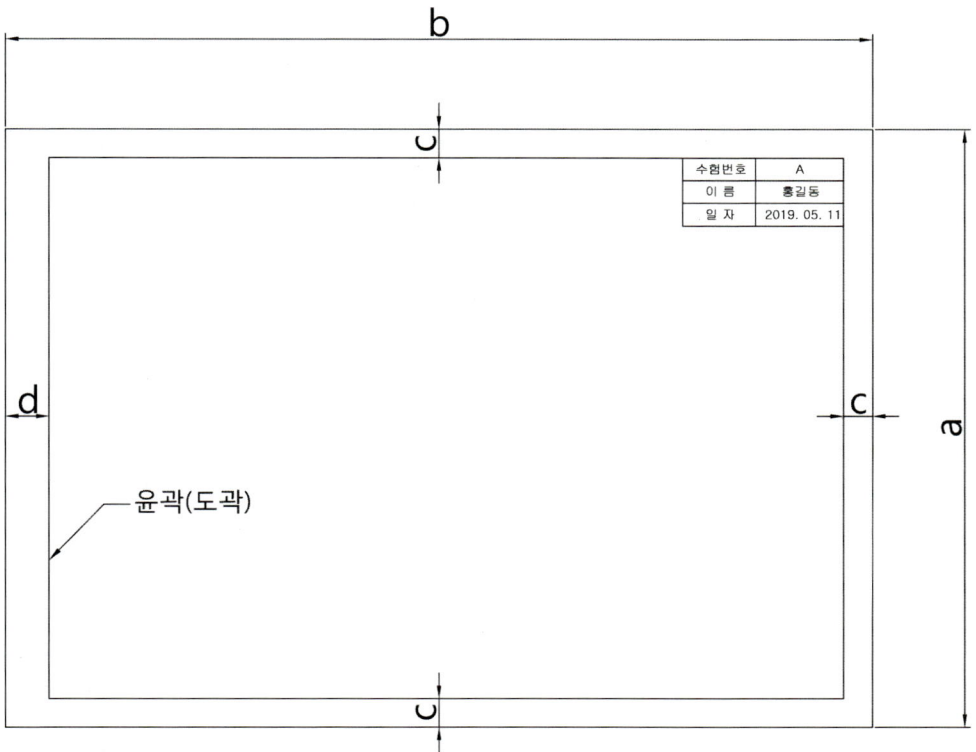

❷ 윤곽선 : 도면에는 테두리를 그려서 도면이 파손되거나 더럽혀져서 문자 또는 그림이 어지러워지는 것을 피하도록 한다. 윤곽에는 원칙적으로 굵기 0.5㎜ 이상의 실선으로 윤곽선을 마련하지만, 이것은 생략해도 관계가 없다.

❸ 도면의 위치 : 도면은 길이 방향을 좌우로 놓은 위치를 정위치로 하지만, A4 이하의 도면은 이에 따르지 않아도 좋으며, 길이 방향을 상하로 하여 사용하는 경우도 많다.

❹ 표제란 : 표제란은 도면의 우측 아래 구성에 위치하여 도면번호, 척도, 제도기관명, 작성년월일, 제도자 등을 기입하며, 표제란의 크기 또는 형식에 관한 규정은 없지만 각 기업체마다 독자적인 형식을 채택하고 있다. 도면을 접어서 보관할 때는 그 접는 크기가 A4 용지크기가 되도록 하는 것이 원칙이며 이 때에 표제란이 앞에 나오도록 한다.

※ CAD실무능력평가 2급에서는 오른쪽 상단에 위치한다.

❺ 중심마크 : 도면의 마이크로필름 촬영, 복사 등의 편의를 위하여 도면에 중심마크를 한다. 중심마크는 용지의 네 변의 중앙에 각각 굵기 0.5㎜의 직선으로 그리며, 길이방향으로 연장한 도면 등과 같이 분할하여 마이크로 필름으로 촬영할 필요가 있는 것에 대하여는 한 화면에 촬영하는 영역마다 중심 마크를 한다. 하지만 현재는 CAD를 활용하여 도면 작업을 하기 때문에 중심 마크의 의미는 그렇게 크지 않고, 윤곽선에서 중심 마크를 삭제하여도 무방하다.

1-2. 치수

도면에 기입하는 치수의 단위는 길이와 각도의 두 가지가 있다.

- 길이의 단위 : 길이의 치수 단위는 모두 밀리미터(㎜) 이지만 기호 ㎜는 표시하지 않는다. 하지만 다른 단위 즉, feet, inch 등을 사용할 필요가 있을 경우는 필히 표기를 한다.
- 각도의 단위 : AutoCAD에서 각도는 일반적으로 도(°, degree)로 표시하고, 필요한 경우 라디안(rad), 분('), 초(")를 함께 사용한다.

1-3. 글자

제도 문자의 크기 및 모양에는 다음과 같은 규정이 있다.

- 명백한 모양
- 가로쓰기
- 고딕체(수직 또는 15° 경사)
- 문자 높이 : 2.5, 3.5, 5, 7, 10(총 5종)

※ CAD실무능력평가 2급에서는 도면공간(배치탭)에서 작성하는 뷰타이틀(평면도, 정면도, 우측면도)은 문자 높이가 3.5㎜, 축척은 문자 높이가 2.5㎜, 수험번호, 이름, 일자 등 표제란 안의 문자 높이는 3㎜로 기입한다.

1-4. 척도

제도의 척도에는 현척, 축척, 배척이 있으며, 척도는 A:B로 표시한다. 여기서 A는 작성한 도형의 길이이며, B는 대상물의 실제 길이를 표시한다. 척도를 표제란에 표시하며 도면마다 척도가 다른 경우는 도면마다 척도를 부품번호 옆에 표시하며, 기입시 다음과 같은 사항을 주의한다.

- 축척, 배척을 하였을지라도 도면의 치수는 실제 치수를 기입한다.
- 도면의 형태가 치수에 비례하지 않을 경우 "NS(Non Scale/Not to the Scale)"라고 표시한다.
- 사진으로 축소 또는 확대하는 도면에는 그 척도에 해당하는 눈금자의 일부를 기입한다.

척도의 종류	값
축척	1:2 1:5 1:10 1:20 1:50 1:100 1:200
현척	1:1
배척	2:1 5:1 10:1 20:1 50:1

▲ 축척, 현척 및 배척의 값(KS B 0001)

※ CAD실무능력평가 2급에서는 A4 크기의 문제에서 1 : 2 축척이 주로 사용되고 있으나 문제의 성격에 따라 변경될 수 있다.

1-5. 선

구분	도면층 명칭	선종류	색상	비고
1	외형선	Continuous	초록색(Green)	
2	숨은선	Hidden	노란색(Yellow)	
3	중심선	Center	흰색(White)	선 두께는 설정하지 않는다.
4	치수	Continuous	빨간색(Red)	
5	뷰포트	Continuous	하늘색(Cyan)	
6	문자	Continuous	흰색(White)	
7	가상선	Phantom	선홍색(Magenta)	

▲ CAD실무능력평가 2급에서 사용되는 설정

※ CAD실무능력평가 2급에서는 선의 종류 및 색을 도면층에 의해서 지정하도록 되어 있으므로 특성은 반드시 "ByLayer"로 되어 있어야 하며, 선 가중치는 따로 설정하지 않는다.

구분	용도에 의한 명칭	선 형태	선의 종류	용도
1	외형선	▬▬▬▬▬	굵은 실선	대상물의 외형을 표시한다.
	치수 및 문자	─────	가는 실선	치수 및 문자를 표시한다.
2	숨은선	-----	가는 파선(점선)	숨겨진 형상을 표시한다.
3	중심선	─·─·─	가는 1점 쇄선	객체의 중심을 표시한다.
4	가상선	─··─··─	가는 2점 쇄선	참고선으로 표시한다.

▲ 선종류

2 _ 삼각법

이 장에서는 CAD실무능력평가 2급 도면 작성시에 필요한 삼각법에 대해 알아보도록 한다.

2-1. 삼각법 정의

3차원 공간상의 대상물을 2차원 평면상에 도형으로 완전하면서도 명료하게 표현하고 제3자가 그 도면을 토대로 대상물을 정확하게 복원하고 표현할 수 있어야 한다. 이때 대상물을 평면에 도형으로 그리는 기법을 투상법이라고 한다.

투상법은 크게 직각투상도와 등각투상도로 분류하고 있으며, CAD실무능력평가 2급에서는 직각투상도 중 제3각법을 이용하여 도면을 작성하고 있다.

- **직각투상도** : 몇 개의 투영면을 설정하여 직각투상에 의한 도형을 그리고 이들을 조합하여 대상물을 평면상에 정확하게 나타내는 방법으로, 오늘날 기계제도 분야에서 가장 많이 사용하는 방법이다.

- **제1각법과 제3각법**

제도의 기본이 되는 직각투상도에 따라 대상물을 그릴 경우에는 여러 면에 대해서 투상도를 작성한다. 직각투상도의 투상 및 배치 방법으로는 제1각법과 제3각법이 있다.

대상물을 직각투영 하면 대상물이 놓여진 3차원 공간을 아래 그림처럼 수직과 수평 2개 평면이라고 가정했을때 공간은 4개로 구분 지을 수 있다. 이들은 오른쪽 위에서부터 반시계 방향으로 제1각, 제2각, 제3각, 제4각이라 하고 제3각의 공간에 대상물을 두고 수직면, 수평면에 직각투영한 것이 제3각법, 제1각에 대상물을 둔 것이 제1각법이다.

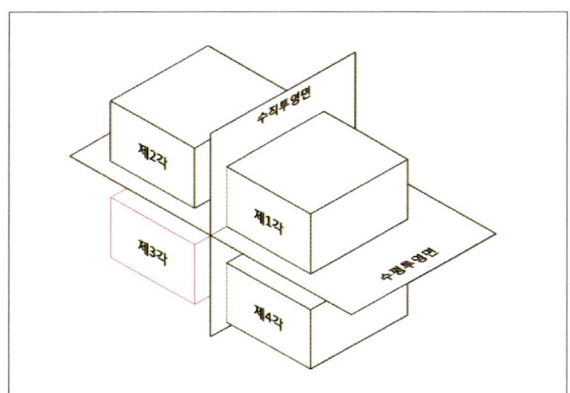 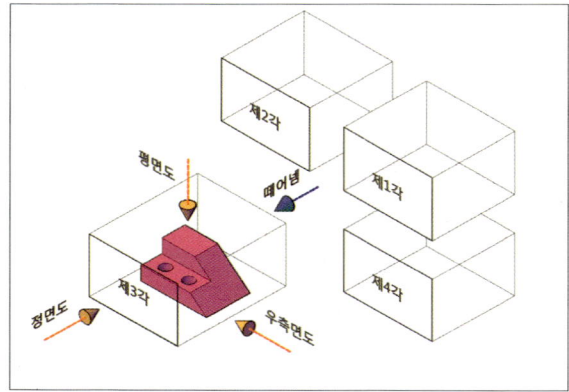

제3각법에서 대상물의 모든 면을 직각투영하면 정면도를 중심으로 위쪽이 평면도, 오른쪽이 우측면도가 된다.

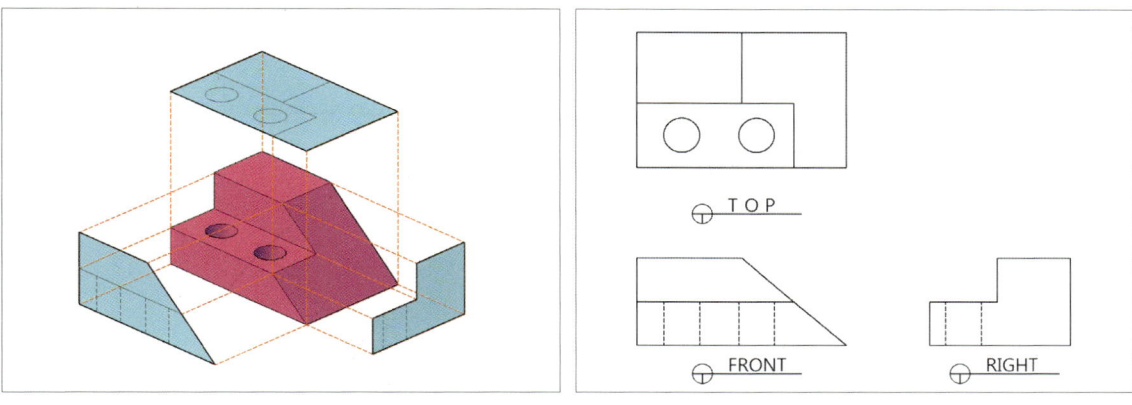

제1각법은 객체를 각각의 면에 수직인 상태로 중앙에 놓고 뒷면의 투상면에 비춰지도록 하는 방식이다. 설계 제도에서는 제3각법을 이용하는 것이 바람직하다. 다만 외국 규격 일부에서는 제1각법을 채용하거나 ISO 5456에서는 제3각법과 제1각법 양쪽을 규정하고 있으며 KS규격에서는 제3각법을 권장하고 있다.

2-2. 삼각법을 이용한 작도

정면도, 평면도, 측면도의 3면을 그릴 경우에는 다음을 유의하여 작도한다.
- 각 투영도의 위치 관계는 정면도를 기준으로 하여 수직에 평면도, 수평에 측면도를 배치한다.
- 크기에 대해서는 가로 치수(W)는 정면도와 평면도가 동일, 높이 치수(H)는 정면도와 측면도가 동일, 깊이 치수(D)는 평면도와 측면도가 동일하다.

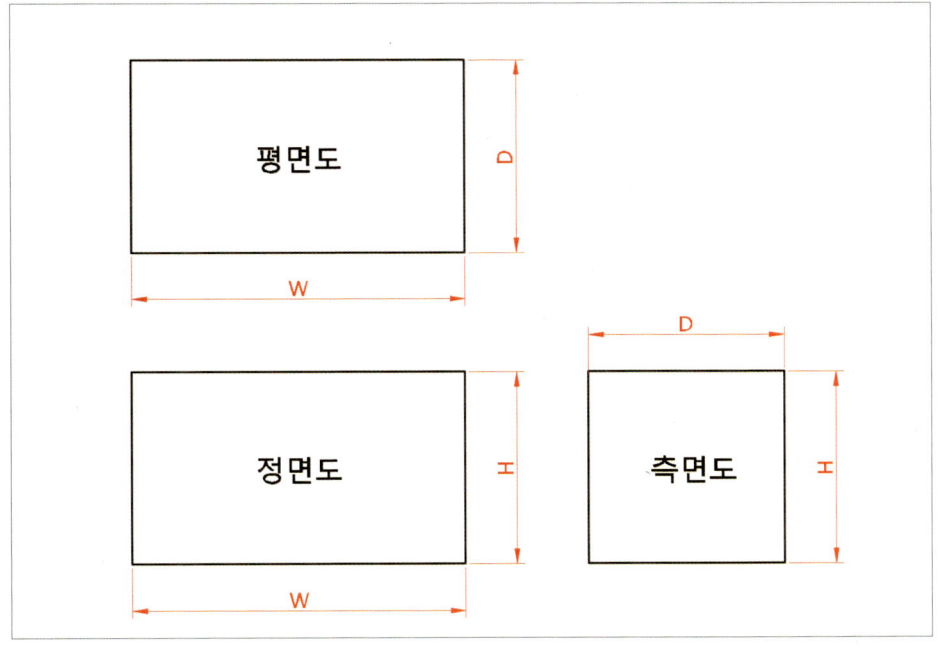

- 3면을 그릴 때 수평과 수직 방향으로 치수를 이용하여 그릴 때는 비교적 간단하지만 평면도에서 측면도 또는 측면도에서 평면도로 치수를 옮겨 그릴 때는 틀릴 경우가 많으니 유의할 수 있도록 한다.
- 일반적인 평면도와 측면도의 관계는 아래와 같이 45도 보조선을 이용하면 평면도와 측면도의 치수를 쉽게 연결할 수 있다.

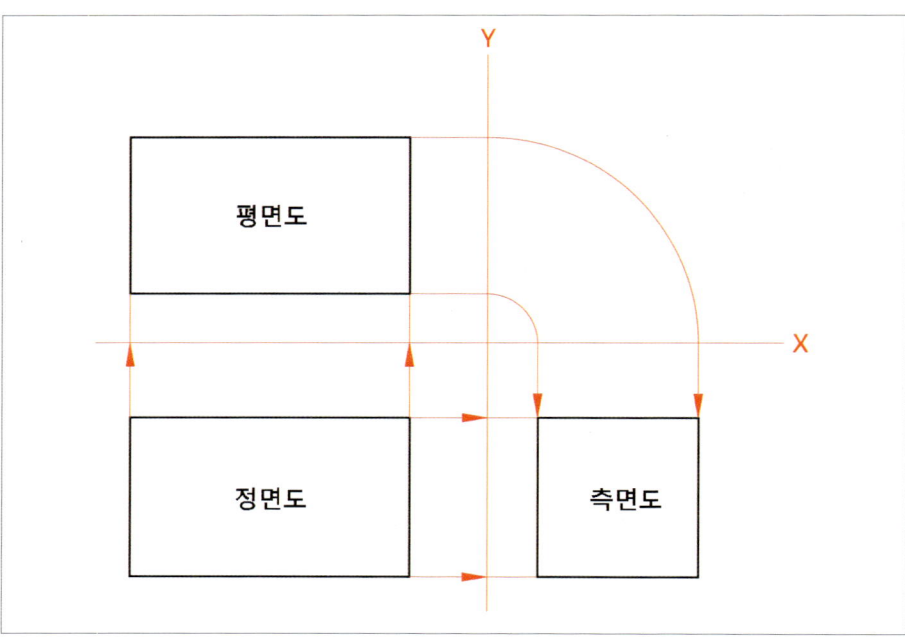

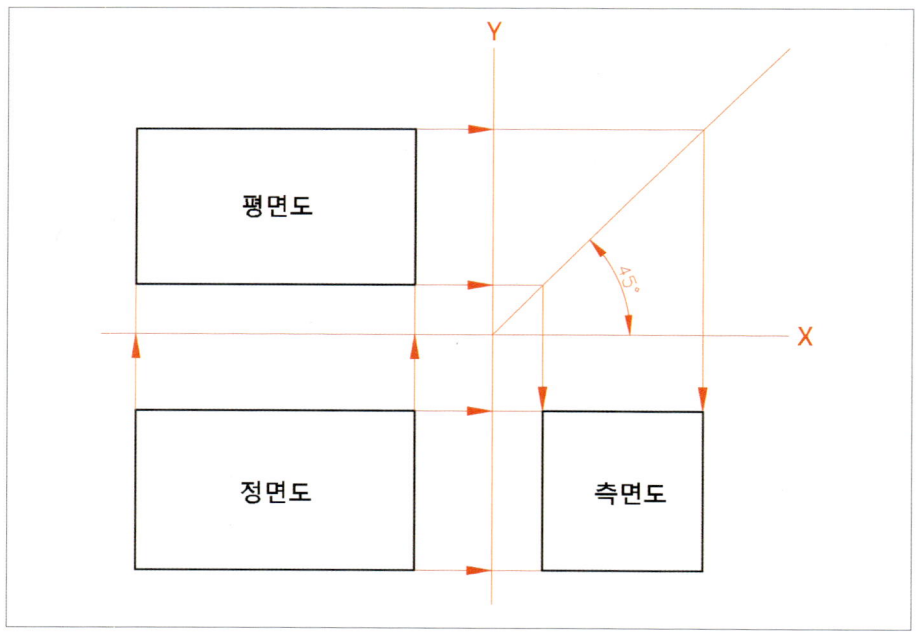

3 _ 기초 도면 작도하기

CAD실무능력평가 2급을 준비하는 과정으로, 여러 가지 형태의 유형에 대하여 2차원 도면을 작도하는 방법에 대하여 알아보도록 한다.

3-1. 수직과 수평으로 구성된 사각형

가장 기본적인 형태 중 하나로 두 개의 도형으로부터 외형선을 추출하여 평면도를 작도하는 방법에 대해 살펴보도록 한다.

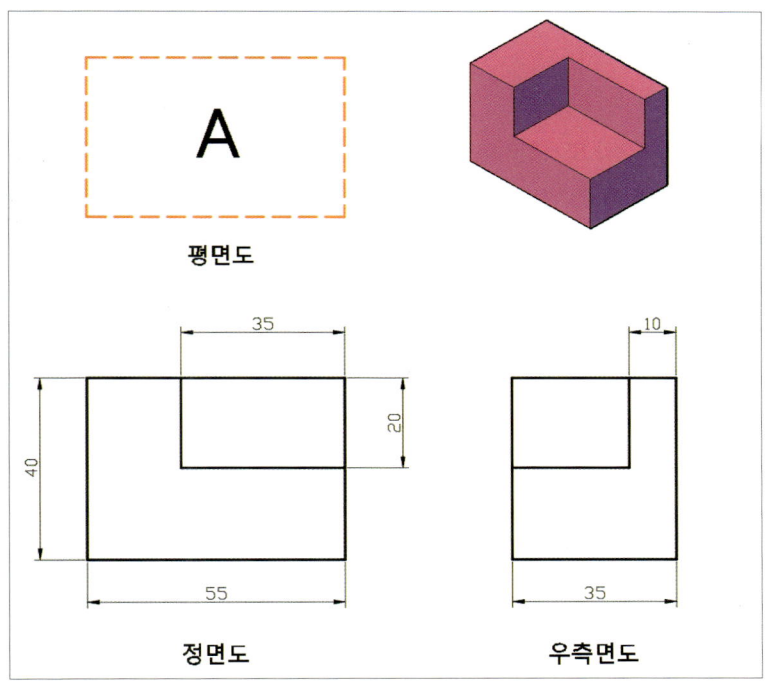

01 도면은 형상을 제대로 인식하고 파악한 후 작성하도록 한다. 단순히 평면에 그려진 객체의 조합으로 인식하는 것이 아닌 기입된 치수와 투상도(정면도, 측면도, 평면도 등)에서 주어진 정보를 통해 입체 형상을 머릿속으로 그려낼 수 있어야 한다.

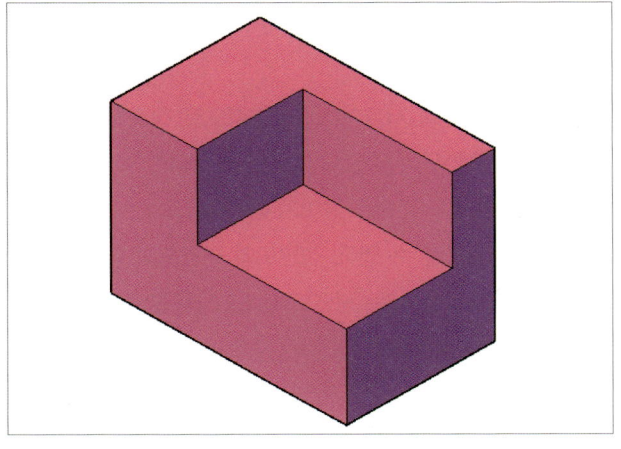

02 도면에서 물체의 형상을 나타내는 선을 형상선이라고 하며 '외형선'과 '숨은선'이 있다. 형상선은 물체를 바라봤을 때 특징적으로 보이는 모서리를 의미하며, 정면도를 분석해 보면 그림과 같다.

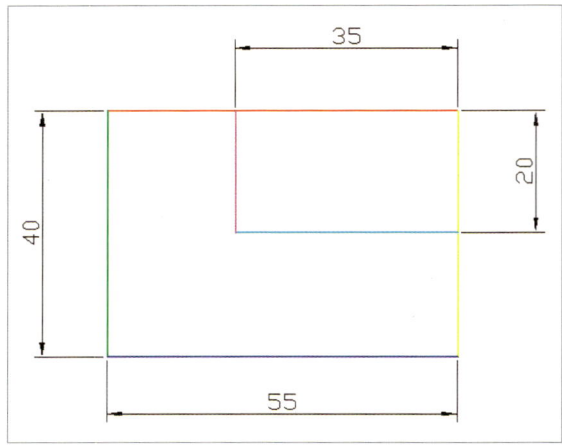
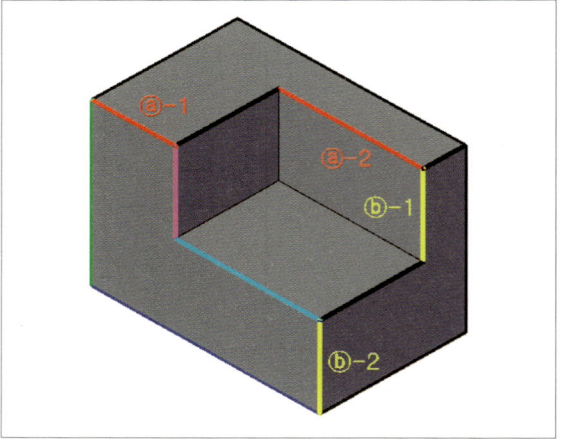

상부 빨간색 수평선은 오른쪽 그림의 ⓐ-1과 ⓐ-2의 모서리이며, 두 모서리는 높이가 같은 수평선상에 나란히 위치하고 있다. 입체적으로 보면 두 모서리는 끊어져 있지만, 정면에서 바라봤을 때 하나의 모서리로 보이기 때문에 끊어지지 않은 단일 선으로 작성한다. 우측 노란색 수직선 ⓑ-1과 ⓑ-2도 위와 같으며, 이런 투상의 특성을 이해하여 도면을 작성한다.

03 삼면도를 작성할 때 각 투상면을 하나씩 작성하는 방법보다 가능하면 기본 형상의 삼면도를 완성한 후 세부 형태들을 정리하면서 작성하는 방법이 형상 이해에 도움이 된다.
정면도에 주어진 치수를 보고 구성선(Xline)과 간격띄우기(Offset)로 우측 그림과 같이 전체 공간을 완성한다.

04 정면도 공간을 자르기(Trim) 명령으로 정리하지 않은 상태에서 우측면도와 평면도의 공간을 작성한다.
정면도와 우측면도의 경우 높이가 동일하므로 선 L1은 우측면도에서도 사용할 수 있다. 정면도와 평면도의 경우 좌우 폭이 동일하므로 선 L2는 평면도에서도 사용할 수 있다.

> 제도의 치수 기입 원칙 중 치수의 중복 기입을 피하는 것을 권장하고 있기 때문에 다른 투상면에 동일 값의 치수를 기입하지 않는다.

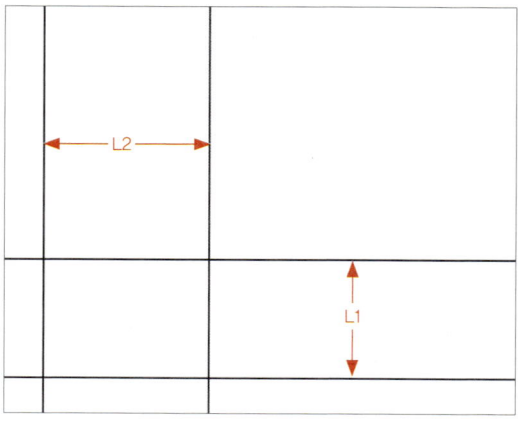

05 정면도의 상부 수직선과 오른쪽 수평선을 간격띄우기(Offset) 명령을 사용해 띄운다. 간격은 사용자가 적절히 선정하며, 치수 기입을 고려하여 충분한 공간을 확보해야 한다.

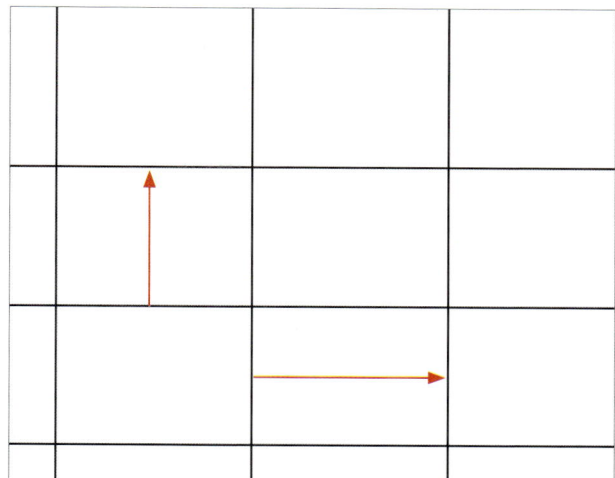

❝ 간격이 너무 넓으면 불필요한 넓은 공간에 의해 도면 작성에 애로 사항이 발생할 수 있으므로 각 투상면 사이에 정면도 하나가 들어갈 정도의 공간 확보를 추천한다.

06 간격을 띄워 작성한 선은 우측면도의 좌측 끝(L1)과 평면도의 하단 끝(L2) 지점이 된다. 선 L1, L2의 교차점 P1에 45° 기울어진 사선을 작성한다.

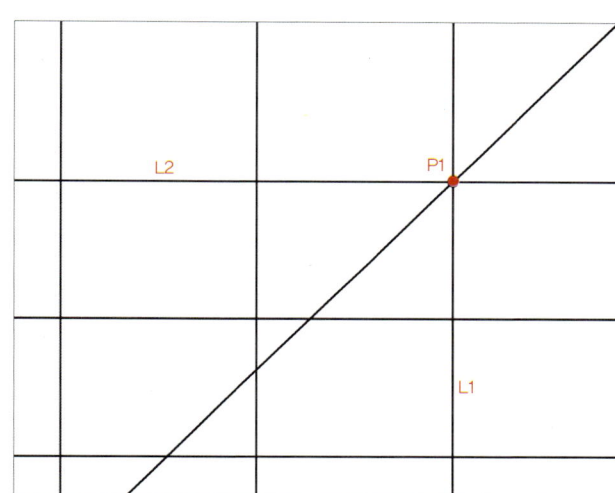

❝ 선 L1, L2은 입체 형상에서 동일한 면을 평면, 측면에서 바라보았을 때 점, 또는 선으로 표현하게 되므로 동일한 위치임을 알 수 있다.

07 우측면도에 주어진 치수를 보고 선 L1을 우측으로 한 번 더 Offset 하여 선 L2를 작성한다.

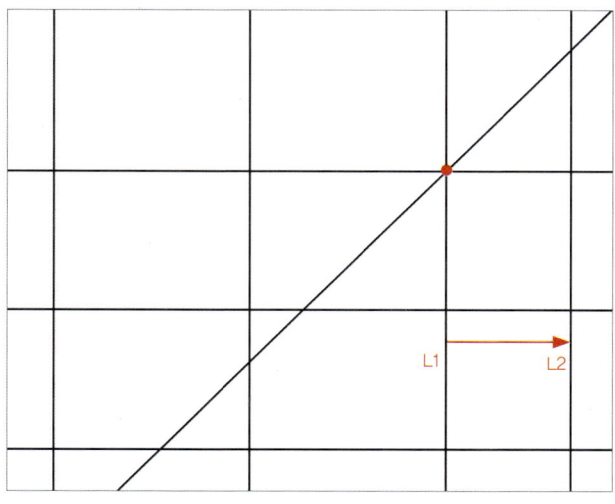

08 앞에서 작성한 L2선과 45° 보조선의 교차점 P1 지점에서 수평선을 작성하여 우측면도의 폭과 평면도의 높이를 동일하게 작성한다.

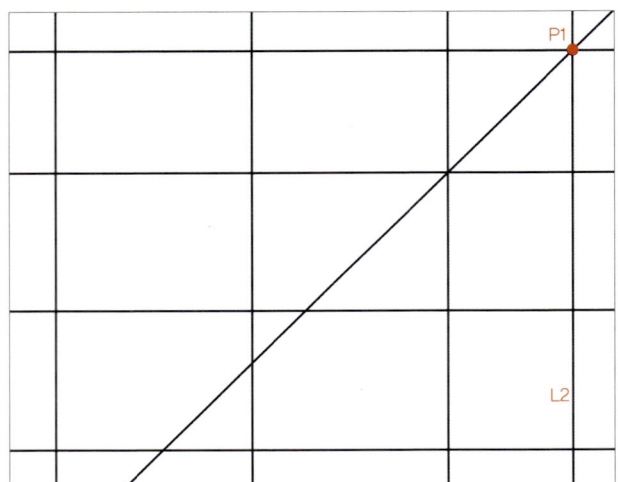

09 그림과 같이 자르기(Trim) 명령으로 불필요한 선을 정리하여 정면도, 우측면도, 평면도의 기본 형상을 완성한다. 이때, 45° 보조선이 우측면도 폭과 평면도 높이보다 짧으면 안 되며, 정면도와 교차하지 않도록 정리한다.

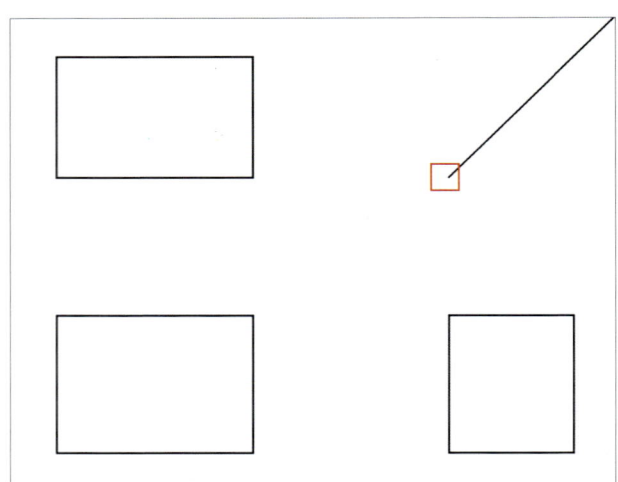

10 정면도에 주어진 치수를 보고 파여진 부분의 세부 형상을 작성한다.

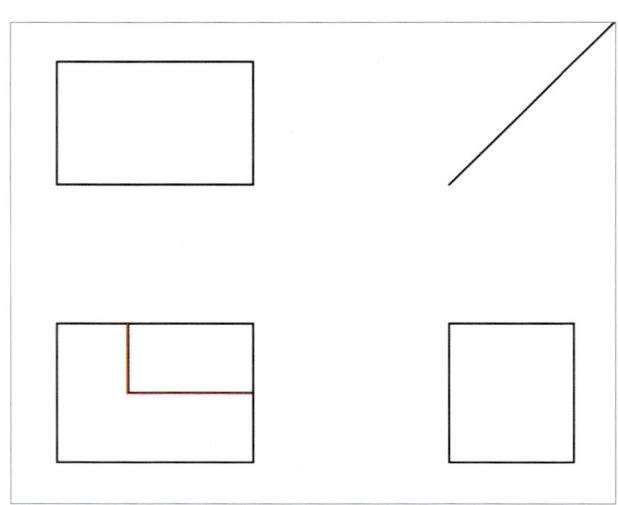

11 우측면도에 주어진 치수를 보고 파여진 부분의 세부 형상을 작성한다.

L1은 주어진 치수를 참고하여 작성한다. L3은 형상을 입체적으로 보았을 때 정면도의 L2와 높이가 동일하므로 정면도 P1의 위치를 참고하여 우측면도 P2에서 L3을 작성한다.

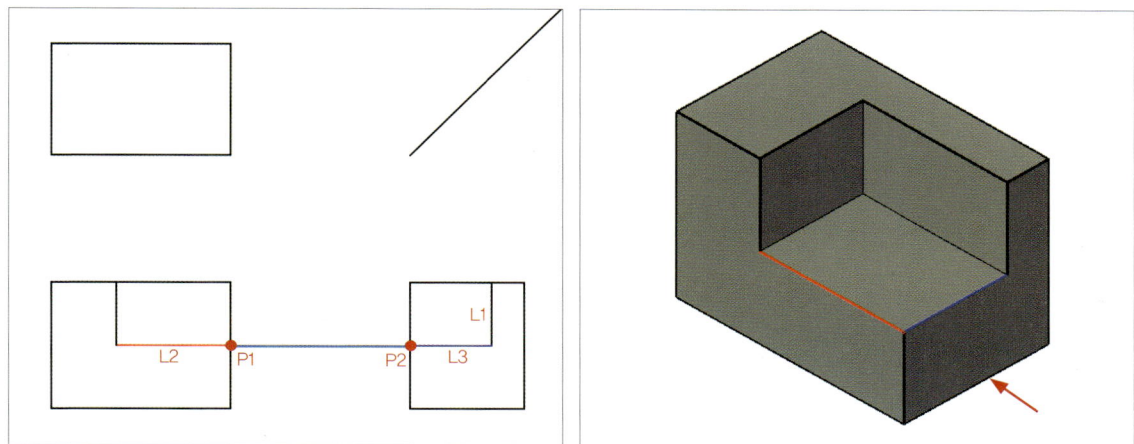

12 위와 같은 방법을 통해 평면도의 파인 부분의 세부 형상을 작성한다.

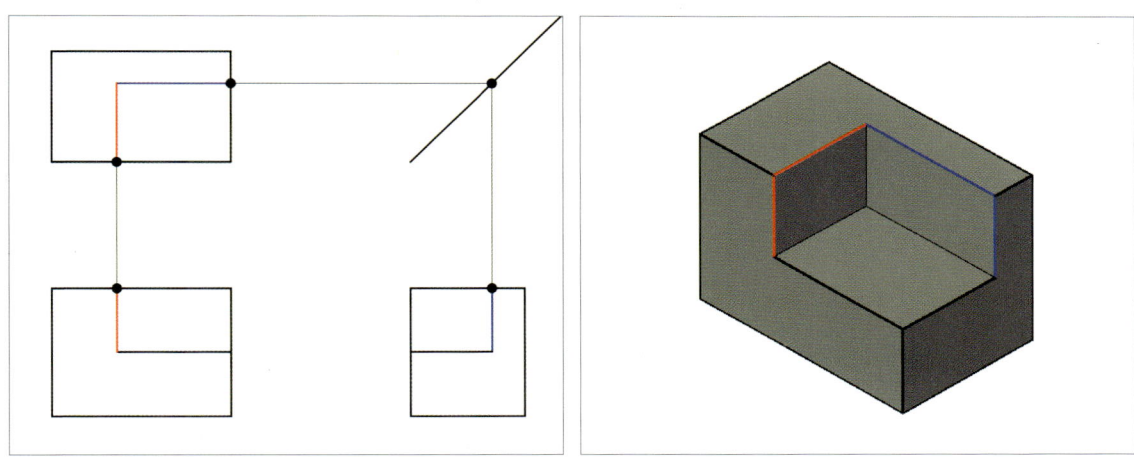

13 불필요한 객체를 모두 정리한 후 치수를 기입하여 완성한다.

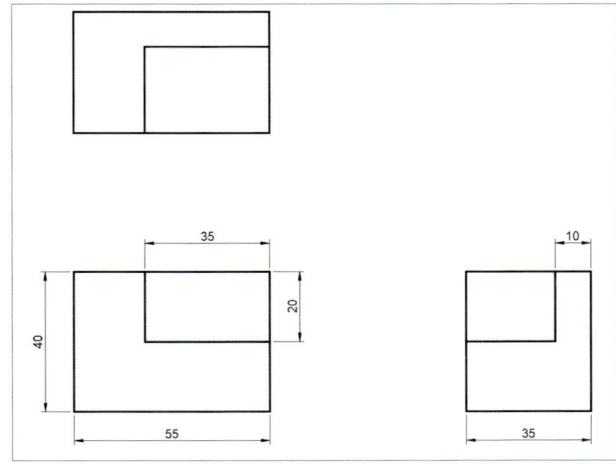

Chapter 06_삼각법을 이용하여 객체 작성하기 ■ 181

3-2. 기울기가 있는 사각형

아래 그림과 같이 정면도와 우측면도의 한쪽이 대각선으로 기울어져 있는 경우 평면도를 작도하여 어떤 형태가 되는지 알아보도록 한다.

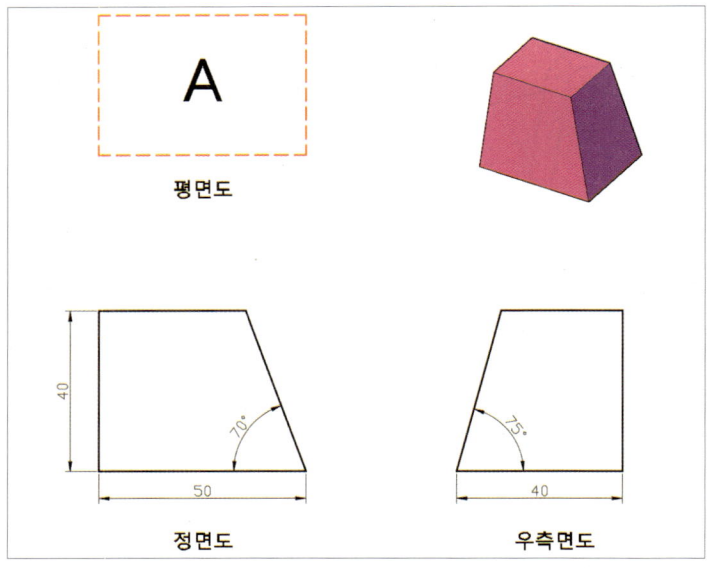

01 도면을 보고 전체적인 입체 형상을 머릿속에 그려본다.

02 도면을 참고하여 정면도, 우측면도, 평면도의 전체 공간을 작성한다.

※ 3-1 내용 참고

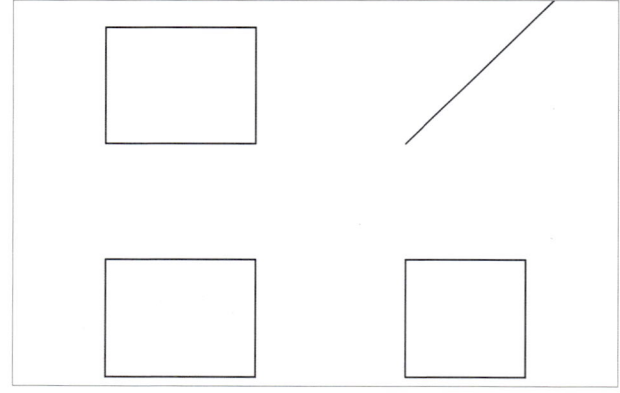

03 정면도, 우측면도의 각도 치수를 참고하여 빗면에 해당하는 L1, L2를 작성한다.

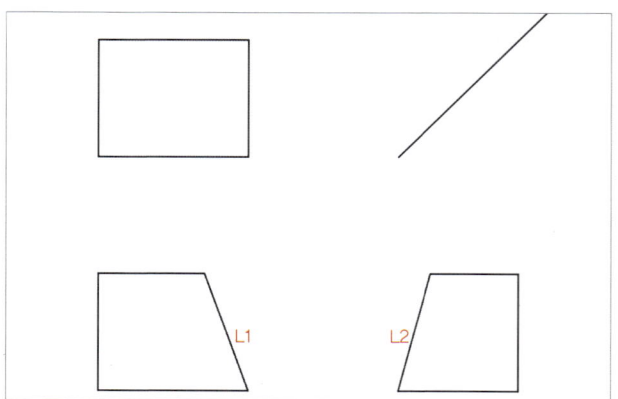

04 입체 형상에서 윗면에 해당하는 모서리를 평면도에 작성한다.

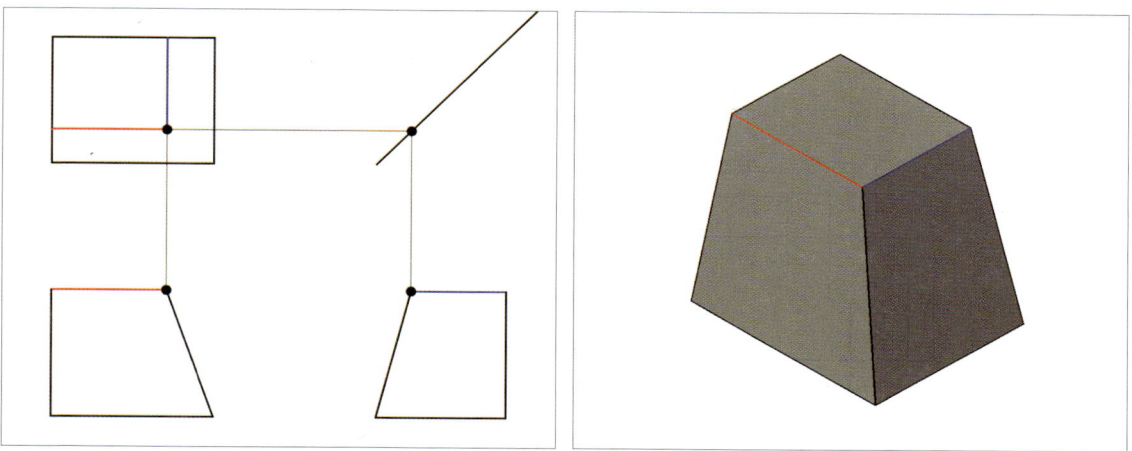

05 빗면 F1과 F2가 만나는 모서리 L1을 작성한다.

06 불필요한 객체를 모두 정리한 후 치수를 기입하여 완성한다.

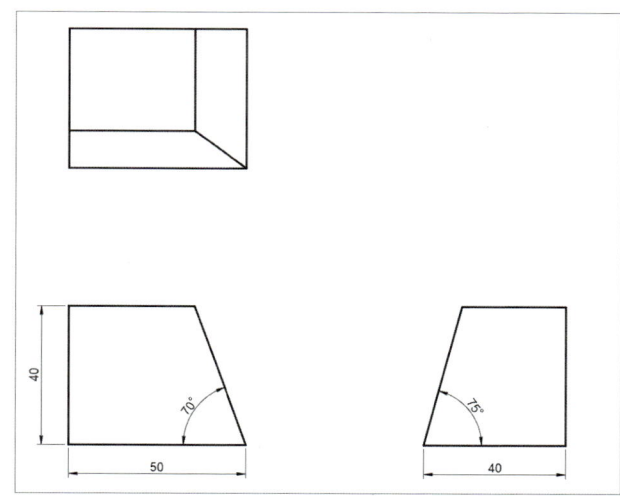

3-3. 모서리가 잘린 사각형

시험에서 자주 출제되는 유형 중의 하나로, 아래 그림처럼 평면도의 오른쪽처럼 잘려 나갔을 때 우측면의 형상을 작도해 보도록 한다.

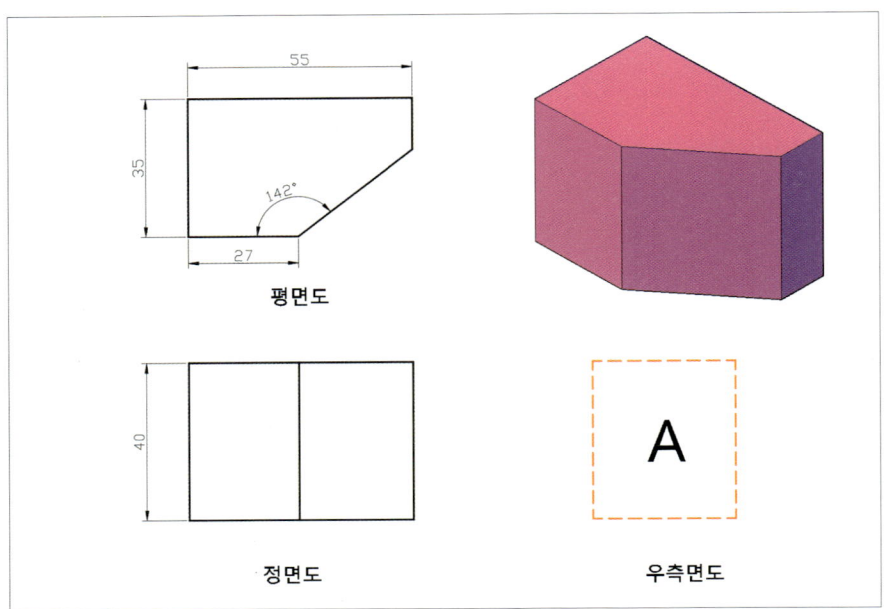

01 도면을 보고 전체적인 입체 형상을 머릿속에 그려본다.

02 도면을 참고하여 정면도, 우측면도, 평면도의 전체 공간을 작성한다.

※ 3-1 내용 참고

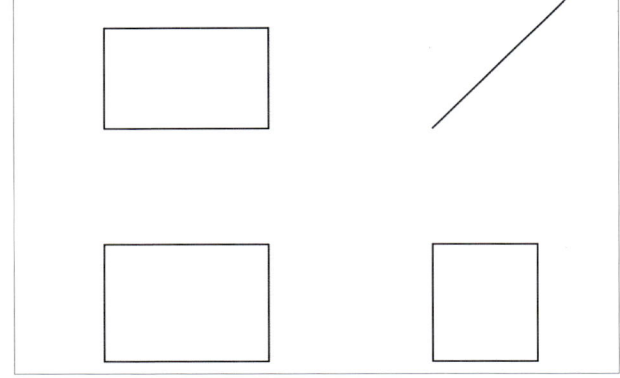

❝ 3-1과 차이점은 우측면도가 없다는 점이지만 평면도를 먼저 작성한 후 평면도를 이용하여 우측면도를 작성한다.

03 평면도의 치수를 참고하여 잘린 모서리를 작성한다.

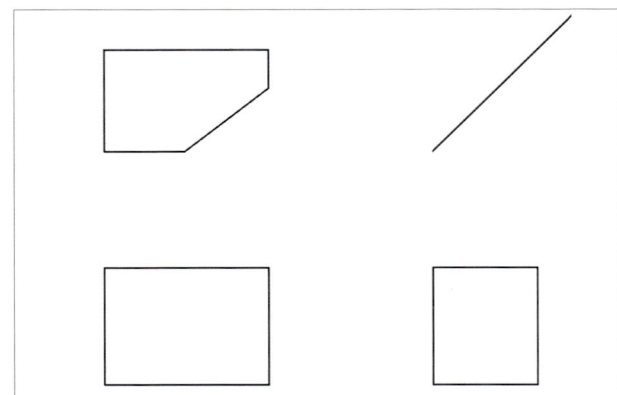

04 평면도 상에서 모서리가 잘리면 면 F2가 생기고 면 F1과 F2가 만나는 지점에 모서리 L1이 생긴다. 평면도 P1의 위치를 참고하여 정면도에 L1을 작성한다.

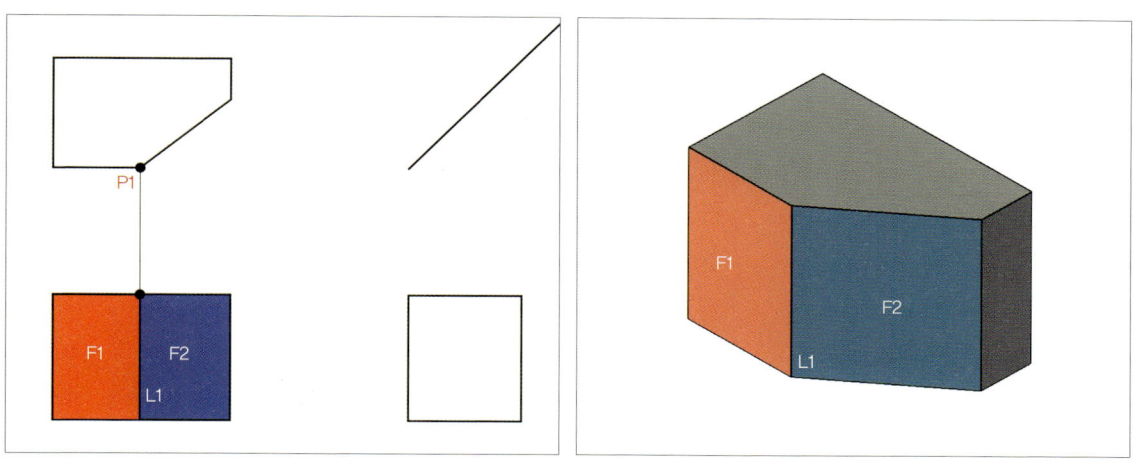

05 위와 같이 정면도의 F2와 동일면이 우측면도에 생기므로 면 F2, F3이 만나는 모서리 L2가 생긴다. 평면도 P2의 위치를 참고하여 우측면도에 L2를 작성한다.

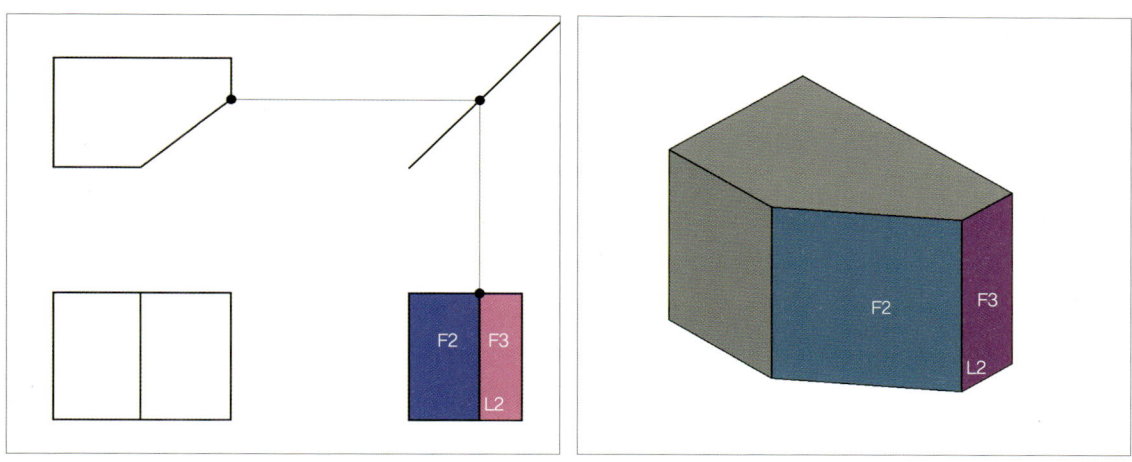

06 불필요한 객체를 모두 정리한 후 치수를 기입하여 완성한다.

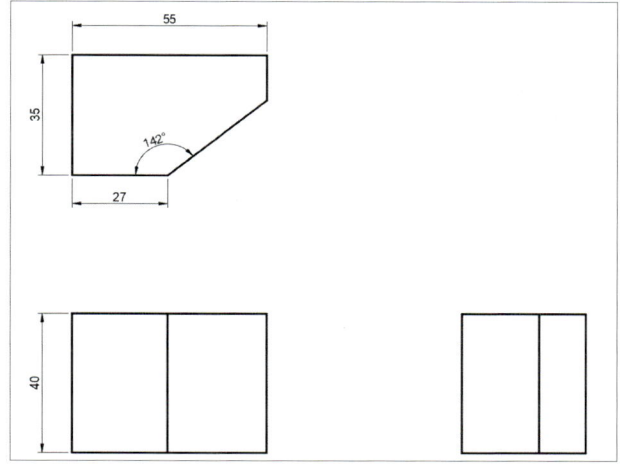

3-4. 기울기와 잘린 모서리

아래 그림과 같이 기울어진 면과 잘린 모서리를 평면도에 작도하여 어떤 형태가 되는지 알아보도록 한다.

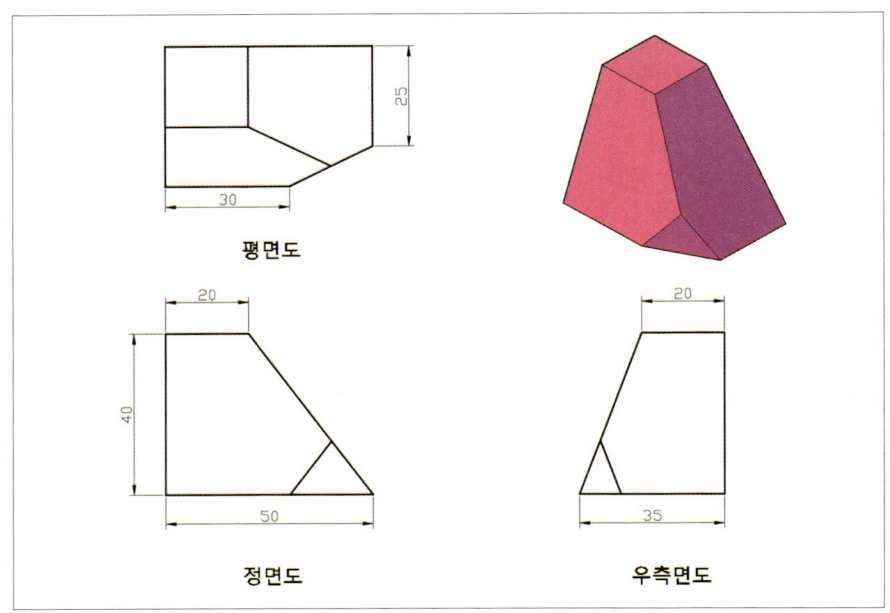

01 도면을 보고 전체적인 입체 형상을 머릿속에 그려본다.

02 도면을 참고하여 정면도, 우측면도, 평면도의 전체 공간을 작성한다.

※ 3-1 내용 참고

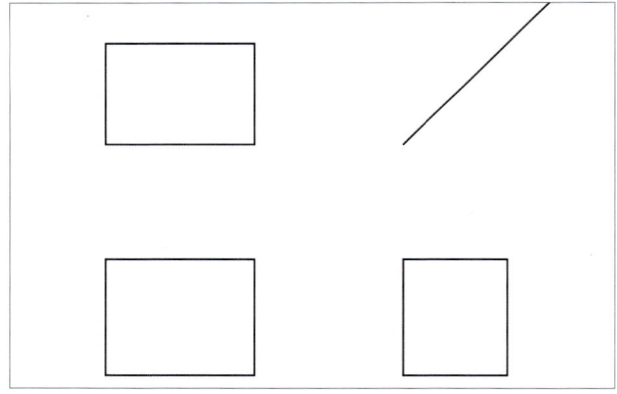

03 정면도, 우측면도의 선형 치수를 참고하여 빗면에 해당하는 L1, L2를 작성한다.

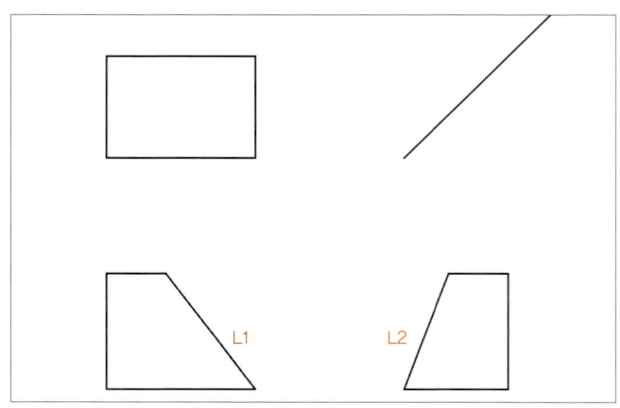

04 평면도 형상을 작성한다. 주어진 치수의 형태는 다르지만 기본 형상은 3-2와 유사한 것을 알 수 있다.

※ 3-2 내용 참고

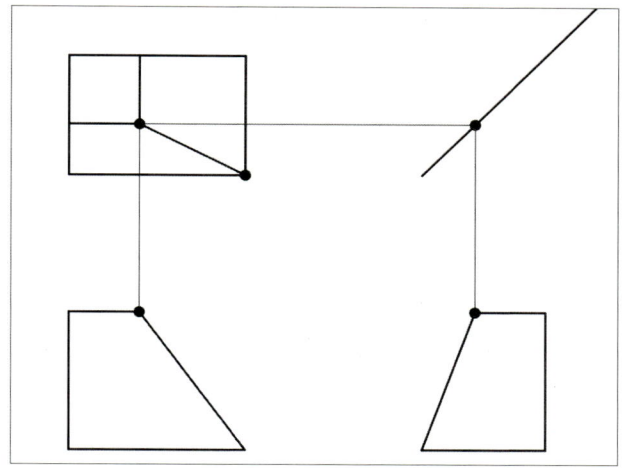

05 평면도의 치수를 참고하여 잘린 모서리를 작성한다.

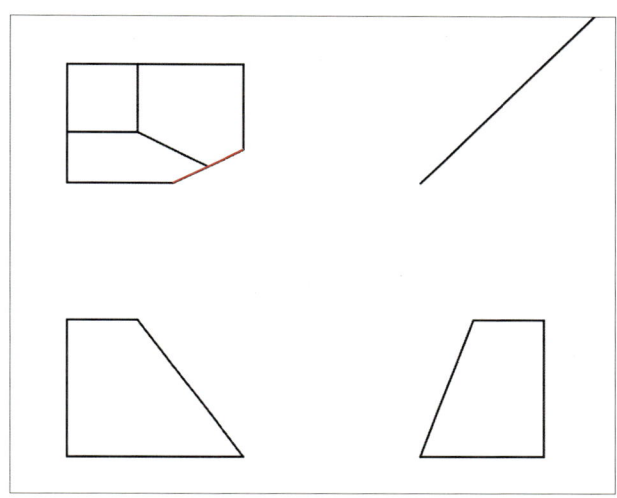

06 잘린 모서리로 발생한 변화를 입체적으로 생각하여 정면도를 작성한다. 평면도 P1, P2의 위치를 참고하여 정면도에 L1을 작성한다.

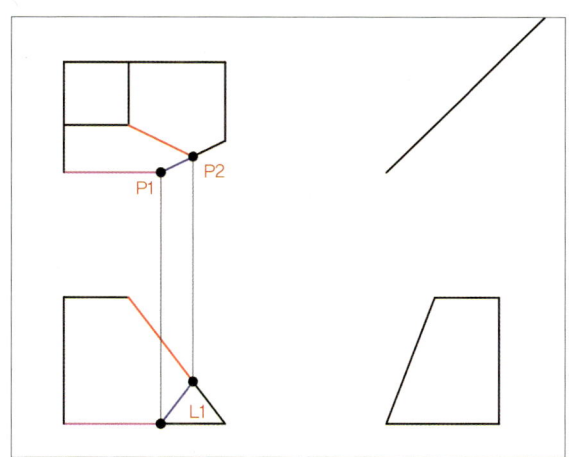
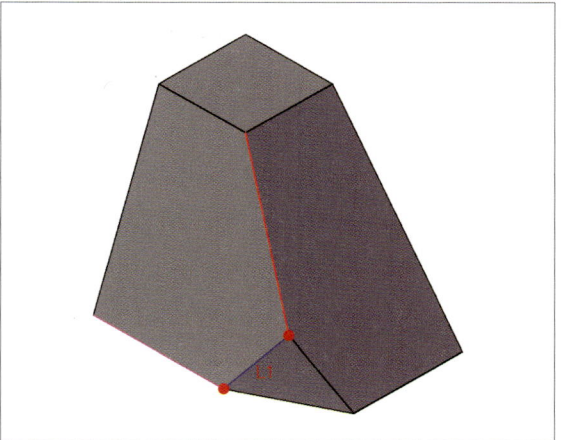

07 위와 같이 잘린 모서리로 발생한 변화를 우측면도에 작성한다. 평면도 P2, P3의 위치를 참고하여 우측면도에 L2를 작성한다.

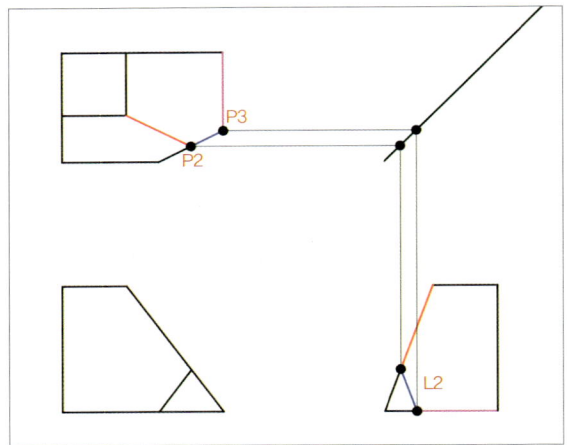
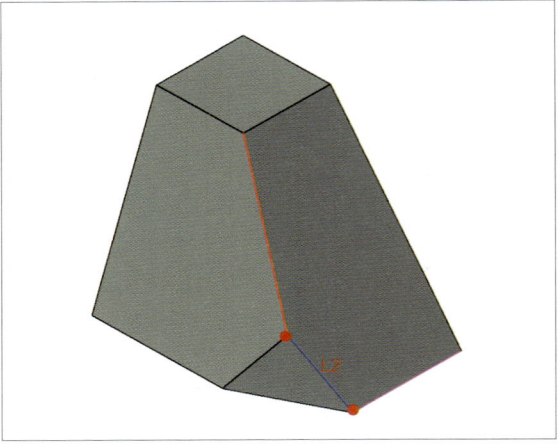

08 불필요한 객체를 모두 정리한 후 치수를 기입하여 완성한다.

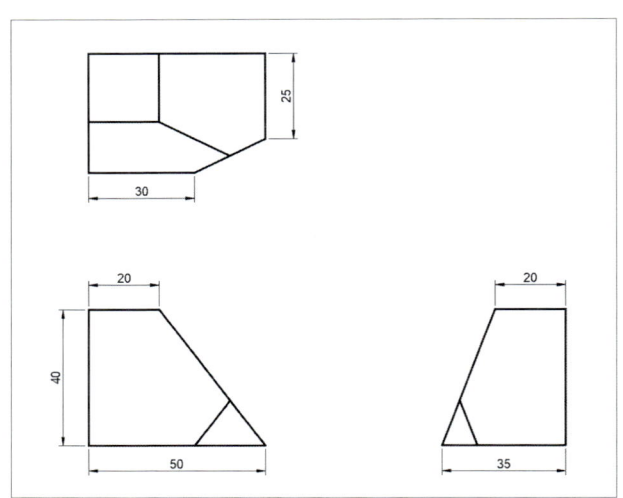

3-5. 타원의 생성 유형

일반적으로 타원은 치수로 정의하기 어려워 고의적으로 사용하는 경우는 드물다. 하지만, CAD실무능력평가 2급 시험에서는 타원을 생성해야 하는 문제가 자주 출제되므로 타원 생성 유형과 유형별 작도법에 대해 알아보도록 하자.

도면에 타원이 표현되는 조건은 다음과 같다.

❶ 사선으로 잘린 원기둥의 빗면을 측면에서 바라보는 경우
❷ 원형으로 된 면을 기울여 바라보는 경우

3-5-1. 사선으로 잘린 원기둥의 타원 생성

타원 유형 중 가장 기본이 되는 형상으로 타원 생성의 세 요건인 중심점과 두 사분점의 연결점을 쉽게 찾을 수 있다

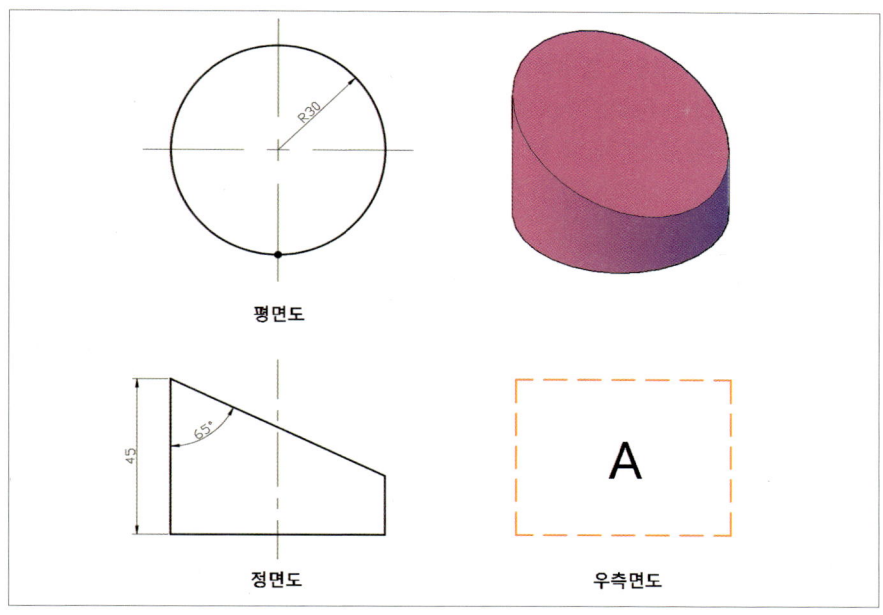

01 평면도에 원기둥의 기준이 되는 원을 작성한다.

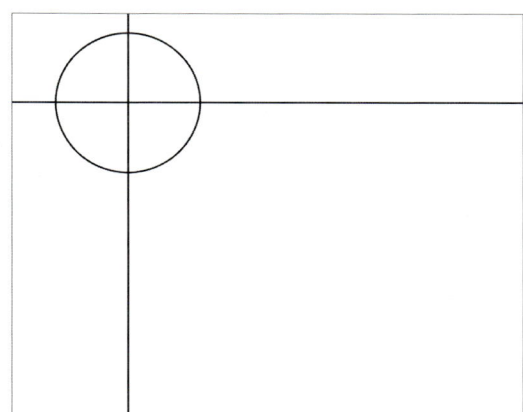

02 평면도의 원과 정면도의 치수를 참고하여 정면도에 객체를 작성하고 선을 정리한다.

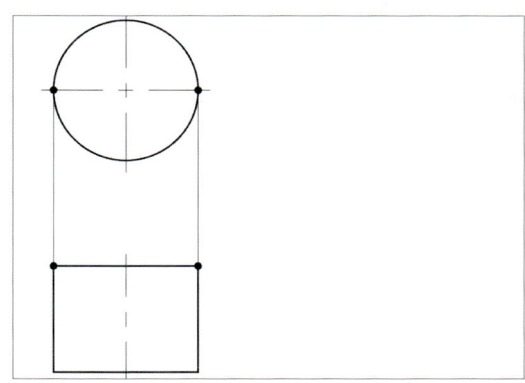

03 정면도와 평면도를 참고하여 우측면도를 작성한다.

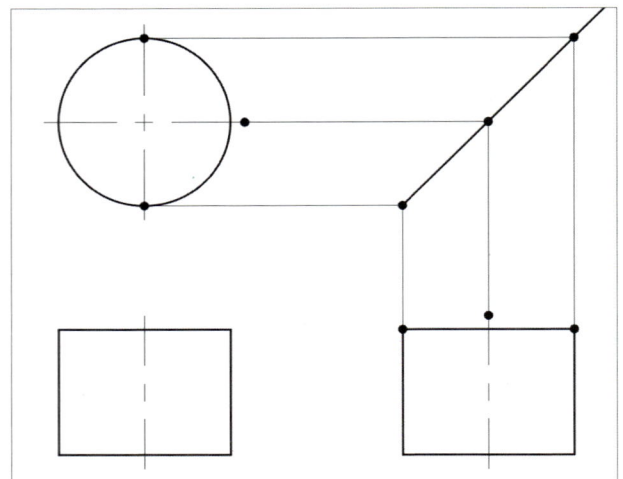

❝ 원기둥은 정면과 측면의 형상이 동일하기 때문에 정면도의 형상을 우측면도 위치로 수평하게 복사한 후 위치에 맞춰 45° 보조선을 작성하여도 무방하다.

04 정면도 치수를 참고하여 원기둥이 사선으로 잘린 형상을 작성한다.
앞에서 정면도의 잘린 형상까지 모두 작성할 수 있지만, 형상이 변화하는 과정을 생각하며 작성하는 것이 형상 투상에 도움이 된다.

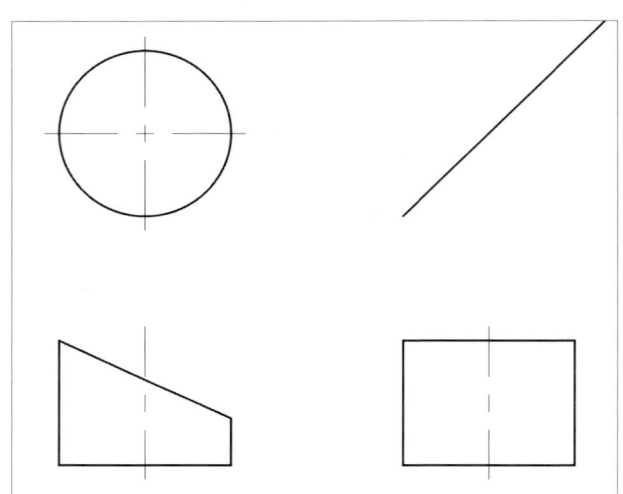

05 원기둥을 정면에서 주어진 각도로 자르면 우측면에서 바라볼 때 잘린 빗면이 보이게 된다. 우측에서 바라보는 빗면에는 원기둥의 기준이 되는 원이 보이는데 이때, 원의 지름 치수보다 빗면의 수직 치수가 작기 때문에 찌그러진 원의 형태가 된다. 이 찌그러진 원은 평면도에서는 원(Circle)이지만, 우측면도에서는 타원(Ellipse)이 된다.

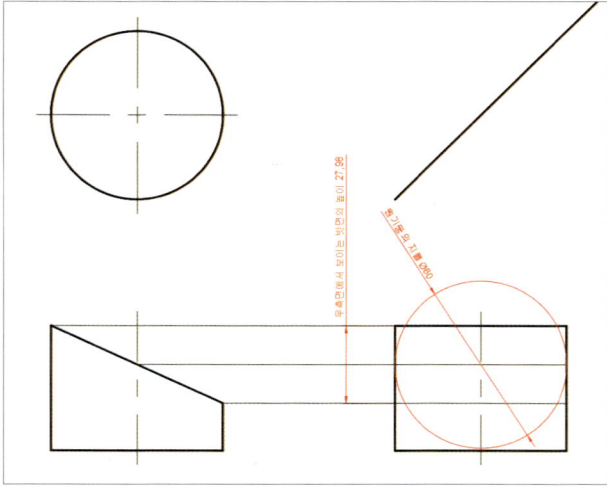

06 타원 작성 원리를 입체적으로 분석해 보면 아래 좌측 그림과 같다. 이 원리를 2D 평면상에 정리하면 아래 우측 그림과 같다.

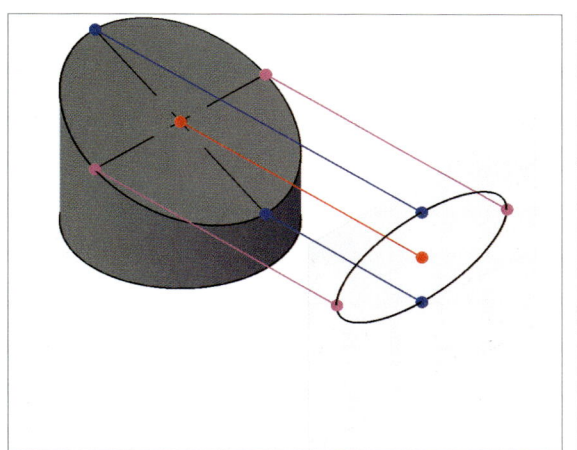
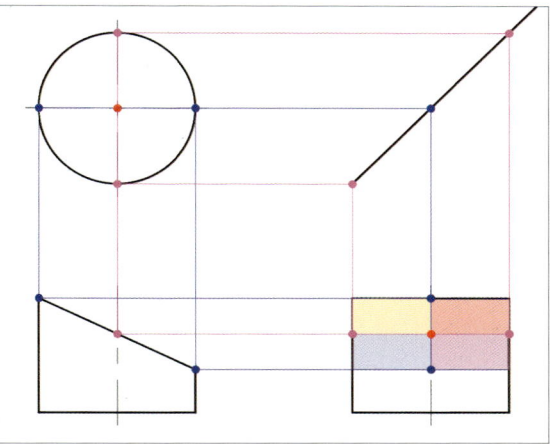

07 위의 원리를 예제에 적용하여 타원을 작성한다. 타원 작성은 평면도 원의 중심과 사분점을 빗면과 45° 보조선에 투영하여 우측면에서의 각 위치를 찾는 것이 우선이다.

우측면도에서 P1, P2, P3의 좌우 위치는 빗면의 각도로 인한 영향을 받지 않으므로 동일하다. 높이 위치는 빗면의 각도로 인한 영향을 받으므로 빗면과 만나는 원의 중심과 사분점의 위치를 연결하여 찾는다. 원의 중심과 사분점의 위치를 모두 찾아 연결하면 우측면에 같은 크기의 사각형 F1, F2, F3, F4가 표시된다. 이때, 사각형의 한 점이 모두 만나는 지점이 타원의 중심 P1이며 P1을 기준으로 수평/수직하게 사각형이 만나는 지점이 타원의 사분점 P2, P3이다.

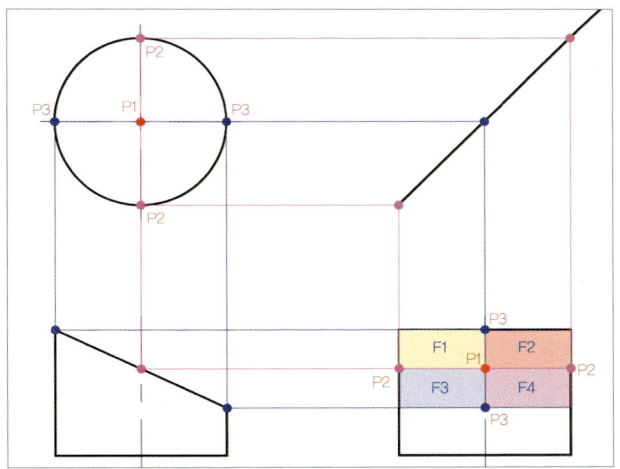

08 위 공식은 어떠한 경우에도 타원을 그리는 절대적인 공식이 된다. 또한, 타원 작성 원리를 충분히 이해하였다면 타원의 중심 P1, 수평 사분점 P2, 수직 사분점 P3 총 세 지점만 있으면 작성 요건을 충족하는 것을 알 수 있으며, 약식으로 표현하면 그림과 같이 전개된다.

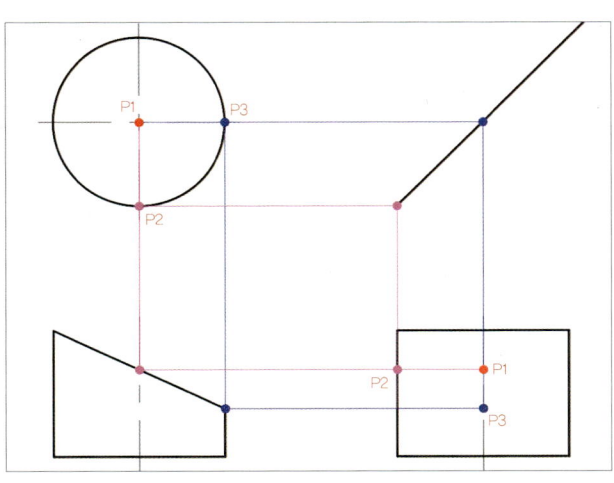

09 Ellipse 명령을 실행하고 옵션 [중심(C)]을 통해 중심에서부터 타원을 작성한다. 앞에서 공식으로 찾은 위치를 P1, P2, P3 순으로 지정하면 타원이 작성된다.

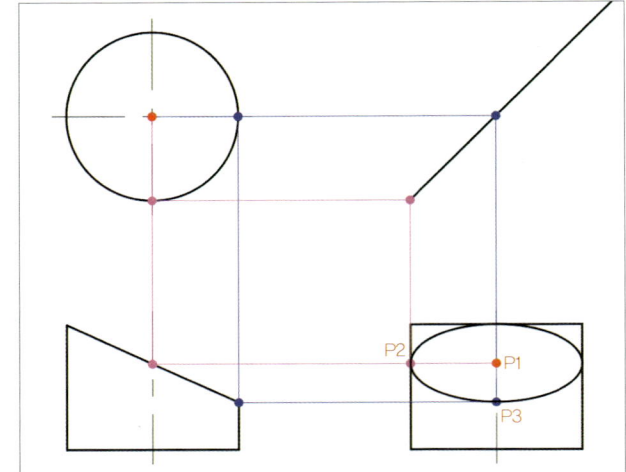

> 타원의 중심 P1은 무조건 첫 번째로 지정해야 하지만, 타원의 사분점 P2, P3의 순서는 바뀌어도 된다.

10 우측면도의 가장 위쪽 수평선은 원의 사분점만 보이기 때문에 삭제하고 원기둥의 폭에 해당하는 수직선은 타원의 사분점에서 정리한다. 우측면도의 좌우 수직선은 원기둥의 가장 외곽 형상이다. 또한, 타원의 중심 또는 사분점에서부터 위쪽으로는 폭이 점점 줄어드는 곡면 형태이기 때문에 모서리가 보이지 않기 때문이다.

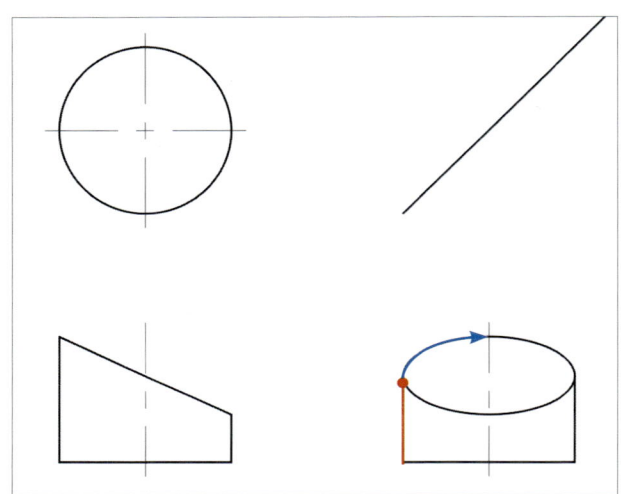

11 불필요한 객체를 모두 정리한 후 치수를 기입하여 완성한다.

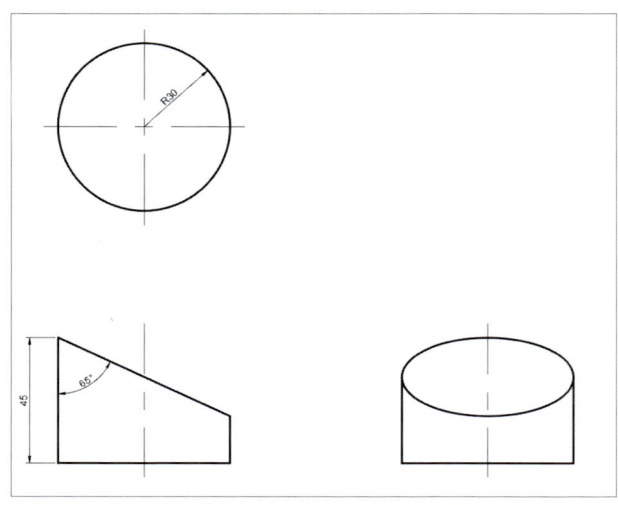

3-5-2. 기울기와 빗면에 의한 타원 생성

원기둥의 일부에 경사면이 생긴 경우로 경사면의 연장선상에 중심점과 사분점이 생기는 경우이다.

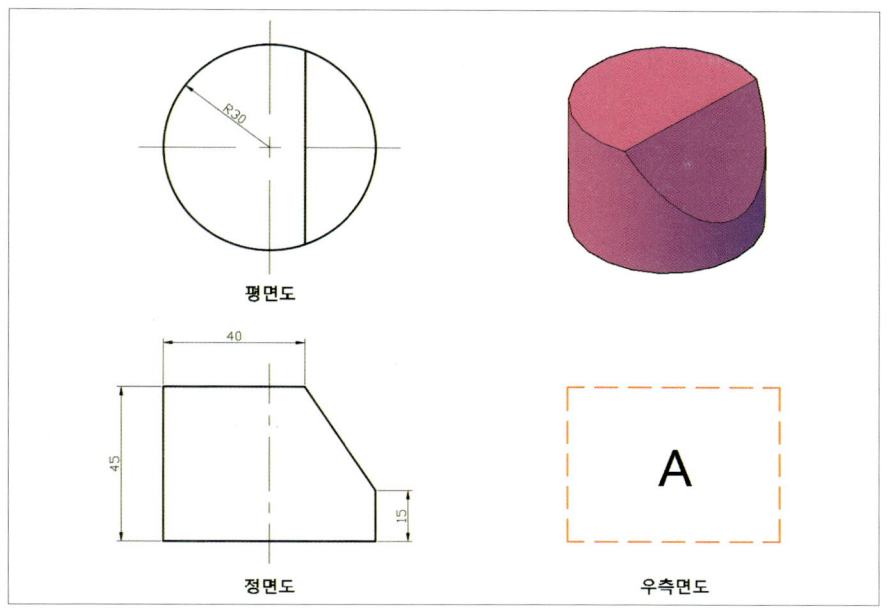

01 원기둥의 정면도, 우측면도, 평면도의 전체 공간을 작성한다.

※ 3-5-1 내용 참고

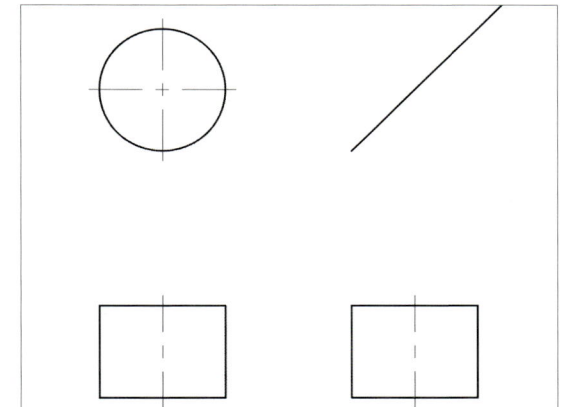

02 정면도의 치수를 참고하여 원기둥의 잘린 빗면을 작성하고 빗면으로 발생한 모서리를 평면도에 작성한다.

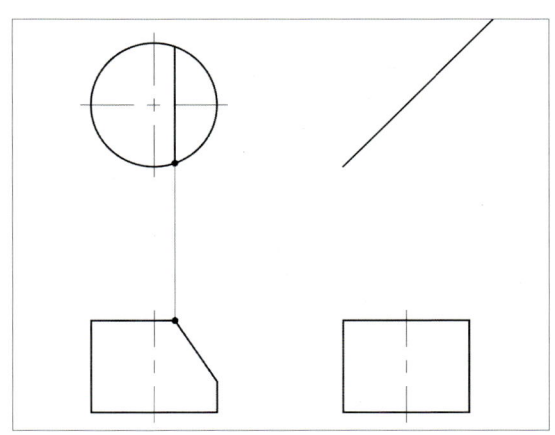

03 3-5-1과 마찬가지로 원기둥의 빗면을 우측에서 바라보면 타원이 된다.

하지만 타원 작성 공식을 적용하면 원의 중심 P1, 수직 사분점 P2는 빗면과 만나지 않아 위치를 찾을 수 없다.

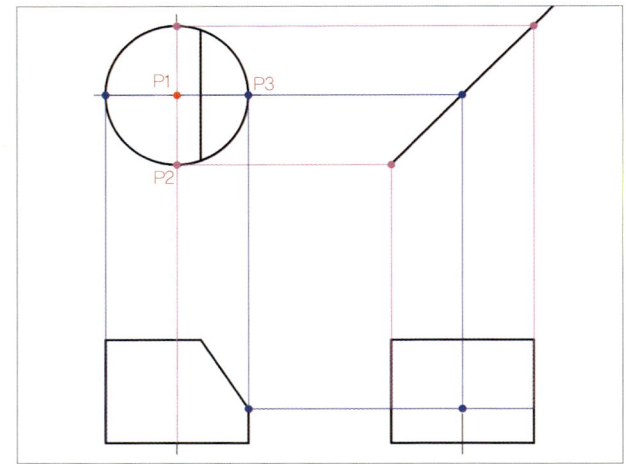

04 3-5-1에서 타원 작성 조건은 전체 원기둥이 사선으로 잘렸을 경우였으므로 다음과 같이 가정하여 생각한다.

모서리 L1과 L2가 한 점에서 만나도록 연장하면 L1의 각도로 전체가 잘린 긴원기둥 형상이 되고, L3 높이에서 수평으로 한 번 더 자르면 현재 원기둥이 된다.

잘리기 전의 형상을 명확하게 확인하기 위해 모서리 L3과 L4는 삭제하거나 무시한다.

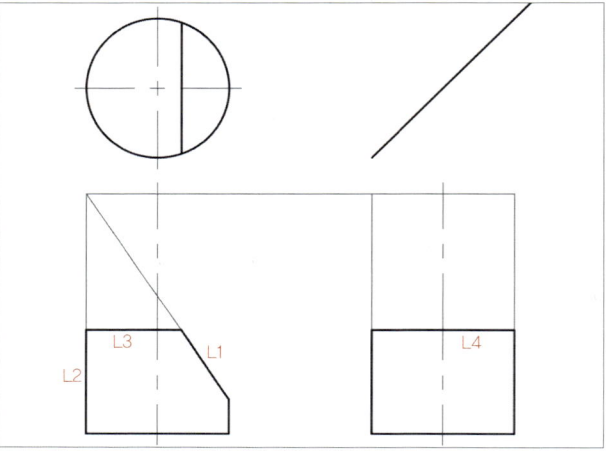

05 타원 작성 원리를 입체적으로 파악해 보면 아래 그림과 같다. 사선으로 잘린 긴원기둥에 타원이 발생하고 잘린 원기둥을 다시 높이 45mm에서 수평으로 자르면 타원도 같은 높이에서 잘리게 된다. 이와 같이 빗면이 짧아 만나는 지점을 찾기 어려운 경우, 빗면의 모서리를 연장하여 원의 중심과 사분점의 교차점을 찾는다.

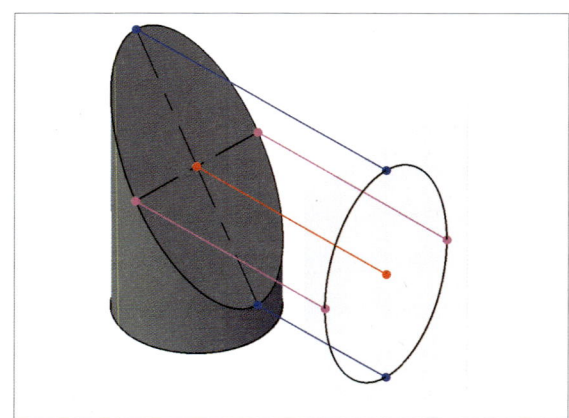

▲ 높이 45에서 자르기전

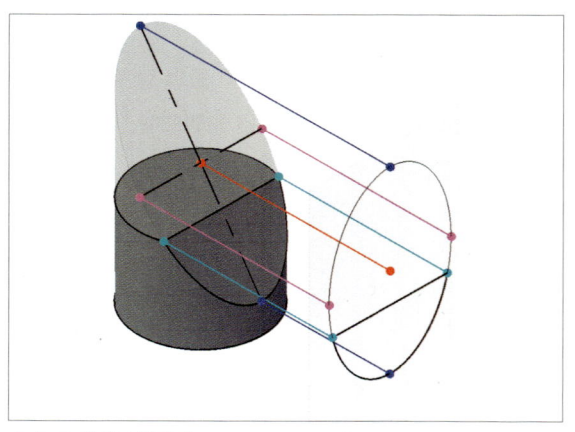

▲ 높이 45에서 자른 후

06 위 원리를 3-5-1과 같이 정리하면 그림과 같이 된다.

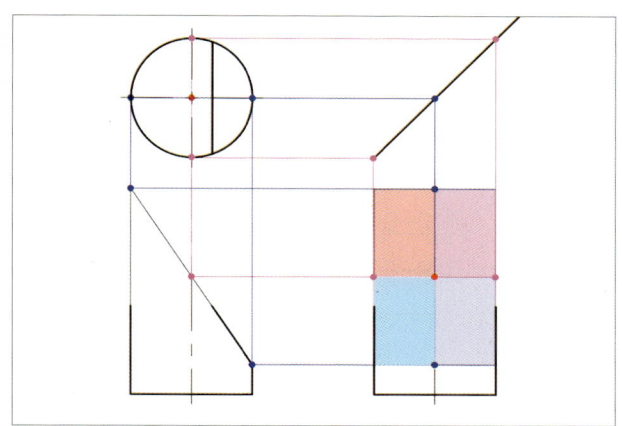

07 위의 타원 작성 원리를 이해하였다면 실제 시험 대비 약식 전개 방법을 생각하기 위해 02 까지 작성한 형태로 되돌린다.
평면도의 P1, P2, P3 지점을 빗면과 45° 보조선에 투영하여 우측면도에서의 위치를 찾는다. 이 때, 우측면도의 P1, P2 위치는 정면도의 빗면과 교차하는 P4 지점이 필요하므로 P1 또는 P2 위치의 수직선과 빗면이 한 점에서 만나도록 빗면의 모서리를 연장한다.

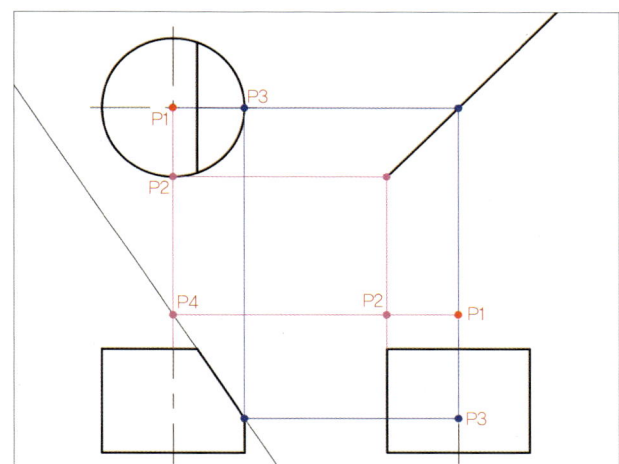

> **TIP**
>
> 빗면의 모서리를 연장하는 방법은 아래 두 가지가 있다.
> ❶ Extend 명령 이용: 빗면의 모서리를 수직선까지 연장하는 방법으로 타원 작성 후 Extend 한 객체를 다시 Trim으로 정리한다.
> ❷ Xline 명령 이용: 빗면의 양끝 점을 통과하는 Xline을 작성하여 수직선과의 교차점을 찾는 방법으로 타원 작성 후 작성한 Xline을 삭제한다.

08 Ellipse 명령을 실행하고 옵션 [중심(C)]을 통해 중심에서부터 타원을 작성한다. 앞에서 공식으로 찾은 위치를 P1, P2, P3 순으로 지정하면 타원이 작성된다.

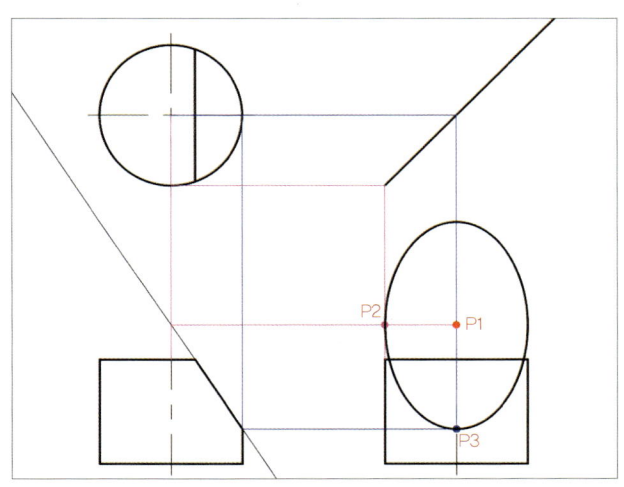

09 우측면도 높이 45에 해당하는 상단 수평선 L1을 기준으로 타원을 자르고, 타원 작성을 위해 전개한 선들을 정리한다.

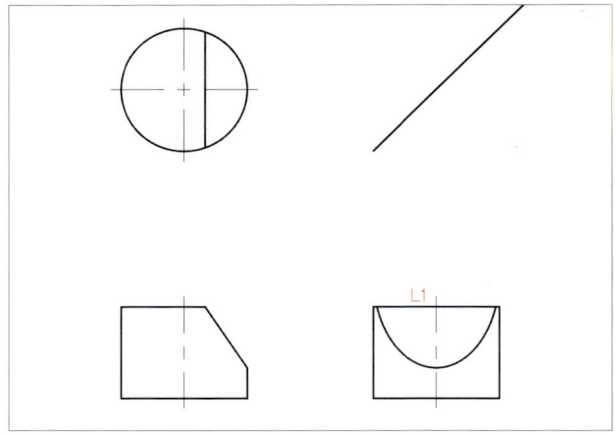

10 불필요한 객체를 모두 정리한 후 치수를 기입하여 완성한다.

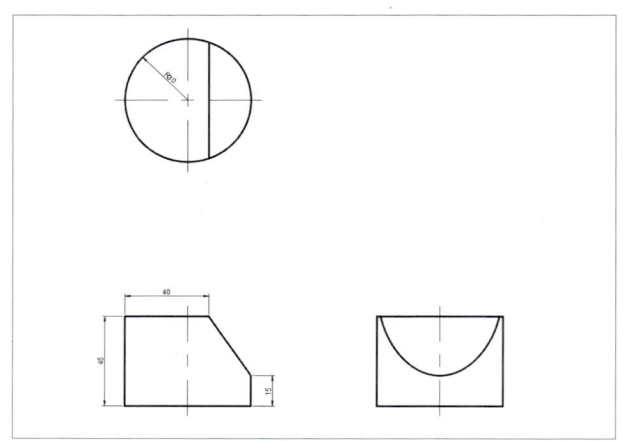

3-5-3. 기울기와 수직 단면에 의한 타원 생성-1

원기둥의 일부에 경사면이 생긴 경우와 원의 일부가 잘려나간 형태이다.
평면도와 정면도를 이용하여 우측면도의 형상(A)을 작성해 보도록 한다.

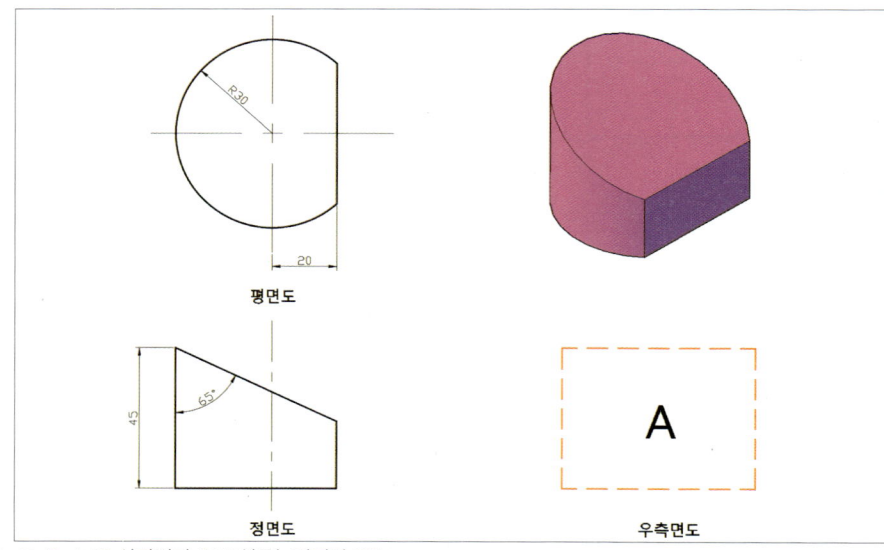

01 원기둥의 정면도, 우측면도, 평면도의 전체 공간을 작성한다. 이때, 평면도에 20mm 치수와 연관된 잘린 형상은 무시하고 작성한다.

※ 3-5-1 내용 참고

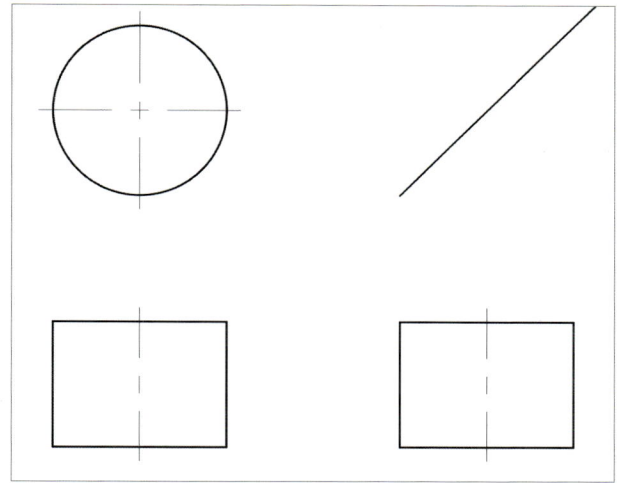

02 정면도의 치수를 참고하여 원기둥의 잘린 형상을 작성한다. 기본 형상이 3-5-1과 같은 것을 알 수 있다.

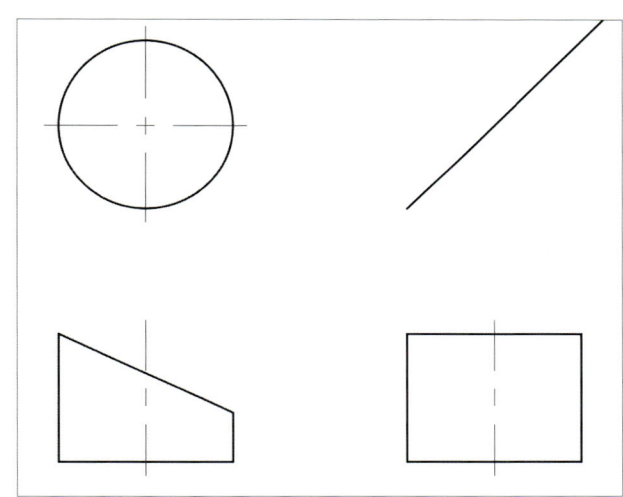

03 3-5-1과 동일한 타원을 작성한다.

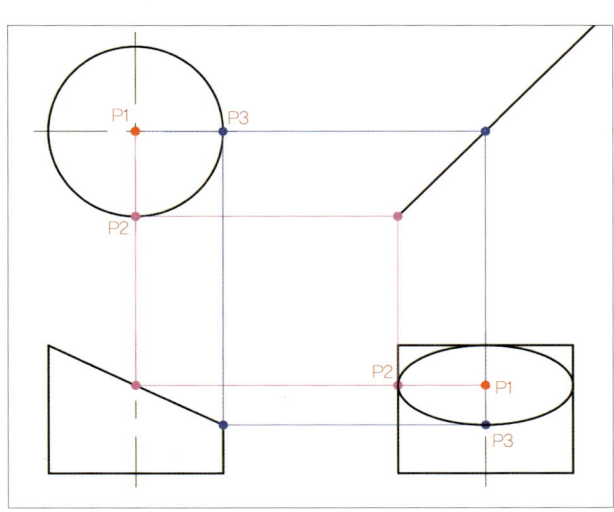

Chapter 06_삼각법을 이용하여 객체 작성하기

04 타원 작성을 위해 전개된 보조선과 불필요한 객체들을 모두 정리한다.

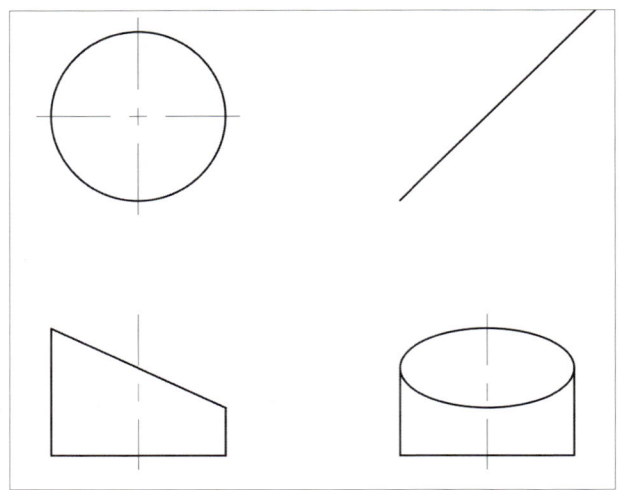

05 평면도에서 수평방향으로 20mm 떨어진 위치에서 원기둥을 자른다. 평면도가 우측이 잘려 변화된 형상을 정면도에 작성한다.

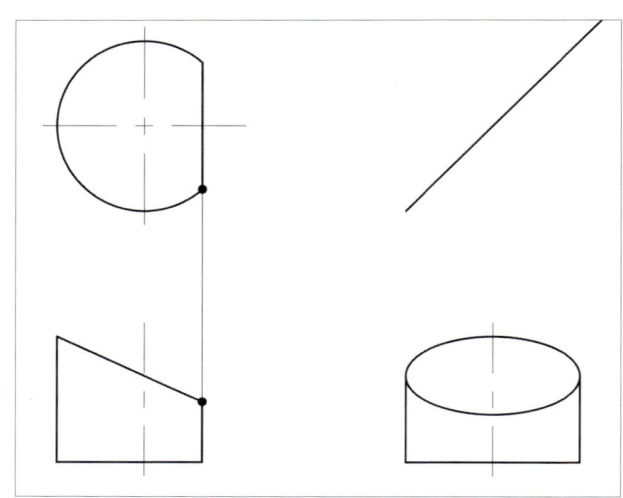

06 잘리면서 변화한 우측면도 형상을 입체적으로 보면 다음과 같이 파악할 수 있다.
❶ 원통 측면이 잘려 면 F1 발생
❷ F1과 빗면 F2가 만나는 모서리 L1 발생
❸ F1과 원통면 F3이 만나는 수직 모서리 L2, L3 발생

또한, 원통 우측이 잘려 발생한 선 L1을 기준으로 타원의 아랫부분이 잘린다.

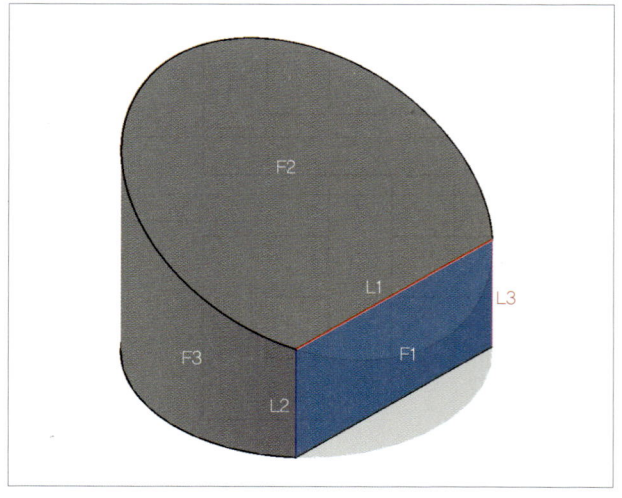

07 위 내용을 통해 우측면도를 작성하면 다음과 같다.

점 P1의 위치에서는 모서리 L1, 점 P2, P3의 위치에서는 모서리 L2, L3가 작성된다.

타원은 모서리 L1을 기준으로 아랫부분이 Trim으로 정리된다.

정확히 작도하였다면 모서리 L1, L2, L3과 타원의 잘린 끝점이 일치한다.

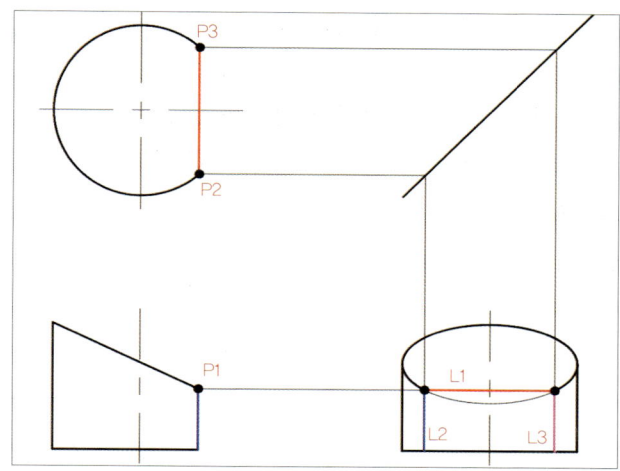

08 불필요한 객체를 모두 정리한 후 치수를 기입하여 완성한다.

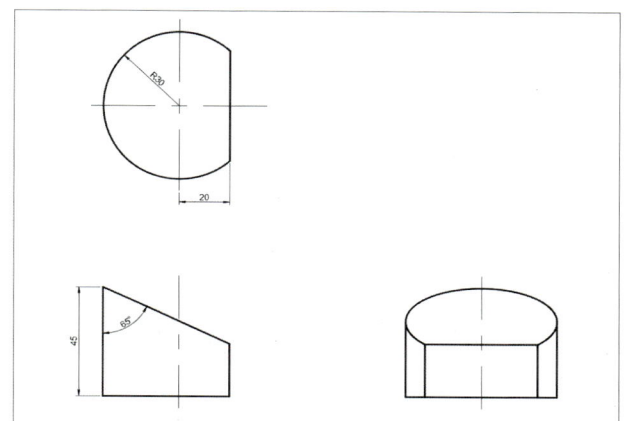

3-5-4. 기울기와 수직 단면에 의한 타원 생성-2

이 유형은 원의 중심이 객체 바깥에 위치한 경우로, 중심선의 위치와 원의 사분점을 연장된 경사면에 투영시켜 그려줘야 하는, 다소 까다로울 수 있는 유형이다. 이러한 응용 문제가 자주 출제되고 있으니 작도 방법에 대한 개념을 반드시 이해하고 넘어갈 수 있도록 한다.

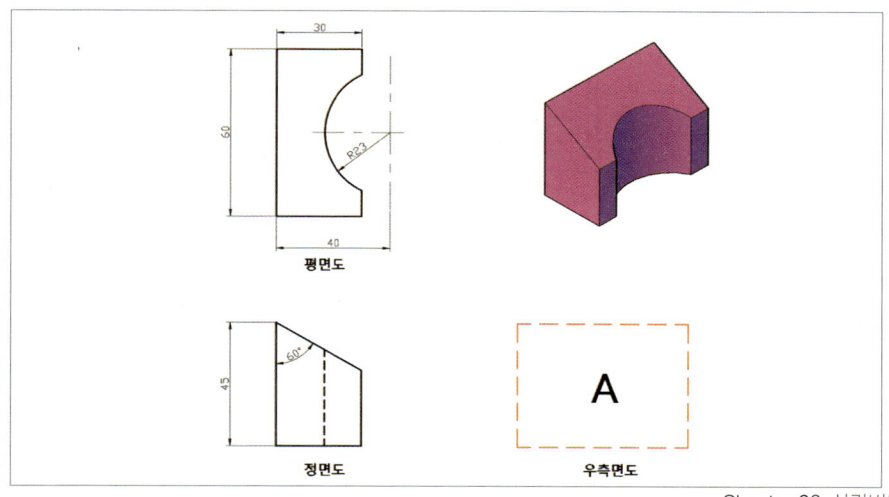

01 도면을 보고 전체적인 입체 형상을 머릿속에 그려본다.

02 대략적인 형상은 평면에서 원형의 구멍이 뚫린 육면체 형태임을 알 수 있다. 도면을 참고하여 육면체의 정면도, 우측면도, 평면도의 전체 공간을 작성한다.

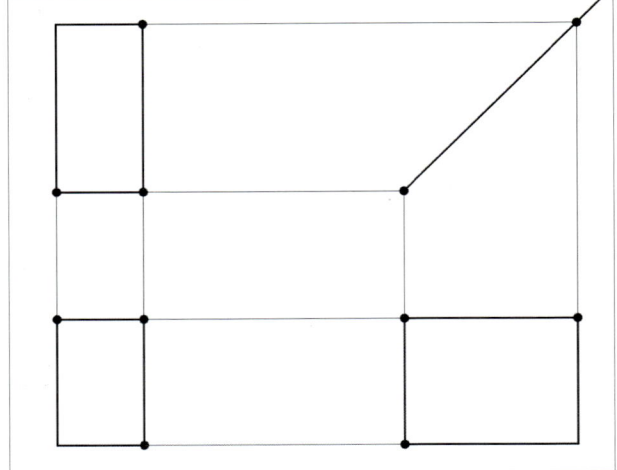

03 정면도의 각도 치수를 참고하여 육면체의 윗부분을 잘라 빗면을 작성한다.

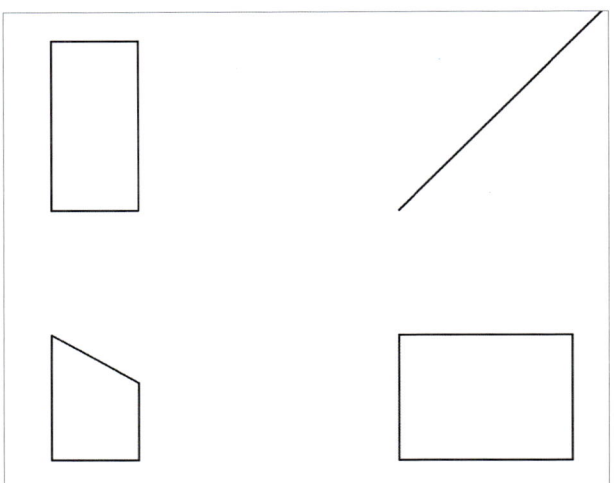

04 정면의 모서리 L1과 L2가 만나는 점 P1의 위치를 참고하여 우측면에 모서리 L3을 작성한다.

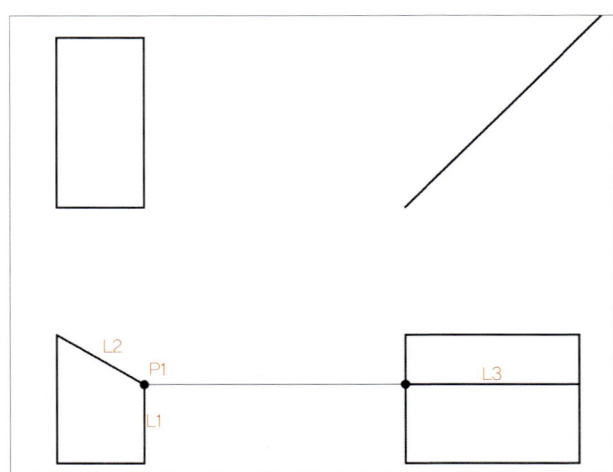

> 바라보는 면도의 '모서리'와 '점'은 다른 면도에서는 '면'과 '모서리'로 보인다. 예를 들어 정면도의 빗면으로 발생한 '점' P1은 우측면도에서는 '모서리'로 보이는 것과 같다.

05 평면도의 치수를 참고하여 원 또는 호를 이용하여 구멍 형상을 작성한다.

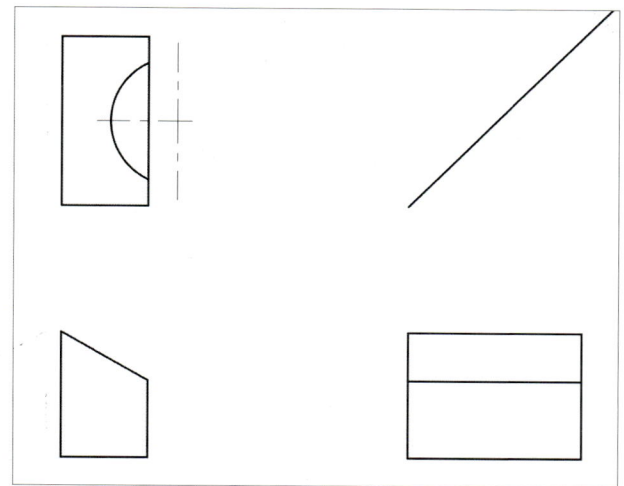

06 평면도에 구멍이 뚫리게 되면 정면도에서 원의 좌측 사분점이 모서리로 표현된다. 하지만 입체적으로 보면 원의 사분점은 구멍이기 때문에 형상 안쪽에 존재하여 정면에서는 보이지 않는다.
이 경우 형상선이지만 실제 눈에 보이지 않는 숨어있는 모서리를 표현할 때 사용하는 '숨은선(Hidden)'으로 작성한다.

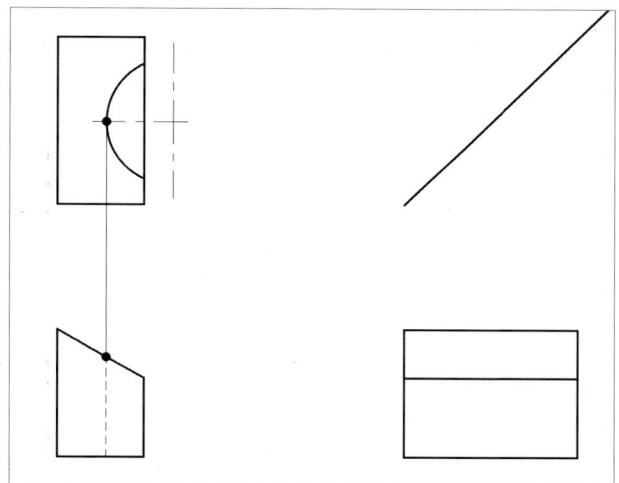

07 평면도에 작성한 구멍이 전체 형상을 관통하여 뚫린 경우 구멍 내부에는 모서리가 남지 않는다. 따라서 평면도 우측의 수직 모서리 L1은 잘라서 정리한다.
평면도 구멍에 의해 발생된 점 P1, P2는 우측면도에 모서리 L2, L3로 작성되고 정면도의 L4와 같은 모서리이므로 길이가 동일하다. 마찬가지로 우측면도의 L1은 평면도의 L1과 같은 모서리이므로 같은 위치와 길이로 잘라서 정리한다.

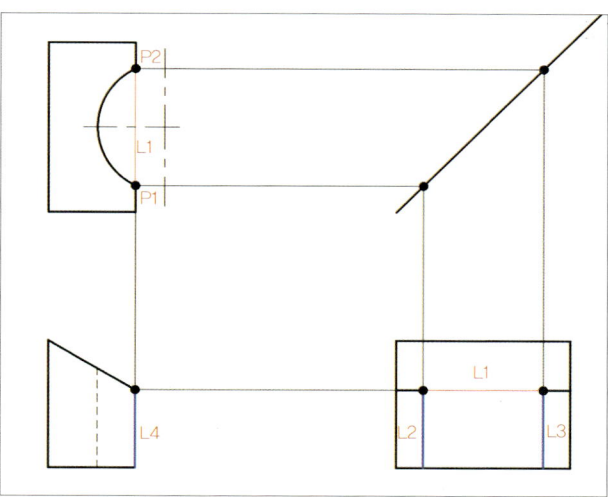

08 정면도에서 구멍은 육면체와 같은 각도로 잘려 빗면이 발생하였으므로 우측면에서 구멍에 해당하는 부분이 타원으로 보이게 된다.
타원 작성을 위해 전개하면 지금처럼 원이 중심 또는 사분점보다 많이 잘리거나 중심이 이동된 경우에는 전개된 선이 빗면과 만나지 않는다.

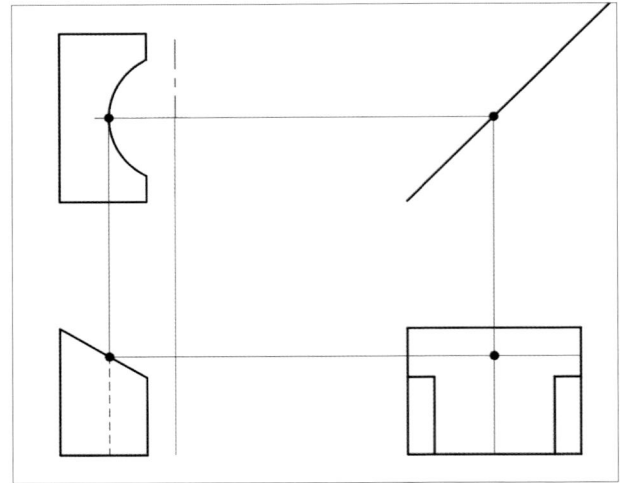

09 이처럼 원이 많이 잘린 경우나 중심이 형상 외부에 있는 경우에는 호 위에 원을 덧 그려 수평, 수직 사분점을 모두 선택 가능하게 해준다.
빗면은 3-5-2와 같이 전개된 선까지 연장하며, 원의 중심과 사분점을 전개하여 우측면도에서 타원의 중심과 사분점의 위치를 찾는다.

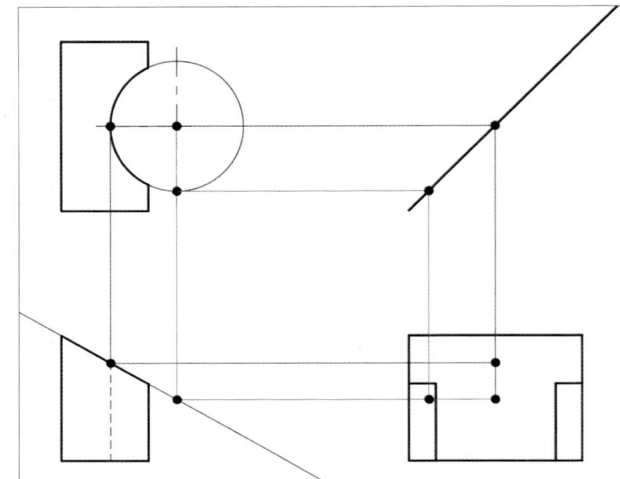

10 P1, P2, P3를 이용하여 타원을 작성한다.

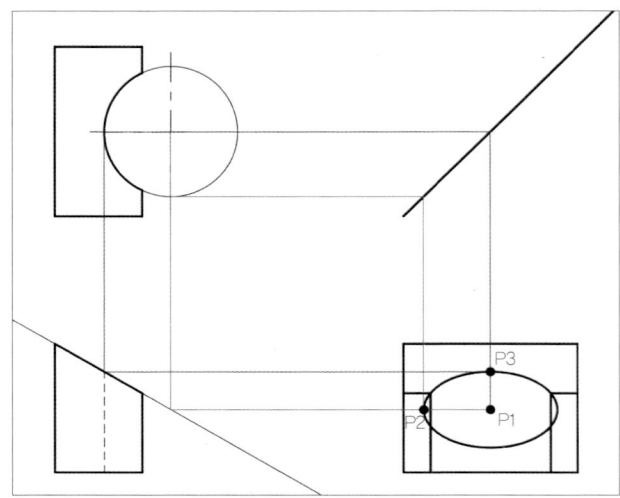

11 타원 작성을 위해 전개한 덧그린 원, 빗면 연장선 등을 모두 정리하고 점 P1, P2 위치보다 아래쪽 타원을 잘라서 정리한다.

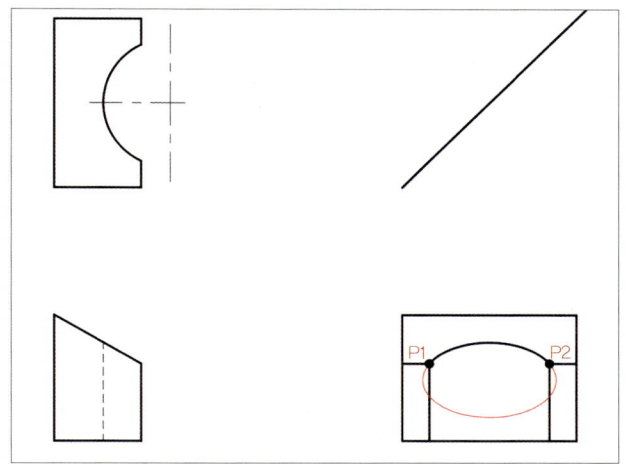

12 우측면도에 중심선을 추가하고 불필요한 객체를 모두 정리한 후 치수를 기입하여 완성한다.

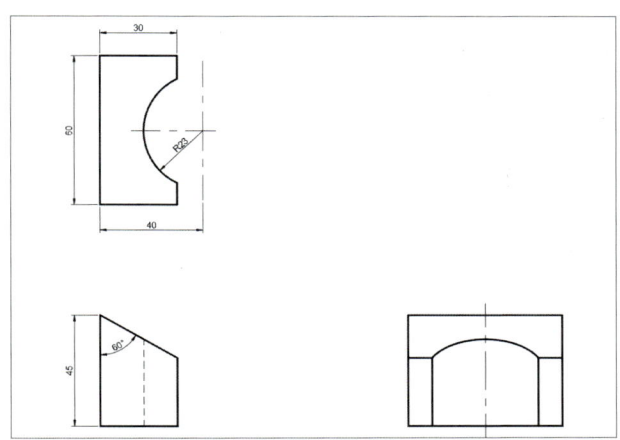

3-5-5. 기울어진 원기둥

타원이 생성되는 또 다른 조건으로 잘리지 않은 원기둥을 기울인 상태로 보면 원기둥의 위·아랫면은 타원이 된다.

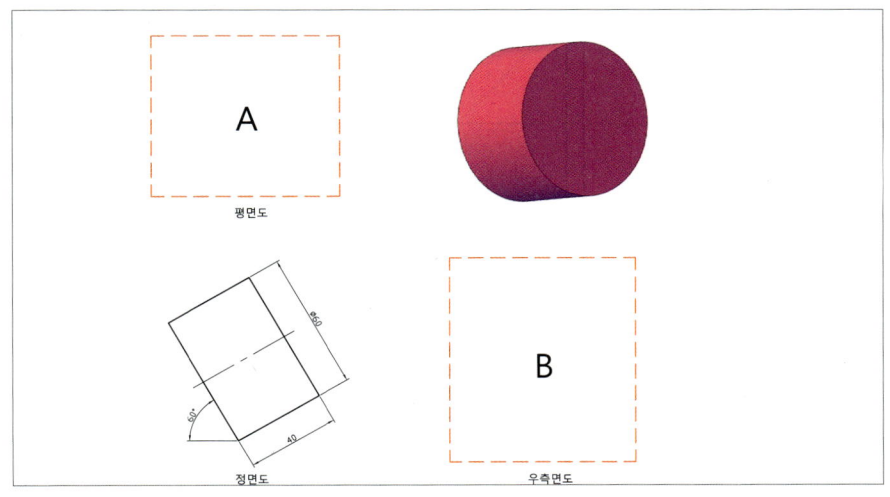

01 도면을 참고하여 정면도를 작성한다. 정면도에 작성된 형상은 기울어진 사각형으로 보이지만 다음 내용을 통해 원기둥의 측면 형상임을 파악할 수 있다.

❶ 원주율을 의미하는 Ø(파이) 기호가 기입된 치수
❷ 회전체의 중심축을 의미하는 중심선(Center) 객체

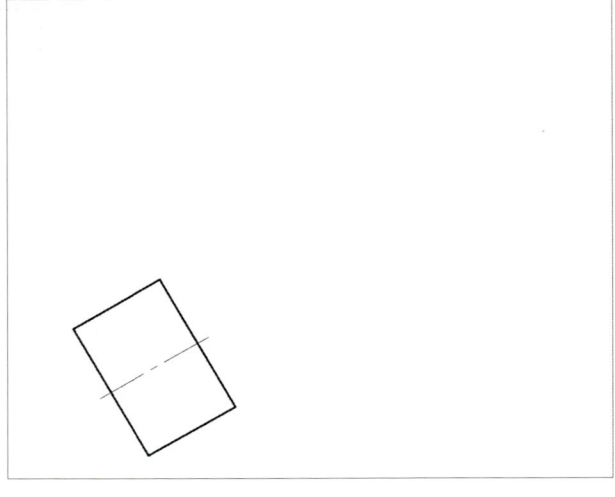

02 정면도의 치수를 참고하여 평면의 높이에 관련된 수평선을 작성한다. 평면도의 전체 높이 치수는 회전체의 특징에 따라 원의 지름과 같으며, 지름의 1/2 위치에 '중심선'으로 표현한 회전축을 작성한다.

> ❝ '원(circle)'이란, 중심에서부터 같은 거리로 떨어진 점들의 집합인 2차원 객체이며, 원에 두께가 주어지면 원기둥이 된다. 정면도를 측면에서 바라본 원기둥으로 가정했을 때, 평면도의 전체 높이와 우측면도의 전체 폭은 원의 지름과 같다.

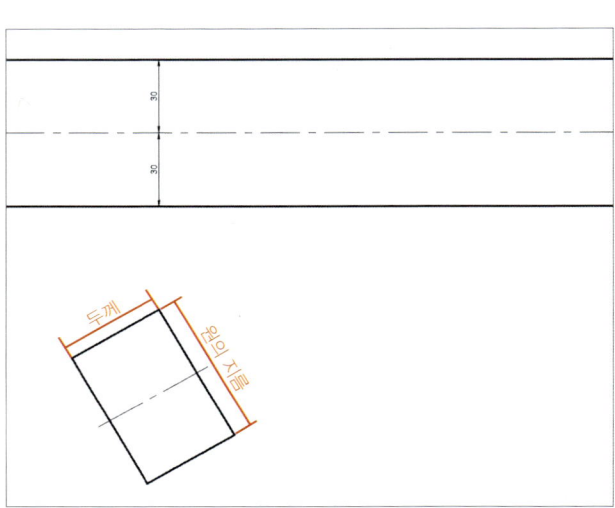

03 평면에서 기울인 원기둥을 보면 정면도의 모서리 L1은 면으로 보이며, 이 면은 '타원'으로 보인다.

> ❝ 원기둥이 기울어지지 않았다고 가정하면, 평면 또는 측면에서 바라본 모서리 L1은 '원' 형상의 면인 것을 파악할 수 있다. 원 형상의 면이 기울어지면 찌그러진 원으로 보이게 되는데, 이 찌그러진 원이 '타원'이다.

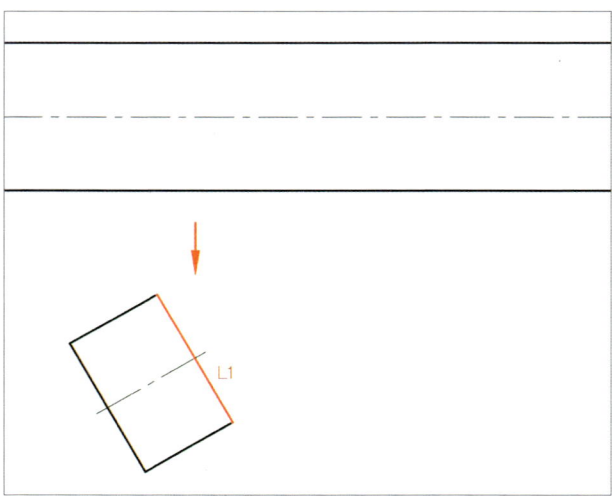

04 타원 작성 시 필요한 원의 중심과 사분점의 위치는 다음과 같이 찾을 수 있다.

❶ 정면도의 L1과 중심선의 교차점 P1의 위치에서 평면도까지 수직선을 작성한다.

❷ L1의 길이가 원의 지름이므로 양끝점 P4에서부터 평면도까지 수직선을 작성한다.

※ P2(타원의 중심점): P1 수직선과 평면도 중심선의 교차점

※ P3(타원의 수직 사분점): P1 수직선과 원기둥 전체 폭에 대한 수평선과 교차점

※ P5(타원의 수평 사분점): P4 수직선과 평면도 중심선의 교차점

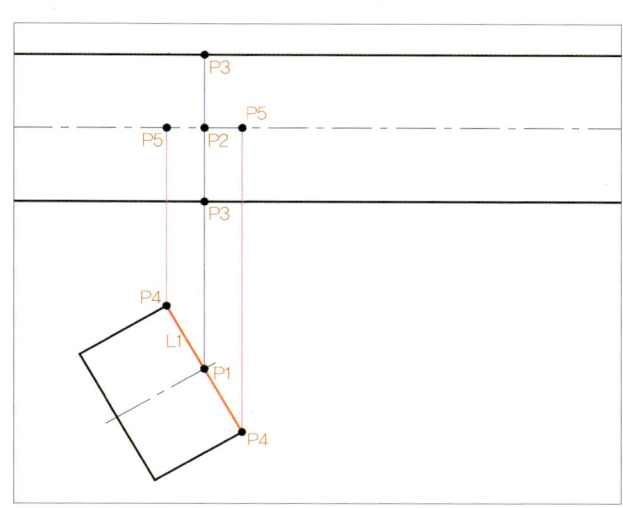

05 타원은 중심점과 수직·수평 사분점이 각 하나씩만 있어도 작성할 수 있으므로 약식으로 그림과 같이 찾을 수 있다.

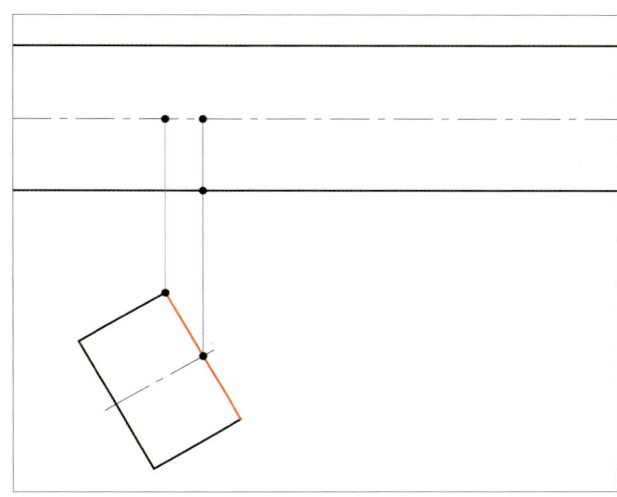

06 P1, P2, P3를 이용하여 타원을 작성한다.

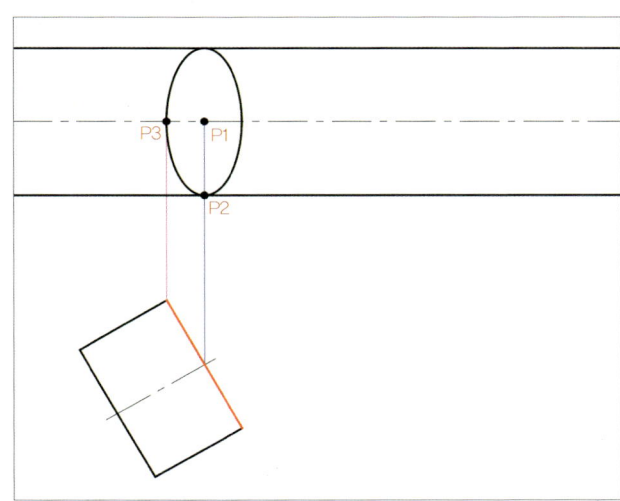

07 평면도에서 보면 정면도의 왼쪽 빗면 L2는 L1과 마찬가지로 기울어진 원 형상의 면이기 때문에 '타원'이 된다.

L1과 같은 크기와 각도를 가진 면이기 때문에 모서리 L2에 의해 작성되는 타원은 L1에 의해 작성한 타원과 수직·수평 사분점 크기가 같은 것을 파악할 수 있다.

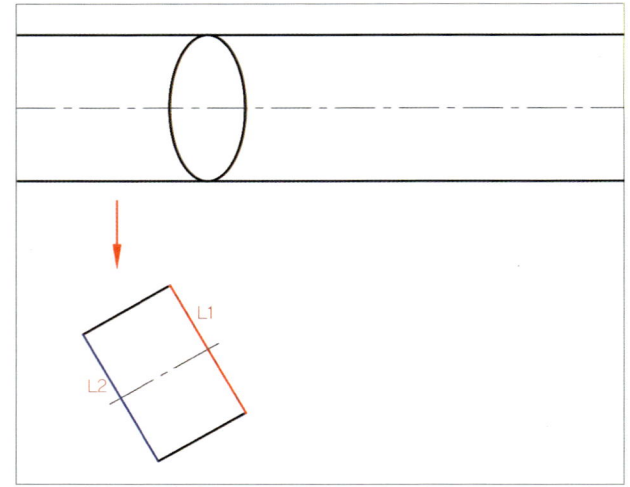

08 정면도의 L2와 중심선의 교차점 P1의 위치에서 평면의 중심선 교차점이 L2로 인한 타원의 중심점 P2이다. Copy 명령으로 L1에 의해 작성된 타원을 중심점 기준 P3에서 P2로 복사해 준다.

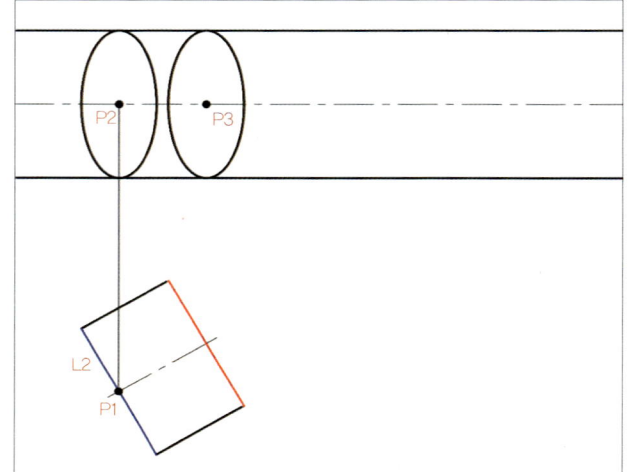

09 평면도의 위·아래 수평선은 타원 사이에만 존재하는 형상선이기 때문에 정리해 주며, 중심선도 타원을 기준으로 정리한다.

평면에서 보면 L1에 의해 작성된 타원 E1은 가장 먼저 보이는 면으로 가려지는 부분이 없어 모서리가 모두 보인다. 반면 L2, L3에 의해 작성된 타원 E2, E3 중 E3부분은 가려져 보이지 않기 때문에 잘라 정리한다.

> 정면의 중심선 아래에 위치한 L3은 곡면의 모서리로써 우측 끝점(=사분점)으로 갈수록 폭이 줄어들어 보이지 않는다.

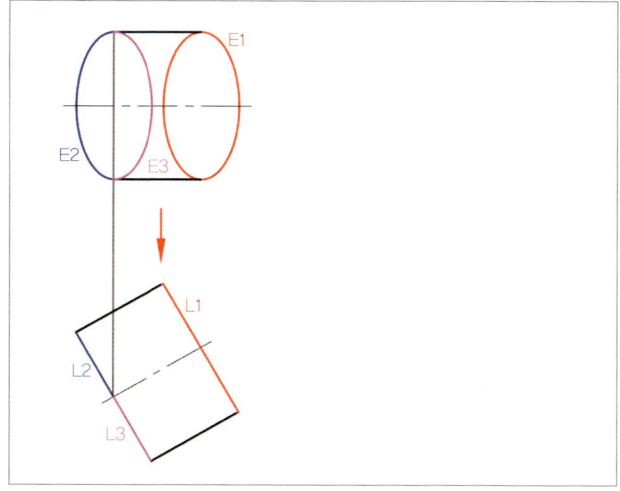

10 평면의 타원 E2를 Mirror 명령으로 대칭 복사한 후 대칭 복사된 타원 E3을 숨은선으로 표현하여 평면도를 완성한다.

우측면도는 평면도와 같은 방법으로 작성한다. 가능하면 지금까지 학습한 내용을 바탕으로 스스로 작성한 후 다음 내용을 통해 점검하는 시간을 갖는 것을 추천한다.

> ❝ 실제 사람의 눈에는 외형선만 보이지만 도면에서는 보이지 않는 부분도 표현해야 하기 때문에 '숨은선(Hidden)'을 통해 표현한다.

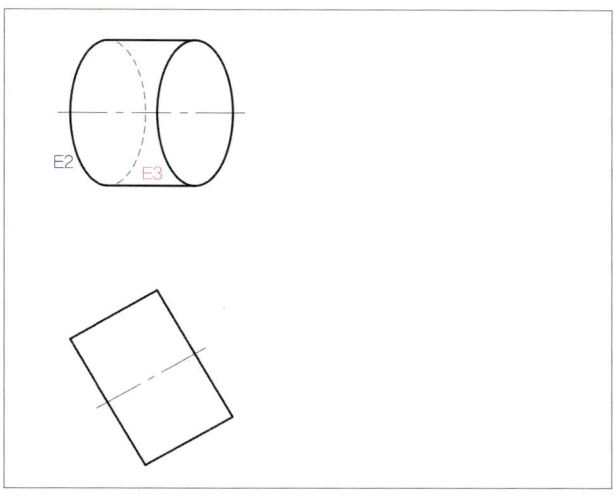

11 평면도의 가장 아래쪽에 위치한 모서리 또는 끝점에서부터 적당히 떨어진 위치에 수평·수직선을 작성한다.

수평선과 수직선의 교차점에 45° 보조선을 작성한다.

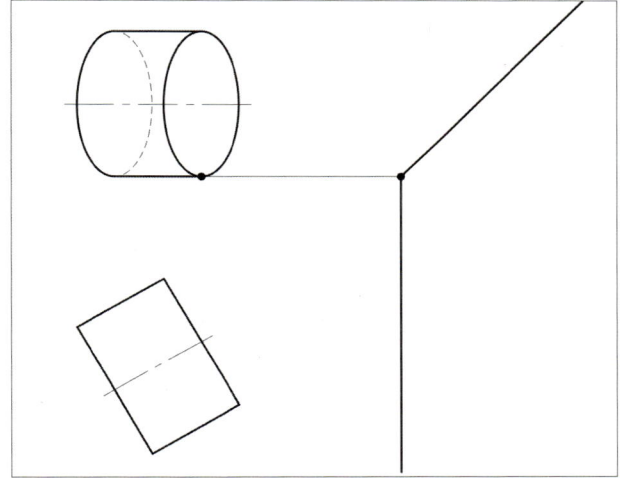

12 평면도의 중심선과 가장 위쪽 모서리 또는 끝점에서부터 수평선을 작성한 후 45° 보조선과 교차점에서 수직선을 작성한다.

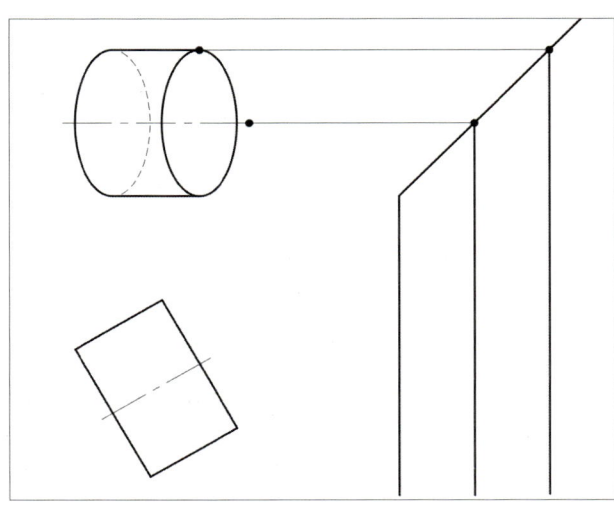

13 타원 작성을 위해 정면도의 우측 빗면에서 원의 중심과 사분점의 위치를 찾아 P1, P2, P3 순으로 타원을 작성한다.

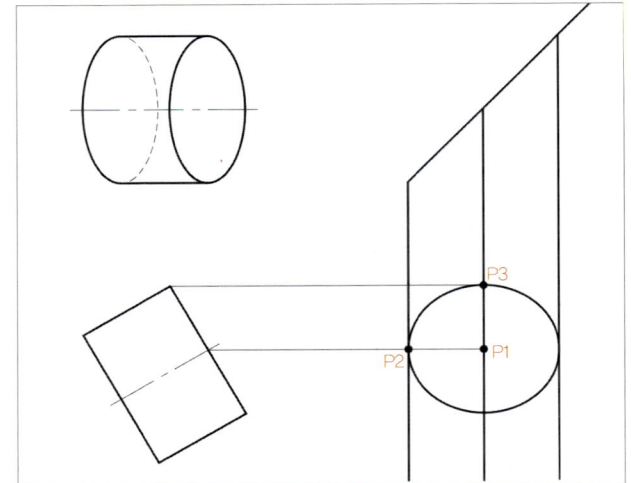

14 정면도의 좌측 빗면에서 원의 중심 위치 P2을 찾은 후 타원을 중심점 기준 P1에서 P2로 복사한다.

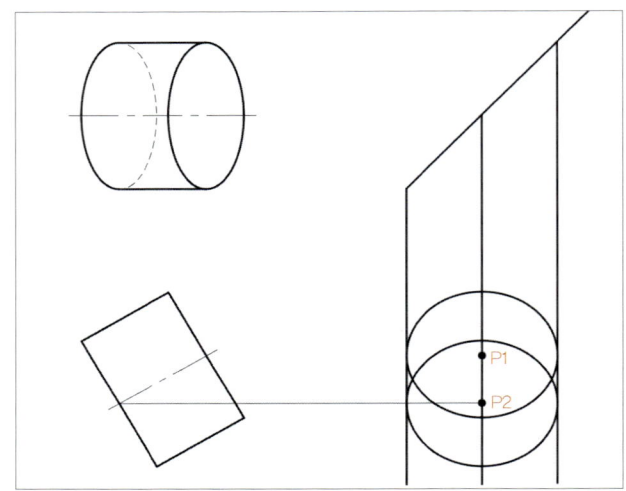

15 작성된 타원을 기준으로 수직선을 정리한다.

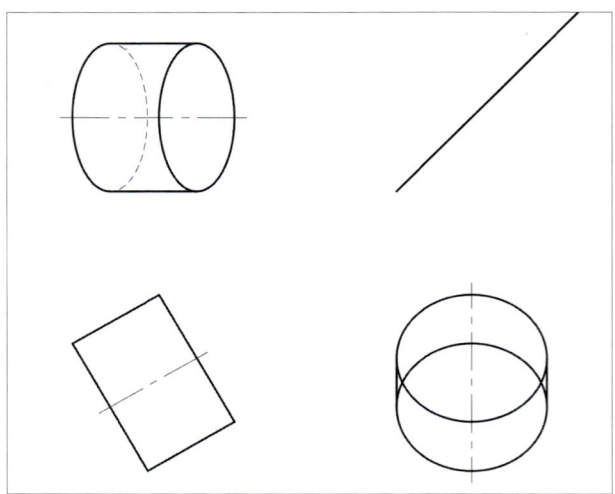

16 우측에서 봤을 때 보이지 않는 부분을 생각하여 숨은선으로 표현한다.

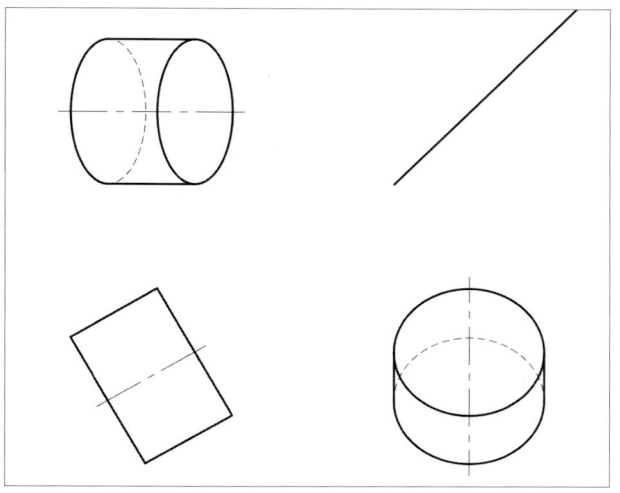

17 불필요한 객체를 모두 정리한 후 치수를 기입하여 완성한다.

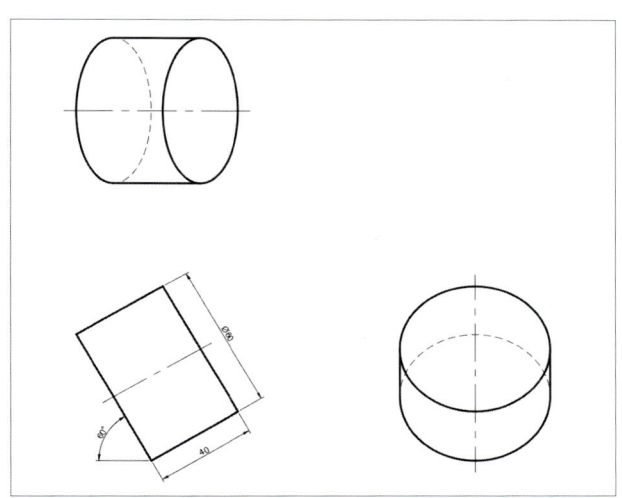

3-6. 3차원 평면상의 점 및 선

입체 형상의 표면이 2차원 평면상에서 기울어진 것이 아닌 3차원 공간상에서 기울어진 경우, 도면을 작성하기 위해서는 3차원 공간에 위치한 점과 선의 흐름을 추적 할 수 있어야 한다. 3차원 평면(3차원 공간상에 기울어진 평면)에 위치한 점과 선의 특성을 이해하고 작성하도록 한다.

3-6-1. 잘린 마름모 피라미드(각뿔)

피라미드는 3차원 평면으로 구성된 가장 대표적인 형상이다. 피라미드를 일정 높이에서 자르면 자른 높이에 해당하는 3차원 평면의 점과 선의 궤적을 확인 할 수 있다. 3차원 평면에 위치한 점과 선의 궤적을 추적하여 도면을 작성하도록 한다.

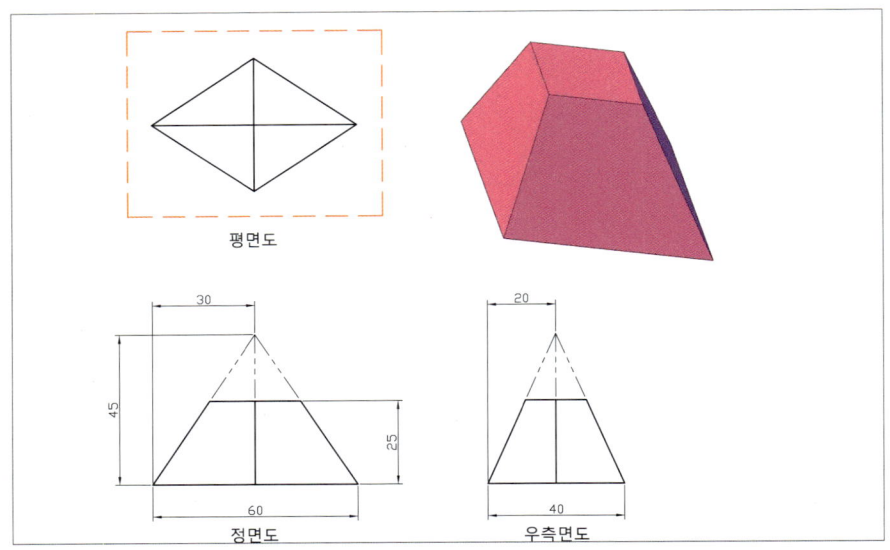

01 도면을 평면에서 보면 바닥면이 마름모 형태이며, 상부의 꼭짓점에서 모서리가 만나는 피라미드(각뿔) 형상인 것을 알 수 있다. 또한 이 각뿔을 정면 또는 우측면에서 보면 높이 25mm 위치에서 위쪽이 잘렸다. 치수 기입을 위해 잘린 형상은 가상선(Phantom)으로 표현하고 있다. 현재 도면의 평면도는 상부가 잘리기 전의 형상으로 전체 각뿔의 형상을 작성한 후 평면도를 완성하자.

02 도면의 치수를 참고하여 정면도와 우측면도를 작성한다. 이때 높이 25mm에서 잘린 부분은 무시한다.

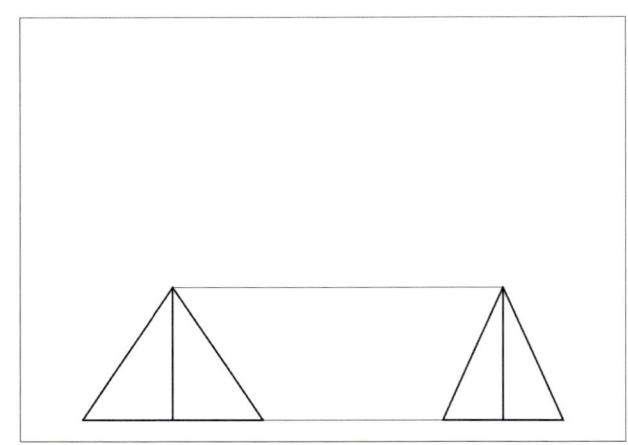

03 정면도, 우측면도의 좌우 끝점과 상부 꼭짓점에서 수직선을 작성한 후 정면도의 위쪽 임의의 위치에서 수평선을 작성한다.
우측면도 좌측 끝점의 수직선 L1과 수평선 L2의 교차점 P1에 45° 보조선을 작성한다.

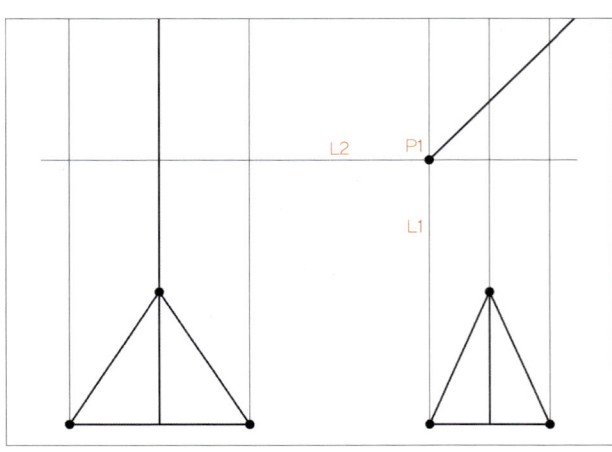

04 우측면도에 작성한 수직선과 45° 보조선의 교차점에서 수평선을 작성한다.

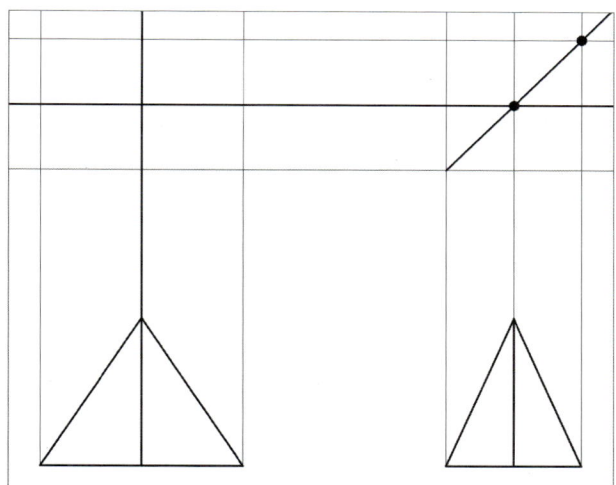

05 평면도에서 교차점 P1, P2, P3, P4를 통해 마름모를 작성한다.

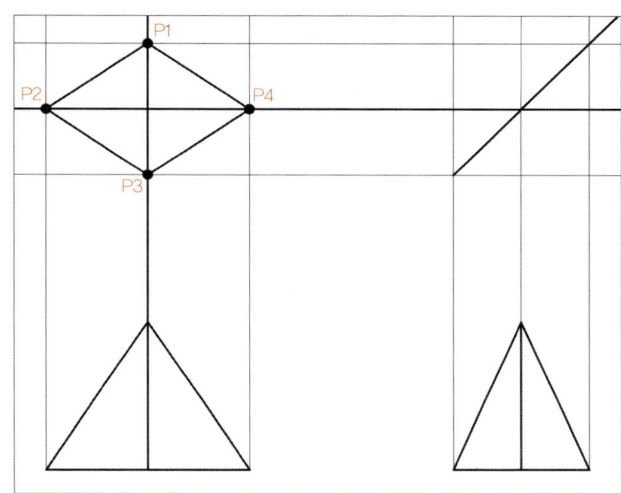

06 불필요한 객체들을 모두 정리한다. 평면도에 보이는 면 F1, F2, F3, F4는 모두 3차원 공간상에 기울어진 평면이다.

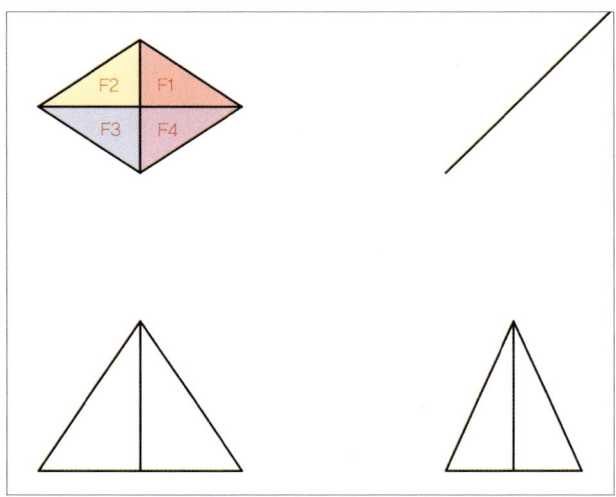

07 정면도와 우측면도의 모서리는 높이 25mm에서 끊는다.
끊어진 위쪽 모서리는 가상선으로 표현한다. 가상선은 외형선 끝점과 일치하지 않도록 약 2mm 전후로 간격을 띄워준다.

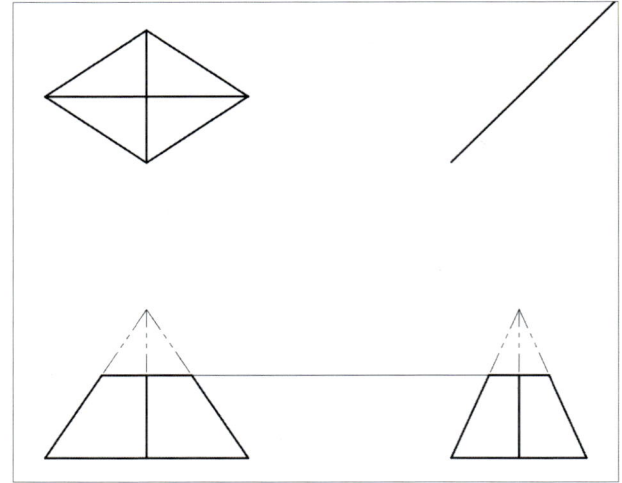

08 평면도에 높이 25mm에서 잘린 각뿔의 상부 꼭짓점 위치를 전개하여 찾는다.
정면도의 모서리 L1, L2와 우측면도의 모서리 L3, L4는 평면도의 L1, L2, L3, L4와 똑같은 모서리이기 때문에 정면도와 우측면도가 잘리면서 표현된 가상선과 대응되는 부분이 잘린다.

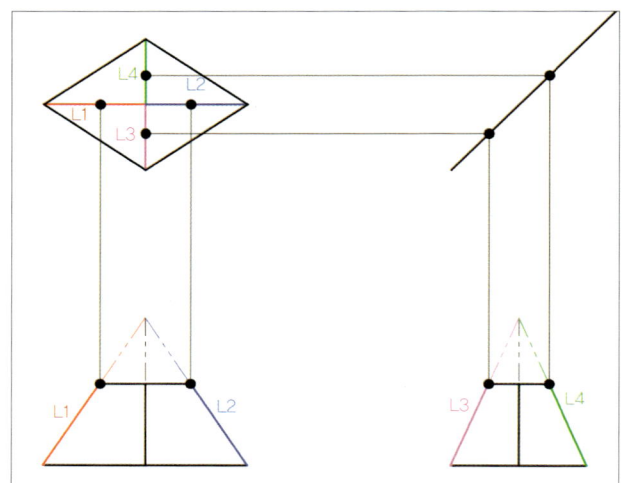

09 대응되는 부분을 자른 후 모서리의 끝점을 직선으로 연결하면 각뿔이 잘리며 발생한 마름모 형태의 윗면이 완성된다. 이 윗면의 모서리가 높이 25mm 위치의 3차원 평면에서 작성할 수 있는 점 또는 선의 궤적이 된다.
또한 평면도에 가상선을 표현하면 오히려 형상 이해에 방해될 수 있고, 치수 기입에 필요한 객체가 아니기 때문에 작성하지 않는다.

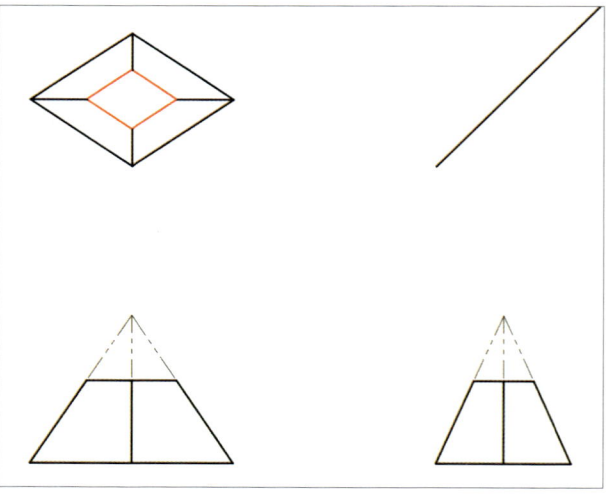

10 불필요한 객체를 모두 정리한 후 치수를 기입하여 완성한다.

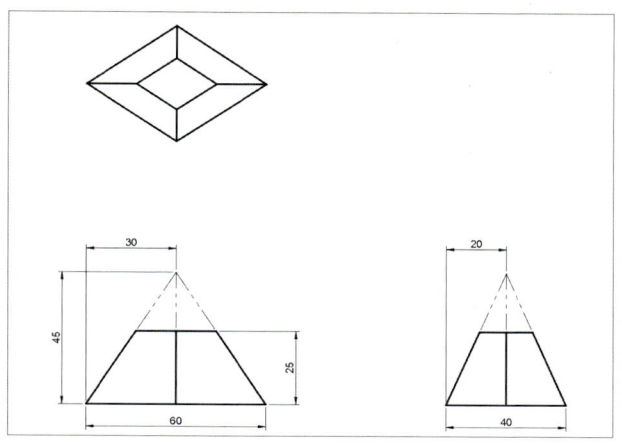

3-6-2. 마름모 피라미드(각뿔)에 뚫린 각형 구멍

3차원 평면에 각형 구멍이 뚫린 경우, 구멍에 의해 3차원 평면에 발생된 점과 선의 궤적을 추적할 수 있어야 한다. 3-6-1에 나온 방법을 응용하여 작성할 수 있으며, 처음엔 어려울 수 있지만 형상 투상에 있어 중요한 내용이므로 반드시 이해하도록 한다.

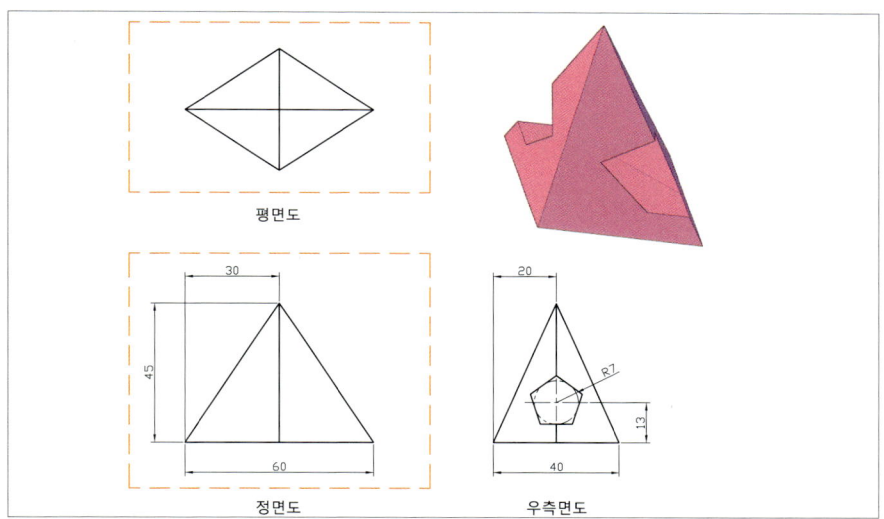

01 3-6-1의 내용을 참고하여 정면도, 우측면도, 평면도에 각뿔의 기본 형상을 작성한다.

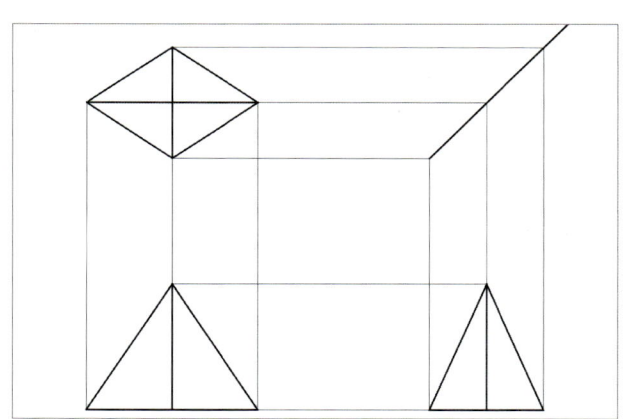

02 우측면도의 치수를 참고하여 오각형 구멍을 작성한다.

오각형은 내부 원의 반지름 치수가 주어졌으므로 옵션 [외접(C)]을 활용해 작성한다.

오각형 내부 원이 없어도 작성할 수 있지만, 치수 기입을 위해 필요하기 때문에 작성한다.

내부 원은 '가상선', 원과 오각형을 기준으로 정리한 수평·수직선은 '중심선'으로 표현한다.

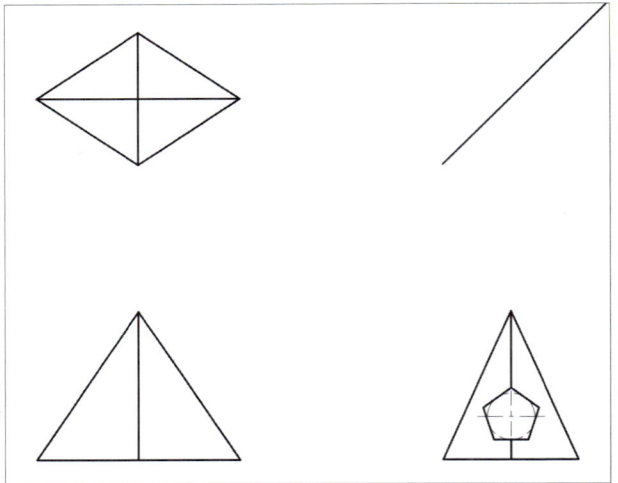

03 도면에 오각형 구멍으로 발생된 정면도와 평면도 형상이 작성되어 있지 않으니 3차원 평면의 점과 선 궤적을 생각하며 작성한다.

3-6-1은 높이에 따른 점과 선 궤적을 추적하는 방법으로 이와 같이 오각형의 꼭짓점 높이 위치에 따라 궤적을 추적할 수 있어야 한다.

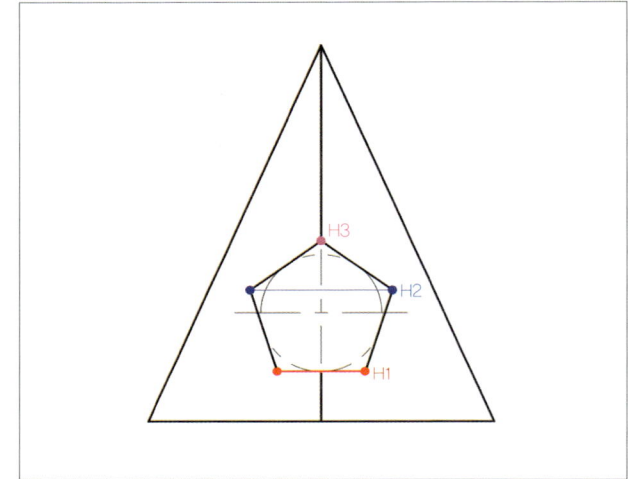

04 오각형 구멍의 궤적은 꼭짓점의 높이에서 잘린 형상을 가정하여 다음과 같이 작성한다.

밑변 H1 높이에서 정면도와 우측면도를 모두 통과하는 수평선을 작성한다.

정면도와 우측면도에 발생한 교차점을 통해 잘린 각뿔의 윗면 형상을 평면도에 작성한다. 작성한 윗면 모서리가 H1 위치의 점과 선 궤적이 된다.

※ 3-6-1 내용 참고

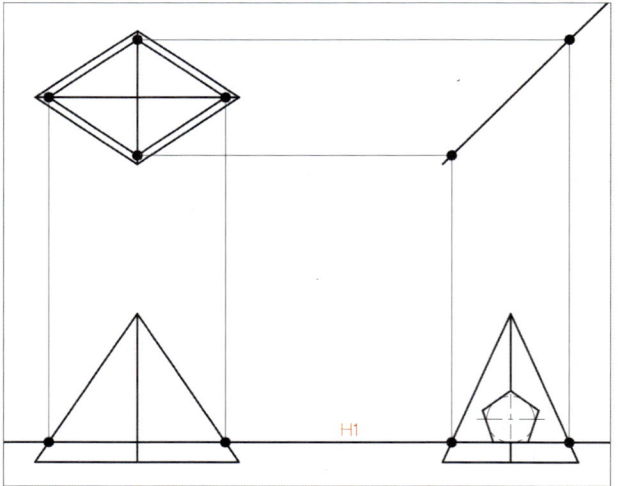

05 우측면도의 밑변 H1의 양 끝점을 평면도로 전개하여 필요한 부분만 남기고 정리한다. 평면도의 H1 궤적과 수평선의 교차점이 밑변 양 끝점의 위치이다.

오각형의 밑변 H1은 전개된 수평선 사이에만 존재하므로 나머지 궤적은 잘라서 정리한다.

정면도에 전개된 수평선은 오각형 구멍을 표현하기 위해 사용되므로 빗면 바깥 부분을 잘라서 정리한다.

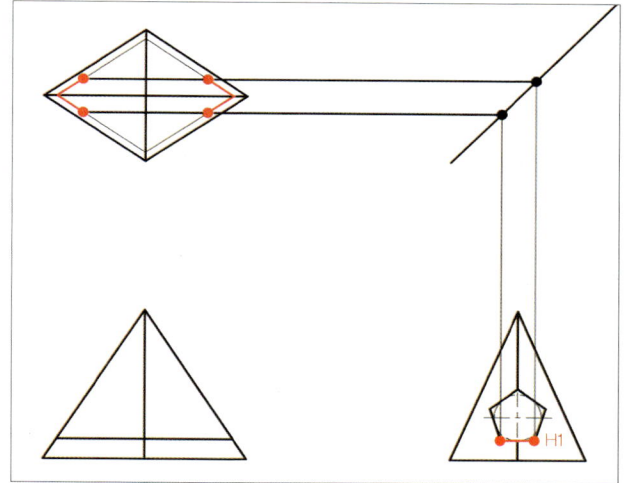

06 평면도에 전개된 H1 수평선은 구멍의 내부 모서리로 표현하기 위해 궤적 바깥 부분을 잘라서 정리한다.

정면도의 밑변 H1 수평선은 3차원 평면의 기울기로 인해 구멍 안쪽과 바깥 부분으로 구분된다.

평면도에서 잘린 궤적은 구멍 바깥 부분, 수평선은 구멍 안쪽 부분이다. 평면도 H1 궤적의 끝점에서 수직선을 작성한 후 정면도의 수평선을 분리한다.

분리한 선의 구멍 바깥 부분은 '외형선', 안쪽 부분은 가려져 보이지 않으므로 '숨은선'으로 표현한다.

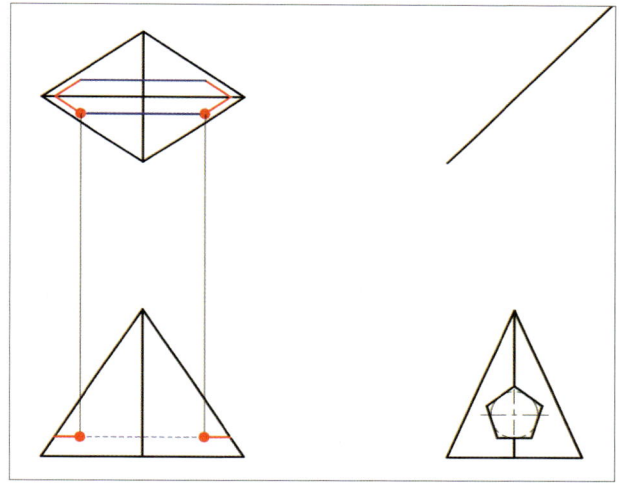

07 오각형의 H2 꼭짓점 위치를 찾기 위해 꼭짓점 H2 높이에서 정면도와 우측면도를 모두 통과하는 수평선을 작성한다.

정면도와 우측면도에 발생한 교차점을 통해 잘린 각뿔의 윗면 형상을 평면도에 작성한다. 작성한 윗면 모서리가 H2 위치의 점과 선 궤적이 된다.

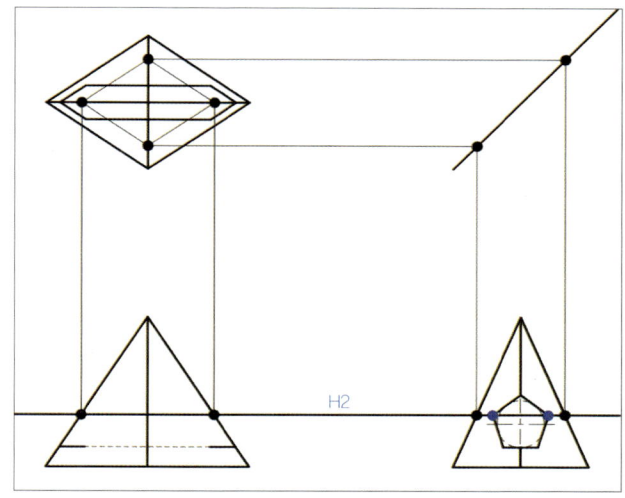

08 우측면도의 꼭짓점 H2의 양 끝점을 평면도로 전개한다.

이때, 평면도의 H2 궤적과 수평선의 교차점이 H2 꼭짓점의 위치이다.

평면 교차점과 밑변 H1 궤적의 위·아래 끝점을 연결한 직선이 오각형 좌우 아랫변의 평면 궤적이 된다.

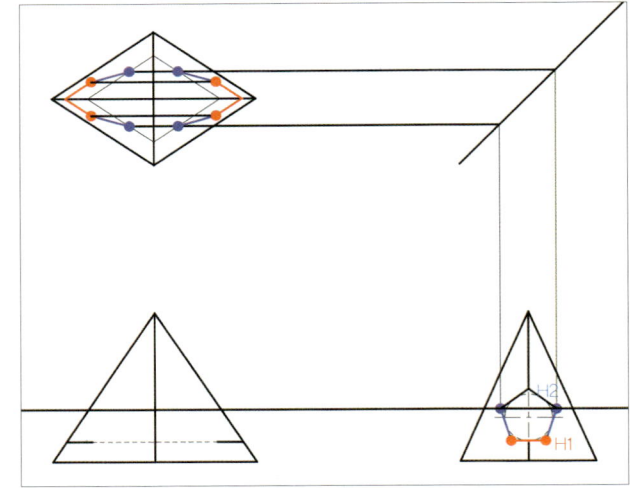

09 평면도에 전개된 H2 수평선은 구멍의 내부 모서리로 표현하기 위해 H2 꼭짓점 바깥 부분을 잘라서 정리한다.

평면에서 보면 H2 수평선은 보이지 않는 구멍 내부의 모서리이기 때문에 '숨은선'으로 표현한다.

평면도에서 H2 꼭짓점 위치 추적이 완료된 H2 궤적은 완전히 삭제한다.

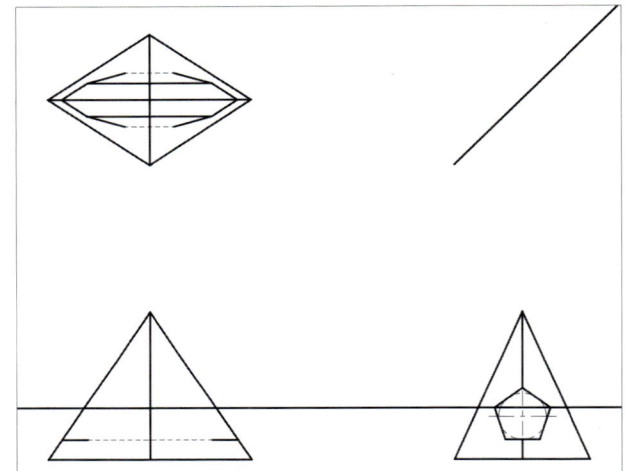

10 정면도에 전개한 H2 수평선은 오각형 구멍을 표현하기 위해 H2 꼭짓점의 모서리로 사용한다.

정면에서 H2 꼭짓점의 모서리는 평면도 수평 숨은선과 동일하므로 평면도 수평 숨은선의 양 끝점에서 수직선을 작성하여 정리한다. 마찬가지로 구멍 내부의 모서리이기 때문에 '숨은선'으로 표현한다.

H2와 H1의 수평 숨은선 양 끝점을 연결하면 오각형 좌우 아랫변의 정면 궤적이 된다.

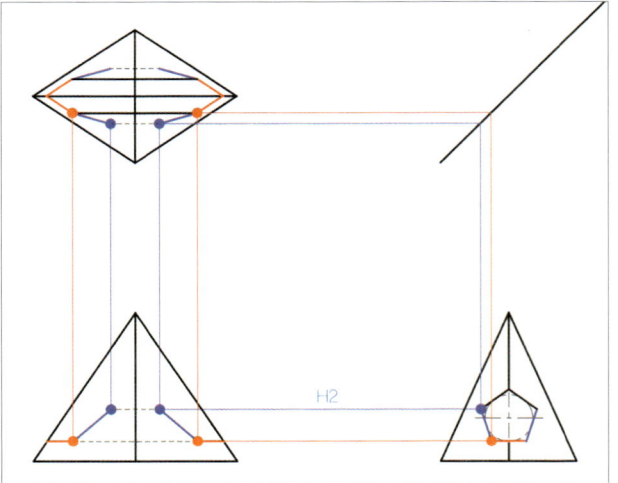

11 마지막으로 오각형의 H3 꼭짓점 위치를 찾기 위해 꼭짓점 H3 높이에서 정면도와 우측면도를 모두 통과하는 수평선을 작성한다. 이때, 정면도 빗면과 H3 수평선의 교차점이 H3 꼭짓점의 높이 위치이며, 정면 교차점과 H2 수평 숨은선의 끝점을 직선으로 연결하면 오각형 좌우 윗변의 정면 궤적이 된다.
또한, 정면도 H3 꼭짓점 위치에서 작성한 수직선과 평면도 가운데 수평선의 교차점이 평면도의 H3 꼭짓점 위치이며, 평면 교차점과 H2 수평 숨은선의 끝점을 직선으로 연결하면 오각형 좌우 윗변의 평면 궤적이 된다.

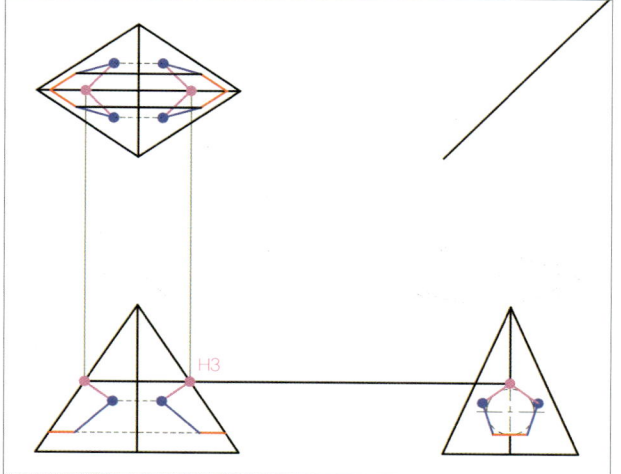

12 정면도에 전개한 H3 수평선은 구멍 내부를 표현하기 위해 빗면에서 잘라 정리한다. 구멍 내부의 모서리이기 때문에 '숨은선'으로 표현한다.

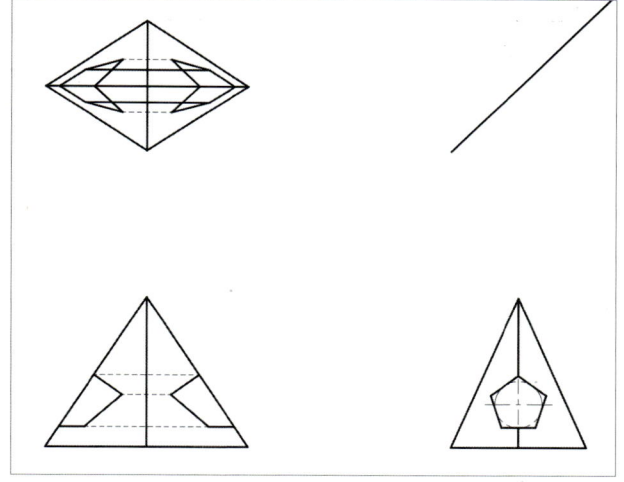

13 정면도와 평면도 각뿔의 기본 형상 모서리는 오각형 구멍이 뚫리면서 구멍 내부의 모서리가 제거되므로 잘라서 정리한다.

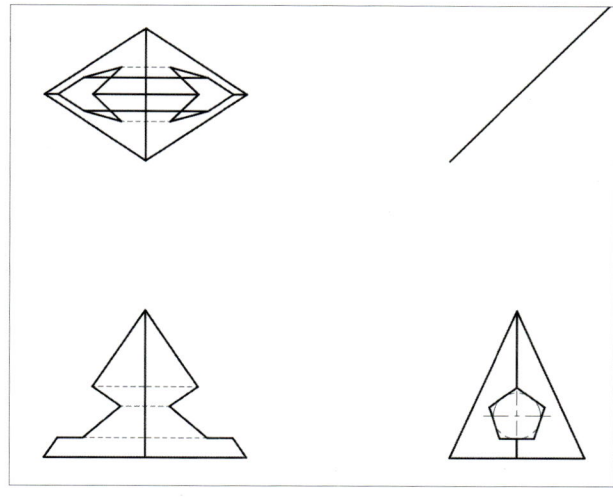

14 평면도의 밑변 H1 모서리는 3차원 평면의 기울기로 인해 구멍 안쪽과 바깥 부분으로 구분된다. 평면도의 H1 수평선은 오각형의 좌우 윗변을 기준으로 분리하며, 오각형 내부에 모서리가 보이는 부분은 '외형선', 각뿔 형상에 가려져 보이지 않는 모서리는 '숨은선'으로 표현한다. 실제 입체 형상을 평면에서 바라보면 우측과 같이 보인다.

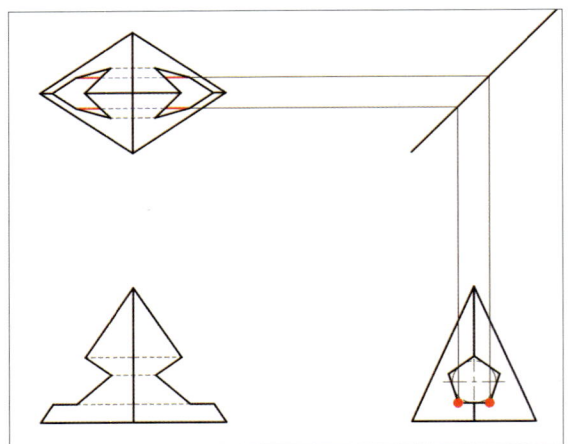
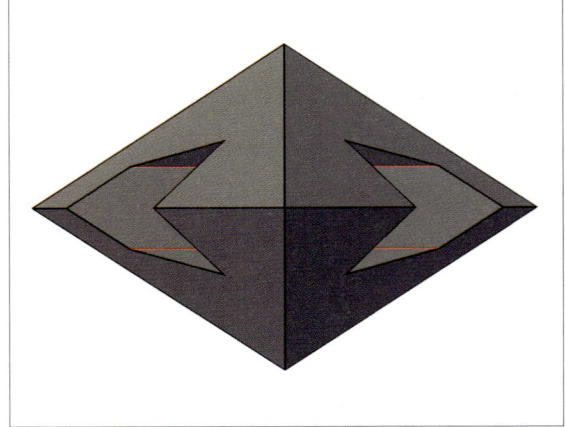

15 불필요한 객체를 모두 정리한 후 치수를 기입하여 완성한다.

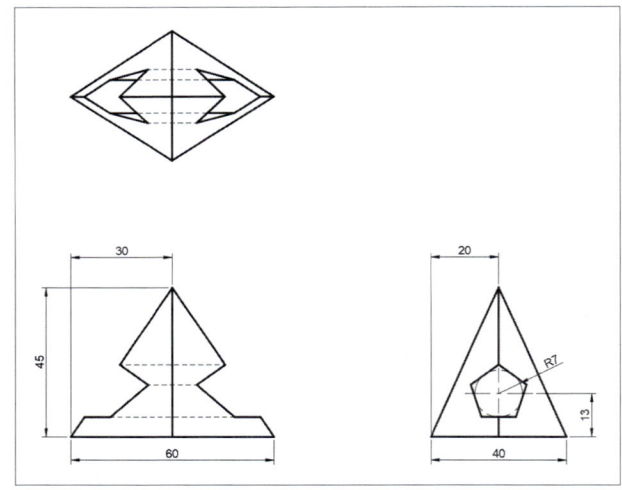

3-7. 구

구는 일반적으로 동그란 공의 모양을 의미한다. 구는 모든 방향에서 항상 원 형상이고 2차원 도면에도 원으로 표현된다. 도면에서 원으로 표현하는 형상이 구 말고도 원기둥(또는 구멍)도 있기 때문에 치수 없이 단순히 원만 보았을 때 원기둥인지 구인지 구분하기 어렵다. 따라서 구 형상인 경우 반드시 지름 또는 반지름 치수 앞에 Sphere(구)의 약자인 'S'를 붙여 표시한다. 대부분 본 시험에서 가장 어려운 형상을 구라고 생각하지만, 구로 인하여 발생되는 원리를 정확히 이해하면 쉬운 형상이니 반드시 이해하도록 한다.

3-7-1. 구

이미 알고 있는 내용일 수도 있으나, 가장 기본적인 구의 3면도를 작성해 보자.

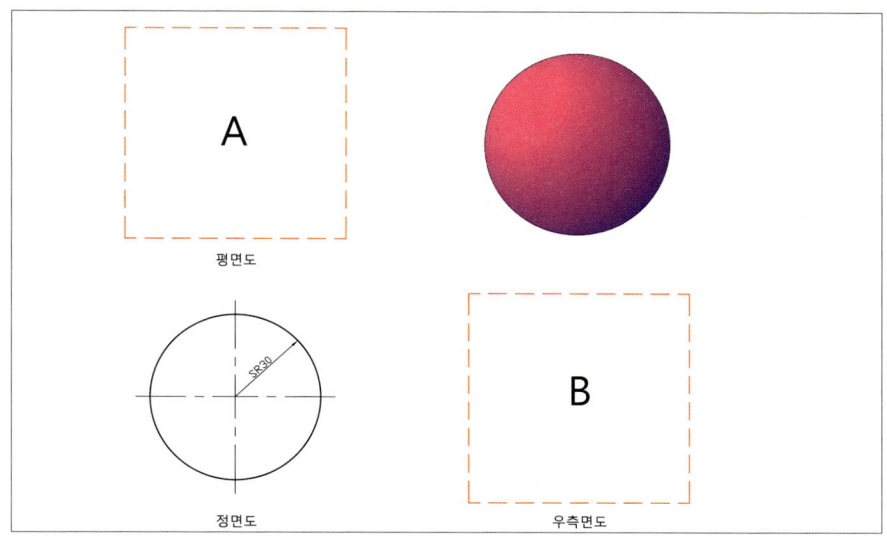

01 정면도 위치에 수평·수직선을 작성한다. 수평·수직 중심선의 교차점을 원의 중심으로 지정한 후 반지름 30mm 크기의 원을 작성한다. 중심선은 작성한 원에 맞춰 정리한다.

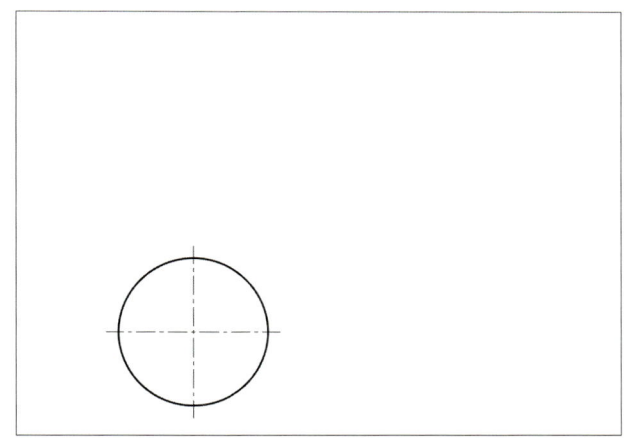

02 정면도에서 임의의 떨어진 위치에 작성한 원과 중심선을 모두 복사하여 평면도와 우측면도를 작성한다.

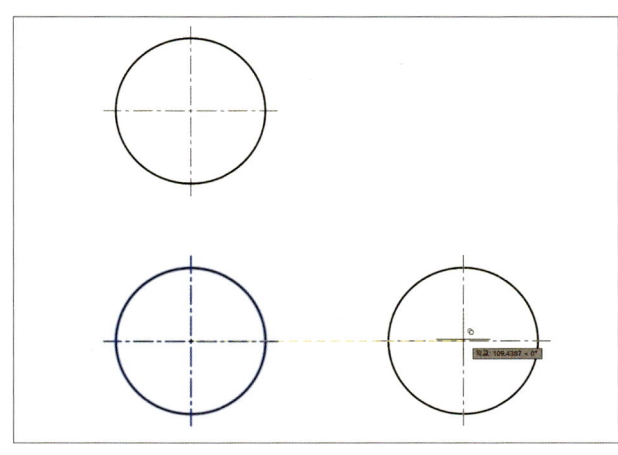

❝ 정면도를 복사(Copy) 할 때 수평·수직 위치를 정렬하기 위하여 직교 모드(F8)가 켜져 있는 상태로 작성한다.

03 정면도에 구의 반지름 치수를 기입한다. 이때, 'R30' 치수 앞에 "S"를 기입하며, 반드시 대문자로 작성한다.

이와 같이 구 형상은 기본적으로 삼면도에 모두 같은 크기의 원으로 표현되는 특징을 이해하도록 한다.

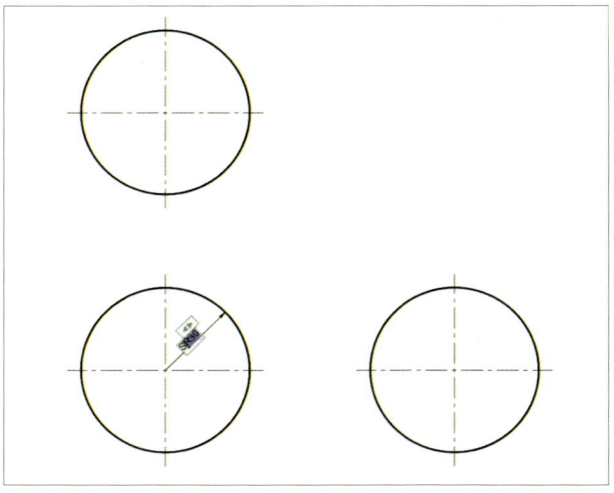

> 구 형상은 반드시 치수 앞에 Sphere(구)의 약자 "S"를 기입한다.

3-7-2. 구의 중심점에서 잘린 면
구의 중심점에서 잘린 면을 직각 방향에서 바라보면 어떤 변화가 발생하는지 알아보도록 한다.

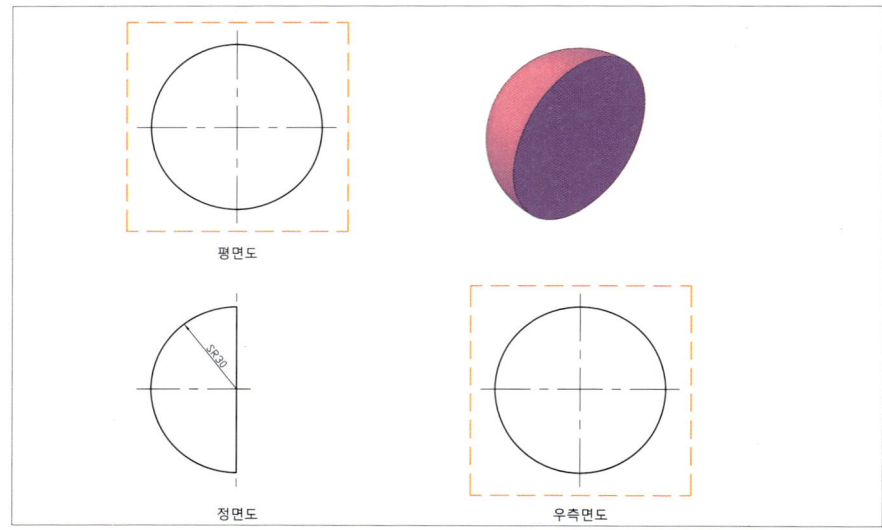

01 도면을 참고하여 구의 삼면도를 작성한다.

※ 3-7-1 내용 참고

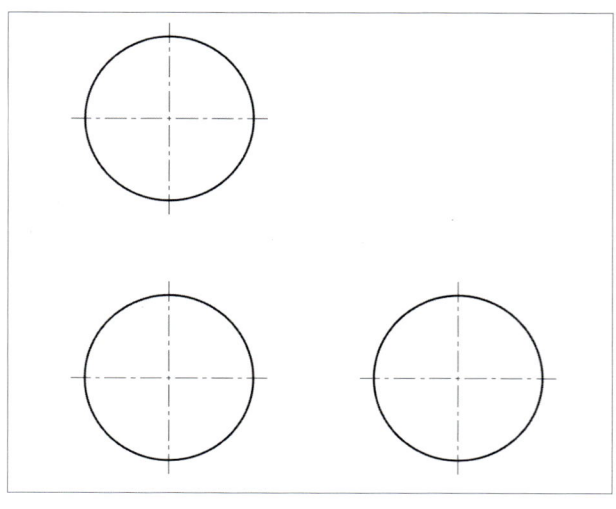

02 정면도 구의 중심을 기준으로 우측 절반을 자른 후 변화된 형상에 맞춰 선을 정리한다.

> 정면도에서 구의 수직 중심선과 잘리면서 발생된 외형선이 겹치게 된다. 두 종류 이상의 선이 겹치는 경우 제도 규칙에 명시된 선의 우선순위에 따라 가장 우선순위를 갖는 '외형선'으로 표현한다. 이때, 선이 겹치지 않는 구의 바깥 부분은 '중심선'으로 표현하고, 중심선은 명확한 구분을 위해 만나는 끝점에서 약 2mm 전후로 띄워 작성한다.
> 수평 중심선은 잘리면서 변화된 형상을 기준으로 길이를 조정한다.

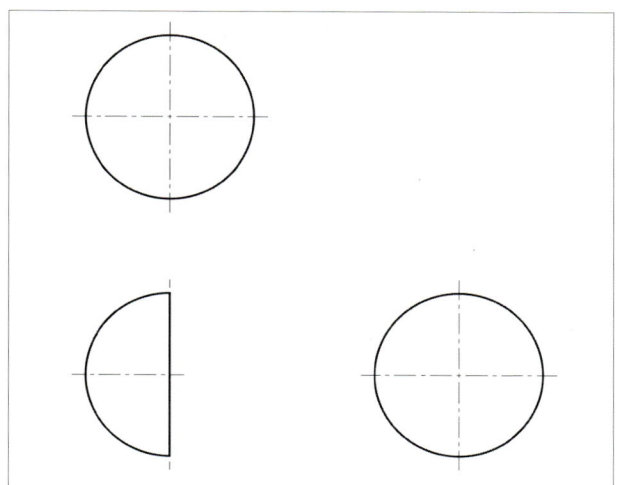

03 평면도는 정면도에서 수직 방향으로 잘린 구의 형상과 동일하므로 같은 방법으로 평면도를 작성한다.

우측면도는 잘린 구의 절단면이 보이는데, 구의 중심에서부터 잘렸기 때문에 구의 지름과 같은 원으로 발생된다. 즉, 우측면도에는 구가 잘리면서 발생한 변화가 없으므로 수정하지 않는다.

위 내용을 이해하기 어렵다면 실제 구체를 중심에서 자른 후 절단면을 확인해 본다.

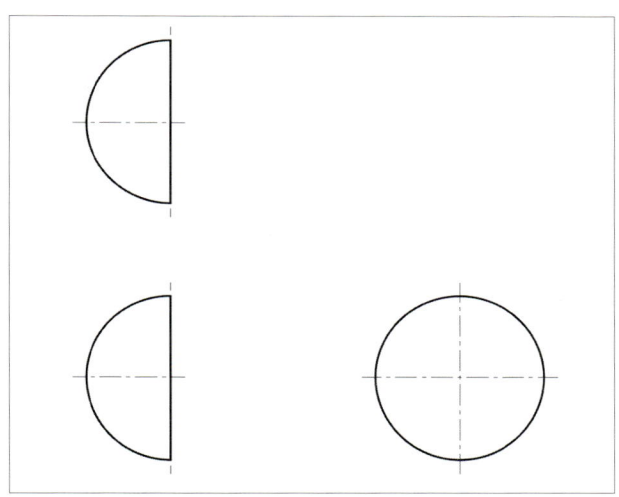

04 치수를 기입하고 도면 작성을 마무리한다. 반드시 구의 반지름 치수 앞에 대문자 "S"를 입력해야 한다.

여기서 중요한 것은 잘린 구의 절단면은 원 형태의 면인 것과 중심에서 잘린 구의 절단면의 지름과 구의 지름이 동일하다는 것이니 반드시 기억하도록 한다.

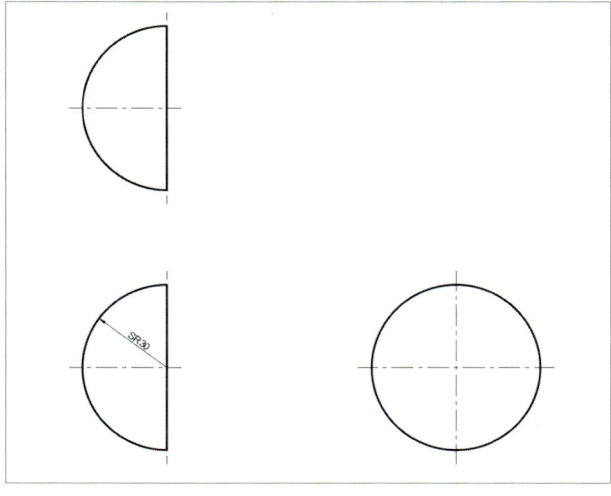

3-7-3. 구의 중심점에서 사선으로 잘린 면

중심점에서 잘린 구의 절단면을 바라보는 방향이 면에 직각 방향이 아닌 기울어진 경우 어떤 변화가 발생하는지 알아보자. 앞에서 구의 절단면은 원 형태의 면인 것을 이해하였다면 3-5-5의 기울어진 원기둥의 면을 바라본 경우와 같은 원리임을 이해하도록 한다.

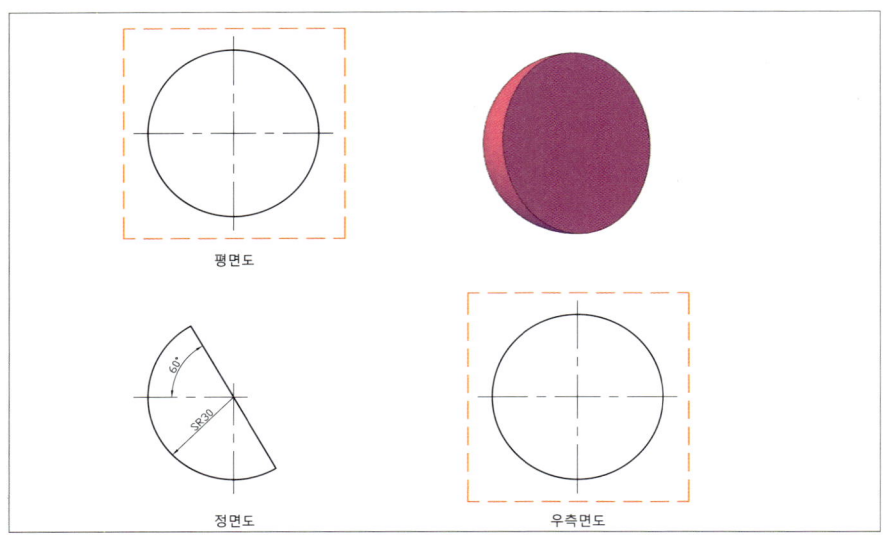

01 도면을 참고하여 구의 삼면도를 작성한다.

※ 3-7-1 내용 참고

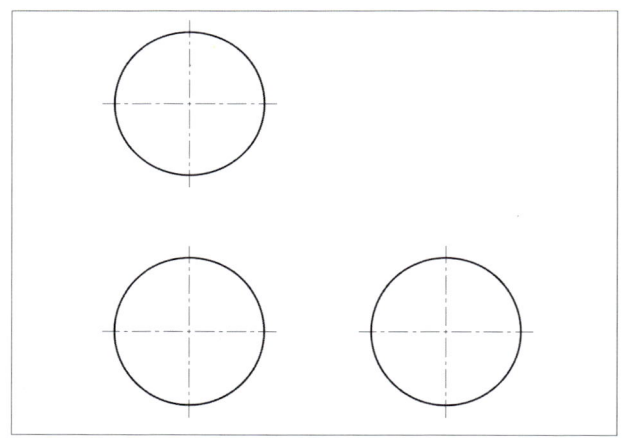

02 정면도의 각도 치수를 참고하여 구의 중심에서부터 사선으로 자른다. 잘린 형상을 기준으로 중심선의 길이를 조정한다.

잘린 구의 절단면은 원이 되고, 이 절단면을 평면도와 우측면도 방향에서 보면 기울어진 원을 보는 것과 같다.

이는 3-5-5의 기울어진 원기둥의 원형면을 보는 것과 같은 원리로 절단면의 타원을 작성한다.

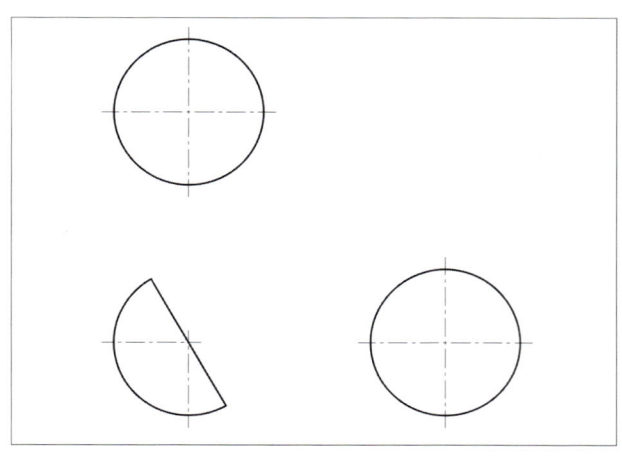

03 평면도에서 잘린 구의 중심점이 타원의 중심 P1, 중심에서부터 잘려 구와 절단면의 지름이 같으므로 위·아래 사분점이 수직 사분점 P2가 된다.

또한, 정면도 절단면 모서리의 양 끝점(원형면의 사분점) 위치에서 작성한 수직선과 평면도 수평 중심선과의 교차점이 수평 사분점 P3이 된다.

전개하여 찾은 타원의 중심과 사분점 P1, P2, P3를 통해 타원을 작성한다.

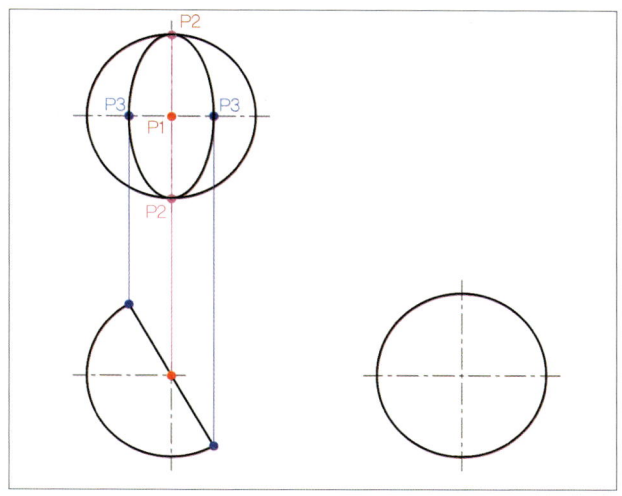

04 평면도에서 타원을 기준으로 원의 우측 반원을 잘라서 정리한다. 정면도에서 구의 우측 상단 부분이 잘려 보이지 않기 때문이다.

잘린 형상에 맞춰 중심선의 길이를 조정한다. 우측면도는 평면도와 같은 방법으로 작성한다. 가능하면 지금까지 학습한 내용을 바탕으로 스스로 작성한 후 다음 내용을 통해 점검하는 시간을 갖는 것을 추천한다.

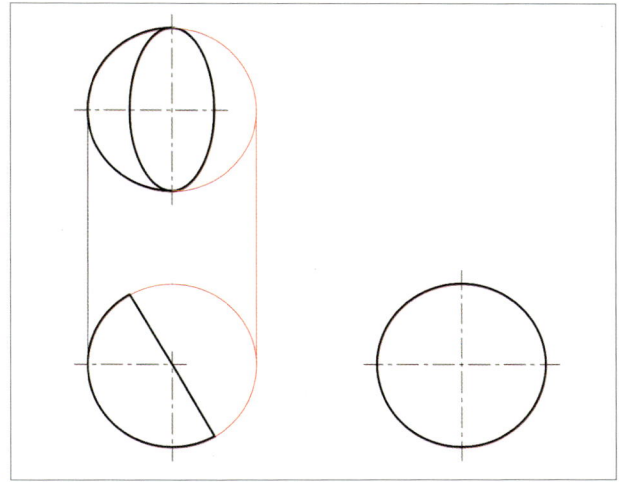

05 정면도에서 구의 중심과 절단면의 사분점을 우측면도로 전개하여 타원의 중심과 사분점의 위치를 찾는다.

전개하여 찾은 타원의 중심과 사분점 P1, P2, P3를 통해 타원을 작성한다.

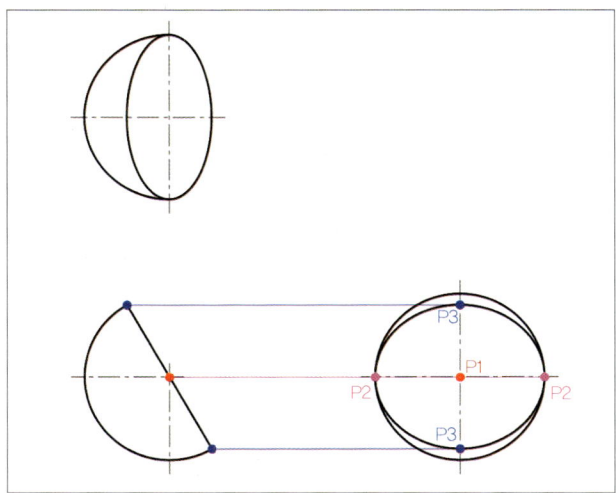

Chapter 06_삼각법을 이용하여 객체 작성하기 ■ 223

06 우측면도에서 타원을 기준으로 원의 위쪽 반원을 잘라서 정리한다. 정면도에서 구의 우측 상단 부분이 잘려 보이지 않기 때문이다. 잘린 형상에 맞춰 중심선의 길이를 조정한다.

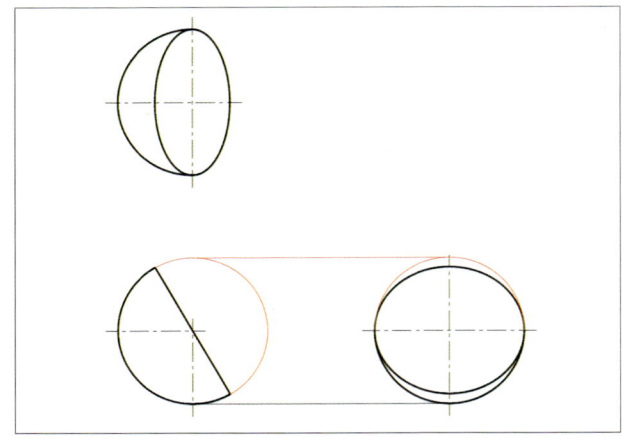

07 치수를 기입하고 도면 작성을 마무리한다.

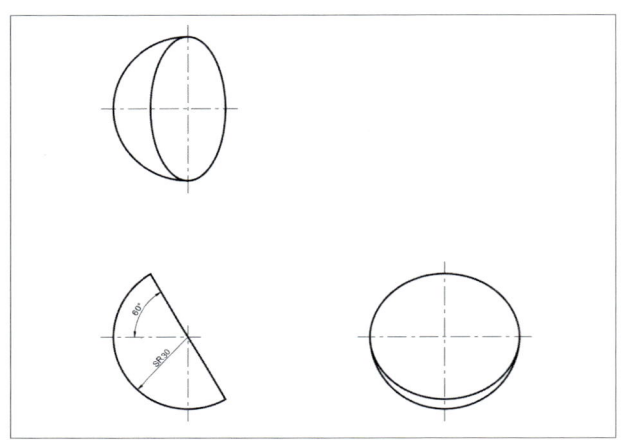

3-7-4. 구의 중심점과 떨어진 위치에서 잘린 면

잘린 구의 절단면은 원이 되고, 잘린 위치가 구의 중심이라면 절단면은 구의 지름과 같은 크기의 원이 된다. 이번에는 구의 중심에서 떨어진 위치에서 잘린 구의 절단면에 어떤 변화가 발생하는지 알아보도록 한다.

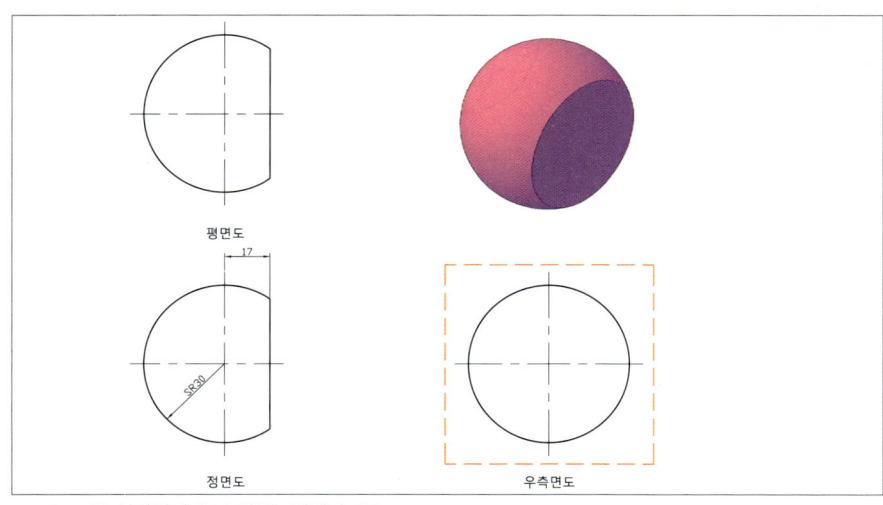

01 도면을 참고하여 구의 삼면도를 작성한다. 이때, 정면도와 평면도의 잘린 부분까지 작성한다.

※ 3-7-2 내용 참고

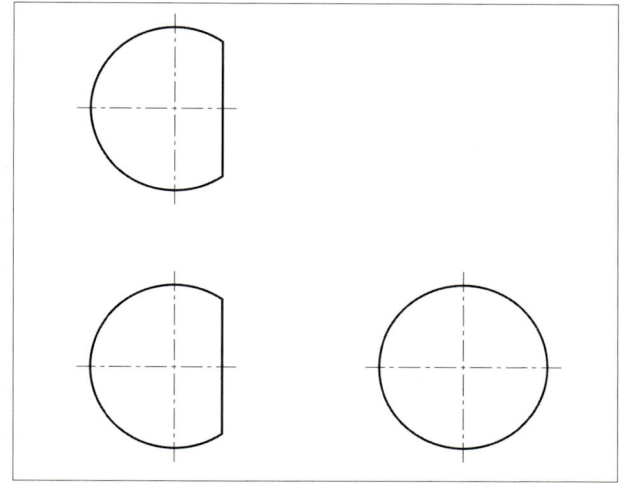

02 정면도 절단면의 양 끝점에서 전개한 후 우측면도 수직 중심선과의 교차점을 찾는다. 평면도의 절단면 모서리를 이용할 수도 있지만, 45° 보조선을 거쳐야 한다.

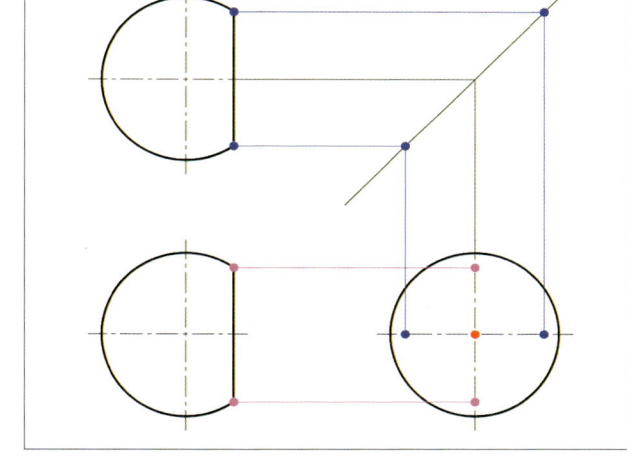

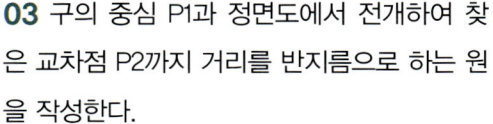

이전 예제들을 통해 잘린 구의 절단면은 원이 되고, 절단면을 직각 방향에서 보면 원형면이 보이는 것을 이해하였을 것이다. 구의 중심점에서 떨어진 위치에서 잘린 경우의 원형면의 크기는 정면 또는 평면의 절단면 모서리를 통해 찾을 수 있다.

03 구의 중심 P1과 정면도에서 전개하여 찾은 교차점 P2까지 거리를 반지름으로 하는 원을 작성한다.
이때, 교차점 P2는 위·아래 중 한 점만 있으면 된다.

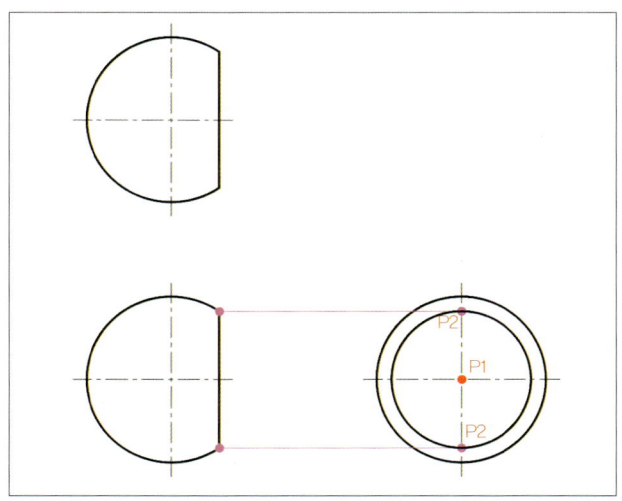

04 치수를 기입하고 도면 작성을 마무리한다.

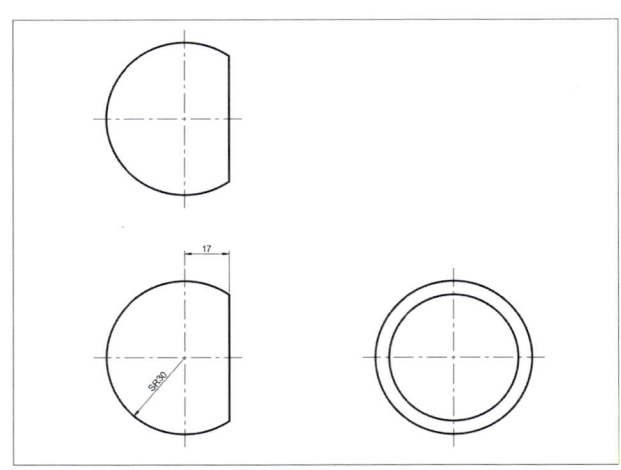

3-7-5. 구의 중심점과 떨어진 위치에서 사선으로 잘린 면

중심점에서 떨어져 잘린 구의 절단면은 구의 지름이 아닌 절단면의 모서리 길이만큼 지름을 가진 원이 되는 것과 기울어진 구의 절단면을 보면 타원이 된다는 것을 학습하였다. 이 두 가지가 복합적으로 작용될 때 어떤 변화가 발생하는지 알아보도록 한다.

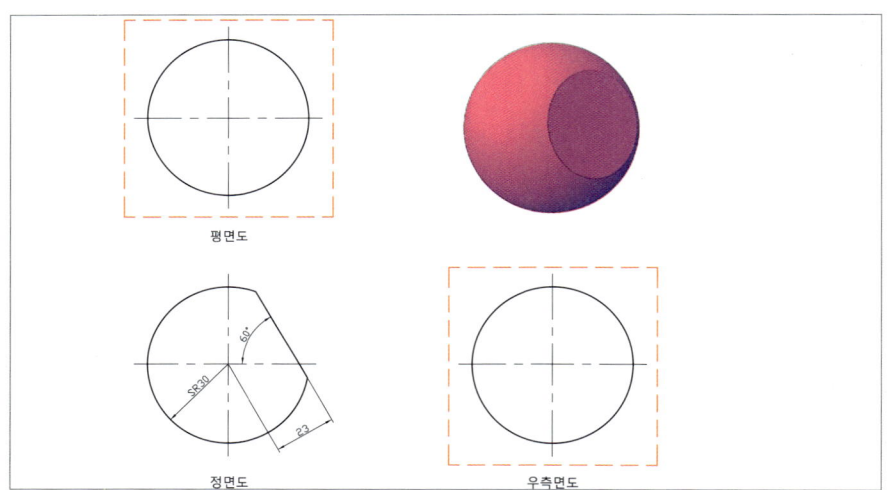

01 도면을 참고하여 구의 삼면도를 작성한다.

※ 3-7-1 내용 참고

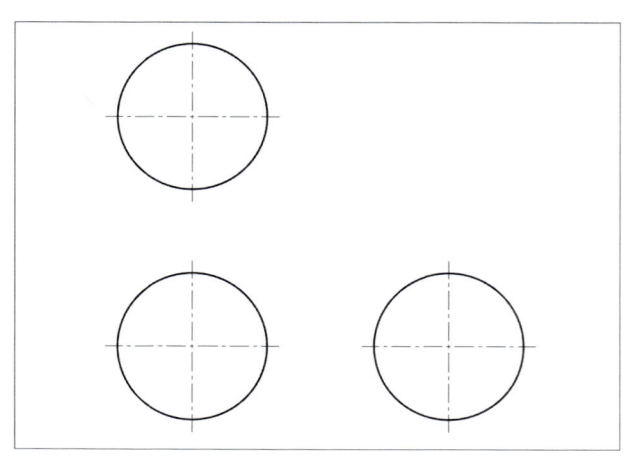

02 정면도의 잘린 형상을 작성한다.
구를 자르기 위한 사선은 구의 중심에 작성한다.

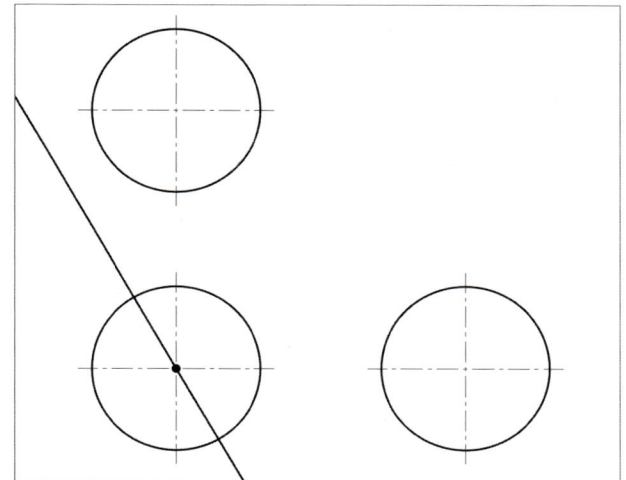

❝ 본 예제와 같이 원 또는 구의 중심에서부터 떨어진 간격까지 '회전'된 치수로 기입되어 있는 경우, 치수의 기준점인 원 또는 구의 중심에 사선을 먼저 작성한다.

03 작성한 사선을 Offset으로 간격을 띄운다. 간격을 띄운 선은 구를 자르는 절단선이자 절단면의 모서리가 된다.

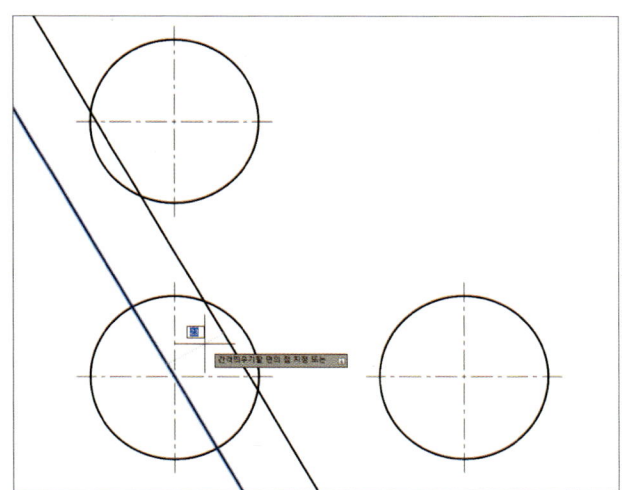

04 구의 중심에 작성한 사선은 삭제하고 간격을 띄워 작성한 사선은 잘라서 정리한다.
이때, 절단면 모서리의 길이는 원의 지름, 중간점은 원의 중심, 양 끝점은 원의 사분점이 된다.
타원의 중심과 사분점의 위치를 찾기 위하여 절단면 모서리의 중간점과 양 끝점에서 수직선을 작성하여 평면도로 전개한다. 수직선과 평면도의 중심선의 교차점이 타원의 중심과 수평 사분점이 된다.

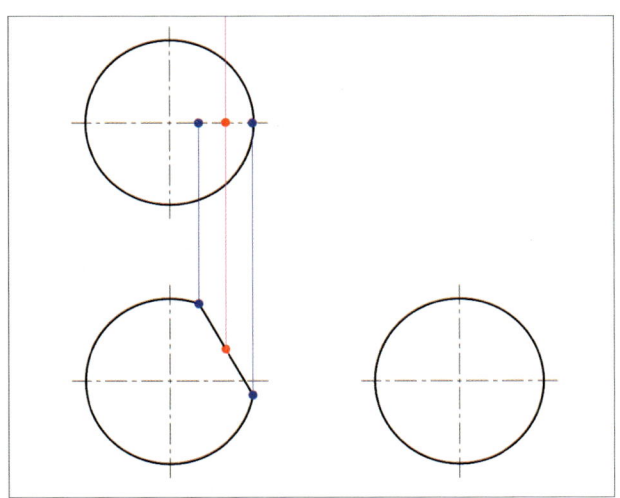

05 계속해서 타원의 수직 사분점 위치를 찾는다.
구의 절단면이 원이란 것을 기억하고 있다면, 평면도 타원의 수직 사분점은 절단면의 지름과 같다는 것을 파악할 수 있다. 하지만 절단면의 지름 치수가 정수가 아니기 때문에 수치적으로 작성하기에 어려움이 발생한다.

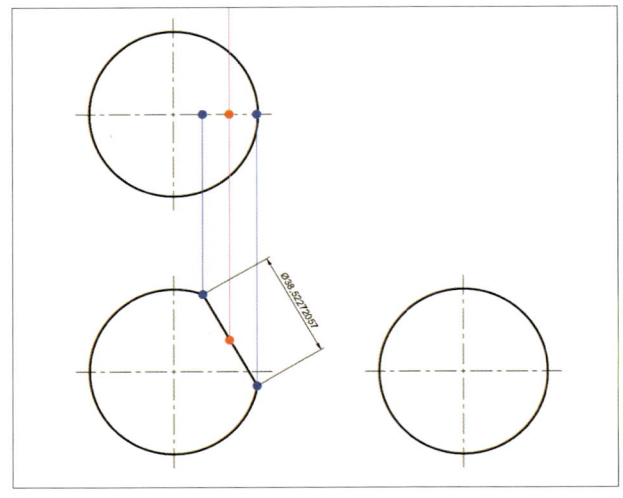

06 다음은 정수가 아닌 치수 값을 정확하게 활용하기 위한 응용 방법 중 한 가지이다.
절단면 모서리의 중간점이자 원의 중심 P1을 기준으로 양 끝점이자 원의 사분점 P2를 반지름으로 하는 원을 작성한다.

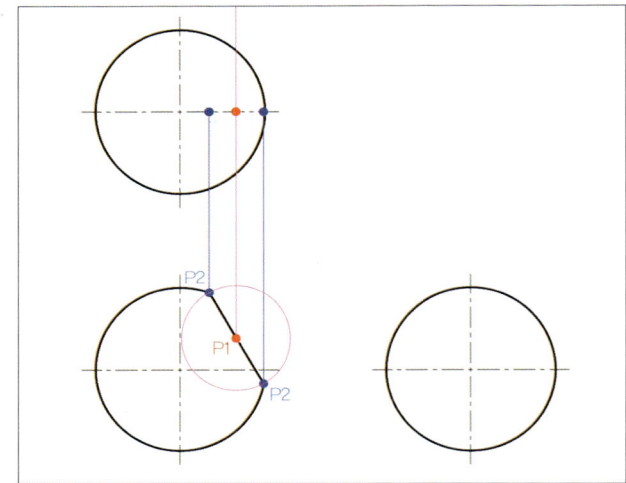

07 정면도에 작성한 원은 중심 P1을 기준으로 평면도의 타원의 중심 P1으로 복사하여 절단면의 지름을 평면도에 표시한다.
정면도 원의 중심에서 전개된 수직선과 평면도에 복사한 원의 교차점이 타원의 수직 사분점이 된다.

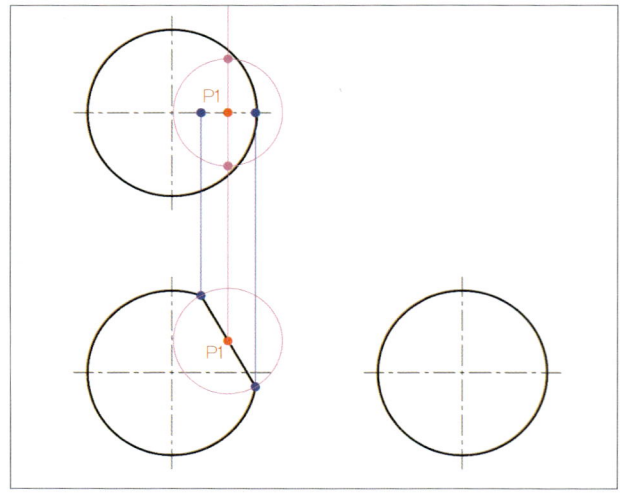

08 타원의 중심점과 사분점 P1, P2, P3를 이용하여 타원을 작성한 후 전개한 선들은 모두 삭제한다.
이때, P3은 우측 P3의 위치가 구의 사분점과 가깝기 때문에 실수할 확률이 높으므로 가능한 좌측의 P3을 이용한다.

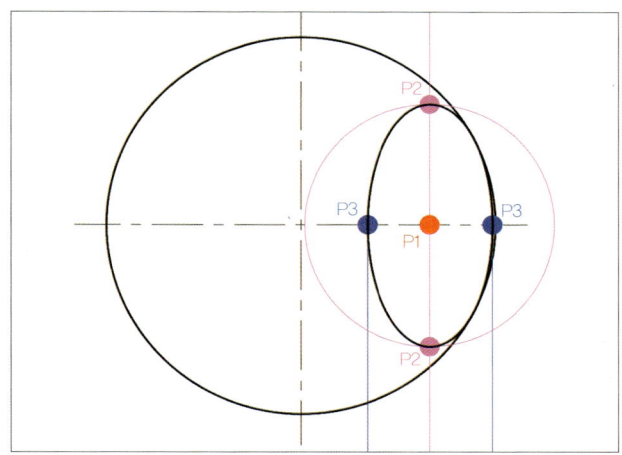

09 정면도를 보면 구의 우측 사분점보다 아랫부분까지 잘린 것을 확인할 수 있다. 평면도를 보면 너무 근접하여 잘 보이지 않지만, 우측 사분점을 확대해 보면 구의 우측 사분점이 타원 바깥으로 돌출되어 있는 것을 확인 할 수 있다. 미세한 부분이지만 도면을 정확히 작성하기 위하여 반드시 확대해서 타원을 기준으로 잘라서 정리한다.

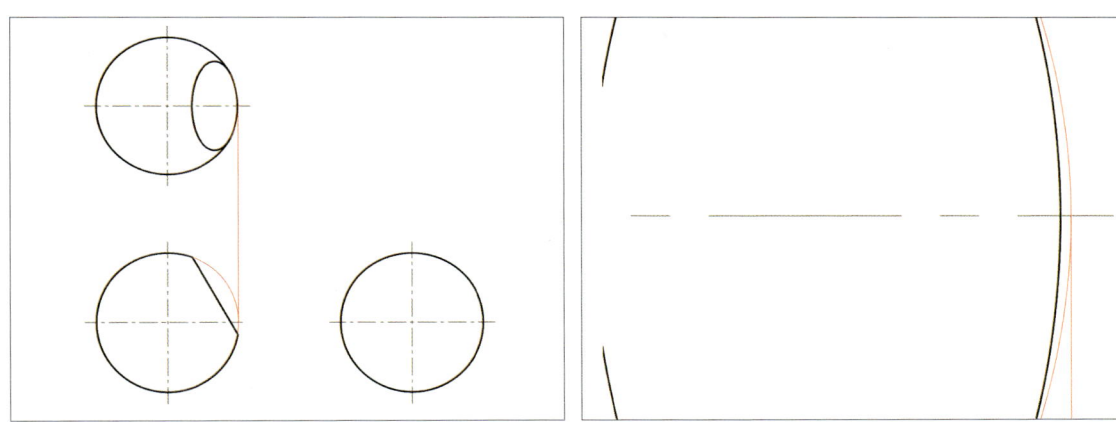

우측면도는 평면도와 같은 방법으로 작성한다. 가능하면 지금까지 학습한 내용을 바탕으로 스스로 작성한 후 다음 내용을 통해 점검하는 시간을 갖는 것을 추천한다.

10 정면도의 절단면 모서리를 이용하여 우측 면도의 타원의 중심점과 사분점을 찾는다.

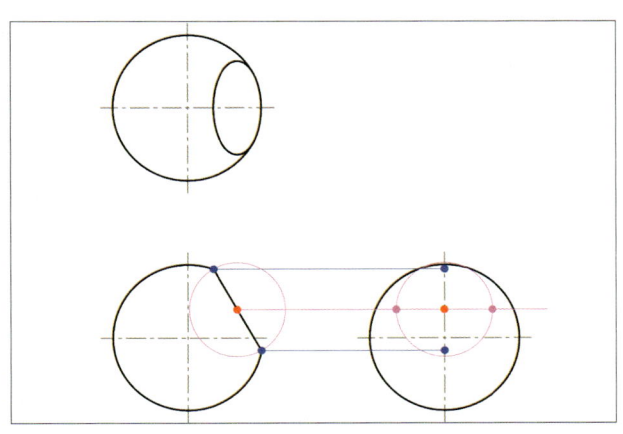

11 타원의 중심점과 사분점 P1, P2, P3를 이용하여 타원을 작성한 후 전개한 선들은 모두 삭제한다.

이때, P3은 위쪽 P3의 위치가 구의 사분점과 가깝기 때문에 실수할 확률이 높으므로 가능한 아래쪽의 P3을 이용한다.

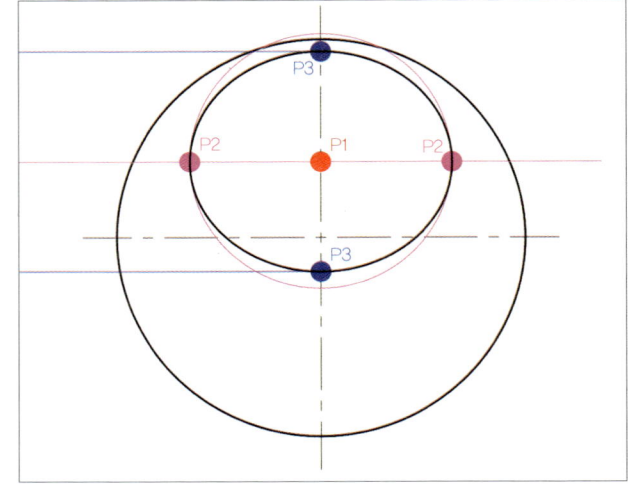

12 우측면도의 타원이 평면도의 타원과 다른 부분은 다음과 같다.

정면도를 보면 구의 위쪽 사분점이 잘리지 않았기 때문에 구의 지름에는 변화가 없고 작성한 타원이 안쪽에 배치된다.

치수를 기입하고 도면 작성을 마무리한다.

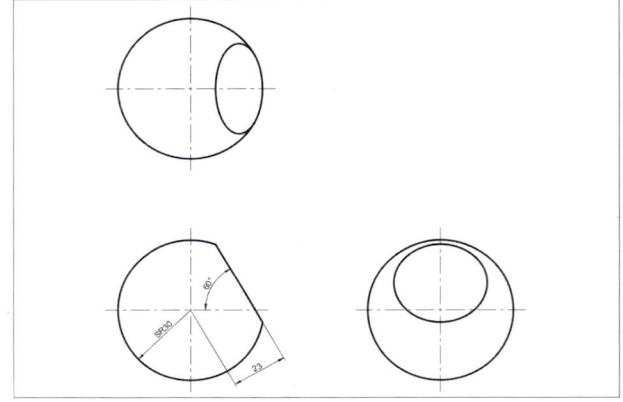

3-7-6. 복합적으로 잘린 구의 면

구를 복합적으로 자르게 되면 도면 작성이 복잡해진다. 하지만 앞의 내용들과 기본적인 원리는 동일하므로 학습한 내용을 바탕으로 하나씩 작성해보도록 한다.

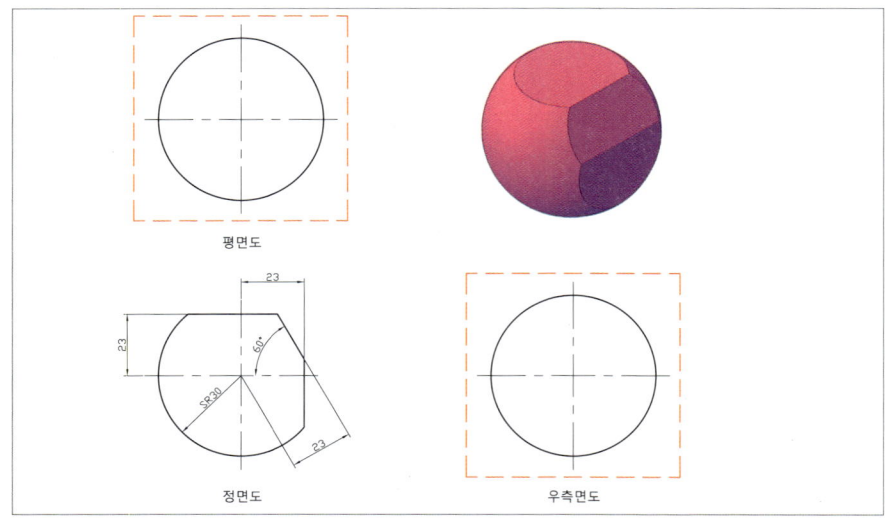

01 도면을 참고하여 구의 삼면도를 작성한다.

※ 3-7-1 내용 참고

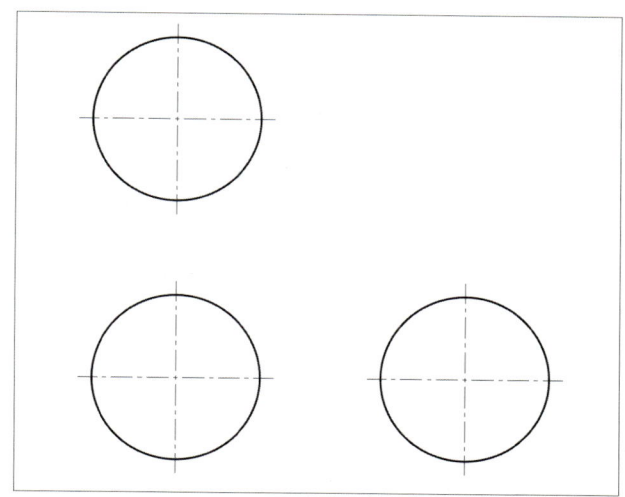

02 정면도에서 잘린 부분을 한 번에 모두 자르지 않고 하나씩 작성하도록 한다.
첫 번째로 정면도의 치수를 참고하여 우측을 자른다.
정면도의 우측이 잘리면, 평면도는 우측이 잘리게 되고 우측면도는 절단면 모서리의 길이를 지름으로 하는 원이 발생한다.

※ 3-7-4 내용 참고

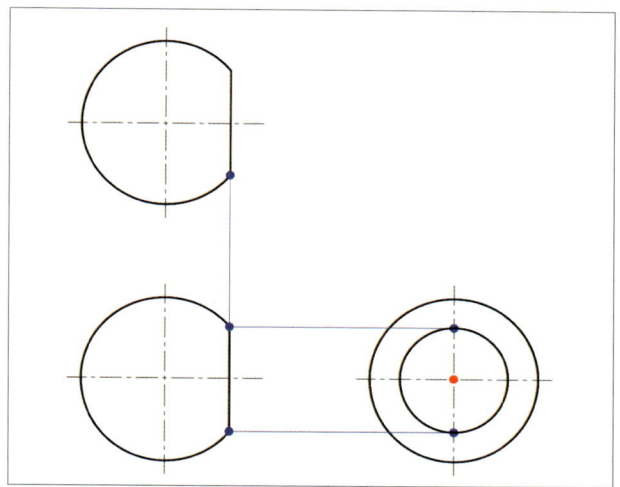

03 두 번째로 정면도의 치수를 참고하여 사선으로 자른다.

※ 3-7-5 내용 참고

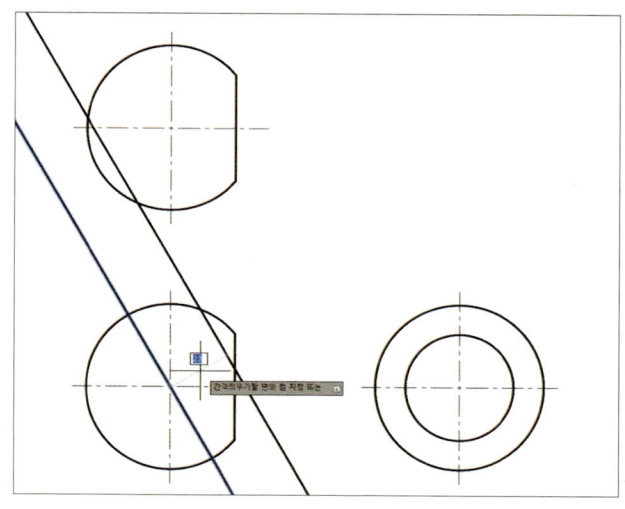

04 정면도의 우측 절단면과 사선 절단면이 만나는 꼭짓점은 우측면도에서 모서리로 발생한다.

절단면이 만나는 꼭짓점 P1을 우측면도로 전개하여 모서리를 작성한다.

또한, 정면도를 보면 구의 우측 윗부분이 잘렸으므로 우측면도에 작성한 절단면의 형상인 원의 윗부분을 자른다.

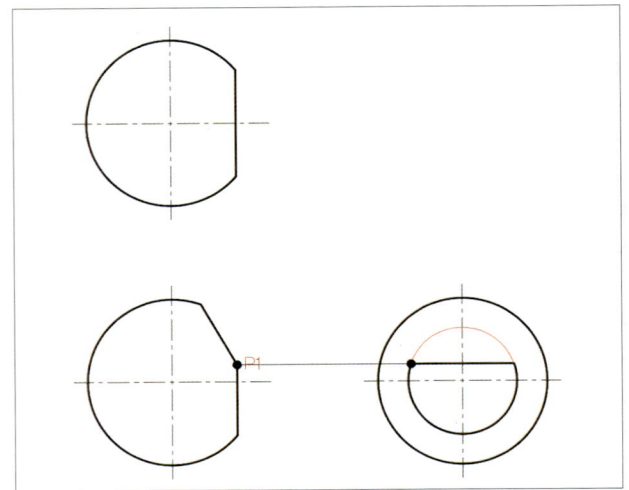

05 3-7-5의 내용을 참고하여 사선으로 잘린 구의 타원을 작성한다.

이때, 구의 절단면을 잘못 이해하고 있다면 우측 그림과 같은 실수를 하게 된다. 이는 잘못된 작도의 대표적인 예시이니 기억해두고 항상 주의 하도록 한다.

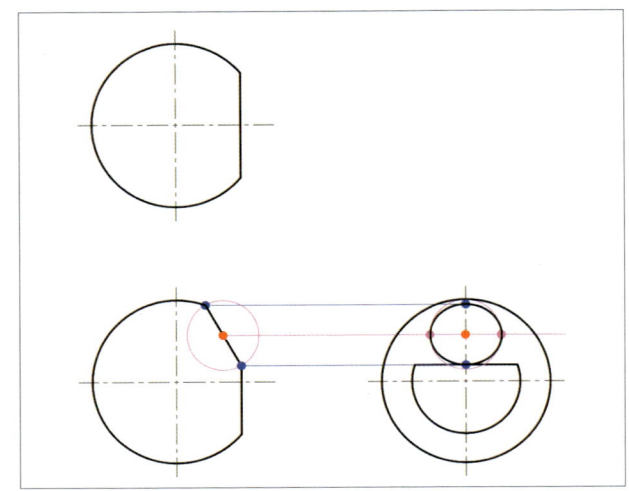

06 사선으로 잘린 구의 절단면 모서리는 구의 우측이 잘리기 전 상태를 가정하여 생각한다.

> 3-7-5에서 원의 중심으로 절단면 모서리의 중간점을 지정한 이유는 구의 전체를 한 번만 잘랐기 때문이다. 하지만, 본 예제는 사선으로 잘린 절단면과 우측이 수직으로 잘려있는 상태로 사선 절단면의 일부가 우측 절단면으로 인하여 잘렸다고 보아야 한다.

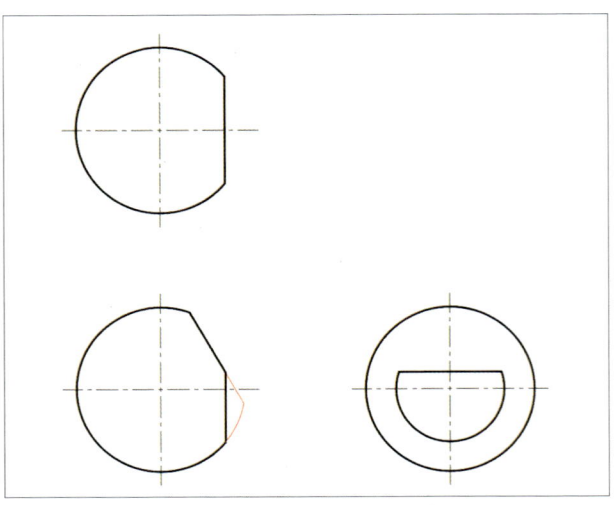

07 이 경우 절단면의 모서리를 연장하지 않아도 구의 중심에서 절단면까지 수직선을 작성하여 절단면의 중심을 찾을 수 있다.

즉, 구의 중심인 P1에서부터 절단면과 직각으로 만나는 선을 작성하면, 만나는 끝점 P2가 절단면의 중심이 된다.

P1에서부터 직각인 선은 Osnap을 활용하면 쉽게 그릴 수 있다.

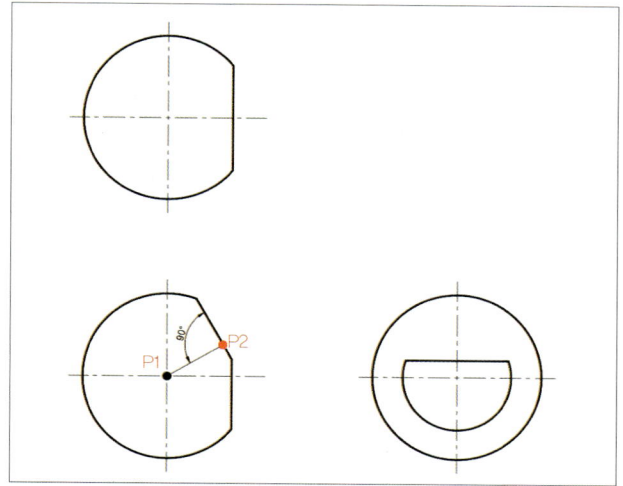

08 찾은 원의 중심점과 사분점에서 전개하여 타원을 작성한다.

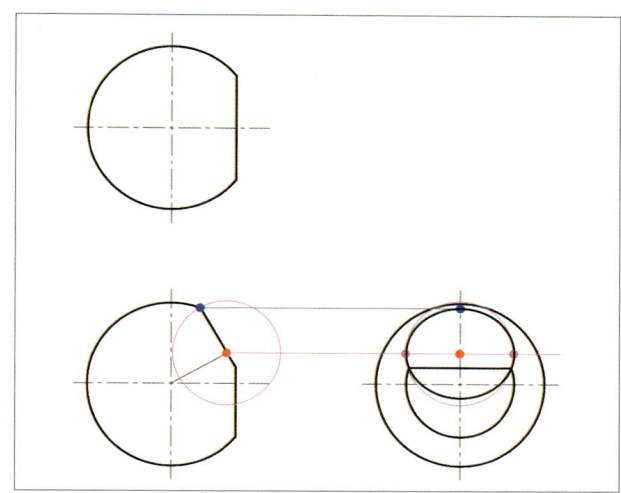

> 타원 작성 시 사분점은 하나만 있으면 된다. 양쪽 사분점 중 한 쪽은 잘렸기 때문에 잘리지 않은 사분점을 이용해 작성한다.

09 작성한 타원의 수평 모서리 아래쪽 부분은 정면도에서 잘려진 부분이므로 정리한다. 불필요한 선 정리 후 위쪽 타원의 끝점이 아래쪽 타원의 끝점과 완벽하게 일치하는 것을 확인한다. 만약 끝점이 일치하지 않는다면 세 요소 중 하나는 잘못 작성한 것이니 처음부터 다시 작성하며 문제점을 파악한다.

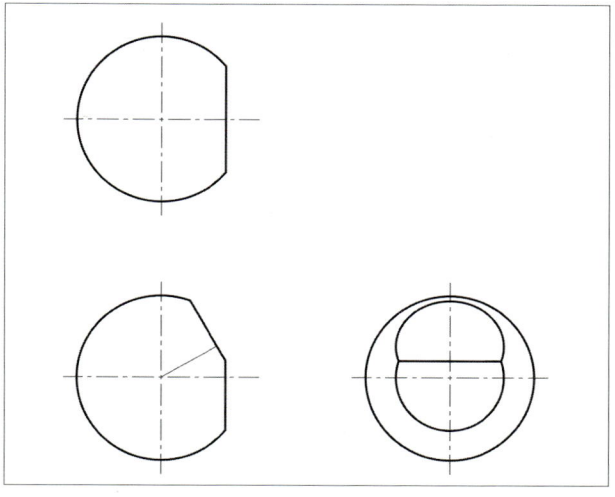

10 이어서 평면도의 타원을 작성한다. 이때 구의 우측 잘린 부분을 넘어간 타원은 잘라서 정리한다.

> ❝ 평면도에 작성한 타원의 끝점이 잘린 수직 모서리의 끝점과 일치하지 않아 타원을 잘못 작성했다고 오해할 수 있다. 평면도의 잘린 수직 모서리는 우측면도 절단면의 지름과 길이가 같고, 구의 중심에서 수평 모서리까지가 절단면이다. 또한 이 절단면은 원이기 때문에 중심에서 위쪽으로 갈수록 점점 폭이 좁아지며, 작성한 타원의 끝점이 원의 지름보다 안쪽에 있으므로 일치하지 않는 것이 정상이다.

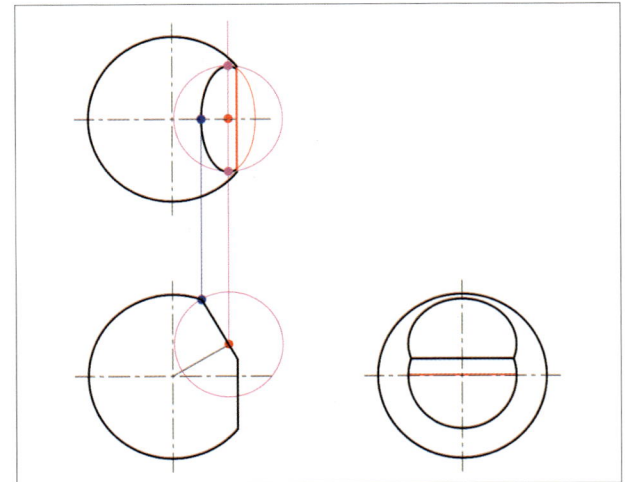

11 마지막으로 정면도 구의 위쪽을 자른다. 정면도 잘린 모서리의 위치를 참고하여 우측면도의 위쪽을 잘라 정리하면 정면도와 우측면도 작성이 완료된다.

정면도 위쪽 잘린 모서리로 인하여 면이 발생하고, 빗면과 만나는 꼭짓점 위치에서 모서리가 발생한다. 평면도의 꼭짓점 위치에서 수직 모서리를 작성한 후 모서리를 기준으로 빗면 타원의 좌측이 잘려 없어지므로 선을 정리한다.

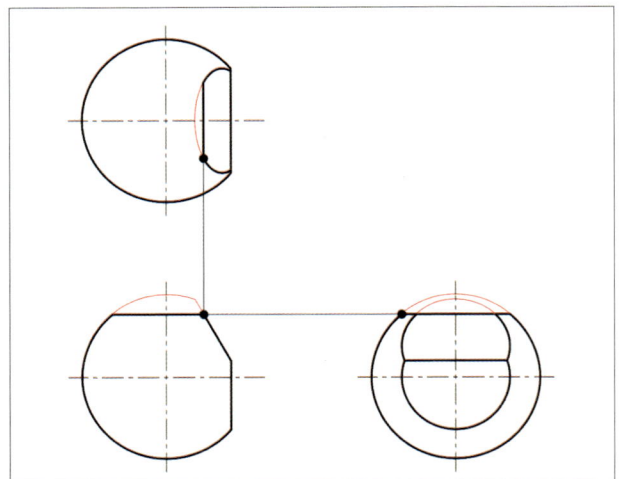

12 정면도 위쪽 잘린 모서리는 평면도에서 보면 원 형상의 면이고, 왼쪽 끝점이 사분점이다. 평면도 구의 중심에서 전개한 수직선과 중심선의 교차점까지 원을 작성한다.

참고로 위쪽 잘린 모서리의 우측 부분이 잘렸기 때문에 왼쪽 끝점만 사분점으로 사용이 가능하다.

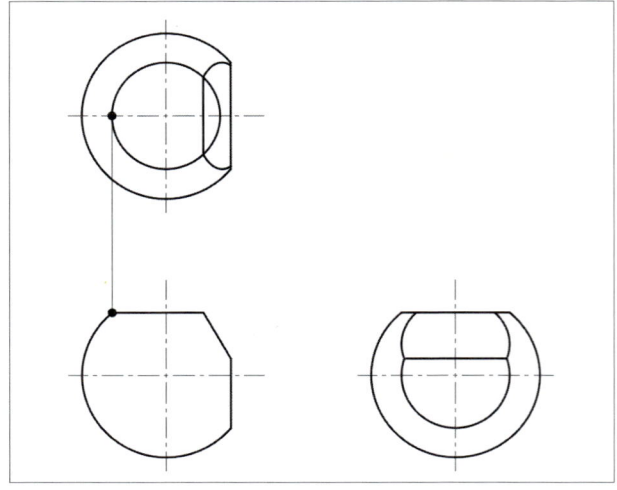

13 정면도에서 보면 평면도에 작성한 원은 우측 빗면으로 인하여 잘리므로 수직 모서리를 기준으로 우측을 잘라 정리한다.
잘린 원의 끝점이 수직선의 끝점과 완벽하게 일치하는 것을 확인한다. 만약 끝점이 일치하지 않는다면 세 요소 중 하나는 잘못 작성한 것이니 처음부터 다시 작성하며 문제점을 파악한다.
잘린 형상에 맞춰 중심선을 조정한 후 치수를 기입하고 도면 작성을 마무리 한다.

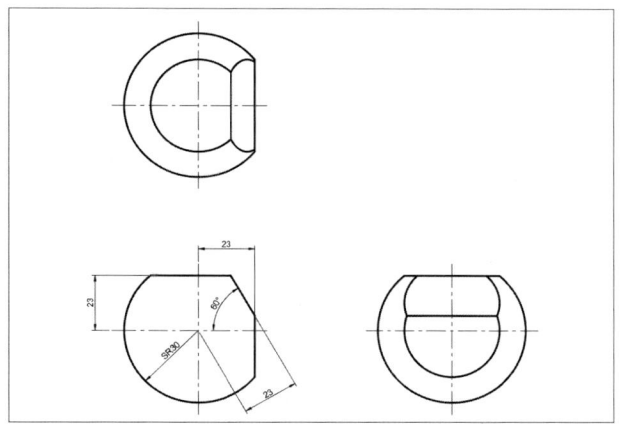

3-8. 제도 기법 및 원리

컴퓨터 지원 설계(CAD, Computer Aided Design)가 보편화되면서 자연스럽게 손 제도는 점차 줄어들어 이제는 거의 보기 힘들다. 현대에는 대부분 CAD 응용 프로그램을 이용하여 도면을 작성하고 있으며, 프로그램의 기능을 통해 특수한 조건에 의해 발생한 요소들을 빠르게 추적하고 편리하게 작성하고 있다.

CAD로 인하여 작업 효율 및 생산성이 대폭 향상되었다는 장점이 있지만, 자연스럽게 제도의 기법 및 원리에 대한 학습이 소홀해졌다는 단점이 발생했고 자연스럽게 제도 기법에 관련된 내용을 모르고 프로그램 기능 활용에 대한 내용으로만 학습하게 되었다. 또한 실무에서는 CAD 응용 프로그램의 기능만으로 처리할 수 없는 부분이 존재하고 제도 기법 및 원리를 응용해야 하는 상황이 종종 발생한다. 하지만 제도 기법 및 원리에 대한 학습이 소홀해졌기 때문에 이런 상황에서 도면을 작성할 수 있는 전문 인력은 점차 찾기 드물게 되었다.

이와 같은 이유로 설계자로써 단순히 형상에 대한 이해뿐만 아니라 제도 기법과 원리, 객체 특성 등 개념을 확실히 이해하고 있어야 하는 중요한 내용이므로 확실히 학습하도록 한다.

3-8-1. 3점원의 원리

세 점을 지나는 원(Circle)은 명령의 옵션을 이용하여 작성할 수 있지만, 옵션을 몰라도 원리만 이해하면 작성할 수 있다. 다음 예제를 통해 3점원의 작성 원리를 이해하도록 한다.

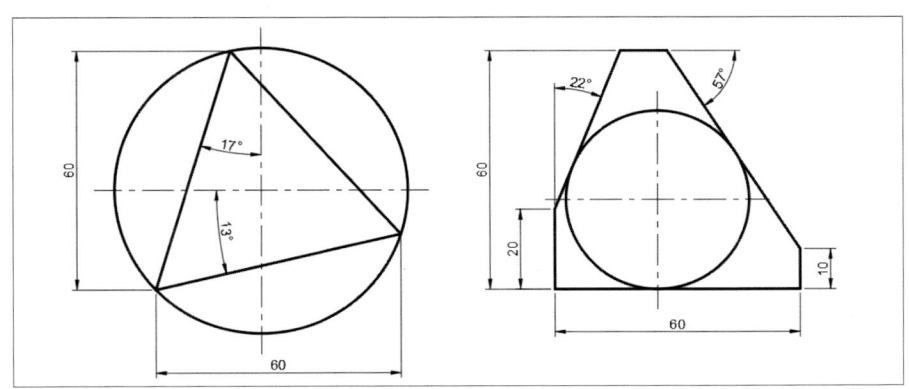

01 도면의 치수를 참고하여 좌측 예제의 삼각형을 작성한다. Circle 명령의 [3점(3P)] 옵션 없이 3점원을 작성하는 경우, 수학 시간에 배운 원과 도형의 성질을 이용하여 기본 명령의 사용법에 따른 조건을 충족 시켜주면 된다. Circle 명령의 기본 사용법은 다음과 같다.

❶ 원의 중심점을 지정한다.
❷ 반지름 값을 입력 또는 지정한다.

여기에서 반지름은 삼각형의 세 꼭짓점 중 하나를 이용하면 되지만 중심점의 위치를 찾아 주어야한다.

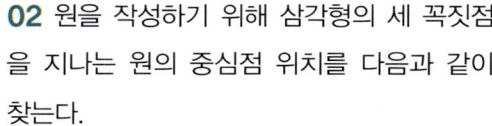

02 원을 작성하기 위해 삼각형의 세 꼭짓점을 지나는 원의 중심점 위치를 다음과 같이 찾는다.

❶ 삼각형 세 변의 중간점에 변과 직각을 이루는 선을 작성한다.
❷ 작성한 선의 교차점을 확인한다.

각 변의 중간점에 변과 직각을 이루는 선을 작성하면 삼각형 내부의 한 점에서 만나 교차하는데, 이 교차점이 원의 중심이 된다. 이를 삼각형의 외심이라고 한다.

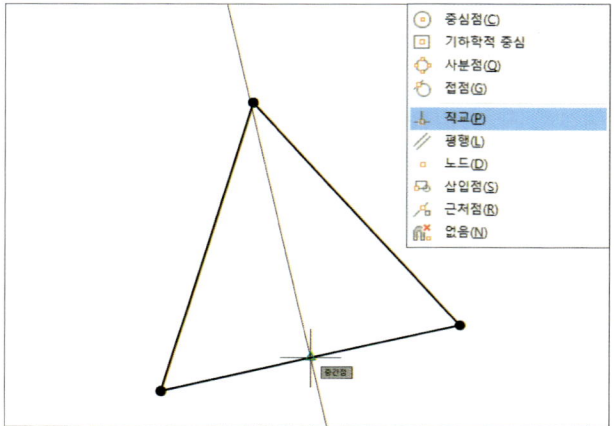

❝ 세 변에 직각을 이루는 선을 작성할 때 Xline 명령 사용을 추천한다.
Xline 명령 실행한 후 단일 객체 스냅 [Ctrl]+마우스 우클릭( ) 항목에서 '직교(P)'를 선택한다. 직교하고자 하는 선을 선택한 후 중간점에 작성한다.

03 기본 원리는 세 변에 모두 직각을 이루는 선을 작성하는 것이지만, 두 변에만 작성해도 원의 중심점을 찾을 수 있다.

Circle 명령을 이용하여 원의 중심점은 두 선의 교차점 P1, 반지름은 삼각형의 세 꼭짓점 중 하나를 지정하여 3점원을 작성한다.

세 꼭짓점의 위치를 Circle 명령의 옵션 [3점(3P)]를 통해 입력하면 앞의 과정을 CAD가 자동으로 처리하는 것이라고 이해하면 된다.

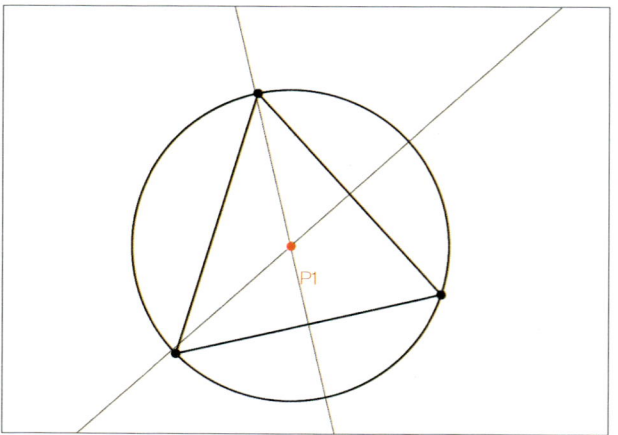

04 원의 중심선과 치수를 기입하여 좌측 예제 도면 작성을 마무리 한다.

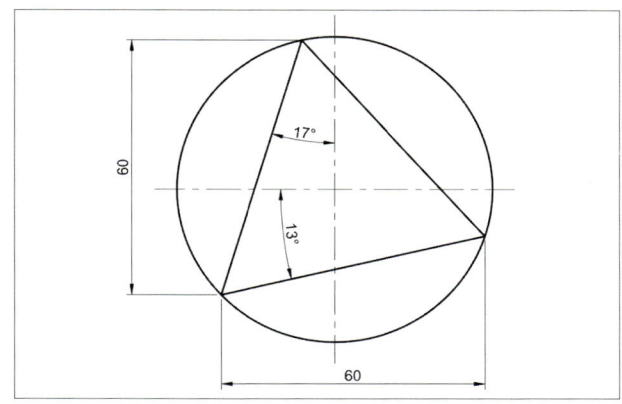

05 도면의 치수를 참고하여 우측 예제의 원을 제외한 나머지 형상을 작성한다. 좌측 예제와 마찬가지로 형상 내부의 원을 작성하기 위해서는 원의 중심점의 위치와 반지름을 찾아야 한다.

좌측 예제의 경우는 대부분 Circle 명령의 옵션 [3점(P)]를 이용한다고 생각하지만, 우측 예제의 경우는 생각하지 못하는 경우가 많다. 원이 지나가는 위치가 점이 아닌 접선의 접점이기 때문이다.

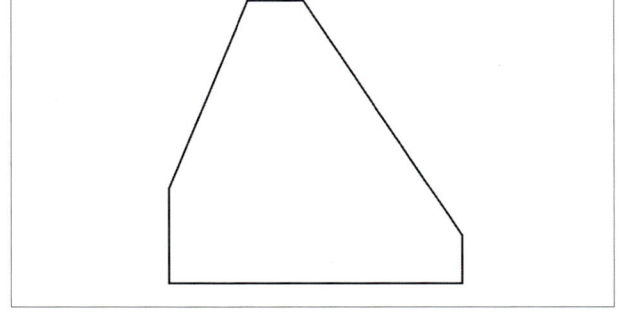

> 명령어로 작성하는 경우 Circle 명령의 옵션 [3점(3P)]를 이용한다. 단, 세 꼭짓점이 아닌 세 변의 접점을 선택해야 하며, 접점을 선택하기 위해 단일 객체 스냅 [Ctrl]+마우스 우클릭( )] 항목에서 '접점(G)'을 반복 선택해야하는 번거로움이 발생한다. 이와 같은 경우, 리본 메뉴의 [원] 명령을 확장하여 [접선, 접선, 접선] 명령을 실행하여 빠르게 작성한다.

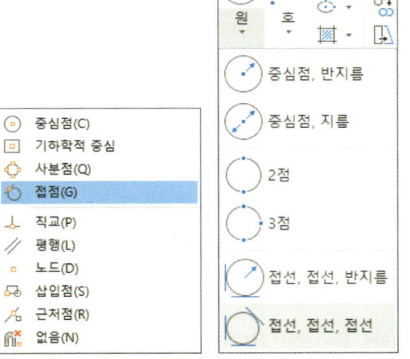

좌측 예제와 마찬가지로 Circle 명령의 옵션 없이 원과 도형의 성질을 이용하여 기본 명령의 사용법에 따른 조건을 충족 시켜주면 된다.

Circle 명령의 기본 사용법은 01 내용과 동일하다. 여기에서 삼각형의 세 변의 접점 중 하나를 이용하여 반지름으로 대체한다.

06 원을 작성하기 위해 삼각형의 세 변의 접점을 지나는 원의 중심점 위치를 다음과 같이 찾는다.
❶ 원이 접하고 있는 세 변을 연장하여 삼각형의 꼭짓점을 찾는다.
❷ 삼각형의 각 꼭짓점에서 내각을 이등분하는 선을 작성하여 교차점을 찾는다.

각 꼭짓점에서 이등분하는 선을 작성하면 삼각형 내부의 한 점에서 만나 교차하는데, 이 교차점이 원의 중심이 된다. 이를 삼각형의 내심이라고 한다.

기본 원리는 세 꼭짓점을 찾아야 하지만 좌측 예제와 같이 두 꼭짓점만 찾아도 원의 중심점을 찾을 수 있다.

> 세 변을 연장할 때 Extend 명령보다 Fillet 명령을 추천한다. Fillet 명령은 [모드=자르기, 반지름=0]이거나, 아닌 경우에는 Shift 키를 누른 채 두 변을 선택하면 한 점에서 만나는 모서리로 변형할 수 있다. 또한 옵션 [다중(M)]을 통해 명령이 끊이지 않고 연속해서 사용 할 수 있다.

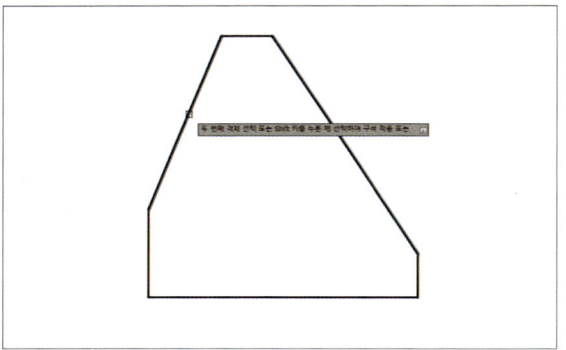
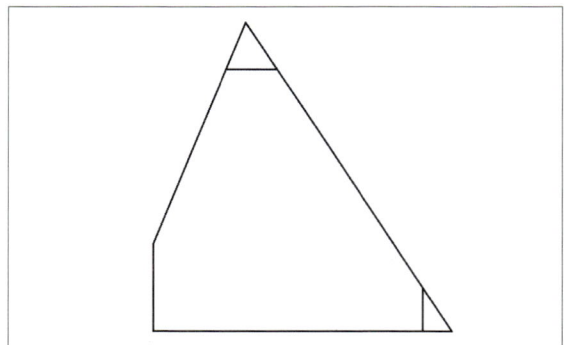

07 찾은 꼭짓점에서 내각을 이등분 하는 선을 작성한다. 본 예제는 각도 치수가 있으므로 1/2로 계산이 가능하지만, 경우에 따라서 계산이 불가능한 경우도 있다. 각도를 모르거나 정수가 아닌 경우 아래 방법을 통하여 이등분할 수 있다.

❶ 꼭짓점 P1에서 임의 크기의 원을 작성한다. 반지름 값에 따라 결과가 달라지지 않으므로 두 변에 걸치도록 대략적으로 작성한다.

❷ 두 변을 기준으로 원을 잘라 호를 만든다.

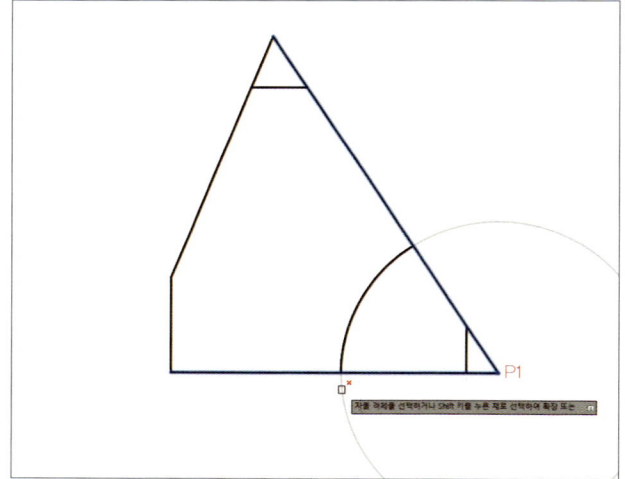

08 이등변 부채꼴의 원리로 호의 중심점인 꼭짓점과 호의 중간점을 연결하는 직선을 작성하여 내각을 이등분한다.

> 선의 길이가 모자라면 연장해야 하므로 Line 명령보다 Xline 명령을 추천한다.

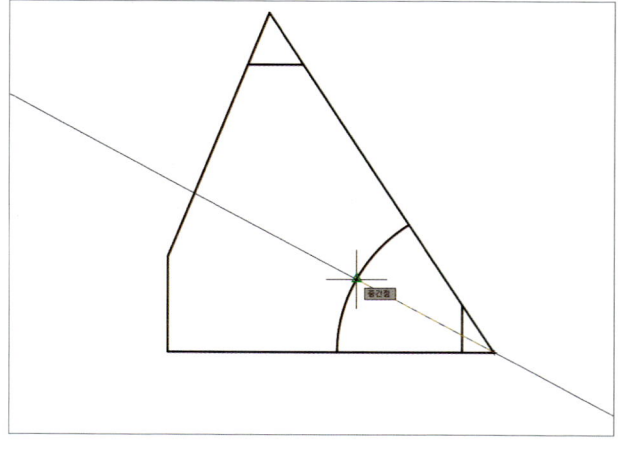

09 또 다른 방법으로 Xline 명령의 옵션 [이 등분(B)]를 이용하여 위쪽 내각을 이등분한다.

❶ Xline 명령을 실행한다.
❷ 옵션 [이등분(B)]를 입력한다.
❸ 각도의 시작점 P1과 각도에 대한 P2, P3의 정점을 순서대로 입력하면 이등분하는 선을 작성한다. P2와 P3의 순서는 바뀌어도 상관없으나 각도의 시작점인 P1은 무조건 첫 번째로 입력해야 한다.

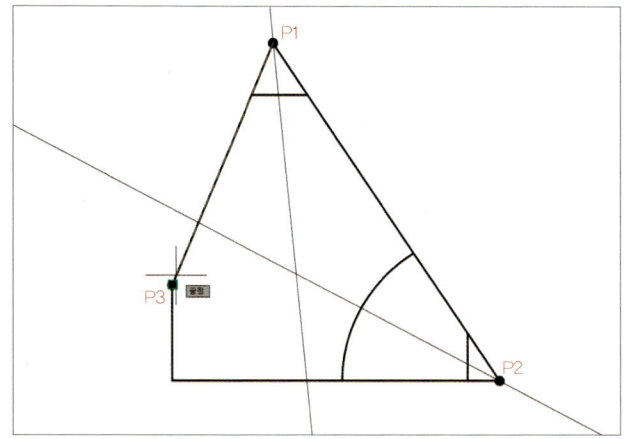

10 원의 중심점은 이등분하는 선의 교차점 P1, 반지름은 세 변 중 한 변의 접점을 입력한다. 변의 접점은 단일 객체 스냅[Ctrl]+마우스 우클릭( )] 항목에서 '접점(G)'를 선택한 후 하나의 변을 선택한다.

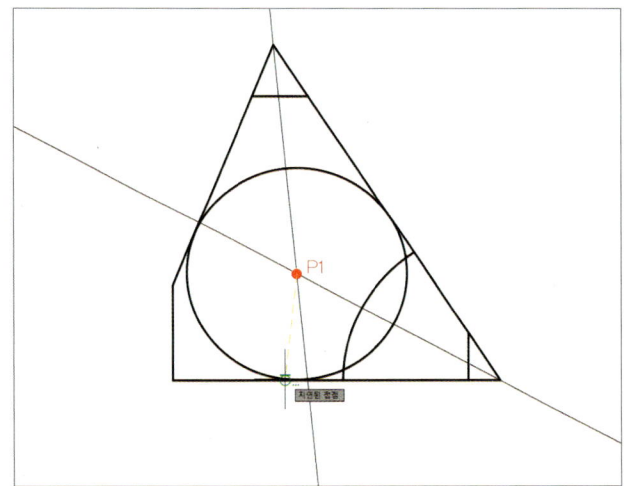

11 꼭짓점을 찾기 위해 연장했던 선과 불필요한 선을 모두 정리한다.
원의 중심선과 치수를 기입하여 우측 예제 도면 작성을 마무리 한다.

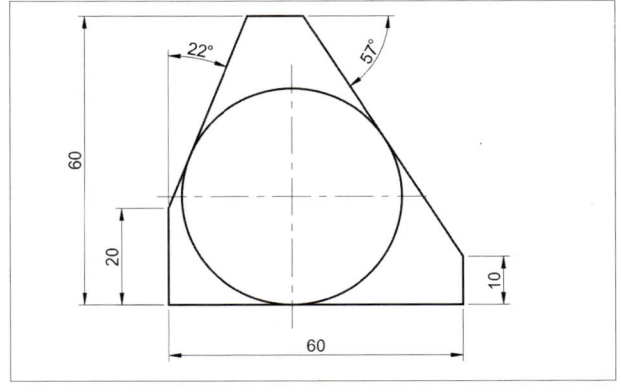

> 선을 연장하고 자르기 번거롭다면 꼭짓점 위치는 단일 객체 스냅[Ctrl]+마우스 우클릭( )] 항목에서 '가상 교차점(A)'를 활용하는 방법이 있다. 두 변을 선택하여 꼭짓점의 위치를 찾을 수 있으므로 참고한다.

12 본 예제는 3점원의 원리를 파악하기 위한 내용으로 프로그램의 기능을 사용하지 않고 수작업으로 작성할 필요는 없다. 중요한 것은 원을 작성할 때 항상 원의 중심과 반지름 또는 지름을 알 수 있는 조건과 상황이 아닐 수 있다는 것이다. 또한 도면을 분석 할 때 어떤 원리로 형상이 작성되었는지 정확히 파악한 후 적절한 기능을 사용할 수 있어야 한다.

3-8-2. Fillet의 원리

Fillet 명령을 학습하여도 도면 어느 부분에 언제 사용하면 적절한지 판단을 못하는 경우가 있다. 다음 예제를 통하여 Fillet 명령의 동작 원리를 이해하고 명령 사용에 있어 적절한 상황을 판단하여 효율적으로 작업할 수 있도록 한다.

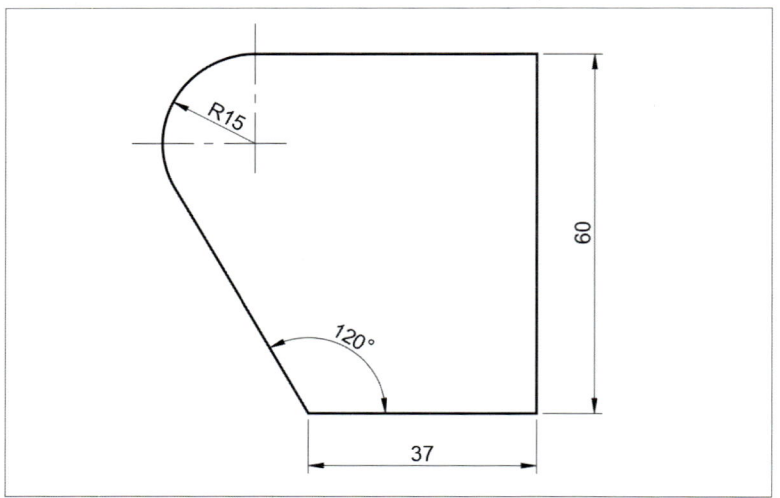

01 도면의 치수를 참고하여 오른쪽 그림과 같이 호를 제외한 직선 부분을 모두 작성한다. 왼쪽 위의 원호는 원을 작성한 후 정리하여 작성할 수 있다. 하지만 도면에 원의 반지름 치수는 있지만 원의 중심점 위치에 대한 치수는 없다.

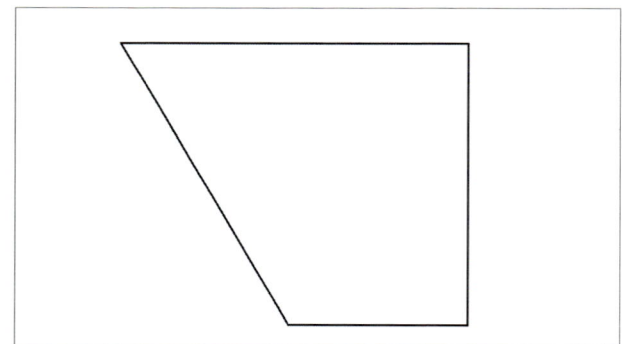

02 도면의 원호를 분석하면 다음과 같다.
❶ 원호의 중심에서 양 끝점까지 직선거리는 15mm 이다.
❷ 원호는 수평선과 사선에 접하고 있다.

위의 분석 내용을 통해 원호의 양 끝점은 수평선과 사선이 가지는 한 점인 것을 파악할 수 있다.

따라서 수평선에서 15mm 떨어진 선과 사선에서 15mm 떨어진 선의 교차점이 찾고자 하는 원호의 중심점이다.

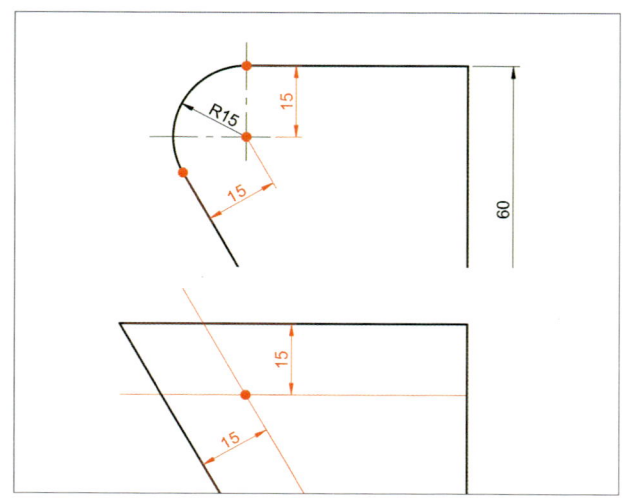

03 수평선과 사선을 Offset 명령을 이용해 15mm 띄워 작성한다.
간격을 띄운 두 선의 교차점을 중심으로 하는 반지름 15mm의 원을 작성한다.

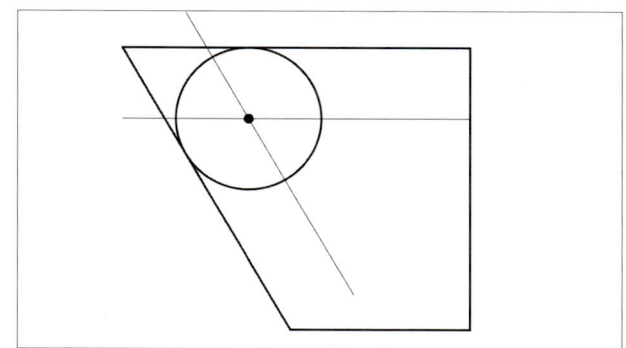

04 앞의 과정을 빠르게 처리할 수 있는 기능이 Circle 명령의 옵션 [Ttr – 접선 접선 반지름(T)]이다.
03에서 작성한 선과 원 객체를 삭제하고 Circle 명령을 실행하여 다음과 같이 작성한다.

❶ Circle 명령을 실행한다.
❷ 옵션 [Ttr – 접선 접선 반지름(T)]을 입력한다.
❸ 원이 접하는 수평선과 사선을 순서 상관없이 선택한 후 반지름 15mm를 입력한다.

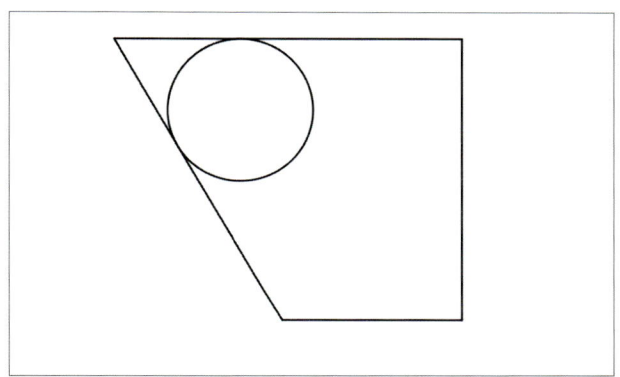

05 Trim 명령으로 불필요한 선을 정리한다.
여기까지 Circle 명령의 옵션 [Ttr – 접선 접선 반지름(T)]으로 두 모서리에 접하는 원을 빠르게 작성하는 방법을 알아보았다.
원을 작성한 후 불필요한 객체를 정리하기 위해 Trim 명령을 이용하였는데, 접하는 원의 작성과 불필요한 객체 정리까지 처리할 수 있는 명령이 바로 'Fillet'이다.

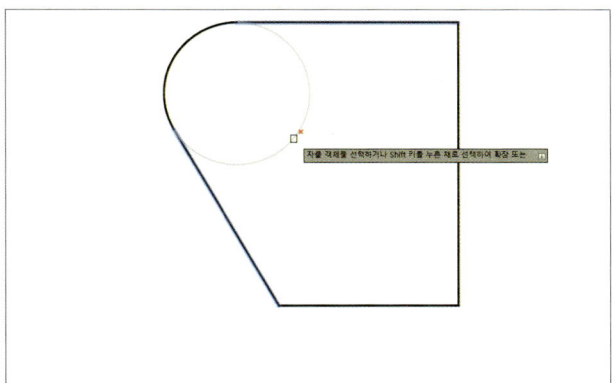

06 Fillet은 접하는 원호의 작성과 객체 변형 (Trim/Extend)을 동시에 할 수 있는 명령이다.
명령 취소[Ctrl +Z]를 이용하여 원을 작성하기 전 형상으로 되돌린다.
반지름 치수가 있는 두 선에 접하는 원호는 다음과 같이 작성한다.

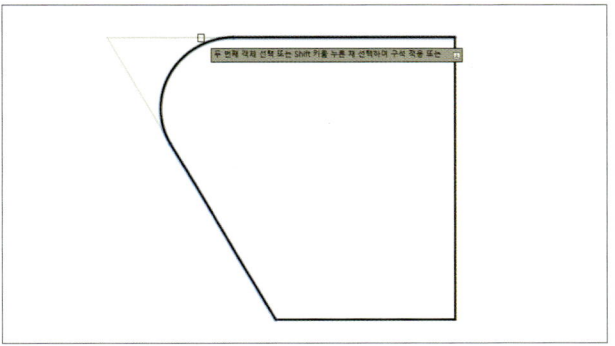

❶ Fillet 명령을 실행한다.
❷ 옵션 [반지름(R)]을 통해 작성할 원호의 반지름 값을 15mm로 변경한다.
❸ 원호를 작성할 수평선과 사선을 순서 상관없이 선택한다.

> 만약 원호는 작성되었지만 선이 잘리거나 연장되지 않은 경우, 작성한 원호를 삭제하고 옵션 [자르기(T)]를 통해 설정을 [자르기(T)]로 변경한 후 다시 작성한다.

07 원호의 중심선과 치수를 입력하여 도면 작성을 마무리 한다.
이와 같이 동일한 조건에서도 다양한 작성법이 존재하며 작업자의 판단에 의해 효율이 달라진다.
만약 동일한 조건에서 잘리지 않은 원을 작성해야 한다면 Fillet 명령보다 Circle 명령으로 작성하는 것이 더 효율적이다.

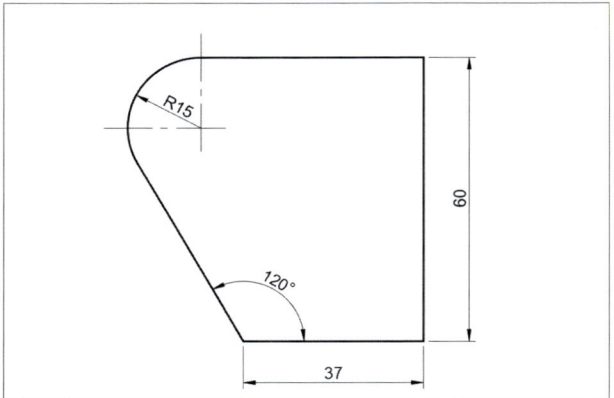

3-8-3. 원과 접하며 각도를 가진 선

대부분 다음 예제가 3-8-2 예제와 치수의 위치가 1군데 달라졌을 뿐 형상이 같기 때문에 동일한 방법으로 작성하려고 한다. 하지만 주어진 치수 정보에 의해 작업의 순서가 변동하기 때문에 동일한 방법으로 작성하기 어렵다. 따라서 도면에서 주어진 정보에 따라 같은 형상이라도 동일한 방법으로 작성할 수 없다는 것을 항상 인지하고 있어야 하며, 도면에서 주어진 정보를 분석하여 가장 적절한 방법으로 작성할 수 있어야 한다.
다음 예제를 보고 원과 각도 치수를 이용한 '접선' 작성 방법에 대하여 학습하도록 한다.

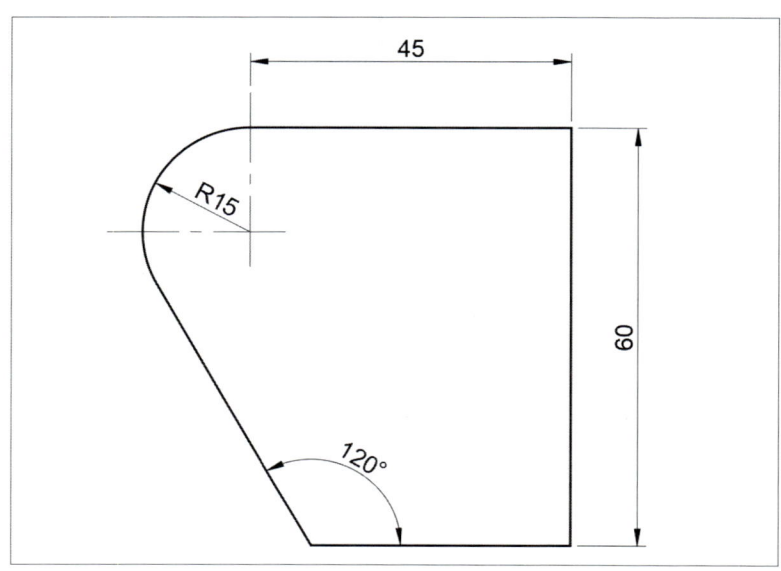

01 도면의 치수를 참고하여 직선을 작성한다. 여기에서 다른 부분이 발생한다. 3-8-2 예제에서는 원호를 제외한 전체 형상을 작성할 수 있었다.

하지만 본 예제에서는 아래쪽 수평선의 길이를 알 수 없기 때문에 연관된 사선을 작성할 수 없다. 사선을 작성할 수 없기 때문에 Fillet 명령과 Circle 명령의 옵션 [Ttr – 접선 접선 반지름(T)]을 이용하여 호를 작성할 수 없다. 반대로 위쪽 수평선의 길이는 치수를 참고하여 작성할 수 있다.

02 또한 3-8-2 예제와 달리 원의 중심점 위치를 치수를 참고하여 작성할 수 있다.

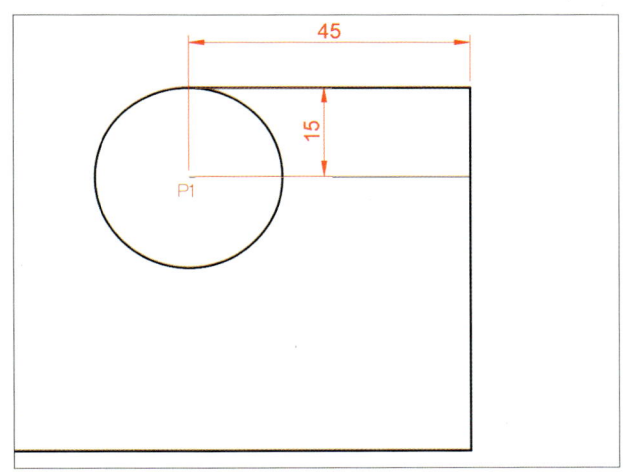

❝ 45mm 치수만 보고 원의 좌우 위치만 알고 있다고 판단할 수 있다. 하지만 위쪽 수평선은 원의 접선이며, 원의 중심은 반지름만큼 떨어진 위치에 있다는 걸 알 수 있다. 반지름만큼 떨어진 위치에서 위쪽 수평선 끝점에 접하는 조건을 모두 만족하는 원의 중심점 위치는 P1이 된다.

03 찾은 원의 중심점에서 반지름 15mm의 원을 작성하고 중심선을 정리한다.

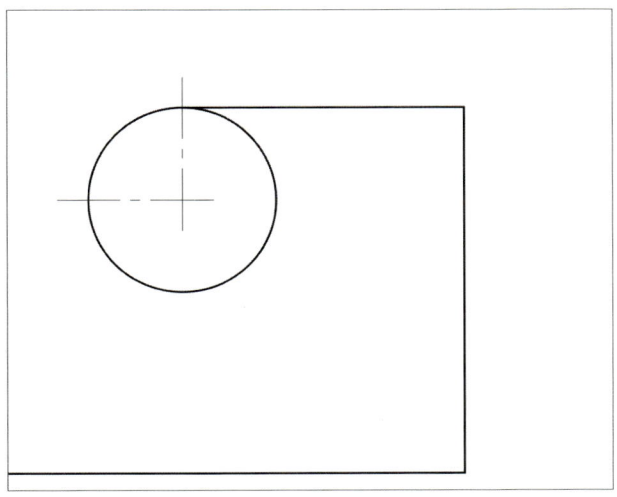

04 마지막으로 원에 접하는 사선을 작성한다.

먼저 원의 중심점에 지정된 각도(120°)의 사선을 작성한다.

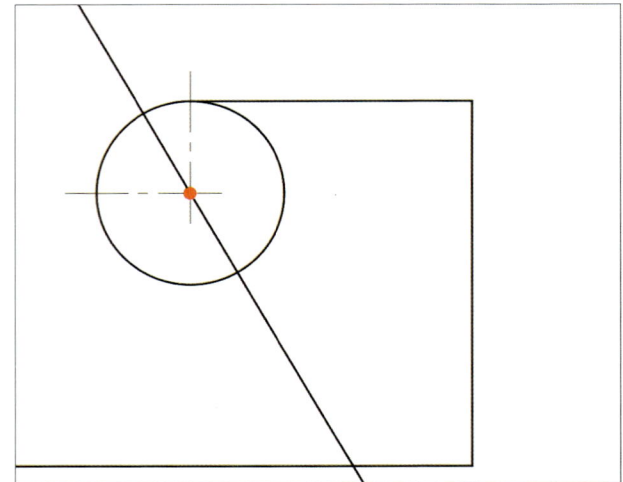

❝ 현재 단계에서는 원과 사선의 접점 위치를 정확히 알 수 없기 때문에 여유 있는 길이로 작성한다. Xline 명령의 옵션 [각도(A)]를 이용하는 것을 추천한다.

05 사선을 Offset 명령으로 반지름만큼 간격을 띄워 작성한다.

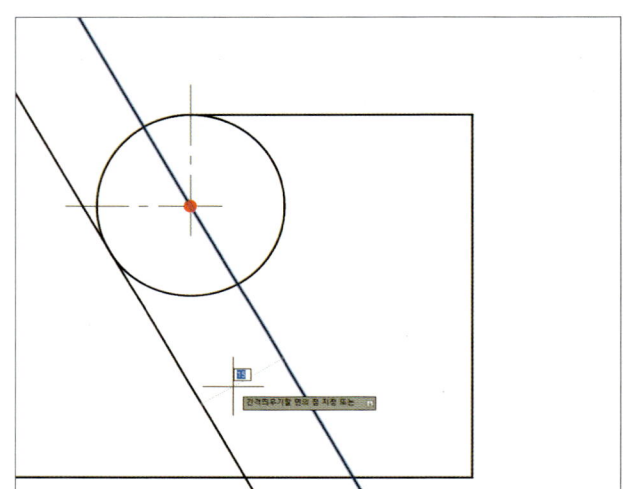

❝ 원(Circle)은 중심에서부터 같은 거리로 떨어진 점들의 집합이기 때문에 원의 중심에 작성한 사선을 반지름만큼 간격을 띄워 작성하면, 사선과 원이 만나는 한 점이 접점이 된다.

06 불필요한 객체는 모두 정리하고 치수를 기입하여 도면 작성을 마무리한다.

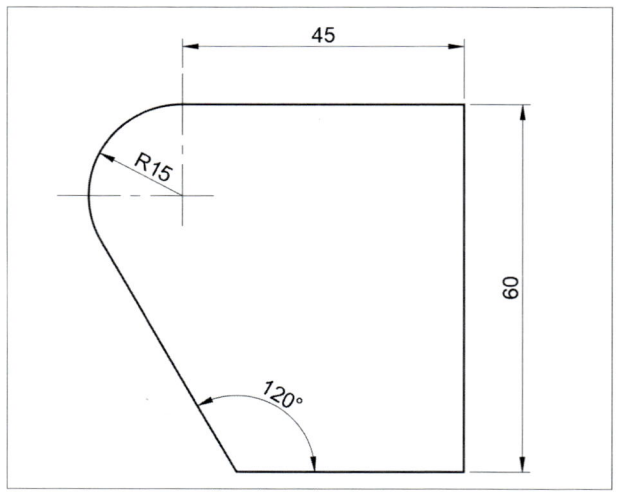

3-8-4. 컴퍼스 원리의 활용

'컴퍼스(Compass)'는 손 제도에서 주로 원과 원호 작성을 위한 제도 기구이다. 컴퍼스의 원리는 도면을 작성 시 주어진 치수만으로 원하는 특정 점의 위치를 찾기 어려운 경우에 활용되고 있으며 실제 실무에서 다양하게 응용하여 적용하고 있다.

컴퍼스는 '원(Circle)'의 정의를 활용하는 제도 기구로써 CAD 프로그램에 컴퍼스라는 기능이 있는 것이 아니다. 즉, CAD에서 컴퍼스는 원의 정의를 응용한 제도 기법을 의미한다.

다음 예제를 통해 원의 정의를 응용한 제도 기법을 학습하도록 한다.

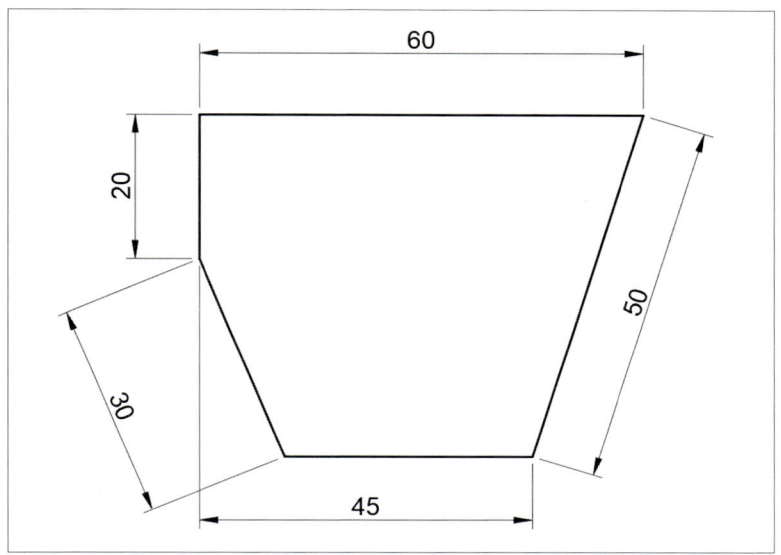

01 도면의 치수를 참고하여 작성하면 60mm 수평선과 좌우 수직선 이후 선들은 더 이상 작성하기 어렵다.
작성한 수평선에서 아래쪽 수평선까지 높이를 알 수 없기 때문이다.

02 먼저 길이와 양 끝점의 위치 정보를 알 수 있는 50mm 사선을 작성한다.

50mm 사선을 분석하면 다음과 같다.

❶ 사선의 위쪽 끝점은 60mm 수평선 우측 끝점이다.
❷ 사선의 길이는 50mm이다.
❸ 사선의 아래쪽 끝점은 좌측 수직선으로 부터 45mm 떨어진 한 점이다.

CAD에서 사선을 작성할 땐 각도 또는 양 끝점의 위치 정보가 필요하다. 즉, 높이 대신 사선의 길이, 각도 대신 양 끝점의 정보가 주어졌다.

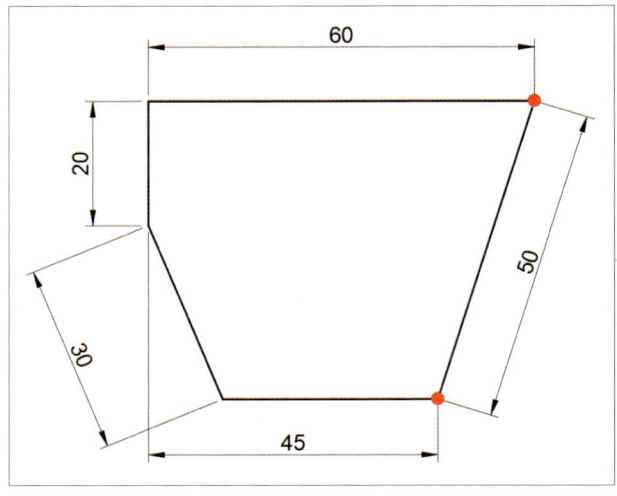

03 사선의 아래쪽 끝점의 위치를 찾기 위해 좌측 수직선을 45mm Offset 한다.

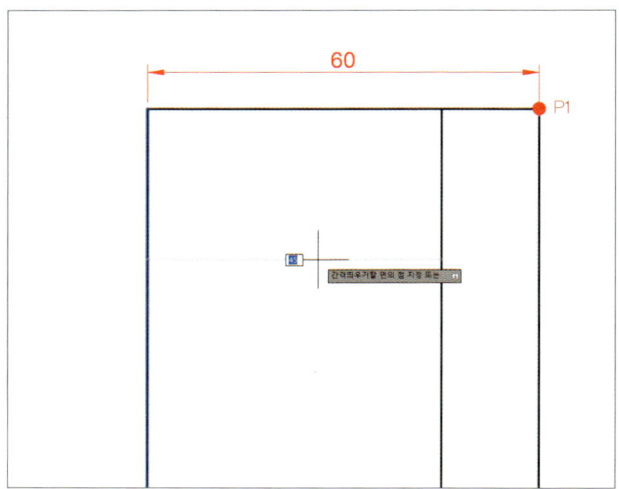

> 사선의 아래쪽 끝점은 60mm 우측 끝점 P1에서부터 50mm 떨어진 한 점이다. 또한 50mm 떨어진 한 점은 좌측 수직선에서 45mm 떨어진 선상의 한 점이다.

04 P1에서 50mm 떨어진 점은 다음과 같이 컴퍼스의 원리를 활용하여 찾는다.

❶ P1을 중심으로 반지름 50mm의 원을 작성한다.
❷ 작성한 원과 45mm 떨어진 수직선의 교차점 P2를 찾는다.
❸ P1과 P2를 직선으로 연결한다.

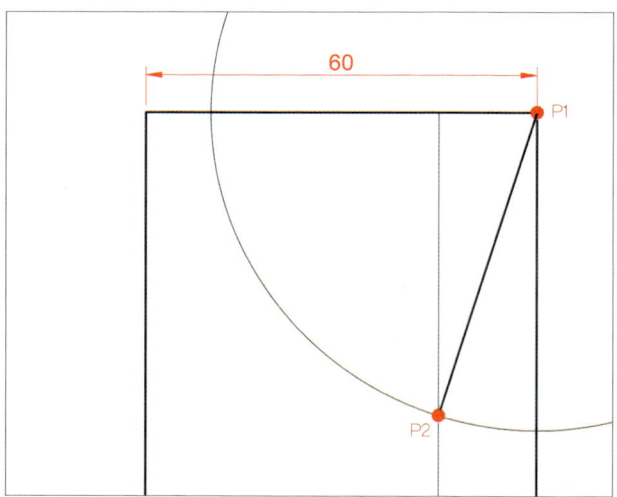

> '원(circle)'이란, 중심에서부터 같은 거리로 떨어진 점들의 집합이다. 따라서 원은 중심점으로부터 반지름 만큼 떨어진 점들의 궤적으로 볼 수 있다.

05 사선의 아래쪽 끝점에서 수평선을 작성한 후 불필요한 객체들을 모두 정리한다.

이와 같이 원리를 활용하여 일반적인 치수 조건만으로 정의하기 어려운 부분을 제도 기법으로 해결할 수 있다.

따라서 도면을 보는 사람도 도면에 주어진 치수 및 정보를 분석하고 활용 할 수 있는 능력을 갖춰야 한다.

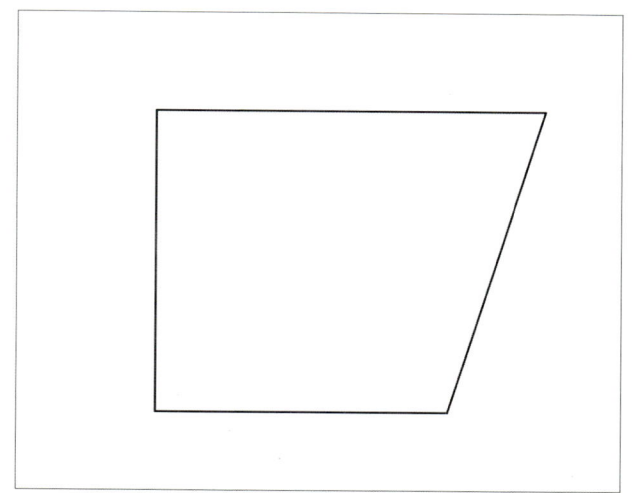

06 다음으로 좌측 30mm 사선을 작성한다. 먼저 좌측 수직선의 길이를 도면의 치수를 참고하여 자른다.

수직선의 잘린 끝점 P1은 30mm 사선의 위쪽 끝점이다. 아래쪽 끝점은 P1으로부터 30mm 떨어진 한 점이다. 또한 30mm 떨어진 한 점은 아래쪽 수평선상의 한 점이다.

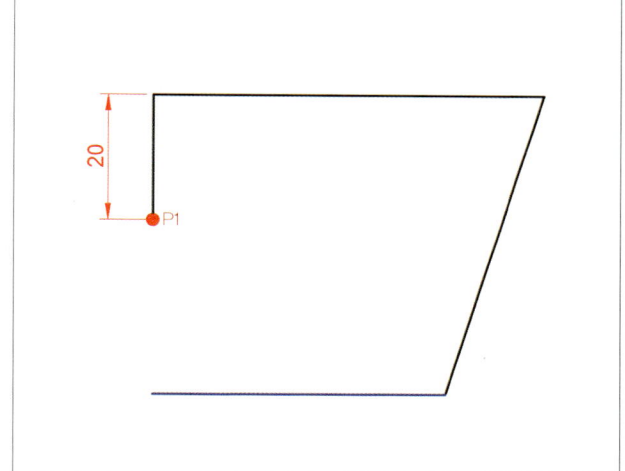

07 P1에서 30mm 떨어진 점은 다음과 같이 컴퍼스의 원리를 활용하여 찾는다.
❶ P1을 중심으로 반지름 30mm의 원을 작성한다.
❷ 작성한 원과 아래쪽 수평선의 교차점 P2를 찾는다.
❸ P1과 P2를 직선으로 연결한다.

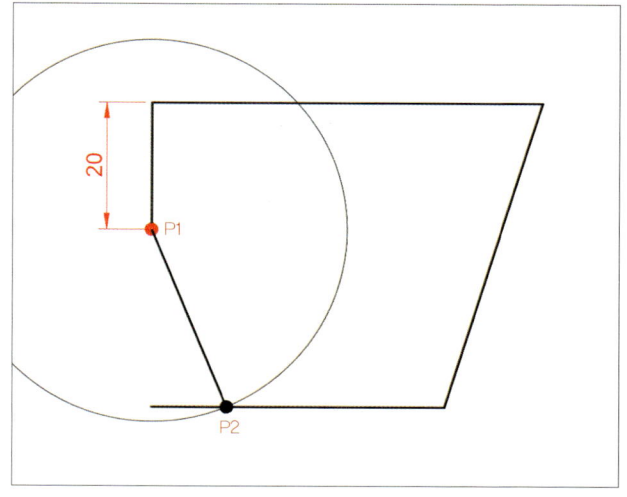

08 불필요한 객체를 모두 정리한 후 치수를 기입하여 도면을 마무리 한다.

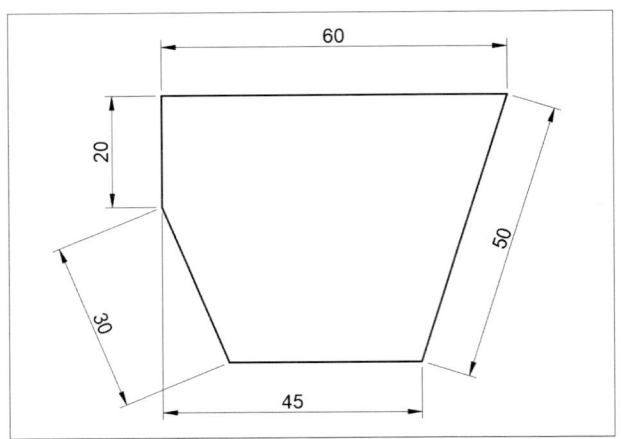

3-8-5. 치수가 가진 의미(이등변 삼각형의 원리)

특정 조건에 의해 발생되는 형상은 딱 떨어지는 정수로 치수를 기입하기 어려우므로 작성 시 활용한 조건에 치수를 기입한다. 작성하고자 하는 객체에 직접 주어지는 치수가 아니기 때문에 치수를 분석하여 의미를 파악하지 못하면 도면 작성이 어려워진다.

다음 예제를 통하여 치수가 가진 의미를 분석할 수 있도록 한다.

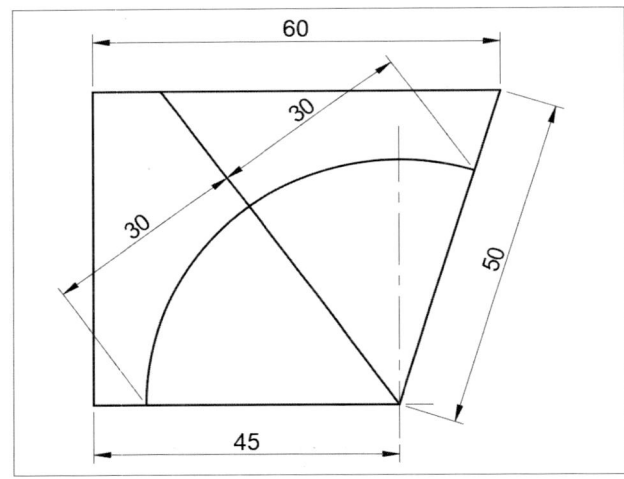

01 도면의 치수를 참고하여 외부 형상을 작성한다.

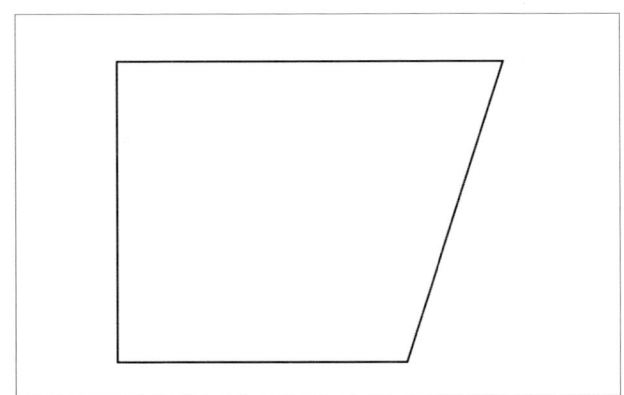

02 도면의 내부 형상을 작성하기 전에 치수를 통해 형상을 분석한다.

❶ 원호의 중심 위치
❷ 원호의 지름 또는 반지름 치수 누락 여부
❸ L1의 각도 치수 누락 여부

먼저 원호의 중심 위치는 중심선의 교차점 P1을 통해 알 수 있지만, 지름 또는 반지름은 알 수 없다. 대신 원호의 양 끝점의 위치 P2, P3을 통해 반지름 치수를 대체할 수 있다.

다음으로 사선 L1은 각도를 알 수 없다. 원호처럼 대체 요소가 있는지 분석을 통해 치수 누락 여부를 파악한다.

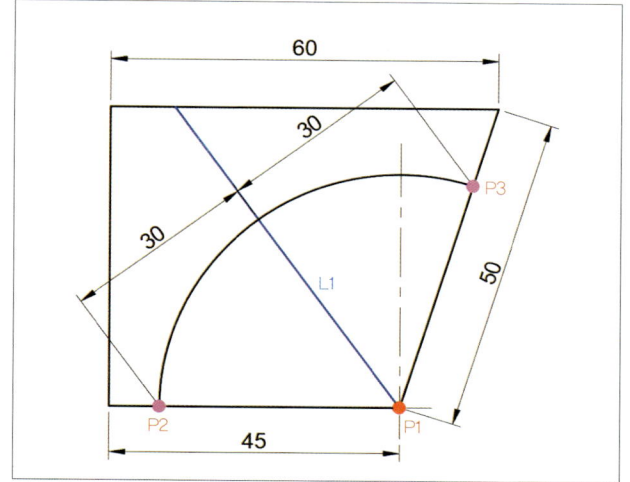

03 사선 L1의 치수 누락 여부를 파악하기 위해서는 기입된 회전 치수 30mm를 분석해야 한다. 여기서 키 포인트는 치수 기입의 형태이다. 만약 L1의 각도를 안다면 P2, P3 중 하나만 알아도 원호를 작성 수 있다. 그렇다면 왜 원호 양 끝점은 회전 치수로 기입되었을까?

04 P2, P3을 직선으로 연결한 후 원호 내부의 선을 구분하면 '이등변 삼각형'이 된다.
따라서 사선 L1은 P1에서 밑변 L4의 30mm 지점과 교차하는 이등변 삼각형의 내각 분할 선이다.

> 💬 L2, L3은 원의 정의에 따라 길이가 같다. 원호 양 끝점 P2, P3의 거리는 이등변 삼각형의 밑변 L4가 된다. 따라서 L2, L3, L4로 구성된 삼각형은 두 변의 길이가 같은 '이등변 삼각형'이다.

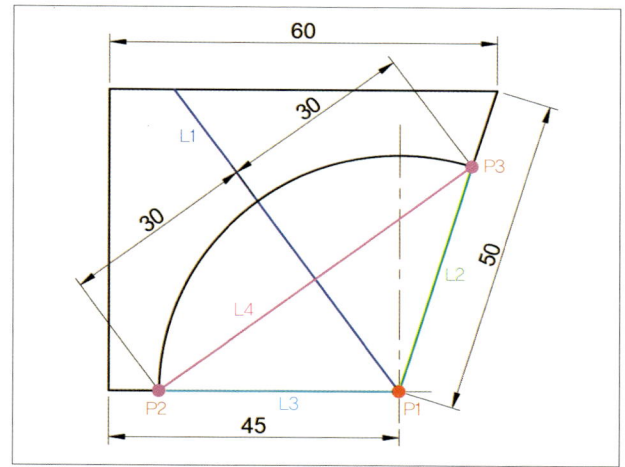

05 앞에서 분석한 내용을 통해 안쪽 사선은 아래쪽 수평선과 우측 사선의 사이 각을 정확히 이등분하는 각도라는 것을 알 수 있다.
사선의 각도를 알 수 없으므로 임의의 호를 작성하여 각도를 이등분하는 선을 작성한다.

※ 3-8-1 내용 참고

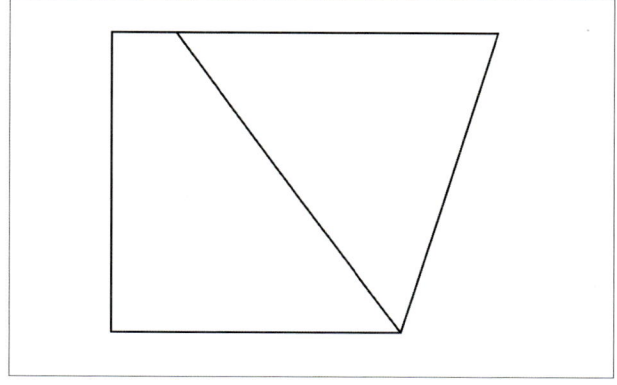

06 작성한 사선을 도면의 치수를 참고하여 Offset 한다.

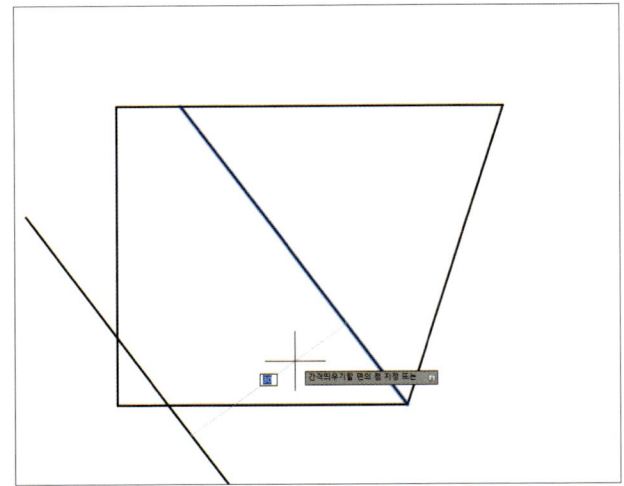

❝ 양쪽 모두 Offset 할 필요 없이 한쪽만 Offset 하여도 무방하다. 원호의 끝점 하나만 알아도 작성할 수 있기 때문이다.

07 찾은 교차점을 반지름으로 하는 원을 작성한다.

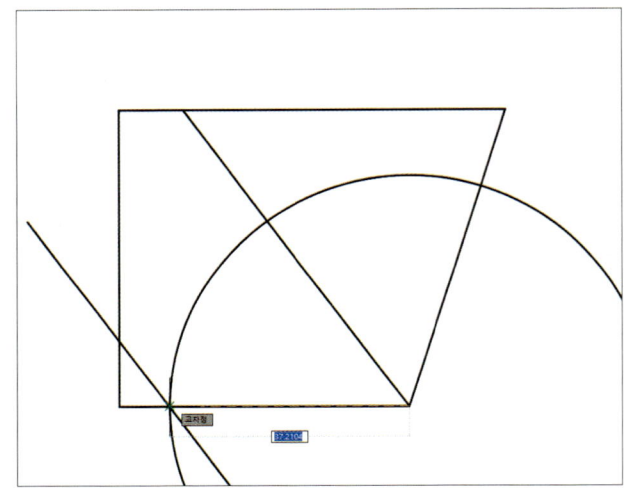

08 불필요한 객체를 모두 정리한 후 치수를 기입하여 도면 작성을 마무리 한다.

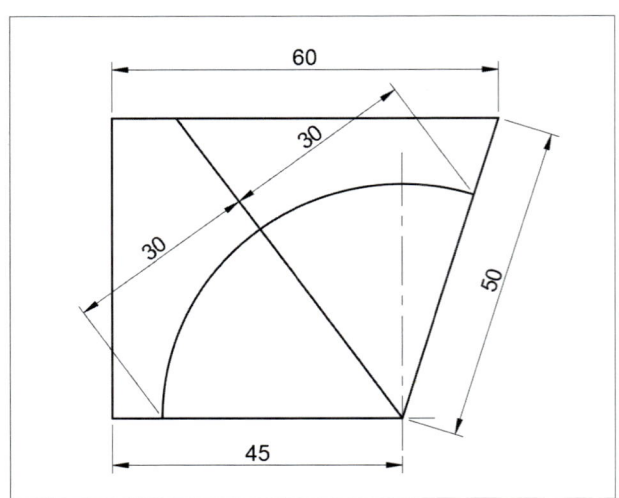

3-8-6. 한 점을 지나고 선에 접하는 원-1(외접원)

CAD의 기능만으로 작성하기 어려운 형태의 가장 대표적인 유형으로 원의 정의(컴퍼스의 원리)를 활용하여 작성하도록 한다.

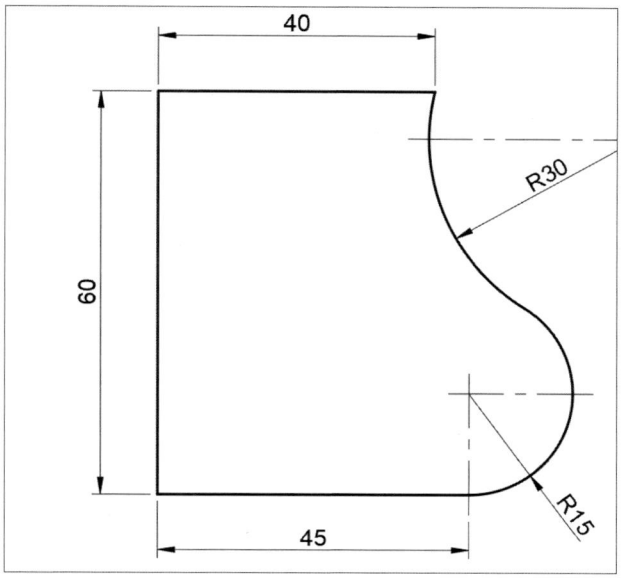

01 도면의 치수를 참고하여 직선과 중심 위치를 알고 있는 반지름 15mm 원까지 작성한 후 중심선을 정리한다.

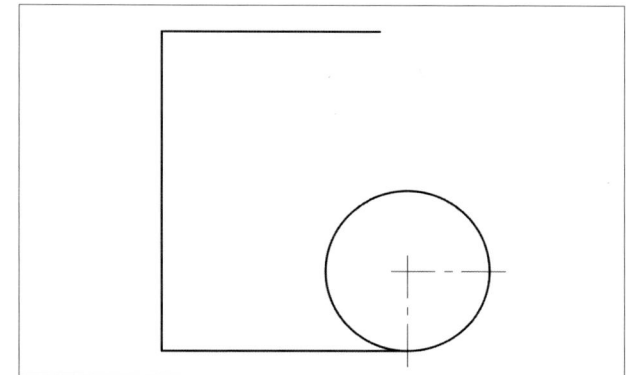

02 계속해서 반지름 30mm의 원을 작성하기 위해 Circle 또는 Arc 명령의 옵션을 이용해도 원하는 형태로 작성되지 않는다.

대부분 Arc의 [시작점, 끝점, 반지름]을 사용하려고 한다. 끝점을 접점(G)으로 입력하면 가능하다고 생각하지만, CAD 특성상 호의 끝점은 접점(G) 객체 스냅이 적용 되지 않는다.

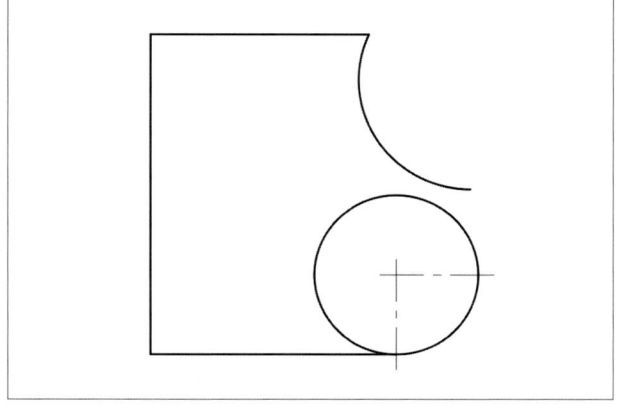

03 반지름 30mm 원을 작성하기 위해 먼저 원의 중심을 찾는다.

원호의 양 끝점 중 위쪽 P1을 중심으로 반지름 30mm 원을 작성한다. 컴퍼스의 원리에 따라 원의 중심은 원의 궤적 상에 존재한다.

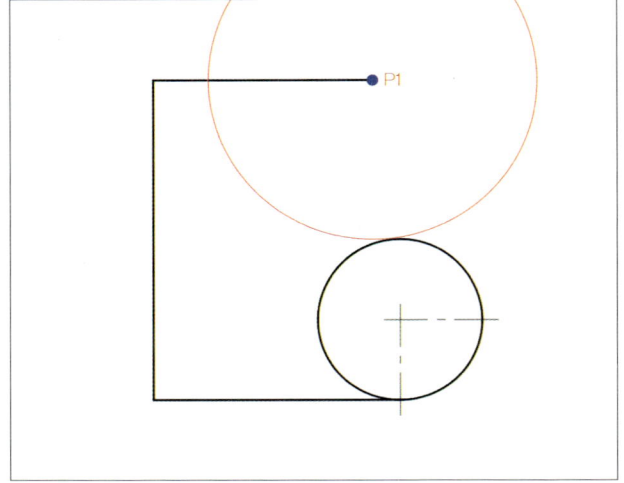

> 원호가 지나는 위쪽 끝점 P1에서 그리고자 하는 원호의 중심까지의 거리는 반지름 30mm이다.

04 작성한 원의 궤적에서 정확한 위치를 찾기 위해 반지름 30mm 원호의 아래쪽 끝점을 분석하여 필요한 조건을 찾는다.

원의 중심은 원호의 아래쪽 끝점에서 30mm 떨어진 위치에 있으나 03과 같은 방법으로 찾을 수 없다. 위쪽 끝점은 위치가 정확한 반면 아래쪽 끝점은 반지름 15mm 원과의 접점이라는 정보만 알고 정확한 위치를 모르기 때문이다.

이런 경우에는 접선에서 작성할 원의 반지름만큼 떨어져 있다고 가정한다. 접하는 원의 표면에서 중심까지 위치 관계를 도시화 하면 그림과 같다.

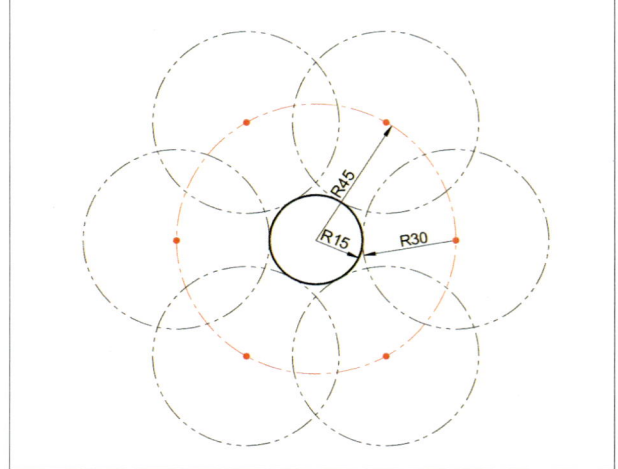

05 따라서 찾고자하는 원의 중심은 반지름 15mm 원의 표면에서 반지름 30mm만큼 떨어진 위치에 있다. Offset 명령으로 반지름 15mm 원을 30mm만큼 간격을 띄워 작성한다.

찾고자하는 원의 중심은 Offset 한 원의 궤적에 존재한다.

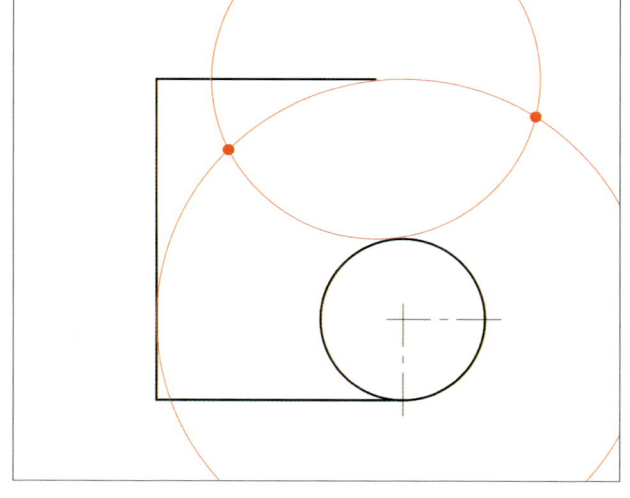

06 작성한 원의 교차점 두 곳 중에 도면을 참고하여 원의 중심의 위치를 확인한다. 우측에 있는 교차점 P1을 중심으로 반지름 30mm의 원을 작성한다.

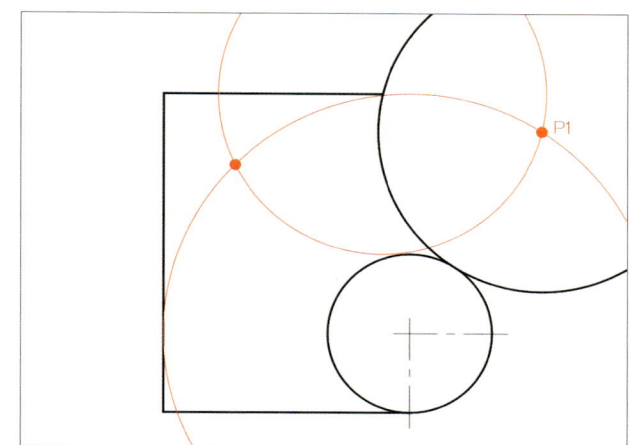

07 반지름 30mm 원호의 중심선을 작성한다. 불필요한 객체를 모두 정리한 후 치수를 기입하여 도면 작성을 마무리 한다.

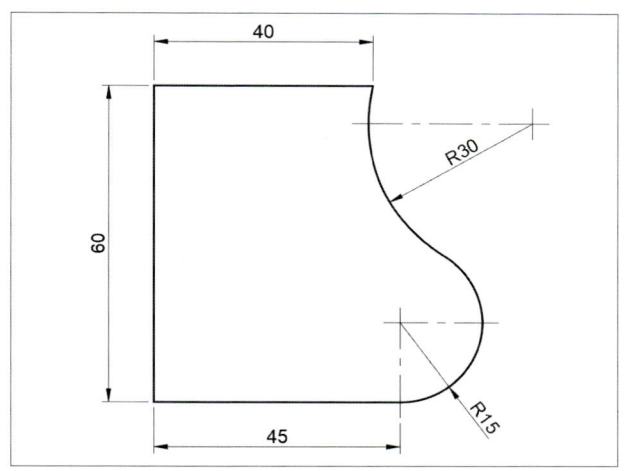

3-8-7. 한 점을 지나고 선에 접하는 원-2(내접원)

3-8-6에서는 외접하는 원의 형상이었다. 외접이 아닌 내접하는 원의 경우 작성 조건이 더욱 복잡해진다. 다음 예제를 통해 내접원의 중심을 찾는 방법을 학습하도록 한다.

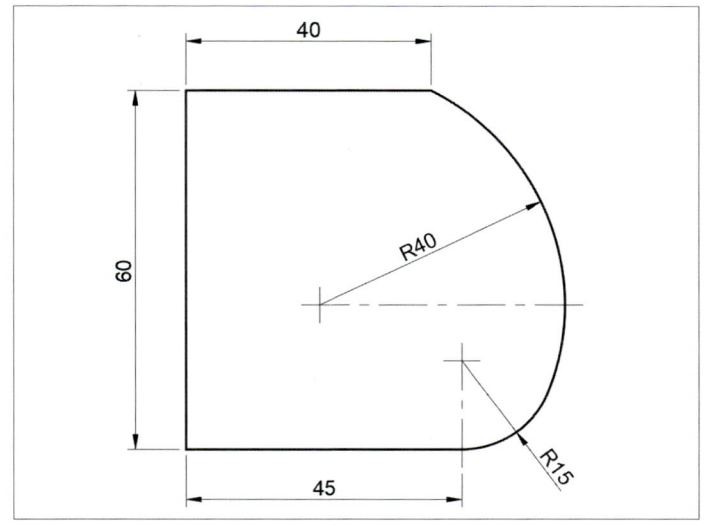

01 도면의 치수를 참고하여 직선과 중심 위치를 알고 있는 반지름 15mm 원까지 작성한 후 중심선을 정리한다.

※ 3-8-6 내용 참고

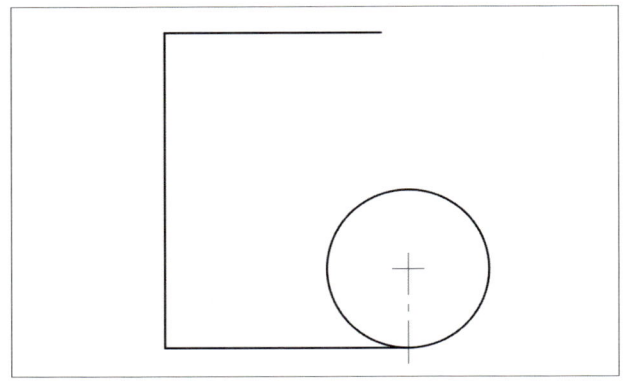

02 3-8-6과 동일하게 CAD의 기능 및 옵션으로 원하는 형태를 작성할 수 없으므로 컴퍼스의 원리를 활용한다.

반지름 40mm 원을 작성하기 위해 먼저 원의 중심을 찾는다.

원호의 양 끝점 중 위쪽 P1을 중심으로 반지름 40mm 원을 작성한다. 컴퍼스의 원리에 따라 원의 중심은 원의 궤적 상에 존재한다.

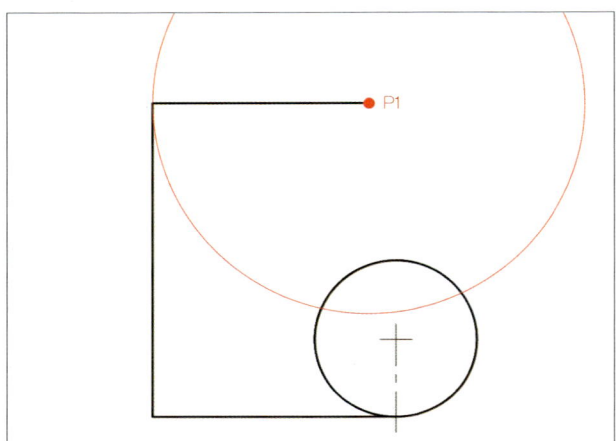

03 작성한 원의 궤적에서 정확한 위치를 찾기 위해 반지름 40mm 원호의 아래쪽 끝점을 분석하여 필요한 조건을 찾는다.

이때 찾고자하는 원의 중심은 반지름 15mm 원의 접점에서 반지름만큼 떨어져 있다 생각하고 3-8-6과 동일하게 작성하면 다음과 같이 잘못된 중심 위치를 찾게 된다.

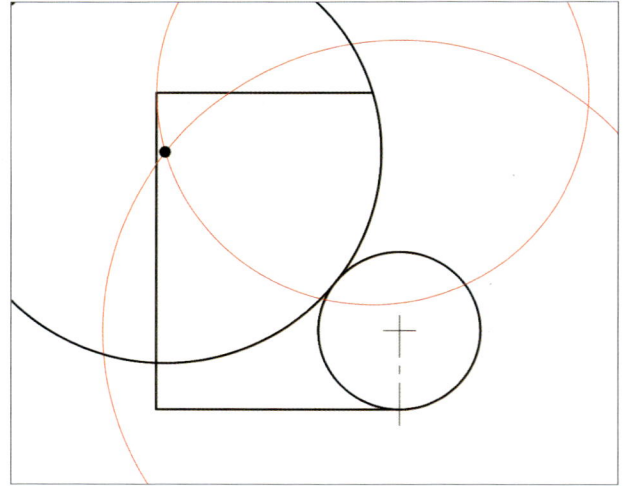

04 내접원의 기본적인 원리는 외접원과 동일하지만 작성 조건이 다르다. 3-8-6의 예제와 반대로 반지름 40mm 원의 내부에서 반지름 15mm 원이 접하고 있는 형태이기 때문이다. 내접하는 원을 기준으로 작성하고자 하는 원의 궤적을 확인해 보면 그림과 같다.

내접원의 찾고자 하는 원의 중심은 다음과 같이 공식으로 정리할 수 있다.

[작성할 원의 반지름(40mm)-내접원의 지름(15mm*2)=내접원의 표면에서 작성할 원의 중심 거리]

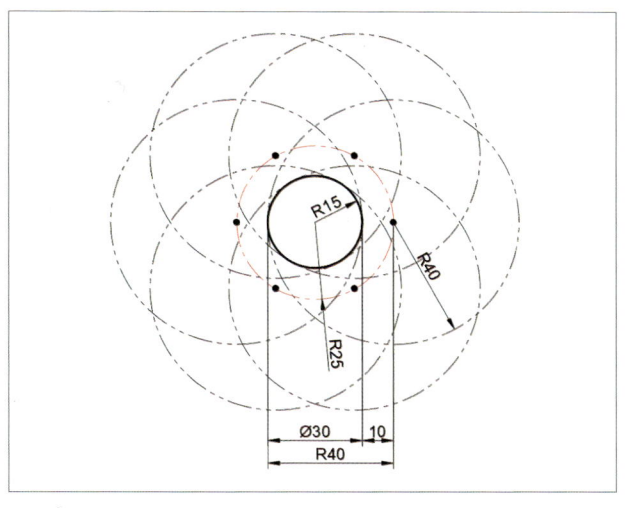

05 공식에 대입하면 [40-30=10]으로 찾고자 하는 원의 중심까지 거리는 10mm가 된다.

반지름 15mm 원을 10mm 만큼 Offset한 후 작성한 두 원의 교차점 두 곳 중 도면을 참고하여 원의 중심 위치를 확인한다. 좌측에 있는 교차점 P1을 중심으로 반지름 40mm의 원을 작성한다.

> 💬 공식에 대입 했을 때 값이 0인 경우 찾고자 하는 원의 중심 궤적이 접하는 원과 일치하니 Offset할 필요가 없으며, 작성할 원의 반지름이 내접원의 지름보다 작아 음수 (-)인 경우는 내접원의 내부로 Offset 한다.

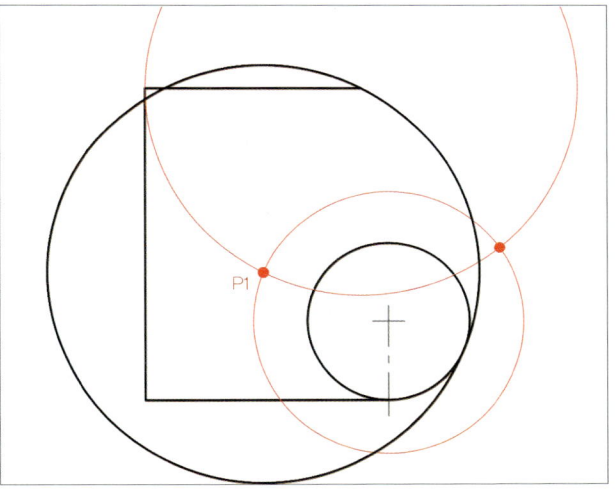

06 반지름 40mm 원의 중심을 작성한다. 불필요한 객체를 모두 정리한 후 치수를 기입하여 도면 작성을 마무리 한다.

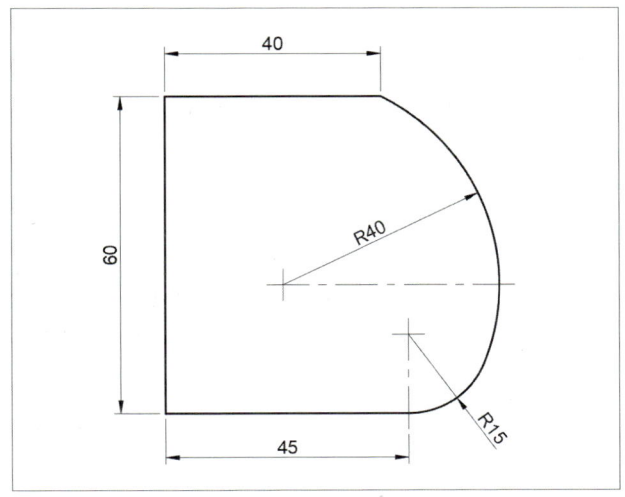

Chapter 07

CAD실무능력평가 2급 시작하기

CAD실무능력평가 2급 시험의 소개와 한국생산성본부 시험 사이트의 회원가입에서부터 시험 진행까지의 절차를 알아보고, 시험에 사용되는 필수 명령어에 대해 학습한다. 또한, 실기 시험을 진행하기에 앞서 프로그램의 환경을 설정하고 문제의 유형별 풀이방법에 대해 학습함으로써 실전에 대비할 수 있도록 한다.

1 _ 시험 개요

1-1. 시험 소개

오늘 날 국내외 시장에서 AutoCAD는 이미 단순한 소프트웨어의 차원을 넘어 모든 CAD의 표준이 되어 가고 있다.

국내 외 2,000여 곳이 넘는 사설 교육기관과 학교를 비롯한 다수의 공교육기관에서 배출되는 인원이 연간 수 만여 명에 달하고 있고 그들에 대한 평가의 요구도 매우 높다.

CAD실무능력평가 시험은 취업에 필요한 실무 활용 능력과 핵심 노하우를 학습함으로써, 설계분야 뿐만이 아니라 산업전반에 기본 필수적으로 사용되고 있는 2차원 CAD의 활용능력을 극대화하고, 설계 기법의 기초적인 도면 해독 능력과 투상 능력에 대한 학습이 가능하다. 또한, 자격 취득 후 설계 기획부터 제품 양산에 이르는 관련한 업무프로세스를 이해하는데 도움을 주는 시험이다.

1-2. 시험 접수

한국생산성본부 홈페이지를 통해 시험을 접수할 수 있으며, 시험은 매월 둘째 주 토요일에 실시하고 있다. 고사장을 신청할 때는 시/도에 소속되어 있는 소속지역센터를 확인한 후 신청할 수 있도록 한다.

1-3. 출제 기준

2D 도면을 읽는 능력을 평가하는 시험으로 삼각투상법을 이용해 각 투상 도면(평면도, 정면도, 우측면도)을 보고 형상을 입체적으로 인식하여 이를 다시 투상법에 의하여 2D 도면을 작성하고 2D 도면을 작성하기 위한 2D CAD에 관련된 기초적인 조작 및 설정 능력을 평가한다.

1-4. 시험 진행

CAD실무능력평가 2급 시험의 진행 단계에 대하여 알아보도록 한다.

1-4-1. 한국생산성본부 사이트 회원가입하기

01 한국생산성본부 사이트에 접속한 후 회원가입을 클릭한다.

- http://license.kpc.or.kr

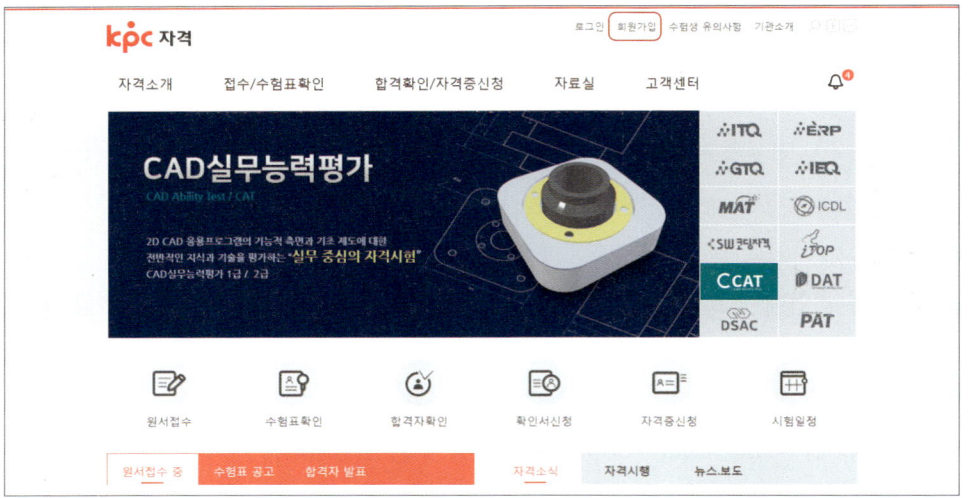

02 회원가입 약관에 동의한 후 개인회원가입 / 단체회원가입 항목을 클릭한다.

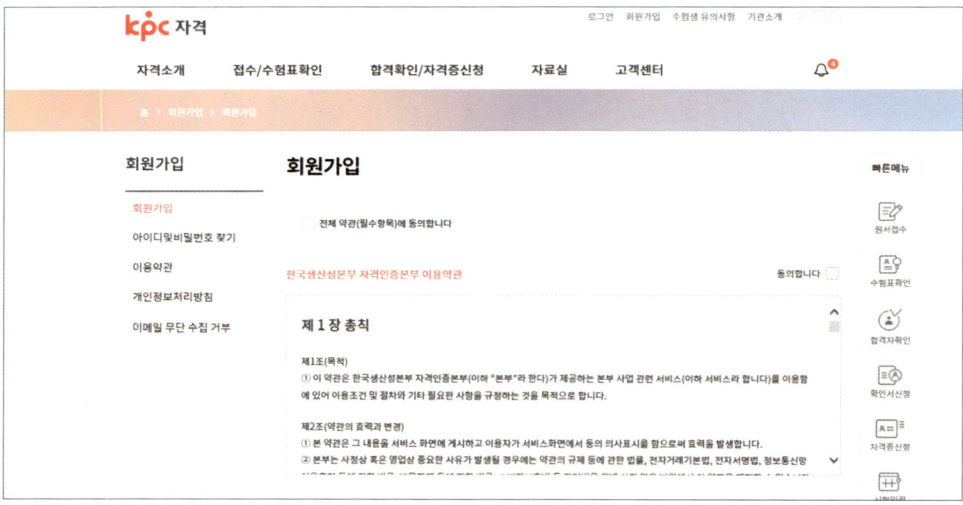

1-4-2. 시험 보기

01 감독관의 지시에 따라 [시험보기] URL을 입력한다.

02 시험회차와 응시과목, 성명, 수험번호를 입력한 후 로그인을 클릭한다.

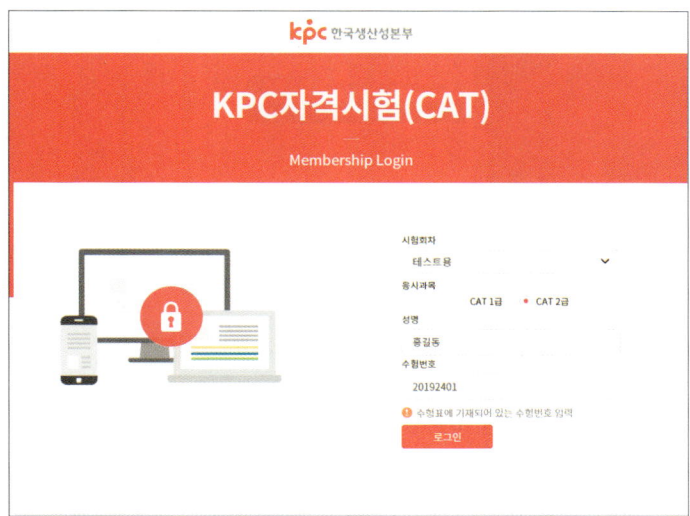

03 유의사항 및 부정행위 처리규정 동의 항목을 체크하고 수험번호를 입력한 후 감독관의 지시에 따라 인증코드를 입력한 후 [시험시작]을 클릭한다.

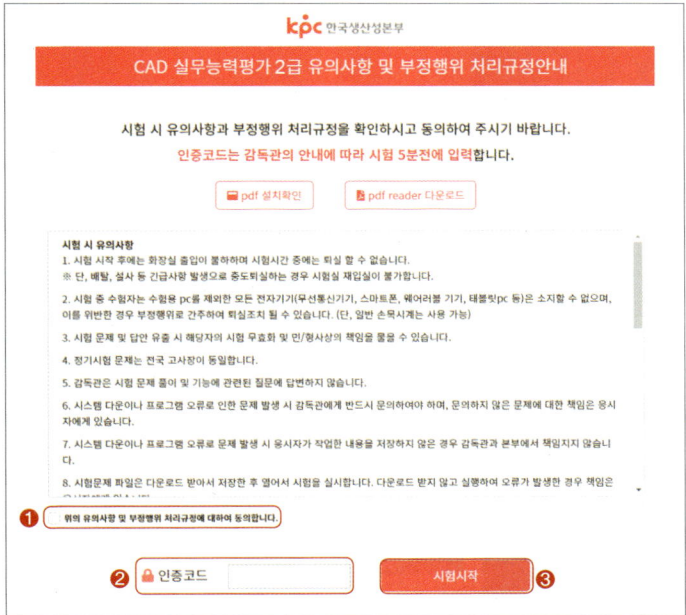

04 [템플릿 파일 받기]를 클릭한 후 바탕화면에 저장한다.

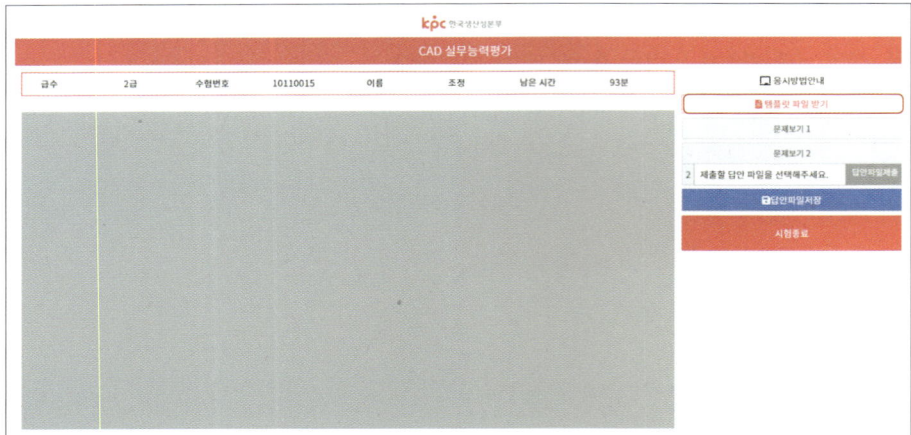

05 CAD 프로그램에서 해당 템플릿 파일을 [열기]한 후 시험보기 창으로 돌아간다.

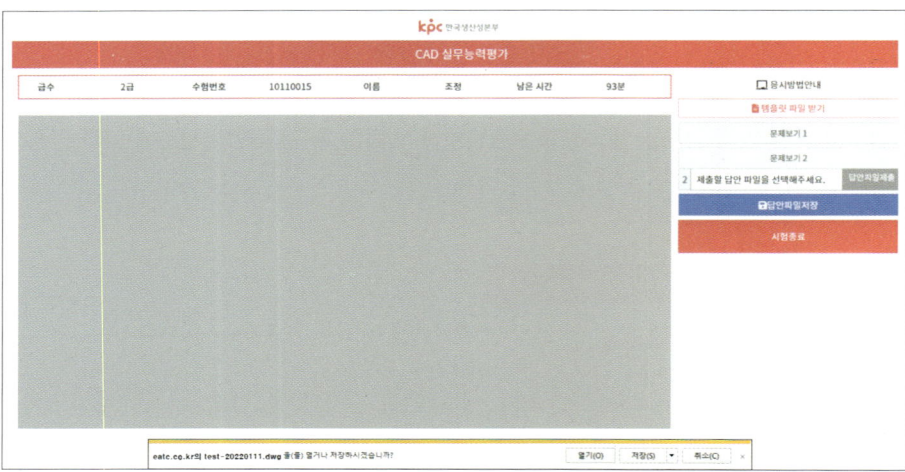

06 시험 보기 창에서 우측 메뉴의 [문제보기1]을 클릭하고 시험을 시작한다.

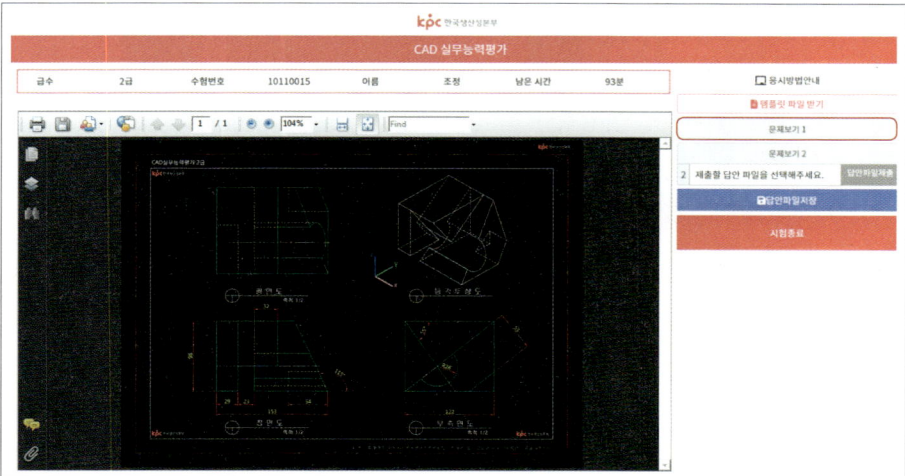

07 도면 작성을 마치면 시험 보기 창에서 우측 메뉴의 [문제보기2]를 클릭하고, 배치 공간 작성을 시작한다.

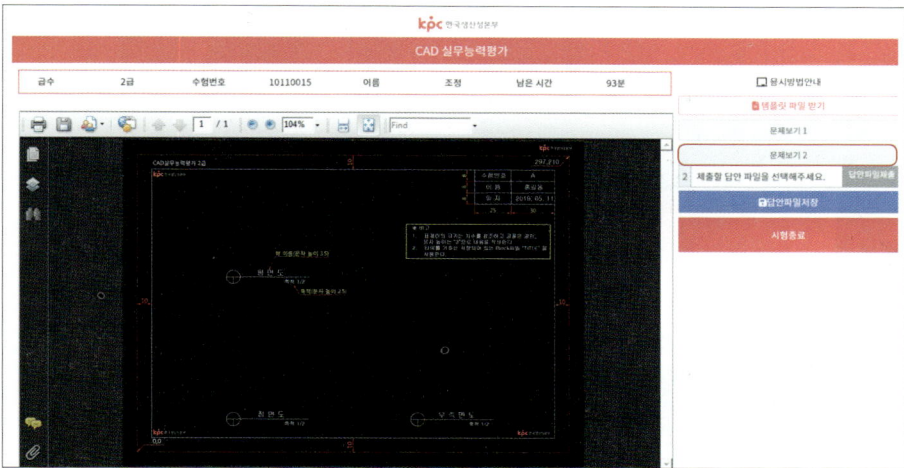

08 답안파일의 작성이 완료되면 [답안파일제출] 버튼을 클릭하여 답안 파일을 제출한다.

09 [답안파일저장]을 클릭하면 감독관에게 파일이 제출된다.

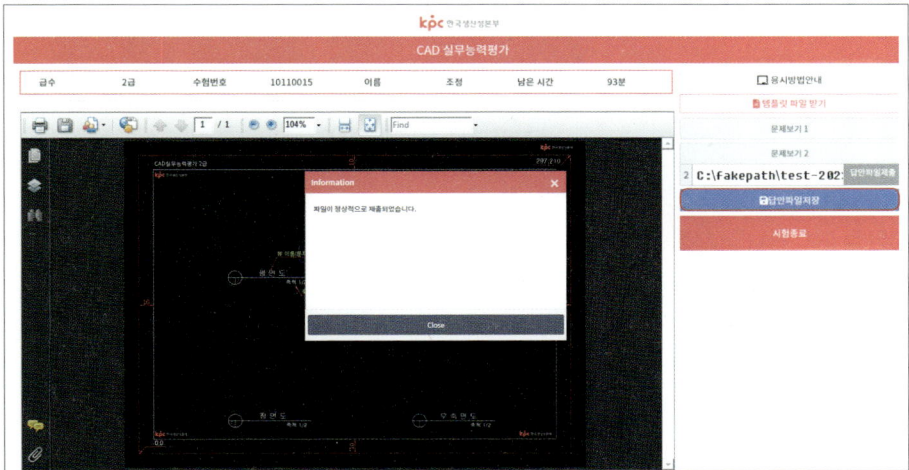

10 [시험 종료] 버튼을 클릭하면 시험이 종료된다.

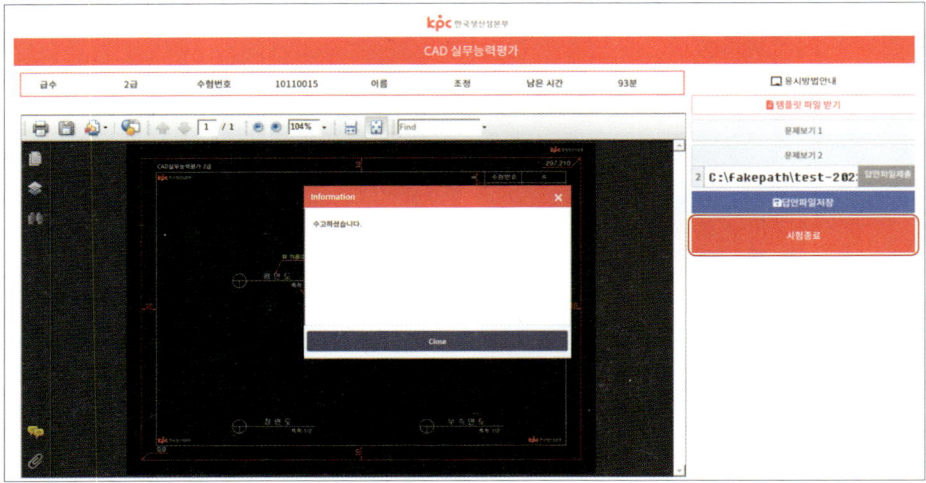

2 _ 시험에 사용되는 명령어

AutoCAD의 기본기능 외에 CAD실무능력평가 2급 시험을 진행함에 있어 필수로 익혀야 하는 명령어로, 주로 영역 설정 및 배치영역에서의 뷰포트 생성 및 설정에 관련된 명령어가 주를 이루고 있다.

2-1. LIMITS

보이지 않는 사각형의 영역을 만들어 그리드의 표시나 한계를 제한하는 명령어로, 주로 출력 영역으로 사용하기 위해 출력 용지 사이즈로 설정하는 경우가 많다.

❖ 실행 방법 ❖
• 명령 입력 : : LIMITS

01 명령행에서 'LIMITS'를 입력하고 Space Bar 를 누른다.

| 명령 : LIMITS | 명령어 입력 |

02 영역 범위의 왼쪽 하단점 'P1' 위치를 지정한다(절대좌표 0, 0을 입력한다).

| 왼쪽 아래 구석 지정 또는 [켜기(ON)/끄기(OFF)] <0,0> : 0,0 | 영역의 왼쪽 하단점 지정 |

03 영역 범위의 오른쪽 상단점 'P2' 위치를 지정한다(절대좌표 297, 210을 입력한다).

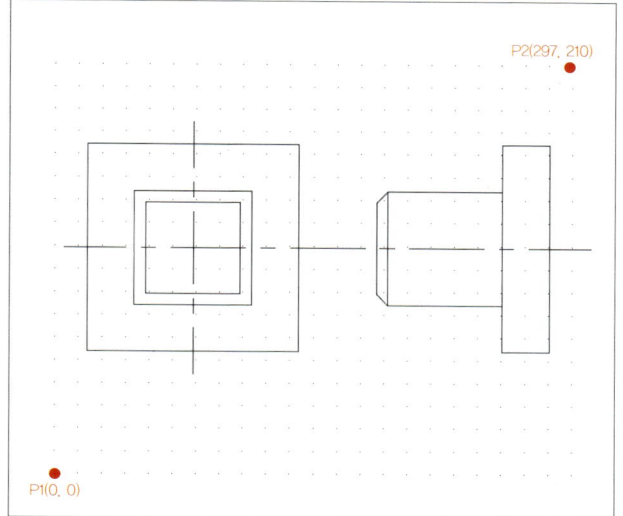

> LIMITS의 기본 영역은 A3(420×297) 용지 사이즈로 설정되어 있으며, CAD실무능력평가 2급에서는 배치 공간에서 영역을 제어하고, 영역의 범위는 A4(297,210) 용지 사이즈 이다.
>
> • A열 규격 사이즈
> A4 (297×210)
> A3 (420×297)
> A2 (594×420)
> A1 (841×594)
> A0 (1,189×841)

첫 오른쪽 위 구석 지정 〈420.0000,297.0000〉 : 297,210

영역의 오른쪽 상단점 지정

2-2. MVIEW

배치 영역에서 Viewport를 생성하거나, 생성한 Viewport를 조정하는 기능으로, 자격시험에서는 3개의 Viewport(평면도, 정면도, 우측면도)를 배치하고 정렬한 후 이를 억제하는 것에 대하여 평가하고 있다.

◇ 실행 방법 ◇
• 리본 : [배치] 탭 - [배치 뷰포트]패널 - 직사각형 아이콘( )
• 명령 입력 : MVIEW
• 단축키 : MV

01 예제 파일을 열기 한다.

■ 예제 파일 : Chapter07\Viewport.dwg

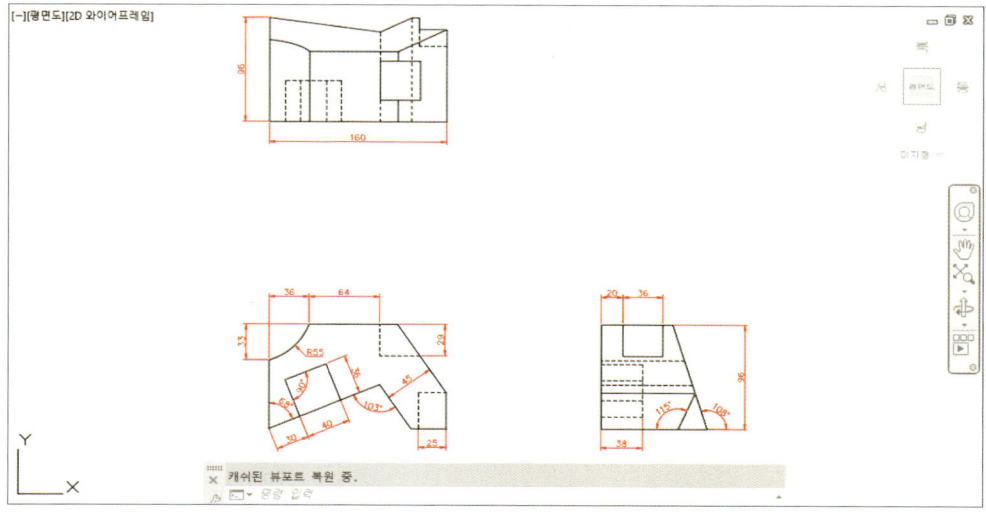

02 도구 막대에서 [배치1] 탭을 눌러준다.

03 명령행에서 'REC'를 입력하고 Space Bar 를 누른다.

명령 : REC   RECTANG 명령어 입력

04 사각형의 첫 번째 모서리를 절대좌표 '0,0'으로 입력한다.

첫 번째 구석점 지정 또는 [모따기(C)/고도(E)/모깎기(F)/두께(T)/폭(W)] : 0,0   첫 번째 구석점 입력

05 사각형의 두 번째 모서리를 절대좌표 '297,210'으로 입력한다.

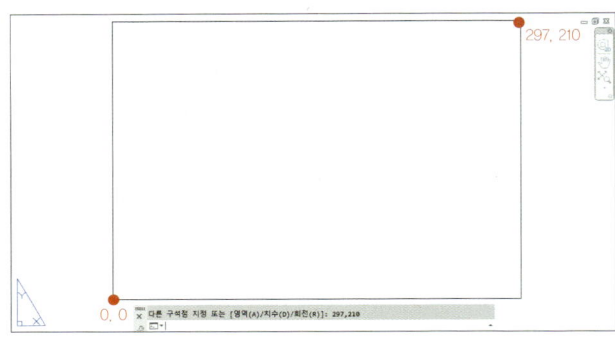

다른 구석점 지정 또는 [영역(A)/치수(D)/회전(R)] : 297,210   두 번째 구석점 입력

06 명령행에서 단축키 'O'를 입력하고 Space Bar 를 누른다.

명령 : O   OFFSET 명령어 입력

07 간격띄우기 값 '10'을 입력하고 Space Bar 를 누른다.

명간격띄우기 거리 지정 또는 [통과점(T)/지우기(E)/도면층(L)] ⟨10.0000⟩ : 10   거리값 입력

08 작성한 사각형을 내부 방향으로 간격띄우기 한 후 명령어를 종료한다.

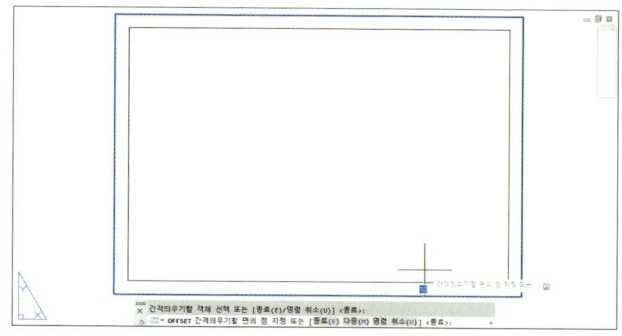

간격띄우기할 객체 선택 또는 [종료(E)/명령 취소(U)] <종료> :　　　　　　　　　　　　　　　명령어 종료

09 아래 그림과 같이 표제란을 우측 모서리에 작성한다.

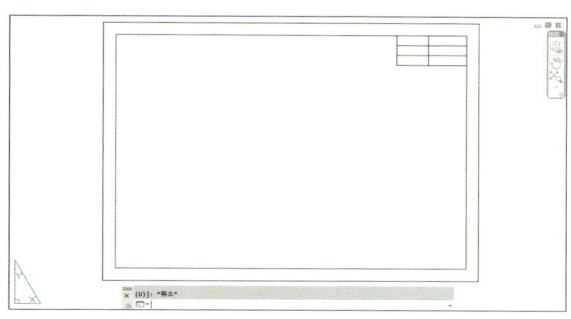 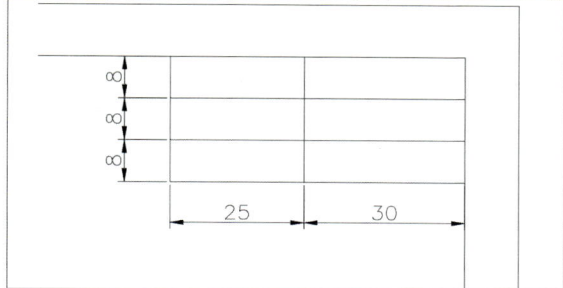

10 바깥쪽 사각형은 삭제해준다.

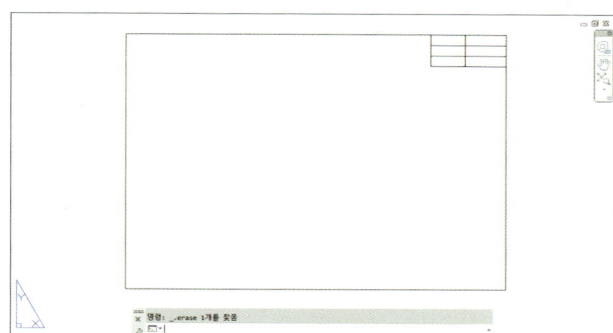

11 명령행에서 'MV' 명령어를 입력하고 Space Bar 를 누른다.

명령 : MV　　　　　　　　　　　　　　　　　　　　　　　　　　　　　　　　　MVIEW 명령어 입력

12 옵션 '4'(4개의 Viewport를 생성)를 입력하고 Space Bar 를 누른다.

뷰포트 구석 지정 또는 [켜기(ON)/끄기(OFF)/맞춤(F)/음영플롯(S)/잠금(L)/객체(O)/폴리곤(P)/복원(R)/도면층(LA)/2/3/4] <맞춤(F)> : 4　 옵션 입력

13 첫 번째 구석점 P1과 두 번째 구석점 P2를 [끝점]을 이용해 아래와 같이 지정해 준다.

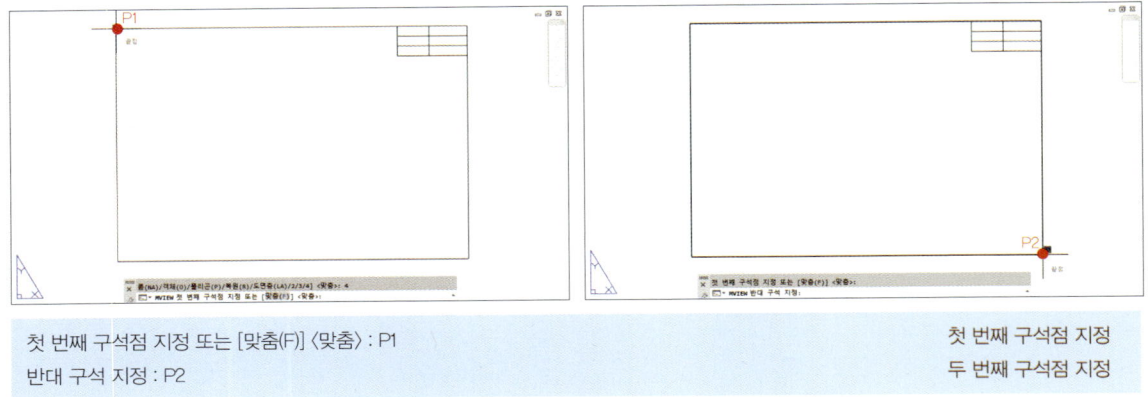

첫 번째 구석점 지정 또는 [맞춤(F)] 〈맞춤〉 : P1
반대 구석 지정 : P2

첫 번째 구석점 지정
두 번째 구석점 지정

14 우측 상단 Viewport는 삭제해준다(삭제시 경계선을 선택해야 한다).

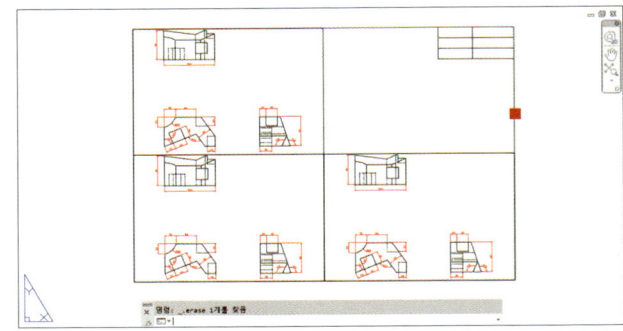

2-3. MSPACE와 PSPACE

배치공간에서 'MVIEW' 명령어를 통해 Viewport를 생성한 후에는 크게 'MSPACE'과 'PSPACE'가 자동으로 생성되게 된다. MSPACE란 '모형공간'과 액세스 할 수 있는 영역을 말하며, PSPACE는 '모형공간'과의 액세스를 차단하는 '도면공간'으로 두 영역을 자유롭게 이동하는 방법에 대해 알아 보도록 한다.

▶ 명령어를 이용하여 각 영역으로 이동하기
- 명령행에서 'MS'를 입력하고 Space Bar 를 누른다.
- 명령행에서 'PS'를 입력하고 Space Bar 를 누른다.

➡ 더블클릭을 이용하여 각 영역으로 이동하기

- Viewport 내부를 더블클릭 한다.

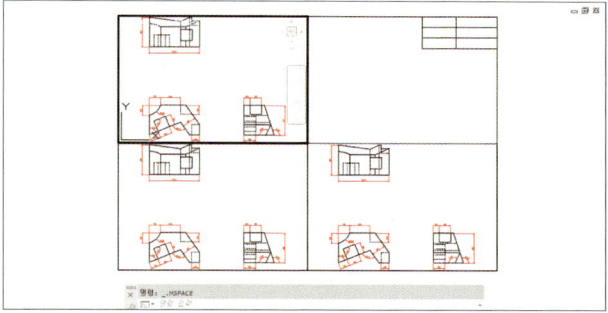

- Viewport 외부를 더블클릭 한다.

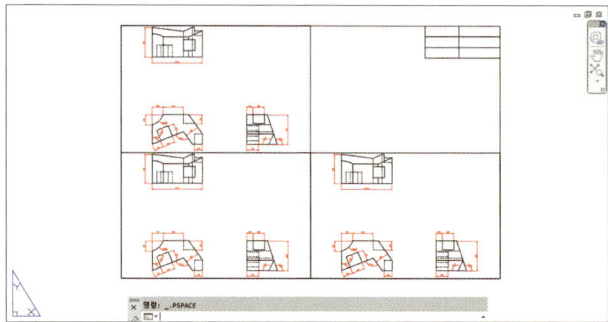

➡ 도구막대를 이용하여 각 영역으로 이동하기

01 도구막대 ❶ [사용자화] 를 클릭한 후 ❷ [도면 공간] 항목을 체크한다.

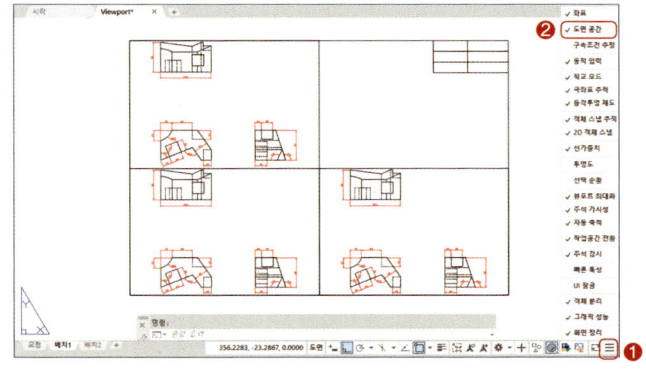

02 도구막대에 해당 항목이 생성된 것을 확인한다.

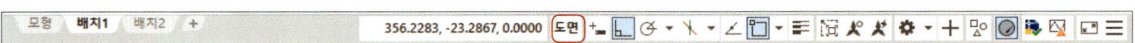

03 현재 영역을 표시하고 있으며, 클릭할 경우 영역을 전환해 준다.

- 활성화 된 각 영역에서 휠 드래그를 통해 어떤 차이점이 있는지 확인해 보도록 한다.

2-4. PSLTSCALE(시스템 변수)

도면공간(PSPACE) 뷰포트에서 선의 타입에 대한 축척을 제어한다.

- PSLTSCALE 설정값이 '1' 일 때 : Viewports의 축척에 따라 선종류 축척이 결정되며, [모형] 탭에서 작성한 간격과 동일한 간격을 가지게 된다. Viewports를 축소하여도 선의 간격은 조정되지 않으며, PSLTSCALE의 기본 설정으로 되어 있다.
- PSLTSCALE 설정값이 '0' 일 때 : LTSCALE 비율에 따라 선종류의 축척이 결정되며, 축척이 [모형] 탭과 다른 축척의 Viewport를 생성했을 경우 이를 적용한다.

❖ 실행 방법 ❖
- 명령 입력 : : PSLTSCALE

▶ 실행 순서

01 명령행에서 'PSLTSCALE' 명령어를 입력하고 Space Bar 를 누른다.

명령 : PSLTSCALE   명령어 입력

02 설정값 '0'을 입력하고 Space Bar 를 눌러 명령어를 종료한다.

PSLTSCALE에 대한 새 값 입력 ⟨1⟩ : 0   설정값 입력

TIP 선종류 관리자에서 설정하기

01 명령행에서 'LINETYPE' 명령어 입력 후 Space Bar 를 누른다.

02 설정창에서 '자세히(D)'를 클릭해 상세정보를 확인한다.
03 '축척을 위해 도면 공간 단위 사용(U)' 항목에서 체크를 해제한 후 확인을 눌러준다.

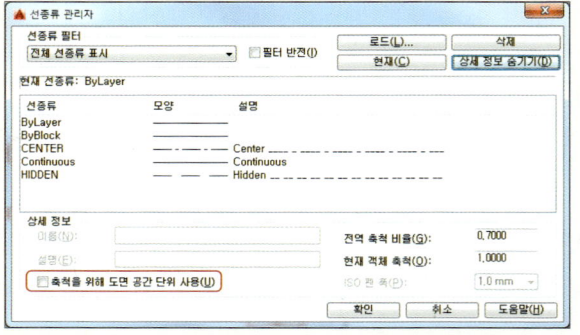

04 전체화면을 재생성 해준다(2-5. REGENALL 참조).

2-5. REGENALL

배치공간에서 전체 Viewport에 대한 화면을 재생성 해준다. 특히 PSLTSCALE의 설정을 변경한 후에는 반드시 REGENALL을 통해 재생성 할 수 있도록 한다.

> ❖ 실행 방법 ❖
> • 명령 입력 : REGENALL
> • 단축키 : REA

01 명령행에서 'REGENALL' 명령어를 입력하고 Space Bar 를 누른다.

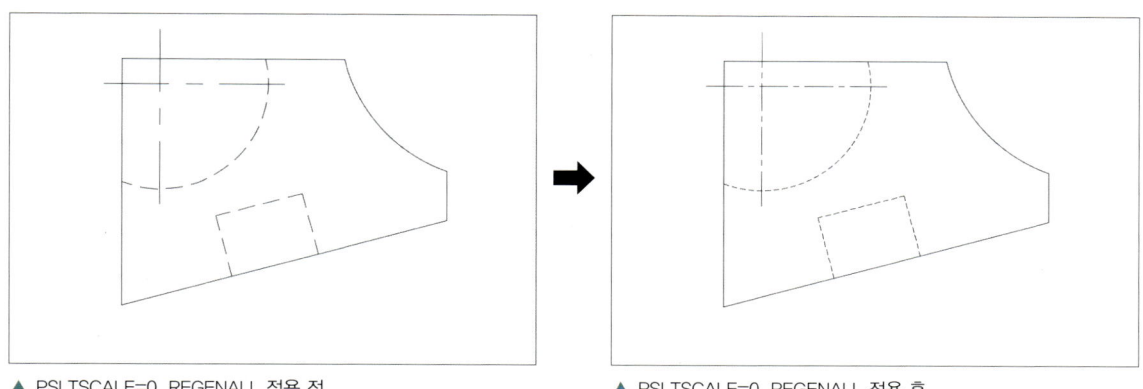

▲ PSLTSCALE=0, REGENALL 적용 전   ▲ PSLTSCALE=0, REGENALL 적용 후

2-6. MVSETUP

Viewport에 대한 정렬 및 설정을 관리하는 명령어로 CAD실무능력평가 2급 시험에서는 [정렬(A)] 기능을 적절히 사용하였는지를 평가하고 있다.

> ❖ 실행 방법 ❖
> • 명령 입력 : : MVSETUP

01 예제 파일을 열기 한다.

■ 예제 파일 : Chapter07\Mvsetup.dwg

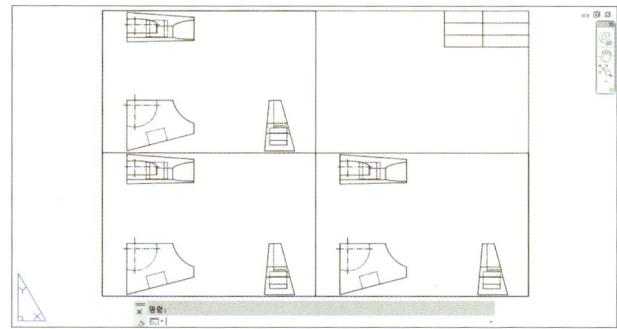

02 각 Viewport의 MS 영역에서 도면을 배치한다. Viewport 중앙에 보이고자 하는 도면을 배치 및 조정한 후 PS 영역으로 돌아온다.

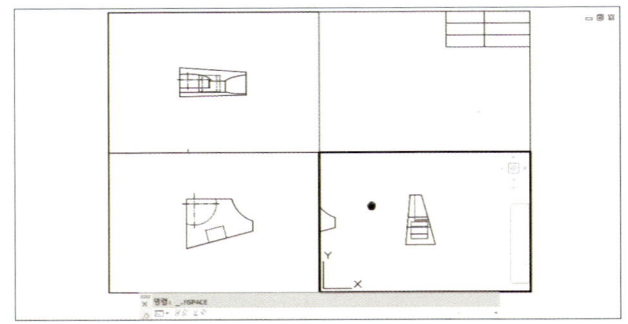

03 Viewport를 모두 선택한 후 축척 1:3을 적용한다.

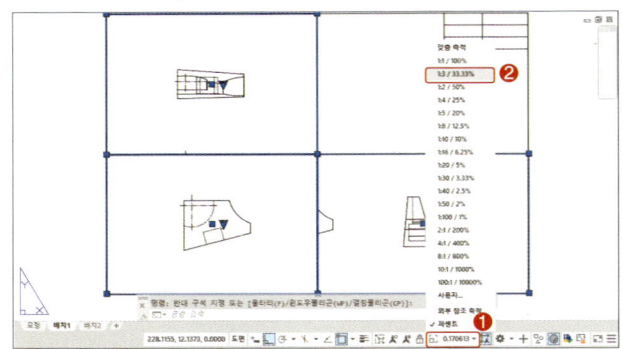

04 축척 적용 후 추가적인 위치 조정이 필요하면 다시 MS 영역으로 들어가 마우스 가운데 휠(FAN)로 위치를 조정하고 다시 PS 영역으로 돌아온다. 이때 주의할 점은 절대 마우스 휠을 돌리면 안된다. 마우스 휠을 돌리게 되면 맞춰 놓은 축척이 틀어지게 된다.

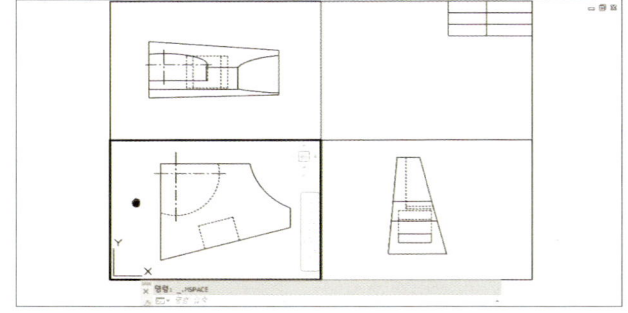

05 PS 영역으로 전환한다.(명령행에서 PS를 입력하고 Enter 혹은 PS 영역의 여백을 더블클릭한다.)
06 명령행에서 'MVSETUP' 명령어를 입력하고 Space Bar 를 누른다.
07 옵션에서 [정렬(A)]를 입력하고 Space Bar 를 누른다.
08 세부옵션으로 [수평(H)]를 입력하고 Space Bar 를 누른다.

명령 : MVSETUP	명령어 입력
옵션 입력 [정렬(A)/뷰포트 작성(C)/뷰포트 축척(S)/옵션(O)/제목 블록(T)/명령 취소(U)] : A	옵션 입력
옵션 입력 [각도(A)/수평(H)/수직 정렬(V)/뷰 회전(R)/명령 취소(U)] : H	옵션 입력

09 MVSETUP의 정렬(A)를 하고 수평(H)를 하면 자동으로 마지막에 들어갔던 Viewport가 활성화 된다. 만약 활성화된 Viewport가 정면도가 아니면 정면도를 클릭하여 정면도 Viewport를 활성화 한다.

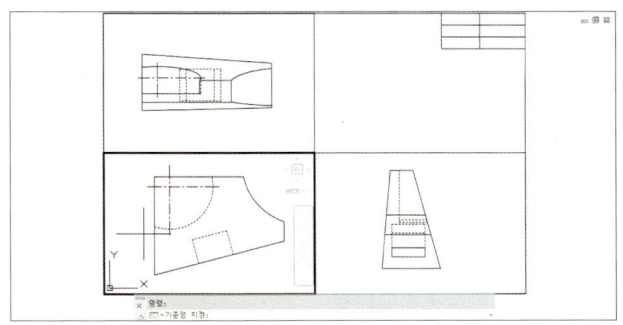

10 MVSETUP의 옵션 [정렬(A)]를 하면 객체 스냅(Osnap)이 꺼진다. 다시 객체 스냅 켜기(F3)를 눌러 제도 설정 창에서 끝점(E)에 체크하여 점을 입력하거나 점을 입력할 때마다 단일 객체 스냅[Ctrl +마우스 우클릭]에서 끝점(E)을 선택할 수도 있다.

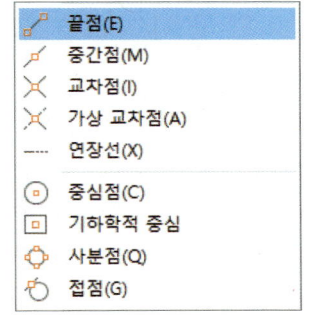 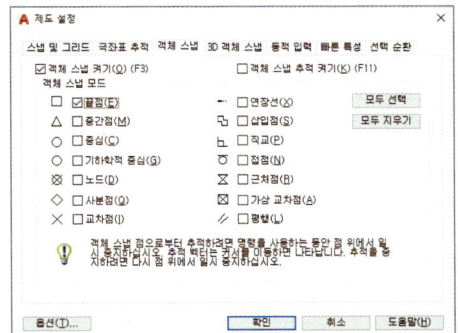

11 수평정렬의 기준이 되는 P1 지점을 지정한다.

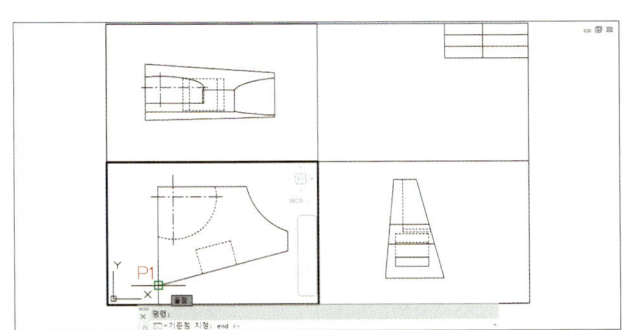

12 우측면도의 Viewport를 활성화 한 후 P1의 기준점과 같은 수평선상으로 정렬할 P2를 지정한다.

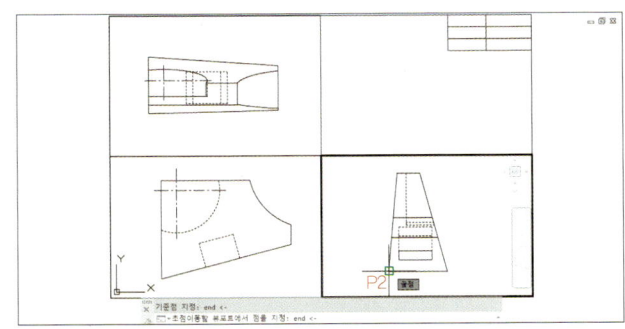

옵션 입력 [각도(A)/수평(H)/수직 정렬(V)/뷰 회전(R)/명령 취소(U)] : H
기준점 지정 : P1
초점이동할 뷰포트에서 점을 지정 : P2

세부옵션 입력
기준이 되는 Viewport(정면도) 활성화 후 기준점 지정
우측면도 Viewport를 활성화 후 지정한다

Chapter 07_CAD실무능력평가 2급 시작하기 ■ 271

13 상세옵션으로 [수직 정렬(V)] 를 입력하고 Space Bar 를 누른다.

14 정면도에 해당하는 Viewport를 클릭하여 MS영역을 활성화한다.

15 정면도에서 객체의 왼쪽 하단점 P1을 기준으로 클릭한다.

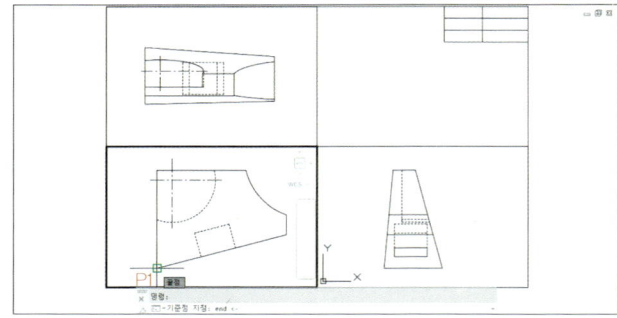

16 평면도에 해당하는 Viewport를 클릭하여 MS영역을 활성화 한 후, 평면도에서 객체의 왼쪽 하단점 P2를 클릭한다.

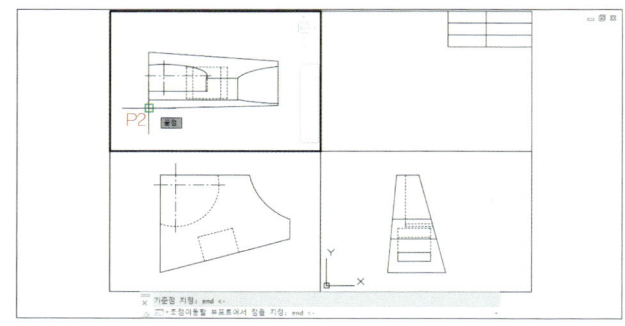

옵션 입력 [각도(A)/수평(H)/수직 정렬(V)/뷰 회전(R)/명령 취소(U)] : V 세부옵션 입력
기준점 지정 : P1 기준이 되는 Viewport(정면도) 활성화 후 기준점 지정
초점이동할 뷰포트에서 점을 지정 : P2 평면도의 Viewport를 활성화 후 지정한다.

17 Esc 키를 눌러 명령어를 종료하고 PS영역으로 전환한다.(명령행에서 PS를 입력하고 Enter 혹은 PS 영역의 여백을 더블클릭한다.)

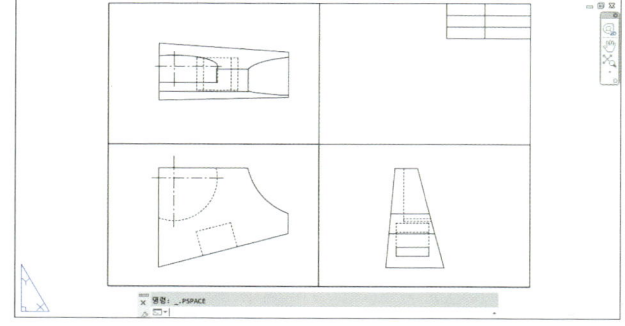

3 _ 배치영역 작성하기

[배치영역]에서 이루어지는 일련의 작업 순서를 [따라하기]를 통해 연습해 보도록 하자.

01 예제 파일을 연다.

- 예제 파일 : Chapter07\배치탭에서 명령어 사용하기.dwg

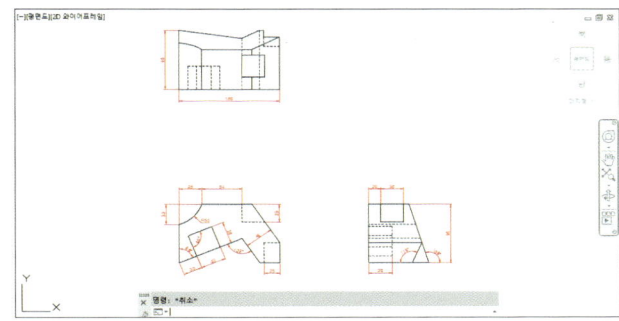

02 도구막대에서 [배치1] 탭을 클릭한다.

03 명령행에서 'LIMITS' 명령어를 입력하고 Space Bar 를 누른다.

04 왼쪽 아래 구석점으로 절대좌표 '0,0'을 입력하고 Space Bar 를 누른다.

05 오른쪽 위 구석점으로 절대좌표 '297,210'을 입력하고 Space Bar 를 누른다.

명령 : LIMITS	명령어 입력
도면 공간 한계 재설정:	
왼쪽 아래 구석 지정 또는 [켜기(ON)/끄기(OFF)] ⟨0.0000,0.0000⟩ : 0,0	좌표입력
오른쪽 위 구석 지정 ⟨12.0000,9.0000⟩ : 297,210	좌표입력

06 명령행에서 'REC' 명령어를 입력하고 Space Bar 를 누른다.

07 첫 번째 구석점으로 절대좌표 0,0을 입력하고 Space Bar 를 누른다.

08 두 번째 구석점으로 절대좌표 297,210을 입력하고 Space Bar 를 누른다.

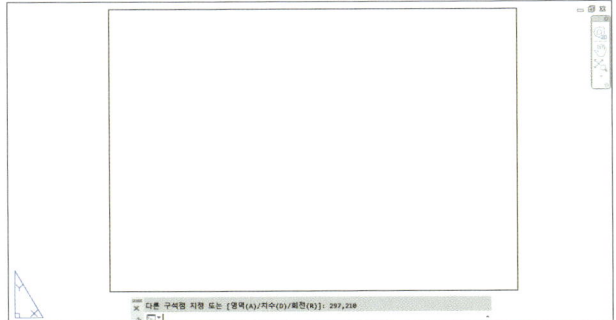

```
명령 : REC                                                              RECTANG 명령어 입력
첫 번째 구석점 지정 또는 [모따기(C)/고도(E)/모깎기(F)/두께(T)/폭(W)] : 0,0            좌표입력
다른 구석점 지정 또는 [영역(A)/치수(D)/회전(R)] : 297,210                          좌표입력
```

09 명령행에서 단축키 'O'를 입력하고 Space Bar 를 누른다.

```
명령 : O                                                                OFFSET 명령어 입력
```

10 간격띄우기 값 '10'을 입력하고 Space Bar 를 누른다.

```
간격띄우기 거리 지정 또는 [통과점(T)/지우기(E)/도면층(L)] <10.0000> : 10              거리값 입력
```

11 작성한 사각형을 내부 방향으로 간격띄우기 한 후 명령어를 종료한다.

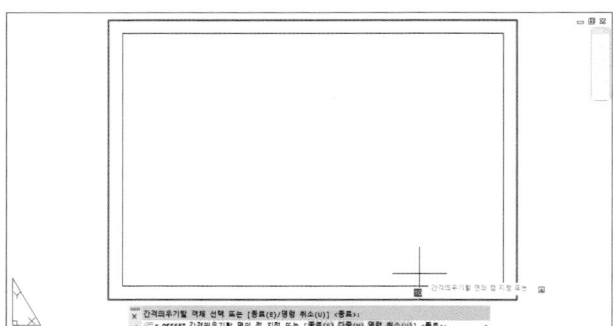

```
간격띄우기할 객체 선택 또는 [종료(E)/명령 취소(U)] <종
료> :                                                                  명령어 종료
```

12 아래 그림과 같이 표제란을 우측 모서리에 작성한다(Explode를 이용해 분해한 후 작성한다).

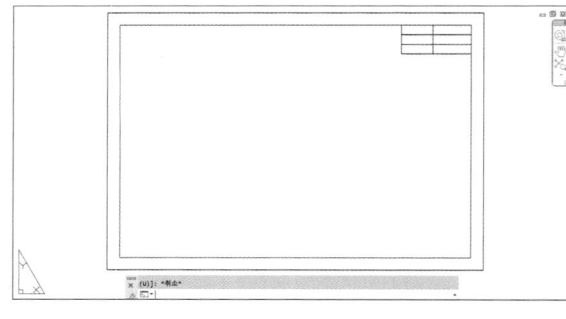 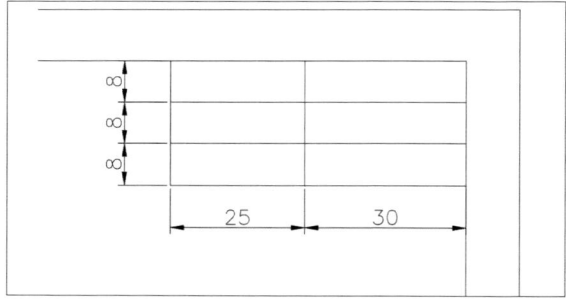

13 바깥쪽 사각형은 삭제해 준다.

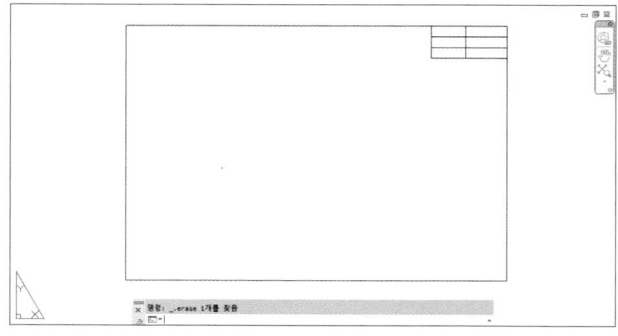

14 명령행에서 'MV' 명령어를 입력하고 Space Bar 를 누른다.

15 옵션으로 '4'를 입력하고 Space Bar 를 누른다.

16 Viewport 범위의 첫 번째 점으로 OSNAP의 끝점을 이용하여 왼쪽 상단점을 지정한다.

17 Viewport 범위의 두 번째 점으로 OSNAP의 끝점을 이용하여 오른쪽 하단점을 지정한다.

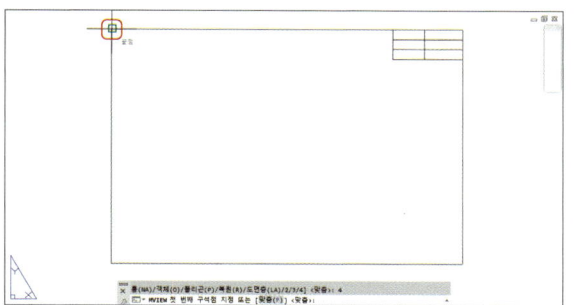 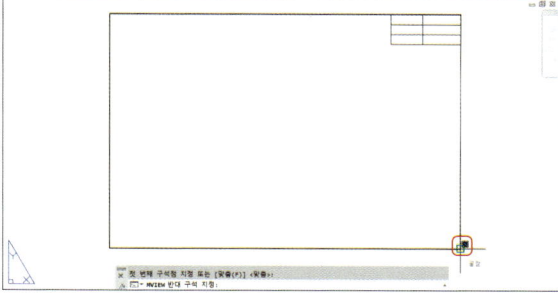

명령 : MV	MVIEW 명령어 입력
뷰포트 구석 지정 또는 [켜기(ON)/끄기(OFF)/맞춤(F)/음영 플롯(S)/잠금(L)/객체(O)/폴리곤(P)/복원(R)/도면층(LA)/2/3/4] 〈맞춤(F)〉: 4	옵션 입력
첫 번째 구석점 지정 또는 [맞춤(F)] 〈맞춤〉:	첫 번째 구석점 입력
반대 구석 지정 : 모형 재생성 중.	두 번째 구석점 입력

18 네 개의 Viewport가 생성된 것을 확인한다.

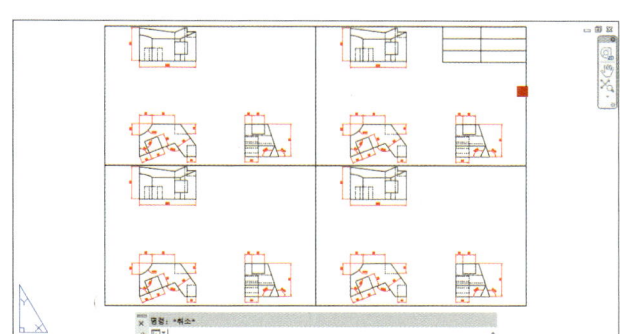

19 오른쪽 상단 Viewport를 삭제한다.
(경계선을 클릭한 후 Delete 키를 누른다.)

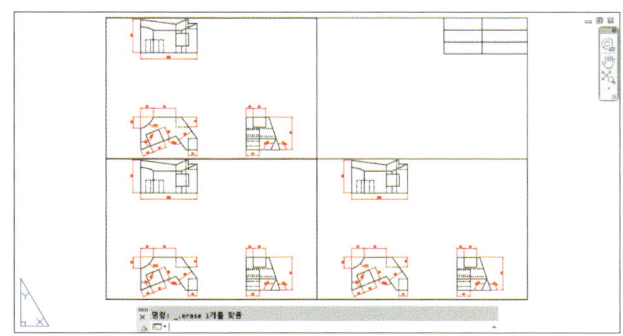

20 명령행에서 'MS'를 입력하고 Space Bar 를 누른다.

21 평면도 Viewport를 활성화 한다.

22 마우스 휠(Wheel)의 ZOOM과 PAN을 이용하여 평면도를 Viewport의 가운데 배치한다.

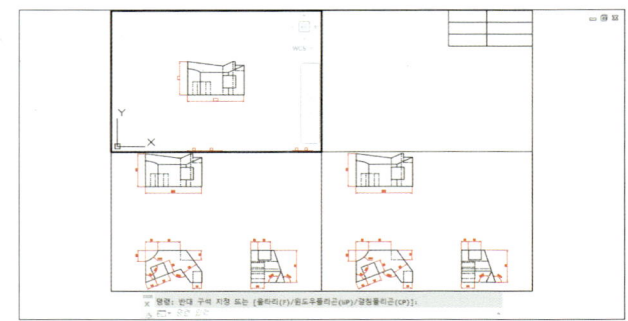

23 같은 방법으로 정면도와 우측면도의 Viewport를 배치한 후 명령행에서 'PS'를 입력하고 Space Bar 를 누른다.

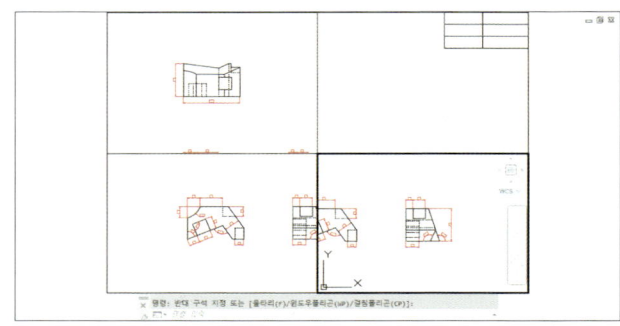

24 걸침 선택을 이용해 세 개의 Viewport를 선택한다.

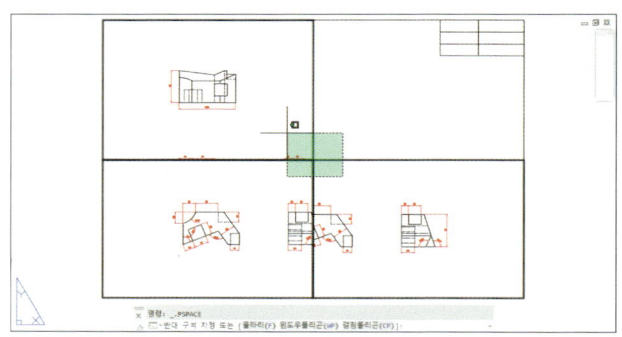

25 도구막대를 이용하여 Viewport의 축척을 1:2로 변경한 후 Esc 를 누른다.

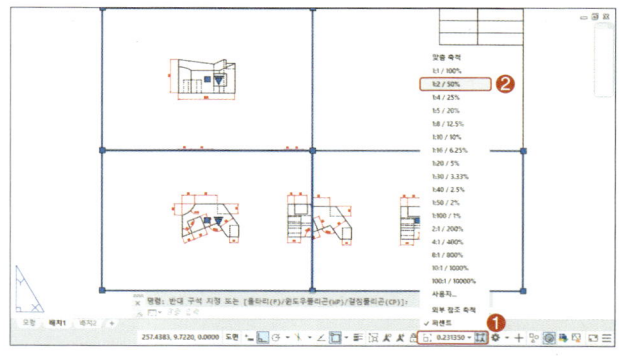

26 명령행에서 'MVSETUP'을 입력하고 Space Bar 를 누른다.

27 옵션에서 [정렬(A)]를 입력하고 `Space Bar` 를 누른다.

28 상세옵션으로 [수평(H)]를 입력하고 `Space Bar` 를 누른다.

```
명령 : MVSETUP                                                                          명령어 입력
옵션 입력 [정렬(A)/뷰포트 작성(C)/뷰포트 축척(S)/옵션(O)/제목 블록(T)/명령 취소(U)] : A      옵션 입력
옵션 입력 [각도(A)/수평(H)/수직 정렬(V)/뷰 회전(R)/명령 취소(U)] : H                        세부옵션 입력
```

29 정면도에 해당하는 Viewport를 더블클릭하여 MS영역을 활성화 한다.

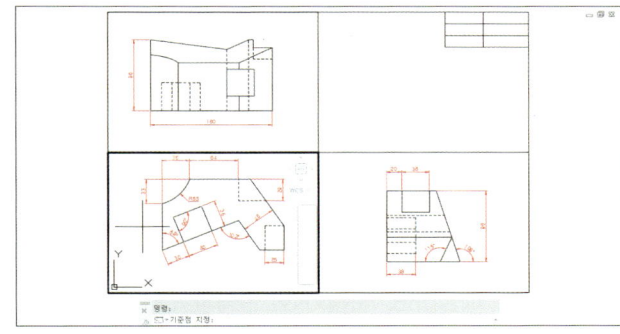

30 `F3` 키를 눌러 OSNAP 설정창을 열고 '끝점'과 객체 스냅 켜기(O) 항목을 체크한다.

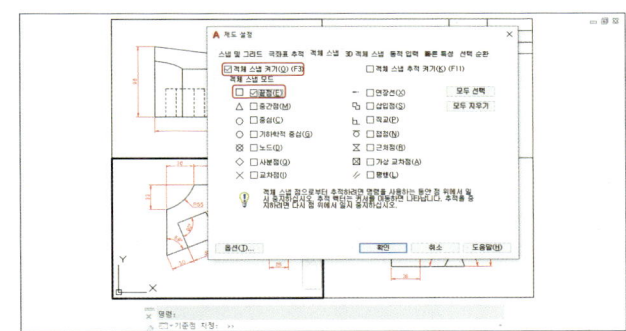

31 객체의 오른쪽 하단점을 기준으로 클릭한다.

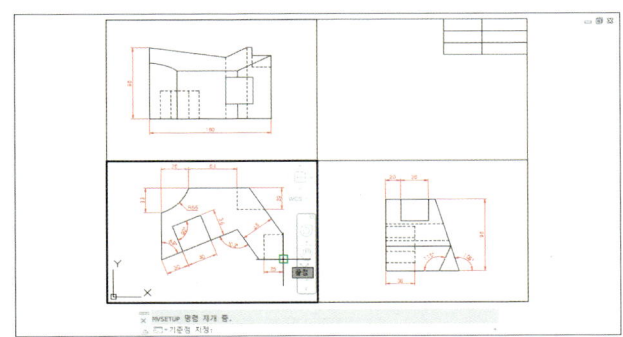

32 우측면도에 해당하는 Viewport를 클릭하여 MS영역을 활성화 한다.

33 우측면도 객체의 가장 하단에 있는 선분의 끝점을 클릭한다.

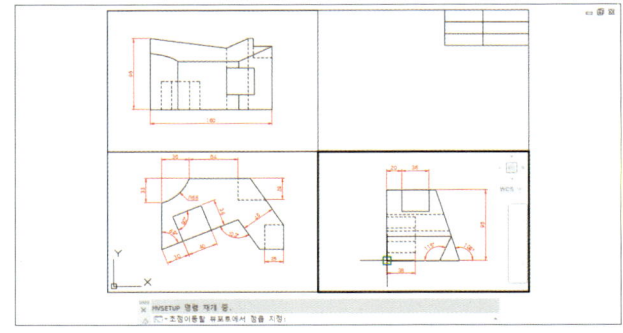

기준점 지정 : 기준점 지정
(*OSNAP이 초기화되기 때문에 F3 키를 눌러 필요한 객체스냅을 재설정 한다.)
초점이동할 뷰포트에서 점을 지정 : 점 지정

기준이 되는 Viewport(FRONT) 활성화 후 기준점 지정
RIGHT Viewport를 활성화 후 지정한다.

34 세부옵션으로 [수직 정렬(V)] 를 입력하고 Space Bar 를 누른다.
35 정면도에 해당하는 Viewport를 클릭하여 MS영역을 활성화 한다.
36 정면도 객체의 오른쪽 하단점을 기준으로 클릭한다.

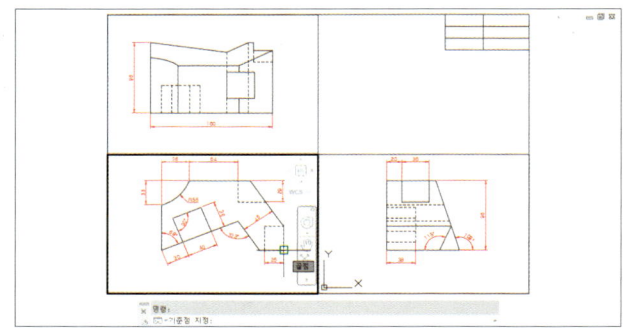

37 평면도에 해당하는 Viewport를 클릭하여 MS영역을 활성화 한다.
38 평면도 객체의 오른쪽 하단점 혹은 상단점을 클릭한다.

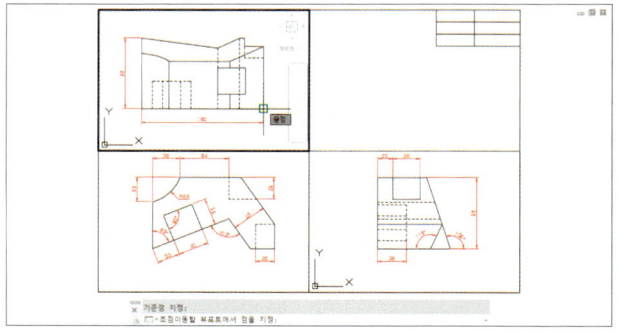

옵션 입력 [각도(A)/수평(H)/수직 정렬(V)/뷰 회전(R)/명령 취소(U)] : V
기준점 지정 : 기준점 지정
초점이동할 뷰포트에서 점을 지정 : 점 지정

세부옵션 입력
기준이 되는 Viewport(FRONT) 활성화 후 기준점 지정
TOP Viewport를 활성화 후 지정한다.

39 Esc 키를 눌러 명령어를 종료한 후 PS 영역을 활성화 한다.

(명령행에서 'PS' 입력 후 Space Bar 혹은 PS 영역을 더블클릭한다.)

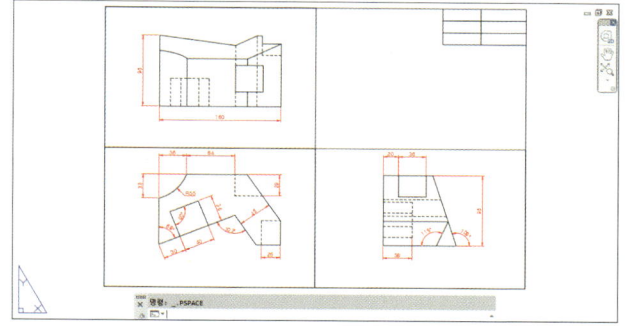

40 PS영역에서 Viewport를 모두 선택한 후 '뷰포트' 레이어로 변경한다.

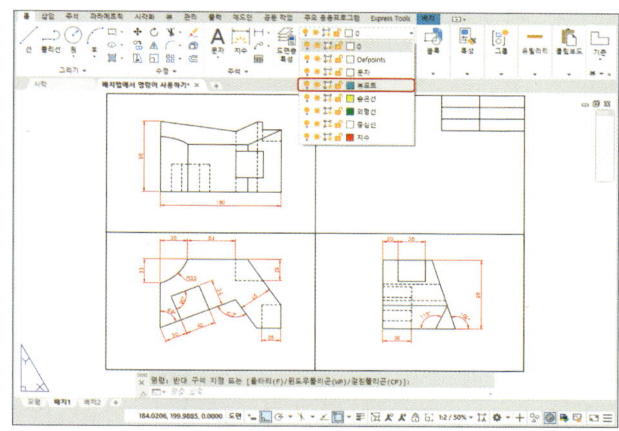

41 도구상자를 이용해 '뷰포트' 레이어를 동결 시킨다.

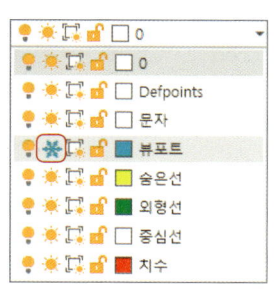
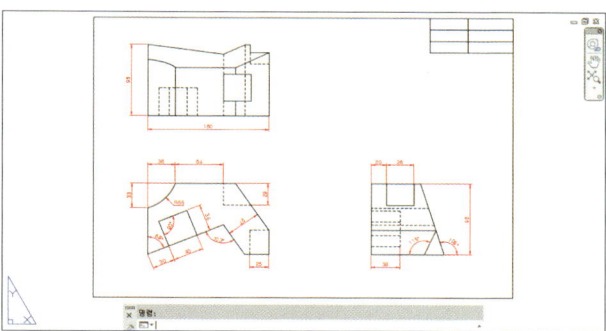

42 PS영역에서 '문자' 레이어를 이용해 표제란을 입력한다.

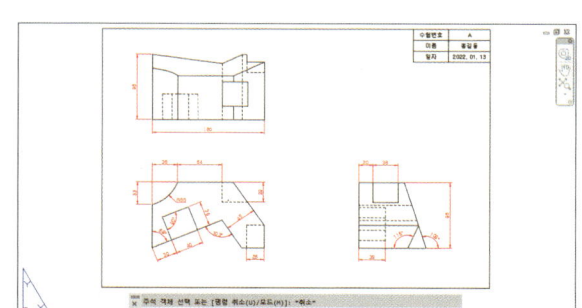
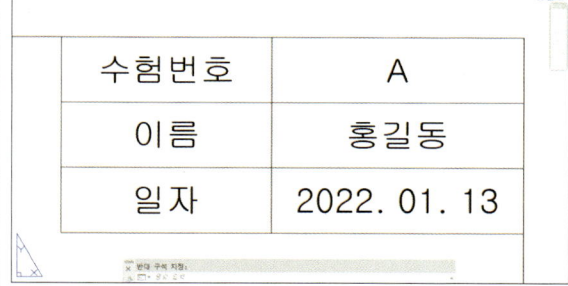

43 PS 영역에서 삽입(Insert) 명령을 이용해 'TITLE' 블록을 '0' 도면층에 삽입한다.(TITLE 블록은 시험에서 다운로드 받는 Template 파일에 포함되어 있다.) 사용하는 CAD 버전에 따라 창이 다르게 나오니 주의하자.

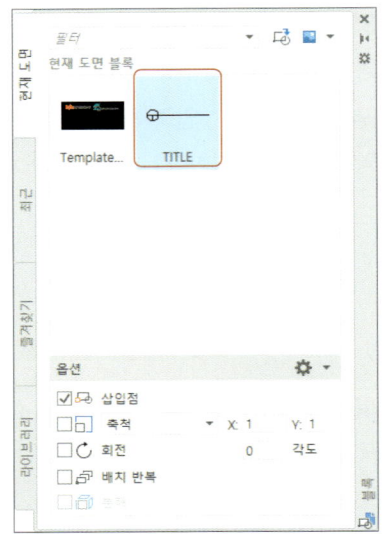

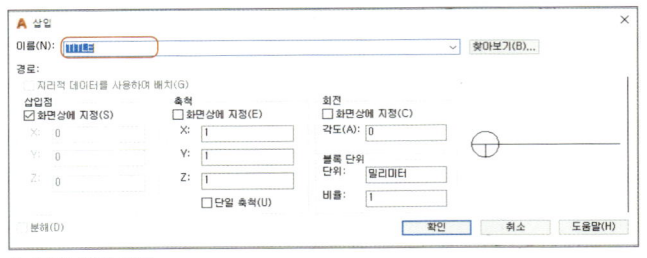

▲ 2019 이전 버전   ▲ 2020 이후 버전

44 PS영역에서 '문자' 레이어를 이용해 타이틀을 완성한다.

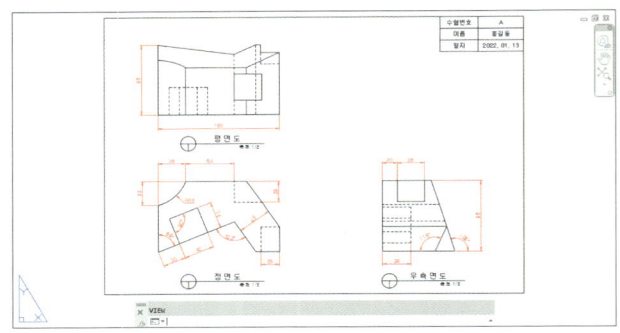

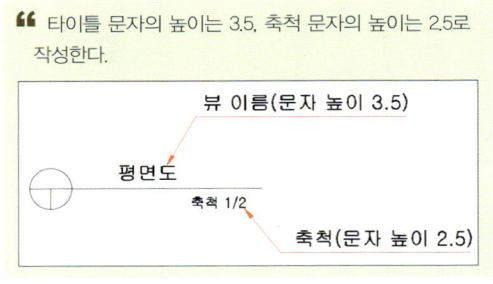

> 타이틀 문자의 높이는 3.5, 축척 문자의 높이는 2.5로 작성한다.

4 _ 시험을 위한 환경 설정

시험을 응시하기전 AutoCAD 프로그램의 환경이 연습할 때와는 다른 설정으로 되어 있기 쉬우므로 시험 시작 20분전에 입실해서 작업 환경을 미리 설정할 수 있도록 한다. 다만, 템플릿 파일을 받게 되면 초기화 되는 도면층 설정, 치수 스타일 설정, 문자 스타일 설정, 페이지 설정 등은 하지 않도록 한다.

4-1. 자동 저장 설정하기

시험 도중, PC나 AutoCAD 프로그램이 다운되는 경우가 있는데, 자동 저장 기능을 이용하여 작업하던 파일을 다시 불러와 이름 바꾸기를 통해 이전에 작업했던 파일내용이 없어 곤란을 겪는 일을 해결할 수 있다. 그러기 위해서는 자동 시간을 5~10분 정도로 설정하고 자동 저장 파일 위치를 새로 지정하는 것이 좋다.

▶ 자동 저장 시간 설정 방법

01 명령행에서 'OPTIONS' 명령어를 입력하고 Space Bar 를 누른다.

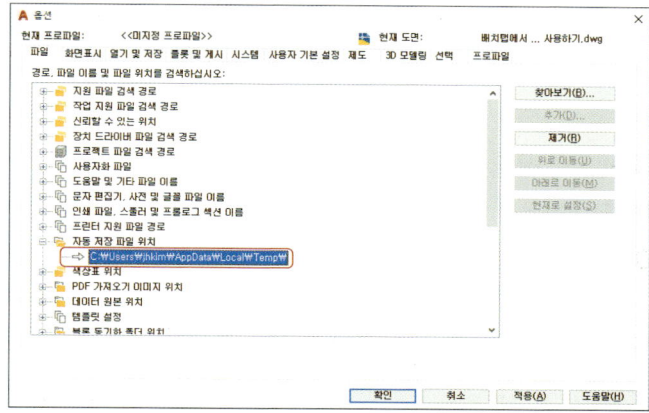

02 [파일] 탭 자동 저장 파일 위치 항목의 +를 눌러 확장한다.

03 저장경로를 더블클릭 한다.

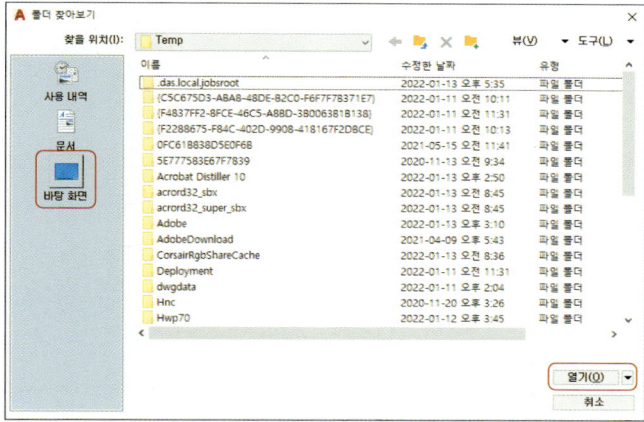

04 바탕화면을 선택하고 열기를 눌러준다.

05 [열기 및 저장] 탭을 눌러준다.

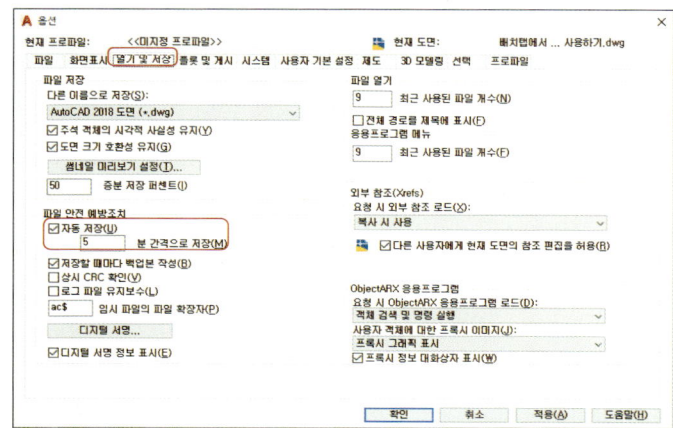

06 파일 안전 예방조치 항목에서 자동 저장(U) 항목을 체크하고 저장 시간을 5~10분으로 설정한다.

4-2. Windows 표준 동작 설정하기

마우스 오른쪽 버튼을 클릭하였을 때 바로가기 메뉴가 보이지 않는 경우는 이 옵션을 이용하여 설정할 수 있도록 한다.

▶ 윈도우 표준 동작 설정 방법

01 명령행에서 'OPTIONS' 명령어를 입력하고 `Space Bar` 를 누른다.

02 [사용자 기본 설정] 탭을 눌러준다.

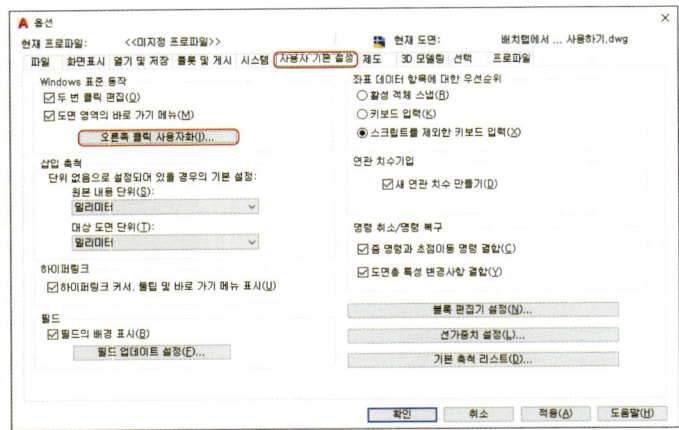

03 Windows 표준 동작 항목에서 오른쪽 클릭 사용자화(I)...를 눌러준다.

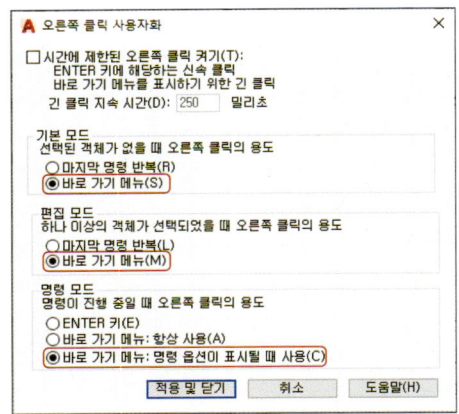

04 기본모드, 편집모드, 명령 모드를 확인한다.

4-3. 선택모드 설정하기

작업도중 `Delete` 키를 이용한 지우기가 안되거나 선택한 객체의 레이어를 도구막대를 이용해 변경이 안되는 경우 이 옵션을 이용해 설정할 수 있도록 한다.

▶ 선택 모드 설정 방법

01 명령행에서 'OPTIONS' 명령어를 입력하고 Space Bar 를 누른다.

02 [선택] 탭을 눌러준다.

03 선택 모드에서 항목에서 명사/동사 선택(N)을 체크한다.

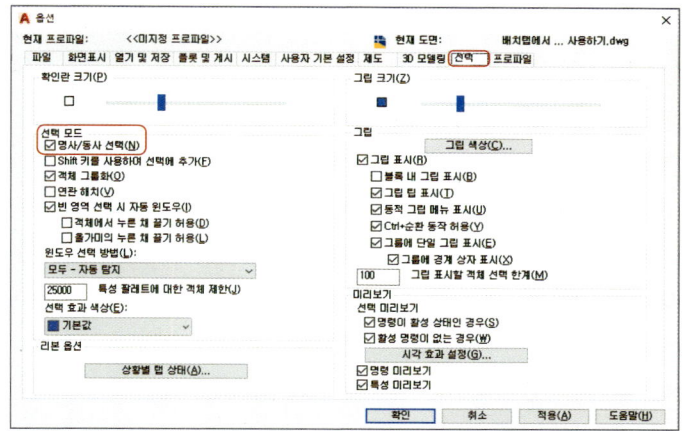

> 명사/동사 선택(N) 체크 : 명령어 입력 후 객체 선택. 객체선택 후 명령어 입력. 두 기능을 모두 사용할 수 있다.
> 명사/동사 선택(N) 체크해제 : 명령어 입력 후 객체선택 기능만 사용할 수 있다.

4-4. 도면층 설정

모든 색상(Color)과 선종류(Linetype)는 도면층 특성 관리자(Layer)에서 제어해야 하며, 도면층 이름을 도면층의 용도인 한글로 입력한다. 다만 가상선은 시험 문제에서 표기되지 않은 경우 생성하지 않아도 관계가 없다.

도면층 이름	도면층 용도	색상(번호/색상)	선종류
외형선	좌동	3번/초록색	Continuous
중심선	좌동	7번/흰색	Center
숨은선	좌동	2번/노란색	Hidden
치수	좌동	1번/빨간색, 2번/노란색(문자)	Continuous
뷰포트	좌동	4번/하늘색	Continuous
문자	좌동	7번/흰색	Continuous
가상선	가상선 / 연장선	6번/선홍색	Phantom
0	도면 외곽선, 표제란, 뷰타이틀(블록)	7번/흰색	Continuous

4-5. 치수스타일 관리자 설정

치수를 기입할 때는 출제 도면에 제시된 바와 똑같은 형태로 치수 스타일을 조절하여 작성해야 하며, 치수 보조선이 외형선과 숨은선, 중심선과 겹친 경우에는 감점(개소당 2점 감점)이 된다.

4-6. 치수선 생성 옵션

치수 보조선 사이에 치수선 넣기(DIMTOFL) 옵션은 치수의 공간이 부족한 경우, 혹은 원이나 호에 대하여 지름 치수와 반지름 치수를 객체의 바깥쪽으로 생성할 경우 치수선의 생성 유무를 제어하고 있다. 치수 스타일 기본설정은 치수선을 항상 생성하고 있다.

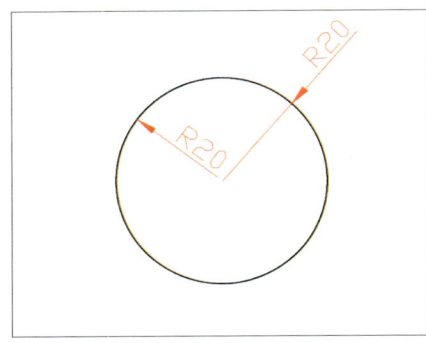
▲ 반지름 치수 형태

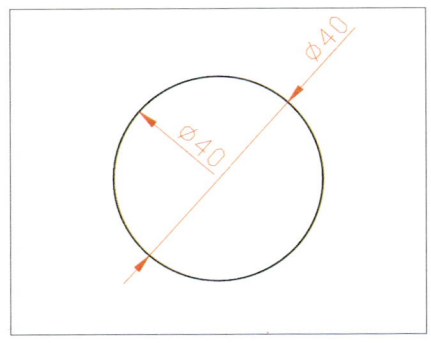
▲ 지름 치수 형태

아래 그림은 치수 보조선 사이에 치수선을 억제한 형태이다.

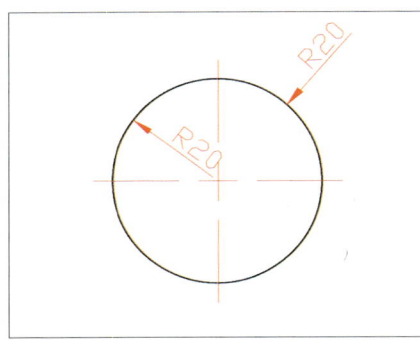
▲ 반지름 치수 형태

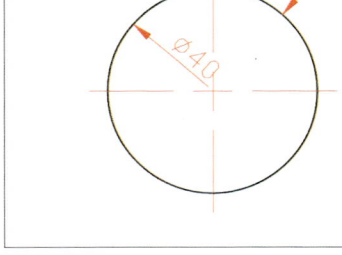
▲ 지름 치수 형태

내부 치수의 경우 변화가 없지만 외부 치수의 경우 보조선이 억제되며, 중심 표시가 자동으로 생성된다는 것이 특징이다.

▶ 옵션 설정 방법 – 명령어로 설정하기

01 명령행에서 'DIMTOFL' 명령어를 입력하고 Space Bar 를 누른다.

02 DIMTOFL에 대한 새 값으로 '0'을 입력하고 Space Bar 를 누른다.

명령 : DIMTOFL	명령어 입력
DIMTOFL에 대한 새 값 입력 〈켜기(ON)〉 : 0	설정값 입력

> DIMTOFL의 새 값 입력 시 '0'은 〈끄기(OFF)〉와 같고 '1'은 〈켜기(ON)〉와 같다.
> 〈켜기(ON)〉 = 치수선 생성
> 〈끄기(OFF)〉 = 치수선 억제 (단, 공간이 부족한 경우에만 억제한다.)

▶ 옵션 설정 방법 – 치수 스타일 관리자에서 설정하기

01 명령행에서 'DIMSTYLE' 명령어를 입력하고 Space Bar 를 누른다.

02 치수 스타일 관리자 창에서 수정(M)을 누른다.

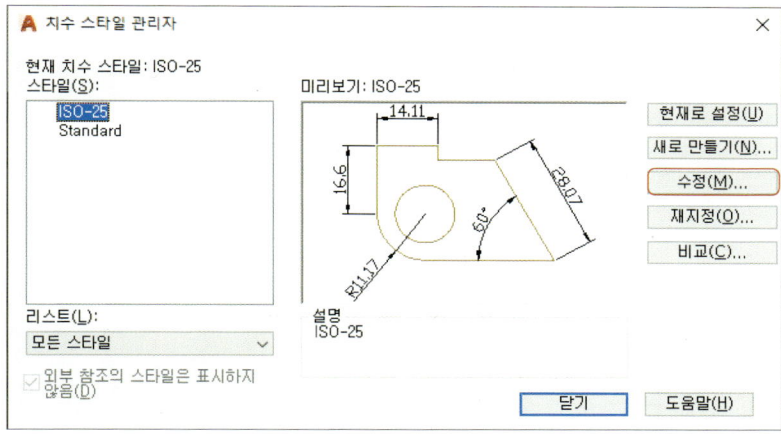

03 [맞춤] 탭 '최상으로 조정(T)' 항목에서 '치수보조선 사이에 치수선 그리기(D)' 항목을 체크해제한다.

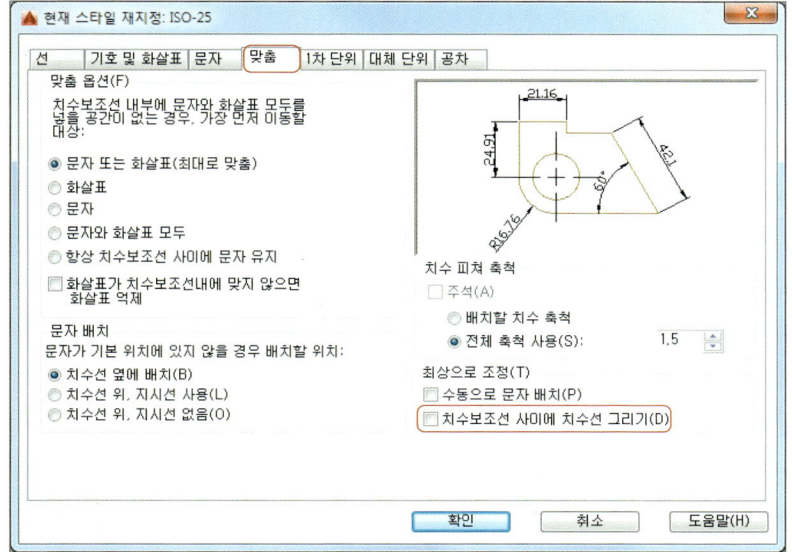

▶ 옵션 설정 방법 – 특성창에서 설정하기

01 명령행에서 'CH' 명령어를 입력하고 Space Bar 를 누른다.(특성창 불러오기 106쪽 참조)
02 변경할 치수를 선택한다.
03 특성창 [맞춤] 탭에서 '치수선 강제' 항목을 '끄기'로 변경한다.

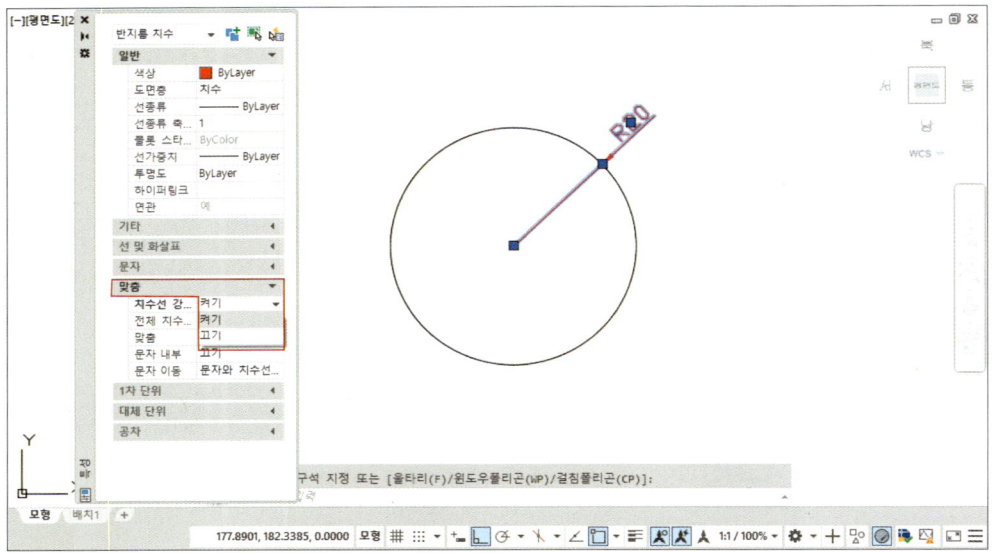

04 변경된 치수 설정을 확인한다.

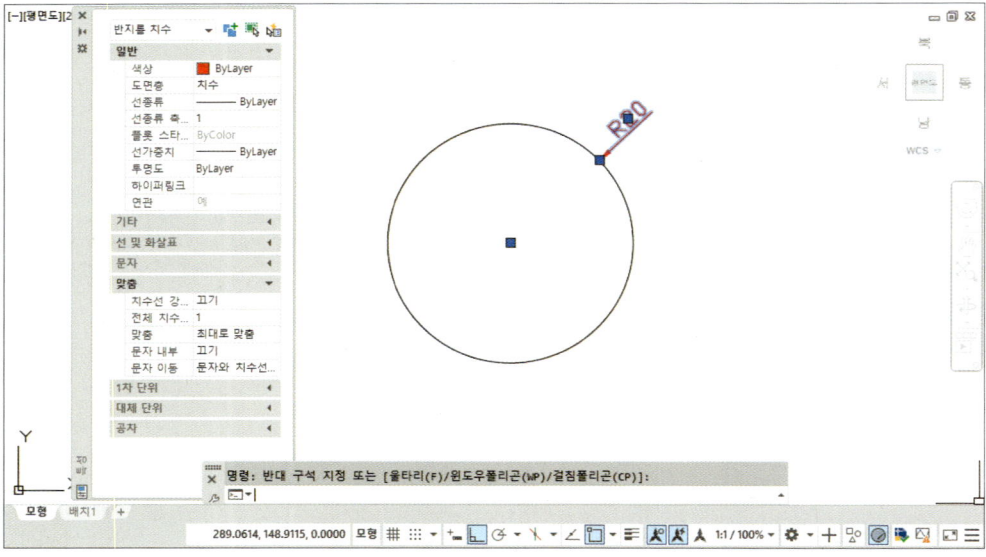

4-6-1. 원의 중심 표시 제어

치수 보조선을 억제한 경우 중심 표식이 자동으로 생성 되는데 CAD실무능력평가 2급 시험에서는 이러한 표식을 억제하는 경우가 많다. 중심 표식은 아래 그림과 같이 세 가지 유형이 있다. 설정 방법에 대해 알아 보도록 한다.

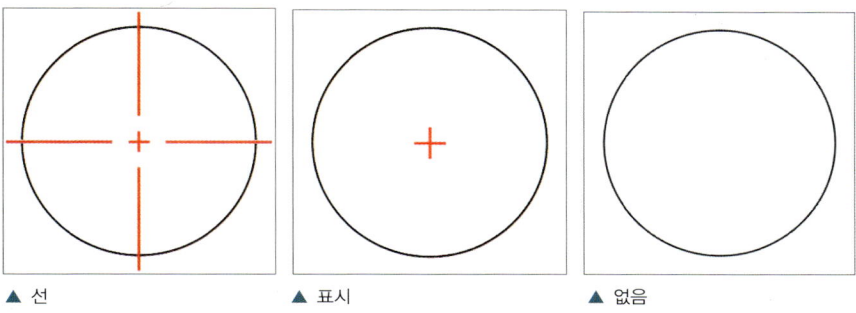

▲ 선　　　　　　　　▲ 표시　　　　　　　　▲ 없음

➡ 옵션 설정 방법 – 명령어로 설정하기

01 명령행에서 'DIMCEN' 명령어를 입력하고 Space Bar 를 누른다.

02 DIMCEN에 대한 새 값으로 '0'을 입력한다.

명령 : DIMCEN	명령어 입력
DIMCEN에 대한 새 값 입력 〈-2.5000〉 : 0	새 값 입력

> DIMCEN 값이 양수일 때 : [표시] 형태로 생성된다.
> DIMCEN 값이 음수일 때 : [선] 형태로 생성된다.
> DIMCEN 값이 '0' 일 때 : 생성하지 않는다.

➡ 옵션 설정 방법 – 치수 스타일 관리자에서 설정하기

01 명령행에서 'DIMSTYLE' 명령어를 입력하고 Space Bar 를 누른다.

02 치수 스타일 관리자 창에서 수정(M)을 누른다.

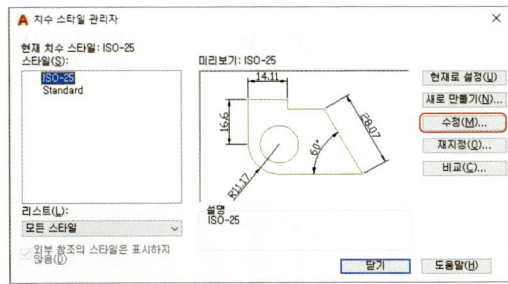

03 [기호 및 화살표] 탭 '중심 표식' 에서 '없음(N)' 항목을 체크한다.

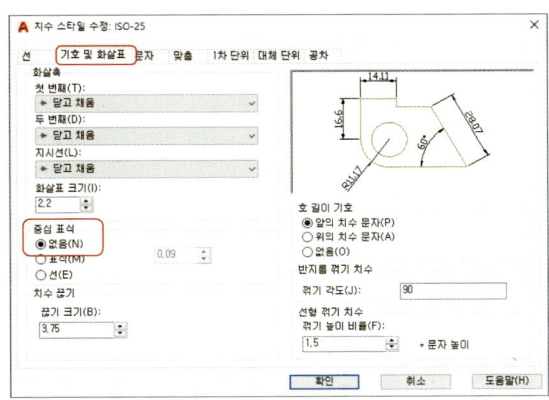

▶ 옵션 설정 방법 – 특성창에서 설정하기

01 명령행에서 'CH' 명령어를 입력하고 Space Bar 를 누른다.

02 변경할 치수를 선택한다.

03 특성창 [선 및 화살표] 탭에서 '중심 표식' 항목을 '없음'으로 변경한다.

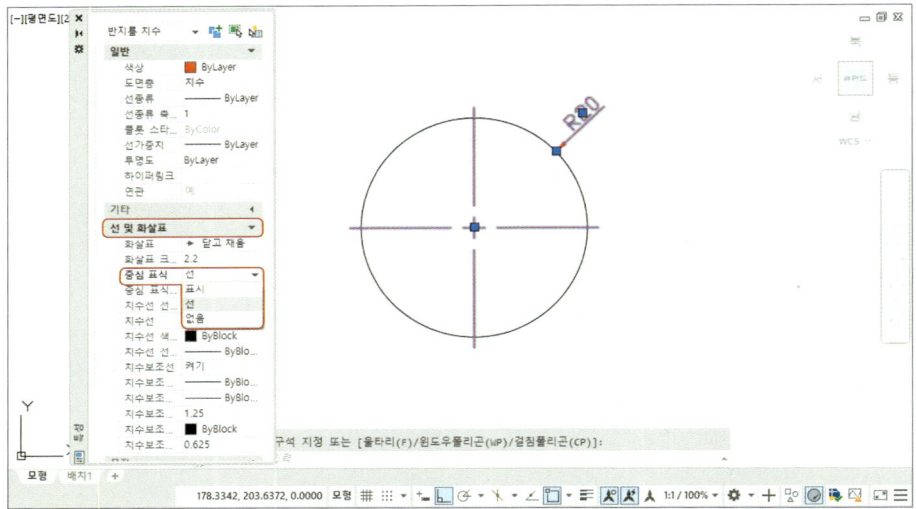

> 중심 표식이 '없음' 으로 설정되어 있는 경우 반지름 치수를 생성하면 중심에 점이 생성된다. 이는 무시해도 무관하다.

04 변경된 치수 설정을 확인한다.

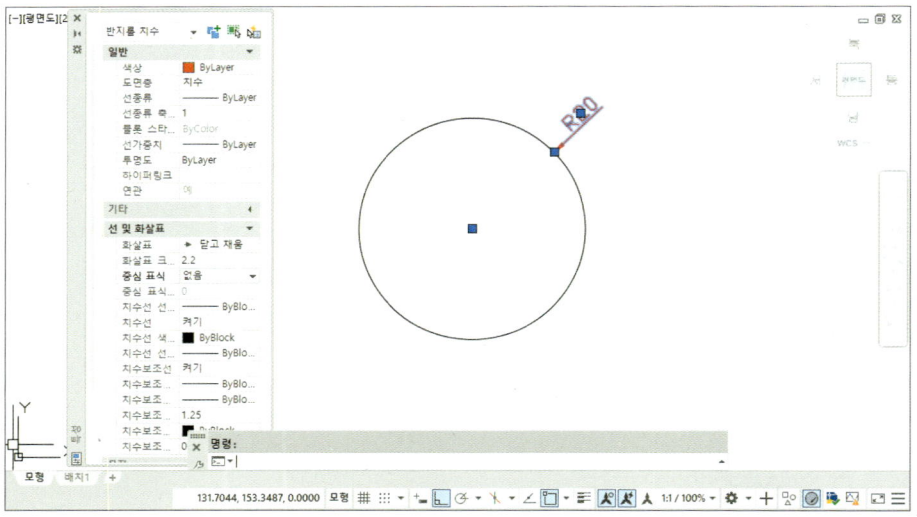

4-6-2. 반지름, 지름 치수 유형별 작성 방법

CAD실무능력평가 2급 시험에서는 다양한 유형의 반지름, 지름 치수 기입 유형이 출제되고 있으며, 이를 상황에 맞게 정확히 표현해 내는 것이 중요하다. 단순히 치수만 기입하고 치수선과 보조선, 문자의 배치가 일치하지 않을 경우 감점이 발생된다는 것을 유의하여 치수 스타일 관리자, 혹은 치수 변수 명령어와 특성 창을 이용해 이를 완벽히 구현해 내도록 하는 것이 중요하다.

아래 이미지는 반지름, 지름 치수의 유형이며, 기본 설정으로 중심 표식은 '없음'인 상태이다.

유형 1

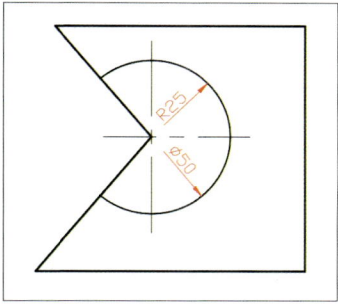

치수 스타일이 기본설정일 때 생성할 수 있다.

유형 2

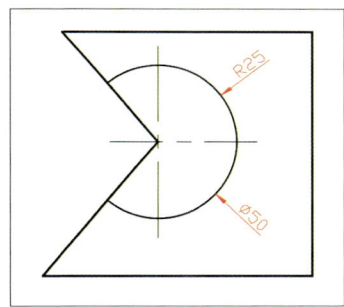

DIMTOFL ='0'(치수 보조선 사이에 치수선 그리기 체크해제)

DIMCEN ='0'(중심표식 = 없음)

DIMATFIT ='3'(문자 또는 화살표- 최대로 맞춤)

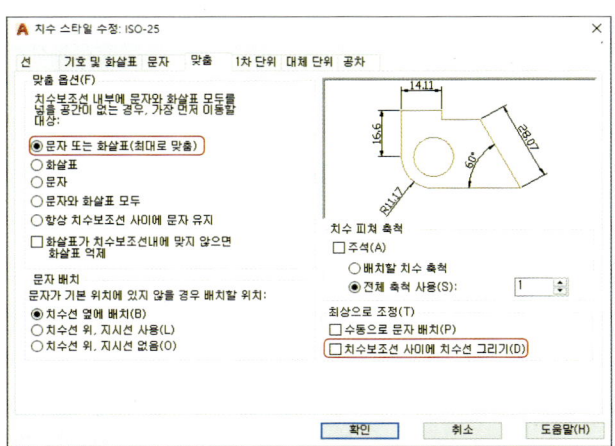

유형 3

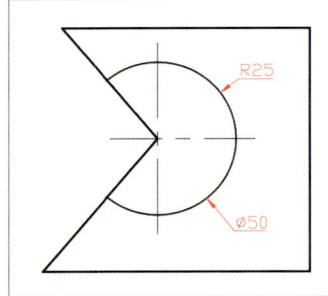

> 수평 : 치수선의 방향 및 각도와 관계없이 수평으로 정렬한다.
> (DIMTOH = 1,DIMTIH = 1 일때)
> 치수선에 정렬 : 치수선의 기울기와 동일하게 문자가 정렬된다.
> (DIMTOH = 0,DIMTIH = 0 일때)
> ISO표준 : 외부로 생성되는 치수에 대하여 문자를 수평으로 정렬한다.
> (DIMTOH = 1일때)

[유형 02]의 옵션에서 [문자] 탭 문자 정렬(A)항목에서 'ISO 표준'을 체크한다.

유형 4

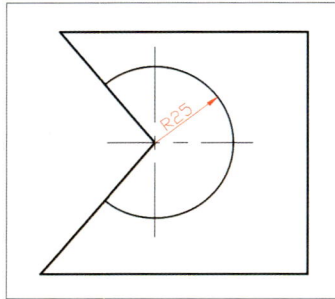

반지름 치수가 원, 또는 호의 중심에서부터 생성된다.

DIMATFIT = '2'(화살표)

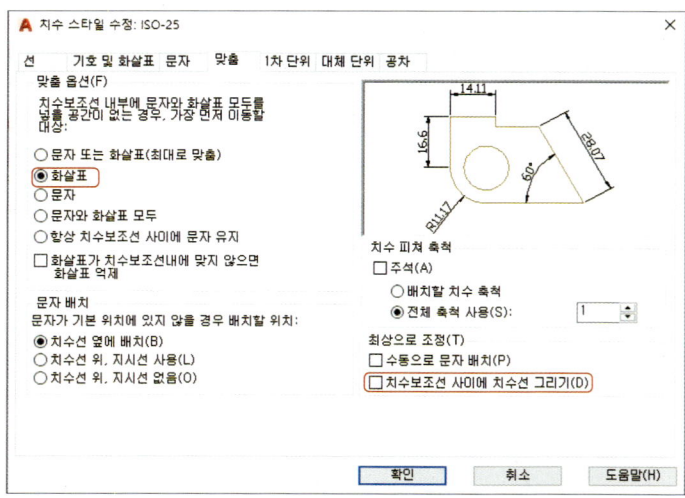

> DIMATFIT 옵션이 ='2'(화살표)일 때 치수 문자는 원이나 호의 외부로 생성 및 이동되지 않는다. 문자를 외부로 이동하기 위해서는 [맞춤] 탭 최상으로 조정(T) 항목에서 수동으로 문자 배치(P)(명령어 DIMUPT=1(켜기)) 항목을 체크하면 되지만, 이때 생성되는 모든 치수 문자가 치수선의 가운데로 정렬이 되지 않는다는 특징이 있다.

4-7. 정렬치수와 회전치수

CAD실무능력평가 2급 시험에서 자주 출제되는 유형중 하나인 회전치수 생성과 치수보조선 억제 방법에 대해 알아보도록 하자. 특히 회전치수를 정렬치수와 혼동하여 잘못 작성하는 경우가 많으니 확실히 구분하여 사용할 수 있도록 한다.

4-7-1. 정렬치수

정렬치수는 두 지점 혹은 선택한 객체에 대하여 직각방향으로 치수를 생성한다. 그렇기에 두 지점이 90도가 아니지만 평행하는 경우에는 선형치수의 [회전(R)]옵션을 이용해야 한다.

아래 그림에서 Ⓐ치수는 L1 객체에 대하여 직각 방향으로 생성된 치수다. 그렇기에 정렬치수를 이용하면 쉽게 작성할 수 있다.

4-7-2. 회전치수

선형치수의 옵션인 [회전(R)]을 이용한 치수로 사선에 대하여 직각 방향이 아닌 사선의 진행방향으로 치수 보조선을 나란하게 생성해 준다. 아래 그림과 같이 Ⓑ치수는 L2와 L3에 대하여 사선의 진행 방향으로 생성되고 있다.

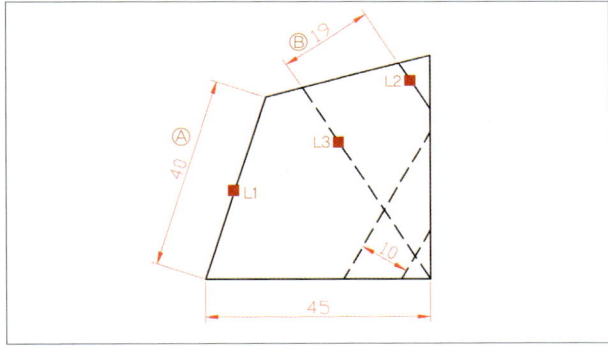

▶ 회전치수 기입 방법

01 명령행에서 'DLI' 명령어를 입력하고 `Space Bar` 를 누른다.
02 치수보조선의 원점으로 P1과 P2를 지정한다.

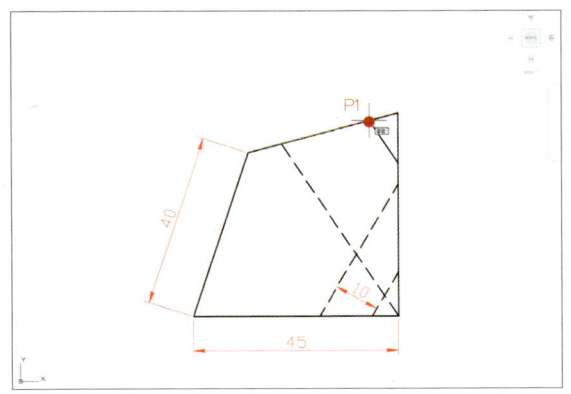 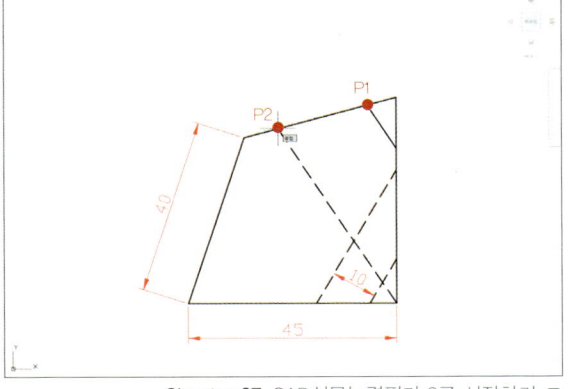

03 옵션 [회전(R)]을 선택하거나 'R'을 입력하고 Space Bar 를 누른다.

04 사선의 진행방향을 두 점으로 지정하기 위해 P3과 P4를 지정한다.

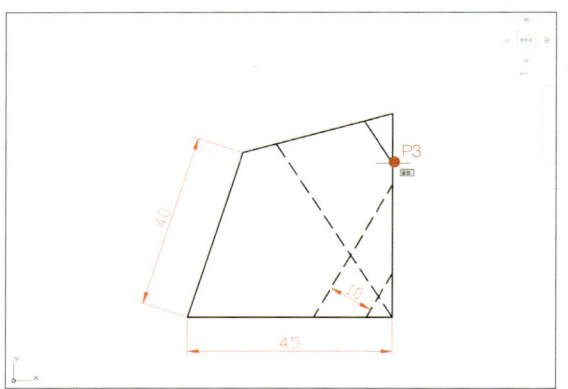 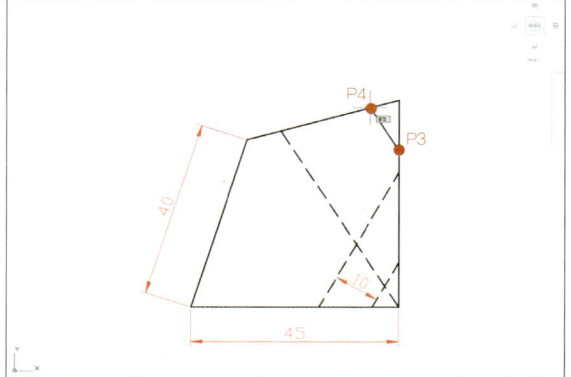

05 회전치수를 고정하기 위해 임의의 한 점(P1)을 클릭하고 명령어를 종료한다.

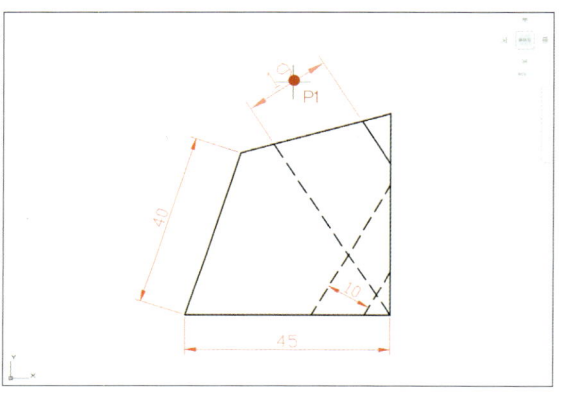

4-8. 치수 보조선 억제하기

모형 공간에서 치수를 생성할 때 주의할 점은 치수 보조선은 외형선, 숨은선, 중심선과 겹쳐지게 되면 감점이 된다. 그렇기에 필요에 따라 보조선을 모두, 혹은 개별적으로 억제할 수 있도록 한다.

▶ 치수 보조선 억제

01 예제 파일을 불러온다.
- 예제 파일 : Chapter07\회전치수 및 보조선억제.dwg

02 명령행에서 'DAL' 명령어를 입력하고 Space Bar 를 누른다.

03 치수 보조선의 첫 번째 원점으로 P1을, 두 번째 원점인 P2를 '직교(P)'스냅을 이용해 지정해 준다. 그림과 같이 대략전인 위치에 정렬치수를 고정시키고 명령어를 종료한다.

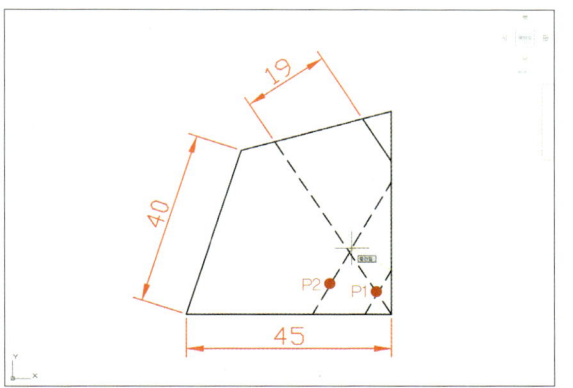 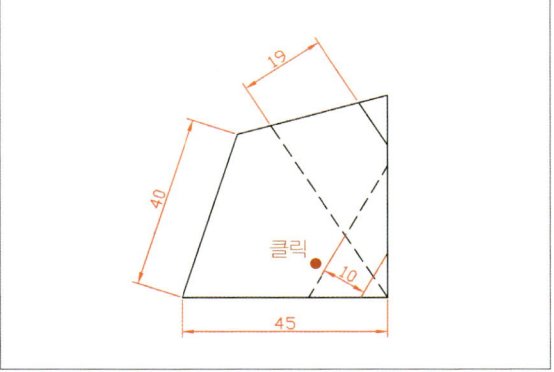

04 생성한 정렬 치수를 선택하고 [특성창]을 활성화 시킨다(단축키 CH).

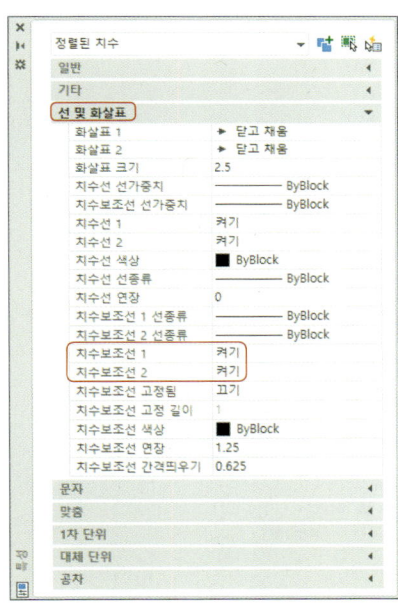

❝ 치수보조선1과 2는 치수를 생성할 때 원점을 지정한 순서로 정해진다.

05 [선 및 화살표] 탭에서 치수보조선1, 치수보조선2 항목에서 '켜기'를 '끄기'로 바꿔준다. Esc 키를 눌러준다.

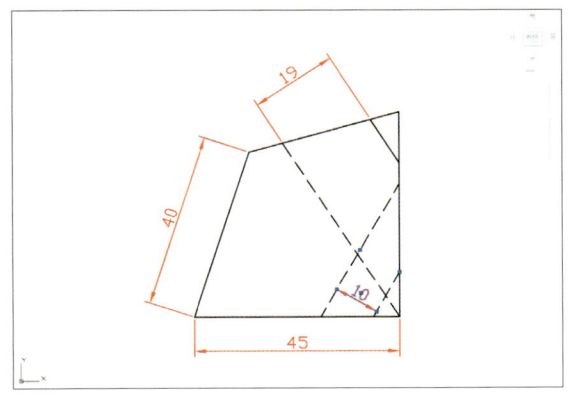 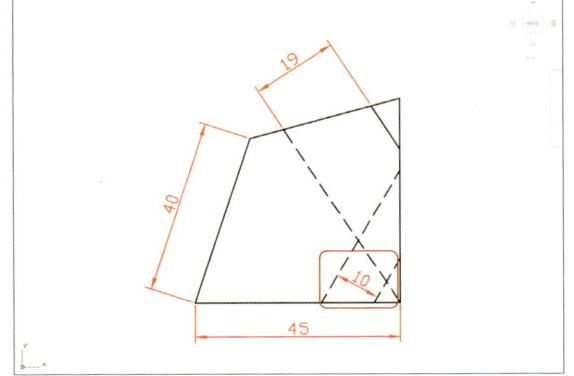

Chapter 07_CAD실무능력평가 2급 시작하기 ■ 293

5 _ 문제 유형별 풀이하기

유형별 삼각법 문제 풀이를 통해 도면 작성 과정과 작성 순서에 대해 알아보고 풀이 요령을 익혀 보도록 한다.

5-1. 원통형 모델링 – 기본

원통형(원기둥)을 베이스로 변형이 이루어진 객체이며, 출제 빈도수가 높은 유형이다. 정면도와 우측면도의 폭은 평면도에서의 원의 크기를 기준으로, 높이값은 정면도를 참조하여 작성한다.

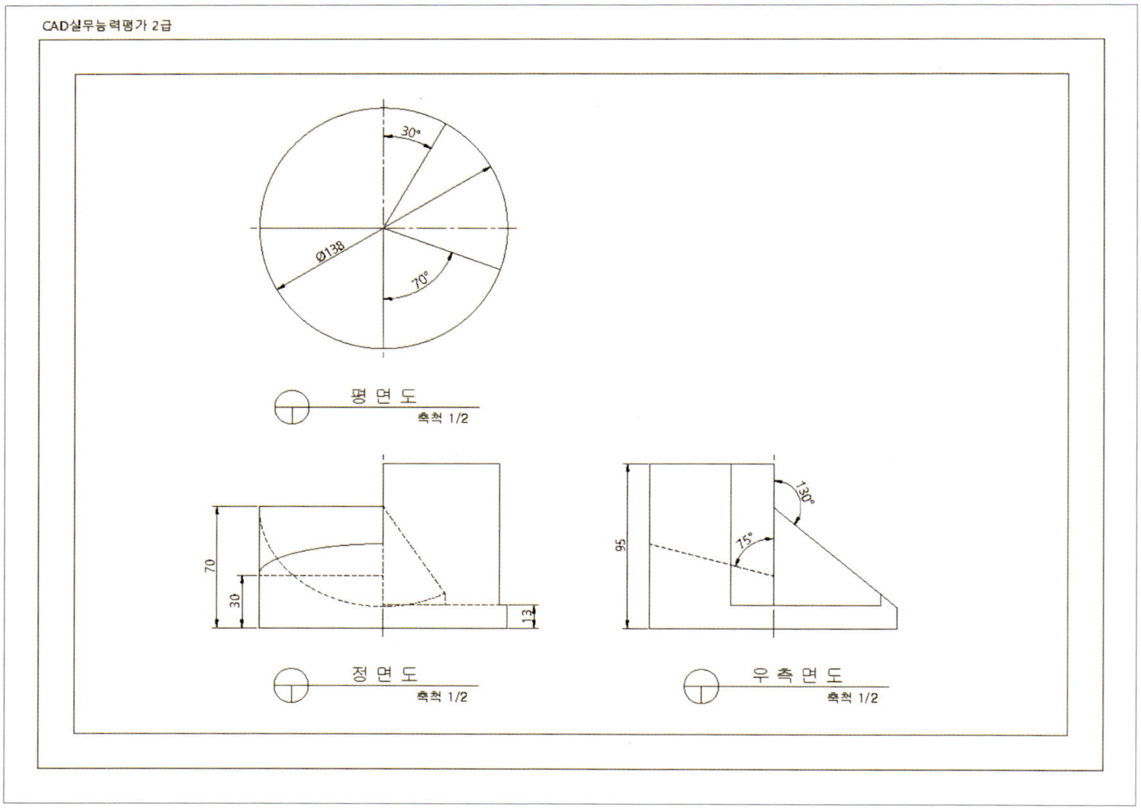

▶ 작성 순서

01 명령행에서 'LA'를 입력하고 Space Bar 를 누른다.

명령 : LA   LAYER 명령어 입력

02 레이어(도면층)를 아래와 같이 생성하고, '외형선' 도면층을 기본 레이어로 설정한다.

03 명령행에서 'DS'혹은 'OS'를 입력하고 Space Bar 를 누른다.

04 제도 설정 창에서 객체 스냅을 그림과 같이 설정한다.

> 객체 스냅의 설정은 꼭 그림과 같이 할 필요는 없다. CAD로 작업을 해 보고 본인이 사용하기 편한 상태의 설정이 따로 있다면 본인의 스타일로 설정한다. 단 '중간점(M)'의 경우는 실수를 많이 유발할 수 있으니 설정을 하지 않기를 권장한다.

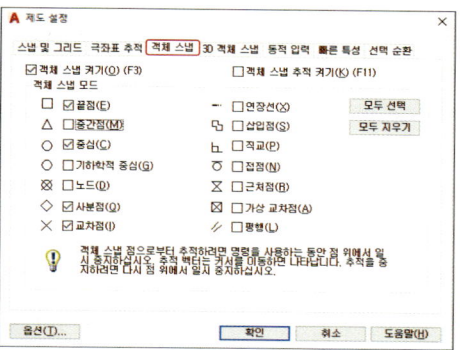

명령 : DS   DSETTINGS 명령어 입력

05 직교모드(F8)를 활성화 하고 XLINE을 이용하여 대략적인 평면도 위치에 수평, 수직선을 작성한다.

명령 : XL   XLINE 명령어 입력
점 지정 또는 [수평(H)/수직(V)/각도(A)/이등분(B)/간격띄우기(O)] :   고정점 지정
통과점을 지정 :   수평방향의 통과점 지정
통과점을 지정 :   수직방향의 통과점 지정

06 두 선의 교차점을 중심으로 하는 지름 138mm 원을 생성한다.

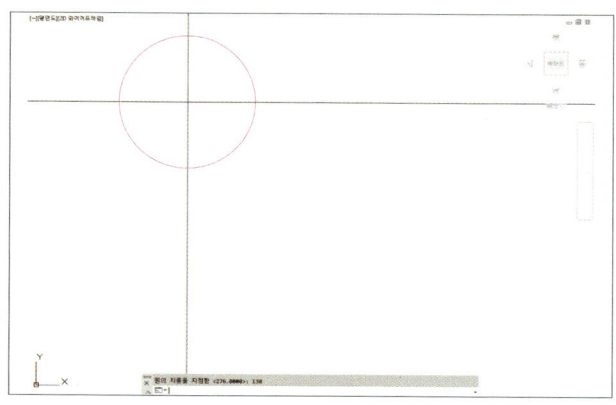

명령 : C   CIRCLE 명령어 입력
원에 대한 중심점 지정 또는 [3점(3P)/2점(2P)/Ttr - 접선 접선 반지름(T)] :   교차점 지정
원의 반지름 지정 또는 [지름(D)] : D   옵션 입력
원의 지름을 지정함 : 138   지름 입력

07 Trim을 이용하여 원의 외부 수평·수직선을 정리한다.

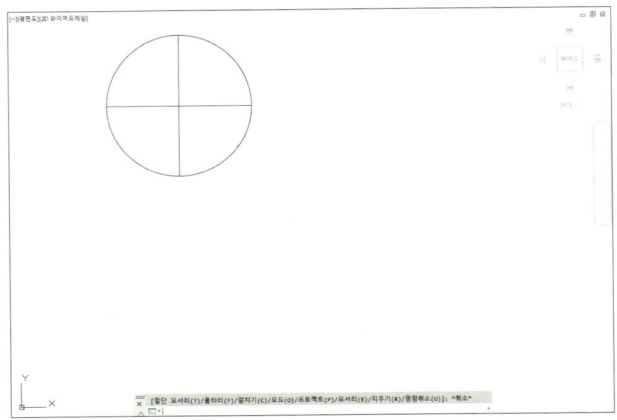

08 도면을 보면 형상의 윗부분이 파이기 전에 기본 형상은 지름 138mm의 원기둥이다. 먼저 원기둥의 삼면도를 작성한다. 원기둥의 정면도와 우측면도 작성을 위해 평면도 원의 중심과 사분점에서 수평·수직으로 전개한다.
평면도의 높이와 우측면도 폭은 크기가 같으므로 삼각 투상법을 이용하여 우측면도로 전개한다. 이때 45° 보조선의 위치에 따라 정면도와 우측면도 사이 공백이 결정된다. 작업자의 편의와 치수 기입에 방해되지 않도록 적절한 간격으로 지정한다.
평면도에서 전개한 수평선과 45° 보조선의 교차점에서 수직선을 전개한다.

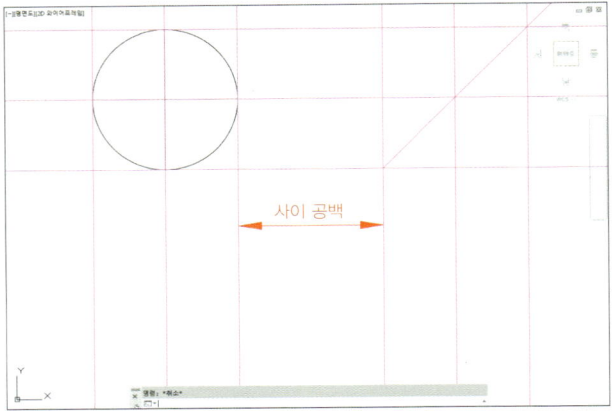

> 평면도 우측 수직선과 45° 보조선의 거리는 도면 작성에 큰 관계는 없으나, 평면도와 떨어질수록 투상선을 길게 그려야 한다는 불편함이 있다. 객체가 작성되는 범위 내에서 콤팩트하게 배치할 수 있도록 한다.

09 원기둥의 정면도, 우측면도 높이를 결정하기 위해 평면도 원의 아래쪽 적절한 위치에 수평선을 작성한다. Offset으로 작성한 수평선 L1은 95mm 아래로 간격을 띄운 후 Trim으로 정리하여 정면도와 우측면도를 작성한다. 이때 중심선도 정리한 후 도면층을 "중심선"으로 변경하면 원기둥 형상 작성이 완료된다.

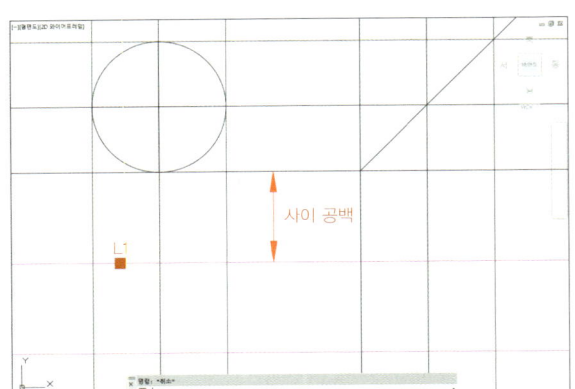
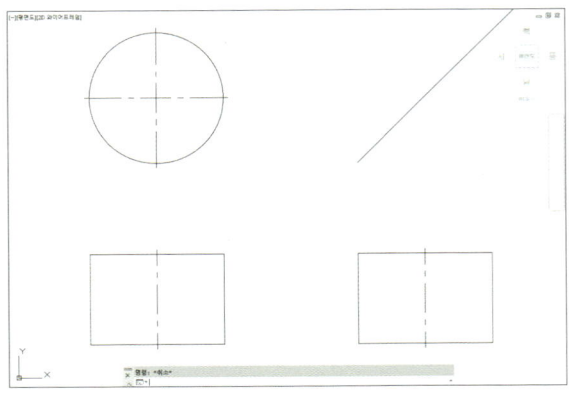

10 도면을 보면 평면도의 원은 4개의 구간으로 나뉘어져 있다. 윗면의 높이와 기울기가 다르기 때문에 경계에 모서리가 발생하기 때문이다.

1구간은 정면도 우측 부분과 우측면도 좌측 부분으로 기본 원기둥과 높이, 기울기가 같은 잘린 원기둥의 일부분이다. 2구간은 정면도와 우측면도의 우측 부분으로 바닥 두께 13mm를 남기고 파여진 형상이다.

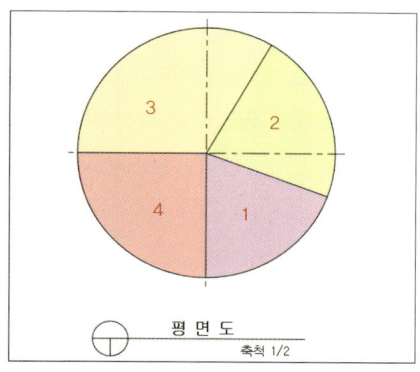
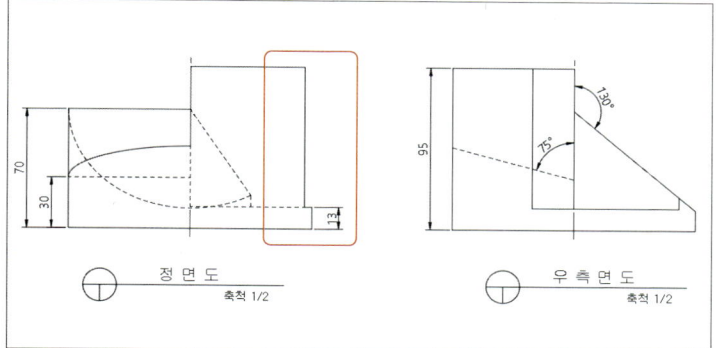

11 먼저 평면도 원을 4개의 구간으로 나눈다. 4구간으로 나누기 위해 Trim으로 원과 중심선을 절단 모서리 경계로 선택하고 중심선의 하부와 좌측을 자른 후 "외형선"으로 다시 작성한다.

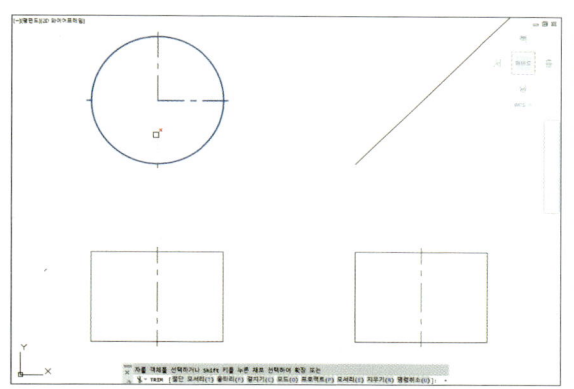
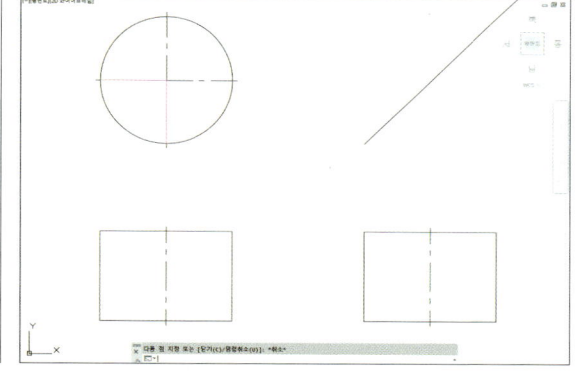

12 2구간과 3구간 사이의 경계 모서리를 작성한다. Xline으로 수직 중심선을 참조하여 30° 기울어진 사선을 작성한다. 이때, 회전 방향은 시계 방향이므로 각도 입력 시 음수(−)로 입력한다.

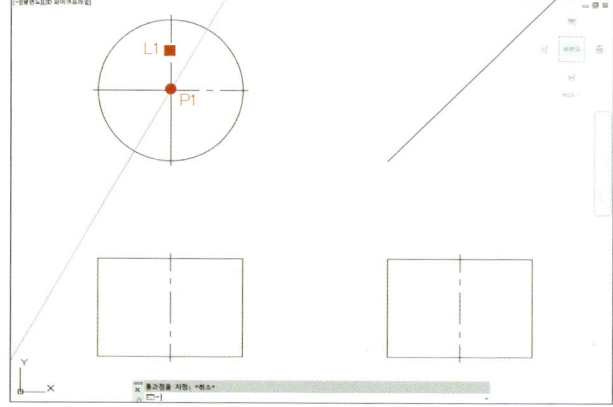

> 각도 입력 시 시계 방향은 음수(−), 반 시계 방향은 양수(+) 값을 입력한다.

명령 : XL	XLINE 명령어 입력
점 지정 또는 [수평(H)/수직(V)/각도(A)/이등분(B)/간격띄우기(O)]: A	옵션 입력
X선의 각도 입력 (0) 또는 [참조(R)]: R	세부옵션 입력
선 객체 선택: L1 선택	참조선 선택
X선의 각도 입력 ⟨0⟩: -30	각도 입력
통과점을 지정:	P1 지정

13 Trim으로 불필요한 선을 정리하고 1구간과 2구간 사이의 경계 모서리를 위와 같은 방법으로 작성하여 L2를 완성한다.

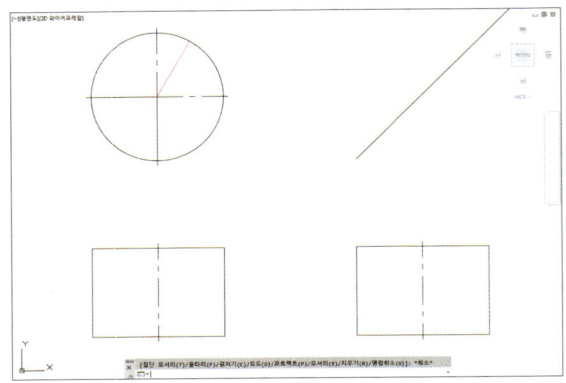 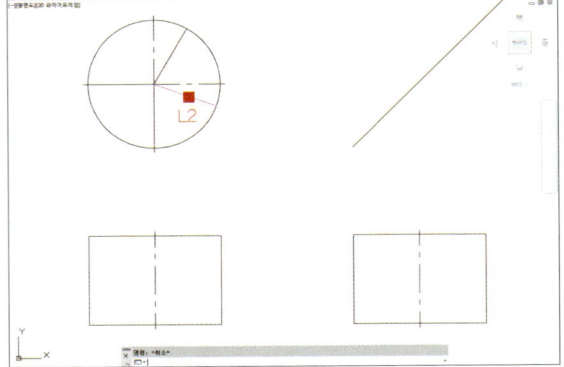

14 분리된 구간을 기반으로 정면도와 우측면도를 정리한다. 이때 한 번에 모두 작성하려 하지 말고 입체 형상을 생각하며 한 구간씩 차례로 정리한다.

15 먼저 2구간의 파여진 깊이를 표현한다. 정면도와 우측면도의 모서리 L1을 13mm 위로 Offset하여 L2를 작성한다.

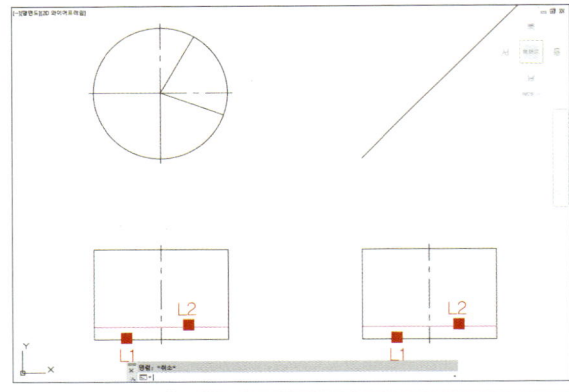

명령 : O	OFFSET 명령어 입력
간격띄우기 거리 지정 또는 [통과점(T)/지우기(E)/도면층(L)] ⟨1.0000⟩: 13	거리 입력
간격띄우기할 객체 선택 또는 [종료(E)/명령 취소(U)] ⟨종료⟩:	L1 선택
간격띄우기할 면의 점 지정 또는 [종료(E)/다중(M)/명령 취소(U)] ⟨종료⟩:	위치 지정

16 2구간의 13mm 위쪽으로 파여진 형상을 평면도에서 보면 그림과 같다.

원기둥이 잘리면서 내부 평면이 만나는 꼭짓점 P1, P2, P3이 발생된다. 각 꼭짓점은 정면도와 우측면도에서 모서리로 보이기 때문에 수직선으로 표현한다.

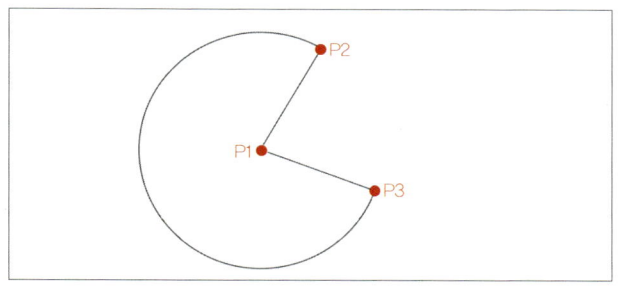

17 2구간에 의해 발생하는 모서리를 작성하기 위해 꼭짓점 P2, P3에서 수직·수평선을 전개한다. 전개한 수평선은 45° 보조선과 교차점에서 다시 수직으로 전개하여 우측면도에 작성한다. 이때 꼭짓점 P1은 원의 중심점으로 정면도와 우측면도에 중심선으로 표현되어 있기 때문에 전개하지 않아도 된다.

전개한 수직선은 2구간의 파여진 깊이이므로 13mm 수평선까지만 작성한다.

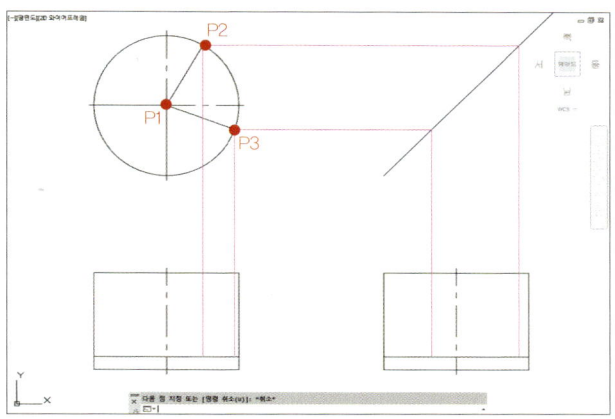

18 정면도에 전개된 수직선의 불필요한 부분은 모두 잘라서 정리한다.

정면도에서 2구간의 파여진 깊이에 해당하는 13mm 수평선 좌측 끝점은 원의 중심이므로 잘라서 정리한다.

정면도에서 보면 평면도 꼭짓점 P1은 13mm 수평선까지 모서리로 발생한다. 이때 P1에 의해 발생한 모서리는 1구간에 가려져 보이지 않으므로 해당 구간을 분리하여 "숨은선"으로 표현한다.

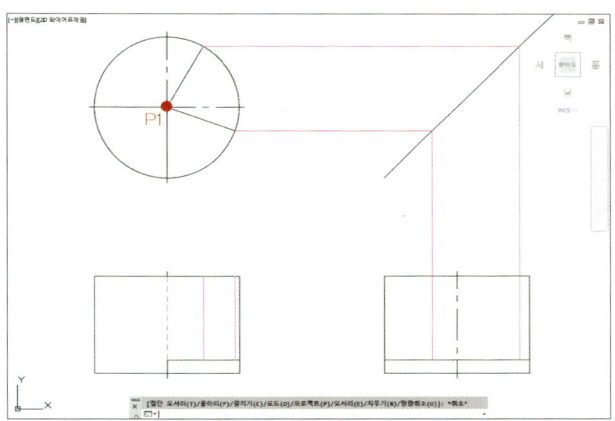

19 평면도 꼭짓점 P2, P3 사이 원호는 원기둥의 표면으로 2구간의 파여진 깊이만큼 표면이 없기 때문에 우측 사분점은 13mm 높이 까지만 존재한다. 정면도는 파여진 깊이까지 원기둥의 사분점이 없으므로 우측 수직선은 잘라서 정리한다. 위쪽 수평 모서리는 평면도 P3에서 전개한 수직선 L1을 기준으로 잘라서 정리한다.

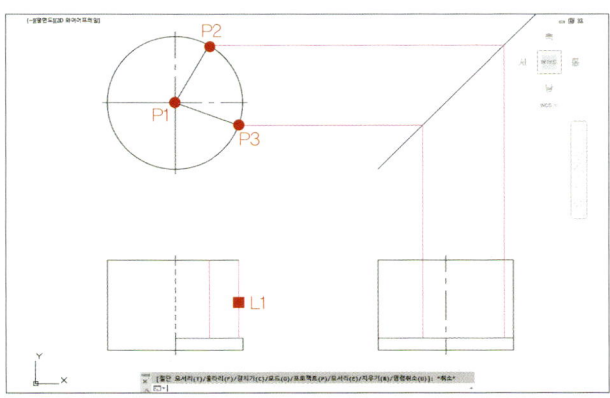

20 정면도에 표현된 평면도 꼭짓점 P1, P3의 모서리 사이에 존재하는 2구간의 모서리는 1구간에 가려져 보이지 않는다.
따라서 꼭짓점 P1, P3의 모서리 사이에 있는 13mm 수평선 L1의 좌측 부분과 꼭짓점 P2의 모서리 L2는 "숨은선"이 된다.

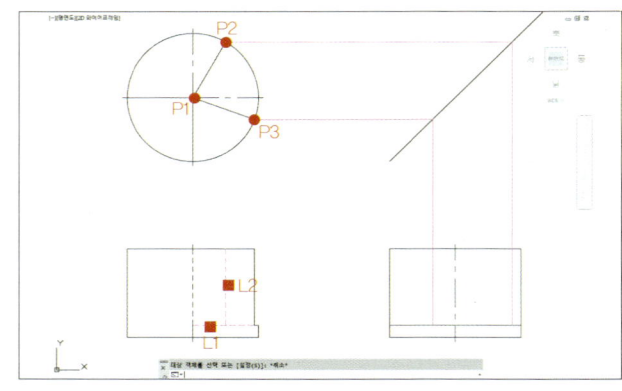

21 우측면도에 전개된 수직선의 불필요한 부분은 모두 잘라서 정리한다.
우측면도 중심선은 정면도와 마찬가지로 파여진 깊이만큼 모서리로 표현되지만, 정면도와 달리 가려지지 않으므로 "외형선"이 된다.

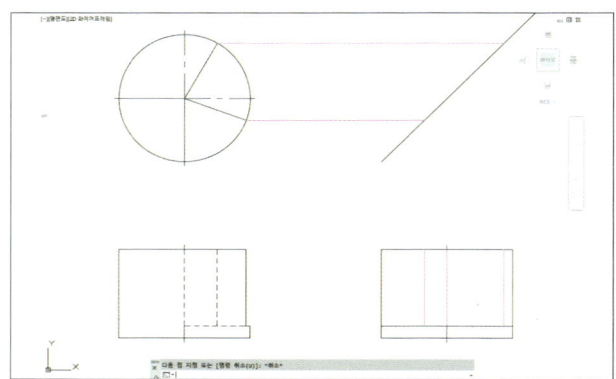

22 평면도의 꼭짓점 P2, P3은 우측면도의 모서리 L2, L3이고 다른 구간에 가려지지 않으므로 "외형선"이 된다.
2구간 13mm 수평선의 양 끝점은 L2, L3이므로 잘라서 정리한다.
마지막으로 불필요한 객체를 정리하여 2구간 작성을 마무리한다.

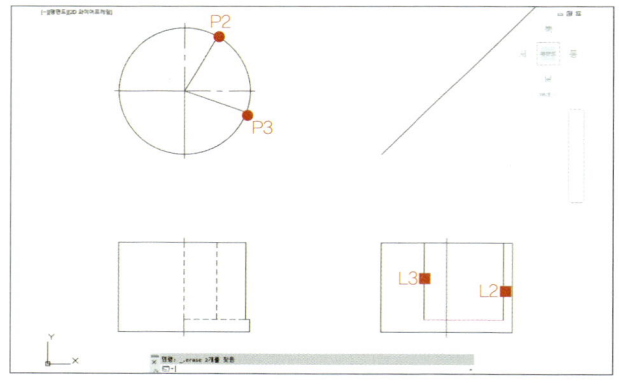

23 3구간의 잘린 형상을 표현한다. 도면의 정면도와 우측면도를 보면 3구간의 높이는 70mm이므로 정면도의 모서리 L1을 70mm만큼 위로 Offset한다. 같은 높이인 우측면도는 Offset한 선의 끝점 P1에서 수평으로 전개하여 표현한다.

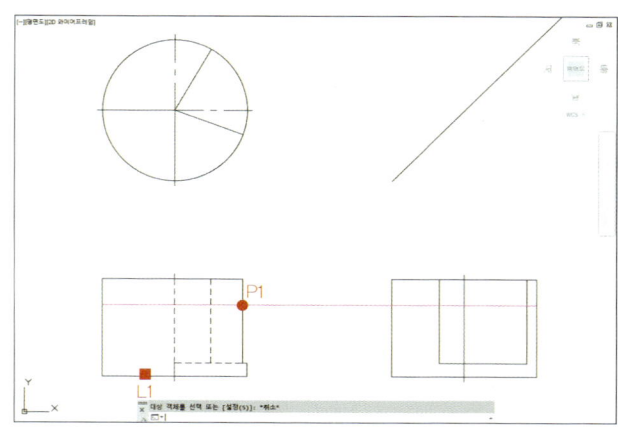

24 3구간의 형상만 분리해보면 그림과 같다. 2구간과 마찬가지로 곡면과 평면이 만나는 3개의 꼭짓점이 발생하며, 이 꼭짓점은 정면도와 우측면도에서 모서리로 보인다.

단, 3구간의 모서리는 인접한 2구간에 의해 모두 작성되어 있으므로 70mm 높이에 맞춰 정리한다.

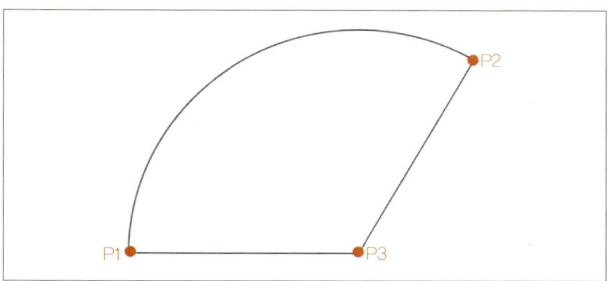

25 3구간은 평면도를 보면 좌측 끝은 P3이고 우측 끝은 P2이다. 정면도의 높이 70mm 수평선의 양 끝점은 L2, L3이므로 잘라서 정리한다.

우측면도의 높이 70mm 수평선은 평면도의 원의 중심 P1의 모서리 L1과 사분점 P4의 모서리 L4 사이에 존재한다.

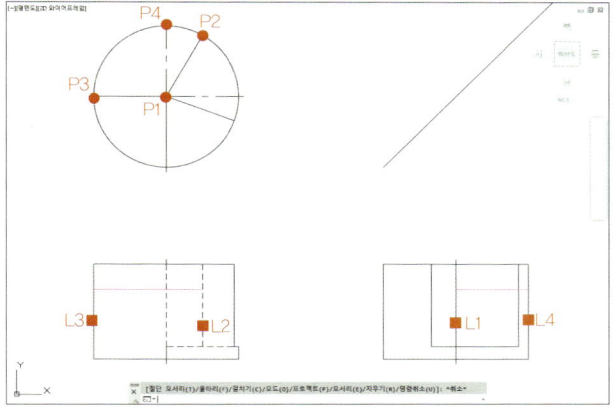

26 도면의 우측면도를 보면 3구간은 수평면이 아닌 경사면인 것을 확인 할 수 있다.

수직선 L1을 참조하여 시계방향 130°의 사선을 교차점 P1에 작성한다.

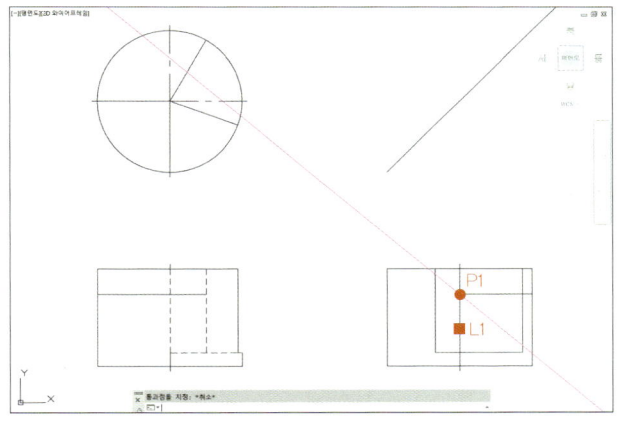

명령 : XL	XLINE 명령어 입력
점 지정 또는 [수평(H)/수직(V)/각도(A)/이등분(B)/간격띄우기(O)]: A	옵션 입력
X선의 각도 입력 (0) 또는 [참조(R)]: R	세부옵션 입력
선 객체 선택:	L1 선택
X선의 각도 입력 〈0〉: −130	각도 입력
통과점을 지정:	P1 지정

27 3구간의 경사면은 25와 마찬가지로 원기둥의 중심과 우측 수직선 사이에 존재한다.
경사면의 위쪽 형상은 잘려서 삭제되었으므로 높이 70mm 수평선을 포함한 불필요한 객체를 모두 정리한다.

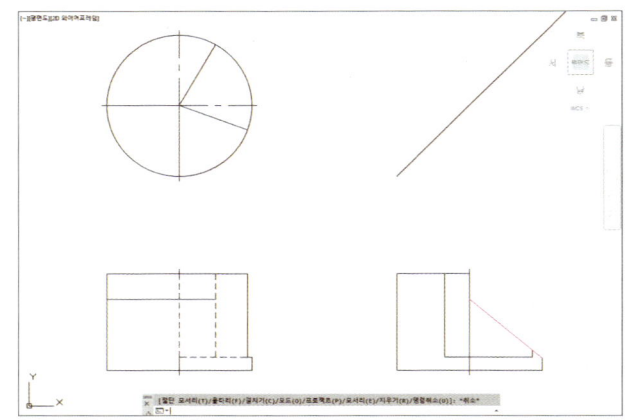

28 3구간의 경사면은 정면도에서 보면 평면도의 원이 기울어진 면에 투영되어 보이기 때문에 타원이 발생한다.
타원 작성 공식으로 평면도 원의 중심점과 사분점을 전개하여 정면도에서 타원의 중심점과 사분점을 찾는다. 이때 P4, P5는 정면도의 다른 점과 모서리에 근접한 위치에 있기 때문에 주의가 필요하다. 가능한 우측면도의 사선을 연장하여 찾은 사분점 P2와 P3을 이용한다.

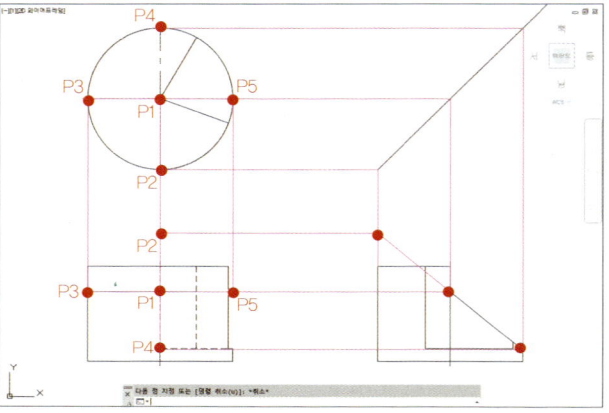

29 P1, P2, P3를 이용하여 타원을 작성한 후 전개한 선들을 모두 정리한다.

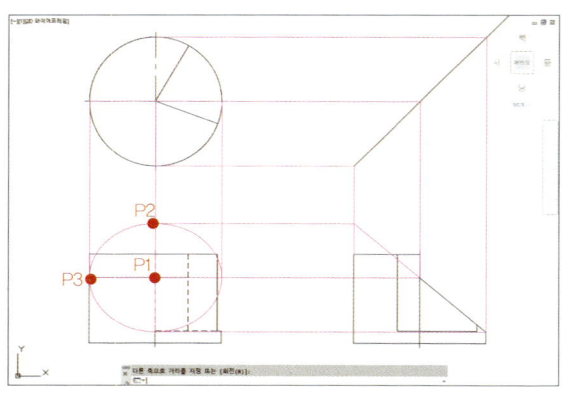 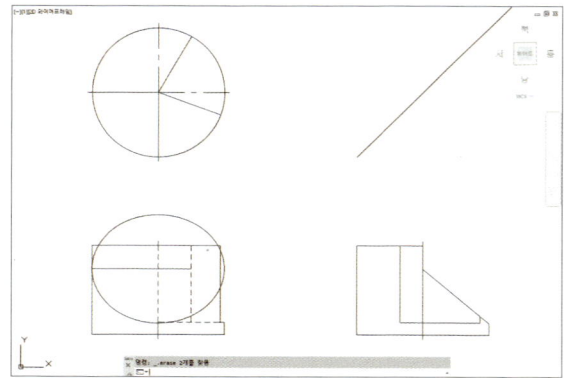

30 3구간의 정면도를 정리한다. 타원의 곡면은 P1, P2, P3 세 모서리 사이에 존재하므로 잘라 정리한다. 또한 타원을 정면도에서 보면 높이 70mm에 가려져 보이지 않으므로 "숨은선"이 된다. 평면도의 P1, P3은 정면도의 P1, P3과 같고, 평면도의 P1, P2는 정면도의 P1, P2와 같다. 정면도의 P1, P2를 연결하는 모서리를 작성한다. 작성한 모서리는 1구간에 가려져 보이지 않으므로 "숨은선"이 된다.

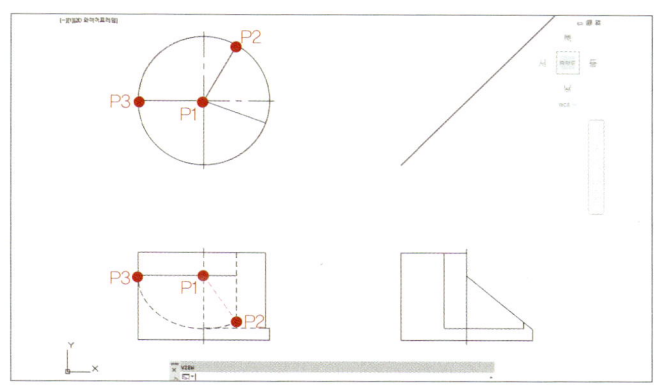

31 P2 위치의 정면도 수직 모서리는 타원 위로 모두 잘라서 정리한다.
높이 70mm 수평선은 P1에서 P2까지 모서리로 연결되므로 P1을 기준으로 우측을 잘라 정리한다.

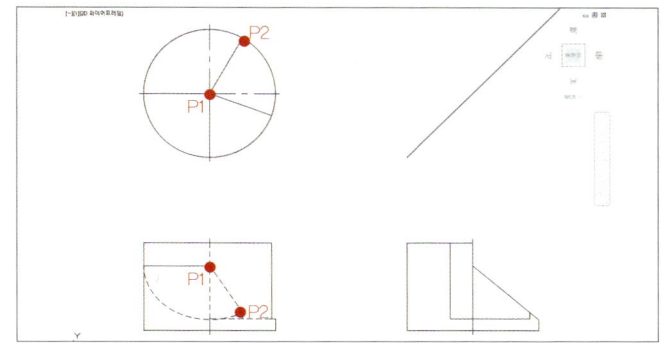

32 4구간의 잘린 형상을 표현한다.
정면도의 모서리 L1을 30mm 위로 Offset한다. 같은 높이인 우측면도는 Offset한 선의 끝점 P1에서 수평으로 전개하여 표현한다.

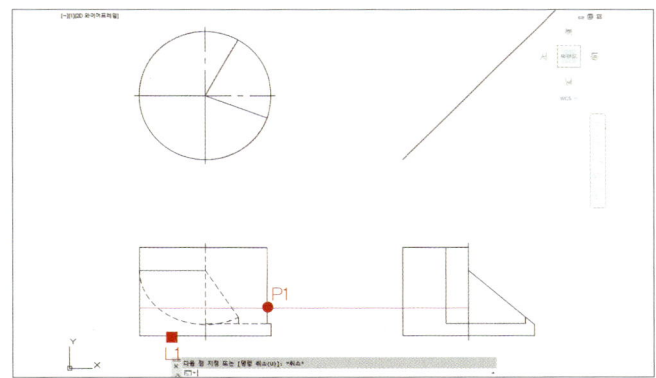

33 3구간과 마찬가지로 4구간도 우측에서 보면 경사면임을 알 수 있다.
수직선 L1을 참조하여 반시계방향 75° 사선을 교차점 P1에 작성한다.

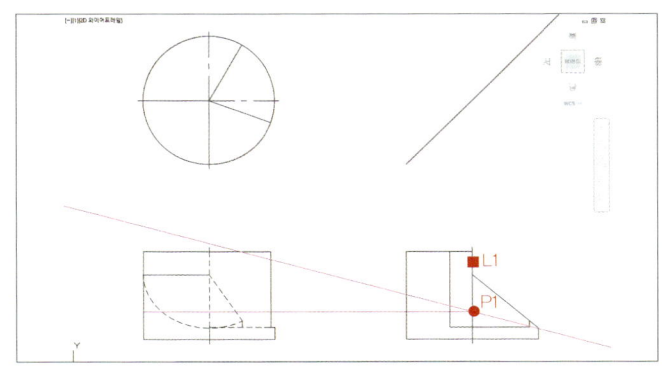

34 우측면도 4구간의 사선은 모서리 L1, L2 사이에 존재하며 1구간에 가려져 보이지 않으므로 "숨은선"이 된다.

정면도 4구간의 높이 30mm 수평선은 L1, L3 사이에 존재한다. 또한 정면도 30mm 수평선은 우측면도 모서리 L1과 사선의 교차점으로 모서리 L2의 교차점보다 높이가 낮아 가려져 보이지 않기 때문에 "숨은선"이 된다.

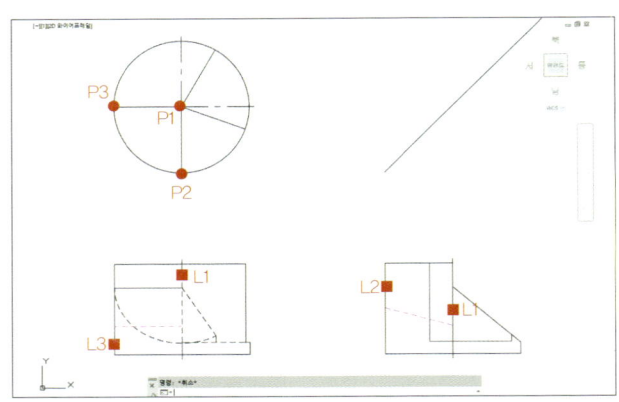

35 4구간은 3구간처럼 경사면이다. 정면에서 보면 평면도의 원이 기울어진 면에 투영되어 보이기 때문에 타원이 발생한다.

타원 작성 공식으로 평면도 원의 중심점과 사분점을 전개하여 정면도에서 타원의 중심점과 사분점을 찾는다.

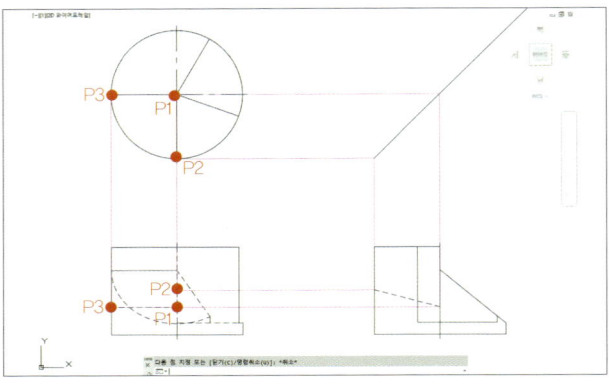

36 P1, P2, P3로 타원을 작성한 후 전개한 선들은 모두 정리 한다.

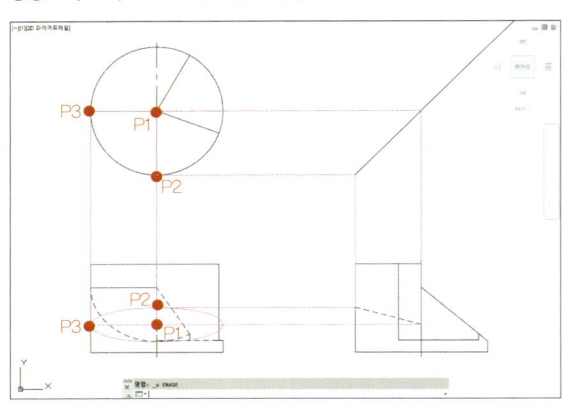
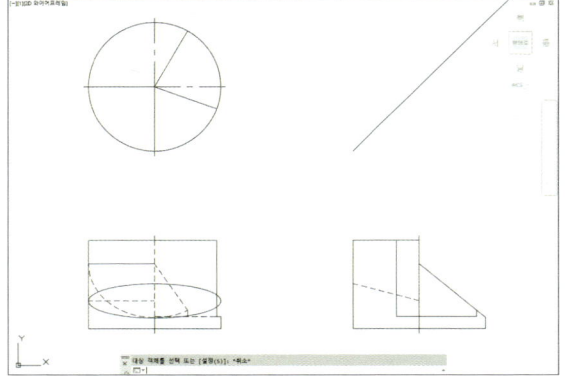

37 타원의 곡면은 P2, P3 사이에 존재하므로 잘라 정리한다.

우측면도를 보면 4구간의 위쪽 형상은 잘려서 삭제되었으므로 불필요한 객체를 모두 정리한다. 이때 정면도에서 보면 4구간의 위쪽 형상이 삭제되어도 3구간이 보인다는 것을 유의하며 정리한다.

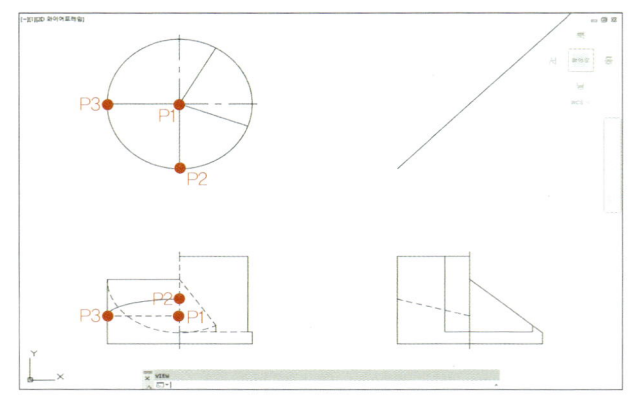

38 정면도 중심의 숨은선은 타원을 기준으로 구분된다.

타원 위쪽 모서리 L1은 1구간의 P2 모서리가 보이므로 "외형선"이 되고, 타원 아래쪽 모서리 L2는 P1의 모서리가 가려져 보이지 않으므로 "숨은선"이 된다. 선을 분할하여 선종류에 맞게 도면층을 변경한다.

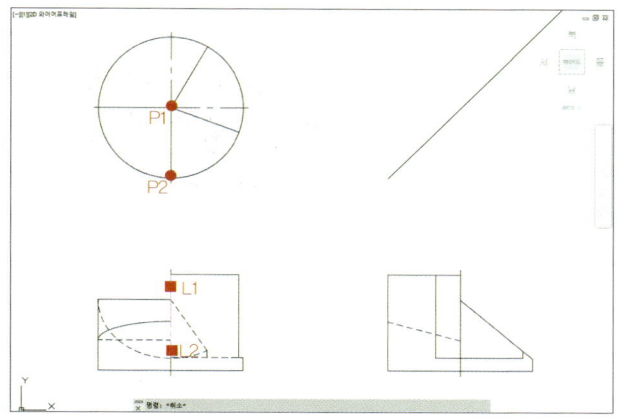

39 도면 작성이 완료되었다면 중심선을 정리한다. 비형상선에 해당하는 중심선, 가상선은 형상선에 해당하는 외형선, 숨은선과 일직선상에 있는 경우 명확한 구분을 위해 만나는 끝점을 Lengthen 명령이나 Grip을 이용해 간격을 조절한다. 간격은 치수로 정해져 있지 않으므로 적당히 2mm 전후로 조절한다.

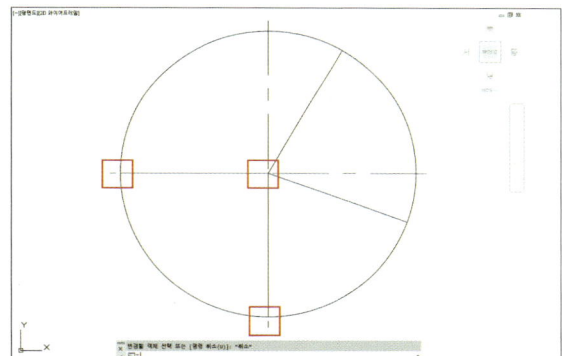 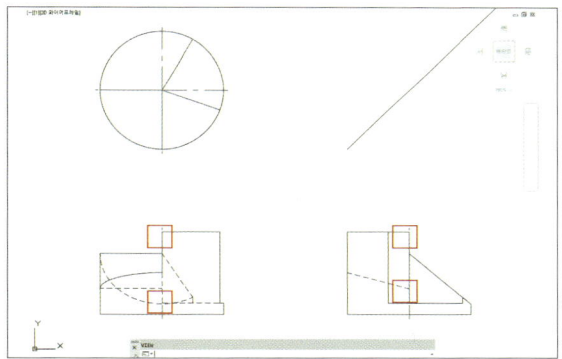

40 치수 스타일을 설정하고 도면층(Layer)을 "치수"로 변경한 후 도면을 보고 똑같이 치수 기입한다. 이때 도면에 주어진 치수 유형을 파악하여 적절한 옵션으로 설정한다.

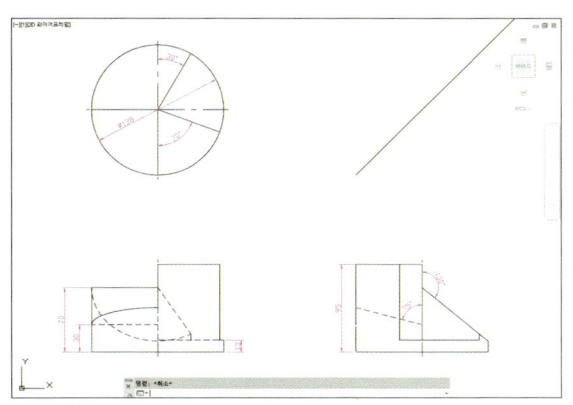 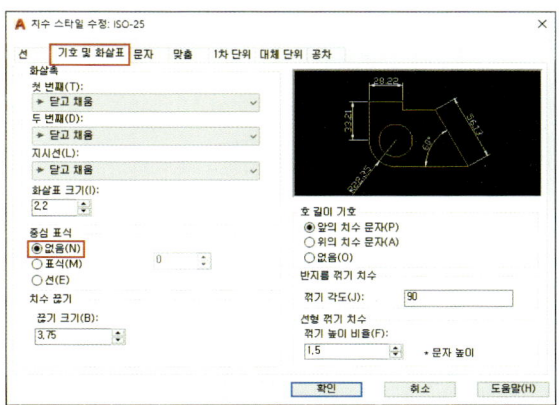

▲ [기호 및 화살표] 탭 – 중심 표식: 없음(N)

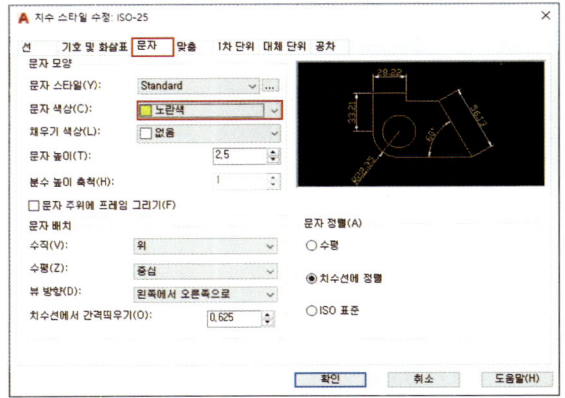
▲ [문자] 탭 – 문자 색상(C): 노란색

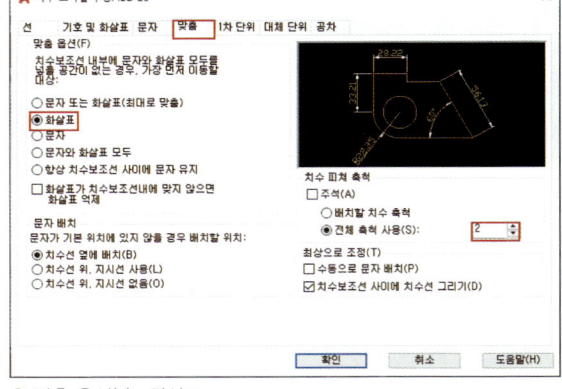
❶ 맞춤 옵션(F) : 화살표
❷ 치수 피처 축척 : 전체 축척 사용(S) : 2

41 모형 공간에 작성한 도면의 형상, 치수 등 오류를 검토를 완료한 후 45° 보조선을 삭제한다. 만약 45° 보조선이 남아있는 경우 "불필요한 객체남음"으로 감점되기 때문에 반드시 삭제한다. 모형 공간 작성 및 검토 완료 후 배치 공간을 작성한다.

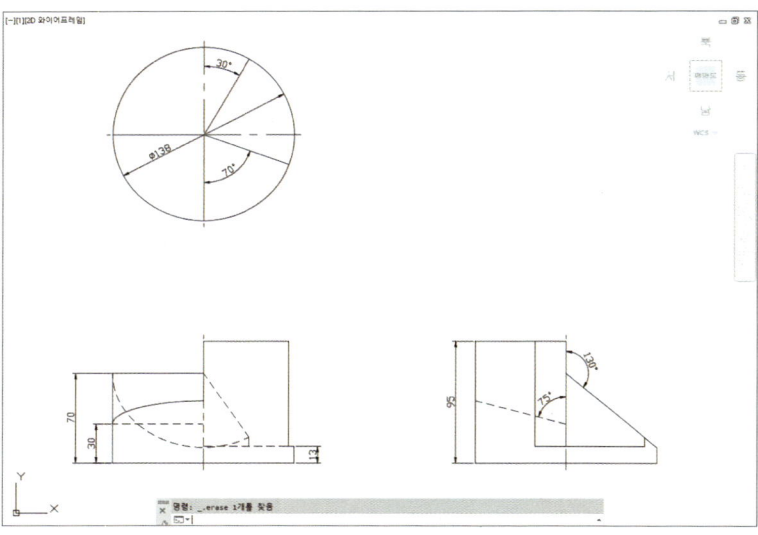

5-2. 원통형 모델링 – 응용

전체적으로 원뿔의 형상을 띠고 있다. 평면도에서 원의 크기와 위치, 높이 등을 치수를 참조하여 작성한다.

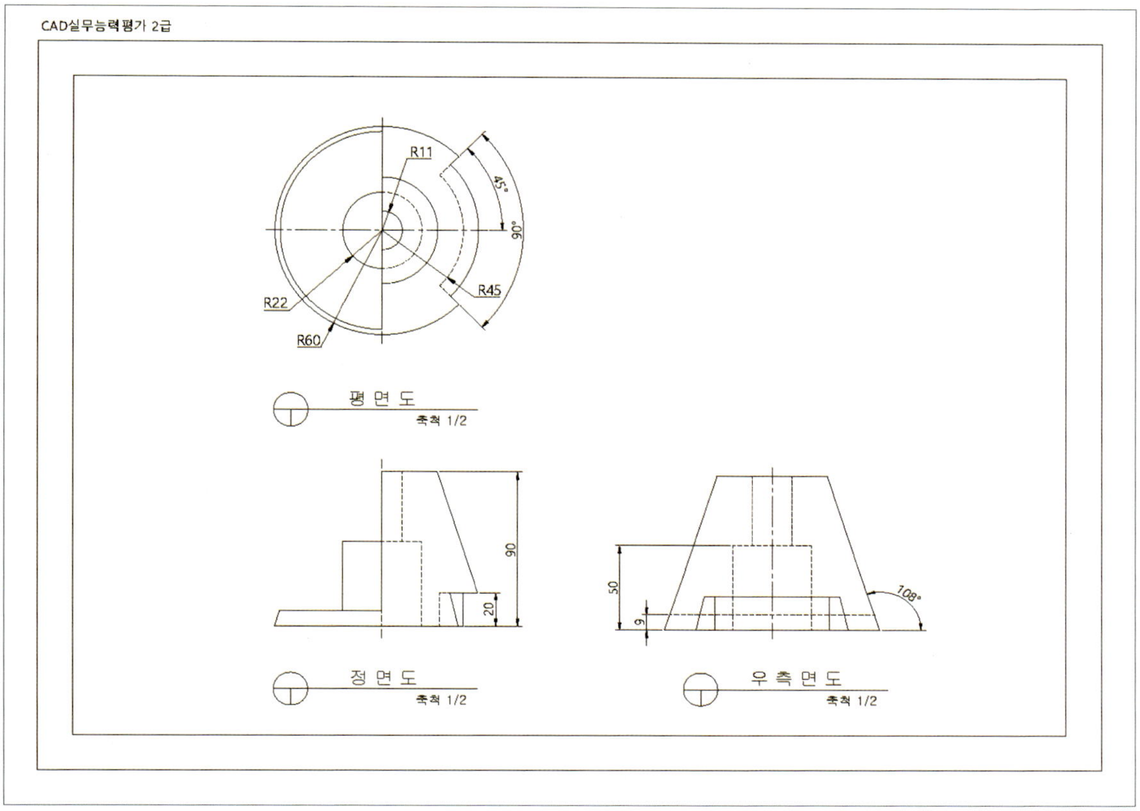

▶ 작성 순서

01 명령행에서 'LA'를 입력하고 Space Bar 를 누른다.

| 명령 : LA | LAYER 명령어 입력 |

02 레이어(도면층)를 아래와 같이 생성하고, 외형선을 기본 레이어로 설정한다.

03 명령행에서 'DS'혹은 'OS'를 입력하고 Space Bar 를 누른다.

04 [제도 설정] 창에서 객체 스냅을 그림과 같이 설정한다.

> 객체 스냅의 설정은 꼭 그림과 같이 할 필요는 없다. CAD로 작업을 해보고 본인이 사용하기 편한 상태의 설정이 따로 있다면 본인의 스타일로 설정한다. 단 '중간점(M)'의 경우는 실수를 많이 유발할 수 있으니 설정을 하지 않기를 권장한다.

명령 : DS   DSETTINGS 명령어 입력

05 직교모드(F8)를 활성화 하고 XLINE을 이용하여 수평, 수직선을 작성한다.

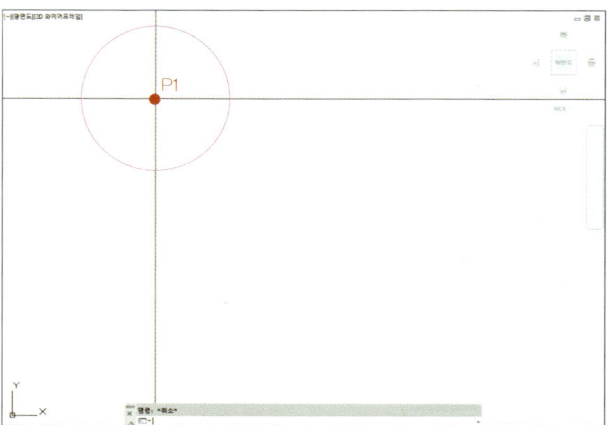

명령 : XL   XLINE 명령어 입력
점 지정 또는 [수평(H)/수직(V)/각도(A)/이등분(B)/간격띄우기(O)] :   고정점 지정
통과점을 지정 :   수평방향의 통과점 지정
통과점을 지정 :   수직방향의 통과점 지정

06 두 선의 교차점(P1)을 중심으로 하는 반지름 60인 원을 생성한다.

명령 : C   CIRCLE 명령어 입력
원에 대한 중심점 지정 또는 [3점(3P)/2점(2P)/Ttr - 접선 접선 반지름(T)] : P1   교차점 지정
원의 반지름 지정 또는 [지름(D)] ⟨0⟩ : 60   반지름 입력

07 Trim 명령어를 사용하여 우측과 같이 선을 정리한다.

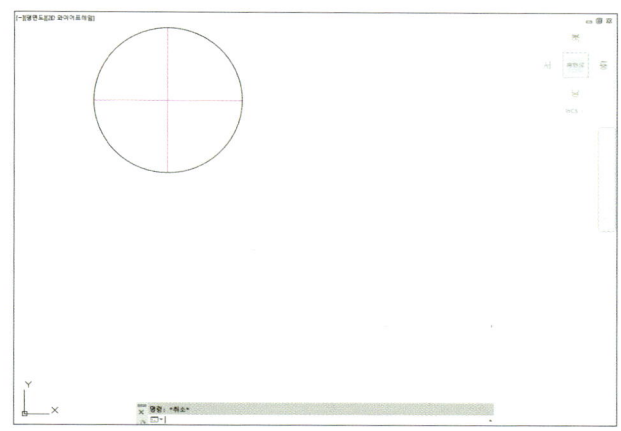

08 평면도 원의 아래쪽 사분점에서 우측으로 수평한 위치에 45° 보조선을 작성한다. 이때 간격에 따라 정면도와 우측면도 사이 공백이 결정된다.
평면도 원의 중심과 사분점을 정면도와 우측면도로 전개한다.
정면도의 상부 수평선도 평면도 하부에서 적절히 띄운 위치에 작성한다.

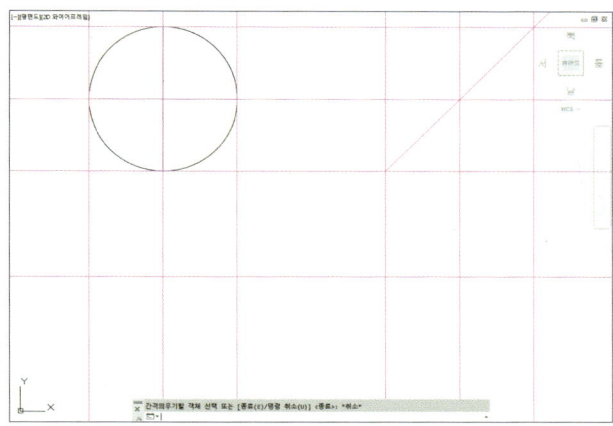

09 정면도와 우측면도 상부 L1을 90mm 아래로 Offset 하여 정면도와 우측면도의 하부를 작성한다.

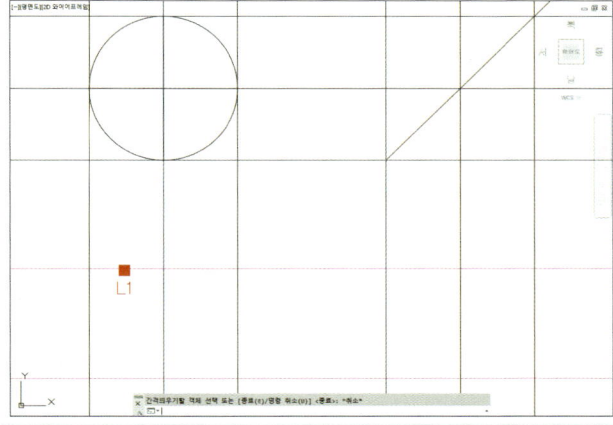

명령 : O	OFFSET 명령어 입력
간격띄우기 거리 지정 또는 [통과점(T)/지우기(E)/도면층(L)] <1.0000> : 90	거리값 입력
간격띄우기할 객체 선택 또는 [종료(E)/명령 취소(U)] <종료> :	L1 선택
간격띄우기할 면의 점 지정 또는 [종료(E)/다중(M)/명령 취소(U)] <종료> :	위치 지정

10 정면도와 우측면도를 정리하고 중심선은 "중심선" 도면층(Layer)으로 변경한다.

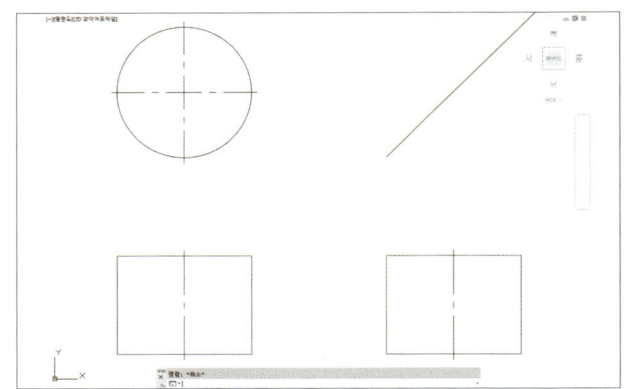

11 도면을 분석하면 기본 형상은 위아래 면의 지름이 다른 원뿔이다.
원뿔 곡면의 각도는 우측면도의 치수를 참고한다. 반시계방향 108° 사선을 P1에 작성한다.

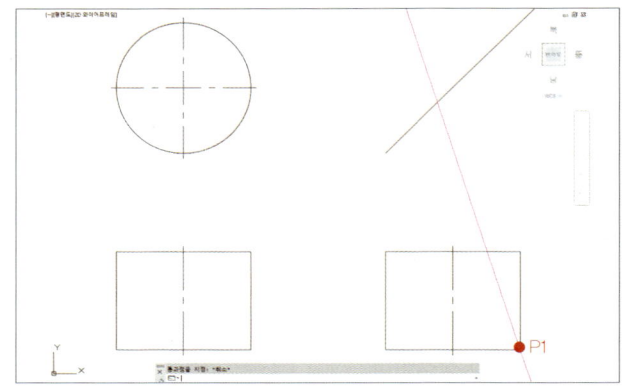

명령 : XL	XLINE 명령어 입력
점 지정 또는 [수평(H)/수직(V)/각도(A)/이등분(B)/간격띄우기(O)] : A	옵션 입력
X선의 각도 입력 (0) 또는 [참조(R)] : 108	각도 입력
통과점을 지정:	P1 지정

12 원뿔이므로 좌측의 각도는 우측의 각도와 대칭이다. 위와 같은 방법으로 좌측에 사선을 그리거나 Mirror 명령으로 대칭 복사한다.
좌측 사선까지 작성했다면 불필요한 객체는 모두 정리한다.

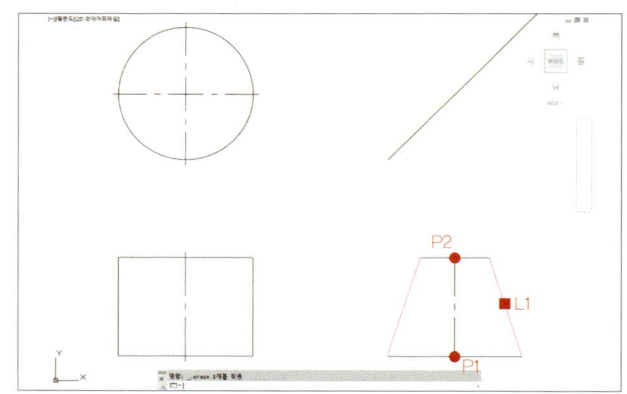

명령 : MI	MIRROR 명령어 입력
객체 선택 :	L1 선택
대칭선의 첫 번째 점 지정 :	P1 지정
대칭선의 두 번째 점 지정 :	P2 지정
원본 객체를 지우시겠습니까? 예(Y)/아니오(N) 〈아니오〉 :	아니오 입력

13 원기둥과 마찬가지로 원뿔은 정면과 측면의 형상이 같다. 위와 같이 사선으로 작성할 수 있으나 측면 형상을 Copy 할 수 있다.

우측면도의 사선의 끝점 P1에서 정면도의 끝점 P2로 복사한 후 불필요한 객체를 모두 정리한다.

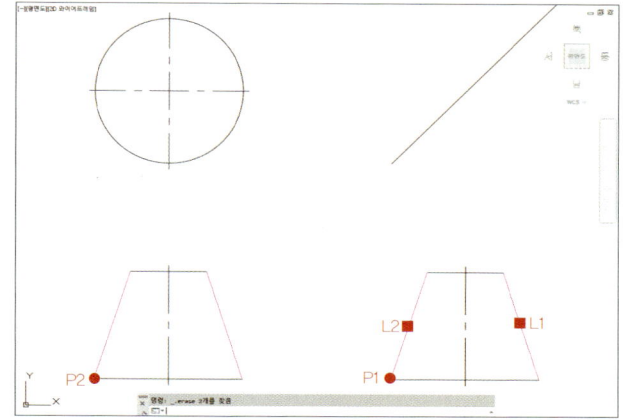

명령 : CO	COPY 명령어 입력
객체 선택	L1, L2 선택
기본점 지정 또는 [변위(D)/모드(O)] 〈변위〉 :	P1 선택
두 번째 점 지정 또는 [배열(A)] 〈첫 번째 점을 변위로 사용〉 :	P2 선택

14 원뿔은 중심축을 가진 회전체이기 때문에 상부를 자르고 평면도에서 보면 잘린 윗면도 원으로 보인다. 또한 정면도 상부 수평선의 길이는 원의 지름이고, 양 끝점은 사분점이다.

정면도 수평선의 끝점 P1에서 평면도로 전개한 후 원을 작성한다. 우측면도의 상부 수평선을 이용할 수 있으나 45° 보조선을 거쳐야 하기 때문에 작업의 효율이 떨어진다.

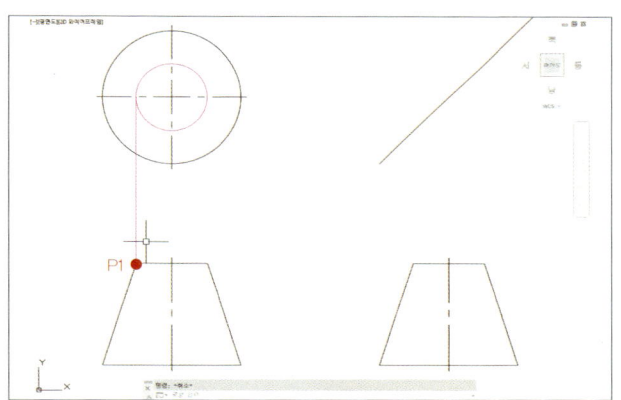

15 도면의 정면도를 보면 원뿔의 왼쪽 절반은 깊게 파여 있다. 우측면도의 치수를 참고하면 남은 두께는 바닥에서부터 9mm이다.

정면도와 우측면도의 모서리 L1을 9mm 위로 Offset 한다.

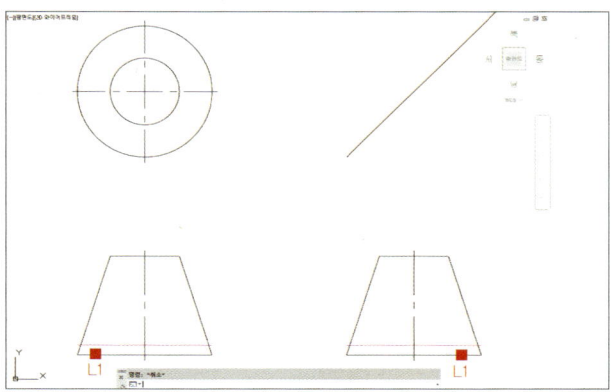

16 Offset 한 수평선은 원뿔의 모서리이므로 사선 바깥의 불필요한 선은 잘라서 정리한다. 이때 정면도의 수평선은 중심에서부터 좌측에만 존재하므로 우측은 잘라서 정리하고, 우측면도의 수평선은 파이지 않은 정면도 우측 원뿔에 가려져 보이지 않으므로 "숨은선"이 된다.

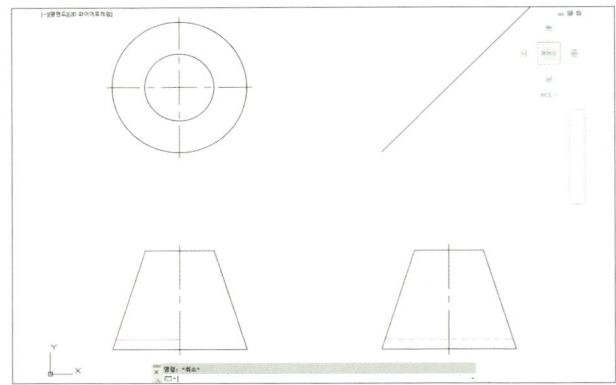

17 정면도에 작성한 9mm 수평선 L1을 기준으로 사선의 윗부분과 원뿔의 중심선을 기준으로 모서리 L2의 좌측을 잘라서 정리한다.
파여진 형상에 의하여 L1, L2 사이에 모서리가 발생하므로 작성한 중심선을 끊어 "외형선"으로 변경한다.

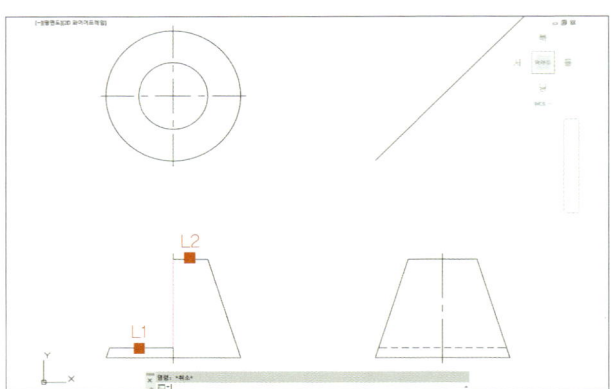

18 14의 내용과 같이 평면도에서 L1을 보면 원이 보인다. 정면도의 P1에서 평면도로 전개하여 원 C1을 작성하고 중심을 기준으로 좌측에만 존재하므로 우측을 잘라 정리한다. 또한 모서리 L2와 같은 원 C2는 중심선을 기준으로 좌측을 잘라 정리한다. 평면도의 원 C1은 C2와 높이 차이가 있기 때문에 내부에 수직 모서리가 발생한다. 원 C1 내부의 수직 중심선을 원호의 끝점에서 끊어 "외형선"으로 변경한다.

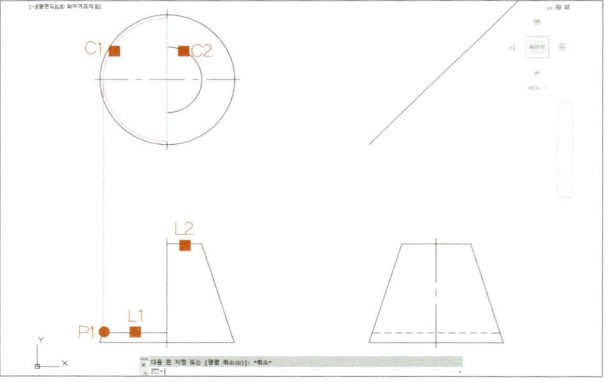

19 평면도에 반지름 22mm 원 C1을 작성한다. 정면도를 보면 중심선 기준으로 C1의 좌측은 9mm 수평선 위로 돌출된 형상이기 때문에 "외형선", 우측은 원뿔 내부 아래쪽에 뚫린 구멍 형상이기 때문에 "숨은선"이 된다.
따라서 평면도의 C1을 수직 중심선을 기준으로 자른 다음 Mirror로 대칭 복사한 후 우측의 반원을 "숨은선"으로 변경한다.

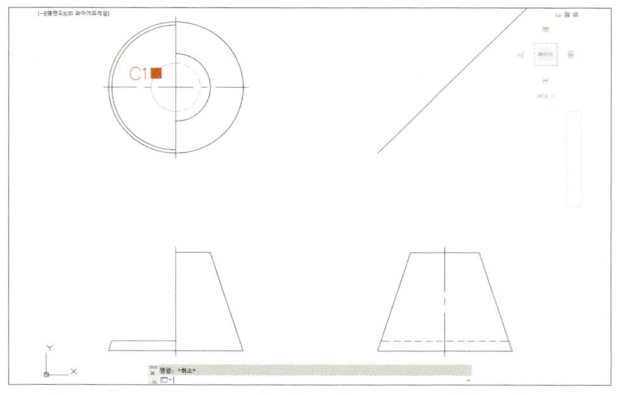

20 작성한 C1의 사분점에서 정면도와 우측면도로 전개한다. 이때 정면도에서 좌측 수직선은 돌출된 원기둥이므로 L1까지만 작성한다.

정면도의 우측 수직선과 우측면도의 좌우 수직선은 원뿔 내부에 존재하여 가려져 보이지 않으므로 "숨은선"으로 변경한다.

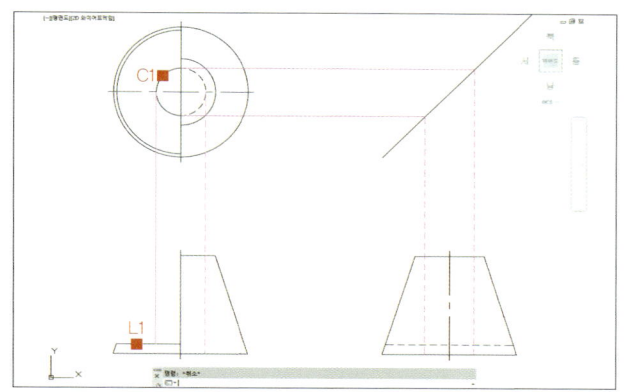

21 반지름 22mm 원기둥의 높이는 우측면도의 치수를 참고한다.

정면도와 우측면도의 모서리 L1을 위로 50mm Offset 한다.

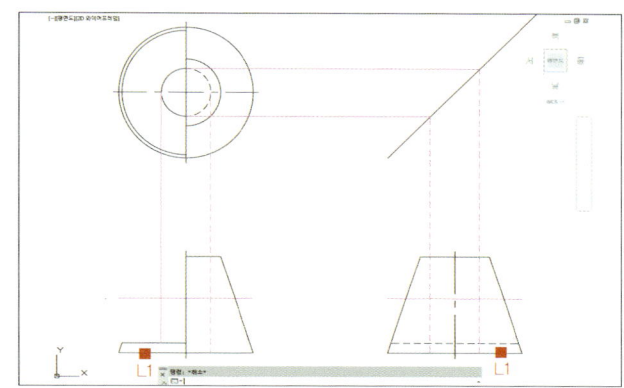

22 불필요한 객체는 모두 잘라서 정리한다.

정면도의 높이 50mm 수평선은 원뿔의 중심 기준으로 좌측은 돌출된 형상이므로 "외형선", 우측은 원뿔 내부의 가려진 형상이므로 "숨은선"이 된다.

우측면도의 높이 50mm 수평선은 원뿔 형상에 가려져 보이지 않으므로 "숨은선"이 된다.

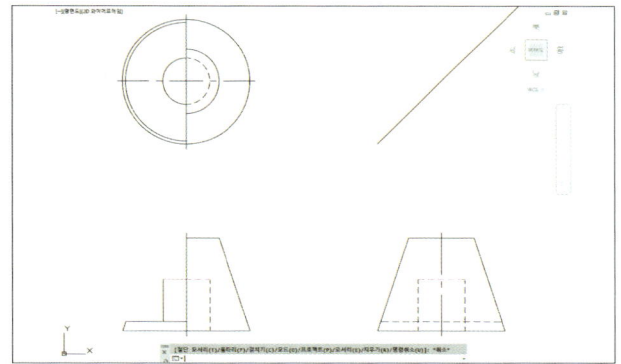

23 평면도에 반지름 11mm 원을 작성한다. 작성한 원은 정면도의 우측 내부 구멍 위에 존재하는 구멍 형상으로 돌출 형상이 없는 좌측에는 형상이 존재할 수 없다.

평면도에 작성한 반지름 11mm 원의 좌측을 잘라서 정리한다.

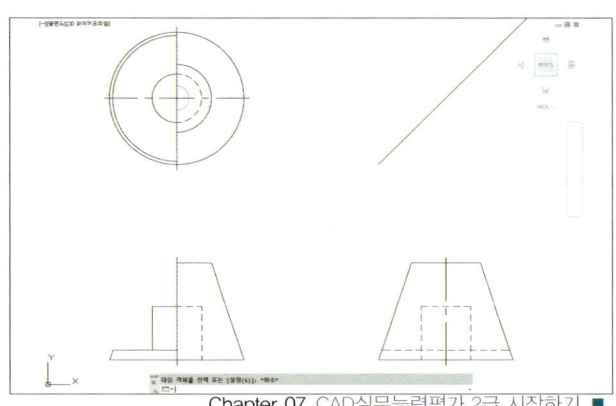

24 반지름 11mm 원의 사분점에서 정면도와 우측면도로 전개한다. 이때 반지름 11mm 원은 원뿔 내부의 구멍이기 때문에 가려져 보이지 않으므로 모두 "숨은선"이 된다.

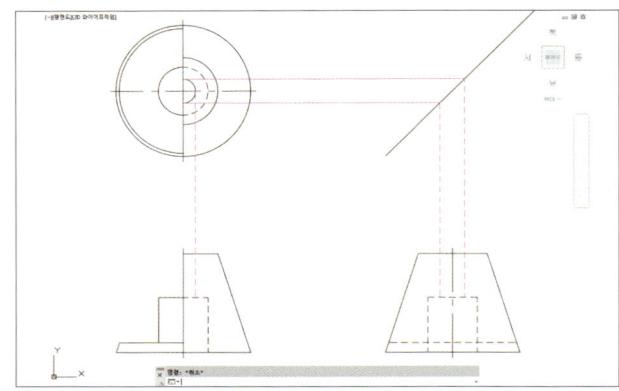

25 불필요한 객체를 모두 잘라서 정리한다.

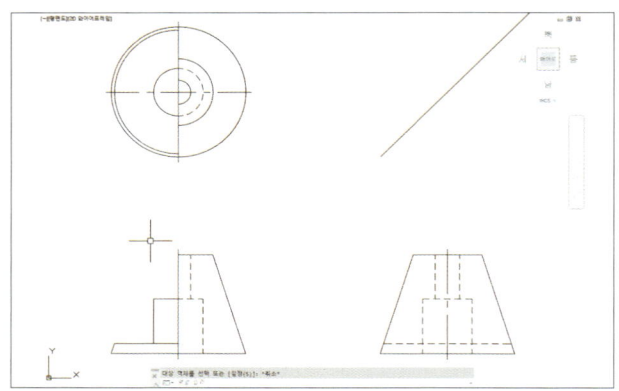

26 정면도 우측 아래에 파여진 형상을 작성한다. 정면도의 치수를 참고하여 정면도와 우측면도의 모서리 L1을 위로 20mm Offset 한다.

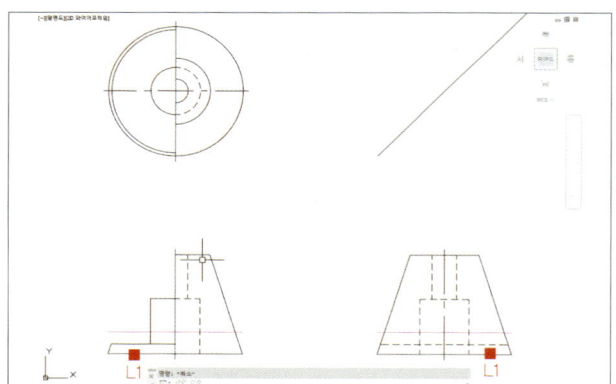

27 14의 내용과 같이 높이 20mm에서 잘린 정면도는 평면에서 원으로 보인다.
정면도의 높이 20mm 수평선과 우측 사선의 교차점 P1에서 평면도로 전개하여 원 C1을 작성한다.

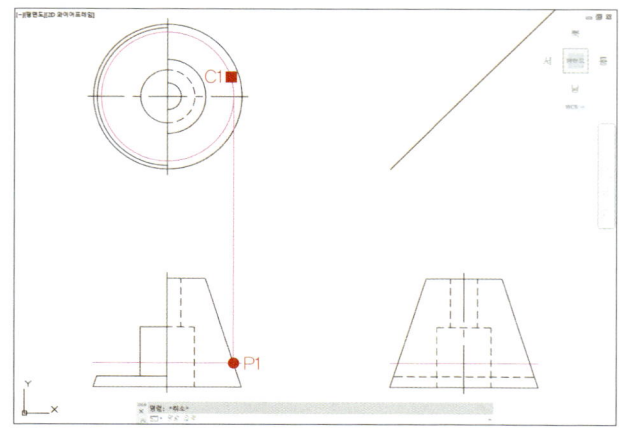

28 도면을 보면 파여진 부분은 평면도의 수평 중심선을 기준으로 위아래 45° 사이에서 밑면에서부터 반지름 45mm 원까지 파였다. 평면도에 반지름이 45mm 원과 45° 사선을 작성하고 불필요한 객체를 모두 잘라서 정리한다.

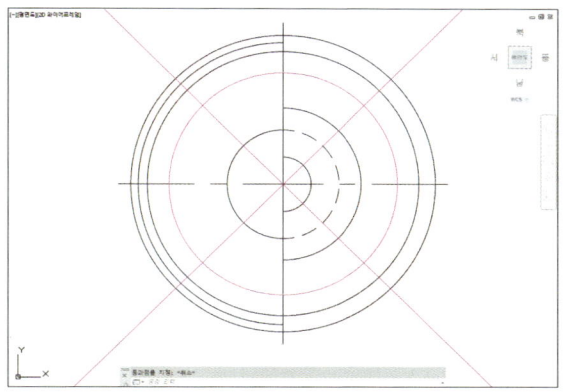 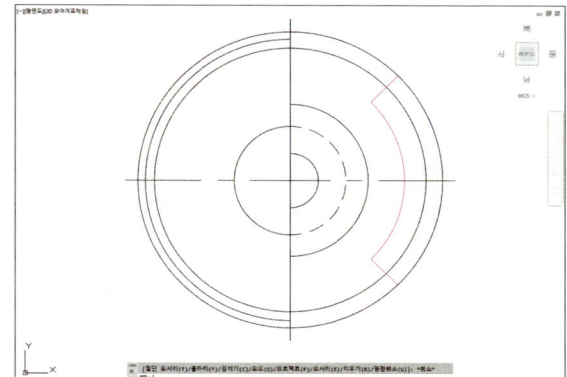

29 원뿔의 밑면에서부터 20mm 높이까지 45° 사선 사이에서 파였다.

원뿔의 밑면인 원 C1은 45° 사선 사이에 존재하지 않으며, 높이 20mm의 밑면인 원 C2는 45° 사선 사이에만 존재하므로 잘라서 정리한다. 이때 원 C2를 기준으로 내부에 존재하는 반지름 45mm 원호와 사선은 원뿔의 상부 형상에 가려져 보이지 않으므로 "숨은선"이 된다. 45° 사선은 C2의 양 끝점 P1, P2에서 끊어(Break) "숨은선"으로 변경한다.

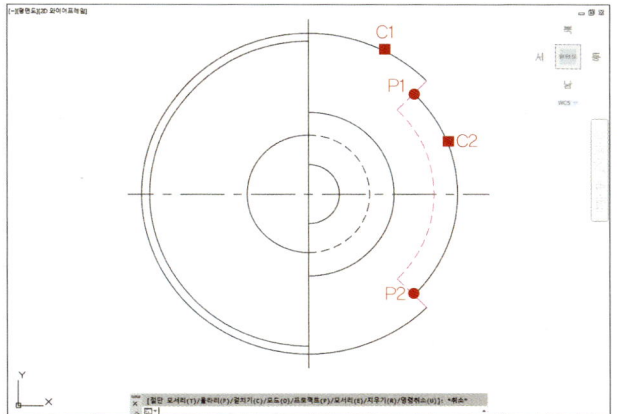

30 평면도 P1, P2 사이에 발생한 모서리를 정면도와 우측면도에 표현하기 위해 P1, P2에서 전개한다. 평면도의 P1은 정면도와 우측면도의 높이 20mm에 존재하므로 수평선 L1과의 교차점이 되고, P2는 밑면에 존재하므로 모서리 L2와의 교차점이 된다. 따라서 정면도와 우측면도의 P1과 P2를 직선으로 연결하여 모서리를 작성한다.

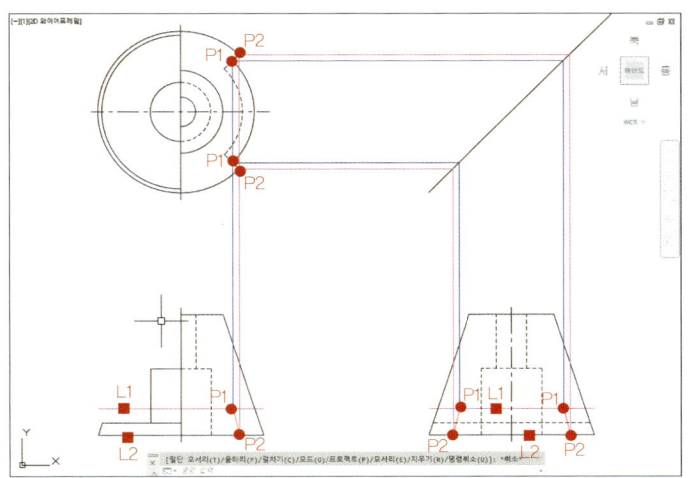

31 정면도와 우측면도의 높이 20mm 수평선을 제외한 불필요한 객체를 모두 정리한다.

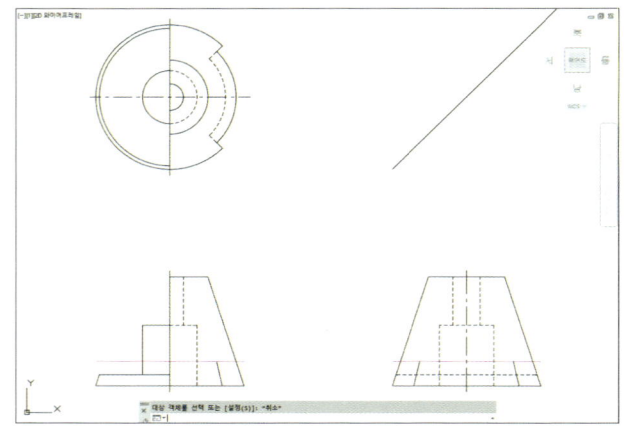

32 평면도를 보면 45° 사선은 반지름 45mm 원까지 파여져 있다. 즉 평면과 곡면이 만나는 교차점 P1에서 모서리가 발생한다.

P1에서 정면도와 우측면도로 전개한다. 정면도의 P1 모서리는 원뿔에 가려져 보이지 않으므로 "숨은선", 우측면도의 P1 모서리는 파여진 형상 내부가 보이므로 "외형선"이 된다.

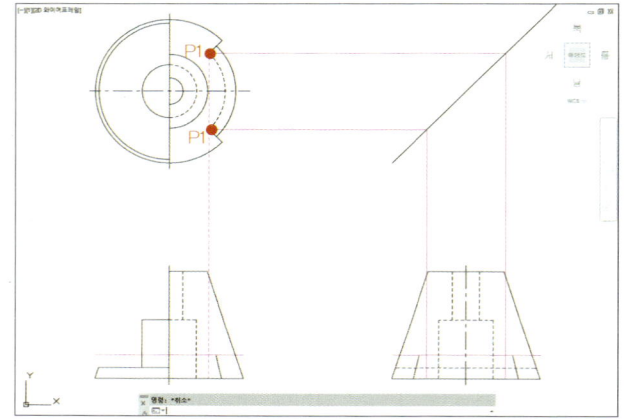

33 반지름 45mm 원의 사분점 P2는 정면도에서 모서리로 발생한다. P1, P2에 의해 발생된 모서리는 밑면에서부터 높이 20mm 사이의 파여진 범위에만 존재하므로 L1을 기준으로 잘라서 정리한다. 정면도와 우측면도의 L1을 제외한 불필요한 객체를 모두 정리한다.

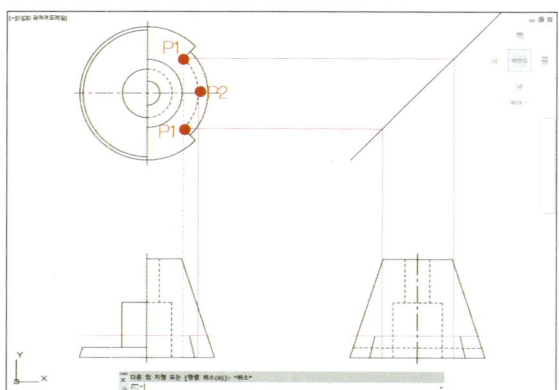 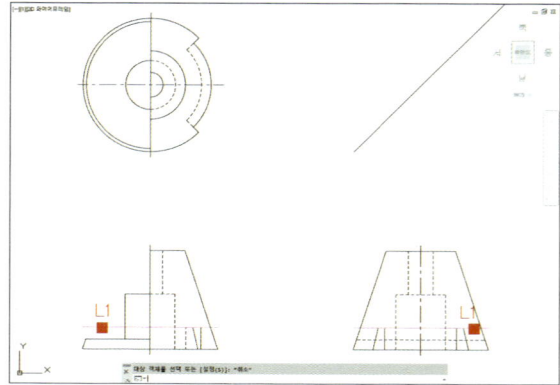

34 정면도의 높이 20mm 수평선을 P1에서 Break한 후 도면층을 변경한다. 파여진 모서리는 L1과 L2 사이에 존재하며 P1을 기준으로 좌측은 "숨은선" 우측은 "외형선"이 된다.

모서리 L1은 높이 20mm 수평선 아래로 존재하지 않고, L4는 밑면의 가장 우측 형상선이 L3이므로 잘라서 정리한다.

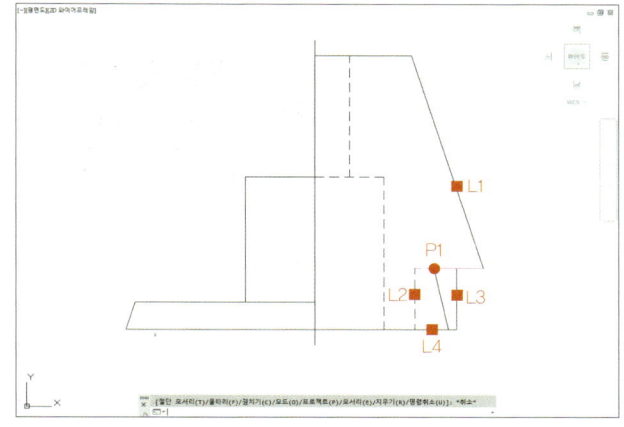

35 마찬가지로 우측면도의 높이 20mm 수평선은 L1, L2 사이에만 존재한다. L1, L2을 벗어난 선을 잘라 정리하고 형상선과 끝점이 일치하는 중심선을 조절한다.

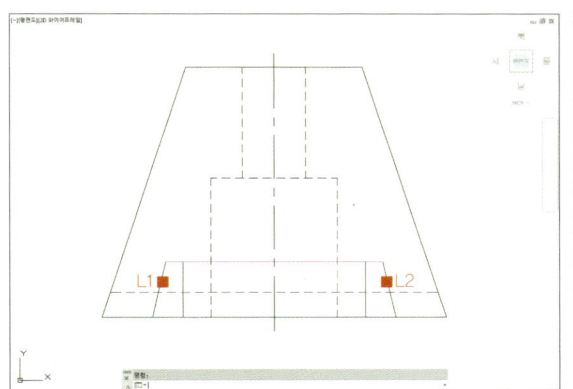 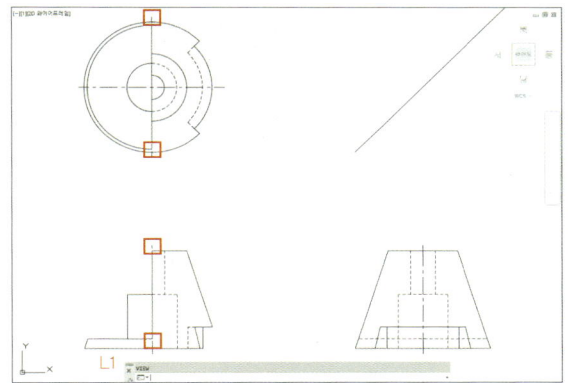

36 치수 스타일을 설정하고 도면층(Layer)을 "치수"로 변경한 후 도면을 보고 똑같이 치수 기입한다. 이때 도면에 주어진 치수 유형을 파악하여 적절한 옵션으로 설정한다.

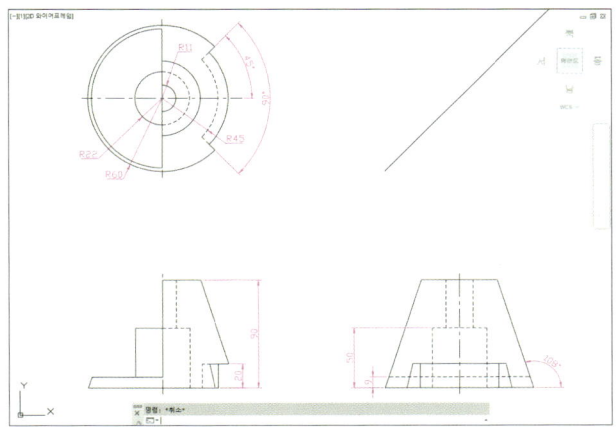

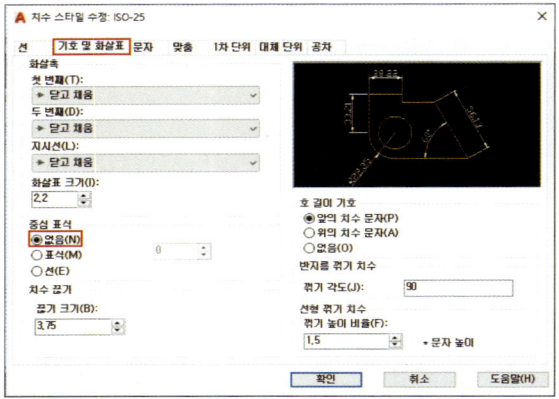 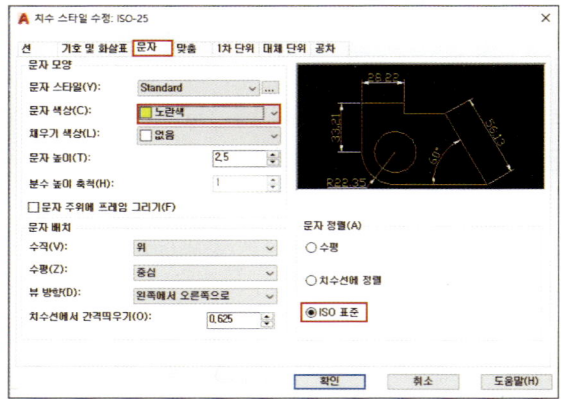

▲ [기호 및 화살표] 탭
❶ 중심 표식 :없음(N)

▲ [문자] 탭 -
❶ 문자 색상(C) : 노란색
❷ 문자 정렬(A) : ISO 표준

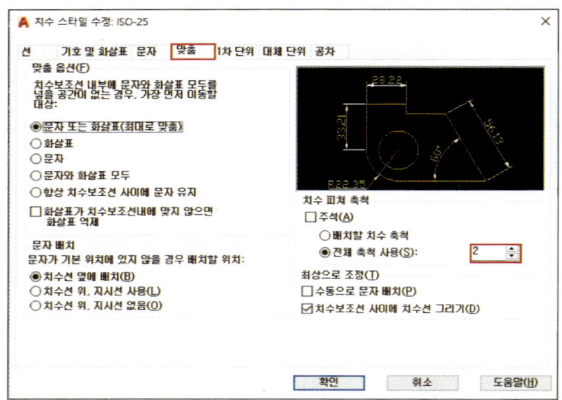

❶ 치수 피쳐 축척 : 전체 축척 사용(S) : 2

37 모형 공간에 작성한 도면의 형상, 치수 등 오류를 검토를 완료한 후 45° 보조선을 삭제한다. 모형 공간 작성 및 검토 완료 후 배치 공간을 작성한다.

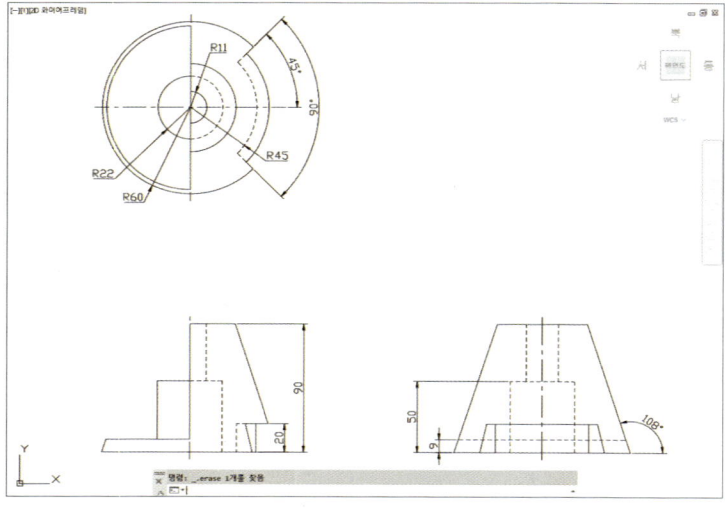

5-3. 다면체 모델링 - 기본

삼각법 모델링의 기초가 되는 형태로 곡선이 없다. 모서리의 연결점과 선의 유형변화에 주의하며 작도할 수 있도록 한다.

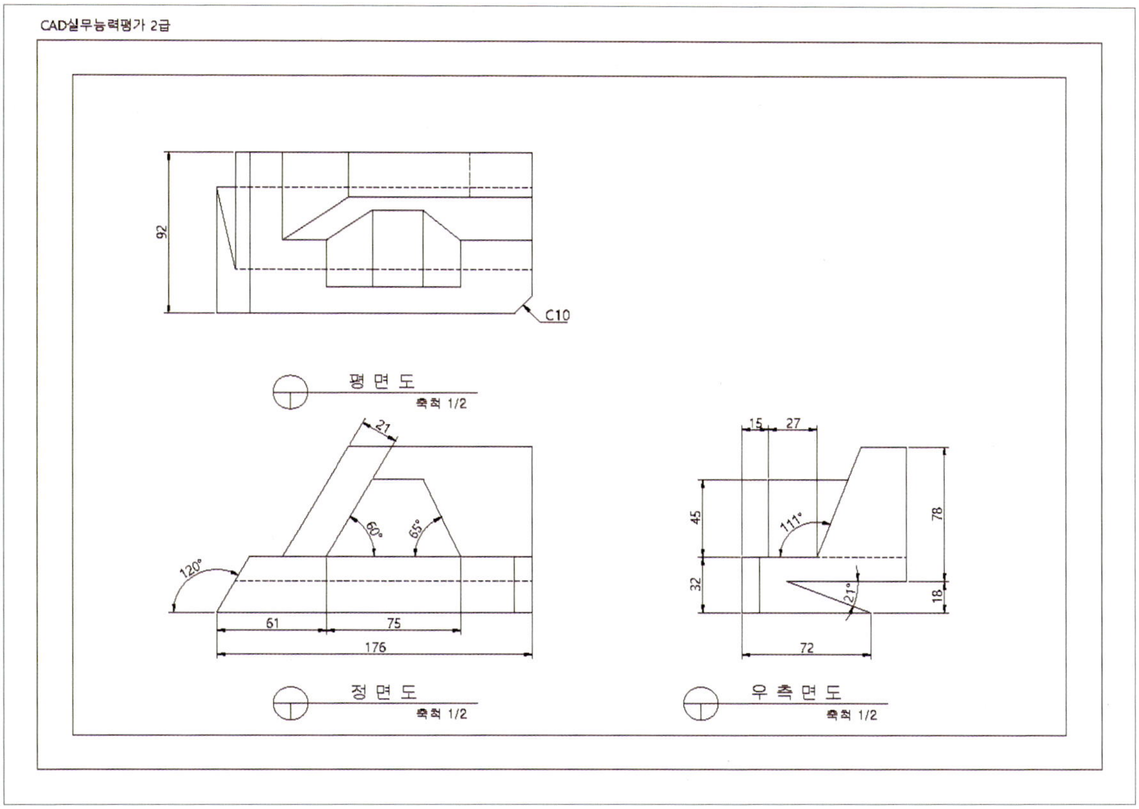

01 명령행에서 'LA'를 입력하고 Space Bar 를 누른다.

명령 : LA   LAYER 명령어 입력

02 레이어(도면층)를 아래와 같이 생성하고, '외형선' 도면층을 기본 레이어로 설정한다.

03 명령행에서 'DS'혹은 'OS'를 입력하고 Space Bar 를 누른다.

04 제도 설정 창에서 객체 스냅을 오른쪽 그림과 같이 설정한다.

> 객체 스냅의 설정은 꼭 그림과 같이 할 필요는 없다. CAD로 작업을 해보고 본인이 사용하기 편한 상태의 설정이 따로 있다면 본인의 스타일로 설정한다. 단 '중간점(M)'의 경우는 실수를 많이 유발할 수 있으니 설정을 하지 않기를 권장한다.

명령 : DS   DSETTINGS 명령어 입력

05 직교모드(F8)를 활성화하고 XLINE을 이용하여 수평, 수직선을 작성한다.

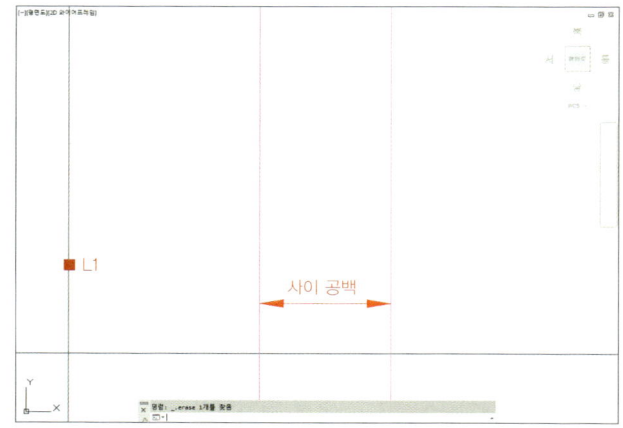

명령 : XL   XLINE 명령어 입력
점 지정 또는 [수평(H)/수직(V)/각도(A)/이등분(B)/간격띄우기(O)] :   고정점 지정
통과점 지정 :   수평방향의 통과점 지정
통과점 지정 :   수평방향의 통과점 지정

06 도면의 치수를 참고하여 삼면도의 전체 공간을 작성한다.

먼저 정면도의 수직선 L1을 우측으로 176mm Offset한다.

정면도와 우측면도 사이 공백을 적절히 선정하여 우측면도의 위치를 결정하는 수직선을 추가로 작성한다.

07 우측면도의 치수를 참고하여 L1을 위로 offset하여 전체 높이를 결정한다. 정면도와 우측면도의 전체 높이는 우측면도의 치수를 합한 96mm(18mm+78mm)이다.

이때 높이 18mm 수평선도 작성해야 하기 때문에 L1을 18mm Offset한 후 L2를 다시 78mm Offset한다.

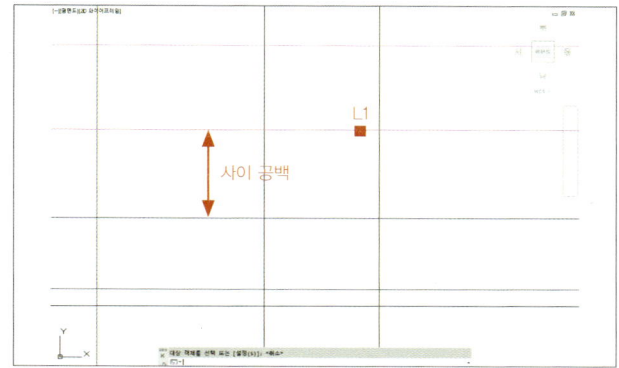

08 평면도의 위치를 결정하는 수평선 L1을 작성한다. 이때 정면도와 평면도의 사이 공백을 고려하여 작성한다.

작성한 수평선 L1을 92mm 위로 Offset 한다.

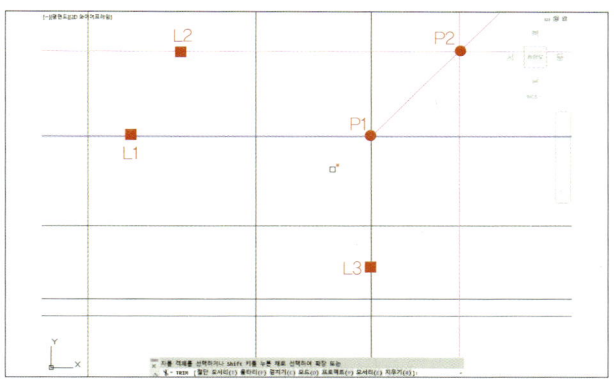

09 평면도의 가장 아래쪽 모서리 L1과 우측면도의 가장 왼쪽 모서리 L3의 교차점 P1에 45° 보조선을 작성한다.

작성한 45° 보조선과 평면도의 가장 위쪽 모서리 L2의 교차점 P2에서 수직선을 작성하면 우측면도의 폭이 결정된다.

또한 45° 보조선이 정면도와 겹쳐지면 도면 작성 시 불편할 수 있으므로 P1 아래는 잘라서 정리한다.

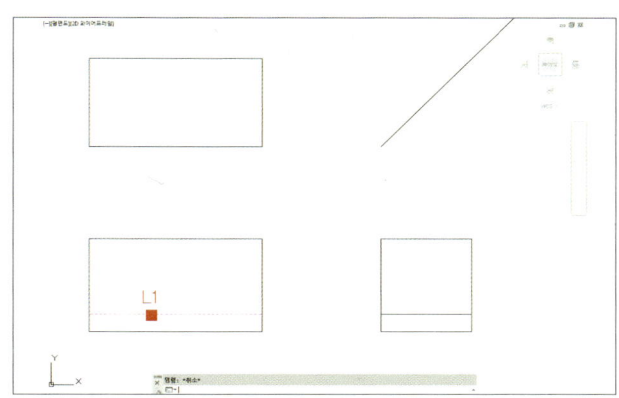

10 Trim으로 정면도, 우측면, 평면도의 공간만 남기고 불필요한 객체는 모두 정리한다.

이때 높이 18mm 수평선 L1은 정면도에서 보면 우측면도 좌측 형상에 의해 가려져 보이지 않으므로 "숨은선"으로 변경한다.

11 도면 작성 전에 입체 형상의 전체적인 구성을 머릿속으로 분석한다.

도면의 우측면도를 보면 그림과 같이 3개의 다른 형태를 조합한 것처럼 볼 수 있다. 한 번에 모두 작성하기보다는 각 구역을 나누어 점진적으로 완성해 나아가면 보다 쉽게 형상을 이해할 수 있다.

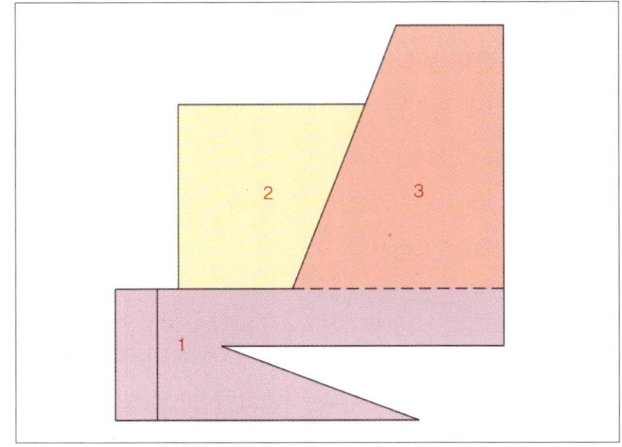

12 먼저 1구역부터 작성한다.

1구역을 구분하기 위해 정면도와 우측면도의 밑면 모서리 L1을 32mm 위로 Offset 한다.

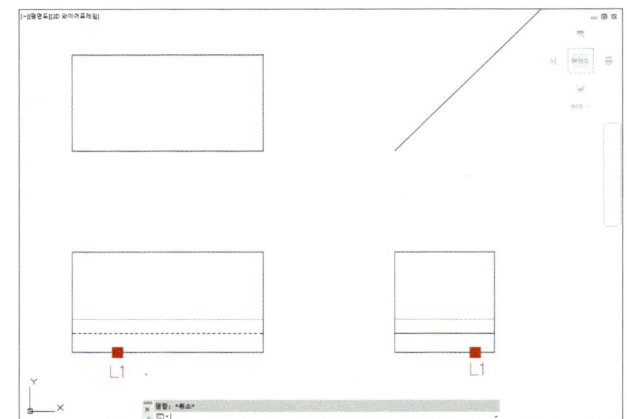

13 도면을 보면 1구역 우측면도의 밑면 모서리는 72mm이다.

우측면도의 좌측 수직선을 72mm Offset한 후 불필요한 부분을 Trim으로 정리하거나 Lengthen 명령의 옵션 [합계(T)]를 이용한다.

> 💬 Lengthen 명령의 옵션 [합계(T)]를 이용하는 경우 수평선의 중간점을 기준으로 길이가 조절되는 좌우 위치를 확인하고 적용한다.

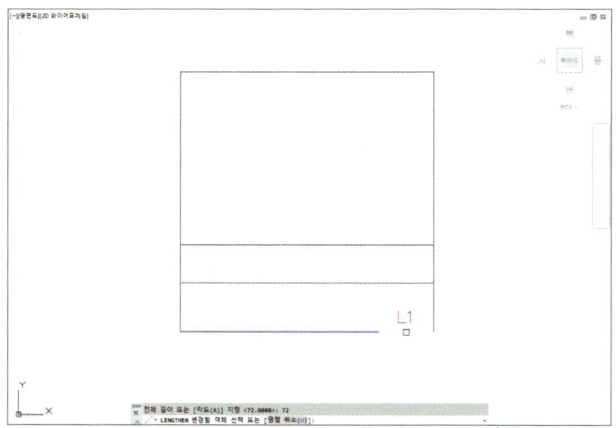

명령 : LEN	LENGTHEN 명령어 입력
측정할 객체 또는 [증분(DE) 퍼센트(P) 합계(T) 동적(DY)] 선택 〈증분(DE)〉 : T	옵션 입력
전체 길이 또는 [각도(A)] 지점 〈1.0000〉 : 72	맞추고자 하는 선의 전체 길이 입력
변경할 객체 선택 또는 [명령 취소(U)] :	L1 지정(끝점의 위치가 변화 되는 쪽을 지정)

14 밑면 모서리의 우측 끝점 P1에서 극좌표를 이용하여 사선을 작성한다.

> 사용자의 편의에 따라 Xline 명령으로도 사선을 작성해도 된다. 어떤 방식으로 작성하느냐에 따라 약간의 차이만 있을 뿐이다. 예를 들어 Xline으로 작성하는 경우 양쪽을 모두 잘라야한다면, 극좌표로 작성한 경우 한쪽만 잘라도 된다는 차이이다.

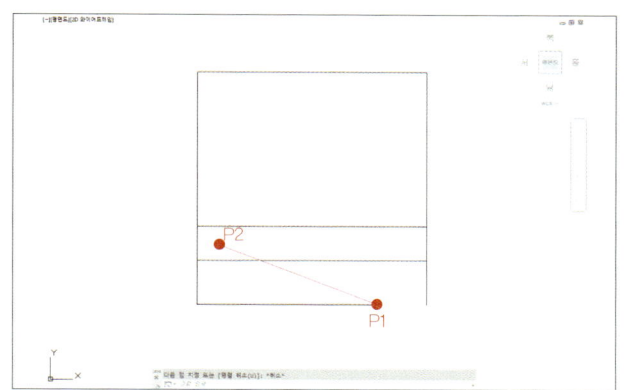

명령: L	LINE 명령어 입력
첫 번째 점 지정 :	P1 지정
다음 점 지정 또는 [명령 취소(U)] : <-21 Enter	각도 입력 후 Enter
다음 점 지정 또는 [명령 취소(U)] :	P2 입력(선의 방향과 길이를 마우스로 지정)

15 불필요한 객체를 잘라 정리한다.

> 한 점에서 만나는 꼭짓점으로 편집하는 경우 Trim이 아닌 Fillet을 응용하여 활용할 수 있다. Trim과 달리 Fillet으로 작업할 땐 선의 교차점을 기준으로 자를 부분이 아닌 남길 부분을 선택한다.

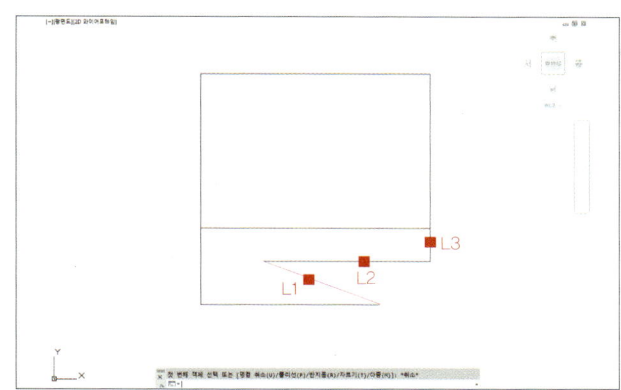

명령: F	FILLET 명령어 입력
첫 번째 객체 선택 또는 [명령 취소(U) 폴리선(P) 반지름(R) 자르기(T) 다중(M)] : M	옵션 입력
첫 번째 객체 선택 또는 [명령 취소(U) 폴리선(P) 반지름(R) 자르기(T) 다중(M)] :	L1 입력
두 번째 객체 선택 또는 Shift 키를 누른 채 선택하여 구석 적용 또는 [반지름(R)] :	Shift + L2입력
첫 번째 객체 선택 또는 [명령 취소(U) 폴리선(P) 반지름(R) 자르기(T) 다중(M)] :	L2 입력
두 번째 두 번째 객체 선택 또는 Shift 키를 누른 채 선택하여 구석 적용 또는 [반지름(R)] :	Shift + L3입력

16 1구역 우측면도의 꼭짓점 P1, P2는 평면과 경사면이 만나는 점으로 정면도와 평면도에 모서리로 발생한다.

P1, P2에서 평면도로 전개하여 모서리를 작성한다. 이때 정면도에는 이미 모서리가 작성되어 있기 때문에 전개하지 않는다.

평면도에 작성한 P1, P2 모서리는 상부 형상에 가려져 보이지 않으므로 "숨은선"이 된다.

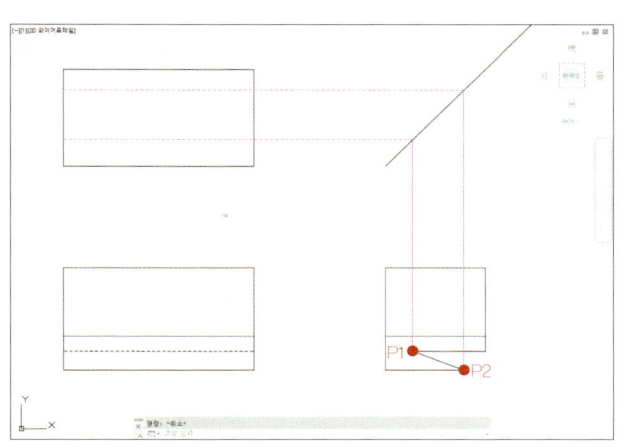

17 모서리는 형상 내부에만 존재한다. 전개된 불필요한 객체를 모두 정리한 후 14와 같은 방법으로 1구역 정면도의 좌측 120° 사선을 작성하고 사선을 기준으로 정리한다.

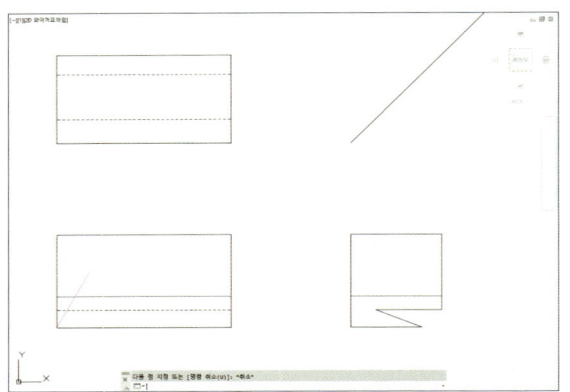 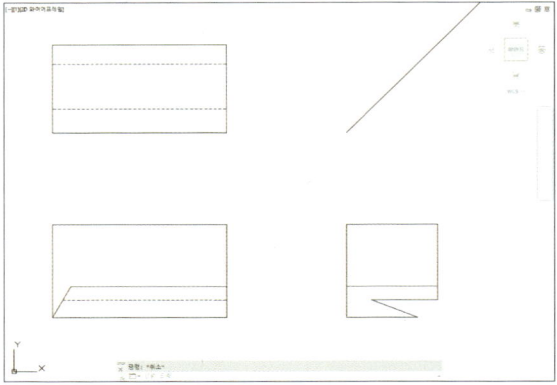

18 1구역 정면도의 경사면 꼭짓점 P1, P2는 평면도에서 모서리로 발생한다. P1, P2에서 평면도로 전개한다.

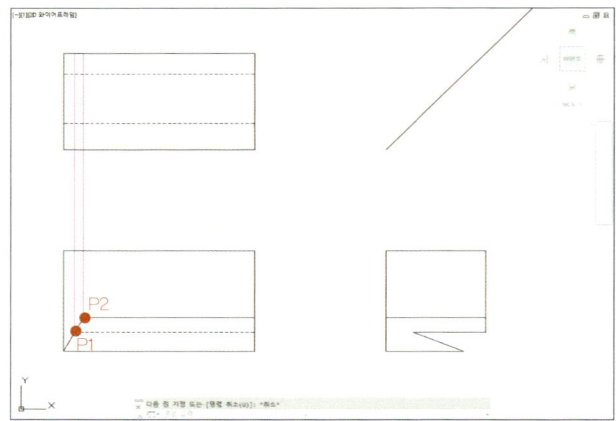

19 1구역 정면도의 경사면은 평면도에서 보면 1구역 우측면도의 형상이 기울어져 보인다. 평면도의 좌측 모서리 L1은 정면도의 꼭짓점 P1과 우측면도의 밑면 모서리 L2와 같다. 또한 우측면도 밑면 모서리 L2의 우측 끝점은 P2이며 평면도의 모서리 L3과 같다.

따라서 평면도의 수직 모서리 L1은 L3 위로 모서리가 존재하지 않기 때문에 잘라서 정리한다.

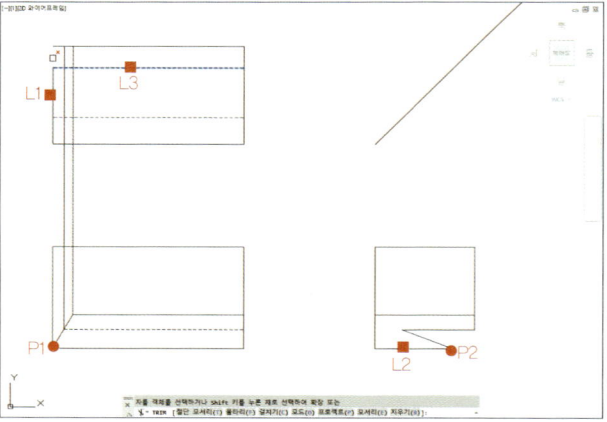

20 평면도의 모서리 L1은 정면도의 경사면 꼭짓점 P1과 우측면도의 모서리 L2와 같다. 또한 우측면도 모서리 L2의 좌측 끝점 P2는 평면도의 모서리 L3과 같다.
따라서 평면도의 L1은 L3 아래로 존재하지 않으므로 잘라서 정리한다.

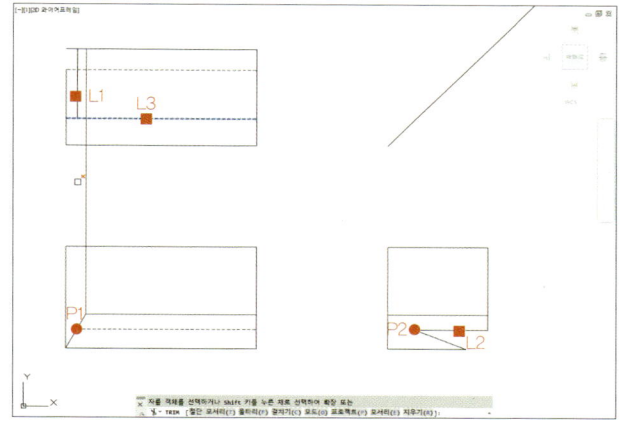

21 1구역의 모서리를 다음과 같이 정리하여 완성한다.

❶ 우측면도의 꼭짓점 P1은 정면도의 숨은선 모서리와 같다. 정면도의 숨은선은 평면도의 모서리 L3, L4와 같으므로 L1을 기준으로 좌측을 잘라 정리한다.
❷ 평면도의 수평 모서리 L2는 밑면 모서리로 상부 형상에 가려져 "숨은선"이지만, 정면도의 좌측 경사면에 의해 P1, P2 사이에 존재하는 일부 모서리가 가려지지 않았다. 따라서 평면도의 수직 모서리 L1을 기준으로 분할하여 좌측 모서리를 "외형선"으로 변경한다.

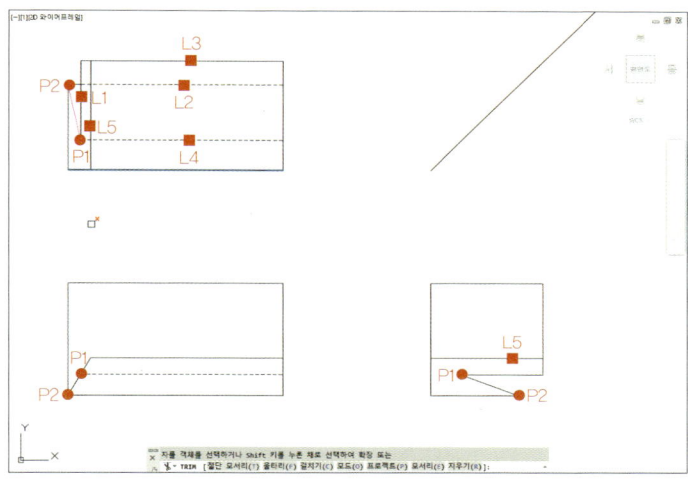

❸ 우측면도에 P1, P2는 모서리로 연결되어 있으므로 평면도의 P1, P2를 연결하는 모서리를 작성한다.
❹ 평면도의 수직 모서리 L5는 우측면도의 L5와 같다. 따라서 형상을 벗어난 불필요한 객체를 잘라 정리한다.

22 다음으로 2구역 우측면도를 작성한다. 수직 모서리 L1을 우측으로 15mm, 수평 모서리 L2를 위로 45mm Offset한다. Trim 또는 Fillet으로 불필요한 객체를 모두 정리한다.

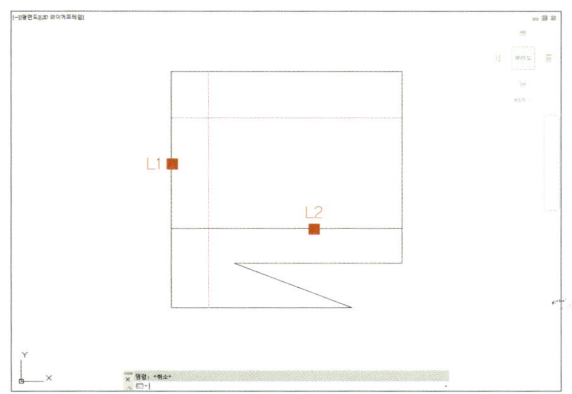 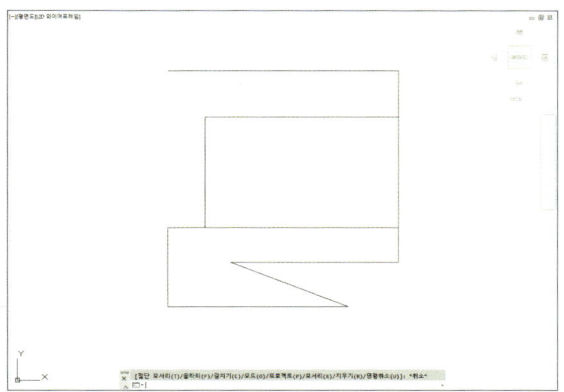

23 우측면도의 2구역과 3구역을 구분하여 우측면도를 완성한다. 모서리 L1을 우측으로 27mm Offset하고 시계방향 111° 사선을 교차점 P1에 작성한 후 불필요한 객체를 정리한다. 도면의 정면도를 보면 1구역과 3구역의 우측 모서리가 동일선상이다. 따라서 우측면도의 상부 모서리 L2는 3구역과 하나로 합쳐지면서 P1을 기준으로 우측 모서리가 삭제된다. 이때 3구역의 좌측면에 1구역과 만나 발생한 모서리가 존재하기 때문에 삭제되지 않고 "숨은선"이 된다. L2는 P1을 기준으로 분할하고 우측 모서리를 "숨은선"으로 변경한다.

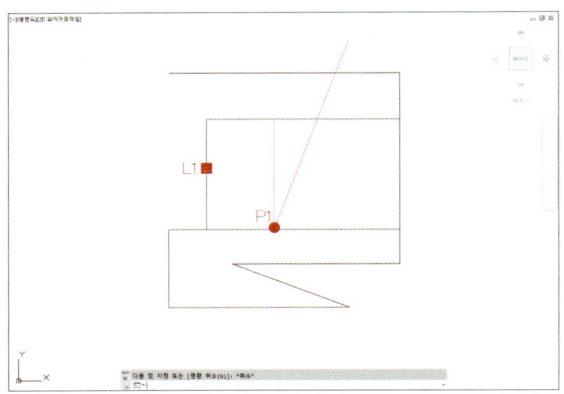 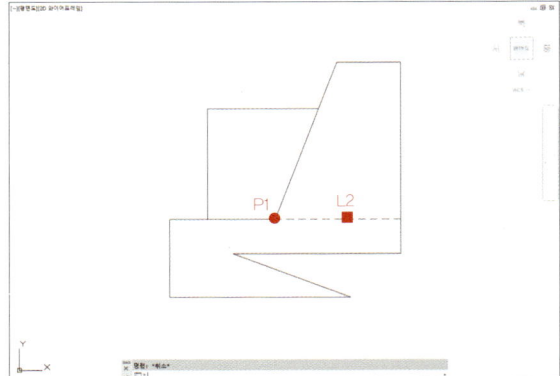

24 우측면도의 2구역과 3구역 형상으로 발생한 꼭짓점은 정면도와 평면도에 모서리로 발생한다. 각 꼭짓점 P1~P4에서 정면도와 평면도로 전개한다.

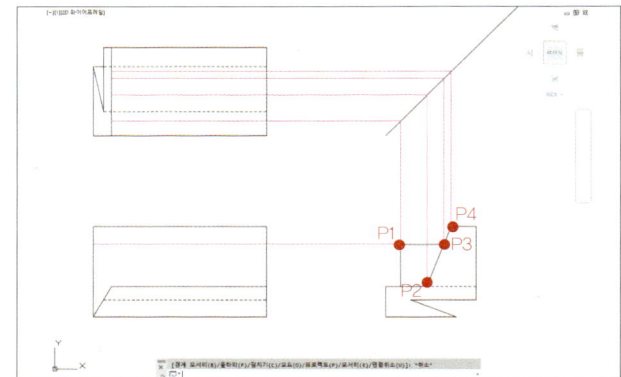

25 2구역의 정면도를 작성한다. 수직 모서리 L1을 우측으로 61mm 수평하게 이동한다. 이동한 수직 모서리 L1을 우측으로 75mm Offset 하여 2구역의 범위를 지정한다.

> Move 대신 Offset을 이용해도 되지만 기존 객체를 삭제해야 하는 번거로움이 발생한다.

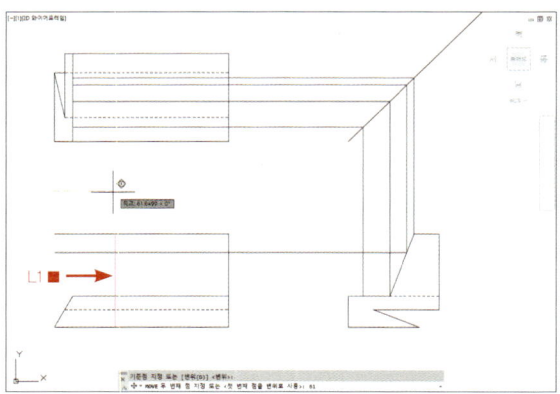 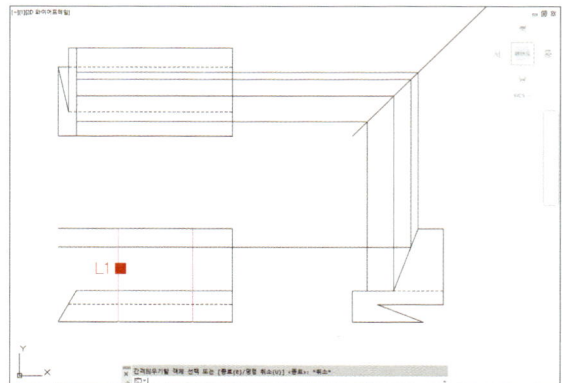

26 작성한 두 수직선과 1구역 상부 수평선의 교차점 P1, P2에 사선을 작성하고 불필요한 객체를 모두 정리한다.

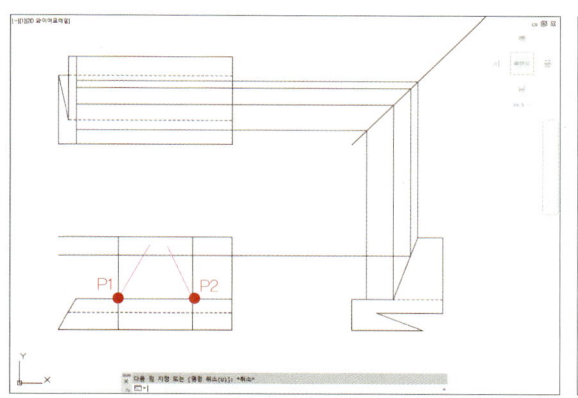 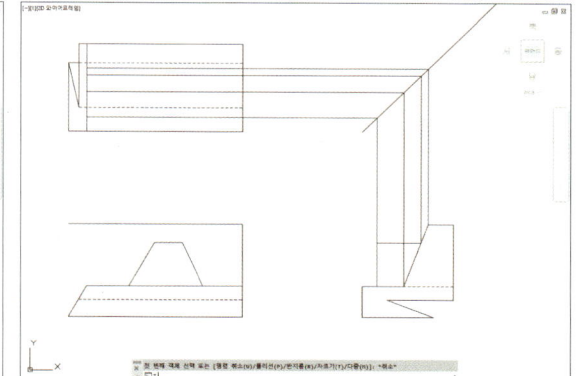

27 2구역의 정면도 형상으로 발생한 꼭짓점은 평면도에 모서리로 발생하므로 각 꼭짓점 P1~P4에서 평면도로 전개한다.

P1, P2의 모서리는 1구역의 윗면과 3구역의 경사면이 만나는 꼭짓점 P5까지 존재하므로 평면도에 전개한 수평 모서리 L1까지 작성한다.

또한 P3, P4는 2구역의 윗면과 3구역 경사면이 만나는 꼭짓점 P6까지 존재하므로 평면도에 전개한 수평 모서리 L2까지 작성한다.

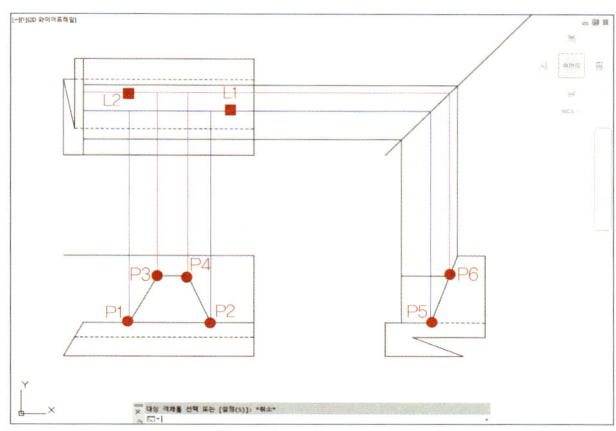

28 평면도에 전개한 모서리를 정리한다.

2구역의 우측면도 좌측 끝점은 P1이기 때문에 평면도의 모서리 L1 아래로는 모서리가 존재하지 않는다. 또한 평면도의 수평 모서리 L1은 2구역에만 해당하므로 2구역의 좌우 모서리 L2, L3 사이에만 존재한다.

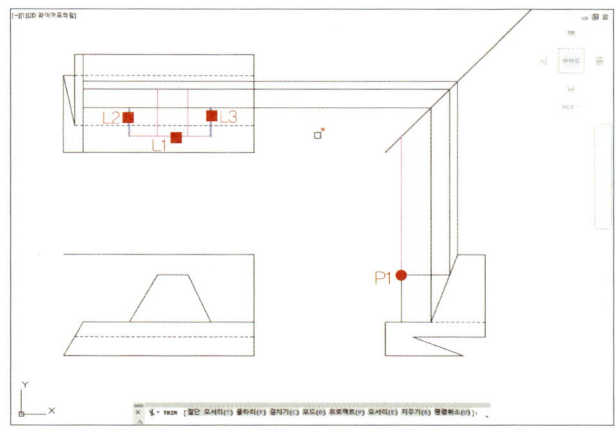

29 우측면도의 1구역 윗면과 3구역 경사면이 만나는 꼭짓점 P1은 평면도에 전개한 모서리 L1과 같다.

1~3구역이 모두 합쳐지는 3구역의 밑면 모서리 L1은 L2, L3 사이에는 모서리가 존재하지 않는다. 따라서 L2, L3 사이의 L1은 자른다.

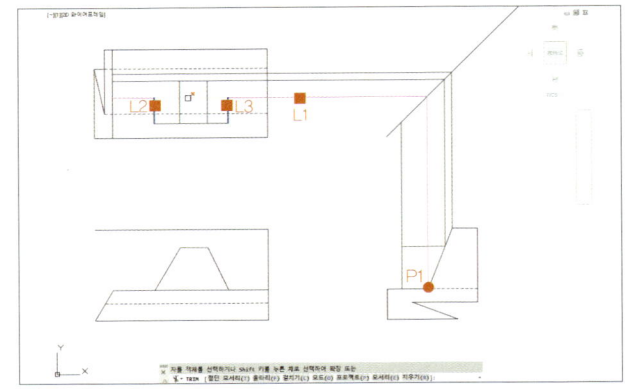

30 우측면도의 2구역 윗면과 3구역 경사면이 만나는 꼭짓점 P1은 평면도에 전개한 모서리 L1과 같다.

L1은 2구역 윗면의 좌우 모서리 L2, L3 사이에만 존재한다. 따라서 L2, L3 사이의 모서리만 남기고 자른다.

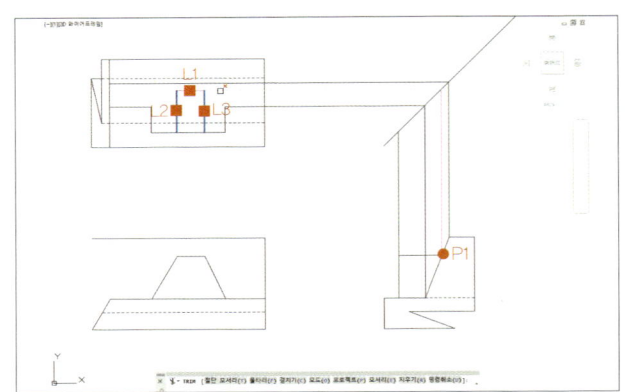

31 2구역 우측면도의 P1, P2 사이의 모서리는 정면도의 P1, P2와 같다. 마찬가지로 평면도의 P1, P2를 연결하는 모서리를 작성하여 2구역을 완성한다.

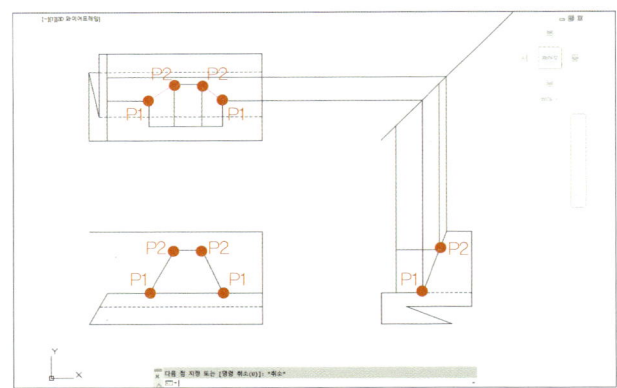

32 평면도 형상을 벗어난 모서리와 불필요한 객체를 자르거나 정리한다.

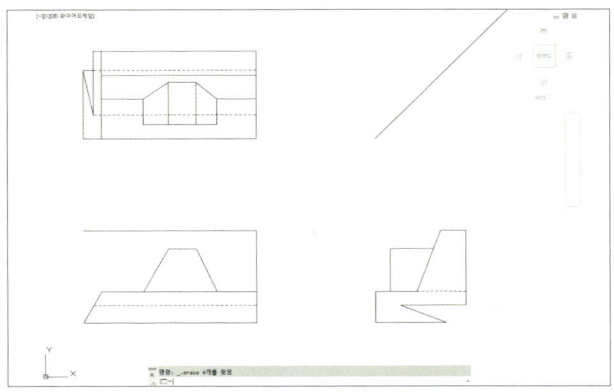

33 3구역의 정면도를 작성한다. 2구역의 좌측 모서리 L1을 21mm 좌측으로 Offset한다. Offset한 모서리는 1구역과 3구역의 윗면 L2와 L4까지 연장하고 불필요한 객체를 정리한다.

> Fillet을 이용하면 3구역의 윗면과 Offset한 선을 한 번에 Extend, Trim할 수 있다.

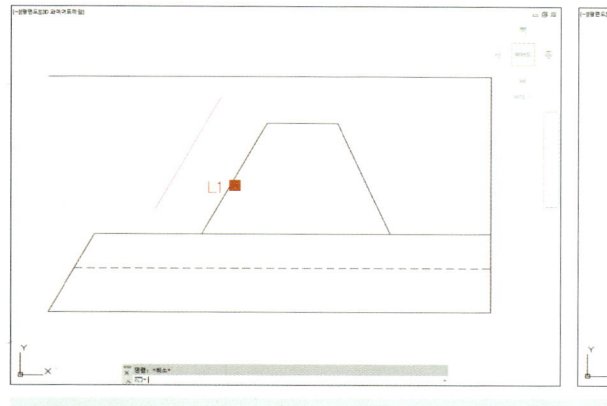
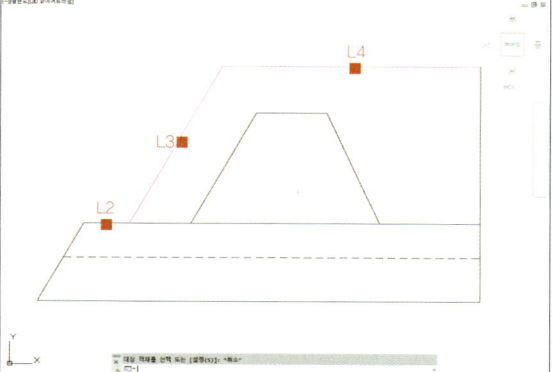

명령: F
첫 번째 객체 선택 또는 [명령 취소(U) 폴리선(P) 반지름(R) 자르기(T) 다중(M)] :
두 번째 객체 선택 또는 Shift 키를 누른 채 선택하여 구석 적용 또는 [반지름(R)] :

FILLET 명령어 입력
L3 입력
Shift + L4입력

34 3구역의 정면도 형상으로 발생한 꼭짓점은 평면도에 모서리로 발생한다.
정면도 P1, P2에서 평면도로 전개한다.

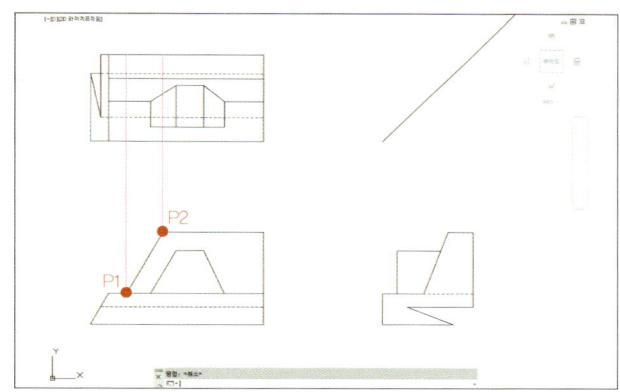

35 평면도의 모서리 L1, L2는 3구역의 윗면 모서리로 L2를 기준으로 L1의 좌측 모서리와 L1을 기준으로 L2의 아래 모서리를 자른다. 모서리 L3, L4는 3구역의 밑면 모서리로 L4를 기준으로 L3의 좌측 모서리와 L3을 기준으로 L4의 아래 모서리를 자른다.

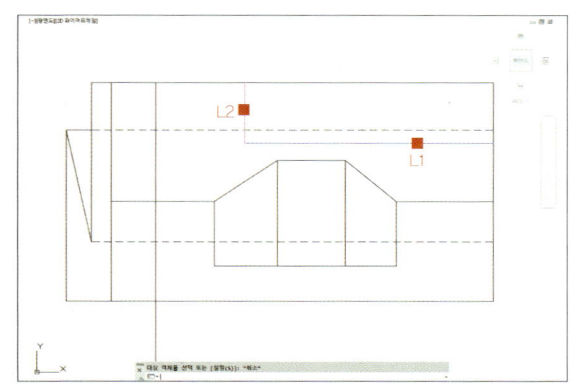
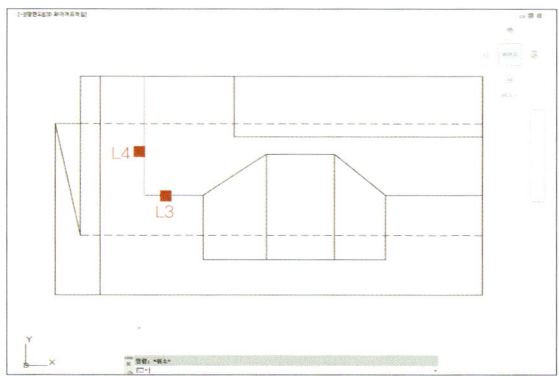

36 3구역 정면도의 P1, P2 사이의 모서리는 우측면도의 P1, P2는 같다. 마찬가지로 평면의 P1, P2를 연결하는 모서리를 작성하여 3구역을 완성한다.

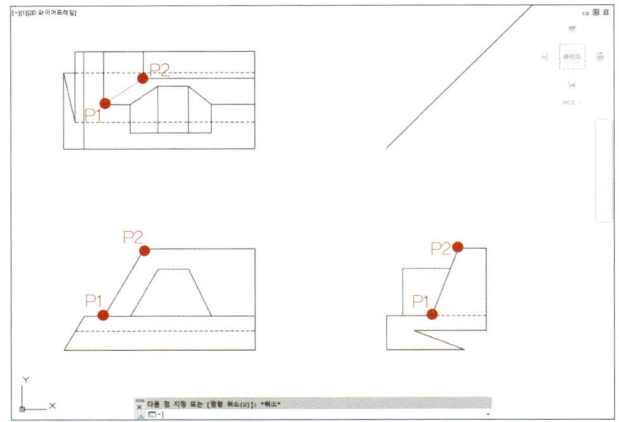

37 마지막으로 도면의 평면도를 보면 우측 하단에 "C10"으로 기입된 치수가 있다. 'C'는 Chamfer(모따기)의 약자로 뒤에 붙은 '10'은 모따기에 적용된 거리 값이다. 대부분의 모따기 치수는 우측 그림과 같이 지시선으로 유형으로 기입하며, 가로와 세로의 거리 값이 같은 경우 'C10'과 같이 줄여서 표기하도록 약속 되어 있다.

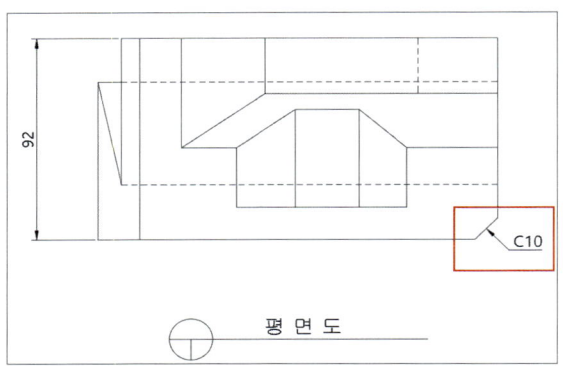
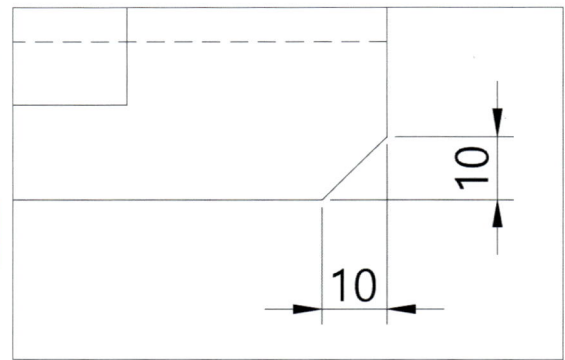

38 모따기는 Chamfer 명령을 몰라도 수작업으로 작성할 수 있지만, Chamfer 명령의 사용법을 알면 손쉽게 작성할 수 있다.

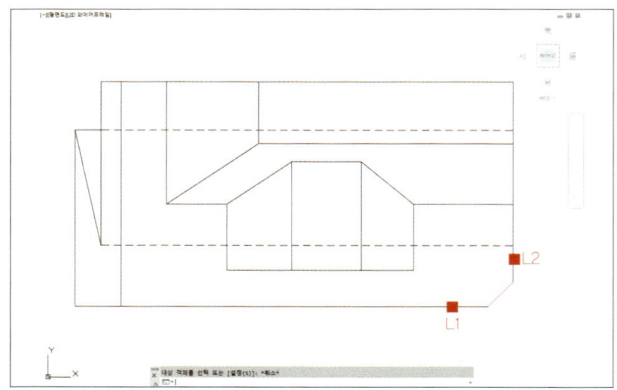

명령: CHA	CHAMFER 명령어 입력
첫 번째 선 선택 또는 [명령 취소(U) 폴리선(P) 거리(D) 각도(A) 자르기(T) 메서드(E) 다중(M)] : D	옵션 입력
첫 번째 모따기 거리 지정 〈0.0000〉: 10	모따기 첫 번째 거리 값 입력
두 번째 모따기 거리 지정 〈10.0000〉: Enter	모따기 두 번째 거리 값으로 첫 번째와 같은 값 입력
첫 번째 선 선택 또는 [명령 취소(U) 폴리선(P) 거리(D) 각도(A) 자르기(T) 메서드(E) 다중(M)]:	L1 입력
두 번째 선 선택 또는 Shift 키를 누른 채 선택하여 구석 적용 또는 [거리(D) 각도(A) 메서드(E)]:	L2 입력

39 평면도에 작성한 Chamfer 형상으로 발생한 꼭짓점은 정면도와 우측면도에서 모서리로 발생한다. P1에서 정면도로 전개하고, P2에서 우측면도로 전개하여 모서리를 작성한다. Chamfer 형상은 1구역에만 존재하므로 L1 기준으로 위를 자른 후 불필요한 객체를 정리한다.

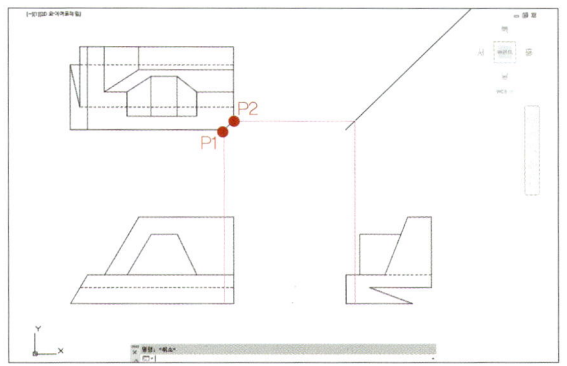
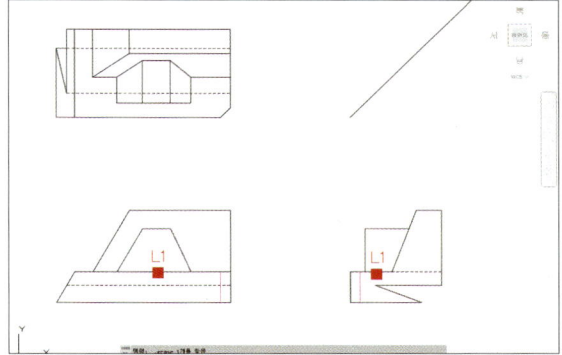

40 치수 스타일을 설정하고 도면층(Layer)을 "치수"로 변경한 후 도면을 보고 똑같이 치수 기입한다. 이때 도면에 주어진 치수 유형을 파악하여 적절한 옵션으로 설정한다.

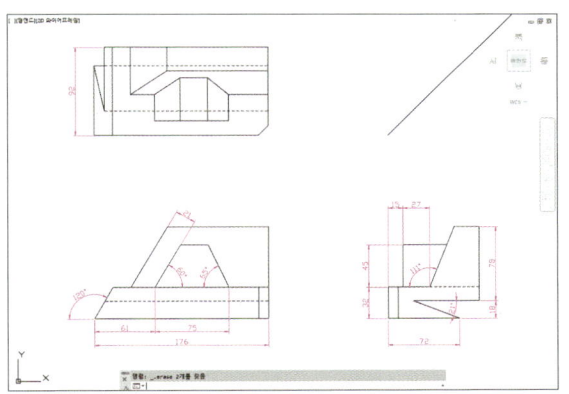
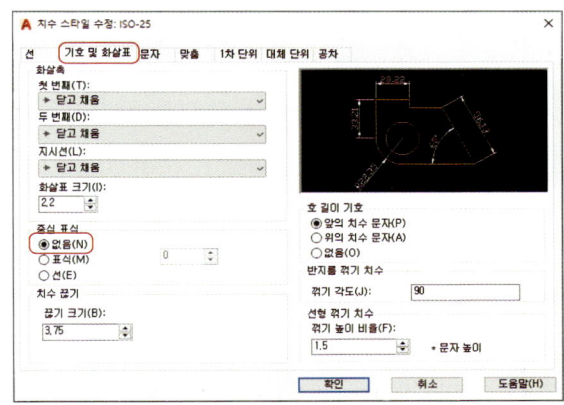

[기호 및 화살표] 탭
❶ 중심 표식 : 없음(N)

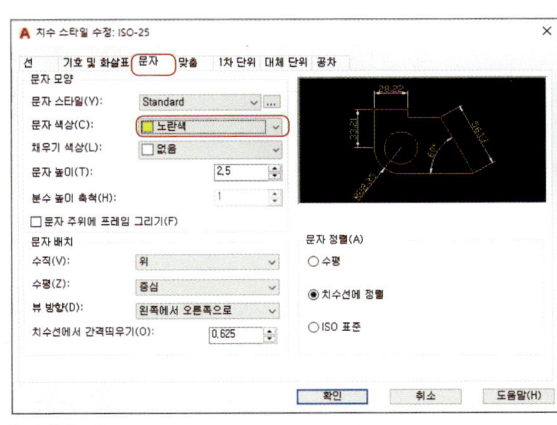
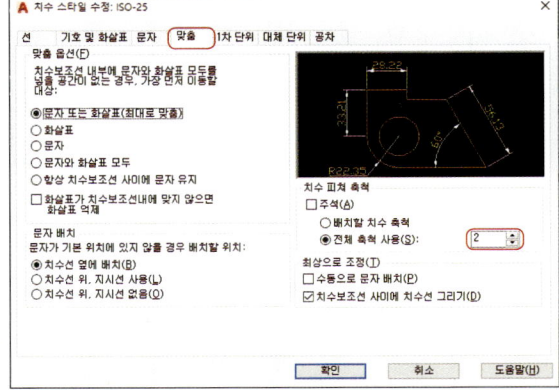

[맞춤] 탭
❶ 문자 색상(C) : 노란색

❶ 치수 피쳐 축척 : 전체 축척 사용(S) : 2

41 평면도에 지시선 치수를 작성한다.

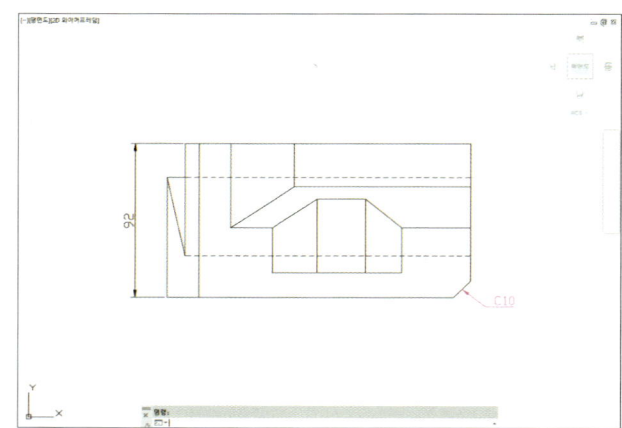

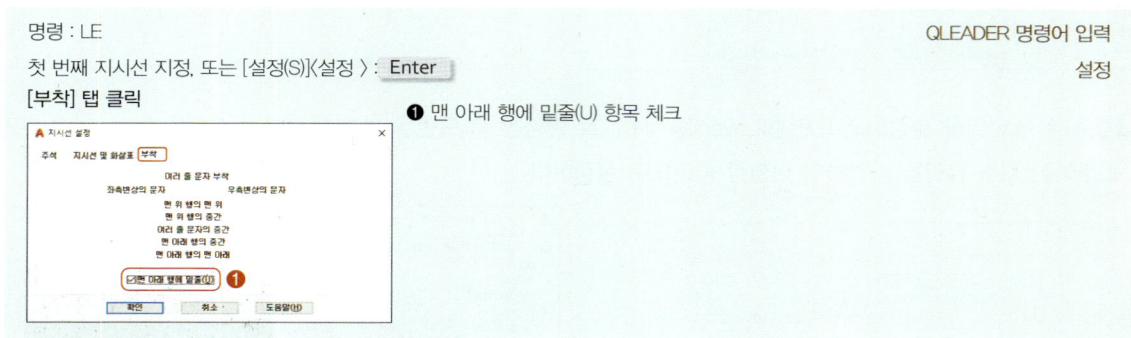

❶ 맨 아래 행에 밑줄(U) 항목 체크

42 모형 공간에 작성한 도면의 형상, 치수 등 오류를 검토를 완료한 후 45° 보조선을 삭제한다. 모형 공간 작성 및 검토 완료 후 배치 공간을 작성한다.

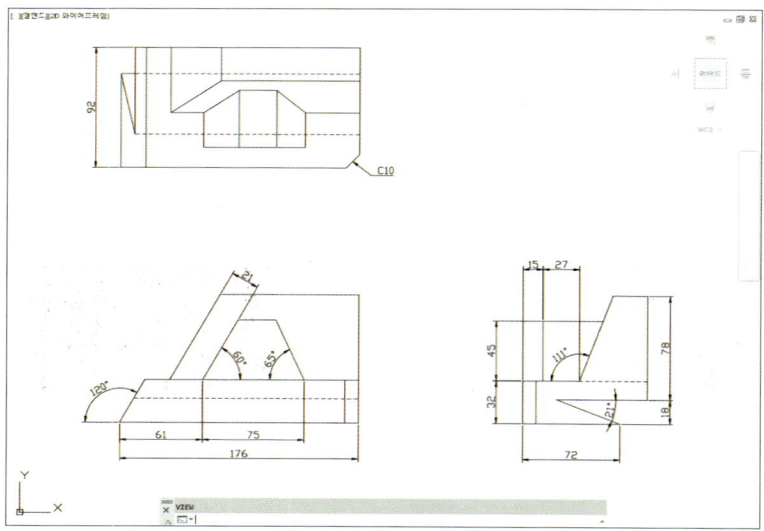

5-4. 다면체 모델링 – 응용

정면도와 평면도의 전체 폭값이 없는 형태이다. 전체 폭을 확정 할 수 있는 형상을 우선 작성하고 이로 인해 구해진 폭을 활용하여 우측면도와 평면도를 완성 할 수 있도록 한다.

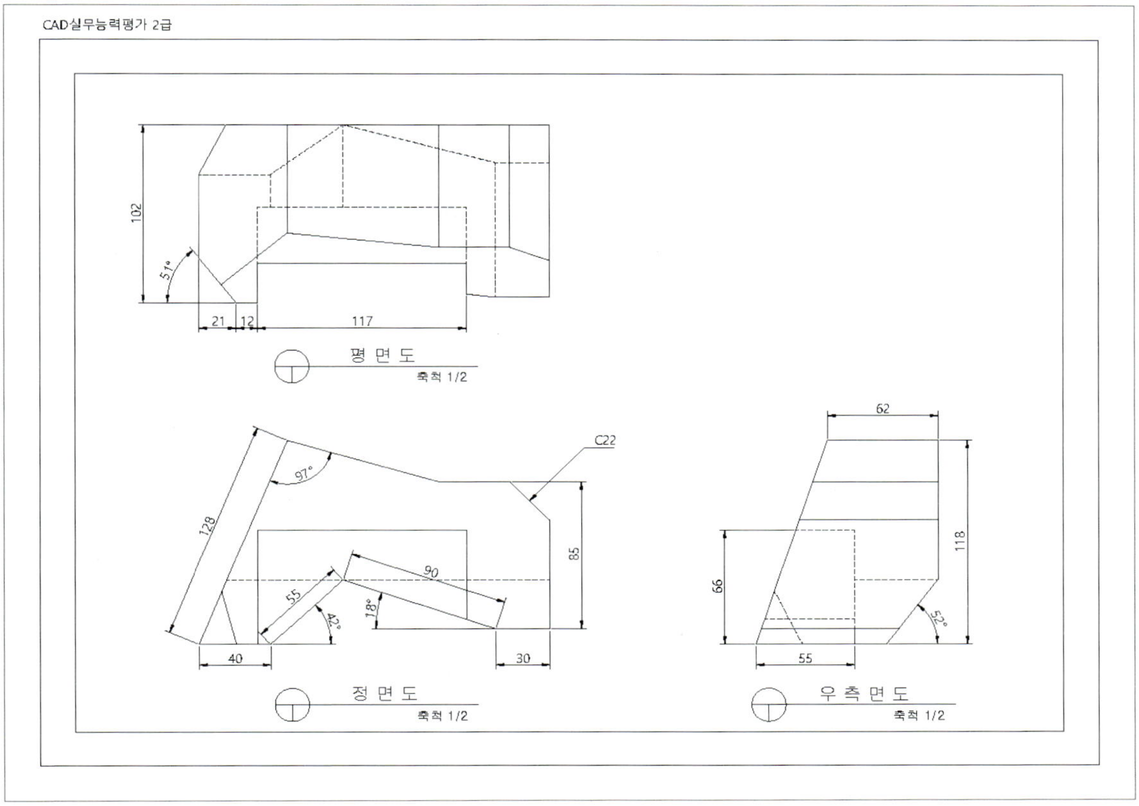

▶ 작성 순서

01 명령행에서 'LA'를 입력하고 Space Bar 를 누른다.

명령 : LA   LAYER 명령어 입력

02 레이어(도면층)를 아래와 같이 생성하고, '외형선' 도면층을 기본 레이어로 설정한다.

03 명령행에서 'DS' 혹은 'OS'를 입력하고 Space Bar 를 누른다.

04 제도 설정 창에서 객체 스냅을 아래 그림과 같이 설정한다.

> 💬 객체 스냅의 설정은 꼭 그림과 같이 할 필요는 없다. CAD로 작업을 해보고 본인이 사용하기 편한 상태의 설정이 따로 있다면 본인의 스타일로 설정한다. 단 '중간점(M)'의 경우는 실수를 많이 유발할 수 있으니 설정을 하지 않기를 권장한다.

명령 : DS   DSETTINGS 명령어 입력

05 일반적으로 좌측 그림과 같이 정면도, 우측면도, 평면도의 전체 공간을 작성하고 시작 하는 작업자가 많다. 하지만 주어진 치수 조건에 따라 모든 도면을 같은 방식으로 작성할 수 없다. 삼면도의 전체 공간을 작성하기 위해서는 정면도, 평면도의 가로 치수 D1과 정면도, 우측면도의 높이 치수 D2와 우측면도, 평면도의 폭 치수 D3 까지 총 3개의 치수가 필요하다. 하지만 도면을 보면 D1 치수가 주어지지 않았으며 단순 계산으로도 구하기 어렵고 시간이 다소 소요된다. 이 경우 주어지지 않은 D1 치수를 구할 수 있는 형상을 먼저 작성하여 삼면도의 전체 공간을 결정할 수 있도록 한다.

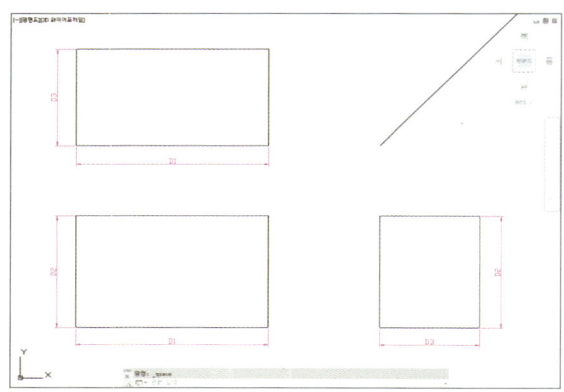
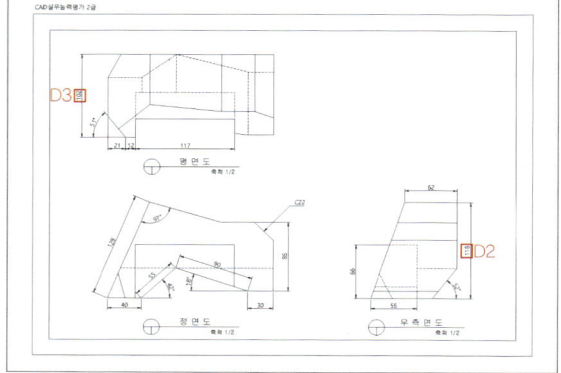

06 도면을 보며 주어지지 않은 정면도, 평면도의 D1을 결정하는 치수와 형상을 분석한다.
그림과 같이 정면도의 밑면 모서리를 치수를 따라 작성하다보면 주어지지 않은 정면도, 평면도의 가로 치수 D1을 결정할 수 있다는 것을 파악한다.

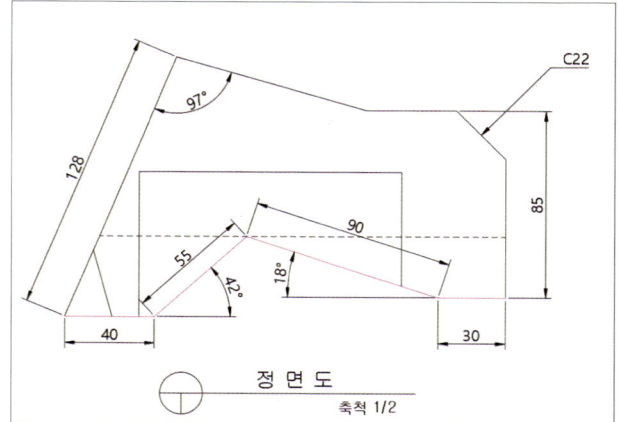

07 직교모드(F8)를 활성화하고 Line으로 정면도의 밑면 모서리를 다음과 같이 작성한다.

❶ 임의의 한 점 P1을 입력한다.
❷ 마우스를 우측으로 수평하게 이동한 후 ·40을 입력하여 길이 40mm 수평선을 작성한다.
❸ 명령을 종료하지 않고 연속해서 작성한다.

> 다양한 도면 작성 방식 중 대부분 Offset과 Trim으로 작성하는 방식이 익숙해 좌표계 활용이 미숙한 경우가 많다. 하지만 특정 조건에서는 좌표계를 활용할 때 오히려 쉽게 도면을 작성할 수 있으므로 좌표계를 능숙하게 활용할 수 있도록 연습한다.

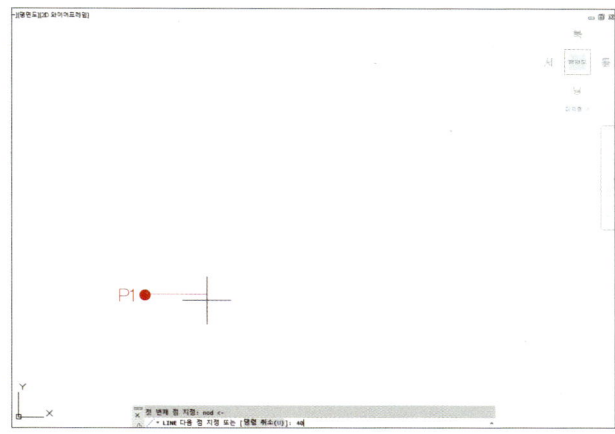

명령: L	LINE 명령어 입력
첫 번째 점 지정:	P1 입력
다음 점 지정 또는 [명령 취소(U)]: 40	진행 방향으로 마우스 이동 후 선의 길이 입력

08 연속해서 다음과 같이 상대극좌표를 활용하여 사선을 작성한다.

❶ @55〈42를 입력하여 길이 55mm에 반시계방향 42°인 사선을 작성한다.
❷ @90〈-18을 입력하여 길이 90mm에 시계방향 18°인 사선을 작성한다.
❸ 마우스를 우측으로 수평하게 이동한 후 30을 입력하여 길이 30mm 수평선을 작성한다.

> 대부분 상대극좌표를 활용할 때 방향과 각도 계산을 어려워한다. 동위각, 엇각, 맞꼭지각 등 각도의 수학적 개념은 도면 작성에 있어 필수 요소이기 때문에 반드시 숙지하도록 한다.

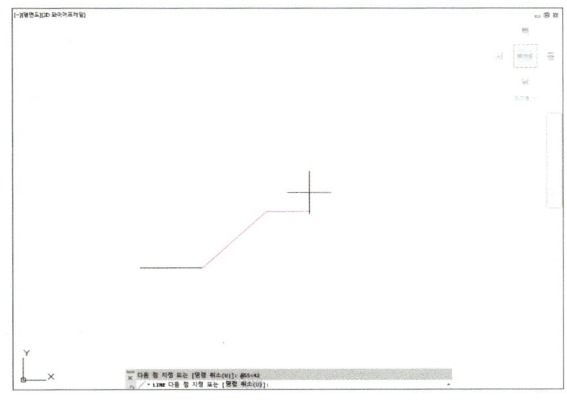 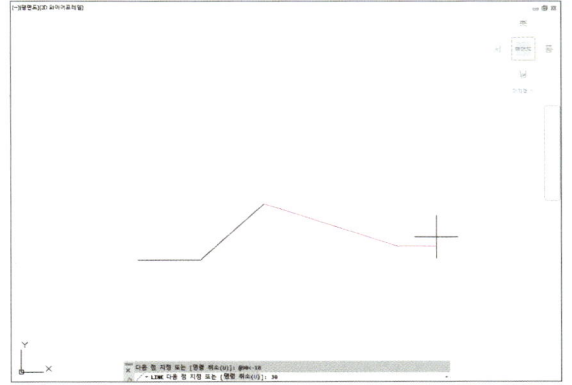

다음 점 지정 또는 [명령 취소(U)]: @55〈40	상대극좌표 입력
다음 점 지정 또는 [닫기(C) 명령 취소(U)]: @90〈-18	상대극좌표 입력
다음 점 지정 또는 [닫기(C) 명령 취소(U)]: 30	진행 방향으로 마우스 이동 후 선의 길이 입력

09 정면도의 밑면 모서리 작성으로 정면도, 평면도의 가로 치수 D1이 결정되었으니 삼면도의 전체 공간을 작성한다. P1에서 우측면도, 평면도로 전개하고, P2에서 평면도로 전개한다. 정면도의 우측 수직선 L1과의 사이 공백을 적절히 지정하여 수직선을 추가로 작성하고, 수평선 L2를 118mm 위로 Offset하여 정면도와 우측면도의 높이를 작성한다.

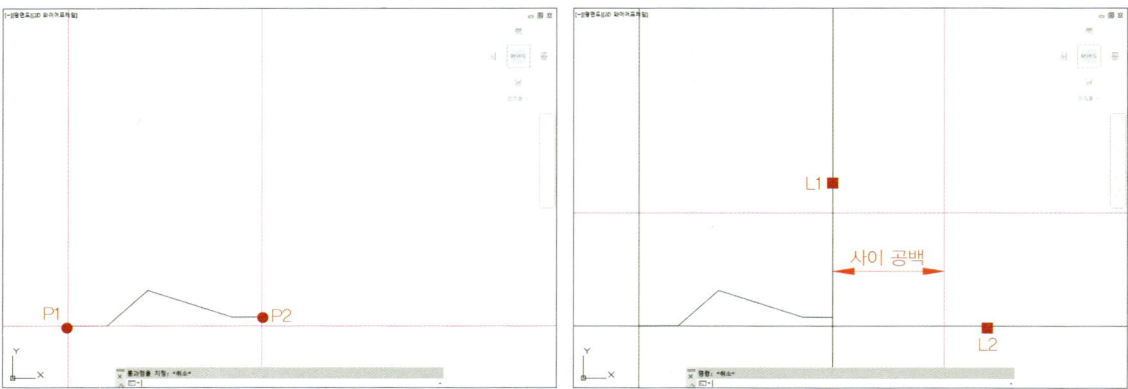

10 정면도의 수평선 L1에서 평면도까지 사이 공백을 적절히 지정하여 수평선 L2를 작성한다. 수평선 L2는 위로 102mm Offset하여 평면도의 높이 L3을 작성한다.

L2와 L4의 교차점 P1에 45° 보조선을 작성한 후 보조선의 P1 아래쪽을 잘라서 정리한다.

L3과 45° 보조선의 교차점 P2에서 수직선을 작성하여 우측면도의 폭을 작성한다.

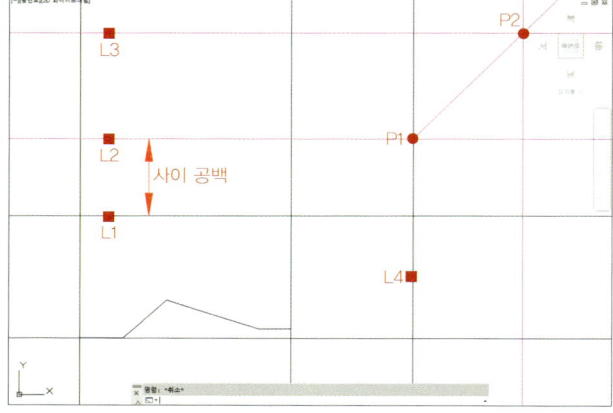

11 삼면도의 공간만 남기고 불필요한 객체를 모두 정리한다. 이때 정면도 밑면의 Xline 수평선은 L3을 기준으로 좌측 전체를 잘라 정리한다.

> 현재 정면도의 밑면 모서리 40mm 수평선 L1과 Xline 수평선 L2가 겹쳐있으므로 불필요한 객체를 정리할 때 중복되는 선이 발생할 가능성이 높다. 배점표 감점사항에 "선이 중복된 경우"가 있으므로 불필요한 객체 정리 시 주의한다.

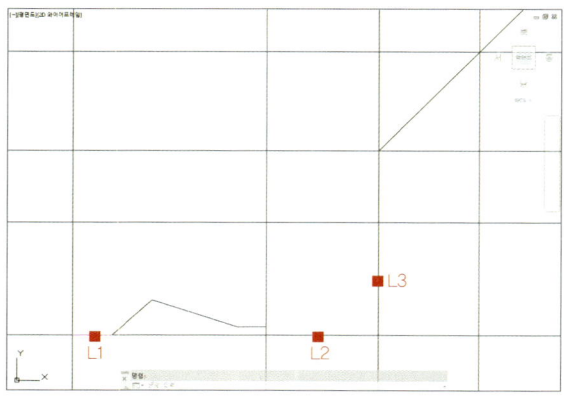

12 정면도의 기본 형상을 작성한다. 모서리 L1을 85mm 위로 Offset한다.

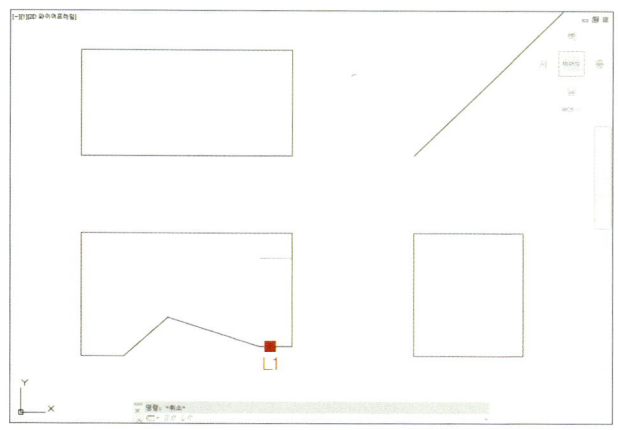

13 도면에는 정면도 좌측 경사면의 각도 치수가 없다. 주어진 치수를 보면 사선의 시작점이 P1일 때 반대쪽 끝점 P2까지 128mm 떨어져 있으면서 윗면 모서리 L1의 한 점인 것을 파악할 수 있다. 먼저 P1을 중심으로 반지름 128mm의 원 C1을 작성하여 P1에서부터 128mm 떨어진 위치의 점들을 모두 찾는다. 이때 찾고자하는 P2는 수평선 L1과 C1의 한 점이므로 두 점의 교차점이 된다. P1, P2를 직선으로 연결하고 불필요한 객체를 정리한다.

> 원(Circle)은 중심점에서 같은 거리에 떨어진 점들의 집합이다.

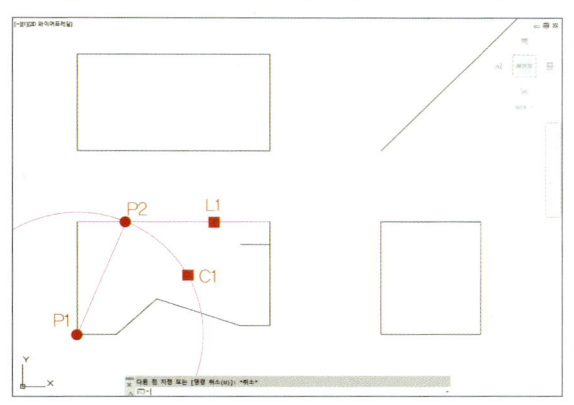 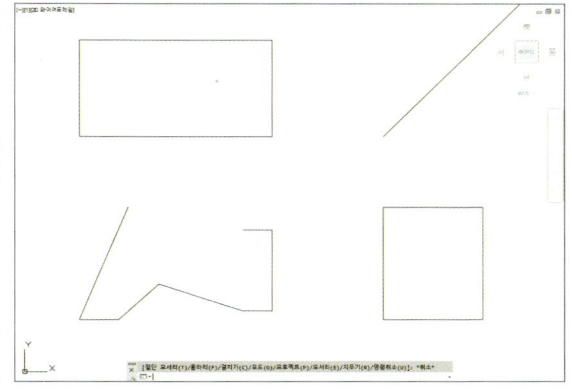

14 사선 L2는 정면도 좌측 모서리 L1을 꼭짓점 P1을 기준으로 시계방향 97°로 Rotate하여 작성한다. 단 Rotate 명령으로 옵션 없이 회전하면 모서리 L1이 이동된다. 따라서 반드시 옵션 [복사(C)]를 이용하여 L1을 유지한 상태로 L2가 추가 생성되도록 작성한다.

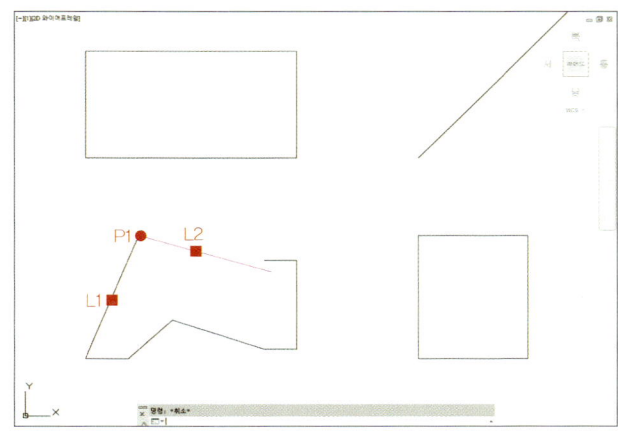

명령: RO	ROTATE 명령어 입력
객체 선택:	L1 선택 후 Enter (회전할 객체 선택)
기준점 지정:	P1 입력(회전축 입력)
회전 각도 지정 또는 [복사(C) 참조(R)]: C	옵션 입력
회전 각도 지정 또는 [복사(C) 참조(R)]: 97	각도 입력

15 작성한 모서리 L1과 L2는 한 점에서 만나므로 Fillet(또는 Extend, Trim)을 이용하여 정리하면 정면도의 기본 형상 작성이 완료 된다.

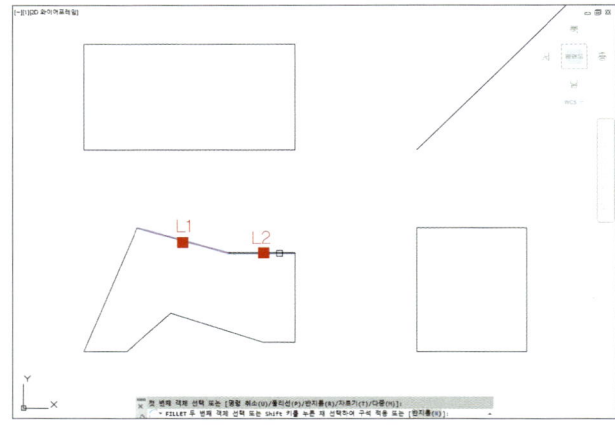

명령: F	FILLET 명령어 입력
첫 번째 객체 선택 또는 [명령 취소(U) 폴리선(P) 반지름(R) 자르기(T) 다중(M)]:	L1 입력
두 번째 객체 선택 또는 Enter 키를 누른 채 선택하여 구석 적용 또는 [반지름(R)]:	Enter + L2입력

16 정면도의 기본 형상으로 발생한 꼭짓점은 평면도, 우측면도에 모서리로 발생한다. 먼저 발생한 모서리 중에 형상에 가려지지 않는 모서리를 작성한다. 정면도를 평면도에서 보면 꼭짓점 P1, P2가 모서리로 보이고, 우측면도에서 보면 꼭짓점 P3, P4가 모서리로 보인다. 각 꼭짓점 P1~P4에서 전개하여 모서리를 작성한 후 불필요한 객체를 잘라 정리한다.

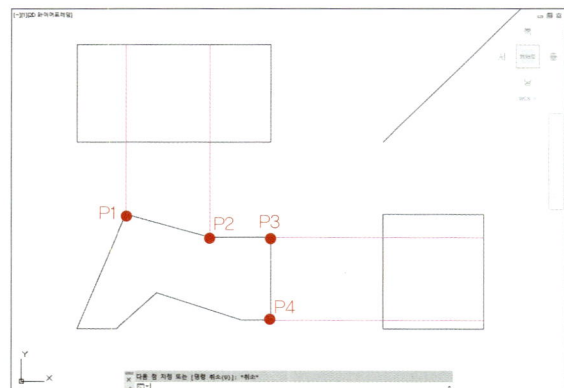 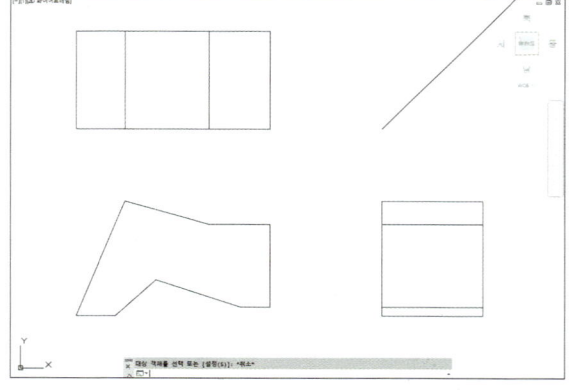

17 이번에는 정면도의 꼭짓점에서 발생한 평면도, 우측면도 모서리 중에 형상에 가려져 보이지 않는 모서리를 작성한다. 정면도를 평면도에서 보면 꼭짓점 P1, P2, P3이 보이지 않은 모서리가 되고, 우측면도에서 보면 꼭짓점 P2가 보이지 않은 모서리가 된다. 각 꼭짓점 P1~P3에서 전개하여 "숨은선"으로 모서리를 작성한 후 불필요한 객체를 잘라 정리한다.

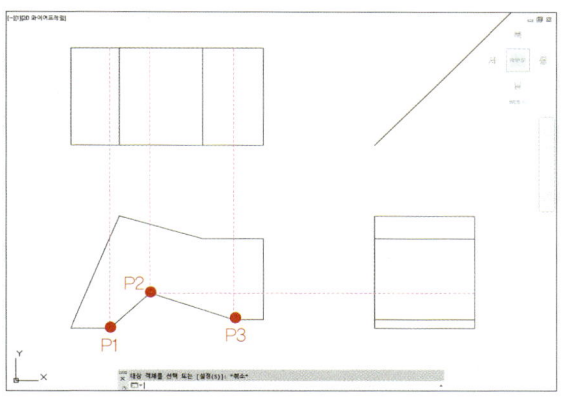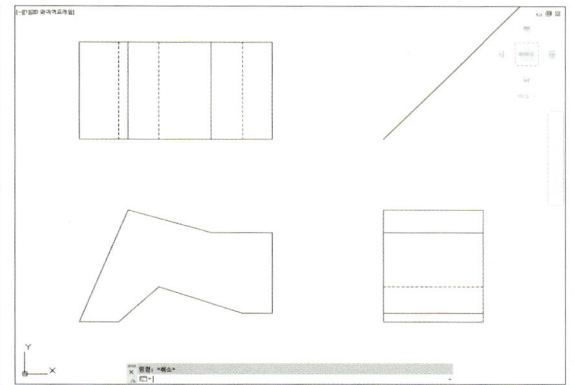

18 우측면도에서 보면 정면도에 해당하는 우측면도의 좌측면은 사선으로 잘려있다. 도면의 치수를 참고하여 우측면도의 윗면 모서리를 Lengthen의 옵션 [합계(T)]를 이용하여 62mm로 길이를 조정한다. 윗면과 밑면 모서리의 좌측 끝점 P1, P2를 직선으로 연결하고 불필요한 객체를 잘라 정리한다.

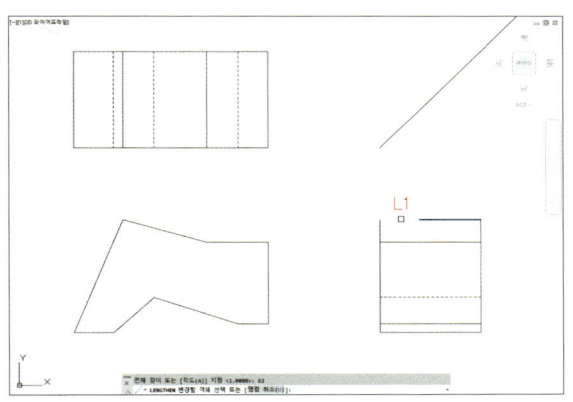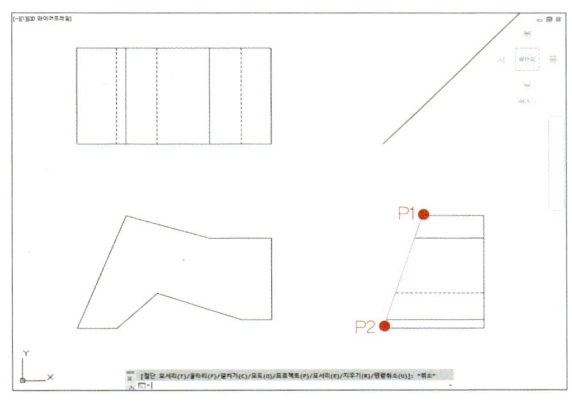

명령: LEN	LENGTHEN 명령어 입력
측정할 객체 또는 [증분(DE) 퍼센트(P) 합계(T) 동적(DY)] 선택 〈증분(DE)〉: T	옵션 입력
전체 길이 또는 [각도(A)] 지점 〈1.0000〉: 62	맞추고자 하는 선의 전체 길이 입력
변경할 객체 선택 또는 [명령 취소(U)]:	L1 지정(끝점의 위치가 변화 되는 쪽을 지정)

19 우측면도의 좌측면 모서리는 평면도에서 정면도의 형상이 투영된 면으로 보인다. 우측면도의 기본 형상으로 발생한 꼭짓점 P1~P4를 평면도로 전개한다. 이때 우측면도의 P1~P4에 대응되는 정면도의 꼭짓점 P1~P4의 평면도 모서리 L1~L4까지만 전개한다.

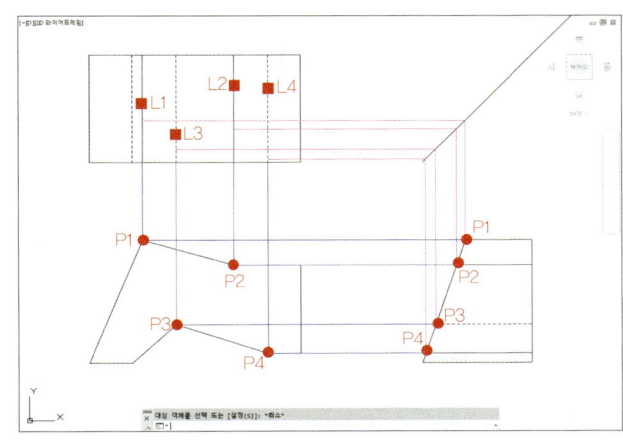

20 우측면도의 좌측면 모서리의 각도로 인해 평면도의 수직 모서리는 전개한 수평선을 기준으로 아래가 잘린다. 평면도의 수평 모서리선 중 L1~L3은 정면도의 L1~L3과 같은 모서리로 길이도 같다. 또한 평면도의 수평선 L4, L5는 모서리가 아닌 꼭짓점만 존재하기 때문에 삭제한다. 불필요한 객체를 잘라 정리한다.

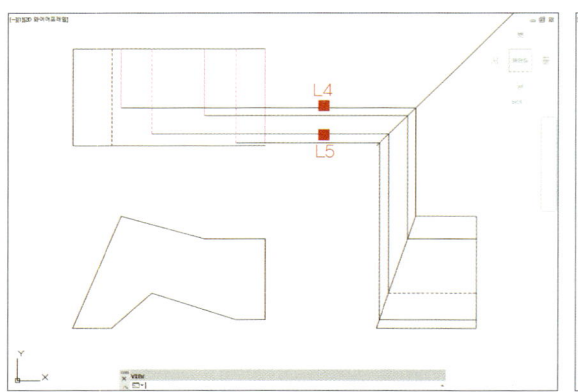 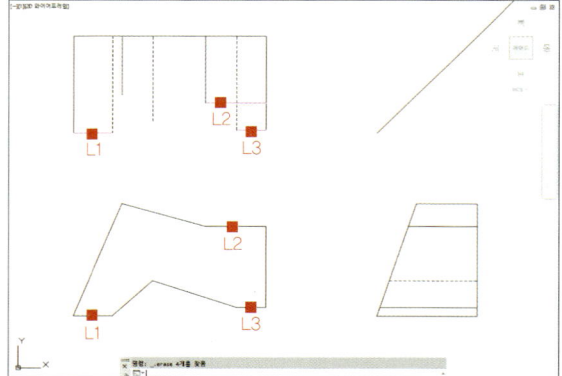

21 평면도에 투영된 정면도의 형상을 작성한다. 정면도의 형상을 생각하며 평면도에서 대응되는 점을 연결하여 모서리를 작성한다.

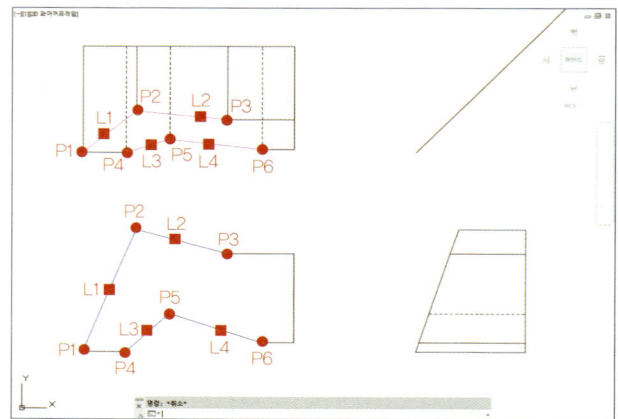

22 우측면도의 우측 아래 사선 모서리를 작성한다. Xline으로 반시계방향 52°의 사선을 P1에 작성하고 불필요한 객체를 정리한다.

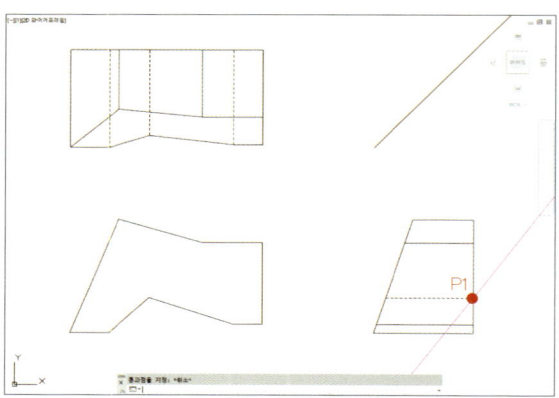 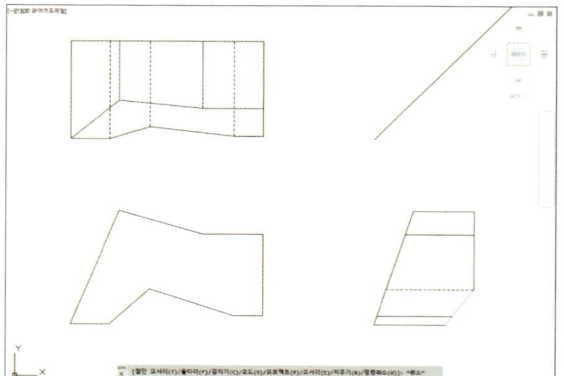

23 우측면도의 우측 아래 사선 모서리 형상으로 발생한 꼭짓점은 정면도와 평면도에 모서리로 발생한다.

평면도로 전개한 꼭짓점 P1의 모서리 L1은 L3까지, P2의 모서리 L2는 L4까지 전개한다. 꼭짓점 P3은 정면도로 전개한다.

전개한 모서리들은 형상에 가려져 보이지 않으므로 "숨은선"이 된다.

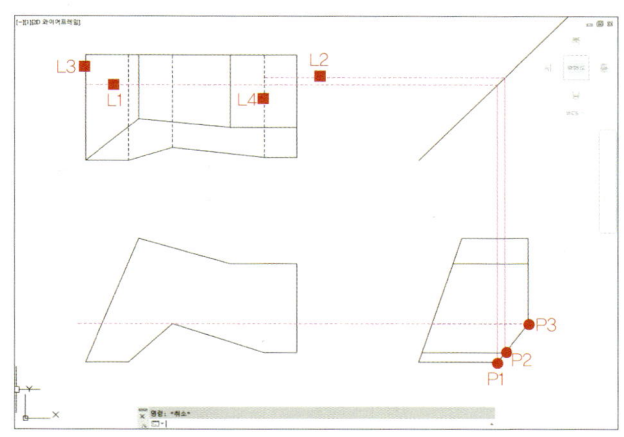

24 정면도의 숨은선인 수평 모서리 L1은 형상 전체에 존재하므로 L2와 L3 사이만 남기고 잘라서 정리한다.

평면도의 수직 모서리 L4, L5는 우측면도 꼭짓점 P1의 모서리인 L6 위로 존재하지 않으며, L7은 P2의 모서리인 L8 위로 존재하지 않으므로 잘라서 정리한다.

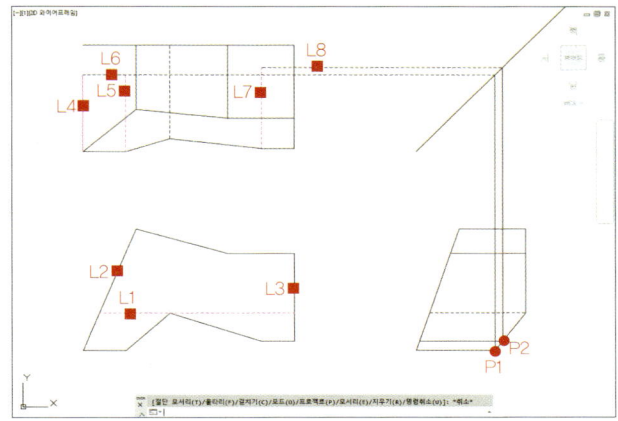

25 평면도의 수평 모서리 L1, L2는 정면도의 수평 모서리 L1, L2와 같으므로 잘라주며 불필요한 객체를 모두 정리한다. 정면도의 형상을 생각하며 대응되는 점들을 연결하여 모서리를 작성한다. 작성한 모서리는 상부 형상에 가려져 보이지 않으므로 "숨은선"이 된다.

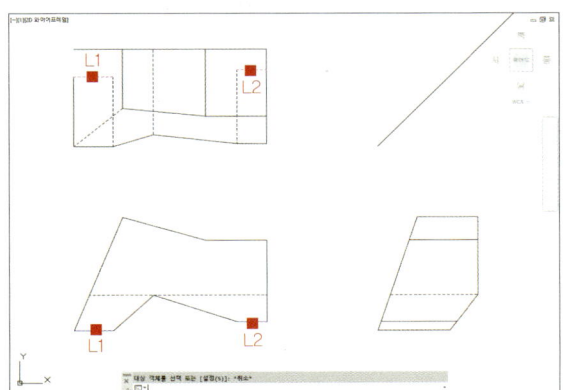 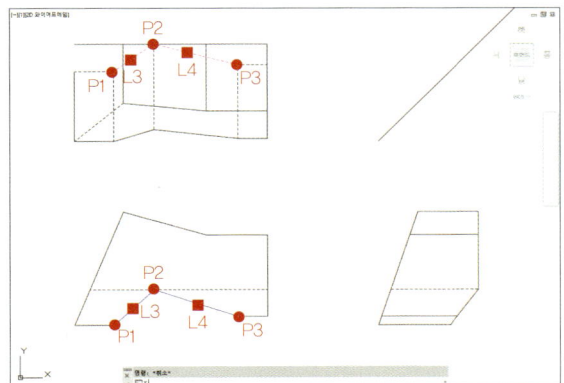

26 정면도의 꼭짓점 P1, P2 사이의 모서리 L1을 평면도에 작성한다. 평면도에서 정면도 P1, P2에 대응되는 점의 위치는 정면도 꼭짓점에서 평면도로 전개하여 평면도의 가장 위쪽 수평 모서리와의 교차점을 찾는다. 이때 P1은 이미 대응되는 점의 위치를 알고 있기 때문에 전개하지 않는다. 평면도의 P1, P2를 연결하여 모서리를 작성한 후 P2를 기준으로 수평 모서리의 좌측을 자르고 불필요한 객체를 모두 정리한다.

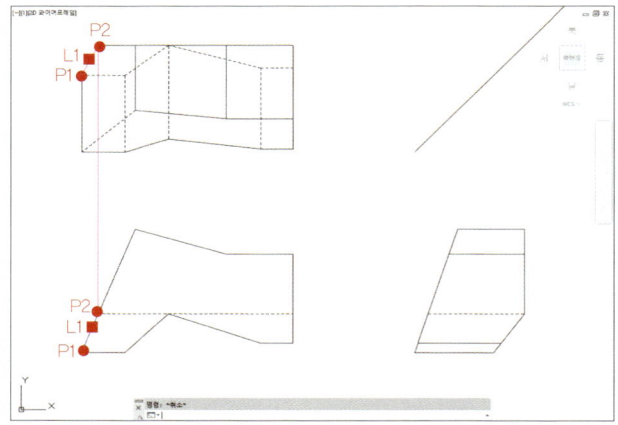

27 삼면도의 기본 형상이 작성 되었으면 평면도의 좌측 아래 모서리를 사선으로 자른다. 사선을 작성하고 Trim으로 정리할 수도 있으나 Chamfer의 옵션 [각도(A)]를 이용하면 빠르게 작업할 수 있다. 모서리를 자른 후 불필요한 객체를 잘라서 정리한다.

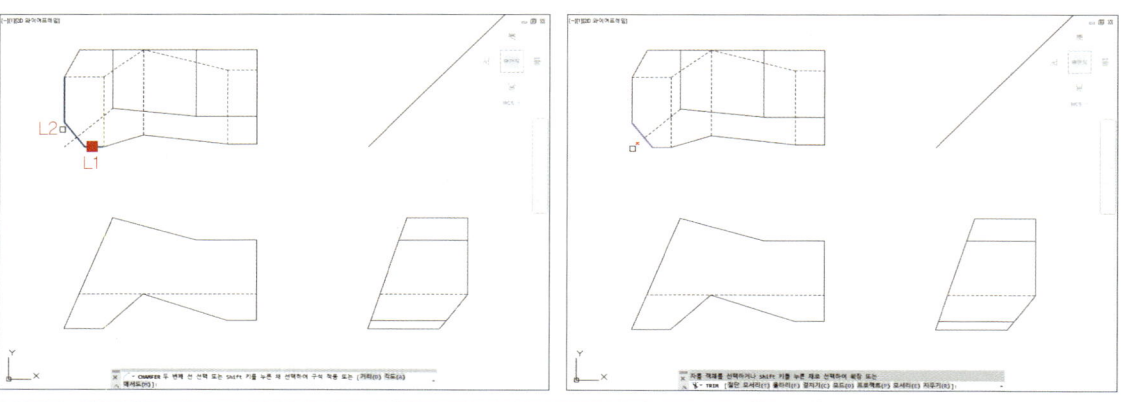

명령: CHA	CHAMFER 명령어 입력
첫 번째 선 선택 또는 [명령 취소(U) 폴리선(P) 거리(D) 각도(A) 자르기(T) 메서드(E) 다중(M)]: A	옵션 입력
첫 번째 모따기 길이 지정 ⟨0.0000⟩: 21	첫 번째 모따기 길이 값 입력
첫 번째 선으로부터 모따기 각도 지정 ⟨10.0000⟩: 51	모따기 각도 입력
첫 번째 선 선택 또는 [명령 취소(U) 폴리선(P) 거리(D) 각도(A) 자르기(T) 메서드(E) 다중(M)]:	L1 입력
두 번째 선 선택 또는 Shift 키를 누른 채 선택하여 구석 적용 또는 [거리(D) 각도(A) 메서드(E)]:	L2입력

28 평면도의 좌측 아래 모서리 형상으로 발생한 꼭짓점 P1~P3을 정면도, 우측면도로 전개한다. 이때 P1은 우측면도, P2는 정면도와 우측면도, P3은 정면도에 전개한다. 기본 형상과 교차점을 대응되는 점의 위치를 생각하며 점 연결하여 모서리를 작성한다. 이때 우측면도에 작성된 모서리는 정면도 우측 형상에 가려져 보이지 않으므로 "숨은선"이 된다. 작성 완료 후 불필요한 객체를 정리한다.

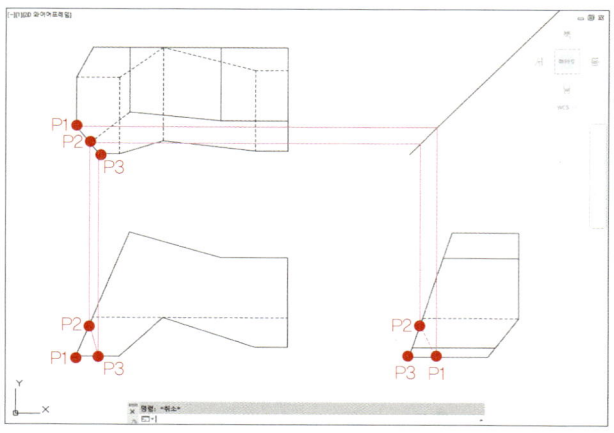

29 정면도 우측 위의 모따기를 작성한다. 작성한 모따기 형상으로 발생한 꼭짓점 P1은 평면도로 전개하고, P2는 우측면도로 전개한다.

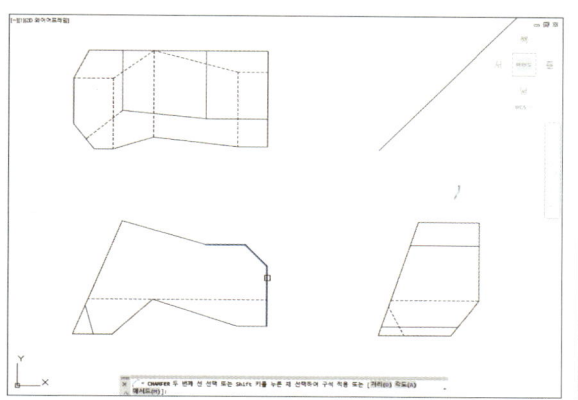 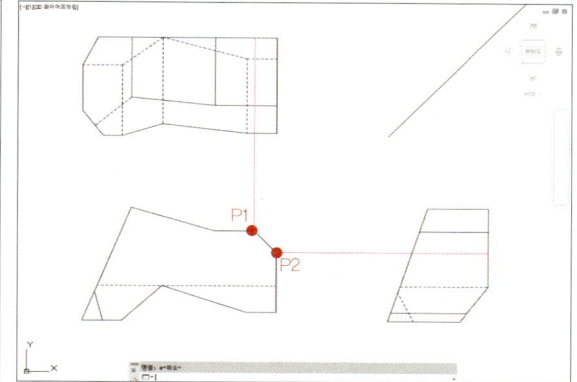

30 평면도에 전개한 P1의 모서리 L1은 L3 아래가 잘리고, L3은 L1 우측이 잘린다.
우측면도에 전개한 P2의 모서리 L2는 형상 전체에 존재하므로 우측면도 사선 모서리 L4를 기준으로 좌측을 자른다.

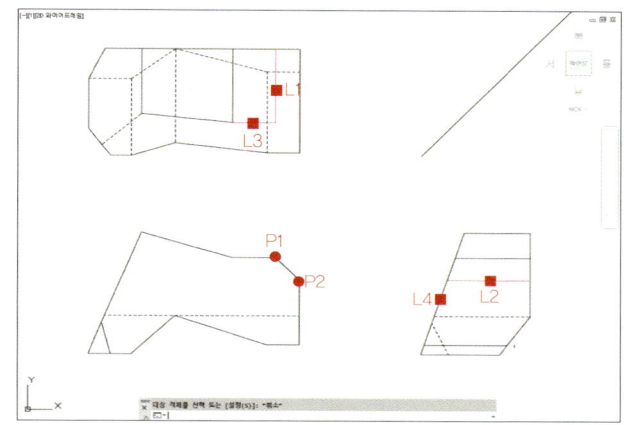

31 모따기 형상으로 발생한 모서리 L1은 우측면도 경사면에 투영되어 평면도에 모서리로 보인다. 평면도의 P2는 우측면도의 P2에서 평면도로 전개하여 찾는다. P1과 P2를 연결하여 작성하고 불필요한 객체를 정리한다.

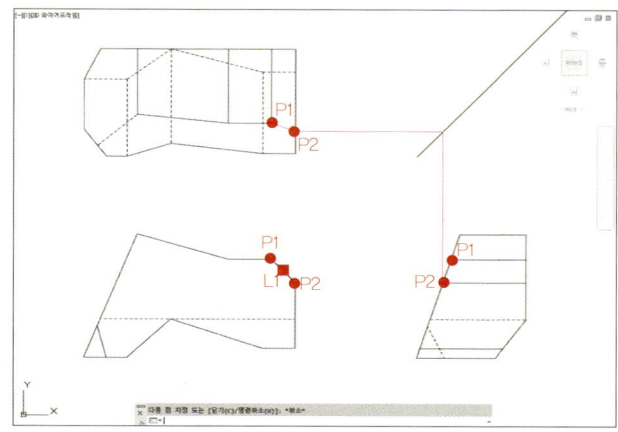

32 내부의 파여진 형상을 작성한다. 도면의 우측면도를 보면 파여진 형상의 깊이와 높이 치수가 있다. 우측면도 밑면 모서리 L1을 66mm 위로 Offset하여 L2를 작성하고 L1과 L2의 좌측 끝점 P1과 P2를 연결하여 수직선

L3을 작성한다. 작성한 L3을 Move로 55mm 우측으로 수평하게 이동한다. L2는 형상에 가려져 보이지 않으므로 "숨은선"이 되고, L3은 L4를 기준으로 아래는 보이고 위는 보이지 않는다. Break로 선을 분할하고 L4 위의 모서리를 "숨은선"으로 변경한다. 불필요한 객체를 잘라 정리한다.

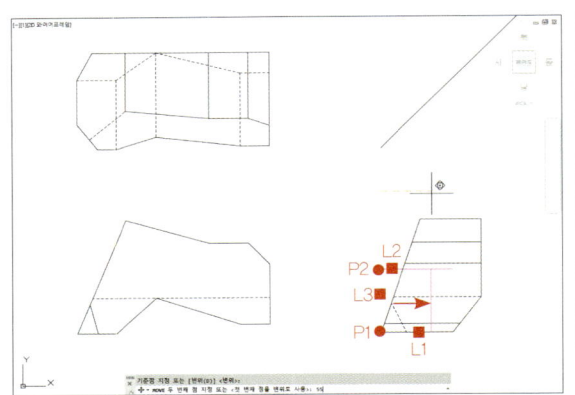
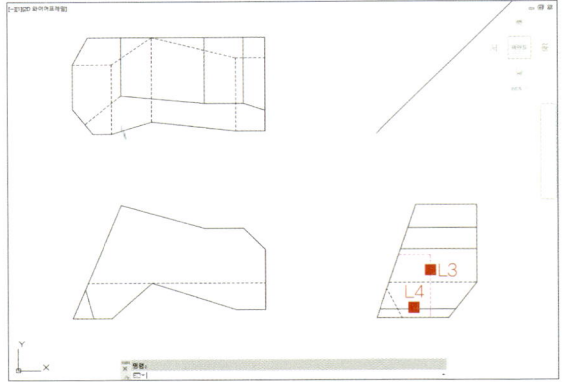

33 우측면도의 내부 형상으로 발생한 꼭짓점 P1, P2에서 정면도와 평면도로 전개하여 모서리를 작성한다. 이때 P1, P2의 높이는 동일하므로 둘 중 하나만 정면도로 전개한다.

평면도에 전개한 수평선 중 P2의 모서리 L1은 상부 형상에 가려져 보이지 않으므로 "숨은선"이 된다.

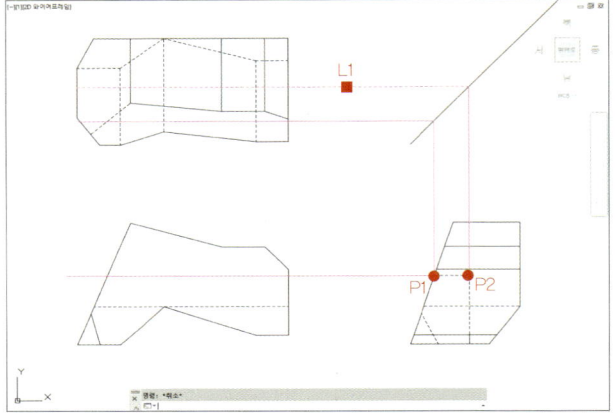

34 평면도를 보면 파여진 형상의 좌우 폭 치수가 기입되어 있다. 평면도 모따기의 아래 끝점 P1에서 파여진 깊이의 모서리 L1까지 수직선 L2를 작성한 후 우측으로 수평하게 12mm 이동한다. 이동한 수직선 L2는 다시 우측으로 117mm Offset한다.

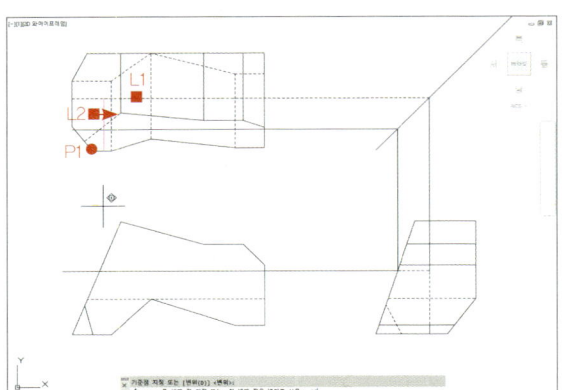
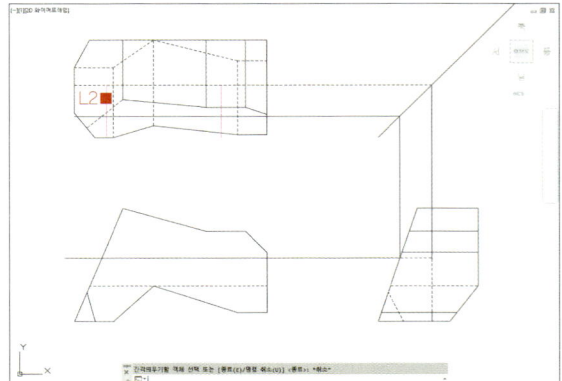

35 파여진 형상의 평면도 모서리를 정리한다. 우측면도에서 전개한 수평선 L1, L2는 파여진 내부의 모서리이기 때문에 L3과 L4 사이에만 존재하므로 L3의 좌측과 L4의 우측을 잘라서 정리한다. 사용이 끝난 우측면도의 수직선은 삭제한다.

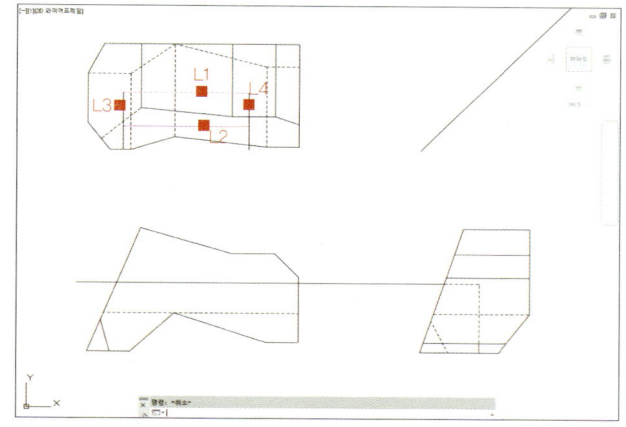

36 평면도에서 보면 정면도 밑면 꼭짓점의 모서리 L1, L2는 파여진 형상으로 인해 파여진 깊이 L3까지 잘린다. 또한 평면도 아랫면 모서리는 파여진 형상의 수직 모서리 L4, L5 사이에 존재하지 않는다. 따라서 L6은 L4를 기준으로 우측을 자르고, L7은 L5를 기준으로 좌측을 자르고, L5는 L7을 기준으로 잘라 정리하고, L8은 삭제한다.

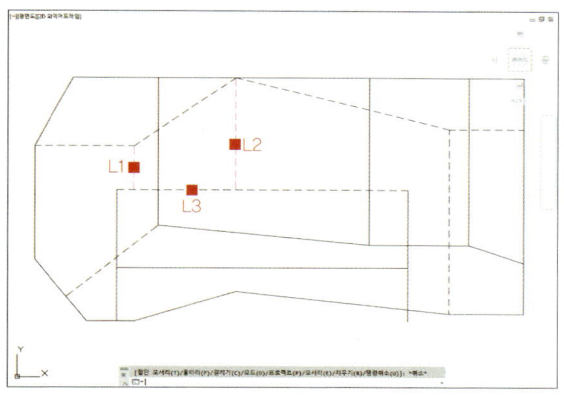
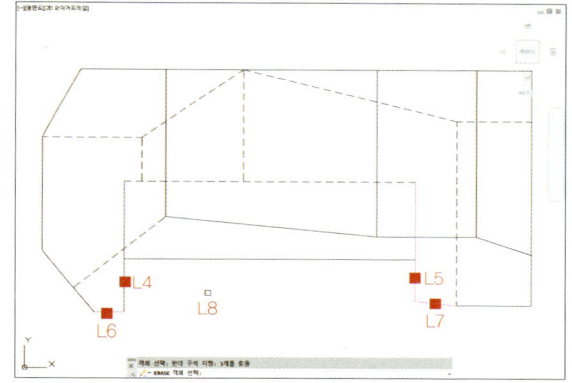

37 평면도에서 파여진 형상을 보면 수직 모서리 L1, L2는 L3의 위로 상부 형상에 가려져 보이지 않으므로 "숨은선"이 된다. L3을 기준으로 수직 모서리 L1, L2를 분할하고 가려지는 위의 모서리를 "숨은선"으로 변경한다.

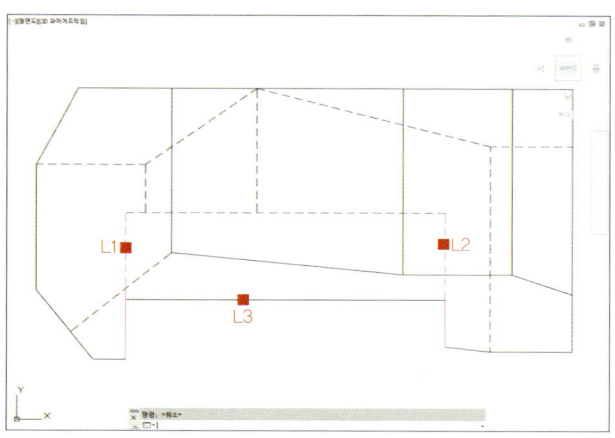

38 평면도의 파여진 형상으로 발생한 꼭짓점 P1, P2에서 정면도로 전개한다. 정면도의 파여진 높이 L3은 L1, L2 사이에만 존재하므로 L1, L2를 기준으로 좌우를 자르고, L1, L2는 L3의 아래에만 존재하므로 L3을 기준으로 위를 잘라 정리한다.

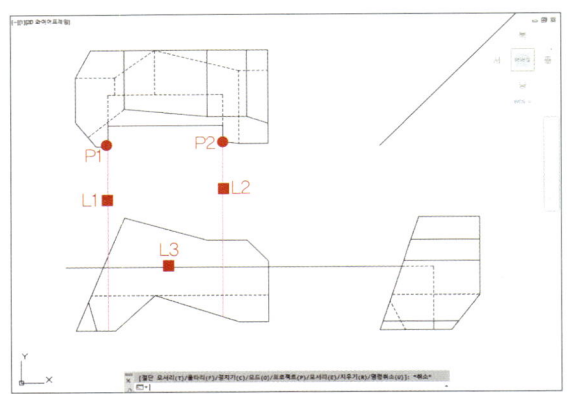 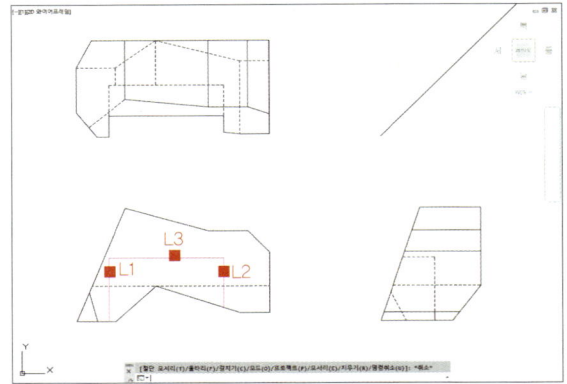

39 정면도 파여진 형상으로 발생한 우측 수직선의 끝점 P1은 우측면도에서 모서리로 발생하므로 P1에서 우측면도로 전개한다. 전개한 모서리는 우측 형상에 가려져 보이지 않으므로 "숨은선"이 된다. 또한 우측면도의 모서리 L1은 파여진 형상으로 인해 파여진 깊이 L2를 기준으로 좌측을 자른다. 불필요한 객체를 모두 정리한다.

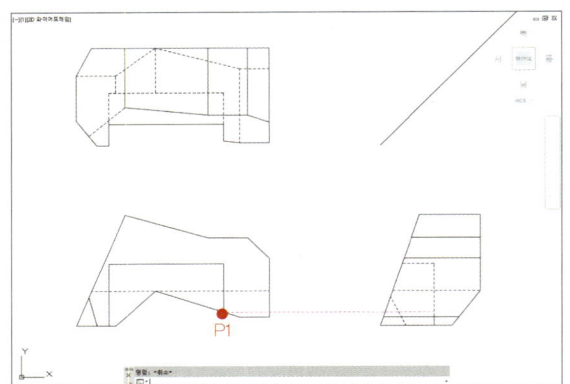 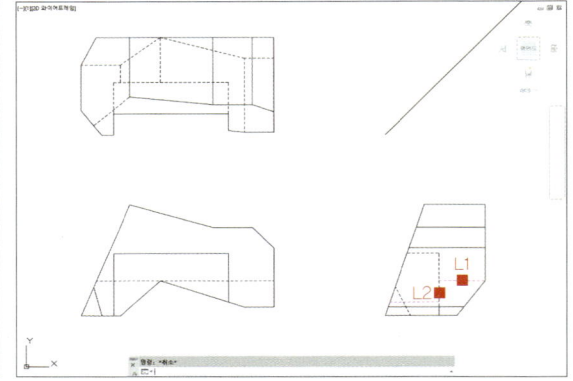

40 치수 스타일을 설정하고 도면층(Layer)을 "치수"로 변경한 후 도면을 보고 똑같이 치수 기입한다. 이때 도면에 주어진 치수 유형을 파악하여 적절한 옵션으로 설정한다.

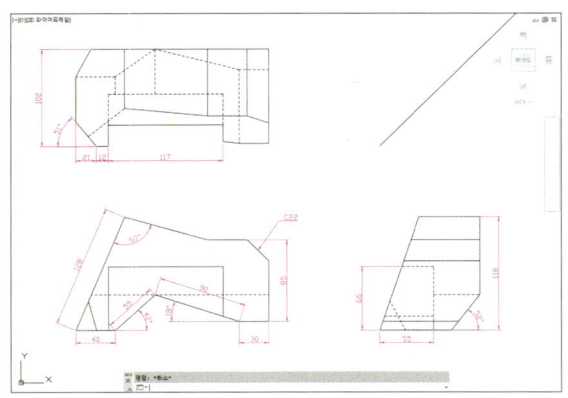 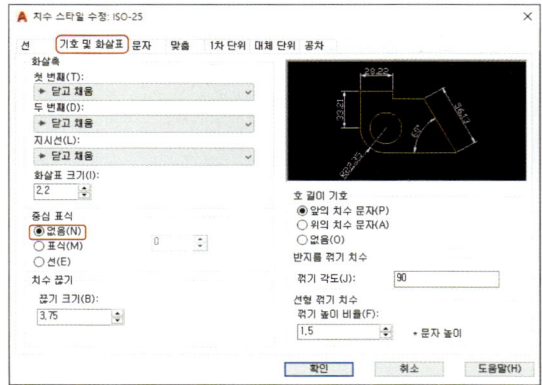

[기호 및 화살표] 탭
❶ 중심 표식 : 없음(N)

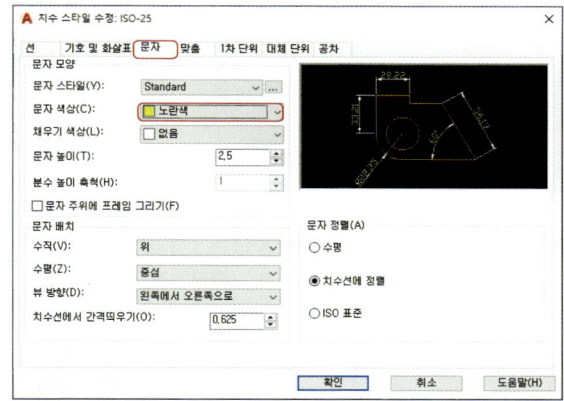 

[문자]탭　　　　　　　　　　　　　　　　　❶ 치수 피쳐 축척 : 전체 축척 사용(S): 2

❶ 문자 색상(C): 노란색

41 모형 공간에 작성한 도면의 형상, 치수 등 오류를 검토를 완료한 후 45° 보조선을 삭제한다. 모형 공간 작성 및 검토 완료 후 배치 공간을 작성한다.

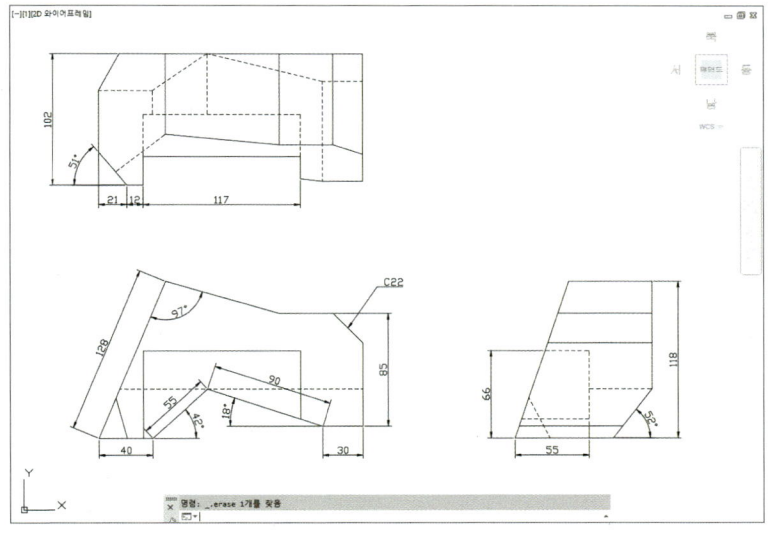

5-5. 타원 + 다면체 모델링 – 기본

가장 대표적인 출제 유형으로 각 형상의 입체적인 구성을 생각해 가면 기초가 되는 큰 형상부터 세부적인 형상의 순으로 형상을 다듬어 가며 작성 할 수 있도록 한다.

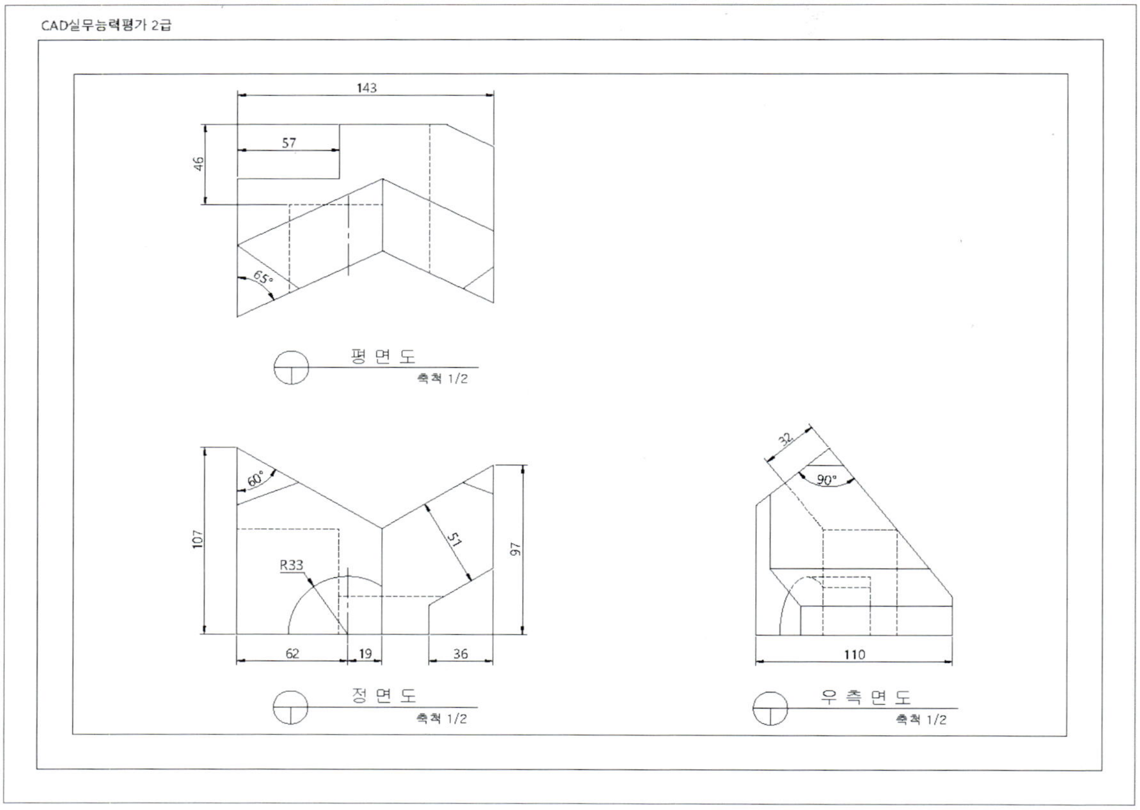

▶ 작성 순서

01 명령행에서 'LA'를 입력하고 Space Bar 를 누른다.

명령 : LA   LAYER 명령어 입력

02 레이어(도면층)를 아래와 같이 생성하고, '외형선' 도면층을 기본 레이어로 설정한다.

03 명령행에서 'DS'혹은 'OS'를 입력하고 Space Bar 를 누른다.

04 제도 설정 창에서 객체 스냅을 아래 그림과 같이 설정한다.

> 객체 스냅의 설정은 꼭 그림과 같이 할 필요는 없다. CAD로 작업을 해보고 본인이 사용하기 편한 상태의 설정이 따로 있다면 본인의 스타일로 설정한다. 단 '중간점(M)'의 경우는 실수를 많이 유발할 수 있으니 설정을 하지 않기를 권장한다.

명령 : DS   DSETTINGS 명령어 입력

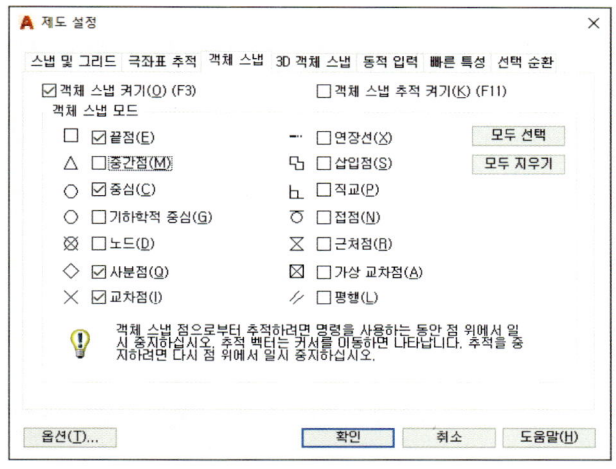

05 직교모드(F8)를 활성화 하고 XLINE을 이용하여 수평, 수직선을 작성한다.

06 도면의 치수 D1~D3을 참고하여 정면도, 평면도, 우측면도의 공간을 작성한다.

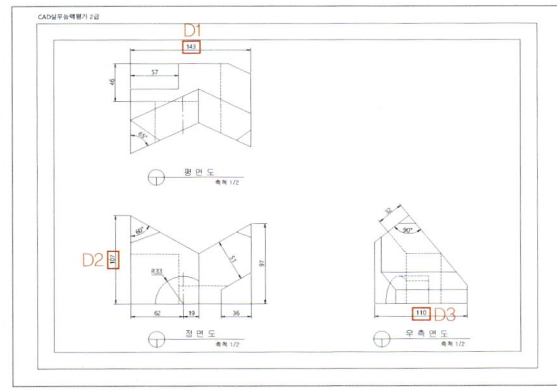 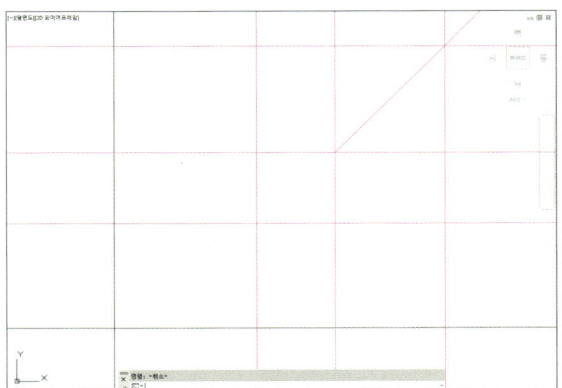

07 삼면도의 공간을 제외한 불필요한 객체들은 Trim과 Erase로 정리한다.

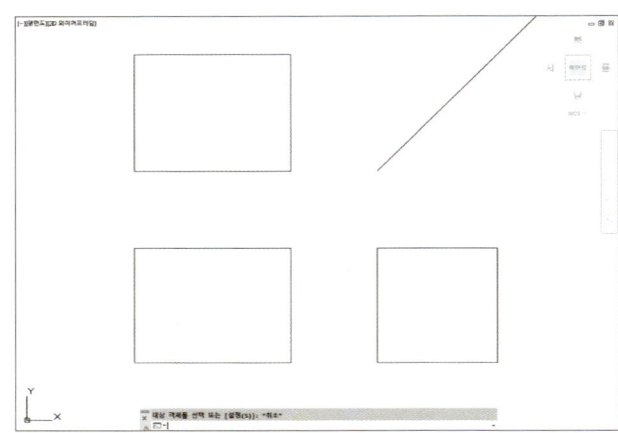

08 정면도의 좌측 기본 형상을 작성한다. 꼭짓점 P1에 반시계방향 60°의 사선을 작성한다. 좌측 수직선 L1을 Rotate의 옵션 [복사(C)]로 꼭짓점 P1을 기준으로 회전 복사한다.

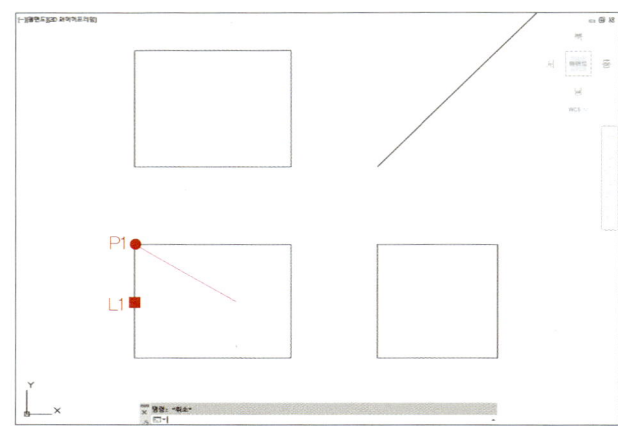

명령: RO	ROTATE 명령어 입력
객체 선택: L1 Enter	회전할 객체 선택
기준점 지정: P1	회전축 입력
회전 각도 지정 또는 [복사(C) 참조(R)]: C	옵션 입력
회전 각도 지정 또는 [복사(C) 참조(R)]: 60	각도 입력

09 정면도의 좌측 수직선 L1을 우측으로 62mm Offset하여 L2를 작성한다. L2를 다시 우측으로 19mm Offset하여 L3을 작성한다. 이때 작성한 사선의 끝점은 L3과의 교차점이 된다.
L2는 원의 중심선으로 사용되므로 도면층을 "중심선"으로 변경한다.

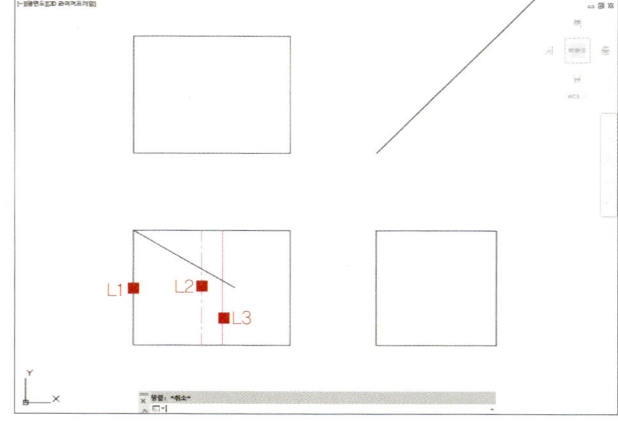

10 Trim과 Erase로 불필요한 객체를 정리한다.

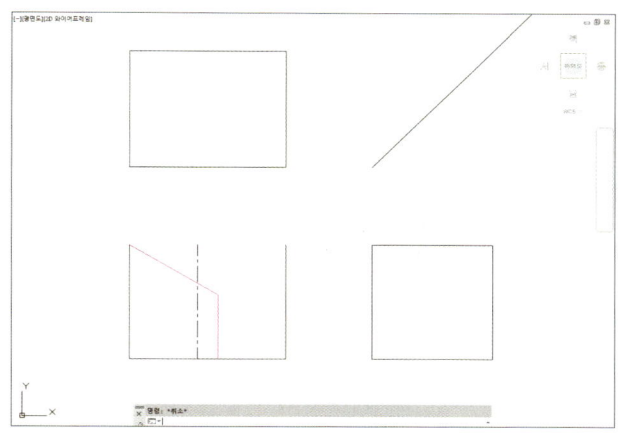

11 평면도 좌측 기본 형상을 작성한다. 좌측 수직선 L1을 기준으로 08과 같은 방법으로 사선을 작성한다. 이때 사선의 끝점은 정면도의 꼭짓점 P2에서 평면도로 전개하여 찾는다.

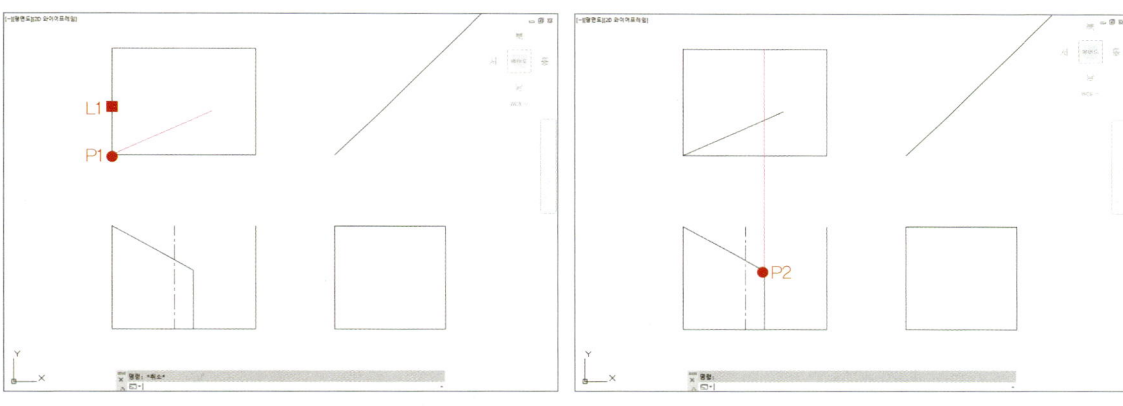

12 Trim과 Erase로 불필요한 객체를 정리한다.

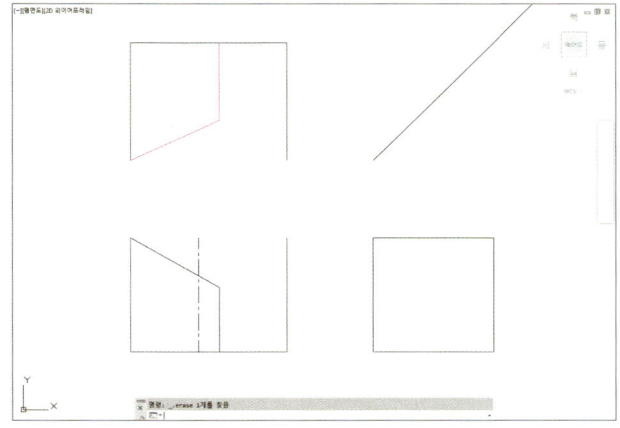

13 우측면도에 정면도와 평면도의 좌측 기본 형상을 작성한다. 정면도의 좌측 기본 형상으로 발생한 꼭짓점 P1과 평면도의 좌측 기본 형상으로 발생한 꼭짓점 P2는 우측면도에서 모서리로 발생한다. 꼭짓점 P1, P2에서 우측면도로 전개하여 모서리 L1, L2를 작성하고, 평면도와 정면도의 대응되는 모서리를 참고하여 좌측 위의 교차점에서 잘라 정리한다.

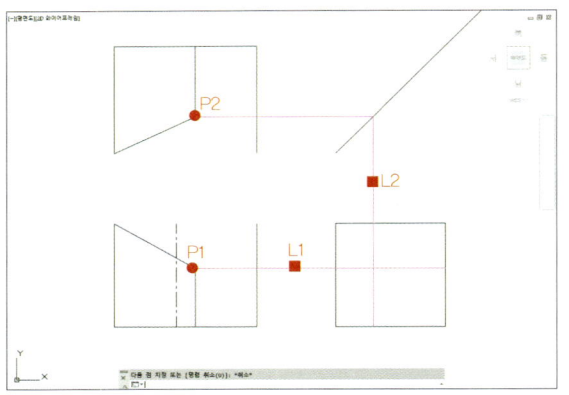 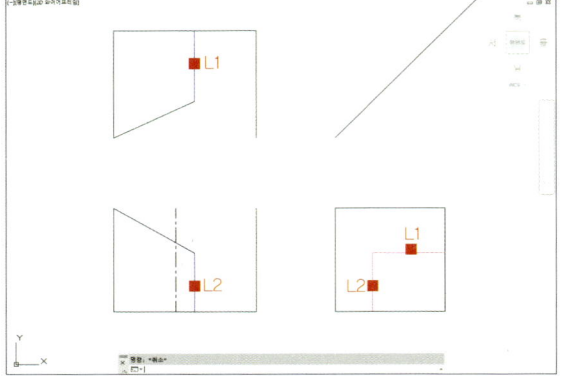

14 직각으로 만나고 있는 정면도의 모서리 L1은 평면도의 면 F1을 정면에서 바라본 형태이며, 평면도의 모서리 L2는 정면도의 면 F2를 평면도에서 바라본 형태이다. 또한 각도가 다른 면 F1, F2가 만나 교차하면 우측면도에 모서리 L3으로 발생한다. F1, F2가 만나 발생하는 모서리 L3은 정면도, 평면도와 대응되는 꼭짓점 P1, P2를 연결하여 작성한다.

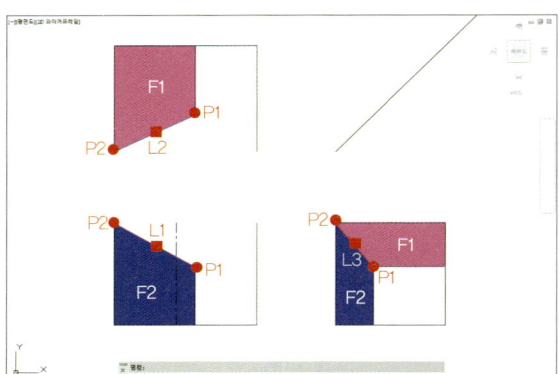 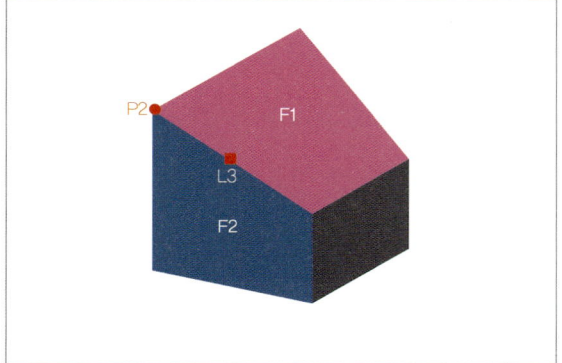

15 정면도 우측의 기본 형상을 작성한다. 좌측 기본 형상과 치수 값은 다르지만 형태는 유사하다. Lengthen의 옵션 [합계(T)]로 우측 수직선 L1의 길이를 97mm로 조정한 후 P1, P2를 연결하여 모서리를 작성한다.

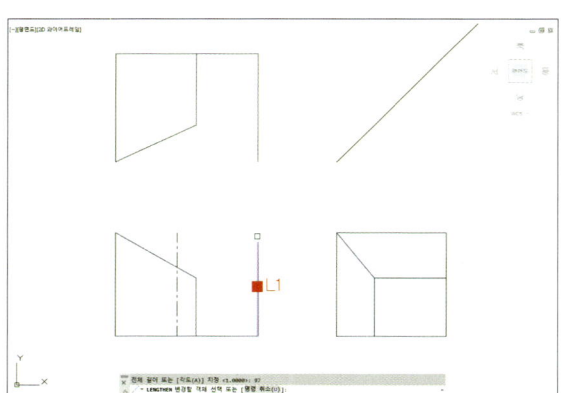 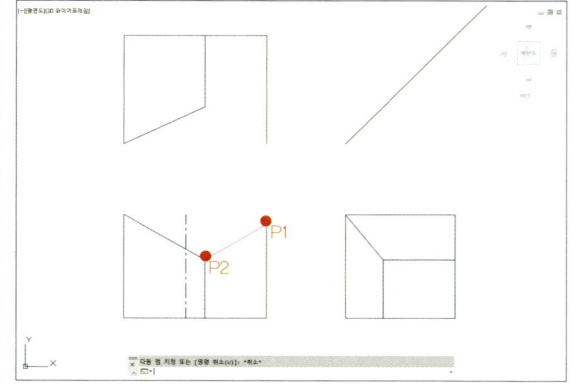

명령: LEN	LENGTHEN 명령어 입력
측정할 객체 또는 [증분(DE) 퍼센트(P) 합계(T) 동적(DY)] 선택 〈증분(DE)〉: T	옵션 입력
전체 길이 또는 [각도(A)] 지점 〈1.0000〉: 97	선의 전체 길이 입력
변경할 객체 선택 또는 [명령 취소(U)]:	L1 지정(끝점의 위치가 변화 되는 쪽을 지정)

16 평면도의 우측 기본 형상을 작성한다. 위와 같은 방법으로는 우측 수직선 L1의 길이 치수가 주어지지 않아 불가능하다.

우선 정면도의 우측 기본 형상으로 발생한 꼭짓점 P1에서 우측면도로 전개하여 모서리를 작성한다.

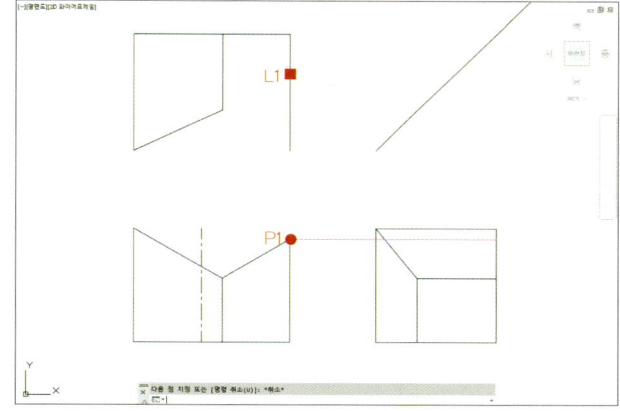

17 도면의 좌측 기본 형상을 보면서 우측 기본 형상을 파악한다. 정면도와 평면도가 만나는 좌측 모서리 L1, L2의 양 끝점 P1, P2에서 우측면도의 모서리 L3이 발생했다. 마찬가지로 우측 모서리 L4, L5에서 두 면이 만나고, 정면도 모서리 L5의 양 끝점 P2, P3에서 우측면도로 전개하면 좌측 형상의 L3처럼 만나는 모서리가 발생할 것이다. 하지만 도면을 보면 L3 근처에 다른 각도의 사선은 존재하지 않는다. 즉 우측면도에서 보면 좌측 형상의 모서리 L3와 우측 형상으로 발생한 모서리가 정확히 일치한다고 해석할 수 있다. 따라서 우측면도에서 모서리 L6은 L3과 만나는 교차점 P3까지 존재하기 때문에 평면도의 우측 모서리 L6의 길이를 찾을 수 있다.

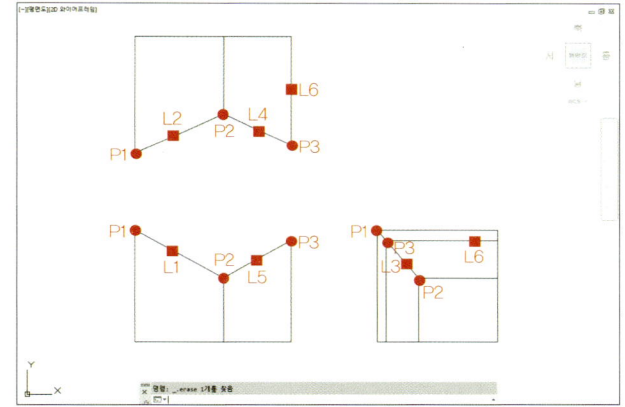

18 앞에서 파악한 우측 기본 형상을 작성한다. 우측면도의 모서리 L1을 기준으로 L2의 좌측을 자른다. L2의 좌측 끝점 P1에서 Xline을 이용하여 평면도로 전개한다. 평면도의 P2, P3을 직선으로 연결하고 불필요한 객체를 Trim과 Erase로 정리한다.

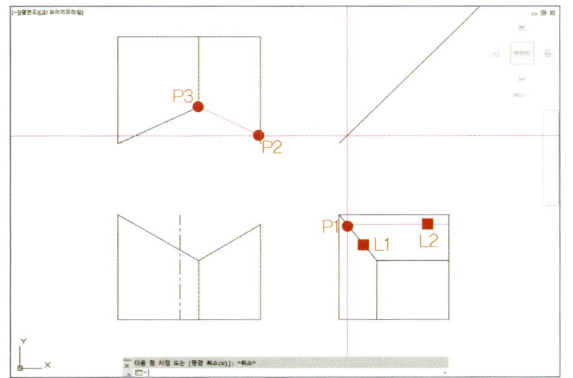 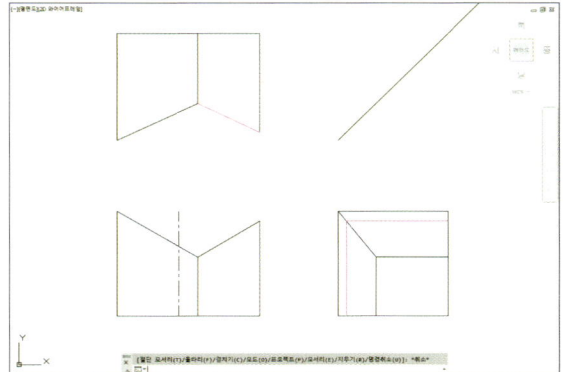

19 우측면도의 모서리 L1, L2를 기준으로 내부 모서리는 정면도, 평면도의 우측 기본 형상에 가려져 보이지 않기 때문에 "숨은선"이 된다. 또한 좌측 기본 형상이 우측 기본 형상보다 크기 때문에 모서리 L3은 꼭짓점 P1을 기준으로 분할하여 우측 기본 형상 내부의 모서리를 "숨은선"으로 변경한다.

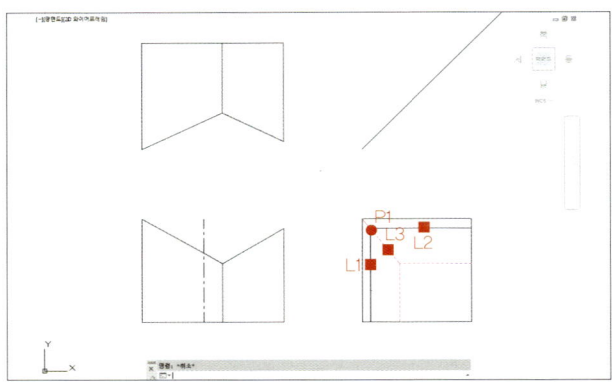

20 정면도의 밑면 모서리와 중심선의 교차점 P1을 중심으로 반지름 33mm 원을 작성한 후 불필요한 객체를 잘라 정리한다. 이때 중심선도 같이 정리하며 작성한 형상을 기준으로 연장하여 정리한다. 중심선을 자른 후 Lengthen의 옵션 [증분(DE)]을 이용하여 약 5mm 전후로 연장하면 깔끔하게 정리할 수 있다.

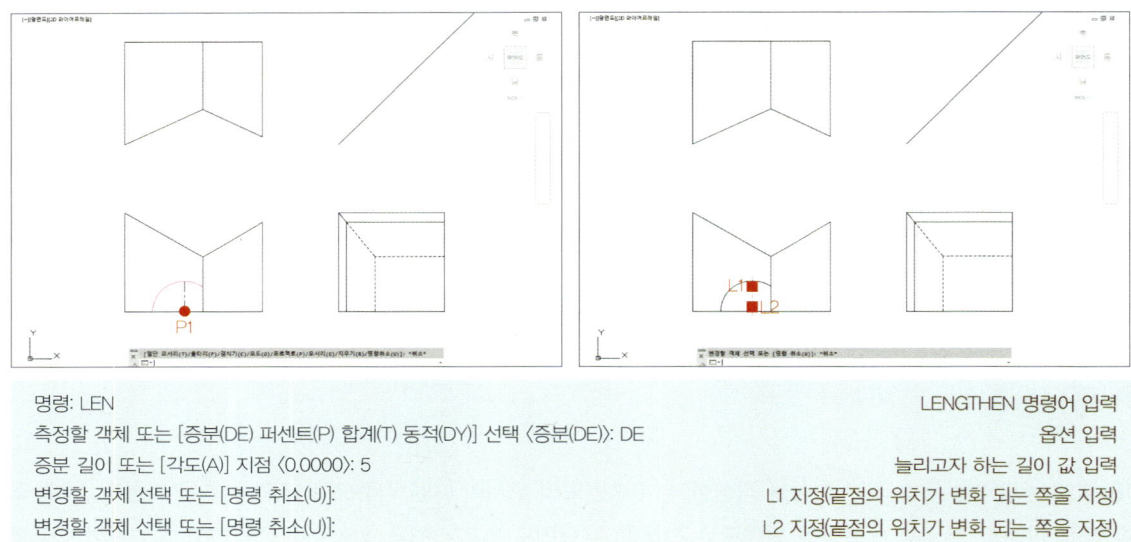

명령: LEN	LENGTHEN 명령어 입력
측정할 객체 또는 [증분(DE) 퍼센트(P) 합계(T) 동적(DY)] 선택 〈증분(DE)〉: DE	옵션 입력
증분 길이 또는 [각도(A)] 지점 〈0.0000〉: 5	늘리고자 하는 길이 값 입력
변경할 객체 선택 또는 [명령 취소(U)]:	L1 지정(끝점의 위치가 변화 되는 쪽을 지정)
변경할 객체 선택 또는 [명령 취소(U)]:	L2 지정(끝점의 위치가 변화 되는 쪽을 지정)

21 원의 중심 P1과 좌측 사분점 P2에서 평면도로 전개한다. 도면의 치수를 참고하여 평면도 모서리 L1을 46mm 아래로 Offset하여 구멍의 깊이를 결정한다. 이때 P1에서 전개한 선은 "중심선"이 되고, 나머지 선은 모두 가려져 보이지 않으므로 "숨은선"으로 변경한다.

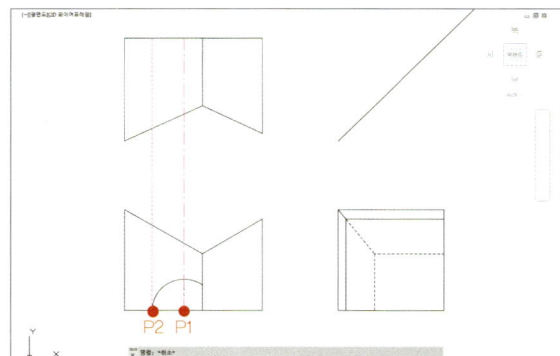
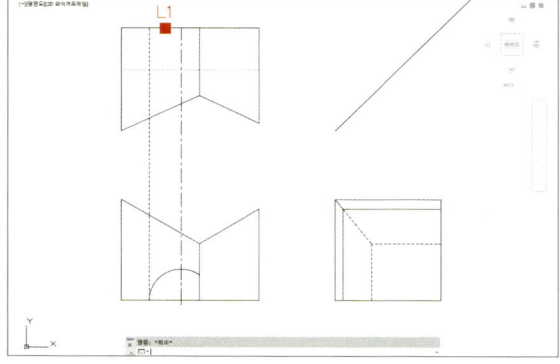

22 평면도에 전개한 수직선은 모서리 L1 아래로 존재하지 않으므로 자르고, 구멍 형상에만 모서리가 존재하므로 구멍의 깊이를 결정하는 모서리 L2 위로 모두 잘라서 정리한다. 구멍은 좌측 기본 형상에만 존재하므로 수직 모서리 L3, L4를 기준으로 L2의 좌우를 잘라 정리한다. 중심선은 앞의 20을 참고하여 형상에서 살짝 연장되도록 정리한다.

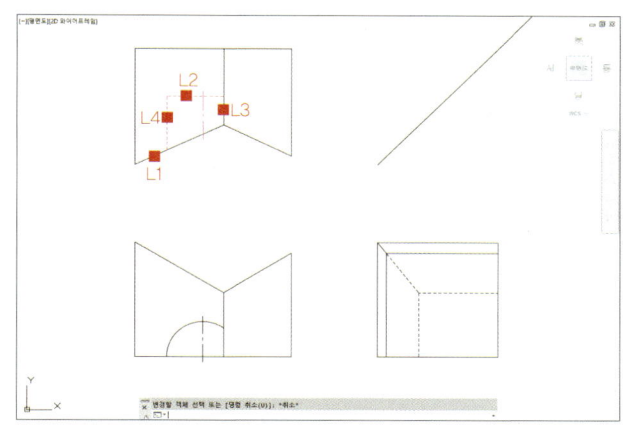

23 정면도의 구멍을 우측면도에서 보면 평면도의 좌측 경사면 L1로 인해 기울어져 보인다. 따라서 우측면도에 보이는 구멍의 외부 모서리는 경사면으로 인해 타원이 된다.
타원 작성 공식으로 정면도 원의 사분점 P3에서 우측면도로 전개한다. 이때 전개한 모서리는 형상에 가려져 보이지 않으므로 "숨은선"이 된다. 원의 중심점의 경우 우측면도 바닥의 수평선과 일치하므로 전개 하지 않아도 된다.

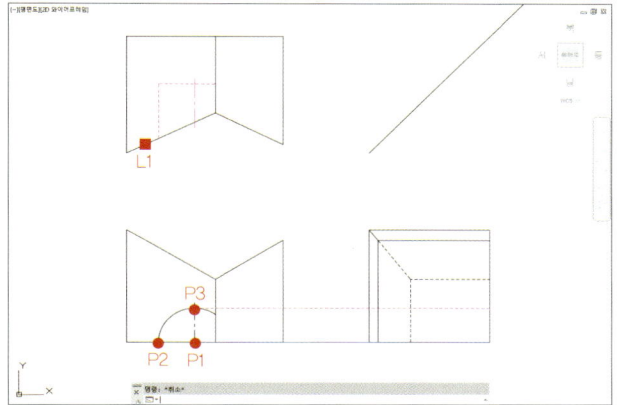

24 타원 작성 공식으로 평면도 경사면에 투영된 타원의 중심점 P1과 사분점 P2에서 우측면도로 전개한다. 이때 P2의 위치를 정면도에서 전개하지 않는 이유는 앞에서 작성한 평면도의 구멍 형상으로 이미 경사면에 투영된 원의 중심점과 좌측 사분점이 같은 높이에 있기 때문이다. 우측면도에서 P1, P2, P3을 이용하여 타원을 작성한다.

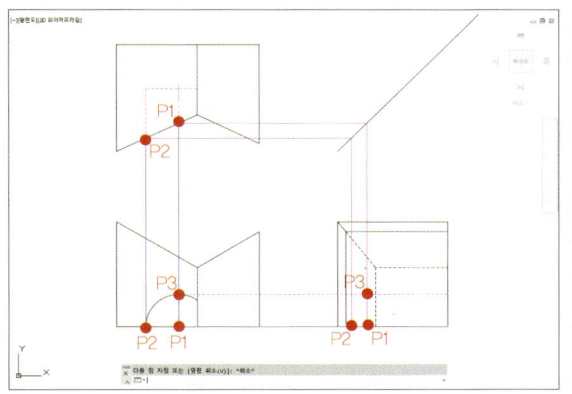 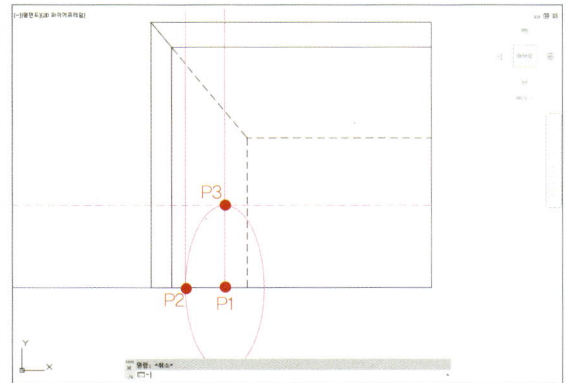

25 23에서 전개한 숨은선 L1을 제외하고 불필요한 객체를 모두 정리한다.

타원은 정면도, 평면도와 동일한 부분만 남도록 자르고, 우측 기본 형상에 가려져 보이지 않으므로 "숨은선"으로 변경한다.

우측면도 구멍의 깊이는 평면도 꼭짓점 P1에서 우측면도로 전개하고, 구멍 내부의 모서리이므로 "숨은선"으로 변경한다.

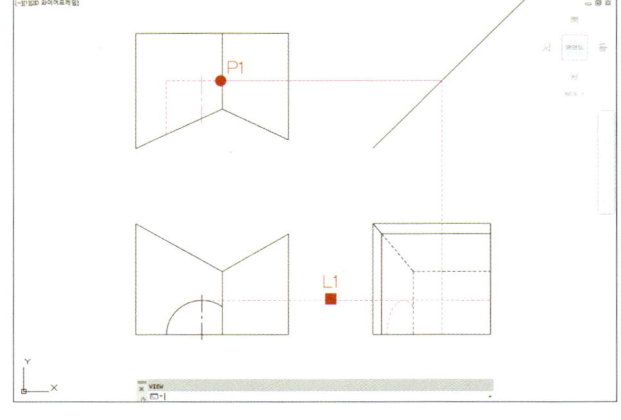

26 우측면도 구멍의 모서리 L1은 구멍 내부에만 존재하는 모서리이므로 타원의 사분점 P1과 구멍의 깊이 L2를 기준으로 좌우를 자른다. 마찬가지로 L2는 L1의 위를 잘라 정리한다. 잘린 타원 끝점 P2에서 모서리가 발생하여 구멍의 깊이 L2까지 모서리 L3을 작성하고, 구멍 내부의 모서리이므로 "숨은선"으로 변경한다.

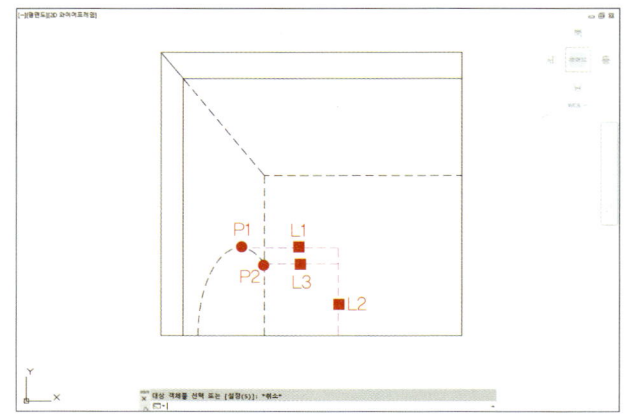

27 우측면도에서 L1을 32mm 우측으로 Offset하여 사선을 작성한다. 이때 모서리 L1은 외형선과 숨은선으로 구분되어 있는데 작성할 선종류에 맞춰 Offset하면 도면층(Layer)을 변경하지 않아도 된다. Offset한 선은 Extend, Trim 또는 Fillet으로 정리하고 사선 우측으로 돌출된 불필요한 객체는 모두 잘라 정리한다.

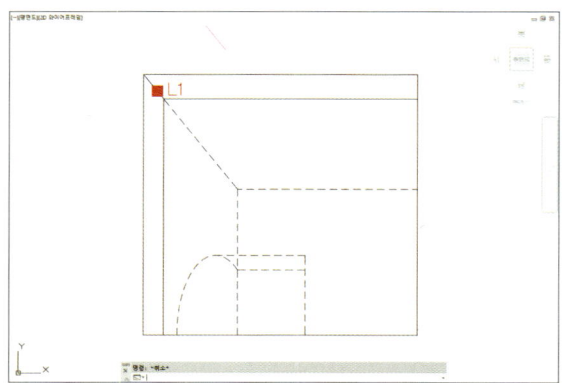 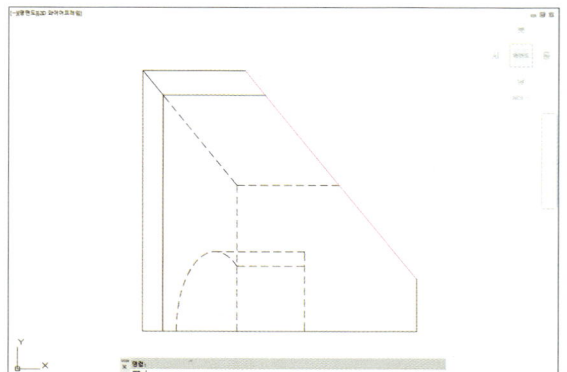

28 우측면도의 경사면 형상으로 발생한 꼭짓점은 정면도, 평면도에서 모서리를 작성하기 위한 점의 위치가 된다. 꼭짓점 P1~P3은 평면도로 전개하고, P4은 정면도로 전개한다. 정면도로 전개한 수평 모서리 L1은 전체 형상에 존재하므로 형상을 벗어난 모서리를 자르고, 정면 형상에 가려져 보이지 않으므로 "숨은선"으로 변경한다.

평면도 경사면에는 사선으로 잘린 우측면도의 윗면이 보이기 때문에 대응되는 점 P1, P2, P3을 연결하여 모서리를 작성한다. 또한 좌우 기본 형상을 구분하는 수직 모서리는 우측면도가 잘릴 때 같이 잘렸으므로 P3의 위로 자른다.

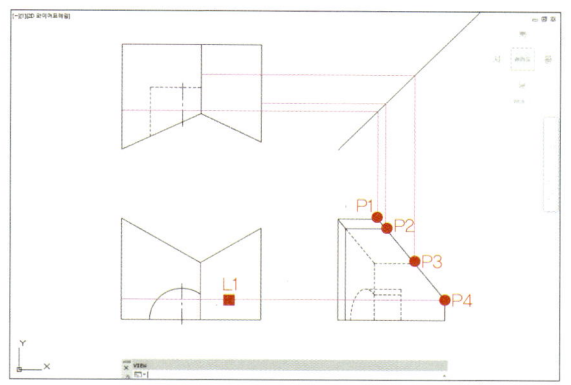
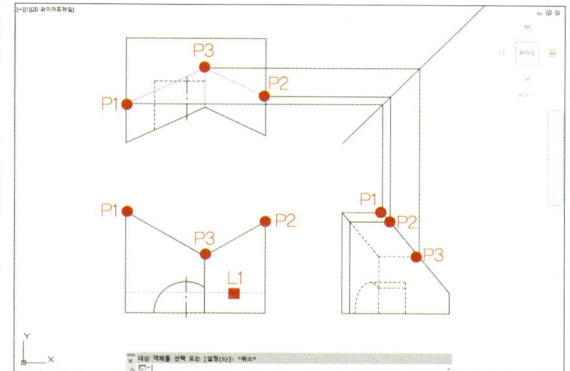

29 좌측 기본 형상에 사각으로 파여진 형상을 작성한다. 평면도의 좌측 수직 모서리 L1을 우측으로 57mm Offset한다. 사각으로 파여진 형상의 깊이 치수는 없지만, 도면의 우측면도를 보면 숨은선과 경사면의 교차점 P1에 숨은선으로 수직선이 표현되어 있다. Xline을 이용하여 우측면도의 P1에서 평면도로 전개하고, 전개한 수직선은 "숨은선"으로 변경한다. Trim과 Erase로 불필요한 객체를 정리한다.

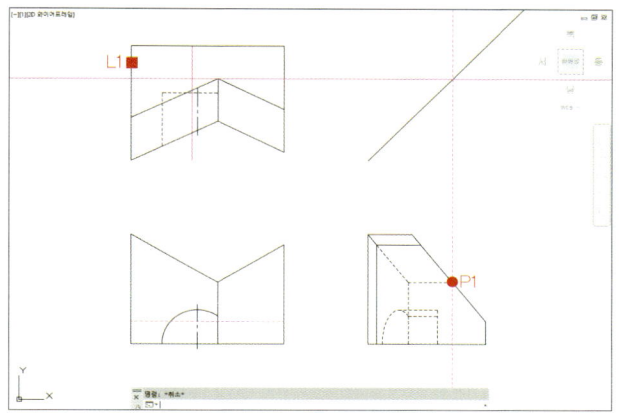

30 파여진 형상으로 발생한 꼭짓점은 정면도에서 모서리로 발생한다. 우측면도의 꼭짓점 P1과 평면도의 꼭짓점 P2에서 정면도로 전개하여 모서리를 작성한다. 전개한 선은 모두 정면 형상에 가려져 보이지 않으므로 "숨은선"으로 변경한다.

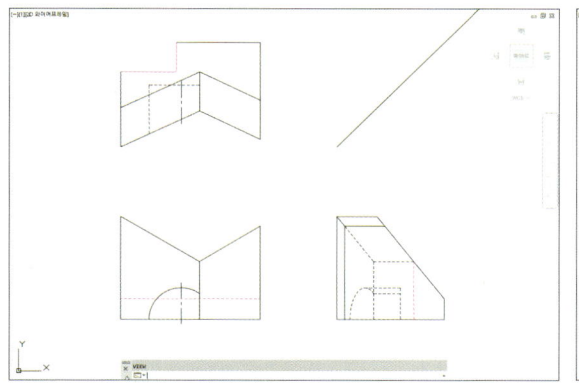
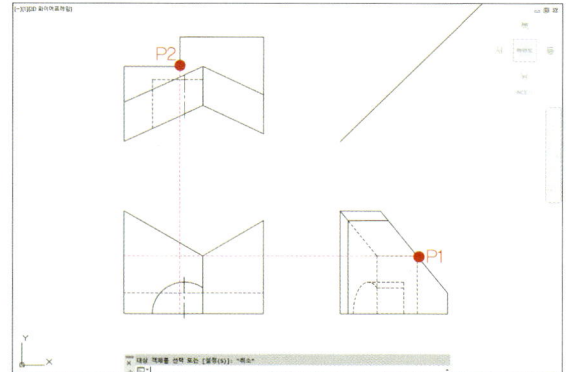

31 파여진 형상의 높이는 우측면도 P1까지이므로 L2는 L1의 위로 잘린다. L1은 파여진 형상 내부에만 존재하므로 L2의 우측이 잘린다.

정면도를 기준으로 뒷면의 모서리 L3은 파여진 형상과 함께 잘렸으므로 수직 모서리 L2에서 우측을 잘라준다.

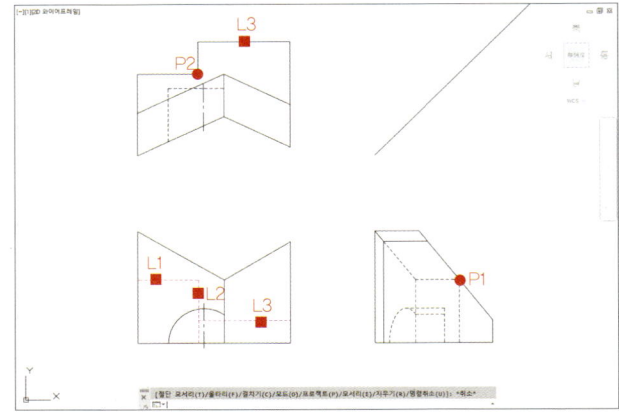

32 우측면도의 좌측 경사면을 작성한다. 도면의 치수를 참고하여 Xline을 이용하여 다음과 같이 모서리 L1에서 시계방향 90°의 사선을 작성한다.

❶ Xline을 실행한다.
❷ 단일 객체 스냅[Ctrl (또는 Shift)+마우스 우클릭]에서 '직교(P)'를 선택한다.
❸ 우측 경사면 모서리 L1을 클릭한다.
❹ 작성할 위치 꼭짓점 P1을 선택한다.

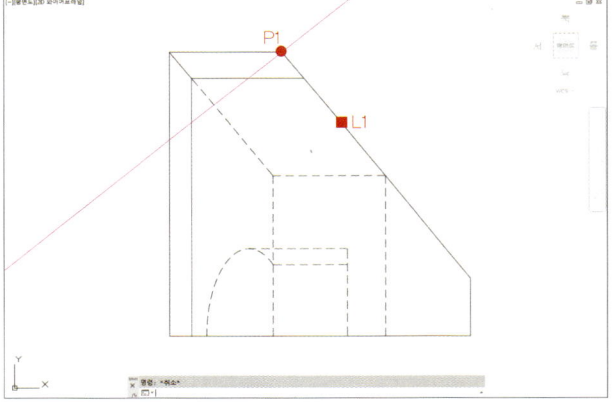

명령: XL	XLINE 명령어 입력
점 지정 또는 [수평(H) 수직(V) 각도(A) 이등분(B) 간격띄우기(O)] : Ctrl +마우스 우클릭	직교 선택
점 지정 또는 [수평(H) 수직(V) 각도(A) 이등분(B) 간격띄우기(O)] : _per 대상	L1 클릭
통과점을 지정	P1 입력

33 Trim과 Erase로 작성한 사선 좌측의 불필요한 객체를 정리한다. 이때 좌측 경사면 형상으로 잘린 모서리가 발생한다.

잘린 모서리는 이전 예제와 같은 방법으로 작성하므로 앞의 내용을 참고하여 작성한다.

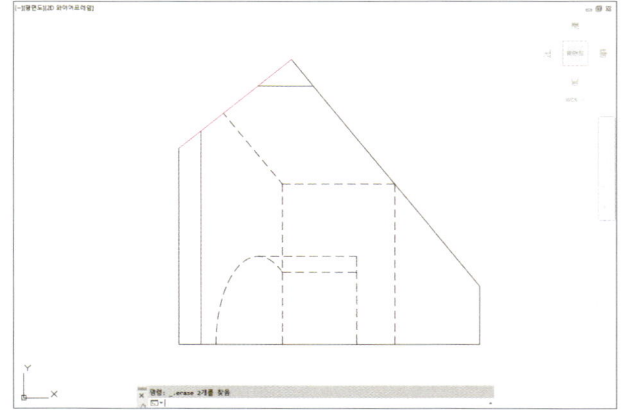

34 우측면도의 좌측이 사선으로 잘리면서 좌우 형상의 모서리가 동시에 잘리게 되고 정면도, 평면도에 잘린 모서리가 발생한다. 이때 잘린 모서리의 좌우 위치를 착각할 수 있으니 한쪽씩 작성한다. 우선 좌측 형상의 잘린 모서리를 작성한다. P1은 정면도로 전개하고, P2는 정면도와 평면도로 전개한다. P3의 위치는 이미 평면도에 있으므로 전개하지 않는다. 각 대응되는 점을 연결하여 모서리를 작성한다.

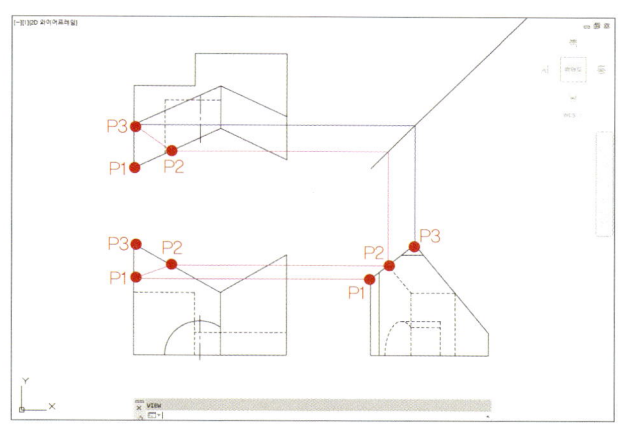

35 좌측 형상의 잘린 모서리를 작성한 후 불필요한 객체를 삭제한다. 이때 P2에서 전개한 선은 우측 형상의 잘린 모서리에도 적용되므로 삭제하지 않는다.
우측 형상의 잘린 모서리는 우측면도의 P1, P3 사이에 존재한다. P1은 정면도로 전개하고, P3은 평면도로 전개한 후 각 대응되는 점을 연결하여 모서리를 작성한다.

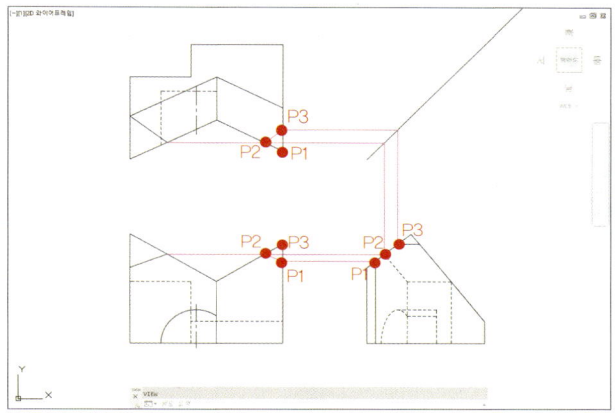

36 우측 형상의 잘린 모서리를 작성한 후 불필요한 객체를 삭제한다.
이어서 정면도 우측 아래의 파여진 형상을 작성한다. 모서리 L1을 51mm 아래로 Offset하고, L2를 36mm 좌측으로 Offset한다.

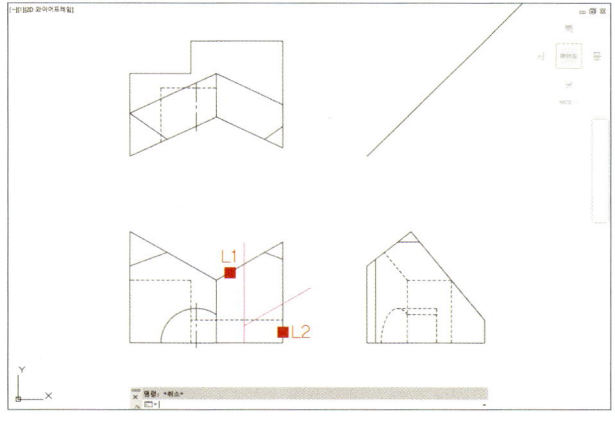

37 불필요한 객체를 잘라 정리한다. 이때 Offset한 L1의 좌측 끝점이 L2과 한 점에서 만나고 있어 보이지만 확대해보면 미세하게 떨어져 있으므로 주의한다. 따라서 L1의 좌측을 L2까지 연장한 후 잘라서 정리하며, 이와 같은 경우에는 Fillet을 이용하면 Trim과 Extend를 한 번에 적용할 수 있으므로 실수를 줄일 수 있다.

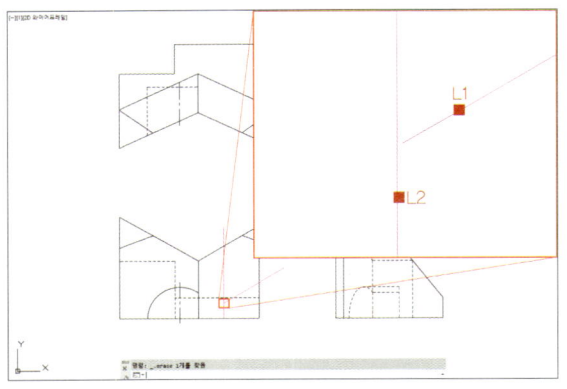 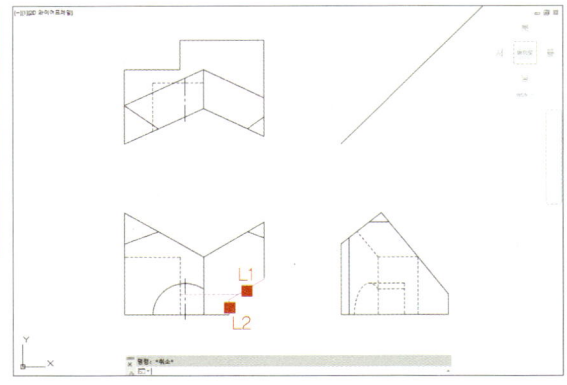

38 정면도 우측 아래의 파여진 형상으로 발생한 꼭짓점에서 모서리가 발생한다. P1은 우측면도로 전개하고, P2는 평면도로 전개하고, P3은 우측면도와 평면도로 전개한다. 이때 평면도로 전개한 모서리 L1은 상부 형상에 가려져 보이지 않으므로 "숨은선"으로 변경한다.

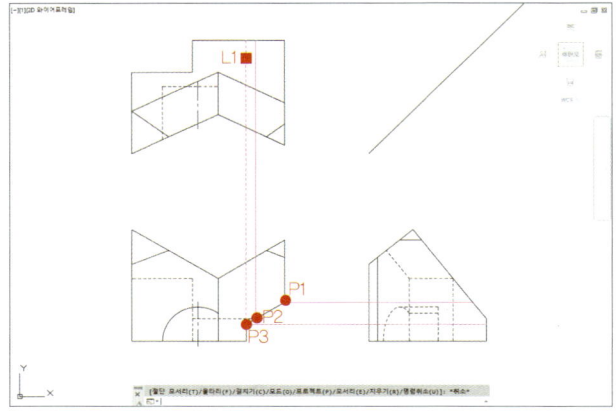

39 평면도의 정면도 우측 아래의 파여진 형상을 작성한다. 숨은선 L1은 전체 형상에 존재하므로 형상 밖으로 벗어난 부분을 자른다. 뒷면의 모서리 L2는 정면도의 L2와 같은 모서리이므로 L3의 우측을 잘라서 정리한다.

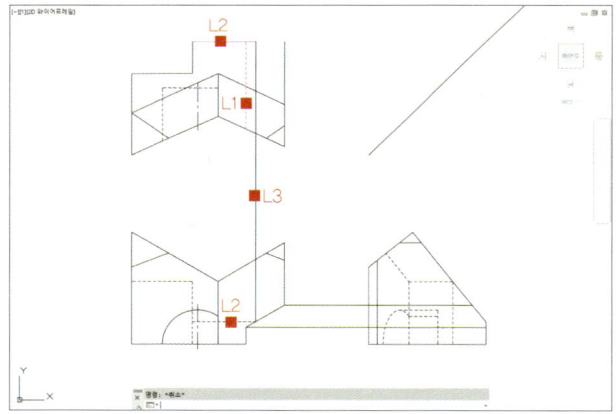

40 평면도의 뒷면 모서리 L2의 우측 끝점 P2에서 P1까지의 모서리는 정면도와 우측면도의 L1과 같은 모서리이다. 우측면도의 꼭짓점 P1에서 평면도로 전개하여 P1과 P2를 직선으로 연결하여 모서리를 작성한다. 평면도 우측 수직 모서리는 P1 위로 자르고 L3~L5는 삭제한다.

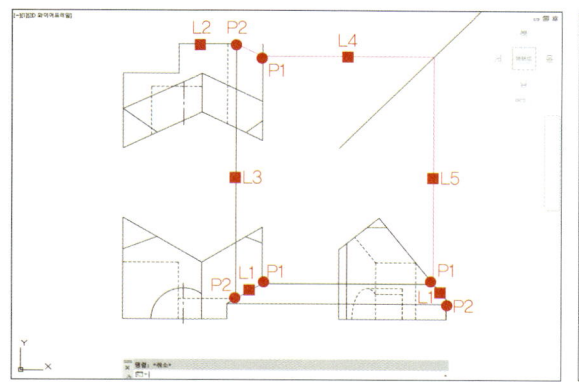
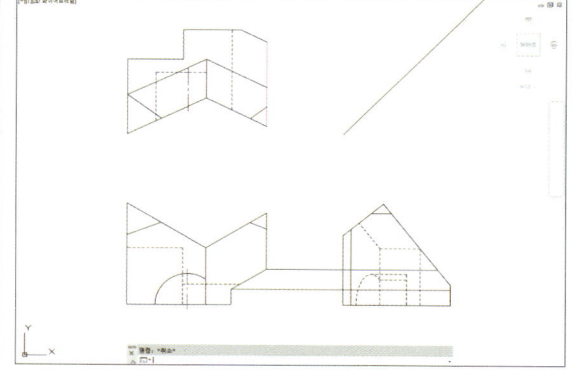

41 우측면도의 정면도 우측 아래의 파여진 형상을 작성한다. L1은 정면도의 가장 우측면 아래 끝점 P1에서 발생한 모서리로 우측 형상의 가장 좌측 모서리 L3에서 좌측을 자른다. L2은 평면도의 모서리 L2와 같은 모서리로 평면도의 꼭짓점 P2에서 우측면도로 전개하여 모서리 L4를 작성하고, L2는 L4에서 좌측을 잘라 정리한다.

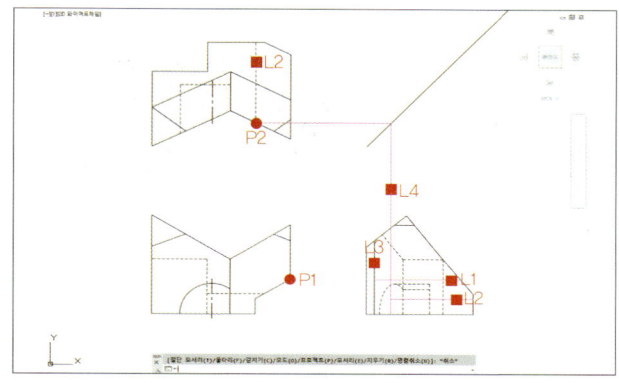

42 우측 형상을 우측면도에서 보면 수직 모서리 L2, L4는 정면도의 L2, L4와 대응되는 모서리로 L2는 L1에서 아래를 자르고, L4는 L3에서 위를 자른다. 우측면도의 L5는 정면도의 L5에 대응되는 모서리로 대응되는 점 P1과 P2를 연결하여 작성한다.

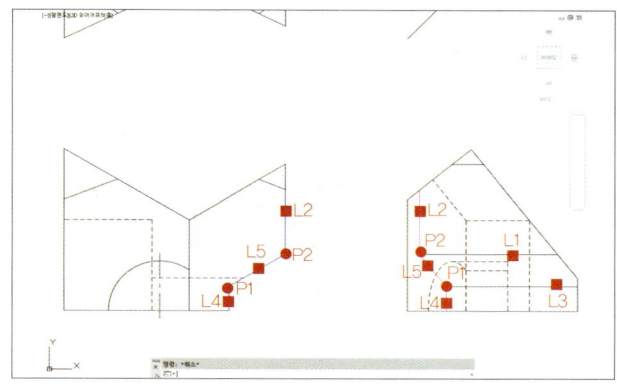

43 정면도 경사면의 우측 아래 형상이 파이면서 우측면도의 모서리 L1, L2의 좌측이 잘린다. 따라서 L1, L2의 좌측이 잘리면서 정면도 우측 형상에 가려져 보이지 않았던 타원의 좌측 형상이 보이게 된다. 타원을 L2와의 교차점 P1에서 분할하여 좌측 모서리를 "외형선"으로 변경한다.

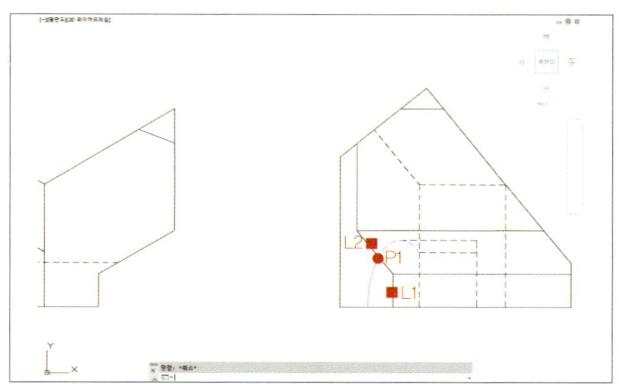

44 치수 스타일을 설정하고 도면층(Layer)을 "치수"로 변경한 후 도면을 보고 똑같이 치수 기입한다. 이때 도면에 주어진 치수 유형을 파악하여 적절한 옵션으로 설정한다.

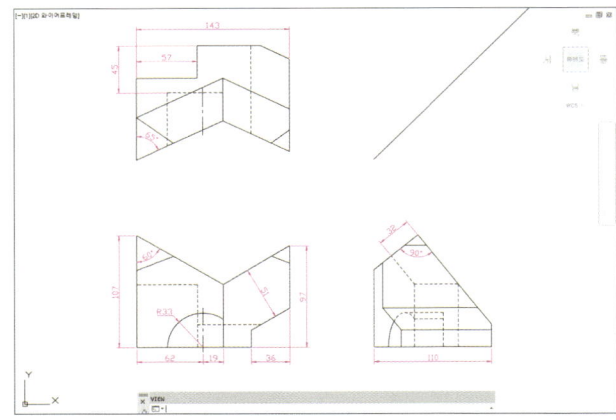

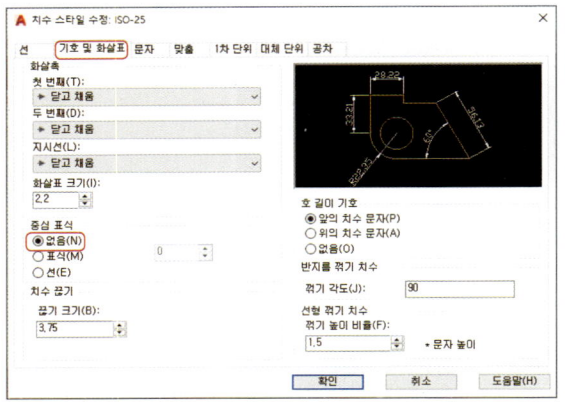

[기호 및 화살표] 탭

❶ 중심 표식 : 없음(N)

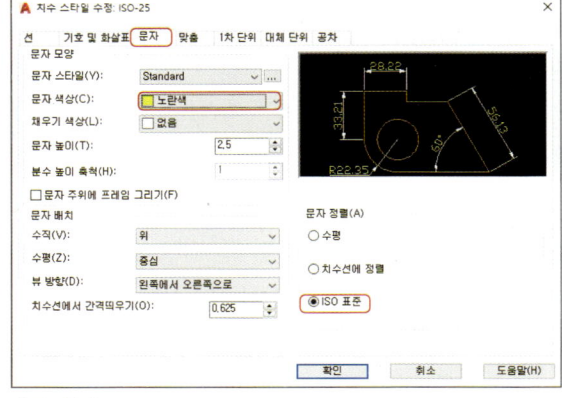

[문자]탭

❶ 문자 색상(C): 노란색
❷ 문자 정렬(A): ISO 표준

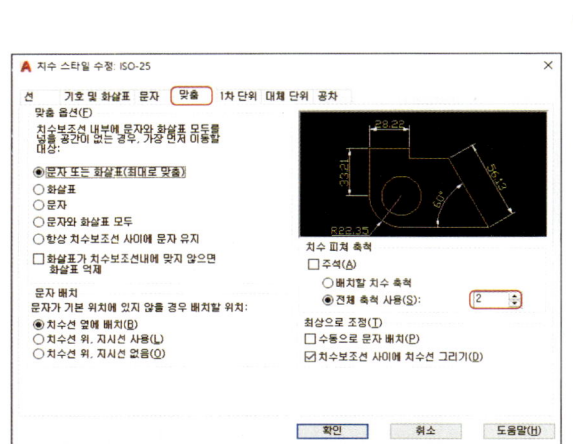

❶ 치수 피쳐 축척 : 전체 축척 사용(S): 2

TIP

정면도의 51, 평면도의 57 치수를 작성하면 도면의 형상선 또는 비형상선과 치수보조선이 겹치게 된다. 이와 같은 경우 [특성] 창에서 치수보조선1, 치수보조선2 항목을 '끄기'로 변경한다. 정면도의 51 치수는 치수보조선1, 치수보조선2가 모두 겹치므로 둘 다 '끄기'로 설정하고 평면도의 57 치수는 두 치수보조선 중 하나만 겹치는데 해당하는 쪽의 치수보조선을 '끄기'로 설정한다.

치수보조선1, 치수보조선2의 기준은 치수 작성 시 입력한 두 점 중 첫 번째로 입력한 점에서 나오는 치수보조선이 1, 두 번째로 입력한 점에서 나오는 치수보조선이 2가 된다.

각도 치수는 입력 순서와 상관없이 두 치수보조선 중 각도를 반으로 이등분하는 선이 있다고 가정하고 기준에서 시계방향에 있는 치수보조선이 1, 반시계방향에 있는 치수보조선이 2가 된다.

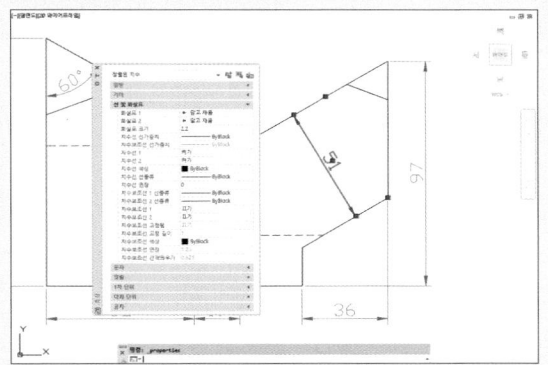 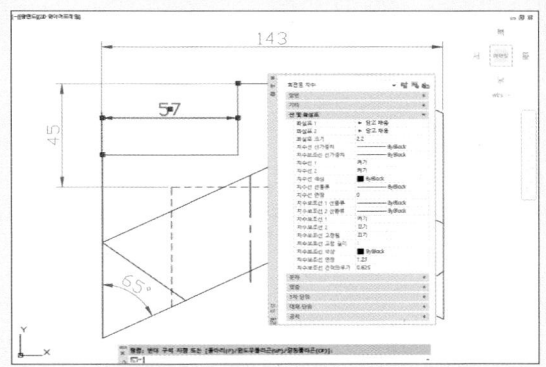

45 모형 공간에 작성한 도면의 형상, 치수 등 오류를 검토를 완료한 후 45° 보조선을 삭제한다. 모형 공간 작성 및 검토 완료 후 배치 공간을 작성한다.

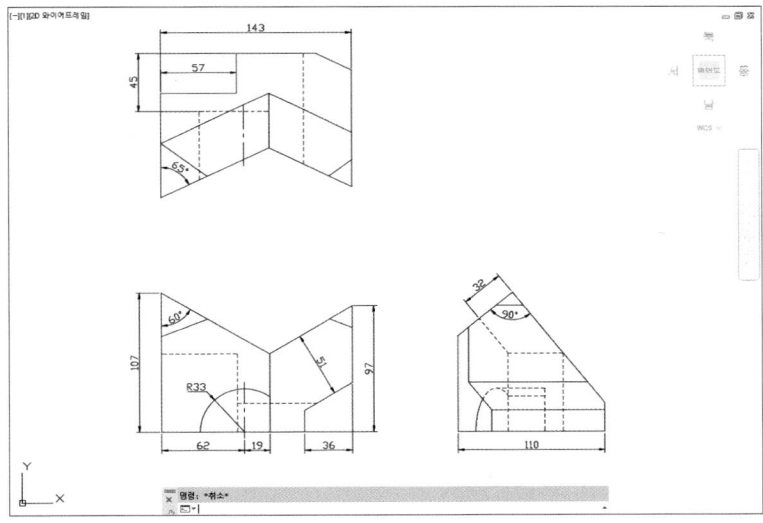

5-6. 구 + 타원 + 다면체 모델링

기본 유형에 구와 구로 인한 타원이 추가된 유형으로 각 형상의 입체적인 구성을 생각해 가면 기초가 되는 큰 형상부터 세부적인 형상의 순으로 형상을 다듬어 가며 작성 할 수 있도록 한다.

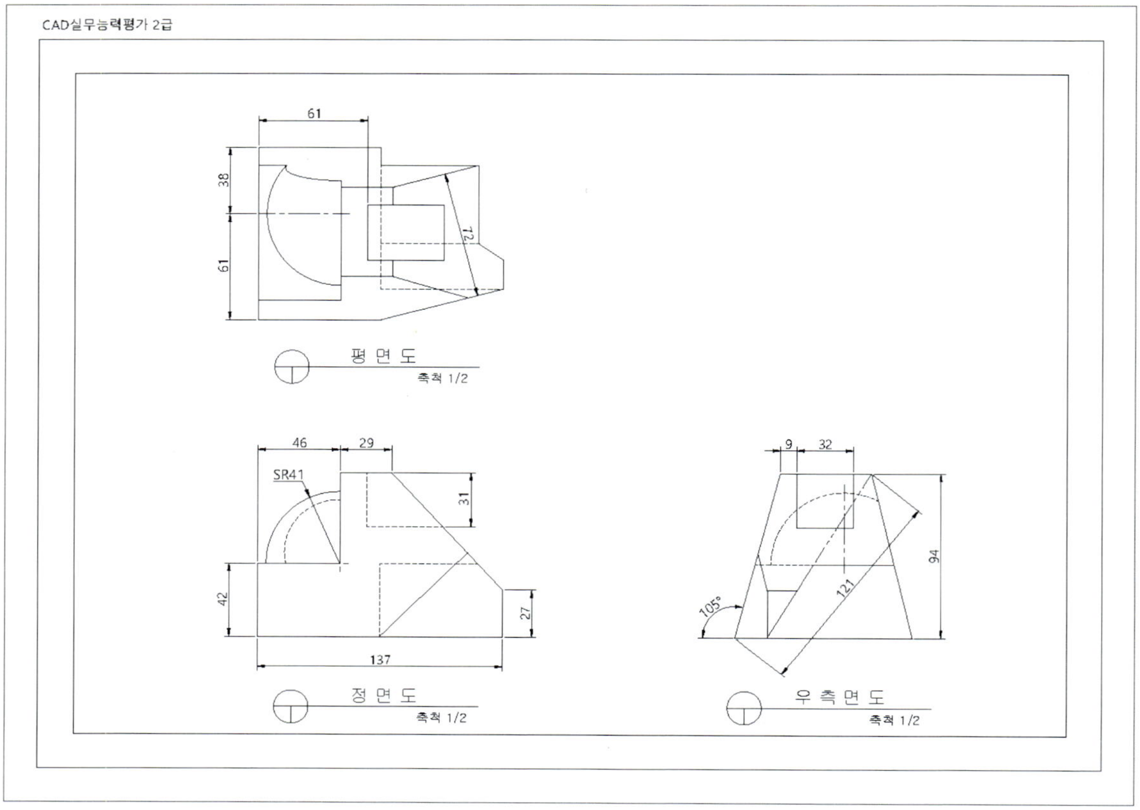

▶ 작성 순서

01 명령행에서 'LA'를 입력하고 Space Bar 를 누른다.

명령 : LA   LAYER 명령어 입력

02 레이어(도면층)를 아래와 같이 생성하고, '외형선' 도면층을 기본 레이어로 설정한다.

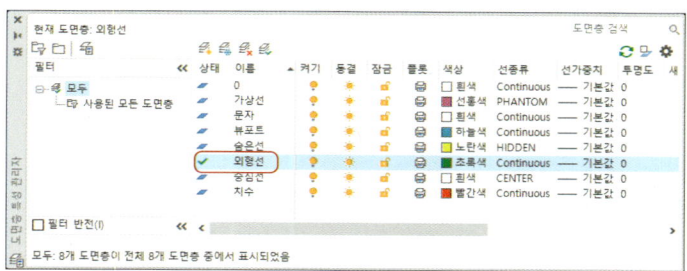

03 명령행에서 'DS' 혹은 'OS'를 입력하고 Space Bar 를 누른다.

04 제도 설정 창에서 객체 스냅을 아래 그림과 같이 설정한다.

> 객체 스냅의 설정은 꼭 그림과 같이 할 필요는 없다. CAD로 작업을 해보고 본인이 사용하기 편한 상태의 설정이 따로 있다면 본인의 스타일로 설정한다. 단 '중간점(M)'의 경우는 실수를 많이 유발할 수 있으니 설정을 하지 않기를 권장한다.

명령 : DS   DSETTINGS 명령어 입력

05 직교모드(F8)를 활성화 하고 XLINE을 이용하여 수평, 수직선을 작성한다.

06 도면의 치수 D1~D3을 참고하여 정면도, 평면도, 우측면도의 공간을 작성한다. 이때 평면도의 높이는 연속 치수 D3을 참고하여 L1을 61mm 위로 Offset하여 L2를 작성하고, L2를 다시 38mm 위로 Offset하여 작성한다. L2와 L3은 구의 중심선으로 사용되므로 도면층(Layer)을 "중심선"으로 변경한다.

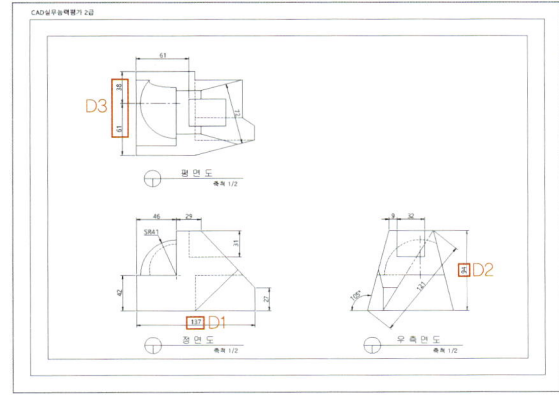
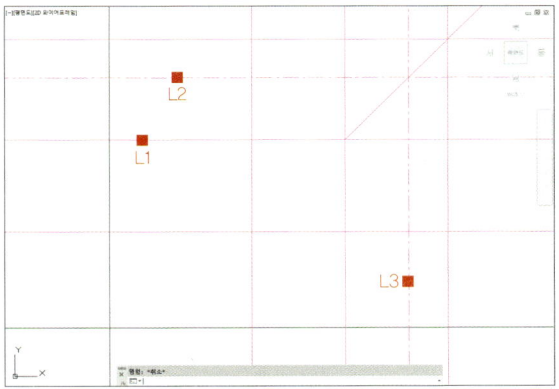

07 삼면도의 공간을 제외한 불필요한 객체들은 Trim과 Erase로 정리한다.

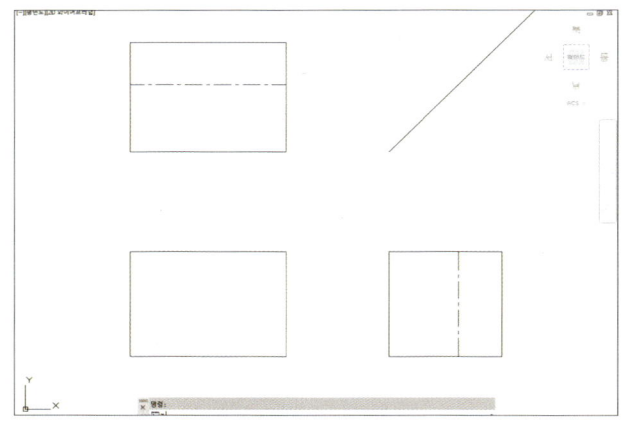

08 우측면도의 사다리꼴 형태가 가장 기본 형상이며, 정면도에 137mm 길이로 존재한다. Xline으로 반시계방향 105°의 사선을 꼭짓점 P1에 작성하고 불필요한 객체를 정리한다.

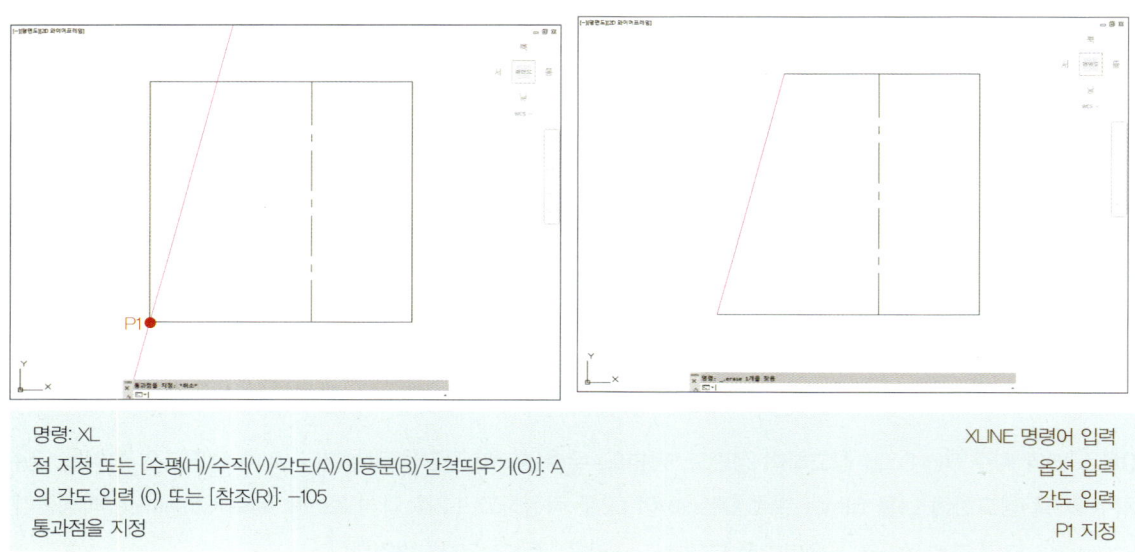

명령: XL	XLINE 명령어 입력
점 지정 또는 [수평(H)/수직(V)/각도(A)/이등분(B)/간격띄우기(O)]: A	옵션 입력
의 각도 입력 (0) 또는 [참조(R)]: -105	각도 입력
통과점을 지정	P1 지정

09 도면에서 우측면도를 보면 반대쪽 사선의 각도 치수가 없다. 대신 연관된 치수를 보고 작성 조건을 분석하면 다음과 같다. 먼저 사선의 아래쪽 끝점은 밑면 모서리의 우측 끝점 P2이며, 반대쪽 끝점은 밑면에서부터 높이 94mm의 윗면 모서리 L1과 만나는 한 점이다. 또한 밑면 모서리의 좌측 끝점 P1에서 121mm 떨어져 있다. 컴퍼스의 원리로 꼭짓점 P1에 반지름 121mm의 원 C1을 작성하여 P1에서부터 121mm 떨어진 점들의 위치를 모두 찾는다. 찾고자 하는 사선의 끝점은 L1에도 존재해야 하므로 C1과 교차점 P3이 된다. P2와 P3을 연결하여 모서리를 작성하고 불필요한 객체를 정리한다.

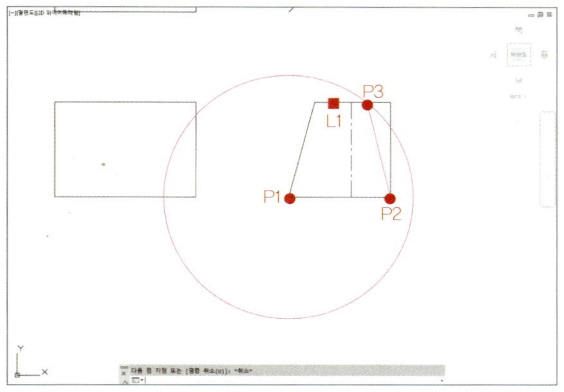
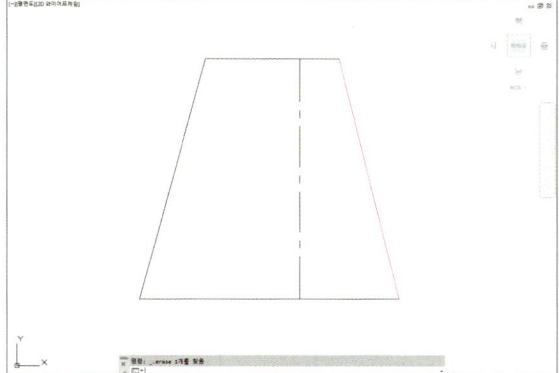

10 우측면도의 사다리꼴 형상으로 발생한 꼭짓점은 평면도에서 모서리로 발생한다. 꼭짓점 P1, P2에서 평면도로 전개하고 평면도의 형상을 기준으로 잘라 정리한다. 사용이 끝난 불필요한 객체를 정리하면 137mm 길이의 사다리꼴 블록이 완성된다.

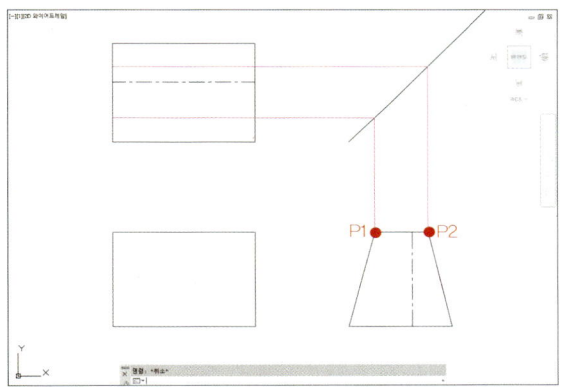
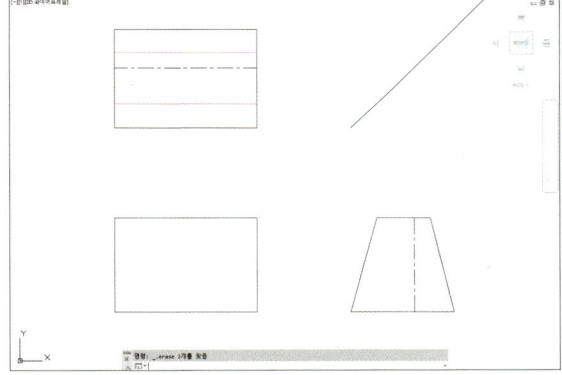

11 정면도를 보면 사다리꼴 블록의 좌측 위가 사각으로 파여져 있고, 파여진 형상으로 발생한 우측 아래 끝점을 중심으로 구가 존재하고 있다. 구를 작성하기 위해 먼저 파여진 형상을 작성한다. 밑면 모서리 L1을 위로 42mm Offset하고, 좌측 수직 모서리 L2를 46mm 우측으로 Offset한 후 불필요한 모서리를 Trim으로 잘라 정리한다.

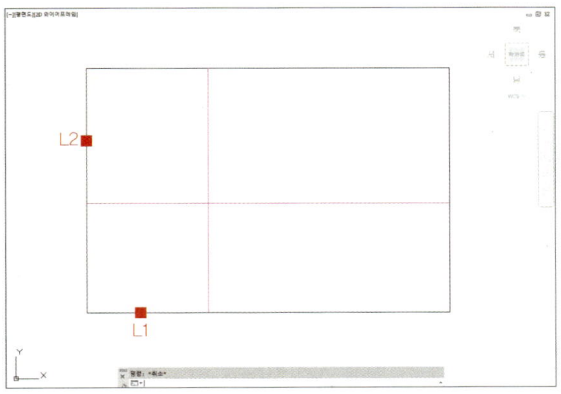

12 정면도 좌측 위의 파여진 형상으로 발생한 꼭짓점은 평면도, 우측면도에 모서리로 발생한다. 꼭짓점 P1은 우측면도로 전개하고, P2는 평면도로 전개한다.
이때 P1의 모서리 L1은 사다리꼴 우측 형상에 가려져 보이지 않으므로 "숨은선"으로 변경한다.

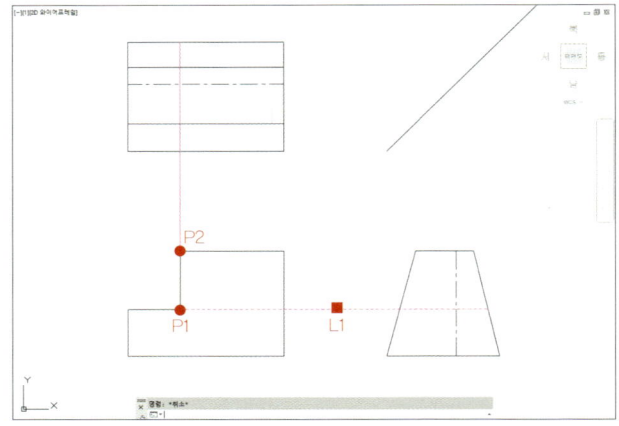

13 우측면도로 전개한 숨은선은 사다리꼴을 관통하여 전체에 존재하므로 형상을 벗어난 부분을 잘라 정리한다.
이때 숨은선의 길이는 파여진 형상 윗면의 폭이 되며 꼭짓점 P1, P2은 평면도에서 모서리로 발생한다. 꼭짓점 P1, P2에서 평면도로 전개하여 모서리를 작성한다.

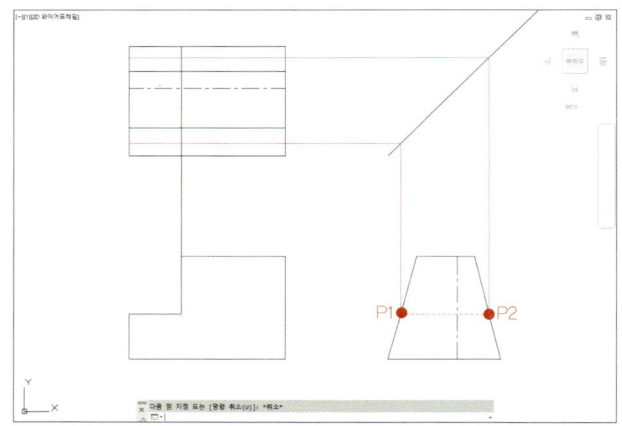

14 우측면도 P1, P2의 모서리 L1, L2는 파여진 형상에만 존재하므로 정면도에서 전개한 모서리 L3을 기준으로 우측을 잘라 정리한다. 또한 사다리꼴의 윗면 모서리 L4, L5는 파여진 형상으로 인해 L3을 기준으로 좌측을 잘라 정리한다.
모서리 L3은 파여진 형상에만 존재하므로 L1, L2를 기준으로 벗어난 부분을 잘라 정리한다.

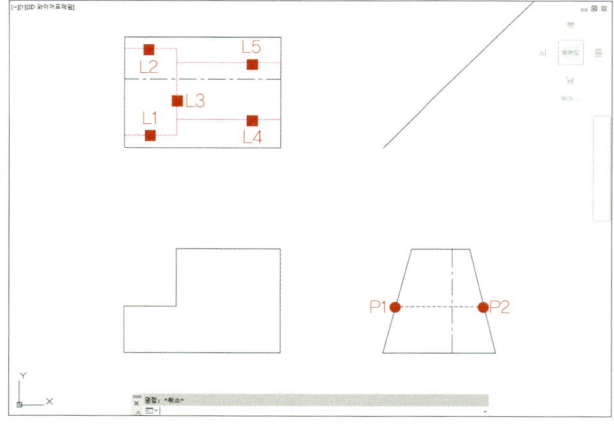

15 도면의 정면도를 보면 원의 반지름 치수 앞에 'S'가 붙어 있다. 'S'는 Sphere의 약자로 구를 의미하며 삼면도에서 원으로 보인다. 삼면도에서 교차점 P1을 중심으로 반지름 41mm의 원을 작성한다. 원은 하나씩 작성하여도 되고, 하나의 원을 작성 후 복사해도 된다. 작성한 원은 구가 존재하는 공간을 파악하며 도면과 같이 잘라 정리

하고, 우측면도의 구는 사다리꼴 형상에 가려져 보이지 않으므로 "숨은선"으로 변경한다.
마지막으로 작성된 원을 기준으로 평면도와 우측면도의 중심선을 정리한다.

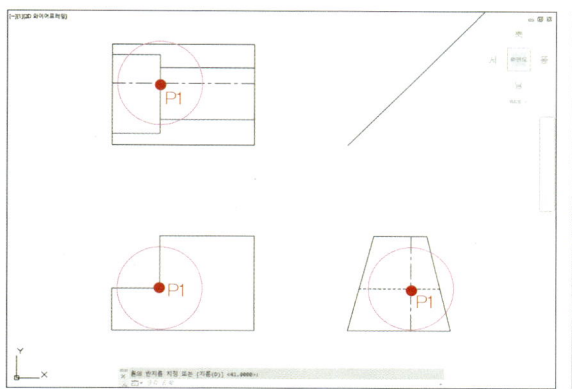 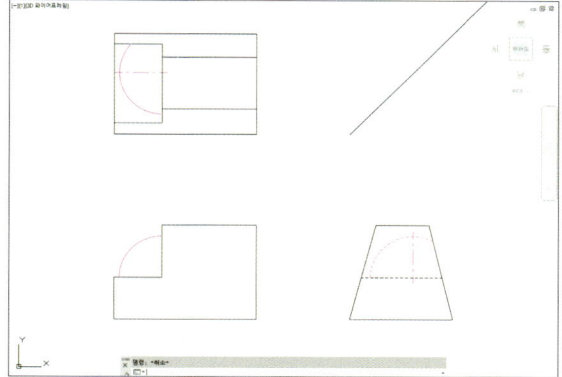

16 우측면도의 구를 보면 사다리꼴의 우측 경사면에서 잘려있다. 잘린 구의 면은 원이 되고, 원이 있는 면을 기울여 보면 타원이 보인다. 잘린 구의 타원은 구가 잘리면서 발생한 원의 중심과 사분점에서 정면도와 평면도로 전개하여 작성한다.

먼저 구의 중심 P1에서 구가 잘린 면 L1까지 직각을 이루는 선을 작성한다. L1에 직각을 이루는 선은 단일 객체 스냅[Ctrl +마우스 우클릭]의 '직교(P)'를 이용하여 작성한다. 이때 면 L1과 직교 선이 만나는 교차점 P2가 잘린 구로 발생한 원의 중심이 된다.

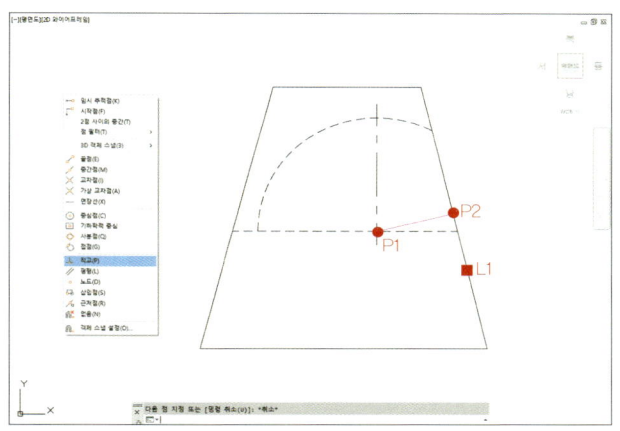

명령: L	LINE 명령어 입력
첫 번째 점 지정 :	P1 입력
다음 점 지정 또는 [명령 취소(U)] : Ctrl +마우스 우클릭	Osnap 리스트에서 '직교(P)' 선택
다음 점 지정 또는 [명령 취소(U)] : _per 대상	L1 입력

17 우측면도에서 잘린 구로 발생한 원의 한쪽 사분점은 반지름 41mm인 원의 잘린 끝점 P1이며 찾은 원의 중심 P2와 사분점 P1을 정면도와 평면도로 전개한다.

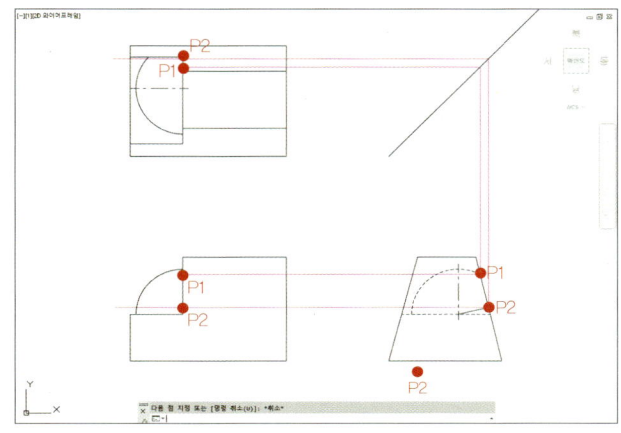

18 타원은 정면도와 평면도 구의 중심점 P2에서 수평한 위치의 사분점 P3이 하나 더 필요하다. 이때 작성하는 타원은 잘린 구로 발생한 원이 경사면과 만나서 발생하였고, 타원의 두 사분점 중 하나는 반드시 타원의 중심으로부터 원의 반지름만큼 떨어진 위치에 있다.

평면도의 타원의 중심 P2에서 사분점 P1까지 거리는 우측면도의 측면이 기울어진 영향으로 잘린 구로 발생한 원의 반지름보다 크기가 작다. 또한 수평한 위치의 사분점 P3은 타원의 중심으로부터 잘린 구로 발생한 원의 반지름만큼 떨어진 위치에 있다. 구가 잘려 발생한 원의 반지름은 정수가 아니므로 정확한 값을 가져오기 위해서는 우측면도의 원의 중심 P2를 중심으로 사분점 P1을 반지름으로 하는 원을 작성하고 작성한 원을 우측면도의 P2에서 정면도와 평면도의 P2로 복사한다.

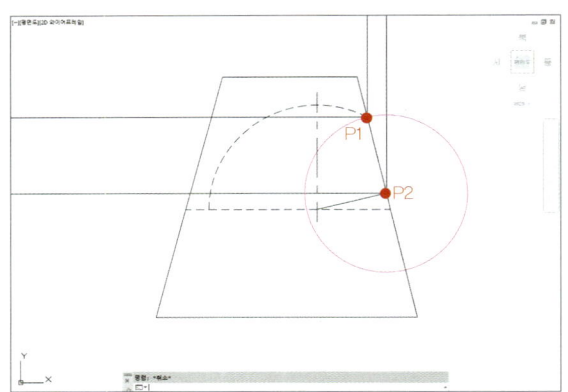 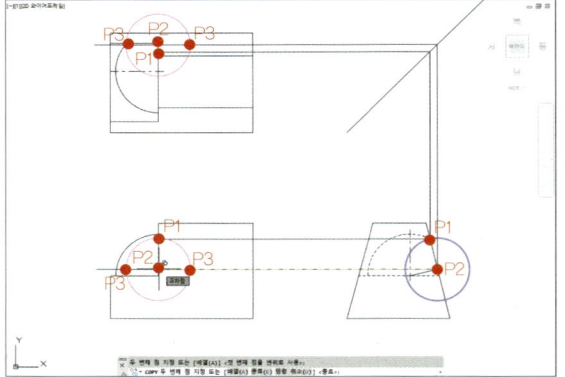

19 정면도 구의 중심점 P2와 사분점 P1, P3를 이용하여 타원을 작성한다. 이때 위쪽 사분점 P1이 18에서 복사한 원의 사분점과 매우 가까워 실수할 수 있으므로 충분히 확대해서 입력하거나 복사한 원의 위쪽 절반을 자른 후 입력한다. 수평 사분점 P3은 복사한 원의 좌우 사분점 중 하나만 사용하면 된다.

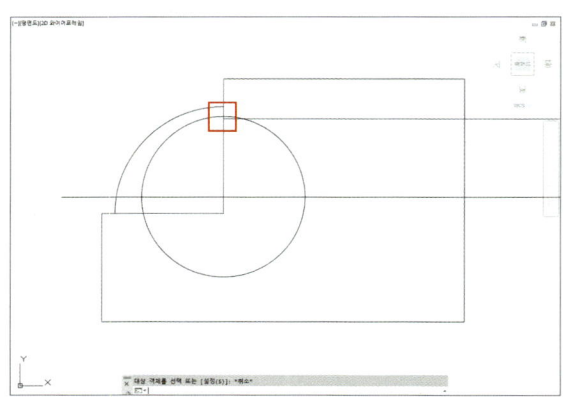 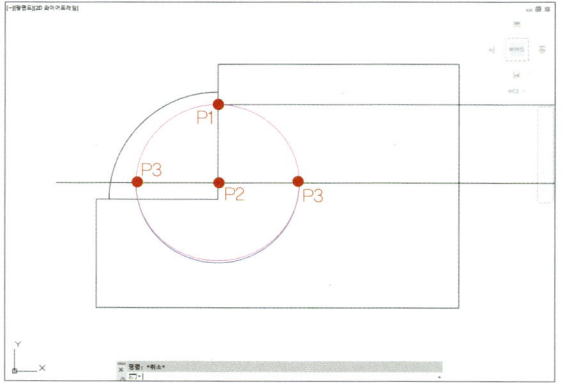

20 타원을 그리기 위해 전개한 선과 복사한 원은 삭제하고, 타원은 1/4 구의 내부에만 존재하므로 잘라서 정리한다. 이때 타원은 구의 뒤쪽에 존재하여 가려져 보이지 않으므로 "숨은선"으로 변경하고 중심선을 정리한다. 구의 중심선은 수평·수직 중심선이 모서리와 겹치고 있어 선종류 우선순위에 의해 외형선으로 표현되지만, 중심선은 형상보다 크게 작성하므로 구의 중심점에서 우측과 아래에 짧게 작성하고, 외형선과 명확한 구분

을 위해 끝점에서 약간 띄워 작성한다. 구의 중심점 P1에서 우측과 아래로 약 5mm의 수평·수직선을 작성한다. Lengthen을 이용하여 P1으로부터 약 2mm를 띄워주고 "중심선"으로 변경한다.

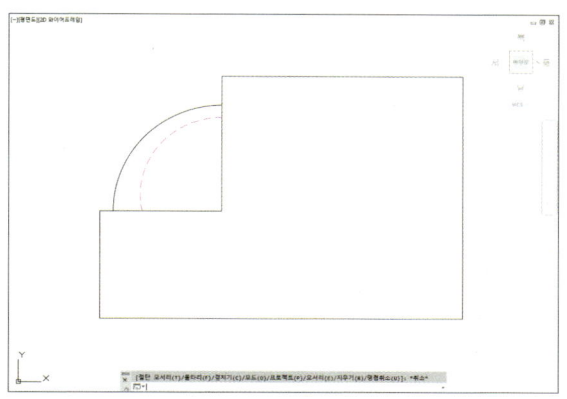 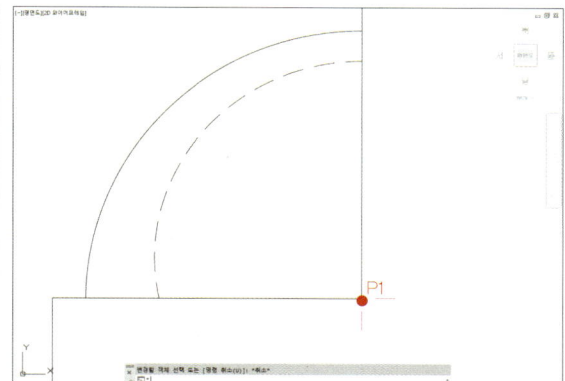

21 평면도의 구의 중심점 P2와 사분점 P1, P3를 이용하여 타원을 작성한다. 이때 P2, P3의 위치가 다른 모서리와 가까워 실수할 수 있다. P3은 모서리와 가깝지 않은 우측 사분점을 이용하면 되지만, P2는 모서리를 삭제할 수 없으므로 충분히 확대하여 입력한다.

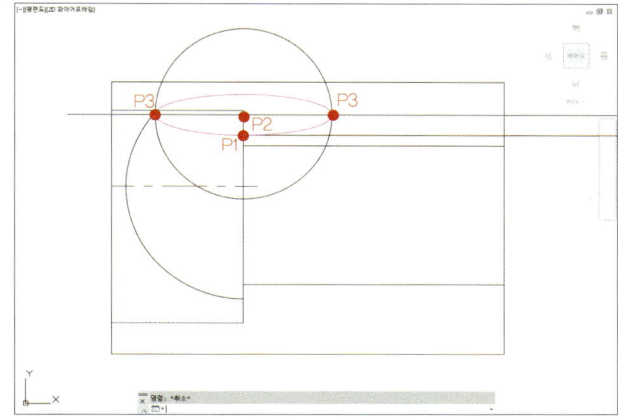

22 타원을 그리기 위해 전개한 선과 복사한 원은 삭제하고, 타원은 모서리 L1, L2 사이에만 존재하므로 잘라서 정리한다. 이때 타원은 사다리꼴 우측 경사면과 같은 면으로 타원 내부에는 모서리가 존재하지 않으므로 L1, L2 선을 잘라 정리한다.

여기서 잘린 타원의 끝점은 원의 잘린 끝점과 정확히 일치해야 한다. 만약 일치하지 않는다면 잘못 작성되었으므로 잘못된 부분을 찾아 수정하여야 한다.

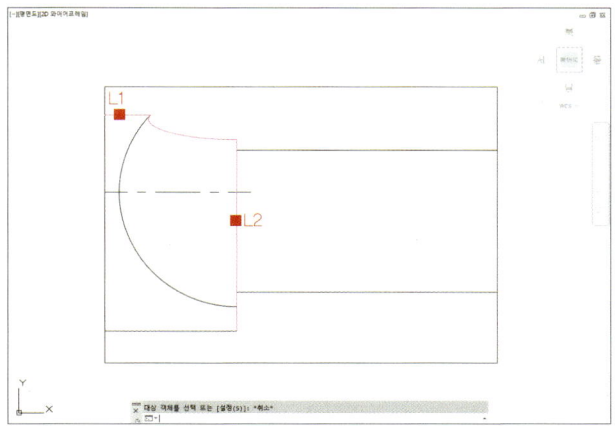

23 정면도의 우측 위를 사선으로 자른다. 모서리 L1과 L2의 길이를 Lengthen의 옵션 [합계(T)]를 이용하여 각 29mm, 27mm로 조정한 후 P1과 P2를 연결하여 사선을 작성한다.

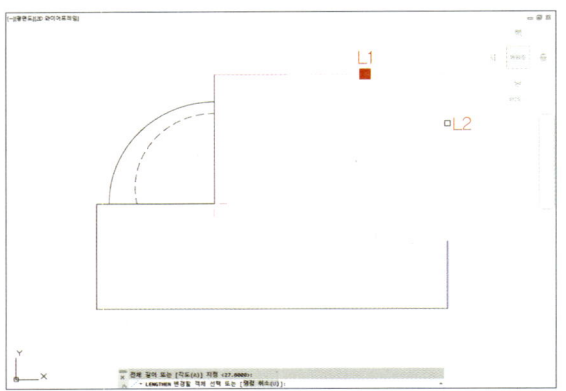 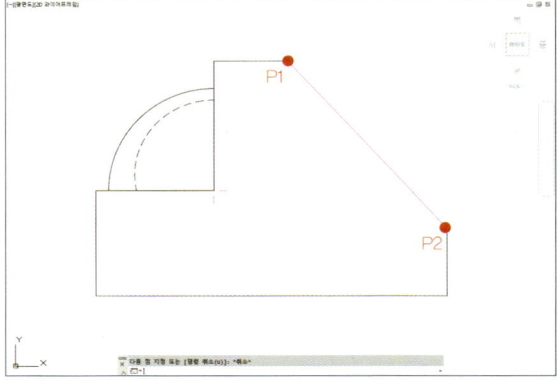

```
명령: LEN
측정할 객체 또는 [증분(DE) 퍼센트(P) 합계(T) 동적(DY)] 선택 <증분(DE)>: T
전체 길이 또는 [각도(A)] 지점 <1.0000>: 29
변경할 객체 선택 또는 [명령 취소(U)]:
명령: LEN
측정할 객체 또는 [증분(DE) 퍼센트(P) 합계(T) 동적(DY)] 선택 <증분(DE)>: T
전체 길이 또는 [각도(A)] 지점 <29.0000>: 27
변경할 객체 선택 또는 [명령 취소(U)]:
```

LENGTHEN 명령어 입력
옵션 입력
맞추고자 하는 선의 전체 길이 입력
L1 지정(끝점의 위치가 변화 되는 쪽을 지정)
LENGTHEN 명령어 입력
옵션 입력
맞추고자 하는 선의 전체 길이 입력
L2 지정(끝점의 위치가 변화 되는 쪽을 지정)

24 정면도의 꼭짓점 P1은 평면도로 전개하고, P2는 우측면도로 전개한다. 평면도로 전개한 P1의 모서리 L1은 사다리꼴 윗면의 모서리이고, 윗면의 폭은 L2, L3 사이에만 존재하므로 잘라서 정리한다. 또한 L2, L3은 정면도의 우측 위가 잘렸기 때문에 L1을 기준으로 우측을 자른다. P2에서 우측면도로 전개한 모서리 L4는 사다리꼴 전체 형상에 존재하므로 우측면도 사다리꼴 형상을 벗어난 부분을 잘라 정리한다.

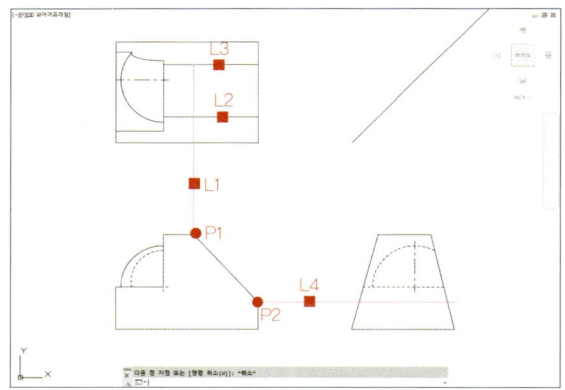 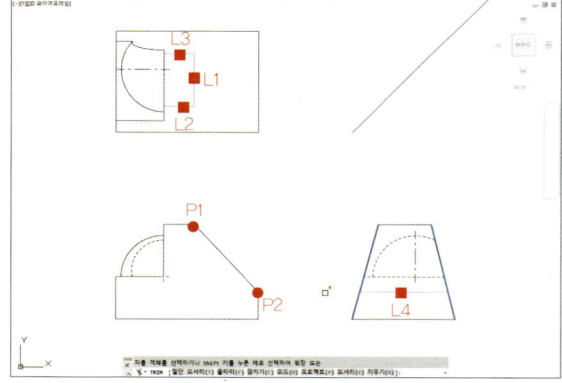

25 정면도의 경사면 모서리 L1은 우측면도의 좌우 P1, P2 사이에 존재하는 모서리 L1이며 평면도에 모서리로 발생한다. 우측면도 L1의 아래 끝점 P2에서 평면도로 전개하여 P1, P2를 연결하여 모서리를 작성한다. 작성 후 불필요한 객체를 정리한다.

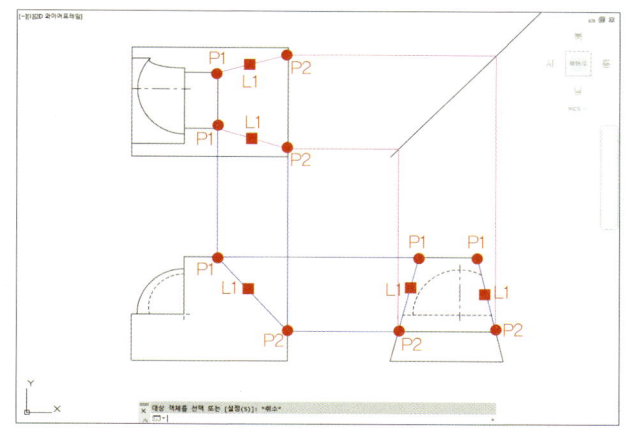

26 도면을 보면 평면도에서 61mm 수평하게 떨어진 위치에 정면도 경사면 위쪽이 깊이 31mm로 파여져 있다. 우선 평면도의 수직 모서리 L1을 우측으로 61mm Offset 한다. Offset한 선의 끝점 P1에서 정면도로 전개하고, 정면도의 윗면 모서리 L2를 아래로 31mm Offset 한다. 이때 전개한 수직선과 Offset한 수평선은 정면 형상에 가려져 보이지 않으므로 "숨은선"으로 변경한다. L4는 경사면 L3까지 Extend로 연장하고 불필요한 선들을 정리한다.

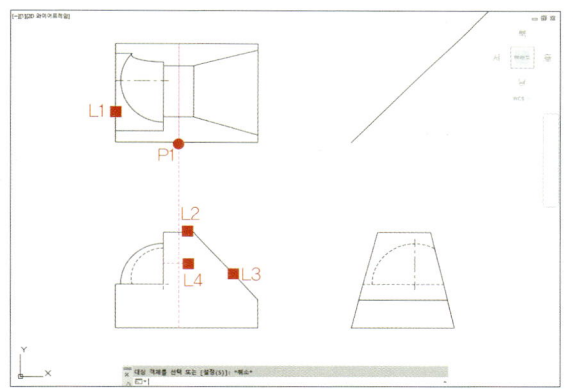 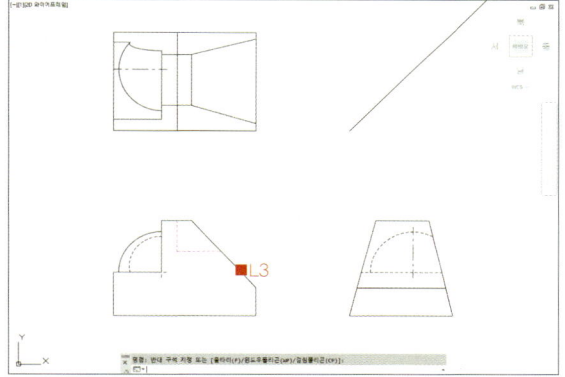

27 정면도 파여진 형상의 수평 모서리 끝점 P1에서 정면도와 우측면도로 전개한다. 우측면도에서 파여진 형상의 폭을 작성하기 위해 꼭짓점 P2에서 L1까지 수직한 모서리 L2를 작성한다. L2는 9mm 우측으로 수평하게 이동하고, 이동한 L2를 32mm 우측으로 Offset하여 L3을 작성한다. L1은 파여진 깊이의 모서리로 L2, L3 사이에만 존재하므로 벗어난 선을 잘라 정리한다. 파여진 폭의 꼭짓점 P3, P4에서 평면도로 전개한다.

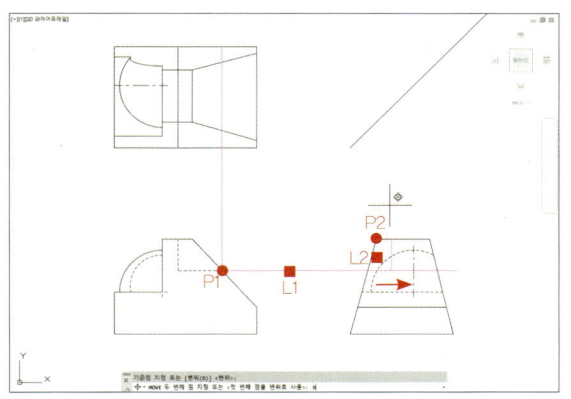 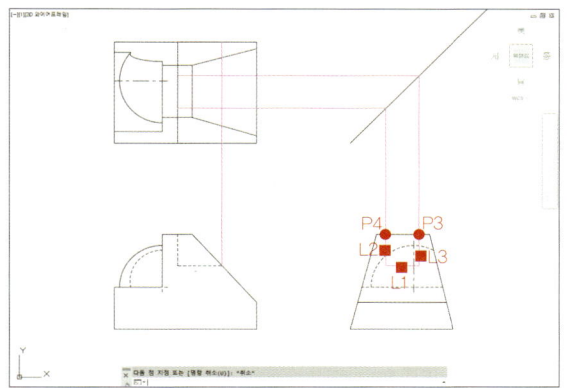

28 평면도에 전개한 파여진 형상의 모서리를 정리한다. 수평선 L1, L2와 수직선 L3, L4는 파여진 형상에만 존재하므로 연결하는 모서리를 제외하고 잘라서 정리한다. 기존 윗면의 모서리 L5는 형상이 파이면서 L1, L2 사이에 모서리가 존재하지 않으므로 자르고 불필요한 객체를 정리한다.

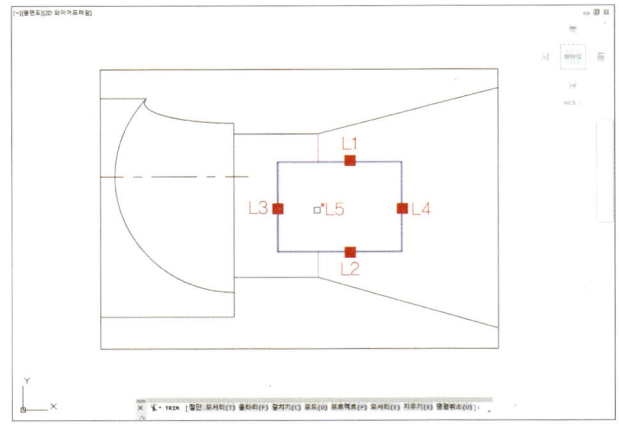

29 평면도 우측 아래의 모서리를 자른다. 모서리 L1을 72mm 아래로 Offset한다. Offset한 모서리를 기준으로 불필요한 객체를 잘라 정리한다.

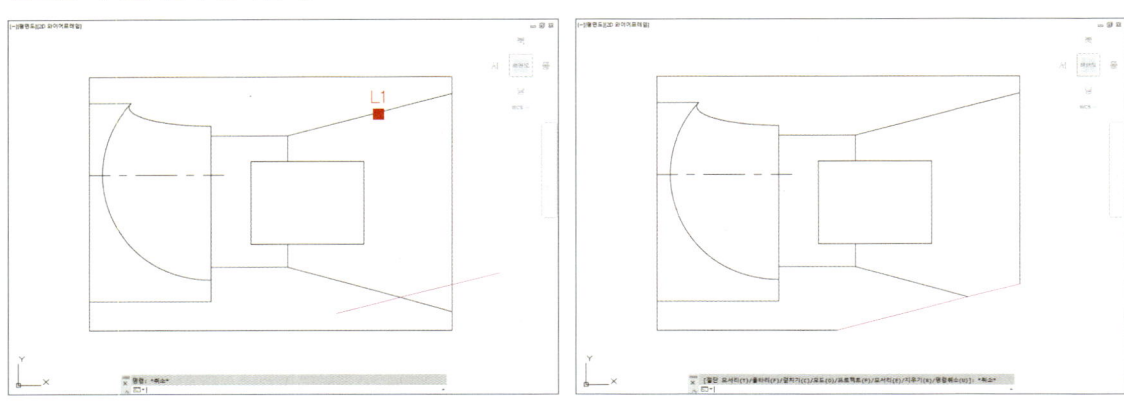

30 잘린 모서리로 발생한 꼭짓점 P1은 정면도로 전개하고, P3은 우측면도로 전개한다. P2는 정면도와 우측면도 모두 전개한다.

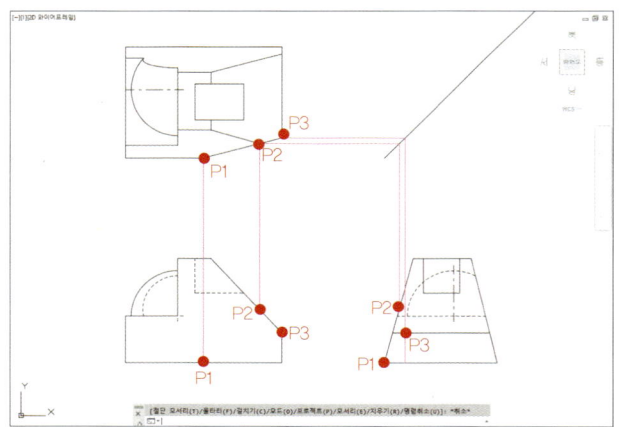

31 정면도의 P1, P2를 연결하여 모서리 L1을 작성한다. 이는 평면도 L1에 대응되는 모서리이다.

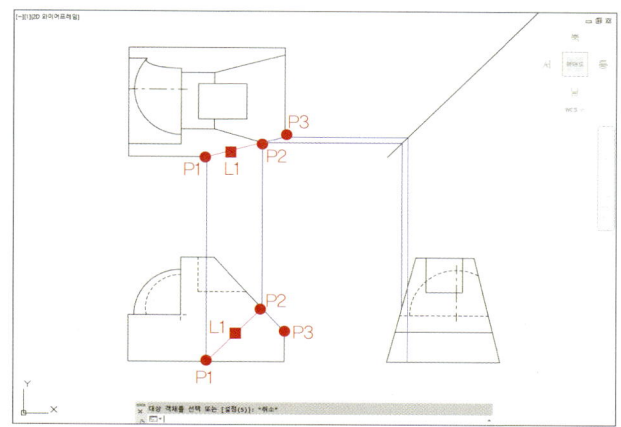

32 우측면도의 P2, P3을 연결하여 모서리 L1을 작성한다. 이는 평면도 L1에 대응되는 모서리이다. 또한 정면도의 꼭짓점 P3은 우측면도의 모서리 L2로 평면도의 우측 아래가 잘렸기 때문에 평면도의 꼭짓점 P3에서 전개한 모서리 L3을 기준으로 좌측을 자른다. L3은 정면도 L3에 대응되는 모서리로 L2의 위로 자르며, 사용이 끝난 불필요한 객체를 모두 정리한다.

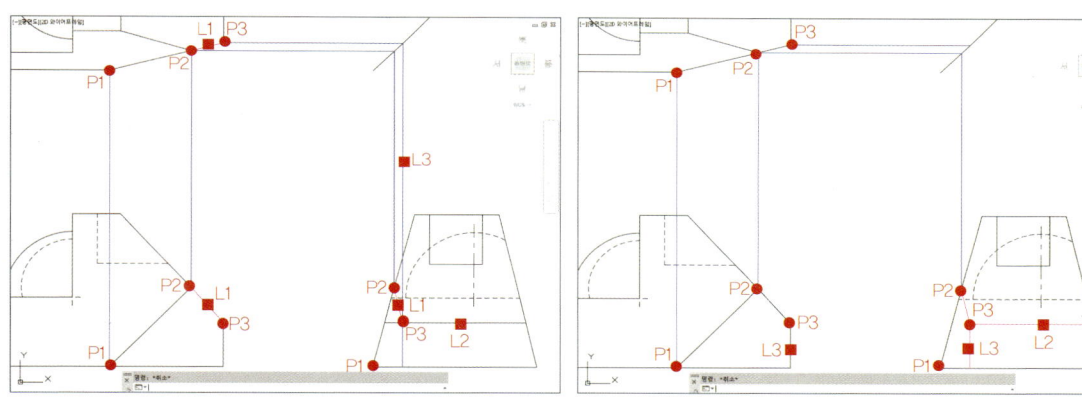

33 도면의 우측면도를 보면 사다리꼴의 우측 아래가 작은 사다리꼴 형태로 파여져 있다. 작은 사다리꼴의 좌측 경사면은 꼭짓점 P1, P2를 연결하여 작성한다.

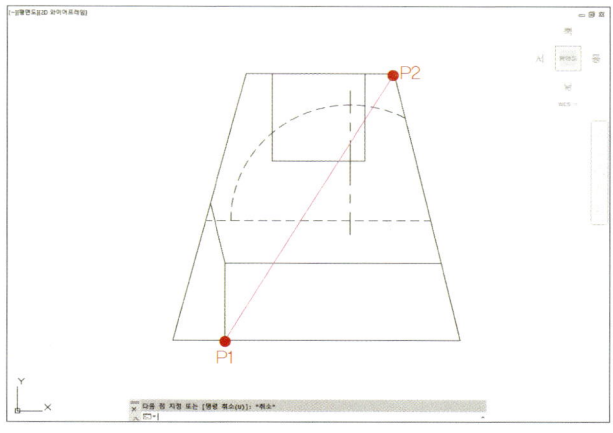

34 작은 사다리꼴의 높이는 우측면도의 수평 숨은선 L1의 높이이다. 숨은선 L1은 교차점 P3을 기준으로 우측이 외형선이므로 가려져 보이지 않는 뒤쪽 모서리와 높이가 같은 것을 파악할 수 있다. 모서리 L1은 L2의 교차점 P3을 기준으로 분할하고 우측 모서리를 "외형선"으로 변경한다. 경사면 L2는 L1 아래쪽에만 형상으로 존재한다. 이때 L1 위쪽의 사선은 치수를 대신하여 P1과 P2를 연결한 사선의 각도인 것을 표기하기 위한 용도이므로 P3을 기준으로 선을 분할한 후 위쪽 모서리를 "가상선"으로 변경한다. 가상선은 중심선과 마찬가지로 외형선과 명확한 구분을 위하여 끝점에서 약 2mm 전후로 떨어지게 조정한다.

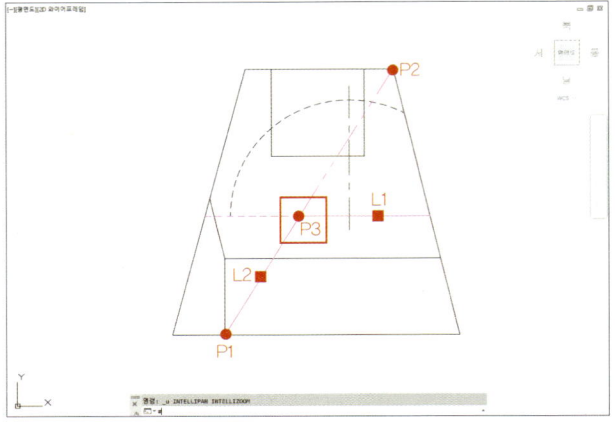

35 정면도 꼭짓점 P5의 모서리 L1은 작은 사다리꼴 내부에 존재하지 않으므로 L2를 기준으로 우측을 자른다. 우측면도 작은 사다리꼴의 꼭짓점 P1~P3에서 평면도로 전개하고 P4는 정면도와 평면도로 모두 전개한다. 정면도로 전개한 모서리는 정면 형상에 가려져 보이지 않으므로 "숨은선"으로 변경한다. 평면도로 전개한 모서리 중 P1, P4의 모서리도 가려져 보이지 않으므로 "숨은선"으로 변경한다.

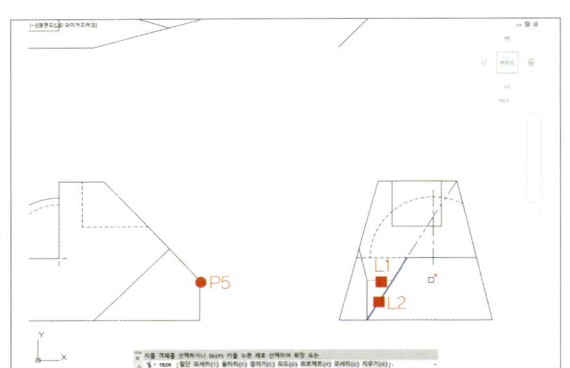
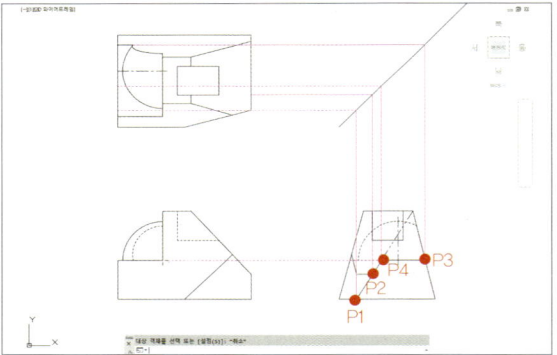

36 도면을 보면 작은 사다리꼴의 파여진 깊이는 치수로 기입되어 있지 않다. 대신 정면도의 잘린모서리의 끝점 P1까지인 것을 파악할 수 있다. P1에서 L1까지 수직선을 작성하고 정면 형상에 가려져 보이지 않으므로 "숨은선"으로 변경한다. 불필요한 객체를 모두 정리한다.

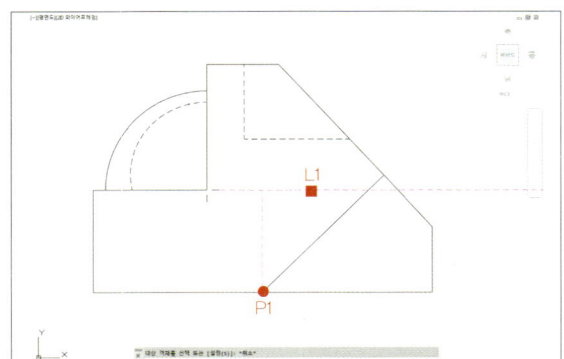
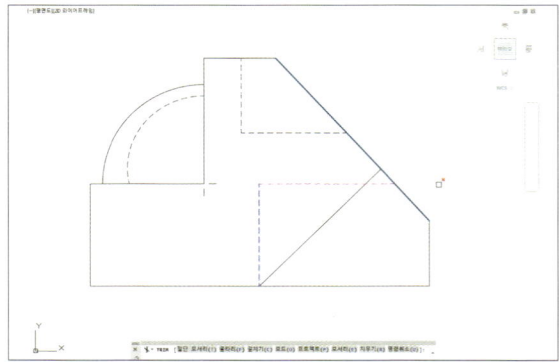

37 정면도의 파여진 작은 사다리꼴로 발생한 꼭짓점 P1, P2에서 평면도로 전개한다.

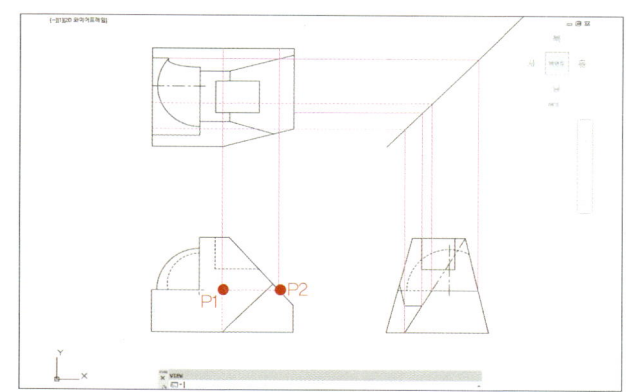

38 평면도로 전개한 L1, L2, L3는 정면도의 파여진 깊이까지 존재하므로 L4의 좌측을 모두 자른다.
L1과 L2는 작은 사다리꼴의 윗면모서리로 L5의 우측을 자른다.
L3은 작은 사다리꼴의 밑면 모서리로 L6의 우측을 자른다.

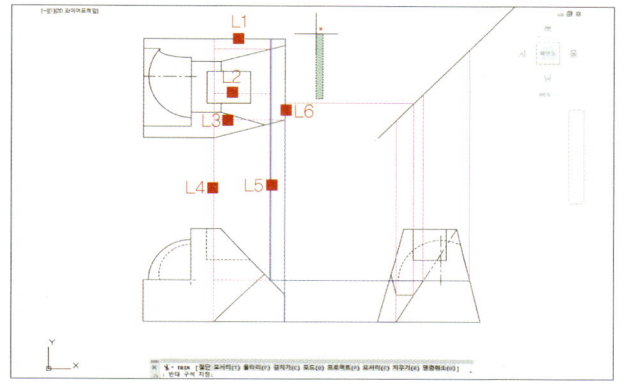

39 L4는 우측면도 작은 사다리꼴의 밑면 모서리와 같으므로 L3 아래를 자르고, L1의 아래는 상부 형상에 가려져 보이지 않으므로 P1을 기준으로 선을 분할한 후 아래쪽 모서리를 "숨은선"으로 변경한다. L5는 우측면도의 L5와 대응되는 모서리로 L1, L2 사이에만 존재하므로 위아래를 자른다. L6은 우측면도 L6과 대응되는 모서리로 L3, L7 사이에만 존재하므로 위를 자른다.

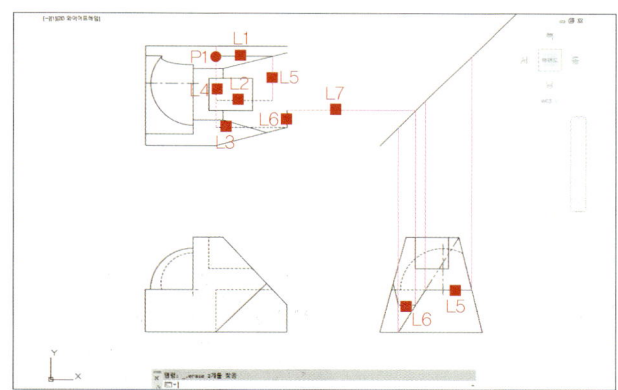

40 파여진 작은 사다리꼴 형상으로 발생한 모서리를 정리한다.
평면도 큰 사다리꼴의 밑면 모서리 L1은 L2를 기준으로 우측 모서리가 존재하지 않는다.
사다리꼴 윗면의 꼭짓점과 연결된 모서리 L3은 L4를 기준으로 우측 모서리가 존재하지 않는다.
마지막으로 P1과 P2를 연결하여 정면도와 우측면도 L5에 대응되는 모서리를 작성한다.

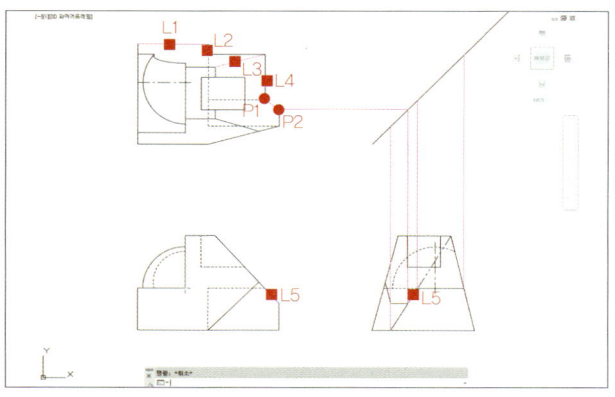

41 불필요한 객체를 모두 정리한다.

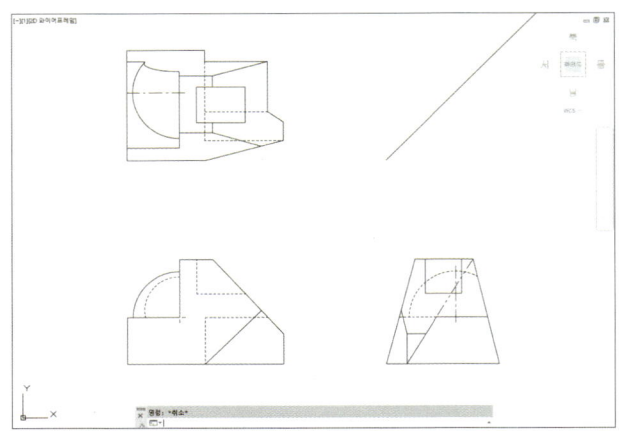

42 치수 스타일을 설정하고 도면층(Layer)을 "치수"로 변경한 후 도면을 보고 똑같이 치수 기입한다. 이때 도면에 주어진 치수 유형을 파악하여 적절한 옵션으로 설정한다.

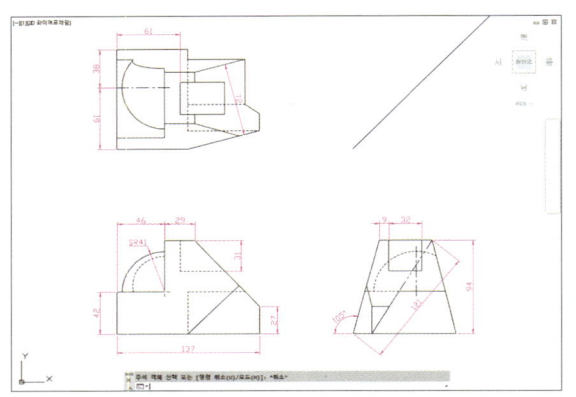

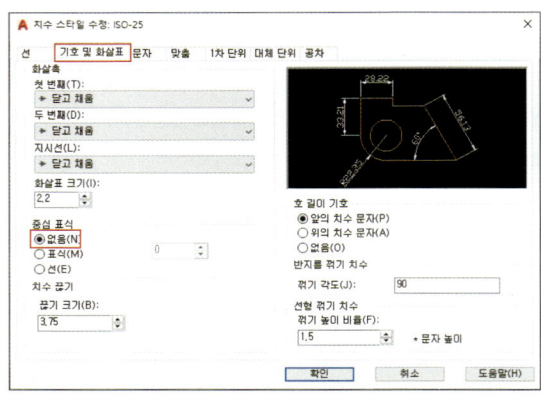

[기호 및 화살표] 탭
❶ 중심 표식 : 없음(N)

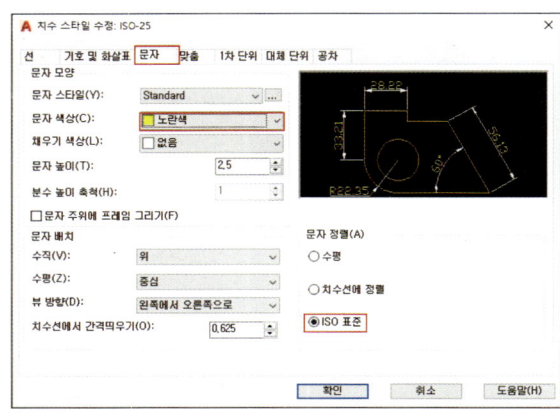

[문자]탭
❶ 문자 색상(C): 노란색
❷ 문자 정렬(A): ISO 표준

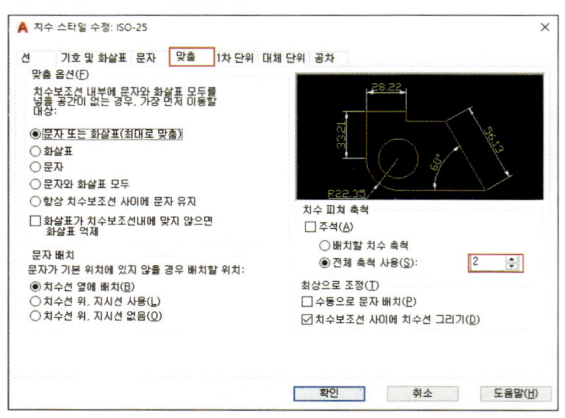

❶ 치수 피처 축척 : 전체 축척 사용(S): 2

TIP

정면도를 보면 반지름 치수 앞에 "S"가 입력되어 있다. 작성한 치수문자를 수정할 때 치수를 더블클릭 하여 수정한다. 만약 더블클릭으로 치수문자 편집이 실행되지 않는다면 'DDEDIT[ED]' 명령을 입력한 후 수정할 치수문자를 클릭하여 실행할 수 있다.

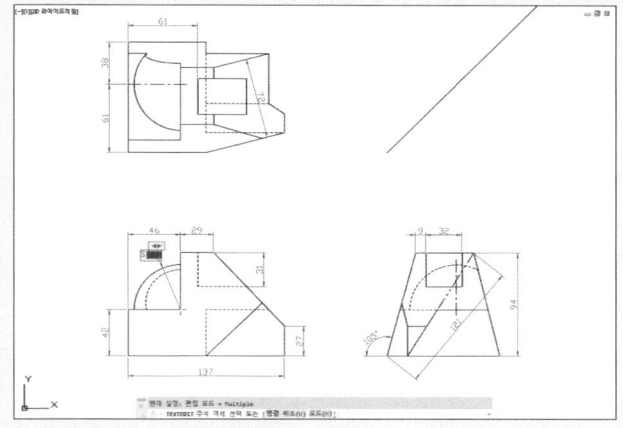

43 모형 공간에 작성한 도면의 형상, 치수 등 오류를 검토를 완료한 후 45° 보조선을 삭제한다. 모형 공간 작성 및 검토 완료 후 배치 공간을 작성한다.

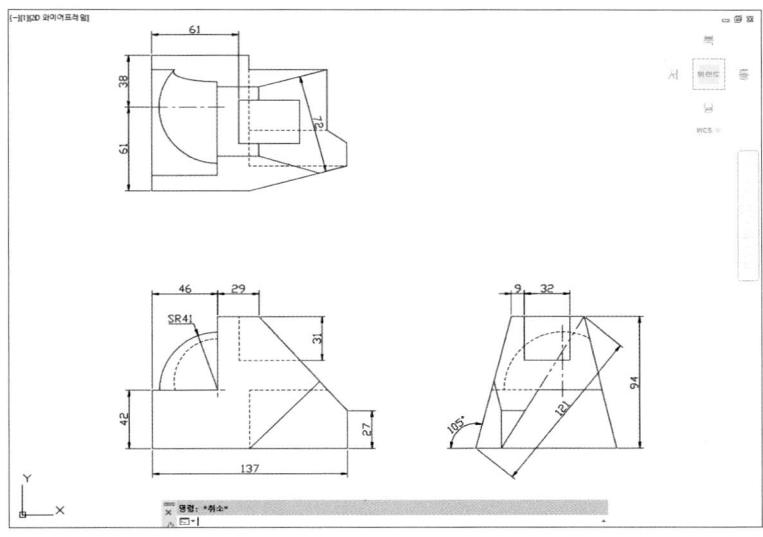

예제 문제 – 한국생산성본부 배포자료(2021년 8월 4일)

01

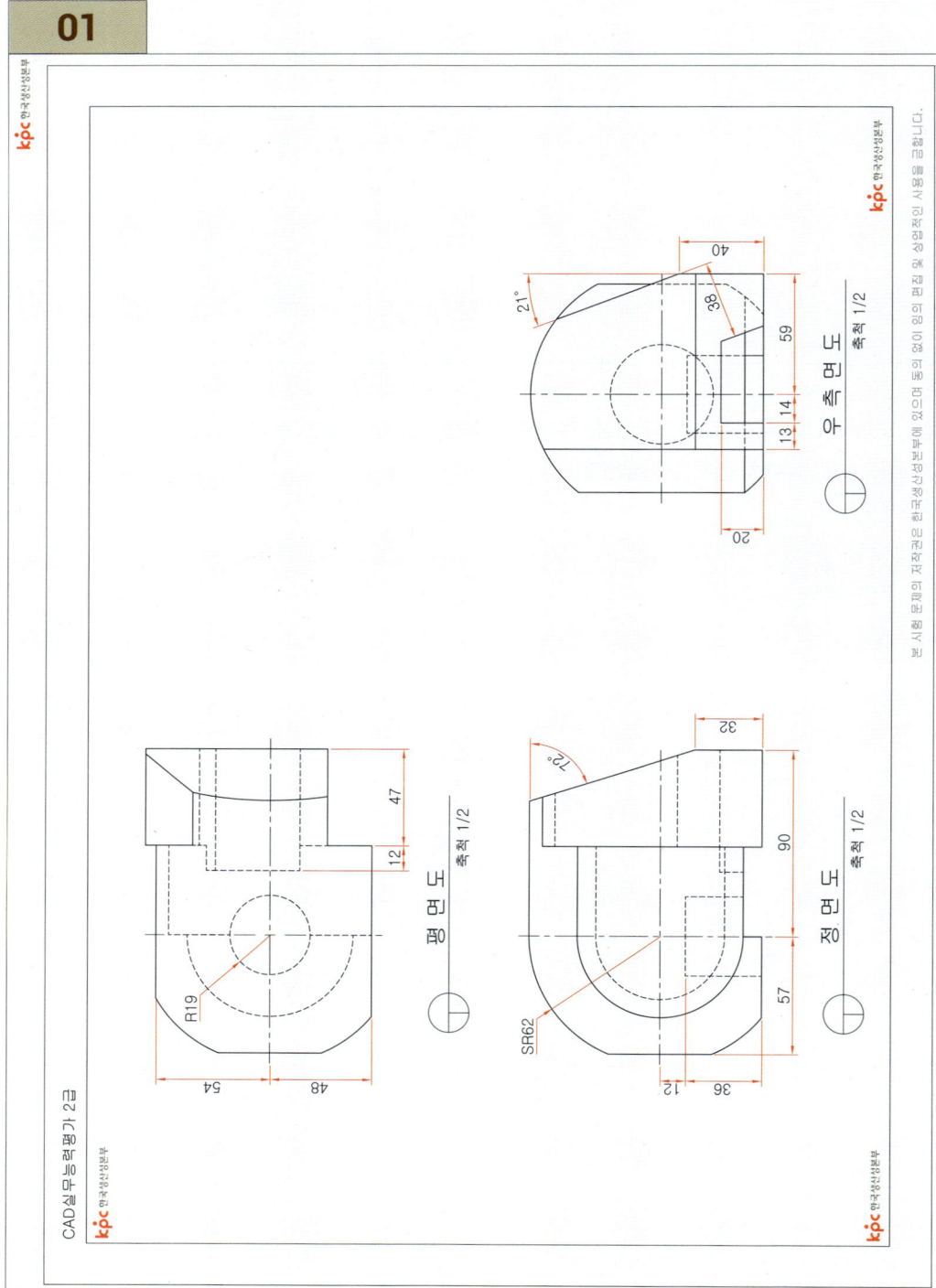

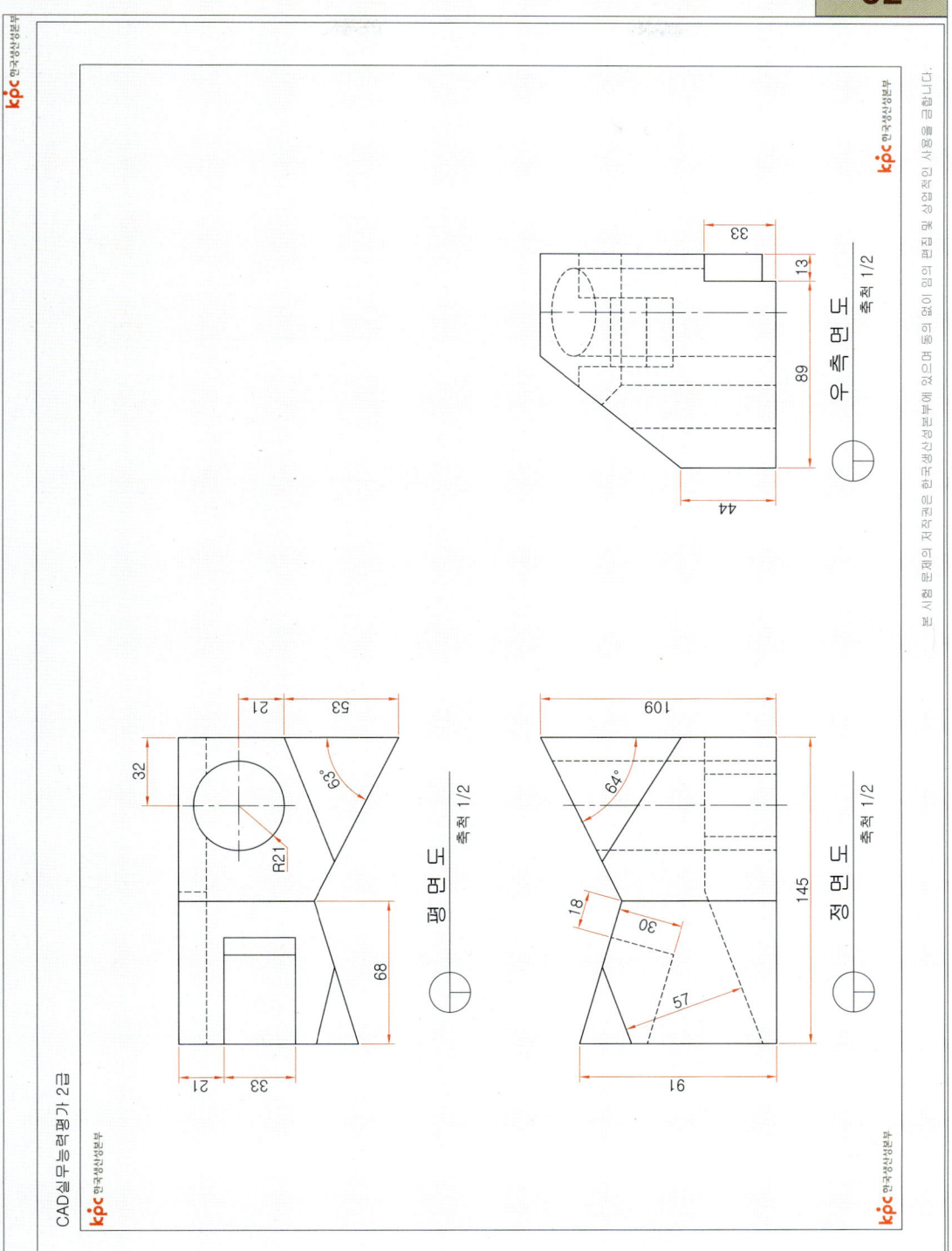

03

우측면도 축척 1/2

평면도 축척 1/2

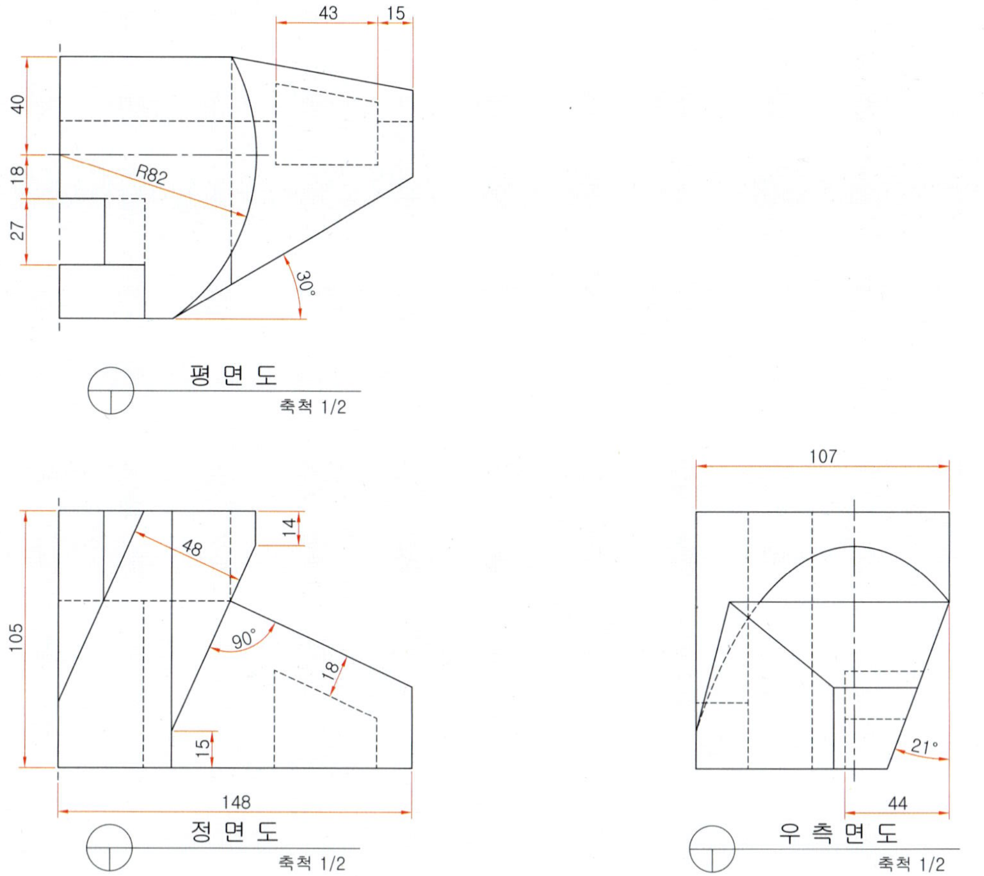

정면도 축척 1/2

CAD실무능력평가 2급

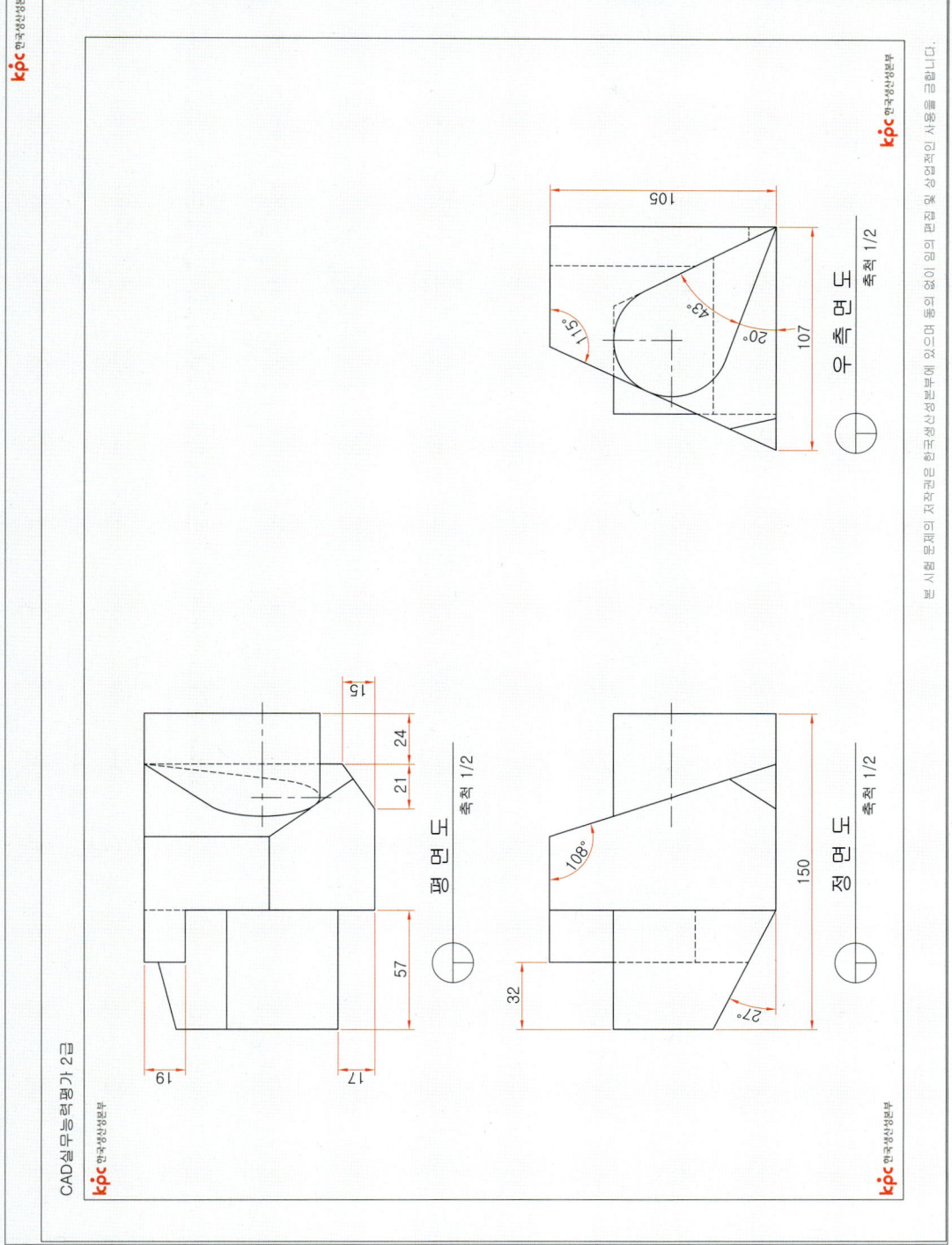

05

우측면도 축척 1/2

평면도 축척 1/2

정면도 축척 1/2

CAD실무능력평가 2급

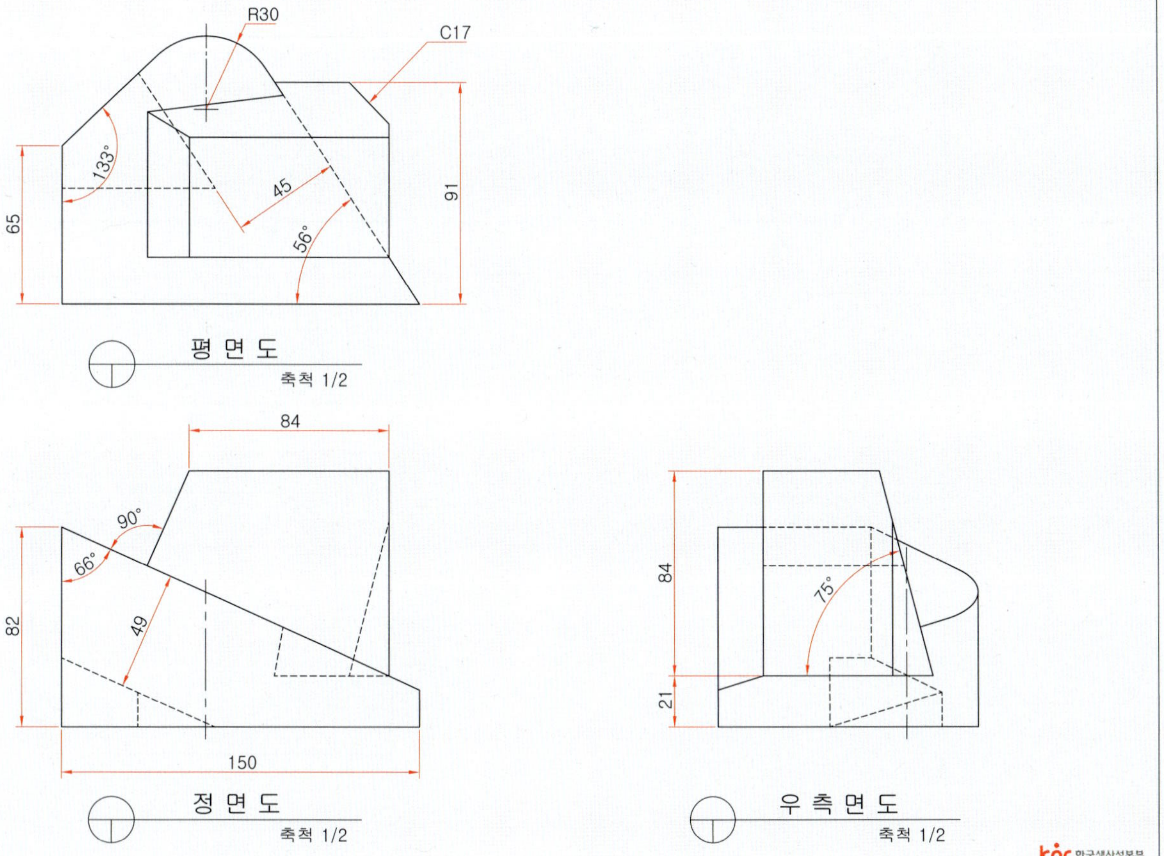

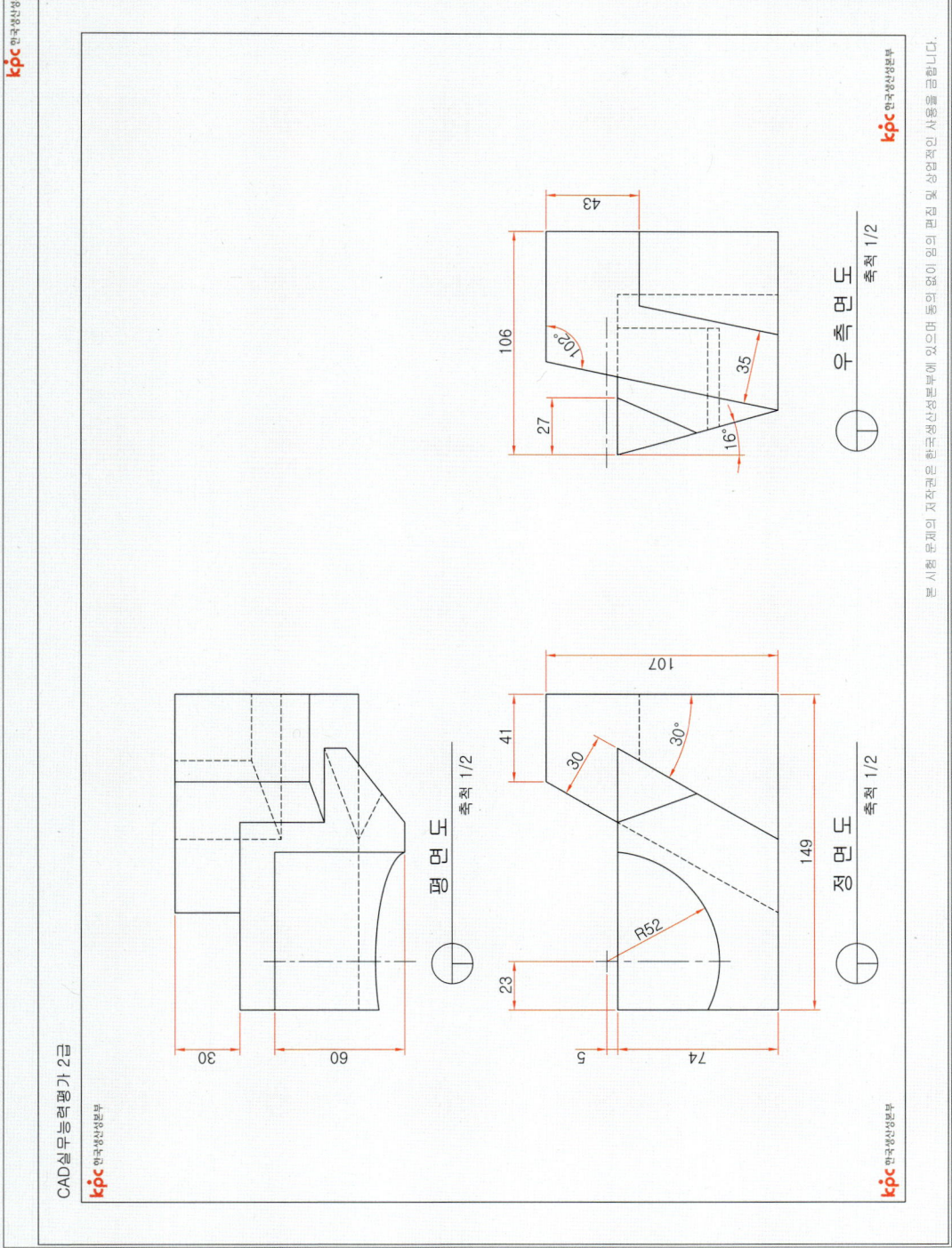

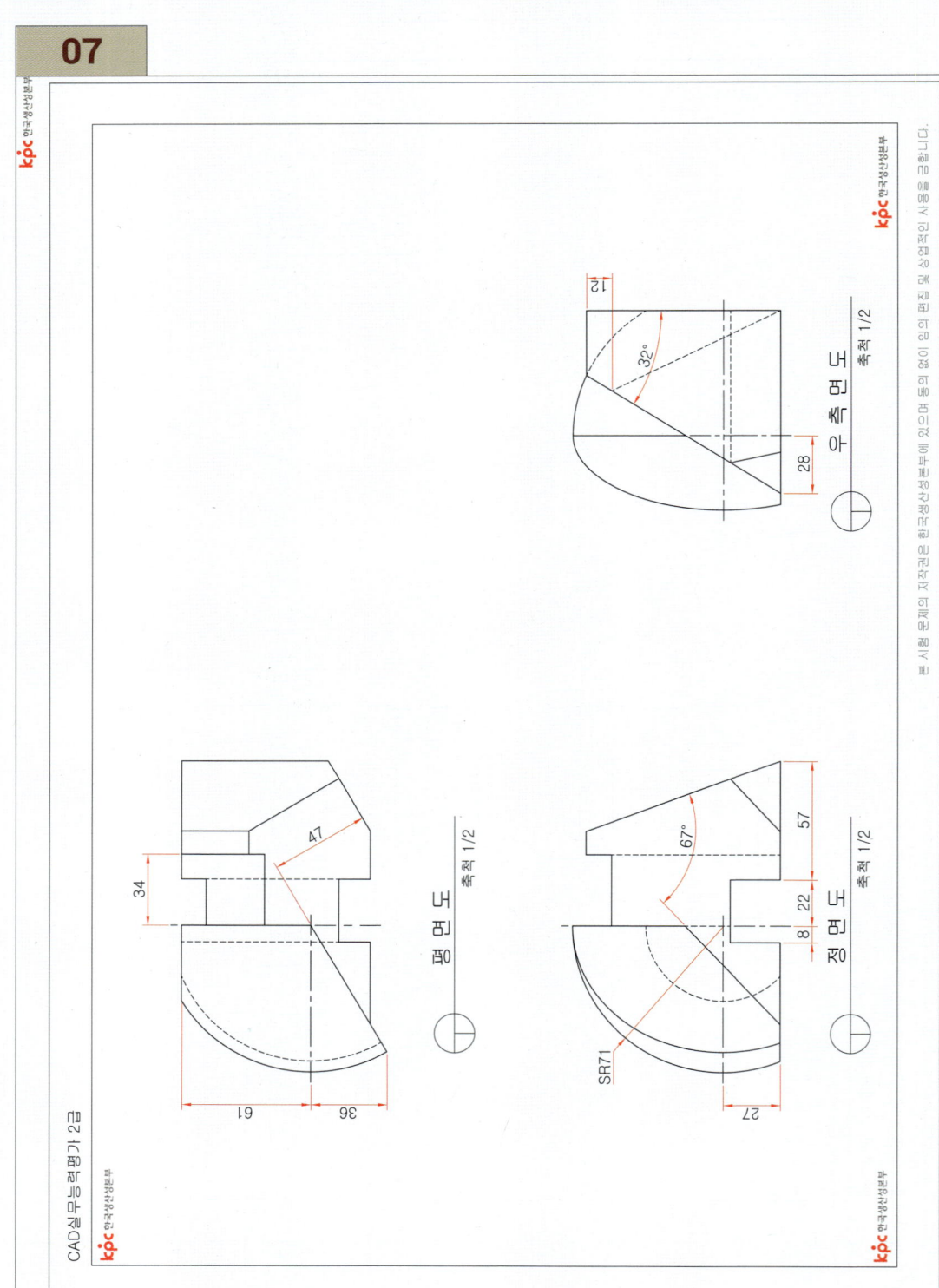

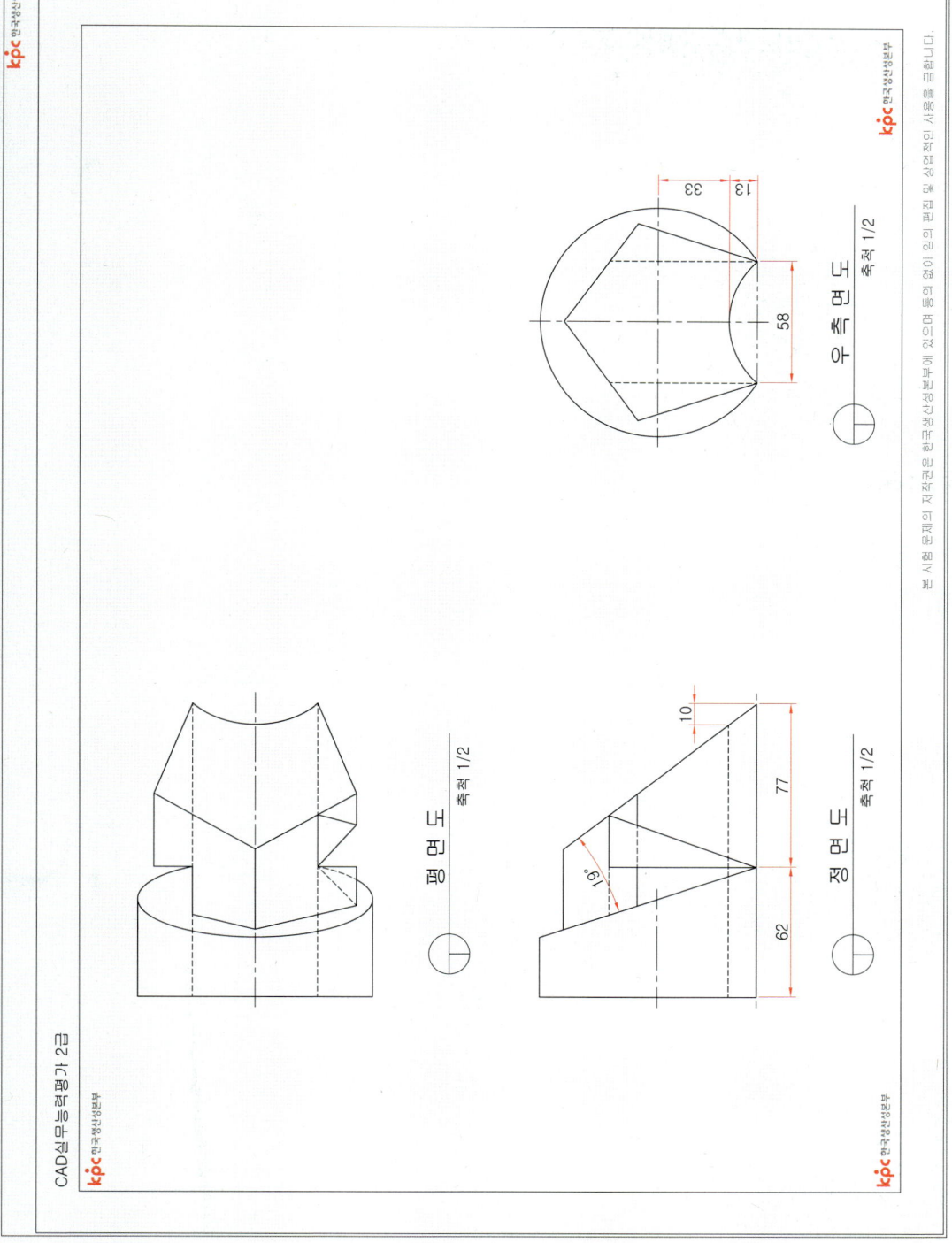

CAD실무능력평가 2급

kpc 한국생산성본부

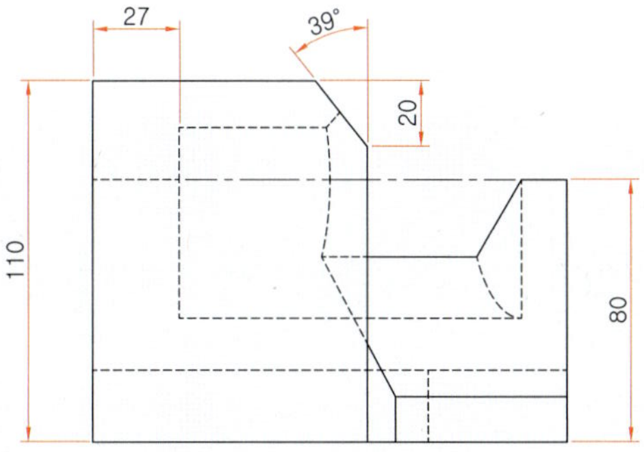

평 면 도
축척 1/2

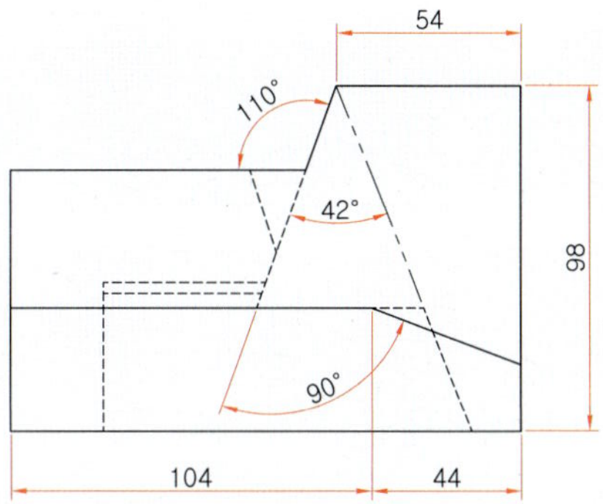

정 면 도
축척 1/2

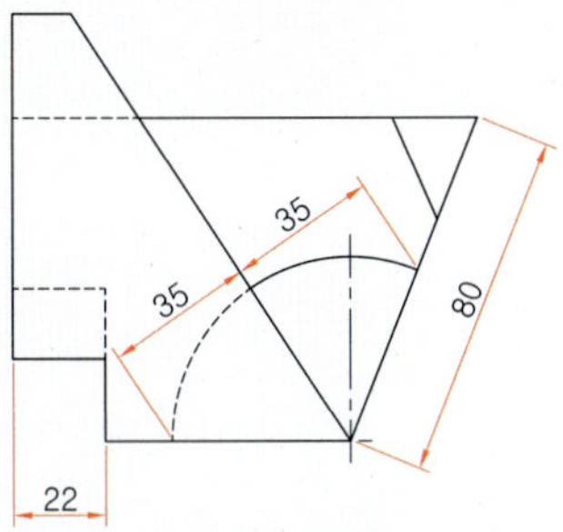

우 측 면 도
축척 1/2

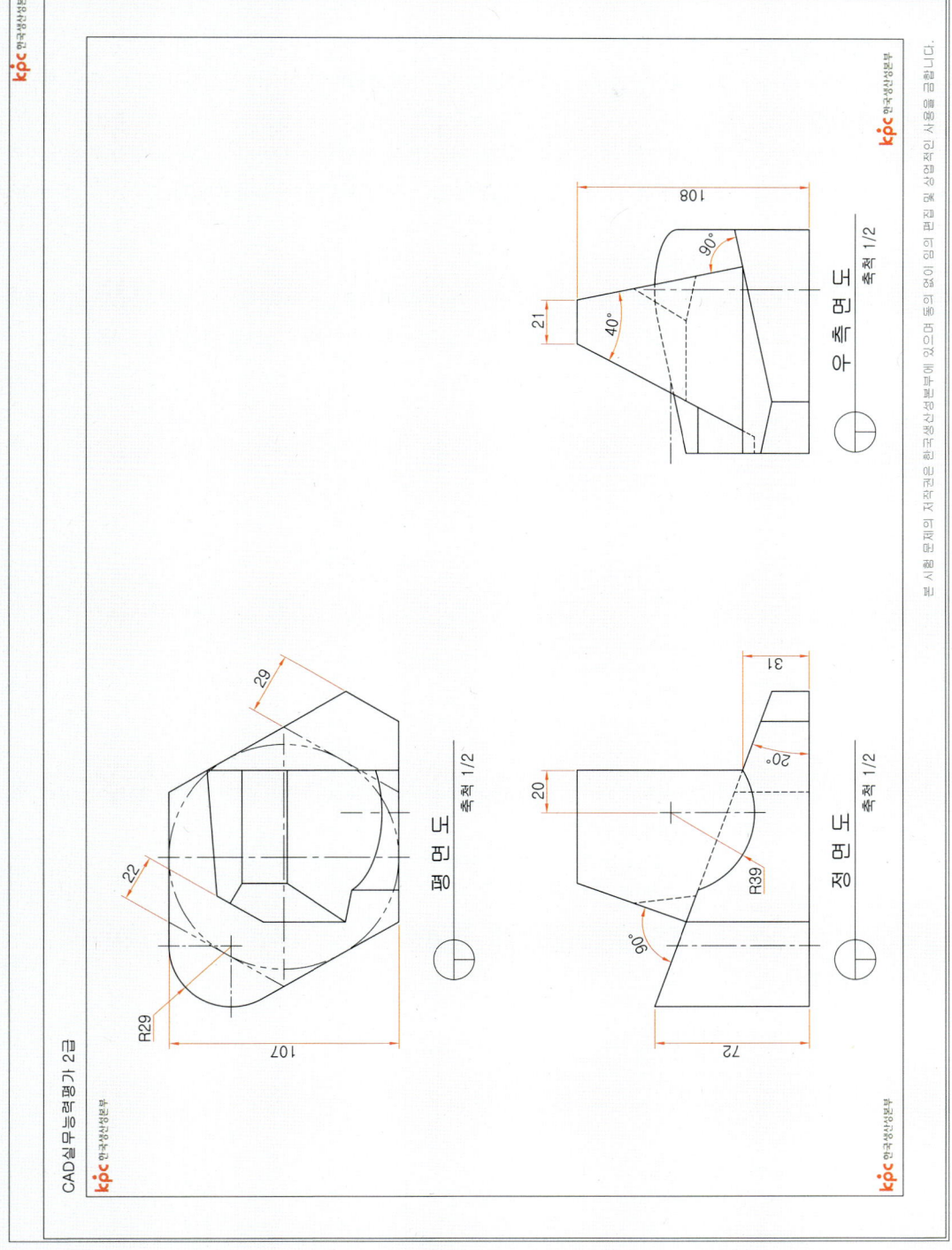

한국ATC센터 CAD 자격시험 안내

CAD실무능력평가 2급 기출문제

본 도서에 수록된 기출 문제를 모두 풀이한 이후에 추가적인 연습이 필요하다면 한국생산성본부(KPC)에서 제공하는 기출문제를 활용한다.

한국생산성본부는 매월 정기 시험을 시행한 후 출제된 기출문제와 풀이 동영상을 제공하여 CAD실무능력평가 자격시험 응시자의 학습에 도움을 주고 있다. 풀이 동영상은 설명이 없는 작업 화면만 제공하고 있다.

CAD실무능력평가 2급 기출문제 다운로드 요령

한국생산성본부 자격 사이트(https://license.kpc.or.kr)의 상단 메뉴에서 [자료실]-[시험정보]-[기출/샘플문제]를 클릭한다. 자료실을 이용할 땐 로그인할 필요 없으나 자격시험의 원서접수는 로그인이 필요하므로 회원가입을 해야 한다.

검색 종목으로 [CAD실무능력평가]를 선택한 후 "2급"을 입력해 검색하면 [CAT] 2급 관련 자료를 찾을 수 있다. 다음 중 연습에 사용할 기출문제를 선택한다.

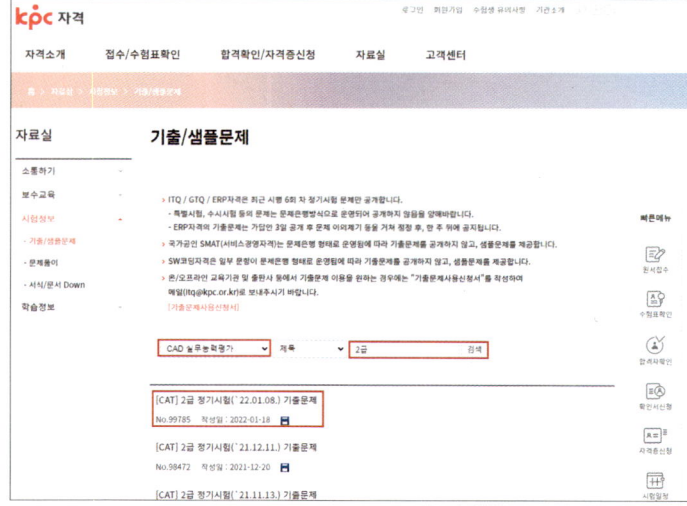

제목 밑의 첨부파일을 클릭하여 다운로드 하고 압축을 풀면 기출문제를 볼 수 있다.

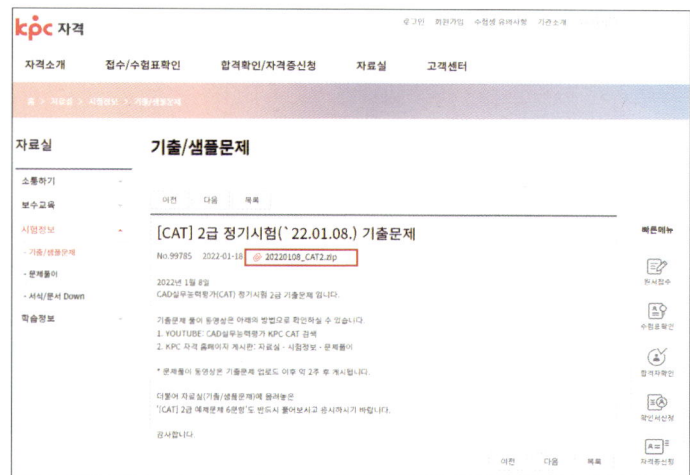

기출문제 풀이 동영상은 Youtube의 "CAD실무능력평가"를 검색하거나 "CAD실무능력평가 KPC CAT" 채널 (https://www.youtube.com/channel/UCtdUw2w2kM2F2ZuLgMoFTPg)을 구독하면 새로운 동영상 업로드 될 때마다 알림을 받을 수 있다.

또는 본 도서의 예제 파일을 제공하는 한국ATC센터 카페(https://cafe.naver.com/atccenter)에서도 기출문제 및 풀이 동영상에 대한 자료를 얻을 수 있다.

한국ATC센터 CAD 자격시험 안내

ATC캐드 오퍼레이터 자격정보

PART 01 과정을 숙지하였다면 위 시험에 응시할 수 있다. 시험 구성은 총 25문제(객관식 5문제, 실기 단답형 20문제)로 60점 이상이면 합격할 수 있다.

평가 내용은 CAD의 2차원 조작 및 설정에 필요한 명령어 관련 지식과 간단한 2차원 도면 작성과 편집기능 사용여부, 플롯에 관한 명령 이해로 캐드 초보자가 꼭 알아야 할 부분을 습득할 수 있도록 도움을 주는 시험이다.

ATC기계캐드마스터 자격정보

산업현장에서 필요한 CAD활용 능력 및 기계도면을 해독, 작성하는 능력을 평가하는 시험이며, 1급과 2급으로 나뉘어져 있다.
- 2급 : CAD 프로그램을 이용하여 기계부품 도면을 작성한다.(실기-120분, 필기-30분)
- 1급 : 3D 형상모델링과 이를 토대로 도면을 작성하며, 전산응용기계제도기능사 시험의 디딤돌 역할을 하고 있다. (실기-120분, 필기(30분)

자세한 내용은 한국ATC센터 홈페이지(http://eatc.co.kr)의 시험소개 안내페이지를 확인하기 바란다.

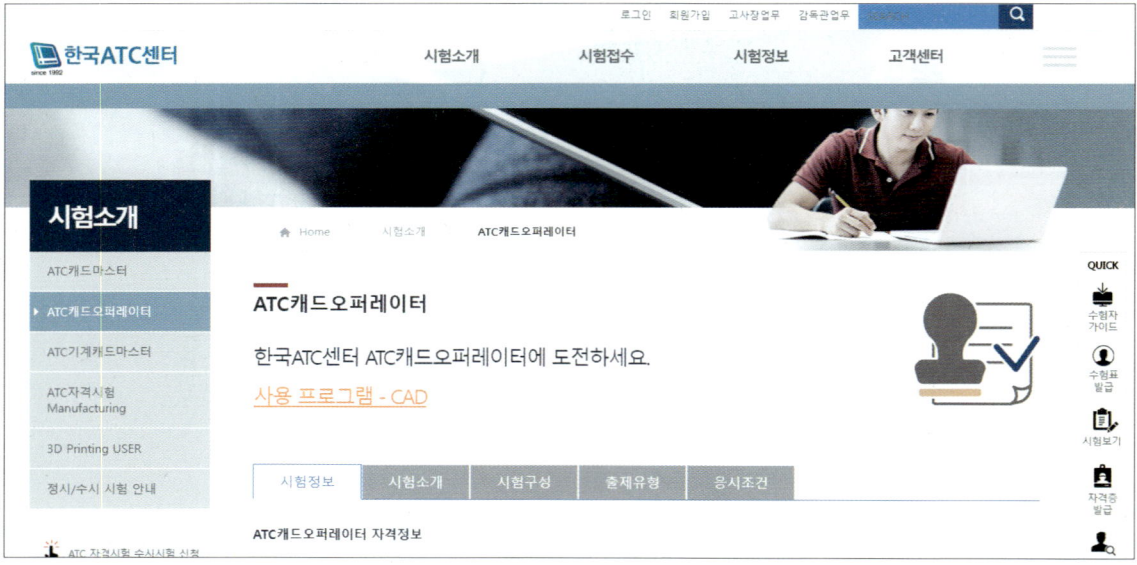